KARL MAY

KLASSISCHE MEISTERWERKE

KARL MAY

DER SCHUT

REISEERZÄHLUNG

KARL-MAY-VERLAG · BAMBERG
in Zusammenarbeit mit dem
VERLAG CARL UEBERREUTER · WIEN

INHALT

1. Halef in Gefahr 5
2. „Die Blume des Orients" 28
3. Gußka und Junak 43
4. Eine Bärenjagd 66
5. In der Teufelsschlucht 81
6. Die „Juwelenhöhle" 105
7. Lindsays Befreiung 124
8. Der Vertraute des Schut 148
9. Eine gefährliche Falle 166
10. Unter der Erde 184
11. Verfolgung 216
12. An der Verräterspalte 238
Anhang: Mein Rih 262

Herausgegeben von Dr. E. A. Schmid

Diese Ausgabe erscheint in enger Zusammenarbeit
mit dem Verlag Carl Ueberreuter, Wien.
Der Inhalt dieses Buches entspricht dem Band 6
der grünen Originalausgabe „Karl Mays Gesammelte Werke".
© 1951 Karl-May-Verlag, Bamberg / Alle Urheber-
und Verlagsrechte vorbehalten.

ISBN 3-7802 0506-8
Gesamtherstellung: Ebner Ulm

1. Halef in Gefahr

Unser Ritt neigte sich jetzt voraussichtlich seinem Ende zu; aber es stand zu erwarten, daß der letzte Teil der schwierigste sein werde. Diese Schwierigkeit war teils eine Folge der Bodenverhältnisse, denn wir hatten Berge, Felsen, Täler, Schluchten, Urwälder und Sümpfe vor uns, teils lag sie darin, daß die Ereignisse zu einem Abschluß drängten, wobei uns voraussichtlich größere Anstrengungen und Gefahren als bisher erwarteten. – Israd, unser Führer, erwies sich als munterer Gefährte. Er erzählte uns spannende Vorkommnisse aus seinem Leben und gab uns lustige Schilderungen von Land und Leuten, so daß uns die Zeit wie im Flug verstrich. – Die Mustafa-Ebene liegt eigentlich am linken Ufer des Wardar, woher wir gekommen waren. Am rechten, an dem wir uns befanden, steigt das Gelände an, doch ist das Land noch immer fruchtbar. Wir kamen an reichen Baumwoll- und Tabakfeldern vorüber und sahen fruchttragende Limonien stehen. Doch sagte Israd, daß dies bald aufhöre und wir jenseits der Treska durch Gegenden kommen würden, die ‚meraly' seien. – Um zu wissen, was dieses Wort bedeutet, muß man sich daran erinnern, daß der Grund und Boden des osmanischen Reichs in fünf verschiedene Klassen eingeteilt wird. Die erste Klasse ist der Mirije, das heißt das Land der Staatsgüter, wozu selbstverständlich nicht der unfruchtbarste Boden gehört. Dann kommt das Wakuf, das Eigentum der frommen Stiftungen. Dieser Klasse fällt ohne weiteres alles Land zu, dessen Besitzer ohne unmittelbare Erben stirbt. Die dritte Klasse faßt den Mülk, den Privatgrundbesitz, in sich. Die Besitztitel werden in der Regel nicht nach einer genauen Messung, wie bei uns, sondern nach ungefährer Schätzung ausgestellt. Für jeden Besitzwechsel, also Kauf, ist die Genehmigung der Regierung erforderlich, die bei den dortigen Verhältnissen meist nur durch Bestechung der betreffenden Beamten erlangt werden kann. Der Mülk leidet unter den Mißbräuchen, die bei der Steuererhebung eingerissen sind. So muß zum Beispiel die Bodenwirtschaft zehn Prozent Naturalabgabe entrichten. Die Steuerpächter verschieben aber gewöhnlich die Einholung dieses Zehents so lange, bis die Früchte in Fäulnis überzugehen drohen und der Landwirt mehr als zehn vom Hundert bietet, um den Ertrag seiner Ernte retten zu können. In die nächste Klasse, Metruke genannt, gehören die Straßen, öffentlichen Plätze und Gemeindegrundstücke. Die Verkehrswege befinden sich meist in einem beklagenswerten Zustand, was ein Hauptgrund für die wirtschaftliche Notlage des Landes ist. Die letzte Klasse wird Mera genannt und begreift alles wüste und unfruchtbare Land in sich. Das meinte unser Führer, als er ‚meraly' sagte.

Wir mußten zwei oder drei Geländestufen ersteigen und kamen dann zu der Hochebene, die im Westen steil zu den Ufern der Treska abfällt. Hier ritten wir duch einige kleine Dörfer. – Da wir wußten, daß Israd uns in grader Richtung führen werde, hatte ich nicht danach getrachtet, die Spuren des voranreitenden Suef zu suchen. Das hätte uns nichts nützen können, sondern nur zur Verzögerung unseres Ritts geführt. Nachdem wir ungefähr vier Stunden unterwegs waren, kamen wir durch einen lichten Wald, dessen Bäume weit auseinander standen. Dort trafen wir die Fährte eines einzelnen Reiters, die von links auf unsre Richtung stieß. Ich betrachtete sie aus dem Sattel. Es ließ sich vermuten, daß es die Fährte Suefs sei, zumal das Pferd so scharf ausgegriffen hatte, daß anzunehmen war, der Reiter habe große Eile gehabt. Da sie in unsrer Richtung weiterführte, folgten wir ihr, bis nach einiger Zeit eine mehrfache Fährte von rechts her kam. – Jetzt stieg ich ab. Wer einigermaßen Übung besitzt, kann unschwer erkennen, von wieviel Pferden eine solche Spur gemacht wurde, falls es nicht gar zu viele gewesen sind. Ich sah, daß fünf Reiter hier geritten seien; also waren es wahrscheinlich die von uns Gesuchten gewesen. Aus der bereits abgestumpften Schärfe der Ränder an den Hufeindrücken entnahm ich, daß diese Leute vor ungefähr sieben Stunden hier vorübergekommen seien.

Bei einer solchen Schätzung muß man viel berücksichtigen: die Witterung, die Art des Bodens, ob er hart oder weich, sandig oder lehmig ist, ob er kahl liegt oder mit Pflanzen bewachsen, vielleicht dünn mit Laub bedeckt ist. Auch auf die Luftbewegung und die Tageswärme hat man achtzugeben, da die Sonne oder scharfe Luft die Spuren schnell austrocknen, so daß die Ränder eher bröckeln, als wenn es kalt und windstill ist. Der Ungeübte kann bei einer solchen Beurteilung leicht ein irriges Ergebnis erzielen.

Nun ritten wir auf dieser Fährte fort. Nach einiger Zeit ging der Wald zu Ende, und wir kamen wieder auf freies Land. Ein schlechter Weg kreuzte hier unsre Richtung, und wir sahen, daß die Fährte da rechts abbog, um diesem Pfad zu folgen. Ich blieb halten und zog mein Fernrohr hervor, um nachzuforschen, ob ich vielleicht einen Ort, einen Gegenstand, ein Gehöft finden könne, um dessentwillen die Reiter hier abgebogen seien. Ich konnte aber nichts sehen.

„Was tun wir, Sihdi?" fragte Halef. „Wir können nun auf der Fährte bleiben, und wir können Israd weiter folgen."

„Ich bin für das zweite", entschied ich. „Diese Leute sind doch nur für kurze Zeit abgewichen und werden später sicher wieder herüberlenken. Wir wissen, wohin sie wollen, und werden uns beeilen, auch dorthin zu kommen. Vorwärts also, wie bisher!"

Ich wollte mein Pferd in Bewegung setzen, doch Israd meinte: „Vielleicht ist es doch geraten, ihnen zu folgen, Effendi. Da drüben rechts zieht sich ein breiter Grund hin, was wir von hier aus nicht sehen können. Darin liegt ein kleines Tschiftlik[1], wo die Männer, denen wir folgen, vielleicht eingekehrt sind." – „Was können wir dort erfahren? Sie werden sich nicht lange dort aufhalten, sondern

[1] Bauernhof, Landgut

nur um einen Trunk Wasser oder um einen Bissen Brot gebeten haben. Keinesfalls ist anzunehmen, daß sie gegen die dort wohnenden Leute mitteilsam gewesen sind. Reiten wir weiter!" – Aber schon nach kurzer Zeit wurde ich andrer Meinung. Die Spuren kamen von rechts her zurück, und schon nach einem oberflächlichen Blick bemerkte ich, daß sie ziemlich neu waren. Ich stieg darum wieder ab, um sie sorgfältig zu prüfen und fand, daß sie kaum zwei Stunden alt waren. Die Reiter hatten sich also gegen fünf Stunden lang in dem erwähnten Bauernhof aufgehalten. Die Ursache davon mußte ich erfahren. Wir gaben den Pferden die Sporen und bogen rechts ein, um das Haus aufzusuchen. – Es lag nicht weit entfernt. Wir erreichten bald die Stelle, wo sich die Fläche abwärts zu einem Tal senkte, das ein Bach durchfloß. Es gab da unten saftige Weide und schöne Äcker. Dennoch machte das Haus den Eindruck der Ärmlichkeit. Wir sahen einen Mann vor der Tür stehen. Als er uns erblickte, verschwand er im Haus und zog die Tür hinter sich zu. – „Effendi, es scheint, daß dieser Bauer nichts von uns wissen will", meinte Osko. – „Er wird schon mit sich sprechen lassen. Ich vermute, daß er scheu geworden ist, weil unsre guten Freunde schlecht mit ihm umgesprungen sind, wie es ja ihre Gewohnheit ist. Kennst du ihn vielleicht, Israd?" – „Gesehen habe ich ihn, aber seinen Namen weiß ich nicht", antwortete der Gefragte. „Ob er aber mich kennt, weiß ich nicht, da ich noch nicht bei ihm gewesen bin."

Als wir vor der Tür anlangten, fanden wir sie verschlossen. Wir klopften an, erhielten aber keine Antwort. Nun ritt ich zur hinteren Seite des Hauses, auch da war eine Tür, aber gleichfalls verriegelt. Als wir nun stärker klopften und laut riefen, wurde einer der Läden, die auch zugezogen waren, aufgestoßen, und der Lauf eines Gewehrs kam zum Vorschein. Dabei rief eine Stimme: „Packt euch fort, ihr Strolche! Wenn ihr nicht aufhört zu lärmen, schieße ich!"

„Nur langsam, langsam", erwiderte ich, indem ich so nah an den Laden heranritt, daß ich den Lauf der Flinte hätte ergreifen können. „Wir sind keine Strolche, wir kommen nicht in unfreundlicher Absicht." – „Das sagten die andern auch. Ich öffne meine Tür keinem Unbekannten mehr." – „Vielleicht kennst du den hier", entgegnete ich und winkte Israd herbei. Als der Bauer den jungen Mann erblickte, zog er langsam sein Gewehr zurück und sagte: „Das ist ja Israd!" – „Ja, der bin ich", bestätigte Israd. „Hältst du auch mich für einen Strolch?" – „Nein, du bist ein braver Mann." – „Nun, die Männer hier sind ebenso brav. Sie verfolgen die Leute, die bei dir waren, und wollen sich bei dir erkundigen, was diese Strolche bei dir gewollt haben." – „Ich will dir glauben und die Tür wieder aufriegeln." – Er tat es. Als er dann zu uns heraustrat, erkannte ich daß dieser kleine, schwächliche, ängstlich dreinschauende Mann allerdings nicht geeignet war, Leuten wie den beiden Aladschy Achtung abzuzwingen. Er mochte uns doch nicht so recht trauen, denn er hielt die Flinte noch immer in der Hand. Auch rief er ins Haus hinein: „Mutter, komm her, und schau sie an!" – Eine vom Alter gebeugte Frau kam mit Hilfe eines Krückstocks herbei und betrachtete uns. Ich sah einen Rosenkranz an ihrem Gürtel hängen. Darum sagte ich: „Hasreti Issa Krist ilahi war, anatschyjim — Gelobt sei Jesus Christus, mein Mütterchen! Bisi Kapundan Kowiormi-ßin — willst du uns von deiner Tür weisen?" — Da ging ein freundliches Lächeln über ihr faltiges Gesicht, und sie antwortete: „Effendi, du bist ein Christ? Oh, die sind zuweilen die schlimmsten! Aber dein Gesicht ist gut. Ihr werdet uns nichts zuleid tun?"

„Nein, gewiß nicht." — „So seid uns willkommen. Steigt von den Pferden und kommt herein zu uns!" — „Du wirst uns erlauben, im Sattel zu bleiben, denn wir wollen schnell wieder fort. Vorher aber möchte ich gern wissen, was diese sechs Reiter bei euch wollten."

„Es waren ihrer erst nur fünf. Der sechste kam später nach. Sie saßen ab und führten die Pferde ohne unsre Erlaubnis in das Jondscha tarlaßy[1], obgleich Gras genug vorhanden ist. Die Pferde haben uns das schöne Feld ganz zusammengetreten. Wir wollten Schadenersatz verlangen, da wir arme Leute sind. Aber gleich beim ersten Wort erhoben sie ihre Peitschen, und wir mußten schweigen."

„Warum kehrten sie eigentlich bei euch ein? Sie mußten doch einen Umweg machen, um an euer Haus zu kommen."

„Einem von ihnen war unwohl geworden. Er hatte einen verwundeten Arm und litt große Schmerzen. Da haben sie ihm den Verband abgenommen und die Wunden mit Wasser gekühlt. Das dauerte mehrere Stunden, und während einer mit dem Verwundeten beschäftigt war, suchten die andern im Haus alles zusammen, was ihnen gefiel. Sie haben unser Fleisch und unsre sonstigen Speisevorräte aufgezehrt. Meinen Sohn und die Schwiegertochter sperrten sie unter dem Dach ein und nahmen die Leiter weg, so daß die beiden nicht herunter konnten." — „Und wo warst denn du?" — „Ich?" antwortete sie, indem sie listig mit den Augen zwinkerte, „ich stellte mich, als könne ich nicht hören. Das ist einer alten Frau leicht zu glauben. Da durfte ich in der Stube bleiben und erlauschte, was gesprochen wurde." — „Wovon redeten sie?" — „Von einem Kara Ben Nemsi, der mit seinen Begleitern sterben muß." — „Dieser Mann bin ich. Was weiter?" — „Und sie sprachen von Dschemal, dem Konakdschi an der Treska, bei dem sie heut abend bleiben wollen, und von einem Köhler, dessen Namen ich wieder vergessen habe."

„Hieß er Scharka?" — „Ja, ja; morgen wollen sie bei ihm bleiben. Und von einem gewissen Schut redeten sie, den sie im Kara — kara — — ich weiß nicht, wie der Name war — —" — „Karanirwan?" — „Ja, den sie im Karanirwan-Han treffen wollen." — „Wißt ihr vielleicht, wo dieser liegt?" — „Nein; sie haben es auch nicht gesagt. Aber sie redeten von einem Bruder, den der eine von ihnen dort treffen will. Sie nannten auch den Namen, doch kann ich mich leider nicht mehr darauf besinnen." — „Hieß er vielleicht Hamd el Amasat?"

„Gewiß, so hieß er. Aber, Effendi, du weißt ja mehr als ich!"

„Ich weiß schon viel und ich will mich durch meine Fragen nur überzeugen, ob ich mich nicht irre." — „Sie erzählten auch davon, daß in diesem Karanirwan-Han ein Kaufmann gefangen sitzt, von

[1] Kleefeld

dem sie Lösegeld haben wollen. Aber sie lachten über ihn, denn selbst wenn er dieses Geld zahlt, wird er nicht freikommen. Sie wollen ihn auspressen, bis er nichts mehr besitzt, und dann soll er ermordet werden." – „Ah! So etwas habe ich vermutet. Wie ist dieser Kaufmann zum Karanirwan-Han gekommen?" – „Hamd el Amasat, dessen Namen du nanntest, hat ihn hingelockt." – „Wurde nicht gesagt, wie der Kaufmann heißt?" – „Es war ein fremder Name, und darum habe ich ihn nicht behalten, zumal ich so große Angst hatte."

„Lautet er Galingré?" – „Ja, ja, so hieß er; ich besinne mich genau."

„Verrieten die Halunken noch mehr von ihren Plänen?"

„Nichts, denn da kam der sechste Reiter. Er ist ein Flickschneider und erzählte von Feinden, wegen denen er in den Wardar gestürzt sei. Jetzt weiß ich, daß ihr diese Feinde seid. Ich mußte ein großes Feuer machen, damit er sich seine Kleider trocknen konnte; darum und weil der Alte mit seiner Wunde nicht fertig wurde, blieben sie so lange bei uns. Dieser sechste erzählte von der Bastonade, die er bekommen habe. Er konnte nur schwer gehen und hatte keine Schuhe an, sondern hatte seine Füße mit Lappen umbunden, die mit Talg eingerieben waren. Ich mußte ihm neue Lappen schaffen, und da ich keinen Talg hatte, stachen sie unsre Ziege tot, um Fett zu bekommen. Ist das nicht eine schändliche Grausamkeit?"

„Allerdings. Wieviel war diese Ziege wert?" – „Gewiß fünfzig Piaster." – „Mein Begleiter, Hadschi Halef Omar, wird dir fünfzig Piaster schenken." – Halef zog sofort den Beutel und hielt ihr ein Halbpfundstück hin. – „Effendi", fragte die Alte verblüfft, „willst du etwa den Schaden bezahlen, den deine Feinde anrichteten?"

„Nein, das kann ich nicht, denn ich besitze nicht den Reichtum des Padischah; aber für eine Ziege können wir dir Ersatz bieten. Nimm das Geld!" – „So freue ich mich, dir getraut und euch das Haus und den Mund nicht verschlossen zu haben. Gesegnet sei euer Kommen, und gesegnet sei euer Gehen; gesegnet sei jeder eurer Schritte und alles, was ihr tut!" – Wir verabschiedeten uns von den Leuten, die uns ihre Dankesworte noch weit nachriefen, und kehrten zum Ausgangspunkt unsers Abstechers zurück, um wieder der ursprünglichen Richtung zu folgen. – Wir kamen zunächst weiter durch offnes Land, wo nur hier und da ein einzelner Baum zu sehen war. Unser vorher so munterer Führer war nachdenklich geworden. Als ich ihn nach der Ursache fragte, entgegnete er: „Effendi, ich habe die Gefahr, in der ihr euch befindet, nicht so schwer genommen, wie sie ist. Erst jetzt erkenne ich, in welch schlimmer Lage ihr seid. Das macht mir Sorge. Wenn eure Feinde unerwartet aus dem Hinterhalt über euch herfallen, seid ihr verloren."

„Das glaube ich nicht; wir würden uns wehren." – „Du hast ja keine Vorstellung, mit welcher Sicherheit hierzulande der Tschakan geworfen wird, und kein Mensch ist imstande, einen gut geschleuderten Tschakan abzuwehren."

„Nun, ich kenne einen, der es vermag", erwiderte ich.

„Das glaube ich nicht. Wer soll das sein?" – „Ich selbst."

„Oh, oh!" lächelte Israd, indem er mich von der Seite anblickte.

„Das war jedenfalls nur Scherz." – „Es war sehr ernst gemeint. Der Mann hatte es auf mein Leben abgesehen." – „Das begreife ich nicht. Jedenfalls hat er nicht mit dem Tschakan umzugehen gewußt. Gehe in die Berge; da kannst du Meister dieser fürchterlichen Waffe sehen. Laß dir von einem Skipetaren oder gar von einem Miriditen zeigen, wie das Beil gehandhabt wird, und du wirst staunen."

„Nun, der Mann, mit dem ich es zu tun hatte, war ein Skipetar, sogar ein Miridit." – Er wiegte ungläubig den Kopf und fuhr fort: „Wenn es dir gelungen ist, seinen Tschakan abzuwehren, dann war er dir gegenüber waffenlos, und du hast ihn besiegt?"

„Allerdings. Er hat sich in meiner Gewalt befunden, und ich schenkte ihm das Leben. Er gab mir dafür sein Beil, das hier in meinem Gürtel steckt." – „Ich habe diesen Tschakan heimlich bewundert: Er ist sehr schön, und ich dachte, du hättest ihn irgendwo gekauft, um recht kriegerisch zu erscheinen. Trotzdem ist er unnütz in deiner Hand, denn du verstehst nicht, ihn zu werfen. Oder hättest du dich bereits in dieser Kunst versucht?" – „Nicht mit einem Tschakan, sondern mit andern Beilen." – „Wo war das?" – „Weit von hier, in Amerika, wo es wilde Völker gibt, deren Lieblingswaffe das Beil ist. Von ihnen habe ich diese Fertigkeit gelernt. Das Kriegsbeil wird dort Tomahawk genannt". – „Aber ein Wilder kommt einem Miriditen unmöglich gleich!" – „Ganz im Gegenteil. Ich glaube nicht, daß ein Skipetar seinen Tschakan so geschickt zu schleudern versteht wie ein Indianer seinen Tomahawk. Der Tschakan wird in grader Linie, der Tomahawk aber im Bogen geworfen." – „Sollte das wirklich jemand zu tun vermögen?" – „Jeder rote Krieger vermag es, und ich auch." – Seine Wangen hatten sich gerötet, und seine Augen leuchteten. Jetzt hielt er sein Pferd an, stellte es quer vor das meinige, so daß auch ich zum Anhalten gezwungen war, und sagte: „Effendi, du mußt verzeihen, daß ich so eifrig bin. Was bin ich gegen dich! Und dennoch wird es mir schwer, deinen Worten zu glauben. Ich will dir gestehen, daß ich ein Tschakanwerfer bin, der es mit jedem andern aufnimmt. Darum weiß ich, welche Jahre der Übung es erfordert, Meister dieser Waffe zu werden. Leider habe ich mein Beil nicht bei mir." – „Ich habe freilich noch nie einen Tschakan geworfen", lautete meine Antwort, „aber ich denke, wenn ich auch das erste- oder zweitemal das Ziel verfehle, der dritte Wurf würde gelingen." – „Oh, oh, Effendi, denke das nicht!" – „Ich denke es, und ich würde das Beil kunstreicher werfen als du." – „Wieso?"

„Wenn ich es werfe, so streift die Waffe eine Strecke weit unten am Boden hin, dann steigt sie in die Höhe, macht einen Bogen, senkt sich nieder und trifft genau dort auf, wo ich treffen will."

„Das ist unmöglich!" – „Es ist wirklich so." – „Effendi, ich nehme dich beim Wort. Wenn ich viel Geld bei mir hätte, würde ich dich auffordern, zu wetten." – Israd war vom Pferd gestiegen. Es hatte ihn eine solche Begeisterung ergriffen, daß es mir innerlich Spaß bereitete. – „Armer Teufel!" sagte Halef, indem er eine seiner stolzen Armbewegungen machte. – „Wen meinst du damit?" fragte ihn Israd. – „Dich natürlich." – „So meinst du wohl, daß der Effendi die Wette gewinnen würde?" – „Ganz gewiß." – „Hast du ihn einmal den Tschakan werfen sehen?" – „Nein, aber was er will, das kann er. Sihdi, ich rate dir, mit diesem jungen Mann zu wetten. Er wird bezahlen und dich um Verzeihung bitten müssen." – Es war eigentlich Unfug, auf den Vorschlag Israds einzugehen. Wenn wir uns wegen dieser Spielerei hier verweilten, ging uns Zeit verloren. Aber es kam auf einige Minuten doch nicht an, und sodann war ich selbst neugierig, ob es mir gelingen werde, mit dem Tschakan das gleiche auszuführen wie mit dem Tomahawk. Dieser Versuch war nicht überflüssig, denn es konnte sich jeden Augenblick die Veranlassung ergeben, im Ernst zum Beil zu greifen. Da war es gut, zu wissen, ob ich damit umzugehen verstehe. Darum fragte ich Israd: „Wieviel Geld hast du bei dir?" – „Fünf oder sechs Piaster nur." – „Ich setze hundert Piaster dagegen. Welche Bedingungen stellen wir?"

„Hm!" bemerkte er nachdenklich. „Du hast noch nie einen Tschakan geworfen, und ich bin den deinigen nicht gewohnt. Es wird also geraten sein, daß wir erst einige Versuchswürfe machen, vielleicht drei?" – „Einverstanden." – „Dann aber hat jeder nur einen einzigen Wurf auf das Ziel", meinte er. – „Das ist zu hart. Grad dieser Wurf kann durch einen unvorhergesehenen Umstand mißlingen."

„Nun gut, also drei Würfe jeder. Wer am besten wirft, bekommt das Geld. Wir werfen auf den nächsten Baum da vor uns. Es ist ein Dischbudak aghadschy[1]. Das Beil muß im Stamm steckenbleiben."

Wir hatten unweit eines Wasserlaufs angehalten. Es war wohl der gleiche Bach, der hinter uns in dem Tal entsprang, wohin unser Abstecher gerichtet gewesen war. Am Rand des Wassers standen einzelne Bäume: Eschen, Erlen und auch alte, knorrige Weiden, aus deren Häuptern junge Ruten hervorgeschossen waren. Der uns am nächsten stehende Baum war die erwähnte Esche, die ungefähr siebzig Schritt von uns entfernt war. – Ich stieg ab und gab Israd den Tschakan. Er nahm mit ausgespreizten Beinen festen Halt, drehte den Oberleib in den Hüften, wog das Beil prüfend in der Hand und holte dann zum Wurf aus. Das Beil flog dicht an der Esche vorüber, ohne sie jedoch zu berühren. – „Dieser Tschakan ist schwerer als der meinige", entschuldigte er sich, während Halef die Waffe wieder herbeiholte. „Das zweitemal werde ich treffen."

Israd traf beim nächsten Wurf das Ziel, aber nicht mit der Schärfe des Beiles, sondern nur mit dem Stiel. Der dritte Probewurf gelang besser, denn die Axt traf den Stamm, leider aber nicht so, daß die Schneide darin steckenblieb. – „Das tut nichts", meinte er. „Das war ja nur zur Probe. Nachher treffe ich gewiß, denn ich kenne jetzt das Beil. Nun du, Effendi!" – Ich nahm mir im stillen nicht die Esche zum Ziel, sondern eine weit dahinterstehende alte Weide, die gänzlich ausgehöhlt war und nur einen einzigen, grad emporragenden Ast hatte, der eine kleine Krone von beblätterten Zweigen trug. Zunächst mußte ich die Hand an das Gewicht des Tschakans gewöhnen; darum geschah der Wurf in gleicher Weise wie der Israds. Ich wollte die Weide nicht treffen, sondern nur Richtung nehmen.

[1] Esche

Das Beil flog weit links von der Esche vorüber und bohrte sich in den weichen Boden. – „Kuku – o wehe!" lachte unser Führer. „Du willst die Wette gewinnen, Effendi?" – „Ja", sagte ich ernsthaft. Trotzdem gerieten die beiden nächsten Probewürfe scheinbar noch schlechter als der erste. Aber ich ließ mich mit Vergnügen von Israd auslachen, denn ich war überzeugt, daß ich, wenn es nun galt, das Ziel nicht fehlen würde. – Halef, Omar und Osko lachten nicht – sie ärgerten sich im stillen darüber, daß ich auf diese Wette eingegangen war. – „Die Probe ist vorüber", meinte Israd. „Nun wird es ernst. Wer wirft zuerst?" – „Du." – „So wollen wir vorher das Geld einzahlen, damit dann kein Irrtum vorkommt. Osko mag es in seine Hand nehmen." – Der junge Mann hatte mich also im Verdacht, daß ich mich weigern würde, die hundert Piaster zu zahlen. Er war überzeugt, die Wette zu gewinnen. Ich gab Osko das Geld. Mein Gegner zahlte seine wenigen Piaster und griff dann zum Beil. Seine Fertigkeit war gut. Er traf dreimal den Stamm, aber nur beim letztenmal blieb die Axt darin stecken. – „Keinmal gefehlt", jubelte er. „Und einmal saß der Tschakan sogar fest. Mach es mir nach, Effendi!" – Jetzt mußte ich nach indianischer Art werfen, wenn ich meine indianischen Fertigkeiten, mit denen ich nun einmal geprunkt, beweisen wollte. Ich holte aus, wirbelte den Tschakan um den Kopf und erteilte ihm jene kreiselnde Bewegung, die beim Billardspiel als ‚Effekt' bezeichnet wird. Das Beil sauste, sich um sich selbst drehend, am Boden hin, stieg empor, senkte sich dann plötzlich wieder nieder und fuhr in den Stamm der Esche, wo es sitzenblieb. – Meine Gefährten jubelten laut. Israd aber meinte verblüfft: „Welch ein Glück, Effendi! Es ist kaum zu glauben."

Halef holte das Beil zurück, und ich schleuderte es noch zweimal in die Esche. Die Gefährten strahlten; Israd aber wollte noch immer nicht daran glauben, daß ich diesen Erfolg nicht nur dem Glück verdanke. – „Wenn du noch nicht überzeugt bist", erklärte ich, „so will ich dir jetzt einen vollgültigen Beweis geben. Sieh die alte ausgehöhlte Weide dort hinter der Esche!" – „Ich sehe sie. Was ist's mit ihr?" – „Ich werde auf sie werfen." – „Effendi, sie ist weit über hundert Schritt entfernt. Du willst sie wirklich treffen?"

„Nicht nur das, sondern ich will den einen Ast treffen, den sie hat, und zwar so, daß er höchstens eine Handbreit über dem Stamm vom Tschakan abgeschnitten wird." – „Das wäre ein Wunder!"

„Nach den bisherigen sechs Würfen ist mir die Waffe so handgerecht, daß ich kaum fehlen kann. Ich werde nun erst dem Tschakan die richtige Doppeldrehung geben, und du wirst sehen, daß er, sobald er am Boden aufgestiegen ist, plötzlich, wie mit einem Ruck, eine dreifache Schnelligkeit erhält. Paß auf!" – Der Wurf gelang in der vorausgesagten Weise. Das Beil wirbelte an der Erde hin, stieg langsam empor und flog dann mit plötzlich vermehrter Schnelligkeit wieder abwärts und auf die Weide zu. Im nächsten Augenblick lag der erwähnte Ast am Boden. – „Geh hin und sieh nach!" lächelte ich. „Er wird eine Handbreit vom Stamm entfernt abgeschnitten sein, und zwar scharf wie mit dem Messer, denn die Schneide des

Beils hat ihn getroffen." – Israd machte ein so verblüfftes Gesicht, daß ich hellauf lachen mußte. – „Hab ich es nicht gesagt?" rief Halef. „Was mein Sihdi will, das kann er. Osko, gib ihm das Geld! Es sind die Piaster des Triumphes, die er einstecken mag."

Ich nahm jedoch nur meinen Einsatz wieder und Israd erhielt sein Geld zurück. Er konnte sich nur schwer beruhigen und erging sich, als wir bereits längst wieder unterwegs waren, in den verschiedensten Ausrufen der Verwunderung. Mir aber war es lieb, gesehen zu haben, daß ich mich auf meine Hand verlassen könne. – Nach dieser kurzen Unterbrechung unsers Ritts erlitt er keine weitere Störung. Es wurde Nacht, und Israd erklärte, daß wir in ungefähr einer Stunde beim Treska-Konak ankommen würden. Wir kamen wieder durch Wald, der glücklicherweise nicht dicht war, und dann senkte sich die Höhe. Es gab Weideland, und schließlich hörten wir Hunde bellen. – „Das sind die Ssamßunlar[1] meines Verwandten", erklärte Israd. „Grad vor uns liegt der Konak an der Treska und links das Haus meines Verwandten. Wir wollen aber einen Bogen schlagen. Es könnte ein Knecht des Konakdschi im Freien sein und uns bemerken." – Wir wichen links ab, bis wir den Fluß erreichten, und ritten nun am Ufer bis ans Wohnhaus des Schäfers. Es war ein langes, niedriges, nur aus dem Erdgeschoß bestehendes Gebäude. Einige Fensterläden standen offen, und aus ihnen schimmerte Licht. Die Hunde fuhren mit wütendem Gebell auf uns los, beruhigten sich aber sogleich, als sie die Stimme Israds erkannten. Ein Mann steckte den Kopf durchs Fenster und fragte: „Wer ist da?" – „Ein guter Bekannter." – „Israd ist's! Frau, Israd ist da!"

Der Kopf verschwand; gleich darauf wurde die Tür geöffnet, und die Alten eilten herbei, um Israd zu begrüßen. Auch der ältere Sohn kam, um ihn zu umarmen. Dann sagte der Schäfer: „Du bringst uns Leute mit. Werden sie bei uns bleiben?" – „Ja; aber sprich nicht so laut! Der Konakdschi Dschemal darf nicht merken, daß diese Männer hier sind. Sorge vor allen Dingen dafür, daß unsre Pferde in den Stall kommen." – Es war nur ein niederer Schafstall vorhanden, wo ich mit dem Kopf an die Decke stieß. Mein Rappe weigerte sich, hineinzugehen. Der Geruch der Schafe war seiner Nase zuwider, und nur durch Streicheln und Zureden gelang es mir, ihn folgsam zu machen. Dann begaben wir uns in die Stube oder vielmehr in das, was man hier Stube nannte, denn der einzige große Raum, den das Wohnhaus bildete, wurde nur durch die schon oft erwähnten Weidengeflechte in verschiedene Abteilungen geschieden. Man konnte jede durch Verschiebung der Scheidewände beliebig vergrößern oder verkleinern. Es waren nur Vater Dschordsche[2], Mutter Schenka[3] und der ältere Sohn Niko[4] zu Hause. Die Knechte befanden sich bei den Schafhürden, und Mägde gab es nicht. – Israd nannte unsre Namen und erzählte zunächst, daß wir seine Schwester Sora gerettet hätten. Das hatte zur Folge, daß wir eine herzliche Aufnahme fanden. Niko begab sich in den Stall, um unsern Pferden Wasser und Futter

---

[1] Schäferhund   [2] Georg   [3] Eugenie   [4] Nikolaus

zu geben, und die Eltern trugen herbei, was im Haus vorhanden war, damit wir ein festliches Mahl halten könnten. Unser Gespräch bewegte sich zunächst um das, was sie am meisten berührte, um die Rettung ihrer Schwiegertochter. Dann kamen wir auf den Zweck unsrer Reise zu reden und ich erfuhr, daß die Gesuchten im Konak angekommen waren. Nun erzählte ich in kurzen Umrissen, warum wir diesen Männern folgten, und erregte dadurch nicht geringes Erstaunen. – „Sollte man es glauben, daß es solche Leute gibt", rief die alte Frau, indem sie die Hände zusammenschlug. „Das ist ja schrecklich!" – „Ja, schrecklich ist es", brummte der alte Dschordsche; „aber zu wundern brauchen wir uns nicht darüber, da sie Anhänger des Schut sind. Das ganze Land könnte Gott auf den Knien danken, wenn diese Geißel des Volkes einmal unschädlich gemacht würde."

„Weißt du vielleicht etwas Näheres über den Schut?" fragte ich ihn. – „Ich weiß auch nicht mehr als du und andre. Wüßte man seinen Wohnort, so würde man auch ihn selbst kennen, und dann wäre es mit ihm aus." – „Das ist noch die Frage. Weißt du etwa, wo der Karanirwan-Han liegt?" – „Diesen Namen kenne ich nicht." „Kennst du auch keinen Mann, der Kara Nirwan heißt?" „Ebensowenig." – „Aber einen persischen Pferdehändler kennst du?" – „Ja. Der heißt aber im Volksmund Kara Adschem. Was ist's mit ihm?" – „Ich habe ihn im Verdacht, der Schut zu sein." „Was? Dieser Perser?" – „Beschreibe ihn mir!" – „Er ist länger und stärker als du und ich, ein wahrer Riese, und trägt einen schwarzen Vollbart, der weit bis zur Brust herabreicht." – „Wie lange befindet er sich im Land?" – „Das weiß ich nicht genau. Es sind wohl an die zehn Jahre her, daß ich ihn zum erstenmal gesehen habe."

„So lange ist es wahrscheinlich auch, daß man vom Schut spricht?" Dschordsche sann ein wenig nach, blickte mich überrascht an und erwiderte: „Ja, so ungefähr wird es sein." – „Wie ist das Auftreten dieses Pferdehändlers?" – „Er benimmt sich überaus gebieterisch, wie alle Leute, die wissen, daß sie reich sind. Er geht stets bis an die Zähne bewaffnet und ist als Mann bekannt, mit dem man keinen Spaß machen darf." – „So ist er zu Gewalttätigkeiten geneigt?" – „Ja, er ist gleich mit der Faust oder mit der Pistole zur Hand, und man erzählt sich, daß schon mehrere, die ihn beleidigt hatten, den Mund nicht wieder öffneten, weil ein Toter nicht reden kann. Aber von Raub und Diebstahl weiß ich nichts zu berichten."

„Diese Beschreibung paßt zu dem Bild, das ich mir von ihm gemacht habe. Weißt du vielleicht, ob er mit dem Köhler Scharka verkehrt?" „Davon habe ich noch nichts erfahren. Hast du mit dem Kohlenbrenner auch zu tun?" – „Bis jetzt noch nicht; aber ich denke, daß ich mit ihm zusammentreffen werde. Die sechs wollen zu ihm. Seine Wohnung ist ihnen also bekannt. Kennst auch du sie vielleicht?"

„Ich weiß nur, daß er in einer Hütte wohnt, die jenseits von Glogovik im tiefen Wald liegt." – „Hast du ihn schon einmal gesehen?" „Nur flüchtig." – „Er muß doch von Zeit zu Zeit den Wald verlassen, um seine Kohlen zu verkaufen, oder es müssen ihn Leute zu diesem Zweck aufsuchen." – „Er verkauft nicht selbst. Da drüben in den Bergen des Schar Dagh ist ein Kurumdschy[1], der ihm alles besorgt. Dieser zieht mit seinem Wagen, auf dem sich die Kohlen und die Rußfäßchen befinden, im Land umher." – „Was für ein Mann ist er?" – „Ein finsterer, wortkarger Kerl, der sich mit keinem Menschen abgibt. Man sieht ihn lieber gehen als kommen."

„Hm! Vielleicht bin ich gezwungen, ihn aufzusuchen, um von ihm die Lage der Hütte des Köhlers zu erfahren." – „Als Wegweiser könnte ich dir wenigstens einen Knecht bis Glogovik mitgeben. Weiter hinauf kennt auch er die Pfade nicht." – „Wir nehmen dieses Anerbieten gern an. Dein Sohn Sef erzählte mir, daß der Köhler im Verdacht des Mordes stehe." – „Das ist nicht nur Verdacht, sondern man weiß es sicher, obgleich es keine Zeugen gibt, mit deren Hilfe er überführt werden könnte. Er war sogar im Verkehr mit den Aladschy, die von den Soldaten vergeblich bei ihm gesucht wurden." – „Auch Sef sprach davon. Er hat diese beiden Menschen heute gesehen." – „Die Scheckigen? Wirklich? Ich habe oft gewünscht, ihnen einmal zu begegnen, freilich so, daß ich sie nicht fürchten müsse." – „Nun, das ist ja geschehen." – „Wann sollte das gewesen sein?" – „Heute. Hast du denn unter den sechs Reitern nicht zwei bemerkt, die auf scheckigen Pferden ritten?" – „O Gott! So befinden sie sich also hier, drüben im Konak! Da ist ja Unheil in der Nähe!"

„Heute brauchst du die Räuber nicht zu fürchten, denn wir sind hier. Sobald sie es erführen, daß wir bei dir rasten, würden sie sich aus dem Staub machen. Übrigens wirst du sie vielleicht sehen, wenn du jetzt heimlich hinübergehst. Suche zu erfahren, ob man sie vielleicht belauschen kann." – Dschordsche ging, und wir beschäftigten uns während seiner Abwesenheit angelegentlich mit dem Abendessen. Nach einer halben Stunde kam der Hirt zurück und meldete uns, daß er unsre Gegner gesehen habe. „Aber es waren ihrer nur fünf", sagte er. „Der Verwundete war nicht bei ihnen. Sie sitzen neben der Schlafkammer des Nachbars. Ich bin rund um das Haus geschlichen und habe an allen Läden gespäht, ob man durch eine Spalte hineinblicken kann. Endlich kam ich an einen Laden, der ein kleines Astloch hat. Die Gesuchten saßen mit dem Konakdschi beisammen und hatten einen Krug mit Raki vor sich stehen." – „Sprachen sie?"

„Ja, aber nicht von eurer Angelegenheit." – „Ob sie wohl zu belauschen wären? – Kann man sie verstehen, wenn man außen am Laden horcht?" – „Ich habe nur einzelne Worte richtig hören können. Um ihr Gespräch zu verstehen, müßte man in die Schlafstube steigen. Der Laden ist offen." – Dschordsche beschrieb die Lage dieser Stube und ihr Inneres und ich erkannte, daß es allzu gefährlich wäre, hineinzusteigen; zumal man annehmen mußte, daß sich der alte Mübarek darin befand. – „Nein, wir wollen auf dieses Unternehmen verzichten", erklärte ich. „Nachher werde ich selbst hinüberschleichen." – Somit hielt ich diese Angelegenheit für erledigt. Im Lauf des weiteren Gesprächs stand Halef auf, um hinauszugehen.

„Ich will nicht hoffen, daß du hinüberschleichen willst", rief ich ihm nach. „Das verbiete ich dir aufs strengste!" – Er machte eine

[1] Rußhändler

Geste, die mich beruhigen sollte, und ging. Ich war aber nicht beruhigt und beauftragte Omar, ihm heimlich zu folgen. Dieser kehrte schnell zurück und berichtete, daß der Hadschi zum Stall gegangen sei, jedenfalls um sich zu überzeugen, daß es den Pferden, besonders meinem Rappen, an nichts mangle. Damit gab ich mich zufrieden. Es verging eine Viertelstunde und noch eine, und da Halef noch nicht da war, erwachte meine Sorge von neuem. Als ich sie laut werden ließ, ging der Hirt, um Halef zu suchen. Aber er kehrte unverrichteterdinge zurück; er hatte ihn nirgends gefunden. – „So habe ich richtig geahnt: er hat eine Dummheit gemacht und befindet sich wahrscheinlich in Gefahr", meinte ich verärgert. „Osko, Omar, nehmt eure Gewehre – wir müssen hinüber zum Konak, denn ich glaube, daß Halef so verwegen gewesen ist, ins Schlafzimmer einzusteigen."

Ich nahm nur den Stutzen, der genügte, um die ganze Gesellschaft im Zaum zu halten. Draußen war es stockdunkel. Der Schäfer diente uns als Führer. Da ich meinen Fuß noch immer schonen mußte, gingen wir nur langsam am Ufer hin, bis der Konak als dunkle Masse vor uns lag, etwa fünfzig Schritt von der Treska entfernt. Wir schlichen an der Vorderseite des Hauses hin, wo alle Fenster verschlossen waren, und bogen dann zur Giebelseite ab, die die Stallungen enthielt. Dort standen junge Fichten, die mit ihren untersten Ästen fast den Boden berührten. Zwischen ihnen und dem Haus war nur ein schmaler Raum. – Von da aus führte uns der Schäfer zur hinteren Seite des Gebäudes, wo wir entlangschlichen. Es war keine Spur von Halef zu bemerken; doch war ich der festen Überzeugung, daß er sich jetzt im Innern des Hauses befand, festgenommen von den Leuten, die er hatte belauschen wollen.

Da blieb der Hirt stehen und deutete auf zwei Läden, die wie alle übrigen, von innen verriegelt waren. – „Hier, dieser erste Laden", flüsterte er, „gehört zu der Stube, wo die Männer saßen; der zweite aber zur Schlafkammer." – „Sagtest du nicht, dieser zweite Laden sei offen gewesen–" – „Ja, vorhin stand er auf." – „So ist er seitdem zugemacht worden. Das muß einen Grund haben. Und welcher Grund könnte das sein als der, daß die Halunken bemerkt haben, daß man sie belauscht?–" – Ich huschte an den ersten Laden und blickte durch das Astloch. Die Stube war durch eine Unschlittkerze, die in einem Leuchter von Draht steckte, nur notdürftig erhellt; aber ich sah genug. – Auf einem Teppich saßen Manach e Barscha und Barud el Amasat. Vorn am Eingang stand ein Mann von untersetzter, kräftiger Gestalt und rohen Gesichtszügen, jedenfalls der Konakdschi Dschemal. An der Wand zu meiner rechten Hand lehnten die beiden Aladschy. Die Gewehre dieser Leute waren in der Ecke an hölzernen Haken aufgehängt. Die Blicke aller fünf richteten sich auf – Halef, der am Boden lag, an Händen und Füßen gebunden. Die Gesichter seiner Feinde weissagten nichts Gutes. Manach el Barscha schien das Verhör zu führen. Er befand sich jedenfalls in zorniger Erregung, denn er sprach so laut, daß ich jede Silbe verstehen konnte.

„Siehst du etwas, Sihdi?" flüsterte Omar. – „Ja", antwortete ich leise. „Der Hadschi liegt gebunden am Boden und wird soeben verhört.

Kommt her! Sobald ich den Laden zertrümmere, helft ihr nach und schiebt dann die Läufe eurer Gewehre hinein. Der Laden muß aber im Nu in Stücke gehen, damit sie nicht Zeit finden, sich an Halef zu vergreifen, ehe wir ihn schützen können. Und nun still!"

Ich horchte. – „Und wer hat dir verraten, daß wir hier sind?" erkundigte sich Manach el Barscha. – „Suef hat es gesagt", antwortete Halef. – „Ich sah den Genannten nicht; aber jetzt trat er von links herein. Er mochte in der Schlafstube gewesen sein.

„Hundesohn, lüge nicht!" zischte der Zwerg. – „Schweig und schimpfe nicht!" entgegnete der Hadschi. „Hast du nicht in unsrer Gegenwart zu dem Handschi in Rumelia gesagt, daß du zum Treska-Konak reiten wolltest?" – „Ja, aber ich habe nicht erzählt, daß sich auch diese Männer hier befinden werden." – „Das konnten wir uns doch denken. Mein Effendi hat dir ja in Kilisseli gesagt, daß du schnell aufbrechen würdest, um ihnen zu folgen." – „Der Scheitan hole diesen Giaur! Wir werden ihm die Sohlen zerfleischen, damit er weiß, was ich heute empfunden habe. Ich kann kaum stehen."

Suef ließ sich neben Halef nieder. – „Wie aber habt ihr erfahren, wo der Treska Konak liegt?" erkundigte sich Manach weiter.

„Wir haben gefragt; das versteht sich von selbst."

„Und warum bist du uns allein nachgeritten? Warum blieben die andern zurück?" – Halef war doch so schlau gewesen, zu tun, als sei er allein hier. Er benahm sich überhaupt sehr gefaßt. Und das war auch nicht zu verwundern, denn er konnte sich sagen, daß uns die Sorge um ihn bald herbeiführen werde. – „Hat euch Suef denn nicht gesagt, daß mein Sihdi ins Wasser gestürzt ist?"

„Ja, und hoffentlich ist er ersoffen!" – „Nein, diesen Gefallen hat er euch nicht getan. Er lebt noch, obgleich er krank geworden ist. Die andern müssen ihn pflegen. Mich aber hat er vorausgeschickt, um euch zu beobachten. Wenn es möglich ist, kommt er morgen nach. Bis zum Abend ist er sich hier, und dann wird er mich befreien."

Alle lachten hellauf. – „Dummkopf!" rief Manach el Barscha. „Meinst du denn, daß du morgen abend noch unser Gefangener sein wirst?"

„So wollt ihr mich eher freilassen?" fragte Halef mit harmloser Miene. – „Ja, wir lassen dich eher frei. Wir werden dir erlauben, zu gehen, aber nur in die Hölle." – „Ihr scherzt. Dorthin weiß ich den Weg gar nicht." – „Mach dir keine Sorge! Wir werden ihn dir schon zeigen. Vorher aber müssen wir dir noch eine kleine Lehre geben, die dir vielleicht nicht behagen wird." – „Oh, ich bin für jede Belehrung dankbar." – „Wollen hoffen, daß es auch hier der Fall ist. Wir wollen dich nämlich daran erinnern, daß es ein Gesetz gibt, das da heißt: Auge um Auge, Blut um Blut. Ihr habt Murad Habulam, Humun und Suef gepeitscht. Gut, so wirst auch du die Bastonade erhalten, und zwar so, daß dir die Fetzen von den Füßen fliegen. Ihr habt das Wasser auf den Turm gepumpt, damit wir ertrinken sollten. Wohlan, wir werden auch dich unter Wasser setzen, damit du elendiglich ersäufst, aber schön langsam, damit wir eine Freude daran haben. Wir werden dich in die Treska hineinlegen, so daß nur deine Nase herausragt. Da magst du so lange Luft schnappen, wie es dir möglich ist." – „Das werdet ihr nicht tun!" rief Halef kläglich.

„Nicht? Warum sollten wir darauf verzichten?" – „Weil ihr gläubige Anhänger des Propheten seid und einen Muslim nicht martern und ermorden werdet." – „Laß den Propheten! Du sollst eines Todes sterben, der schlimmer sein wird als der Verdammnis, in die du sodann fährst." – „Was habt ihr davon, wenn ihr mich tötet? Das böse Gewissen wird euch peinigen bis zum Augenblick, da der Engel des Todes zu euch tritt." – „Mit unserm Gewissen werden wir selbst fertig. Du fühlst wohl schon die Angst des Todes? Ja, wenn du klug sein wolltest, könntest du ihm noch einmal entgehen."

„Was müßte ich tun?" fragte Halef schnell. – „Uns alles gestehen. Wer dein Herr ist, was er von uns will und was er gegen uns plant."

„Das darf ich nicht verraten." – „So mußt du sterben. Ich hatte es gut gemeint. Wenn du aber meinen Fragen deinen Mund verschließest, so ist dein Schicksal entschieden." – „Ich durchschaue dich", erwiderte Halef. „Du willst mich durch dein Versprechen täuschen. Wenn ich dann alles gestanden habe, lacht ihr mich aus und haltet nicht Wort." – „Wir werden Wort halten."

„Schwörst du es mir zu?" – „Ich schwöre es dir bei allem, was ich glaube und verehre. Nun entschließe dich schnell, denn die Stimmung der Gnade hält bei mir nicht lange an!" – Halef tat, als dächte er ein Weilchen nach, und sagte dann: „Was habe ich vom Effendi, wenn ich tot bin? Ich ziehe es vor, zu leben, und will euch also Auskunft erteilen." – „Das ist dein Glück!" sagte Manach. „Also sag uns zunächst, wer dein Herr eigentlich ist." – „Habt ihr denn nicht gehört, daß er ein Deutscher ist?" – „Ja, das hat man uns gesagt.

„Und ihr glaubt es auch? Kann ein Alaman alle drei Pässe des Großherrn haben?" – „So ist er wohl kein Alaman?"

„Das fällt ihm nicht ein!" – „Aber ein Giaur ist er?"

„Auch nicht. Er verstellt sich nur, damit man nicht ahnen soll, wer er ist." – „Dann also heraus damit! Wer ist er?"

Halef machte ein überaus wichtiges Gesicht und antwortete: „Seinem ganzen Auftreten nach müßt ihr doch einsehen, daß er kein Kütschük adam[1], sondern etwas Außerordentliches ist. Ich habe schwören müssen, sein Geheimnis nicht zu verraten; aber wenn ich nicht spreche, so tötet ihr mich, und der Tod hebt alle Schwüre auf. So sollt ihr denn erfahren, daß er ein fremder Schahsâde[2] ist."

„Hundesohn! Willst du uns belügen?" fuhr Manach el Barscha auf.

„Wenn ihr nicht glaubt, ist es nicht meine Schuld." – „Soll der Effendi etwa gar ein Sohn des Großherrn sein?"

„Nein. Ich habe doch gesagt, daß er hier fremd ist." – „Aus welchem Land?" – „Aus Hindistan[3], das hinter Persien liegt."

„Warum ist er nicht dort geblieben? Warum reitet er bei uns im Land herum?" – „Um sich ein Weib zu suchen."

„Ein – – Weib?" fragte Manach el Barscha, aber nicht etwa im Ton des Erstaunens, sondern mit einer Miene, die ein Deutscher zeigt, wenn er das Wort ‚Aha!' ausruft. – Die Aussage des Hadschi

[1] Kleiner Mann [2] Königssohn [3] Indien

erschien diesen Leuten nicht so unglaublich. Hunderte von morgenländischen Märchen behandeln die Geschichte vom Fürstensohn, der unerkannt herumzieht, um sich die Schönste der Schönen, die stets die Tochter blutarmer Leute ist, zur Frau zu erkiesen. Das konnte ja auch hier der Fall sein. – „Warum aber sucht er grad hier?" lautete die nächste Frage. – „Weil es hier die schönsten Töchter gibt und weil es ihm geträumt hat, daß er die Blume seines Harems hier finden werde." – „So mag er sie suchen! Aber was hat er sich dabei um uns zu kümmern?" – Den Kleinen kitzelte der Schalk trotz der bösen Lage in der er sich befand. Er antwortete ernst: „Um euch? Fällt ihm nicht ein. Er hat es nur mit dem Mübarek zu tun."

„Inwiefern?" – „Weil er im Traum den Vater der Schönsten gesehen hat und auch die Stadt, wo er ihn finden soll. Die Stadt ist Ostromdscha und der Vater ist der alte Mübarek. Warum flieht der Mübarek vor meinem Herrn? Er mag ihm seine Tochter geben, so wird er als Kaynata[1] des reichsten indischen Fürsten große Macht erlangen."

Da ertönte aus dem Nebenraum die schnarrende Stimme des Verwundeten: „Schweig, du Sohn einer Hündin! Ich habe nie im Leben eine Tochter gehabt. Deine Zunge hängt voll Lügen wie die Nessel voll Raupen. Meinst du denn, ich wisse nicht, wer dein Herr ist, dem ich die Qualen der Hölle wünsche? Ich habe es bisher verschwiegen, denn ich wollte mir den Augenblick der höchsten Wirksamkeit für meine Rache aussuchen. Deshalb hielt ich leider auch vor Gericht in Ostromdscha damit zurück. Nun aber muß es heraus. Deine Lüge ist so groß, daß sie mir in den Ohren brennt. Ich muß sagen, was ich weiß, und darf nicht länger schweigen." – „Was ist's, was ist's?" fragten die andern. – „Wißt ihr Leute, daß dieser Fremde nichts ist, als ein verfluchter Schänder der Erasi-i-mübareke[2]. Ich habe ihn in Mekka gesehen, in der Stadt der Anbetung. Er wurde erkannt; ich stand neben ihm und streckte die Hand zuerst nach ihm aus, aber der Scheïtan half ihm, so daß er entkam. Und dieser Hadschi Halef Omar hat ihm, wie ich mit gutem Grund vermute, geholfen, das größte Heiligtum der Muslimin mit dem Blick eines Christenhundes zu besudeln. Ich habe das Gesicht dieses Ungläubigen nie vergessen und es wiedererkannt, als ich als Krüppel an der Straße vor Ostromdscha saß und er an mir vorüberritt. Laßt euch nicht mit frechen Lügen täuschen, sondern nehmt fürchterliche Rache für diese Freveltat! Ich habe gesonnen und gesonnen, welche Strafe diese Frevler erleiden müssen, aber ich habe keine Züchtigung gefunden, die mir groß genug erschien. Nun überlegt an meiner Stelle und handelt dann danach! Aber – handelt rasch und gründlich!"

Der Alte hatte schnell und übereifrig gesprochen, wie einer, der im Fieber liegt. Dann stöhnte er laut, denn die Schmerzen seiner Wunde übermannten ihn. Es war so wie ich gesagt hatte: man hatte ihn im Schlafzimmer untergebracht. – Und nun wurde es plötzlich hell in mir. Also darum war mir sein hageres, scharf geprägtes Gesicht so bekannt gewesen! Darum war es mir wie träumend vorgekommen: ein Meer von Menschen, empört und erregt, und inmitten dieses

[1] Schwiegervater [2] Heilige Orte

Meers diese Gestalt, die langen dürren Arme gegen mich ausstreckend und die Knochenfinger krallend, wie ein Raubvogel, der auf seine Beute losschießt! In Mekka war es gewesen, wo ich ihn gesehen hatte. Sein Bild hat sich, mir unbewußt, meinem Gedächtnis eingeprägt, und als ich ihn dann in Ostromdscha wiedersah, ahnte ich wohl, ihm schon einmal begegnet zu sein, konnte mich aber nicht des Ortes erinnern, wo das geschehen war. – Seine Worte brachten die von ihm erwartete Wirkung hervor. Diese Menschen waren Verbrecher, aber sie waren zugleich Muslimin. Der Gedanke, ich sei ein Christ und habe die heilige Kaaba entweiht, rief ihre tiefste Empörung hervor. Und daß Halef an dieser Todsünde teilgenommen haben sollte, erfüllte sie mit einem Rachegefühl, das für ihn weder Gnade noch Barmherzigkeit übrig ließ. – Kaum hatte der Mübarek ausgesprochen, so sprangen Manach und Barud auf, und auch Suef schnellte vom Boden empor, wie von einer Natter gestochen. – „Lügner!" brüllte er, indem er mit dem Fuß gegen Halef stieß. „Verdammter Lügner und Verräter seines eignen Glaubens! Oder hast du etwa den Mut, zu behaupten, daß der Mübarek nicht die Wahrheit gesprochen habe?"

„Ja, rede!" schrie auch Bybar. „Rede, oder ich zermalme dich zwischen meinen Fäusten! Bist du in Mekka gewesen?"

Halef verzog keine Miene. Der kleine Hadschi war wirklich ein mutiger Mann. – „Was regt ihr euch auf? Warum tut ihr, als ob der Raubvogel unter die Enten gefahren sei? Seid ihr Männer oder Kinder?" – „Hundesohn, beleidige uns nicht!" rief Manach el Barscha. „Deine Strafe wird schon ohnedies fürchterlich sein. Willst du sie noch entsetzlicher dadurch machen, daß du unsern Zorn verdoppelst? Antworte: bist du in Mekka gewesen?" – „Muß ich nicht dort gewesen sein, da ich doch ein Hadschi bin?" – „Und war dieser Kara Ben Nemsi mit dir dort?" – „Ja." – „Er ist ein Christ?" – „Ja."

„Also kein Königssohn aus Indien?" – „Nein."

„So hast du uns belogen! Heiligtumschänder! Das sollst du jetzt büßen. Wir werden dich knebeln, daß du keinen Laut auszustoßen vermagst, und dann soll die Marter beginnen. Dschemal, gib etwas her, womit wir ihm den Mund verstopfen." – Der Konakdschi ging und kehrte im Augenblick mit einem Tuch zurück.

„Sperr das Maul auf, Schurke, daß wir den Knebel hineinschieben!" gebot Barud el Amasat, das Tuch nehmend und sich zu Halef niederbeugend. Und da der Hadschi diesem Befehl nicht Folge leistete, fügte er hinzu: „Öffne, sonst breche ich dir die Zähne mit der Klinge auseinander!" – Er kniete neben dem Gefesselten nieder und riß sein Messer aus dem Gürtel. Jetzt war es die höchste Zeit, der Sache ein Ende zu machen. – „Schlagt zu!" gebot ich meinen Gefährten.

Ich hatte den umgekehrten Stutzen schon stoßbereit in die Hände genommen. Ein Stoß, und zwei Bretter des Ladens flogen in die Stube. Zu meinen Seiten schlugen auch Osko und Omar zu, so daß die andern Teile des Ladens nachfolgten. Im Nu hatten wir die Gewehre wieder umgedreht und die Läufe in die Stube gerichtet.

„Halt! Rührt euch nicht, wenn ihr nicht unsre Kugeln haben wollt!" rief ich hinein.

Barud el Amasat, der sein Messer über das Gesicht Halefs gehalten hatte, fuhr in die Höhe.

„Der Alaman!" rief er erschrocken. – „Sihdi!" rief Halef. „Schieß sie nieder!" – Aber zu schießen wäre Unsinn gewesen, da es kein Ziel für unsre Kugeln mehr gab. Kaum hatten nämlich die Wichte meine Worte gehört und mein Gesicht gesehen, das sie bei dem Schein des Lichts erkennen konnten, so rissen sie ihre Gewehre vom Haken und rannten zur Stube hinaus, der Konakdschi mit ihnen. – „Hinein zu Halef!" gebot ich Omar und Osko. „Bindet ihn los! Löscht aber erst das Licht aus, damit ihr nicht etwa den feindlichen Kugeln ein Ziel bietet! Bleibt ruhig in der Stube, bis ich komme!"

Sie gehorchten sofort. – „Du kannst mich hier erwarten", sagte ich dann dem Schäfer, eilte der Mauer entlang zur Ecke, um die wir vorhin gekommen waren, und huschte zwischen den jungen Fichten und dem Haus bis an die vordere Seite. – Was ich vermutet hatte, geschah. Ich sah trotz der Dunkelheit mehrere Gestalten auf mich zukommen und trat schnell zurück, um mich unter die niedersten Äste der Fichten zu verkriechen. Kaum lag ich da, so erschienen sie: Manach, Barud, die beiden Aladschy, Suef und der Konakdschi Dschemal. – „Vorwärts!" befahl Barud leise. „Sie stehen noch am Laden. Das Licht muß aus der Stube auf sie fallen und sie beleuchten. Wir sehen sie also und schießen sie nieder."

Der Armenier war der vorderste von ihnen. Als er die Ecke erreichte und an der Rückseite des Hauses hinabblicken konnte, blieb er stehen. „Scheïtan!" brauste er auf. „Man sieht nichts. Das Licht ist fort. Was ist zu tun?" – Es trat eine Pause ein. – „Wer kann das Licht ausgelöscht haben?" fragte endlich Suef. – „Vielleicht hat es einer von uns während der Flucht umgerissen", meinte Manach.

„Verdammt!" knirschte Sandar. „Dieser Deutsche steht wirklich mit dem Teufel im Bund. Kaum meinen wir, ihn oder einen seiner Leute festzuhalten, so zerrinnt der Vorteil wie Nebel. Nun stehen wir da und wissen nicht, was wir tun sollen."

In diesem Augenblick ließ sich von daher, wo der Schäfer wartete, ein leises Husten hören. Er hatte den Hustenreiz nicht unterdrücken können. – „Hört ihr es? Er steht wirklich noch dort", meinte Manach. „So geben wir ihm eine Kugel", riet Sandar. – „Nieder mit der Flinte!" gebot Manach. „Du kannst ihn nicht sehen, und wenn du schießt, triffst du ihn nicht, aber du verrätst ihm unsre Anwesenheit. Es muß etwas andres geschehen. Dschemal, kehre ins Haus zurück, und berichte uns, wie es drinnen steht." – „Scheïtan!" antwortete der Konakdschi bedenklich. „Soll ich mich für euch niederschießen lassen?" – „Die Fremden werden dir nichts tun. Du sagst, wir hätten dich gezwungen. Du schiebst alles auf uns. Sie konnten ja schon in der Stube auf uns schießen, haben es aber nicht getan. Daraus magst du ersehen, daß sie uns nicht nach dem Leben trachten. Also geh, und laß uns nicht lange auf dich warten!"

Der Konakdschi entfernte sich. Die andern flüsterten leise zusammen. Es dauerte nicht lange, so kehrte er zurück. – „Ins Haus könnt ihr nicht", meldete er; „denn sie haben die Stube besetzt."

Die Verbündeten berieten sich eine Weile, ob sie fliehen oder bleiben sollten. Noch bevor sie einen Entschluß gefaßt hatten, geschah etwas, was selbst mir überraschend vorkam. Man hörte taktmäßige Schritte, die sich von hinten dem Haus näherten, und eine gedämpfte Stimme befahl: „Dur! Askerler, tüfenklêr doldurunus – halt! Soldaten, ladet die Gewehre!" – Das war die Stimme des Hadschi, wie ich zu meinem Erstaunen hörte.

„Habt ihr es gehört?" flüsterte der Wirt. „Es sind Soldaten da. Und war es nicht der kleine Araber, der sie befehligte?"

„Ja, er war es gewiß", antwortete Barud el Amasat. „Er ist losgebunden worden und durchs Fenster gesprungen, um die Soldaten herbeizuholen, die sein Herr mitgebracht hat. Das können nur Truppen aus Üsküb sein. Woher mag er diese Leute so schnell bekommen haben?" – „Der Scheitan sendet ihnen von allen Seiten Hilfe!" zischte Manach el Barscha. „Unsres Bleibens ist hier nicht. Horcht!"

Wieder tönte die Stimme des Hadschi: „Durun burada! Araschtyryrim! – Wartet hier! Ich werde Umschau halten."

„Wir müssen fort", flüsterte Manach. „Wenn der Kleine aus der Stube fort ist, so sind auch die andern nicht mehr drin. Geh schnell hinein, Dschemal! Sind sie nicht mehr dort, so bringst du den Mübarek heraus. Sein Fieber mag noch so heftig sein — er muß auch verschwinden. Wir holen unterdessen unsre Pferde. Du triffst uns rechts von der Furt unter den vier Kastanien. Aber schnell, schnell! Es ist kein Augenblick zu verlieren." – Die andern schienen damit einverstanden zu sein und huschten fort. Jetzt galt es für mich noch vor ihnen die Kastanien zu erreichen. Ich war mit der Örtlichkeit nicht vertraut, wußte aber nun, daß diese Bäume zur rechten Seite der Furt standen, und da ich dort vorübergekommen war, hoffte ich das Stelldichein leicht zu finden. Den Henrystutzen ließ ich einstweilen unter den Fichten liegen, da er mir leicht hinderlich werden konnte.

Ich hörte eine Tür knarren, jedenfalls die Stalltür, und eilte nun so schnell ich konnte zur Furt. Hier wendete ich mich rechts und war kaum vierzig Schritte gegangen, als ich die vier Bäume erblickte. Sie waren dicht belaubt. Zwei von ihnen trugen ihre Kronen hoch; bei den andern reichten die untersten Äste so weit herab, daß ich sie beinahe mit den Händen erreichen konnte. Ich umfaßte den einen Stamm: einige Griffe, ein Schwung, und ich saß oben auf einem Ast, der stark genug war, mehrere Männer von meinem Gewicht zu tragen. Kaum hatte ich mich gesetzt, so hörte ich nahende Pferdetritte. Die Flüchtlinge hatten ihre Tiere am Zügel und hielten unter mir an. Und da führte auch schon der Konakdschi den Mübarek herbei. Vom Haus her hörte man Halefs Stimme: „Wir gehen hinein. Schlagt die Läden ein, wenn ihr unsre Schüsse hört!" – „Allah sucht mich schwer heim", klagte leise der Mübarek. „Mein Leib ist wie Feuer, und meine Seele lodert wie eine Flamme. Ich weiß nicht, ob ich reiten kann." – „Du mußt!" entgegnete Manach. „Auch wir hätten gern geruht, aber diese Teufel hetzten uns von Ort zu Ort. Wir müssen fort, und doch ist es für uns notwendig zu wissen, was hier heute noch geschieht. Dschemal, du wirst uns einen Boten nachsenden."

„Wo wird er euch treffen?" – „Irgendwo auf dem Weg zur Hütte des Köhlers. Du aber mußt diese Fremden auf unsre Spur lenken. Du mußt ihnen sagen, daß wir zu Scharka reiten wollen. Sie werden uns gewiß folgen und dann sind sie verloren. Wir werden ihnen am Teufelsfelsen auflauern. Dort können sie weder rechts noch links ausweichen und müssen uns in die Hände laufen."

„Und wenn sie uns trotz alledem entgehen?" fragte Bybar.

„So fallen sie beim Köhler desto sicherer in unsre Hände. Dschemal mag ihnen von den Schätzen der Juwelenhöhle erzählen, wie er es all den andern erzählt hat, die in die Falle gegangen sind. Es müßte die ganze Hölle mit ihnen im Bund stehen, wenn sie die Ip merdiwani[1] fänden, die empor in die hohle Eiche führt. Den Rappen des Deutschen wird freilich Kara Nirwan für sich haben wollen. Das andre aber teilen wir unter uns, und ich denke, daß wir zufrieden sein werden. Ein Mensch, der solche Reisen macht und ein solches Pferd besitzt, wie dieser Alaman, muß viel Geld bei sich haben."

Da befand Manach sich in einem großen Irrtum. Mein Reichtum bestand augenblicklich in dem, was ich von ihm hörte. Ich wußte nun, daß Kara Nirwan der Schut sei. Ich wußte auch, daß die Opfer des Köhlers durch gewisse Schilderungen des Konakdschi in eine angebliche Juwelenhöhle gelockt wurden. Und ich wußte, daß diese Höhle einen zweiten Zugang hatte, der in einer hohlen Eiche emporführte. Diese Eiche hatte jedenfalls einen bedeutenden Umfang und eine entsprechende Höhe und mußte so ihn die Augen fallen, daß sie nicht schwer zu finden war. – Weiter bekam ich nichts mehr zu hören. Der Konakdschi war voll Angst und mahnte zum Aufbruch. Die Männer bestiegen ihre Pferde; dem stöhnenden Mübarek wurde in den Sattel geholfen, und bald hörte ich das Plätschern, als sie durch die Furt ritten. Nun stieg ich vom Baum und ging zum Konak zurück. Ich wußte nicht, was besser sei, einzutreten oder erst durch den eingeschlagenen Laden zu schauen. Da vernahm ich Halefs laute Stimme im Haus und ging hinein. – Eigentlich trat man durch die Tür sofort in das große Gastzimmer, doch war eine Rutenwand vorgestellt worden, um diesen Raum gegen Zugluft zu schützen. Noch hinter dieser Wand stehend, hörte ich Halef in strengstem Ton sagen: „Ich verbiete dir, dich des Nachts draußen herumzutreiben, während so ruhmreiche Männer wie wir hier stehen, um mit dir zu sprechen. Du bist der Wirt dieses armseligen Konak, und mußt deine Gäste bedienen, damit sie sich wohl befinden zwischen deinen vier morschen Wänden. Wenn du diese Pflicht versäumst, werde ich sie dir nachdrücklich zum Bewußtsein bringen. Wo kommst du her?"

„Ich war draußen, um heimlich zu beobachten, wohin sich die Männer wenden würden, die vorhin so ruchlos über dich hergefallen sind", antwortete Dschemal, der sofort ins Haus zurückgekehrt war.

Nun trat ich bis an den Rand der Scheidewand vor und blickte in die Stube. Da lagen sechs Personen gebunden am Boden, von Osko und Omar bewacht, die ihre Gewehre im Arm hatten. Daneben stand Halef, mit herausgedrückter Brust, in stolzer Haltung, vor ihm der

[1] Strickleiter

Wirt in demütiger Stellung, und daneben eine alte Frau mit halb verhülltem Gesicht, die mehrere Stricke in den Händen hielt. Der kleine Hadschi befand sich wieder einmal in der willkommenen Lage, sich das Ansehen eines bedeutenden Mannes zu geben. – „So!" sagte er. „Jetzt nennst du es ruchlos; vorher aber hattest du deine Freude daran." – „Das war Verstellung, Aga. Ich mußte so tun, um die Schurken nicht mehr zu erzürnen. Im stillen jedoch war ich fest entschlossen, alles zu wagen, um dich aus ihren Händen zu befreien."

„Das klingt sehr schön. Du willst wohl damit sagen, daß du nicht ihr Verbündeter bist?" – „Ich kenne sie gar nicht", behauptete Dschemal. – „Und doch nanntest du sie alle bei ihren Namen!" – „Die wußte ich, weil sie sich gegenseitig so nannten. Ich freue mich, daß die Sache so gut abgelaufen ist." – „Oh, sie ist noch lange nicht abgelaufen, sondern sie wird erst richtig beginnen, soweit es nämlich dich betrifft. Über deine Schuld oder Unschuld zu entscheiden, verträgt sich nicht mit meiner Würde. Ich mag mit Leuten deines Gelichters gar nicht in Berührung kommen, und werde den Effendi beauftragen, dich ins Verhör zu nehmen und mir dann Bericht zu erstatten. Von seinem Entschluß und von meiner Genehmigung wird es dann abhängen, was mit euch geschehen soll. Einstweilen wirst du dich binden lassen, damit wir von deiner liebevollen Anhänglichkeit überzeugt sein können."

„Binden? Warum?" – „Ich habe dir soeben gesagt: damit du nicht auf den Gedanken kommen kannst, plötzlich eine Vergnügungsreise zu unternehmen. Hier steht die freundliche Gefährtin deiner Tage. Sie hat sich bereit finden lassen, diesen andern hier die Schlingen anzulegen, und sie wird nun auch dir mit Vergnügen den Strick, der eigentlich um deinen Hals gehört, um die Hände und Füße binden. Dann werden wir beraten, wie es möglich ist, die Einquartierung unterzubringen, die draußen auf uns wartet. Ich befürchte, daß diese Räume nicht ausreichen für so viele Soldaten. Streck also die Hände hin, damit die Blume deines Hauses sie miteinander vereinigen kann!"

„Herr, ich habe doch nichts verschuldet! Ich kann nicht dulden –" „Schweig!" unterbrach ihn Halef. „Was du dulden willst oder nicht, geht mich nichts an. Jetzt hast du hier zu befehlen, und wenn du nicht augenblicklich gehorchst, bekommst du Hiebe." – Er hob die Peitsche. Vorhin hatte ich sie mit seinen Pistolen und dem Messer auf dem Tisch liegen sehen, denn er war entwaffnet worden; jetzt hatte er diese Gegenstände wieder an sich genommen. Osko und Omar stießen die Gewehre drohend auf den Boden, und der eingeschüchterte Konakdschi streckte seiner Frau die Hände hin, um sich binden zu lassen. Dann mußte er sich auf die Erde legen, worauf ihm auch die Füße gefesselt wurden. – „So ist's recht, du Wonne meines Lebens!" lobte Halef die Alte. „Du hast das gute Teil gewählt, indem du dich entschlossest, mir ohne Murren zu gehorchen. Darum sollen deine Hände und Füße von keinem Strick berührt werden, sondern du sollst deine Fittiche frei schwingen können über das Haus, das Allah mit deiner Lieblichkeit beglückte. Nur versuche ja nicht, die Fesseln dieser Leute zu berühren, denn das würde Folgen nach sich ziehen, wodurch die Zartheit deiner Vorzüge leicht beschädigt werden könnte. Setz dich in die Ecke dort, und ruh in stiller Beschaulichkeit von den Mühseligkeiten deiner irdischen Laufbahn aus! Wir werden indessen eine amtliche Beratung abhalten, ob wir euer Haus in die Luft sprengen oder durch das Feuer verzehren lassen." – Sie gehorchte, langsam in die Ecke schleichend, und Halef wendete sich nun der Tür zu, jedenfalls um nach mir zu forschen. Als ich jetzt vortrat, fiel es ihm nicht etwa ein, ein Wort der Entschuldigung wegen seiner Unvorsichtigkeit zu sagen, sondern er meldete mir wichtig: „Du kommst, Sihdi, um dich nach den Ergebnissen unsres ruhmreichen Feldzugs zu erkundigen. Da sieh her: sie liegen vor dir auf der Erde und sind bereit, Leben oder Tod aus unsern Händen zu empfangen!" – „Komm mit hinaus!"

Ich sagte das so kurz und gemessen, daß sich sein Gesicht sogleich bedeutend in die Länge zog. Er folgte mir vors Haus. – „Halef", wendete ich mich dort an ihn, „ich habe dich herausgerufen, um dich nicht vor den Leuten zu beschämen, denen gegenüber du den Herrscher spielst, und hoffe, daß du diese Rücksichtnahme anerkennst."

„Sihdi", antwortete er bescheiden, „ich erkenne sie an; aber du wirst auch mir zugeben, daß ich meine Sache ausgezeichnet gemacht habe." – „Nein, das kann ich nicht. Du hast eigenmächtig gehandelt und unsre Gegner dadurch vertrieben, was mir einen Strich durch meine Rechnung macht. Willst du denn nicht endlich einsehen, daß du stets den kürzern ziehst, wenn du gegen meine Wünsche und Warnungen handelst? Du bist mit einem blauen Auge weggekommen, weil wir dich zur rechten Zeit gerettet haben. Doch es nützt nun nichts, Vorwürfe anzuhäufen. Erzähle mir also den Verlauf deines berühmten Unternehmens!" – „Hm!" brummte er kleinlaut. „Der Verlauf war sehr schnell. Dschordsche hatte uns das Haus beschrieben, ich wußte also, wo die Leute zu suchen seien. Ich schlich herbei und blickte durch das Astloch. Da sah ich alle sitzen, den Mübarek ausgenommen. Sie unterhielten sich angelegentlich, aber ich konnte nur hier und da ein einzelnes Wort verstehen. Das genügte mir nicht, und darum beschloß ich, nebenan in die Schlafstube zu steigen, deren Laden offenstand."

„Du erwartetest, daß sich niemand darin befände?" – „Natürlich!" „Das ist keineswegs natürlich. Frage die Gefährten! Sie werden dir bestätigen, daß ich mit großer Bestimmtheit behauptet habe, der verwundete Mübarek liege in der Stube." – „Davon habe ich leider nichts gehört, sonst hätte ich mich gehütet, mit beiden Füßen zugleich in diese häßliche Pfütze zu springen. Ich habe mich dabei ganz leidlich vollgespritzt; das muß ich zugeben. Es war gar nicht angenehm. Und als Barud el Amasat das Messer über mir zückte, um mir damit den Mund zu öffnen, da hatte ich ein Gefühl, ein Gefühl, hm, als würde mir so recht hübsch langsam das Rückgrat aus dem Leib gezogen. Es gibt eben in diesem Erdenleben Augenblicke, in denen man sich nicht ganz so behaglich fühlt, wie man es wünschen möchte. Ich hielt die Kammer für leer, war aber trotzdem so vorsichtig, erst eine Weile am offnen Laden zu horchen. Da sich nichts regte, stieg ich durch das Fenster ein und ließ mich innen recht vorsichtig und leise hinab. Ich bekam auch glücklich, ohne ein Geräusch, den Boden unter die Füße und wollte nun zur Scheidewand schlüpfen, hinter der sich die Leute befanden, die ich belauschen wollte. Aber die Unverständigkeit des Schicksals legt auch dem besten Menschen Hindernisse in den Weg, und gerade dann und da, wann und wo er sie am wenigsten braucht. Ich stolperte über einen Körper. Der Kerl hatte mich ruhig einsteigen lassen und keinen Laut von sich gegeben. Jetzt faßte er mich am Bein und brüllte, als wolle er sämtliche Tote des Erdkreises aufwecken. Ich griff in die Luft, um mich irgendwo festzuhalten, und erwischte ein Brett, das nicht genügend an die Wand befestigt war. Ich riß es mit allem, was darauf stand, herab und fiel hin. Da gab es einen fürchterlichen Lärm. Unsre Feinde sprangen aus der Stube herbei, und ehe ich mich aufraffen konnte, hatten sie mich gepackt. Der Konakdschi holte schnell zwei Leinen und ich wurde gebunden, in die Stube geschleppt und ausgefragt. Ich sollte sagen, wer und was du seist, und habe ihnen gestanden, daß –" – „– daß ich ein indischer Königssohn bin und hier eine Frau suche. Das habe ich gehört, du unverbesserlicher Flunkerer. Jetzt wollen wir wieder in die Stube gehen." – „Willst du denn nicht erfahren, was ich getan habe, nachdem ich von den Fesseln frei war?" – „Das kann ich mir selbst sagen. Du glaubtest, ich sei in Gefahr, und hast Osko und Omar veranlaßt, gegen meinen Befehl zu handeln. Ihr seid aus dem Fenster gestiegen und habt euch eine Strecke vom Haus entfernt, um Soldaten zu spielen."

„Ja, aber das habe ich nicht ohne guten Grund getan. Ich habe das Anschleichen nach deiner Art versucht. Ich legte mich auf die Erde und kroch zu der Ecke, denn ich erfuhr, daß du dich dorthin begeben hattest. Dort standen die Halunken. Ich kam so nahe an sie, daß ich sie flüstern hörte, wenn ich auch nicht die Worte verstehen konnte. Das vermehrte meine Besorgnis, und so beeilten wir uns, die Soldaten aufmarschieren zu lassen. Wir stampften im Takt den Boden, und Osko und Omar stießen dazu ihre Kolben kräftig auf. Unser Gastgeber, der Schäfer, half auch mit." – „Wo befindet er sich jetzt?"

„Ich habe Dschordsche nach Haus geschickt. Er ist der Nachbar des Konakdschi und soll von ihm nicht gesehen werden, um nicht später unter dessen Feindschaft und Rache zu leiden." – „Das ist noch das Klügste, was du heute abend getan hast. Komm jetzt mit!"

Wir kehrten in die Stube zurück, wo der Konakdschi, wie mich sein Gesichtsausdruck vermuten ließ, meinem Erscheinen mit Bangigkeit entgegengesehen hatte. – Halef mochte vielleicht meinen, die Leute hätten erraten, daß ich vorhin beabsichtigte, ihm eine Rüge zu erteilen. Um sein Ansehen zu behaupten, trat der unverbesserliche Prahlhans vor Dschemal und sagte: „Der Kriegsrat, den wir draußen gehalten haben, ist beendet. Ich bin mit dem Entschluß unsers weisen Effendi einverstanden, und ihr werdet jetzt euer Schicksal aus seiner Hand empfangen." – Am liebsten hätte ich dem Hadschi eine kleine Ohrfeige verabreicht; er verließ sich doch allzusehr auf meine Zuneigung. Ich begnügte mich, ihm einen zornigen Blick zuzuwerfen, und nahm den Konakdschi in ein Verhör, dessen Ergebnis gleich Null war. Er leugnete jegliches Einverständnis mit dem Entflohenen kurzweg. – „Effendi, ich bin unschuldig", beteuerte er. „Frage meine Leute, sie werden dir das gleiche sagen." – „Gewiß, denn sie stecken mit dir

unter einer Decke. Gibt es im Konak einen Raum, wo man etwas fest und sicher verschließen kann?" – „Ja, das würde der Keller hinter uns sein. Die Falltür ist dort in der Ecke, wo meine Frau sitzt." – Der Fußboden bestand aus festgestampftem Lehm. Die Stelle aber, wo die Frau saß, war mit einer Bretterdiele belegt, und da gab es eine mit einem Schloß versehene Falltür. Die Wirtin hatte den Schlüssel, sie mußte ihn hergeben, und ich öffnete. Eine Leiter führte hinab. Ich nahm das Licht, stieg hinunter und sah einen ziemlich großen, viereckigen Raum, in dem allerlei Feldfrüchte lagen. Ich kehrte wieder zurück und ließ dem Konakdschi die Stricke abnehmen. – „Steig hinab!" gebot ich ihm. – „Was soll ich da unten?" – „Wir werden eine Kellerversammlung veranstalten, weil man da unten am ungestörtesten beraten kann." – Als Dschemal noch zögerte, zog Halef die Peitsche aus dem Gürtel. Jetzt bequemte sich der Konakdschi zum Hinabsteigen. Die andern mußten ihm folgen, nachdem wir sie von den Fesseln befreit hatten. Zuletzt stieg die Frau hinab, und wir zogen die Leiter empor. Dann wurden die Kissen und Decken aus der Schlafstube herbeigeholt und hinabgeworfen, und endlich erklärte ich ihnen:
„Jetzt könnt ihr die Beratung da unten beginnen. Ihr mögt euch überlegen, ob ihr mir bis morgen früh alles aufrichtig gestehen wollt. Und damit es euch nicht einfällt, den Beratungsraum auf irgendeine Weise zu verlassen, will ich euch sagen, daß wir hier bei der Tür wachen werden." – Sie hatten sich bisher schweigsam verhalten; nun aber erhoben sie laut Einspruch. Doch wir schnitten alle Weiterungen ab, indem wir die Tür zuwarfen und verschlossen. Den Schlüssel steckte ich ein. Halef und Osko blieben als Wachen da. – Mit Omar kehrte ich ins Haus des Schäfers zurück, der mit Israd in großer Neugierde auf uns gewartet hatte. Sie erfuhren so viel, wie wir für angemessen hielten. Dann begaben wir uns zur Ruhe.

2. „Die Blume des Orients"

Nach der Anstrengung der letzten Tage war unser Schlaf so tief, daß wir wohl erst am späten Vormittag aufgewacht wären. Doch hatte ich Dschordsche gebeten, uns bei Tagesanbruch zu wecken.

Als wir dann zum Konak gingen, fanden wir die Tür von innen verriegelt. Halef und Osko schliefen noch, und wir mußten klopfen. Sie hatten sich ein Lager aus Heu bei der Kellertür bereitet und teilten uns mit, daß die Gefangenen sich ruhig verhalten hätten. Als die Kellertür geöffnet und die Leiter hinabgegeben war, stieg der Konakdschi mit den Seinen herauf. Die Gesichter, die wir zu sehen bekamen, waren zum Malen. Auf allen stand deutlich der Grimm geschrieben, obwohl sie sich zu beherrschen suchten. Dschemal wollte mit Vorwürfen und Verteidigungen beginnen; ich aber schnitt ihm die Rede durch die Worte ab: „Wir haben mit dir zu verhandeln; komm mit in die hintere Stube! Die andern mögen sich an ihr Tagewerk begeben."

Diese andern waren im nächsten Augenblick verschwunden. Als wir dann in der Stube saßen, stand der Konakdschi mit einem Armensündergesicht vor uns. – „Du hast während der Nacht Zeit gehabt, nachzudenken, ob du ein offenes Geständnis ablegen willst", begann ich. „Wir erwarten deine Antwort." – „Effendi", meinte er, „ich habe gar nicht nötig gehabt, nachzudenken. Ich kann doch nichts weiter sagen, als daß ich unschuldig bin." – Nun erging er sich in einer breiten Schilderung der einzelnen Vorfälle der verflossenen Nacht und versuchte ihnen die beste Seite für sich abzugewinnen. Er hatte im Keller seine Verteidigung reiflich überlegt und führte sie nun mit Geschick durch. Um ihn zu täuschen, sagte ich endlich: „Wie mir jetzt scheint, haben wir dich allerdings ohne Grund in Verdacht gehabt, und ich will dir eine angemessene Genugtuung geben." – „Effendi, ich verlange nichts. Es genügt mir, daß du mich für einen ehrlichen Mann hältst. Du bist fremd im Land und kennst die Verhältnisse nicht. Da ist es kein Wunder, wenn du einen solchen Fehler begehst. Auch deine Leute sind nicht von hier. Darum wäre es geraten, dir für deine Weiterreise einen Mann zu nehmen, wenigstens von Zeit zu Zeit, auf den du dich in solchen Lagen völlig verlassen könntest." – Aha! Jetzt war er bei dem verabredeten Punkt angekommen. Ich kam ihm scheinbar entgegen, indem ich antwortete: „Da hast du recht. Ein zuverlässiger Führer ist viel wert. Aber eben weil ich ein Fremder bin, muß ich vorsichtig sein. Ich kenne hier die Leute nicht. Wie leicht könnte ich einen Menschen anwerben, der mein Vertrauen nicht verdient!"

„Das ist wahr." – „Oder wüßtest du einen zuverlässigen Führer für mich?"

„Vielleicht. Wohin wollt ihr?" – „Nach Kalkandelen."

Das war nicht wahr, aber ich hatte meine Gründe so zu sprechen. Er machte auch sogleich ein enttäuschtes Gesicht und sagte rasch: „Das hätte ich nicht erwartet, Effendi." – „Warum nicht?"
„Weil ich gestern hörte, daß ihr in einer anderen Richtung reiten wolltet." – „Welche wäre das?" – „Hinter den sechs Reitern her."
„Ah so! Aber wer hat dir denn das gesagt?" – „Sie haben es erwähnt, als sie von euch sprachen. Sie erzählten, ihr hättet sie schon seit langer Zeit verfolgt." – „Das gebe ich zu. Aber ich bin es müde geworden, hinter Leuten herzulaufen, die mir doch immer wieder entgehen. Man kommt dabei in Unannehmlichkeiten und begeht Fehler, die man nicht verantworten kann. Das hast du ja selbst erfahren."
„Oh, von gestern wollen wir nicht mehr sprechen. Was geschehen ist, das ist vergessen und vergeben. Diese sechs Männer müssen dich doch tief beleidigt haben?" – „Außerordentlich." – „Nun, da du ihnen schon so lange gefolgt bist, wäre es doch Torheit, wenn du jetzt von ihnen ablassen wolltest, eben jetzt, wo es gewiß ist, daß du dich ihrer bemächtigen könntest, wenn du nur ernstlich wolltest." – „Woher weißt du das?" – „Ich schließe es aus dem, was ich von ihnen erlauschte. Du weißt doch wohl, wohin sie reiten wollen?" – „Woher sollte ich das wissen? Eben diese Unkenntnis ist für mich ein Grund auf die weitere Verfolgung zu verzichten." – Jetzt nahm der schlaue Fuchs eine geheimnisvolle Miene an und sagte: „Du wirst jetzt erfahren, daß ich nicht rachsüchtig bin, Effendi. Ich werde dir einen großen Dienst erweisen, indem ich dir sage, wo du die Leute treffen kannst."
„Ah, du weißt es! Wohin sind sie geritten?" – „Von hier nach Glogovik. Sie fragten mich, wie weit es bis dorthin sei, und ich habe ihnen den Weg beschreiben müssen." – „Das ist ja prächtig!" rief ich scheinbar erfreut. „Diese Nachricht ist mir höchst wichtig. Nun reiten wir heute noch nach Glogovik. Aber ob wir dort wissen, wohin sie weitergeritten sind?" – „Danach brauchst du dort nicht zu fragen, weil ich auch das schon weiß." – „So sind unsre Gegner sehr mitteilsam gegen dich gewesen!" – „O nein; ich habe alles nur erlauscht." – „Desto besser, dann brauche ich nicht zu fürchten, daß sie dich absichtlich täuschen wollten. Also, wohin trachten sie?" – „Nach Fandina. Dieser Ort liegt jenseits des Schwarzen Drin. Dort wollen sie einige Zeit verweilen, und da kannst du dich ihrer bemächtigen." – Es war klar, daß diese Angabe erlogen sei; dennoch erkundigte ich mich: „Ist dir vielleicht der Weg von Glogovik nach Fandina bekannt?" – „Sehr gut sogar. Ich stamme aus jener Gegend. Ihr kommt da durch höchst reizvolle Gegenden, zum Beispiel zum berühmten Teufelsfelsen." – „Warum führt er diesen Namen?" – „Du bist ein Christ und wirst also wissen, daß Isa Ben Marjam[1] vom Scheïtan versucht wurde. Diesem gelang sein Vorhaben nicht, er machte sich von dannen und hielt seine erste Rast an jenem Felsen. Voll Grimm schlug er mit der Faust auf den Berg, daß die gewaltige Felsmasse mitten auseinanderbarst. Durch die entstandene Spalte führt jetzt der Weg, den ihr reiten müßt." – „Das ist Sage?" – „Nein, es ist Wahrheit. Darum wird jener Fels der Teufelsfelsen genannt." – „So bin ich neugierig ihn zu sehn." – „Dann kommst

[1] Jesus

du in dichten Wald, wo zwischen Felsen die berühmte Dschewahier magharaßy[1] liegt." – „Was hat es mit ihr für eine Bewandtnis?"
„Eine Fee liebte einen Sterblichen. Der Herr des Feenreichs hatte Mitleid mit den Qualen ihrer Liebe und erlaubte ihr, dem Geliebten anzugehören, doch müsse sie auf ihre Vorzüge verzichten, menschliches Wesen annehmen und auch sterben. Sie willigte ein und durfte nun zur Erde nieder; auch wurde ihr erlaubt, alle ihre Juwelen mitzunehmen. Aber als sie zur Erde kam, war ihr inzwischen der Geliebte untreu geworden, und aus Gram darüber zog sie sich in jene Höhle zurück, wo sie ihre Juwelen verstreute, um sich dann in Tränen aufzulösen. Wer in jene Höhle kommt und ein reines Gewissen hat, der findet einen jener Steine. Viele sind schon arm hineingegangen und reich herausgekommen, denn die Juwelen der Fee sind von seltener Größe und Reinheit." – Dschemal betrachtete mich forschend von der Seite, um zu sehen, welchen Eindruck die Sage auf mich mache. Das war also die Lockspeise, womit der Köhler seine Opfer in die Hände lieferte! Wenn man den Aberglauben der dortigen Bevölkerung in Betracht zieht, staunt man wohl nicht darüber, daß sich Leute gefunden hatten, die sich durch diese alberne Geschichte verlocken ließen. – Mit besonderer Betonung fügte der Konakdschi hinzu: „Ich selbst kenne einige Männer, die solch köstliche Steine gefunden haben."
„Du nicht auch?" fragte ich. – „Nein, ich fand keinen Edelstein, weil ich schon zu alt war. Man darf nämlich nicht über vierzig Jahre alt sein." – „So hat die Fee die jungen Männer, den alten vorgezogen! Du hättest eher suchen sollen."
„Da wußte ich noch nichts von der Höhle; du aber hättest noch Zeit – du bist ja noch jung." – „Pah! Ich bin reich – ich habe soviel Geld bei mir, daß ich mir einen solchen Diamanten kaufen kann."
Ich sah dem Halunken scheinbar unbefangen ins Gesicht und bemerkte, daß er die Farbe wechselte. Wollte er mich mit Diamanten ködern, so steckte ich ihm Gold an meine Angel. Anbeißen würden wir beide; das war vorauszusehen. Er wollte mich in die Höhle und ich wollte ihn mit mir zum Köhler locken. – „So reich bist du?" rief er erstaunt. „Ja, das konnte ich mir denken. Ist doch allein dein Pferd mehr wert als alles, was mir gehört. Aber einen Diamanten der Fee zu finden, müßte dich trotzdem auch locken." – „Freilich lockt es mich. Aber ich weiß doch nicht, wo die Höhle liegt. Vielleicht könntest du es mir beschreiben." – „Das wäre nicht hinreichend. Du mußt den Köhler Scharka aufsuchen, der dich hinführen wird." – „Was für ein Mann ist das?" – „Ein einsamer Kohlenbrenner, der für ein kleines Bakschisch die Fremden in der Höhle herumführt." – Dschemal gab sich viel Mühe, mich für diese Höhle zu begeistern. Ich tat, als glaubte ich ihm jedes Wort, und bat ihn, mir den Weg nach Glogovik zu beschreiben, und er erbot sich, mir einen seiner Knechte als Führer mitzugeben.
„Aber weiß er auch den Weg von Glogovik zum Teufelsfelsen und zur Juwelenhöhle?" fragte ich. – „Nein; er ist noch niemals dort gewesen." – Auf dem Gesicht des Konakdschi lag ein Ausdruck der Spannung, den ich wohl verstand. Ich hatte von einer großen Summe

[1] Juwelenhöhle

gesprochen, die ich bei mir trüge. Sollte der Köhler dieses Geld allein bekommen, oder sollte es zwischen ihm und unsern sechs Gegnern geteilt werden, ohne daß Dschemal, der uns ihnen doch in die Hände lieferte, etwas bekam? Und wurde er wirklich mit einem Teil bedacht, dann jedenfalls nur mit einer Kleinigkeit. War es ihm nicht vielleicht möglich alles zu bekommen? – Das ging ihm im Kopf herum. Was ich gewünscht hatte, war erreicht: er trug das Verlangen, selbst unser Führer zu sein, wollte sich uns aber nicht anbieten. Ich machte ihm die Sache leicht, indem ich sagte: „Das tut mir leid. Ich möchte nicht so oft den Führer wechseln. Wer weiß, ob ich in Glogovik jemanden finde, der mich nach Fandina bringen kann. Lieber wäre mir jemand, der von hier aus die ganze Strecke kennt." – „Hm! Das ist nicht leicht. Wieviel würdest du zahlen?" – „Ich gebe gern zweihundert bis zweihundertfünfzig Piaster." – „Nun, dafür würde ich selbst dich führen, Effendi, wenn du mit mir einverstanden bist!" – „Mit Freuden! Ich werde sogleich satteln lassen." – „Wo hast du denn deine Pferde?"

„Drüben bei dem Schäfer, dem ich von Sef, seinem Sohn, einen Gruß bringen mußte. Ich blieb bei ihm, weil ich wußte, daß meine Feinde sich bei dir befanden. Aber – da fällt mir ein: du sprachst vom Wert meines Pferdes; ich weiß aber, daß du es noch nicht gesehen hast." – „Die sechs Reiter erwähnten es und konnten es nicht genug rühmen." – „Ja, sie haben es nicht allein auf mich, sondern auch auf meinen Rappen abgesehen. Dieses Gelüst aber müssen sie sich vergehen lassen. Sie bekommen weder mich noch das Pferd, aber ich bekomme sie."

Ich sagte diese prahlerischen Worte, um zu sehen, welche Miene Dschemal dabei machen würde. Es zuckte ihm um die Lippen, aber er bezwang doch das spöttische Lächeln, das hervorbrechen wollte, und entgegnete: „Ich bin davon überzeugt. Was sind diese Leute gegen euch!" – „Also mach dich fertig! In einer halben Stunde halten wir draußen an der Furt." – Ich winkte ihm noch wohlwollend zu, und dann gingen wir. Unterwegs sagte der kleine Hadschi:

„Sihdi, du magst es mir getrost glauben, daß mich der verbissene Grimm halb erwürgt hat. Ich hätte unmöglich so freundlich wie du mit dem Schurken sein können. Soll denn das so fortgehen?"

„Einstweilen. Wir müssen ihn sicher machen." – „So unterhalte du dich mit ihm! Auf den Quell meiner Sprachfertigkeit muß er verzichten." – Auch der brave Schäfer Dschordsche machte ein besorgtes Gesicht, als er hörte, wer an die Stelle seines Knechtes, den er uns angeboten hatte, unser Führer sein sollte. Ich beruhigte ihn mit der Versicherung, daß der Konakdschi mir nichts anhaben könne. Dann gab es einen kurzen, aber herzlichen Abschied von Israd und der Familie des Schäfers. – Als wir an die Furt kamen, wartete Dschemal schon dort. Er saß auf einem nicht üblen Pferd und war mit Messer, Pistolen und einer langen Flinte bewaffnet. Bevor unsre Tiere die Hufe ins Wasser setzten, wendete er sich gegen Osten, streckte die offne Hand aus und sagte: „Allah sei bei uns vorwärts und rückwärts! Er lasse unser Vorhaben gelingen! La ilaha ill'Allah, we Muhammed rassul Allah!"

Das war nackte Gotteslästerung! Allah sollte ihm bei der Ausführung des Raubmordes beistehen! Ich mußte unwillkürlich zu Halef blicken. Der Kleine preßte die Lippen aufeinander und zuckte mit der Hand zur Peitsche; dann sagte er: „Allah kennt den Ehrlichen und gibt seinem Werk Segen; der Ungerechte aber fährt zur Hölle!" – Der Ritt von hier bis Glogovik war fast genau so lang wie der gestrige. Da es voraussichtlich keinen Aufenthalt gab wie am vorigen Tag, hofften wir schon am Nachmittag dort anzukommen. – Gesprochen wurde wenig. Das Mißtrauen verschloß meinen Gefährten den Mund, und der Konakdschi machte keinen Versuch, ihre Einsilbigkeit zu brechen. Er mochte befürchten, durch ein unbedachtes Wort den Verdacht, den er eingeschlafen wähnte, wieder zu wecken.

Die Gegend war sehr bergig. Unsre Pferde wurden durch den Ritt aus dem Treskatal sehr angestrengt. – Um die Mittagszeit ritten wir von der Höhe ins obere Tal der Wardar hinab. Dieser Fluß strömt fast nach Norden und wird unterhalb Kalkandelen von den Ausläufern des Schar Dagh und Kara Dagh nach Südosten abgedrängt. Auf der Sohle des Tales angekommen, fanden wir bald eine Stelle, wo wir leicht über den hier nicht tiefen Fluß setzen konnten. – Als wir dann nach kurzem Ritt Glogovik vor uns liegen sahen, hielt Halef sein Pferd an und überflog mit finsterem Blick die meist ärmlichen Hütten. Auf einer Anhöhe stand eine kleine Kapelle, ein Zeichen, daß ein Teil der Einwohnerschaft oder auch die ganze Bevölkerung sich zum Christentum bekenne. – „O weh!" sagte er. „Wollen wir etwa hierbleiben, Sihdi?" – „Wohl nicht", erwiderte ich mit einem fragenden Blick auf Dschemal. „Es ist ja erst zwei Stunden nach Mittag. Wir tränken die Pferde und reiten dann weiter. Hoffentlich gibt es im Dorf ein Einkehrhaus?" – „Es ist ein Han da, aber es wird dir nicht genügen", meinte der Konakdschi. – „Für unsern Zweck reicht es jedenfalls aus."

Wir erreichten die ersten Häuser und sahen da einen Mann im Gras liegen, der, als er den Hufschlag unsrer Pferde hörte, aufsprang und uns anstarrte. Er war der glückliche Besitzer eines Anzugs, um dessen Einfachheit ihn ein Papua hätte beneiden können. Eine Hose, aber was für eine! Das rechte Bein reichte zwar bis auf den Knöchel herab, war aber auf beiden Seiten aufgeschlitzt und hatte buchstäblich Loch an Loch. Das linke Bein ging bereits kurz unter der Hüfte zu Ende und lief in einen unbeschreiblichen Saum von Fransen und Fäden aus. Das Hemd hatte keinen rechten und nur einen halben linken Ärmel. Es war ihm höchstwahrscheinlich der untere Teil abgerissen worden, denn es reichte nur so weit herab, daß zwischen ihm und dem Hosenbund ein Streifen niemals gewaschener, lebendiger Menschenhaut zu sehen war. Auf dem Kopf trug dieser Stutzer einen mächtigen Turban von einem Stoff, dem ich die Marke ‚Scheuerhader' geben würde. Ausgerüstet war er mit einem alten, fast halbkreisförmig gekrümmten Säbel. Ob es nur die fürchterlich rostige Klinge der Waffe war, oder ob sie in einer schwarzen Lederscheide steckte, war nicht zu unterscheiden.

Nachdem uns dieser Gentleman genug angestarrt hatte, rannte er wie rasend fort, schwang den Säbel um den Kopf und schrie aus Leibeskräften: „Jabandschylar, jabandschylar – Fremde, Fremde! Reißt die Fenster auf, reißt die Fenster auf!" – Dieser schlagende Beweis, daß ich mich in einem hochzivilisierten Ort befinde, gefiel mir ungeheuer. Welch straffe Zucht hier herrschte, ersah ich aus der Schnelligkeit, mit der sämtliche männlichen und weiblichen, alten und jungen Einwohner des Dorfs dem Zeterruf Folge leisteten. Wo sich ein Loch in einem Haus befand – mochte es nun Tür oder Fenster heißen, oder mochte es buchstäblich ein Loch in der morschen Mauer sein – da ließ sich ein Gesicht oder so etwas Ähnliches sehen. Wenigstens glaubte ich, Gesichter zu erkennen, wenn ich auch nur ein Kopftuch, zwei Augen, einen Bart und zwischen diesen drei Dingen etwas Unbeschreibliches, jedenfalls aber Ungewaschenes feststellen konnte. Was der vom Alphabet und dessen Folgen beleckte Mensch hinter seinem Haus anbringt, damit es sich dort in ruhiger, ungestörter Sammlung zur Goldgrube des Landwirts entwickeln könne, war hier an der Vorderseite der Hütten angebracht, und zwar mit großer Beharrlichkeit grad da, wo die Schutzgeister des Hauses gezwungen waren, lieblich ein und aus zu schweben.

Man konnte das ganze Dorf überblicken. Ich weiß nicht, wie ich auf den baukünstlerischen Gedanken kam, einen Schornstein zu suchen; kurz und gut, ich kam darauf, doch war das ein überschwenglicher Wunsch: ich sah keine Spur einer Feueresse. Ein Häuschen stand auf hohem Rand. Rechts und links, vorn und hinten war das Dach eingefallen. Der Giebel hatte einen Riß, der die Haustür völlig überflüssig machte. Vom Dorfweg führte eine Steintreppe hinauf; aber von dieser Treppe waren nur die oberste und die unterste Stufe vorhanden. Wer da hinauf wollte, der mußte entweder Alpenjäger mit Steigeisen oder Akrobat mit Sprungstange sein. – So offen wie die Gebäude waren auch ihre Bewohner, denn ich sah nicht eine einzige Person, der nicht vor Erstaunen über uns der Mund sperrangelweit aufstand. Wäre der Spötter Heinrich Heine an meiner Stelle gewesen, so hätte er zu seinen geographischen Reimen noch den einen hinzugefügt:

„Glogovik ist die Blume des Orients; wer es mit Schaudern gesehen hat, der kennt es!"

Dschemal hielt vor dem ansehnlichsten Gebäude der Ortschaft an. Zwei mächtige dunkle Tannen beschatteten es. Das Haus lag nahe am Berghang. Ein Wässerlein floß von da herab bis vor die Tür und fand dort in der bereits erwähnten Goldgrube Gelegenheit, sich mit einer chemisch andersgearteten Flüssigkeit zu vereinigen. Hart am Rand dieses Beckens wohltuender Gerüche lagen einige Baumklötze, von denen uns der Konakdschi sagte, daß sie den Schauplatz der öffentlichen Versammlungen bildeten, an welchen Orten schon manche welterschütternde Frage erst mit Worten, dann mit Fäusten und endlich gar mit Messern behandelt worden sei. – Wir nahmen auf diesen Klötzen der Politik Platz und ließen unsre Tiere aus dem Wässerlein trinken, aber oberhalb der erwähnten Vereinigungsstelle. Unsern Führer schickten wir auf Kundschaft in das Haus, denn Halef hatte die Kühnheit, zu behaupten, daß er Hunger habe und irgend etwas essen müsse.

Nachdem wir einen aus dem Haus schallenden Zwiegesang angehört hatten, der aus dem Kreischen einer weiblichen Fistelstimme und aus den fluchenden Baßtönen des Konakdschi bestand, erschienen die bei-

33

den Tonkünstler vor der Tür, und zwar so, daß der Baß den Diskant an einem Fetzen herausgezogen brachte, der hierzulande von den Besitzern einer großen Einbildungskraft und unter ganz besonders günstigen Umständen vielleicht Schürze genannt werden konnte. Wir sollten den zwischen ihnen ausgebrochenen Streit mit einem Machtwort entscheiden. Der Baß behauptete noch immer im tiefen C, daß er etwas zu essen haben wolle, und der Sopran erklärte mit Bestimmtheit und im dreigestrichenen B, daß gar nichts vorhanden sei. – Halef schlichtete den Zwist, indem er in seiner Weise die höhere Stimme des Duetts beim Ohr nahm und mit ihr im Innern des Hauses verschwand. Es dauerte eine geraume Zeit, bis er wieder erschien. Während dieser Zeit herrschte eine fast beängstigende Stille in den inneren Gemächern der Gastlichkeit. Als er dann zum Vorschein kam, wurde er von der Wirtin begleitet, die unter unheilverkündenden Armbewegungen in einer Mundart schimpfte, von der ich kein Wort verstand. Sie gab sich Mühe, ihm eine Flasche zu entreißen; er aber hielt sie heldenhaft fest.

„Sihdi, es gibt etwas zu trinken!" jubelte der Hadschi. „Ich habe es entdeckt." – Er hielt die Flasche hoch empor. Die Wirtin suchte sie mit der Hand zu erreichen und schrie dabei etwas, wovon ich nur die Silben ‚Bullik jak' verstehen konnte. Aber, obgleich ich mit meinem Türkisch überall so leidlich ausgekommen war, was ‚Bullik jak' bedeutete, wußte ich noch nicht. Der Hadschi zog endlich, um sich von der Anhänglichkeit der widerwilligen Hebe zu befreien, die Peitsche aus dem Gürtel, worauf sie um mehrere Schritte zurückwich und dann stehenblieb, um sein Beginnen mit entsetztem Blick weiter zu verfolgen. Er zog den Stöpsel heraus, der aus einem alten Kattunwickel bestand, winkte mir verführerisch mit der Flasche und setzte sie an den Mund. Die Farbe des Getränks war weder hell noch dunkel. Ich konnte nicht erkennen, ob dieser Raki dick oder dünn war. Jedenfalls hätte ich vor dem Trinken die Flasche erst gegen das Licht und dann an die Nase gehalten. Halef aber war über seinen Fund so erfreut, daß er an eine solche Prüfung nicht dachte. Er tat einen langen, langen Zug. – Ich kannte den kleinen Hadschi schon geraume Zeit, aber das Gesicht, das er jetzt machte, hatte ich bei ihm noch nie gesehen. Er hatte plötzlich einige hundert Falten bekommen. Man sah, daß er sich bemühte, die Flüssigkeit auszuspucken, aber der Schreck hatte dem untern Teil seines Gesichts alle Fähigkeit der Bewegung geraubt. Der Mund war zum Erschrecken weit offen und blieb eine ganze Weile so; ich befürchtete schon, es sei ein Kinnbackenkrampf eingetreten, der bekanntlich nur mit einer kräftigen Ohrfeige geheilt werden kann. – Nur die Zunge hatte einen geringen Teil ihrer Beweglichkeit behalten. Sie schwamm auf dem langsam und fett über die Lippen rinnenden Raki hin und her wie ein in saure Milch gelegter Blutegel. Dazu hatte der Hadschi die Brauen so hoch emporgezogen, daß sie den Rand des Turbans erreichten, und die Augen so fest zugekniffen, als ob er all sein Lebtag das Licht der Sonne nicht mehr sehen wollte. Die beiden Arme hielt er ausgestreckt und alle zehn Finger so weit wie möglich auseinandergespreizt. Die Flasche hatte er im ersten Augenblick des Entsetzens von sich geschleudert. Sie war in die vereinigte Flüssigkeit gefallen, aus der sie von der fast bis an die Knie darin watenden Frau mit Lebensgefahr gerettet wurde. Dabei hatte dieses weibliche Wesen die Stimme wieder erhoben und schimpfte aus Leibeskräften. Von dem, was sie sagte, verstand ich abermals nur das bereits erwähnte ‚Bullik jak'.

Da Halef zögerte, das ergreifende ‚lebende Bild', das er gegenwärtig stellte, zu Ende zu bringen, trat ich zu ihm und fragte: „Was ist's denn? Was hast du getrunken?" – „Grrr-g-gh!" lautete die gurgelnde Antwort, die zwar keiner bestimmten Sprache angehörte, aber von allen verstanden wurde. – „So komm doch zu dir! Was war es denn für ein Getränk?" – „Grrr-g-gh-rrr!" – Halef brachte den Mund noch immer nicht zu und hielt die Arme und die Finger ausgespreizt. Die Augen aber öffneten sich und sahen mich mit einem trostlosen ersterbenden Blick an. – „Bullik jak!" rief die Frau als Antwort auf meine Frage.

Ich durchflog im Geist alle Wörterbücher, die mir jemals im Leben zu Gebot gestanden hatten; doch vergeblich. ‚Bullik' verstand ich schlechterdings nicht. Und ‚jak'? Damit konnte doch nicht etwa ein tibetanischer Yak oder Grunzochse gemeint sein! – „Spuck doch das Zeug aus!" riet ich dem Kleinen. – „Grrr!" – Da näherte ich mich seinem offenen Mund – und der Geruch sagte mir alles. Ebenso schnell verstand ich nun auch die beiden Worte der Wirtin. Sie bediente sich der Mundart ihres Dorfs. Anstatt ‚Bullik jak' sollte es heißen ‚Balyk jaghi', wörtlich ins Deutsche übersetzt: Fischöl, also Fischtran. Der kleine Hadschi hatte Fischtran getrunken! – Als ich das meinen Begleitern erklärte, brachen sie in ein schallendes Gelächter aus. Dieser Ausdruck eines aller Hochachtung baren Gefühls gab dem stets selbstbewußten Hadschi augenblicklich seine Fassung zurück. Er zog die ausgestreckten Arme ein, sprudelte den Inhalt seines Mundes von sich, sprang wütend auf die Lacher zu und schrie: „Wollt ihr wohl still sein, ihr Kinder des Teufels! Wenn ihr über mich lachen wollt, so fragt erst, ob ich es euch erlaube! Ist euch so lächerlich zumute, dann laßt euch die Flasche geben und trinkt von diesem Öl der Verzweiflung! Wenn ihr dann noch lacht, will ich es gelten lassen." – Ein noch lauteres Gelächter war die Antwort. Sogar die Wirtin stimmte mit ein. Da aber fuhr der Hadschi grimmig auf sie los und holte tüchtig mit der Peitsche aus. Glücklicherweise schlug er in die Luft, denn die Frau war mit einem fast lebensgefährlichen Sprung blitzschnell durch die Tür verschwunden.

Halef aber legte sich, ohne weiter ein Wort zu sagen, an dem Wässerchen auf die Erde, hielt das Gesicht hinein und spülte den Mund aus. Dann holte ich aus meinem Beutel drei tüchtige Fingerspitzen Rauchtabak und schob ihm das Kraut in den Mund. Er mußte es kauen, um den schrecklichen Geschmack loszuwerden. Die Folgen des verhängnisvollen Schlucks waren um so schlimmer, als der Fischtran ein greisenhaftes Alter besaß, wie ich nachher von der Frau erfuhr. Sie hatte sich zuerst über den gewaltsamen Raub des vermeintlichen Raki erbost. Durch die Wirkung des ungewöhnlichen Getränks aber fühlte sie sich versöhnt, und nun brachte sie, was sie vorher verheimlicht hatte – eine halbe Flasche wirklichen Raki, der Halef mit großer Hingebung zusprach, denn es war selbst dem Tabak nicht gelungen, den ranzigen Fischtran völlig zu überwältigen. – Dann schlenderte der Hadschi wie absichtslos beiseite, aber bevor er hinter dem Han verschwand, gab er mir einen heimlichen Wink, ihm zu folgen. Nach einer kleinen Weile spazierte ich ihm nach. – „Sihdi, ich muß dir etwas mitteilen, wovon die andern nichts wissen dürfen", sagte er. „Die Frau behauptete, weder eine Speise noch ein Getränk zu haben. Ich aber schenkte ihr keinen Glauben, denn in einem Han muß stets etwas vorhanden sein. Darum suchte ich überall, obgleich sie das nicht dulden wollte. Zuerst fand ich die Flasche des Unheils und der Umstülpung des Magens. Die Frau wollte mir die Flasche nicht geben, aber ich nahm sie mit Gewalt, denn ich verstand die Worte nicht, die sie sagte. Dann kam ich an einen Kasten. Ich öffnete ihn und fand ihn mit Kepek[1] gefüllt. Aber die Kleie roch so eigentümlich, so verlockend. Diesen Geruch habe ich noch nicht vergessen, weil ich ihn erst gestern richtig kennengelernt habe."

Halef holte Atem. Ich wußte bereits, was kommen würde. Er hatte sicher einen Schinken entdeckt. – „Glaubst du wirklich, Sihdi, daß der Prophet den Erzengel richtig verstanden hat in Beziehung auf das Schweinefleisch?" hob er wieder an. – „Ich glaube, daß Mohammed entweder nur geträumt oder sich der Erscheinung des Engels nur eingebildet hat. Durch sein eigenartiges Leben und sein regelloses Grübeln ist seine Phantasie in krankhafter Weise erregt worden. Er hat Chajallar[2] gehabt, die ihm Dinge vorspiegelten, die gar nicht vorhanden waren. Er sah Erscheinungen, die es in Wirklichkeit nicht gab; er hörte Stimmen, die seinem eigenen Gehirn entstammten. Und übrigens bin ich überzeugt, daß er das Verbot des Schweinefleisches nach dem Vorbild Musas[3] ausgesprochen hat." – „Sihdi, du machst mir das Herz leicht. Denke dir: durch den Geruch verleitet, griff ich tief in die Kleie. Ich fühlte harte Gegenstände, große und kleine, und zog sie hervor. Es waren Würste und ein Schinken. Ich tat sie in den Kasten zurück, denn die Frau klagte, daß ich sie berauben wolle, und sagen, daß ich dafür bezahlen würde, durfte ich doch nicht. Du würdest meine Seele mit Dankbarkeit erfüllen, wenn du jetzt zu ihr gehen wolltest, um ihr eine Wurst und auch ein Stück von dem Schinken abzukaufen. Wirst du mir heimlich diesen Gefallen tun? Die andern dürfen nichts davon wissen." – Man bedenke, daß sich der kleine Hadschi einen Anhänger des Propheten nannte. Und jetzt verlangte er von mir, Schinken und Wurst heimlich für ihn einzukaufen. Dennoch war mein Erstaunen über seinen Wunsch keineswegs sehr bedeutend. Hätte ich ihm während der ersten Monate unsrer Bekanntschaft zugemutet, vom Fleisch eines Chansir el hakir, eines ‚verächtlichen Schweins' zu essen, hätte ich jedenfalls Ausdrücke seines höchsten Zorns zu hören bekommen und auf seine fernere Begleitung verzichten müssen. Die Berührung einer einzigen Schweinsborste verunreinigt bekanntlich den Muslim und verpflichtet ihn zu sorgfältigen Waschungen. Und jetzt wollte Halef das Fleisch des verachteten Tiers zum zweitenmal in seinem Körper aufnehmen! Ohne es zu ahnen, war er durch sein Zusammenleben mit mir ein sehr lässiger Bekenner des Islams geworden.

„Nun?" fragte er, als ich nicht gleich antwortete. „Muß ich zweifeln, ob du meine Bitte erfüllen wirst, Sihdi?" – „Nein, Halef. Wenn der

[1] Kleie   [2] Halluzinationen   [3] Moses

Drache Ischtiha[1] in deinem Körper wütet, muß ich dich, da ich dein Freund bin, von diesem Übel erlösen. Du sollst nicht ewig die Qualen erdulden, die er dir bereitet. Ich werde also mit der Frau sprechen."

„Laß aber die andern ja nicht sehen, was du bringst. Ich werde von der andern Seite des Hauses zu ihnen zurückkehren, denn sie brauchen nicht zu wissen, daß wir hier miteinander gesprochen haben."

Halef ging. Ich sah, daß der Han auch von hinten eine Tür hatte, und trat dort ein. Es hatte bisher den Anschein gehabt, die Frau wäre allein daheim. Darum wunderte ich mich, als ich jetzt zwei Stimmen vernahm. Ich blieb stehen, um zu horchen. Der Konakdschi sprach mit der Frau, und zwar verstand ich alles ziemlich genau. Die Wirtin bediente sich ihrer Mundart, gab sich aber Mühe, von ihm verstanden zu werden, was auch mir zugute kam. – „Also sie sind hier eingekehrt", erklärte Dschemal, „haben sie dir nicht gesagt, daß auch wir kommen würden?" – „Ja, das sagten die sechs Reiter, aber sie erzählten mir, daß deine Begleiter böse Menschen seien. Darum wollte ich ihnen nichts zu trinken geben." – „Das war falsch von dir. Grad weil sie so gefährliche Leute sind, muß ich mit ihnen freundlich sein, und auch du darfst dir nicht merken lassen, daß du sie durchschaut hast. Hast du vielleicht einen Auftrag an mich auszurichten?" – „Ja. Du sollst auf keinen Fall hier übernachten, selbst dann nicht, wenn ihr erst spät hier ankommen würdet. Du sollst vielmehr mit ihnen bis zu Junak reiten."

„Wird Junak daheim sein?" – „Ja. Er war erst vorgestern hier und erzählte, daß er sein Haus für einige Zeit nicht verlassen werde."

„Befanden sich die Reiter alle wohl?" – „Nein. Der alte Mann, der den Arm gebrochen hat, wimmerte unaufhörlich. Sie mußten ihm den Verband abnehmen, um den Arm mit Wasser zu kühlen. Als er wieder zu Pferd stieg, hatte er einen Schüttelfrost und wankte im Sattel. Wirst du mit diesen Fremden lang hier rasten?" – „Wir werden gleich wieder aufbrechen. Sei vorsichtig! Sie dürfen nicht wissen, daß ich mit dir von den Reitern und von Junak gesprochen habe; darum will ich gehen." – Ich hörte, daß er sich entfernte, und trat selbst auch für eine Minute aus dem Haus. Das Weib sollte nicht ahnen, daß ich etwas gehört hatte. Wer war dieser Junak? Der Name ist serbisch und bedeutet soviel wie das deutsche Wort Held, das bei uns auch als Name gebraucht wird. Hier mochte es ein ehrender Beiname sein. Wahrscheinlich war damit der Händler gemeint, der die Erzeugnisse des Köhlers Scharka verkaufte. – Als ich dann lauten Schrittes wieder eintrat, kam mir die Frau entgegen, und ich teilte ihr meinen Wunsch mit. Sie zeigte sich zur Herausgabe der Leckerbissen bereit, erkundigte sich jedoch, indem sie mich mißtrauisch betrachtete: „Aber, Effendi, hast du auch Geld? Verschenken kann ich nichts." – „Ich habe Geld und werde natürlich bezahlen." – „Das ist nicht so natürlich, wie du meinst. Ich bin eine Christin und darf dieses Fleisch essen. Auch an andre, wenn sie Christen sind, darf ich davon verkaufen. Aber wenn ich einem Muslim davon ablasse, begehe ich ein Unrecht und werde Strafe anstatt des Geldes erhalten." – „Ich bin ein Christ." – „Und doch bist du ein solch schlech –" – Sie hielt inne. Sie hatte wohl sagen wollen: ‚schlechter

[1] Hunger

Kerl', besann sich aber noch zu rechten Zeit und fügte schnell hinzu:
„Ich will dir glauben. Komm mit und schneide dir selbst so viel ab, wie du haben willst!" — Ich nahm eine Wurst von vielleicht dreiviertel Kilo und dazu ein Stück Schinken, das ein halbes Kilo wiegen mochte. Die Wirtin verlangte fünf Piaster dafür, ungefähr neunzig Pfennige. Als ich ihr drei Piaster mehr gab, sah sie mich verwundert an.
„Das soll ich wirklich behalten?" fragte sie zweifelnd.
„Ja. Dafür werde ich mir aber irgend etwas erbitten, in das ich diese Sachen einwickeln kann." — „Was soll das sein? Etwa ein Kiaghid[1]?"
„Das paßt am besten dazu; aber es darf nicht schmutzig sein."
„Wir haben gar keins. Wo soll hier im Dorf ein Stück Papier zu finden sein? Ich werde dir etwas andres geben. Wir haben da ein Gömlek[2] meines Mannes liegen, das er nicht mehr trägt. Davon will ich dir ein Stück abreißen." — Sie langte in eine Ecke, wo allerlei Gerümpel lag, und zog ein Ding hervor, das wie ein Lappen aussah, mit dem man lange Jahre hindurch rauchige Lampenzylinder und rußiges Topfgeschirr geputzt hat. Davon riß sie einen Fetzen ab, wickelte Wurst und Schinken hinein und reichte mir dann das Paket mit den Worten hin: „Hier nimm und labe dich daran! Ich bin in der ganzen Gegend als die geschickteste Tuslama[3] bekannt. Du wirst selten etwas so Wohlschmeckendes gegessen haben." — „Das glaube ich dir", antwortete ich verbindlich. „Alles, was ich hier sehe, hat die Farbe und den Geruch des Pökelfleisches, und du selbst bist so appetitlich, als hättest du mit bist dem Schinken in der Salzlauge gelegen und dann in der Esse gehangen. Ich beneide den Gefährten deines Lebens."
„O Effendi, sag nicht gar zu viel!" rief sie geschmeichelt. „Es gibt noch Schönere im Land, als ich bin." — „Dennoch scheide ich von dir mit dem Bewußtsein, daß ich mich deiner gern erinnern werde. Möge dein Leben duftig und glänzend sein, wie die Schwarte deines Schinkens!" — Als ich wieder hinaustrat, beeilte ich mich, das Päckchen loszuwerden, indem ich es in Halefs Satteltasche steckte. Niemand außer dem Hadschi bemerkte es. Die andern hatten ihr Augenmerk auf die Bewohner des Dorfes gerichtet, die neugierig nach und nach herbeigekommen waren. — Der Mensch, der bei unserm Nahen am Dorfeingang aufgesprungen und schreiend davongelaufen war, stand bei einem andern, der sich ein würdevolles Aussehen gab. Beide sprachen eifrig miteinander. Eben als ich meine Eßwaren glücklich geborgen hatte, trat der erste zu unserem Führer, und begann mit ihm eine leise, aber eifrige Verhandlung. Dann wendete er sich an mich, stemmte die Spitze seines Säbels auf die Erde, stützte die Hände auf den Griff, schnitt die Miene eines Pascha von drei Roßschweifen und fragte:
„Du bist ein Fremder?" — „Ja", erwiderte ich freundlich. — „Und reitest bei uns durch?" — „Ich beabsichtige es allerdings", sagte ich noch viel freundlicher. — „So kennst du deine Pflicht?"
„Was meinst du damit?" Das klang geradezu herzlich. Der Mann machte mir Spaß. Aber je freundlicher ich wurde, desto grimmiger ward sein Gesicht. Er gab sich die größte Mühe, einen gebieterischen

[1] Papier [2] Hemd [3] Einpöklerin

Eindruck zu machen. – „Du mußt die Abgabe entrichten", erklärte er mir barsch. – „Eine Steuer? Wieso?" – „Jeder Fremde, der durch unser Dorf kommt, muß zahlen." – „Warum? Machen euch Fremde einen Schaden, den sie vergüten sollen?" – „Du hast nicht zu fragen, sondern zu zahlen." – „Wieviel denn?" – „Für die Person zwei Piaster. Ihr seid vier Fremde, denn der Konakdschi Dschemal kann nicht gerechnet werden, da er uns bekannt und ein Kind des Landes ist; du aber bist der Anführer dieser Leute, wie er mir sagte, und mußt also acht Piaster zahlen." – „Dann sag mir doch, wer du bist!" – „Ich bin der Emniet-i umûmi feriki[1] dieses Ortes." – „Da bist du freilich ein bedeutender Mann. Aber wie nun, wenn ich mich weigere zu zahlen?"
„So pfände ich euch." – „Wer hat den Befehl gegeben, von jedem Fremden diese Steuer zu erheben?" – „Ich und der Kjaja." – „Ist er auch hier?" – „Ja, dort steht er." – Der Wächter deutete auf den Würdevollen, mit dem er vorhin gesprochen hatte, und der jetzt den Blick erwartungsvoll auf mich gerichtet hielt. – „Rufe ihn her!" gebot ich. – „Wozu? Was ich sage, das muß geschehen, und zwar sofort, sonst –" – Er machte mit dem Säbel eine drohende Bewegung. „Still!" antwortete ich ihm. „Du gefällst mir, denn du hast den gleichen Grundsatz wie ich: was ich sage, das muß geschehen. Ich zahle die Steuer nicht." – „So nehmen wir euch so viel von euren Sachen, daß wir gedeckt sind!" – „Das würde euch schwer werden."
„Oho! Wir haben erfahren, wer ihr seid. Wenn ihr euch nicht fügt, bekommt ihr die Peitsche!" – „Halte deine Zunge im Zaum, denn ich bin gewohnt, mit Achtung behandelt zu werden. Die Steuer zahle ich nicht! Aber ich sehe, daß du ein armer Teufel bist, und so will ich dir zwei Piaster schenken!" – Ich griff schon in den Beutel, um ihm dieses Bakschisch zu geben, zog aber die Hand wieder zurück, denn er hob den Säbel, fuchtelte mir mit ihm vor dem Gesicht herum und rief: „Ein Bakschisch etwa? Mir, der ich der Bekdschi und Muhâfis[2] der Gemeinde bin? Das ist eine Beleidigung, die ich auf das strengste bestrafen muß. Die Steuer wird verdoppelt werden. Und wie soll ich dich behandeln? Mit Achtung? Du bist ein Tschapkyn[3], vor dem ich keine Spur von Achtung habe. Du stehst so tief unter mir, daß ich dich nicht sehe, denn –" – „Schweig!" unterbrach ich ihn. „Wenn du mich nicht sehen kannst, so wirst du mich fühlen. Hebe dich fort, sonst erhältst du die Peitsche!"
„Was?" brüllte er. „Die Peitsche? Das sagst du mir, dem Mann von Geltung und Gewicht, während du eine tote Ratte und eine verhungerte Maus bist gegen mich? Hier stehe ich, und hier ist mein Säbel! Wer verbietet es mir, dich zu erstechen? Es würde ein Spitzbube weniger auf der Erde sein. Du samt deinen Begleitern –"
Er wurde abermals unterbrochen. Halef legte ihm die Hand auf die Schulter. – „Schweig nun endlich, sonst macht der Effendi Ernst, und du bekommst die Steuer dorthin ausgezahlt, wo du sie nicht wegnehmen kannst!" – Da versetzte der ‚Ortswachtmeister' dem Hadschi einen Stoß, daß der Kleine einige Schritte zurücktaumelte, und schrie ihn an: „Wurm! Du wagst es wirklich, den obersten Beamten dieser

[1] „Chefgeneral der öffentlichen Sicherheit" [2] Wächter und Behüter [3] Lump

Ortschaft zu berühren? Das ist ein Verbrechen, das augenblicklich bestraft werden muß. Du bist es, der die Peitsche erhalten wird. Herbei, Kjaja, herbei ihr Männer! Haltet dieses Männlein fest! Er soll die Hiebe mit seiner eignen Peitsche empfangen."

Der Kjaja hob schon den Fuß, um näher zu kommen, aber er zog ihn schnell zurück. Der Blick, den ich ihm zuwarf, schien ihm nicht zu gefallen. Sein Beispiel bewirkte, daß auch keiner der andern der Aufforderung des ‚Chefgenerals der öffentlichen Sicherheit' gehorchte.

„Sihdi, soll ich?" fragte Halef. „Ja", winkte ich ihm zu.

Es genügte ein weiterer Wink von ihm an Osko und Omar. Im nächsten Augenblick lag der Mann auf der Erde, mit der Rückseite hinauf. Osko hielt ihn an den Schultern nieder, und Omar kniete ihm auf den Beinen. Der Bursche schrie, aber Halef überschrie ihn: „Seht her, ihr Männer und Frauen, wie wir diesem Besitzer großer Worte die Steuer bezahlen! Er erhält sie zunächst; dann aber wird jeder drankommen, der es wagen sollte, ihm beizuspringen; der Kjaja gleich zuerst! Wieviel soll er erhalten, Sihdi?"

„Acht Piaster hat er verlangt." – Ich setzte nichts hinzu, doch ersah Halef aus meiner Miene, daß er gnädig verfahren solle. Er verabreichte ihm also acht Hiebe, und zwar nur der Form wegen. Schmerzen konnten diese acht gelinden Streiche nicht erwecken; dennoch machten sie einen gewaltigen Eindruck. Gleich beim ersten Hieb war der ‚Chefgeneral' still geworden. Jetzt, als die beiden ihn losließen, stand er langsam auf, rieb sich den rückwärts liegenden Pol seines Körpers und klagte: „O Gesetz, o Gerechtigkeit, o Großsultan! Der treueste Diener der Wohlfahrt des Landes wird mit der Peitsche beleidigt! Meine Seele zerfließt in Tränen, und aus meinem Herzen rinnen die Bäche der Wehmut und der Traurigkeit. Seit wann erhalten verdiente Männer den Orden des Ruhmes mit der Kurbatsch dorthin gehängt, wo er bei einer Begegnung von vorn gar nicht zu sehen ist? Mich ergreifen die Schmerzen des Lebens, und ich empfinde die Qualen des vergänglichen Daseins. O Gesetz, o Gerechtigkeit, o Großsultan und Padischah!"

Er wollte fortschleichen, aber ich rief ihm zu: „Warte noch ein wenig! Ich halte stets Wort. Da ich dir zwei Piaster versprochen habe, sollst du sie auch bekommen. Und damit dir die Schmerzen des Daseins nicht allzu schwer werden, will ich dir sogar drei Piaster geben. Hier hast du sie!" – Der Wächter traute seinen Augen nicht, als ich ihm das Geld hinstreckte. Erst nachdem er mich prüfend angeschaut hatte, griff er zu und fuhr dann mit der Hand in die Tasche. Diese schien aber ein Loch zu haben, denn er zog die Hand wieder zurück und schob das Geld unter den Riesenturban. Dann ergriff er meinen Kaftansaum, drückte ihn an seine Lippen und sagte: „Effendi, die Qualen der Erde und die Unannehmlichkeiten dieser Welt sind vergänglich wie die ganze Schöpfung. Deine Gnade träufelt Balsam in mein Gemüt und Ssarmißak ös[1] in die Tiefen meiner Gefühle. Möge das Schicksal dafür sorgen, daß dein Beutel nie ohne silberne Piaster ist!" – „Ich danke dir. Nun sende auch den Kjaja her!"

[1] Knoblauchsaft

Der Genannte hörte meine Worte und kam herbei. – „Was befiehlst du, Effendi?" fragte er. – „Wenn der Saptije des Dorfs von mir ein Bakschisch erhält, soll der Kjaja auch eins erhalten. Ich hoffe, daß du damit einverstanden bist." – „Wie gern!" rief er aus, indem er mir die Hand entgegenstreckte. „Dein Mund hat Worte des Segens, und deine Hand teilt Gaben des Reichtums aus!" – „So ist es. Du willst nicht weniger empfangen, als dein Untergebener erhalten hat?" „Effendi, ich bin der Vorgesetzte. Mir gebührt noch mehr als ihm." „Richtig, er hat acht Streiche und drei Piaster bekommen, folglich lasse ich dir fünf Piaster und zwölf Hiebe geben."

Da legte der Kjaja schnell seine beiden Hände dorthin, wo selbst beim größten Gelehrten der Sitz der Geisteskräfte nicht gesucht werden darf, und schrie: „Nein, nein, Effendi! Nicht die Hiebe, sondern nur die Piaster!" – „Das wäre ungerecht. Keine Piaster ohne Hiebe. Entweder alles oder gar nichts. Wähle!"

„Dann lieber nichts!" – „So ist es deine Schuld, wenn deine Hand nicht empfängt, was ich dir zugesprochen hatte."

„Nein, nein!" wiederholte er. „Beides zu empfangen, das ist zuviel!"

Der Ortsvorsteher wollte sich entfernen, kehrte aber nach einigen Schritten wieder um, sah mich bittend an und fragte: „Effendi, könnten wir es nicht anders machen?" – „Wie denn?"

„Gib mir die fünf Piaster, die Zwölf aber meinem Saptije. Er hat die Peitsche bereits gekostet, so daß sie ihn nicht mehr schrecken kann."

„Wenn er will, bin ich einverstanden. Also her mit dir, du General der öffentlichen Sicherheit!" – Halef streckte die Hand gegen den Wächter aus; der aber sprang schleunigst zur Seite und rief: „Allah istemissin – Gott behüte! Die sanften Gefühle meines Sitzes sind bereits genugsam aufgeregt. Wenn du wirklich beschlossen hast zu teilen, so gib mir die Piaster und dem Kjaja die Hiebe! Dir kann es ja gleichgültig sein, wer das eine und wer das andre bekommt, mir aber keineswegs." – „Das glaube ich. Doch ich sehe, daß ich weder das eine noch das andre loswerde; darum gebe ich euch die Erlaubnis, euch zu entfernen." – „Baschi üstüne, effendim – zu Befehl, mein Herr! Reite getrost weiter! Vielleicht findest du anderwärts eine Seele, die nach den Hieben schmachtet, ohne die Piaster zu begehren."

Er hob den Säbel auf, der ihm entfallen war, und entfernte sich. Der Kjaja ging auch, kehrte aber doch noch einmal um und flüsterte mir zutraulich zu: „Effendi, vielleicht wäre es doch noch zu machen. Ich möchte die Piaster gern haben." – „Nun, wie denn?"

„Zwölf ist zuviel. Gib fünf Piaster und fünf Hiebe; das kann ich eher vertragen. Erfülle mir diese Bitte, so hast du deinen Willen, und ich habe den meinigen auch." – Ich konnte nicht anders, ich mußte laut auflachen, und meine Gefährten stimmten ein. Der Kjaja freute sich, uns so gut gelaunt zu sehen, und fragte mich in beinahe zärtlichem Ton: „Ssewgülü Effendim – mein lieber Effendi, nicht wahr, du tust es? Fünf und fünf?"

Da trat aus dem umstehenden Volk ein langer, hagerer, dunkelbärtiger Mensch hervor und sagte: „Beni dinle, jabandschi – höre mich, Fremder! Du siehst hier über dreißig Männer stehen, von denen ein jeder bereit ist, sich fünf Streiche geben zu lassen, wenn er dazu fünf Piaster bekommt. Wenn es dir recht ist, so wollen wir Disy ßyrajy[1] machen und uns dieses schöne Geld verdienen."

„Ich danke sehr!" antwortete ich ihm. „Ihr habt uns nicht beleidigt, also könnt ihr keine Prügel und leider auch keine Piaster erhalten."

Er zeigte ein enttäuschtes Gesicht und sagte wehmütig: „Das ist uns gar nicht lieb. Ich bin ein armer Mann, genieße mit den Meinen das Palamud itschkißi[2] und der Hunger ist unser einziger Gönner. Nie habe ich einen Stockhieb erhalten. Heut aber würde ich mich schlagen lassen, um fünf Piaster zu erhalten." – Man sah es dem Mann an, daß er die Wahrheit sprach. Das Elend saß in jeder Falte seines Gesichtes. Schon wollte ich in den Gürtel greifen, da aber stand auch schon Halef bei ihm, zog den Beutel und drückte ihm etwas in die Hand. Als der Arme sah, was er bekommen hatte, rief er aus:

„Du hast dich geirrt! Das kannst du doch –" – „Still, Alter!" fiel ihm Halef in die Rede, indem er mit der einen Hand den Beutel wieder einsteckte, während er mit der andern drohend die Peitsche schwang. „Mach dich von hinnen und sorge dafür, daß die Deinen einmal echte Kaffeebohnen anstatt der Eicheln erhalten!" – Er schob den Mann fort, unter die Umstehenden hinein, worauf sich der Beschenkte mit eiligen Schritten entfernte, gefolgt von andern, die die Höhe des Geschenkes erfahren wollten. – Nun brachen wir auf. Als sich unsre Pferde in Bewegung setzten, trat der Dorfwächter wieder aus der Menge und rief mir zu: „Effendi, du hast mich mit Piastern beglückt. Ich werde dir das Ehrengeleit geben." – Er stellte sich an unsre Spitze, nahm den Säbel auf und schritt in strammer Haltung vor uns her. Erst draußen vor dem Dorf verabschiedete er sich.

„Sihdi", meinte Halef, „es freut mich doch, daß ich nicht derb zugeschlagen habe. Er ist kein übler Kerl, und es sollte mir leid tun, wenn ich ‚die sanften Gefühle seines Sitzes' in schlimmere Aufregung versetzt hätte."

[1] In Reihe und Glied [2] Getränk der Eicheln

3. Gußka und Junak

Der Aufenthalt in Glogovik hatte gegen unsre Absicht weit über eine Stunde gedauert. Um mir auch von unserm Führer bestätigen zu lassen, wo wir heute nacht bleiben würden, fragte ich den Konakdschi danach. Er antwortete: „Wir bleiben bei Junak, wo ihr besser ruhen werdet als hier im Dorf." – „Wie weit ist es bis zu ihm?"

„Wir erreichen sein Haus noch vor Anbruch der Nacht. Ihr könnt sicher sein, daß er euch willkommen heißen wird." – Weitere Erkundigungen wollte ich aus guten Gründen nicht einziehen. Es war vorteilhaft für uns, den Konakdschi glauben zu lassen, daß er unser ganzes Vertrauen besäße. – Noch ritten wir im Wardartal; aber vor uns im Westen lagen schwere Bergmassen, deren Ausläufer uns bald zwischen sich nahmen. Rechts von uns strichen die Höhen des Schar Dagh nach Nordost. Wir näherten uns seinem südwestlichen Vorstoß, der seinen Fuß von den kalten Wassern des Schwarzen Drin bespülen läßt. Weiter oben im Norden hatte sich der Weiße Drin in den Schwarzen Drin ergossen, und der vereinigte Fluß wendet sich nun dem Adriatischen Meer zu, dem nicht mehr fernen Ziele unsers Ritts. In drei Tagen konnten wir dort sein. Ob uns das auch gelingen würde? Es gab Hindernisse zu überwinden, die nicht nur in den Geländeschwierigkeiten bestanden. – Nun befanden wir uns schon mitten zwischen himmelan strebenden Bergen. Zwar hatten wir bisher keinen gebahnten Weg gehabt, aber dennoch ziemlich schnell reiten können. Jetzt mußten wir uns durch Schluchten winden, die fast unzugänglich waren. Schwere Felstrümmer legten sich uns in den Weg. Mächtige Stämme waren von den Steilungen abgestürzt und zwangen unsre Pferde, über sie hinwegzuklettern. Wir konnten nur zu zweien, ja wir mußten oft lange Strecken einzeln reiten, weil der Raum es nicht anders gestattete. Der Konakdschi war als Führer voran, und Halef bildete die Nachhut. Warum, das konnte ich mir denken. Er hatte sich jedenfalls über das Päckchen hergemacht und wollte sich nicht dabei ertappen lassen. Eben waren wir wieder in eine Vertiefung eingebogen, die erlaubte, daß zwei Reiter sich nebeneinander bewegen konnten. Ich war der Vorletzte und tat dem Hadschi den Gefallen, nicht auf ihn zu achten. Da kam er herbei und ritt mir zur Seite.

„Sihdi, hat jemand etwas gemerkt?" – „Wovon?" – „Daß ich den verbotenen Schweineschinken verspeiste." – „Niemand hat es gesehen, auch ich nicht." – „So kann ich ruhig sein. Aber ich sage dir, daß der Prophet sich an seinen Gläubigen versündigt, wenn er ihnen diese Speise verbietet. Sie ist ein ganz großer Genuß. Kein gebratenes Huhn kommt ihr gleich. Wie mag es aber nur kommen, daß das tote Schwein viel besser riecht als das lebendige?"

"Das liegt an der Behandlung des Fleisches. Es wird gepökelt und geräuchert."

"Wie macht man das?" – "Das Fleisch wird in Salz gelegt, damit das Wasser daraus entweicht, wodurch es dauerhaft wird."

"Ah, das ist das Tuslu et[1], von dem ich sprechen hörte?"

"Ja. Dann wird es geräuchert und erhält durch den Rauch den Duft, der dir so gefällt. Wie weit bist du mit deinem Vorrat gekommen?"

"Der Schinken ist verzehrt, die Wurst habe ich noch nicht gekostet. Wenn du erlaubst, werde ich sie anschneiden." – Halef zog die Wurst aus der Satteltasche und das Messer aus dem Gürtel. – "Willst du auch ein Stück, Sihdi?" – "Nein, ich danke!" – Wenn ich an den Umschlag dachte und an die Frau, die wahrscheinlich die Wurst höchst eigenhändig gestopft hatte, so war an Appetit nicht zu denken. Jetzt sah ich, daß sich Halef vergeblich Mühe gab, die Wurst aufzuschneiden. Er säbelte und säbelte, kam aber mit dem Messer nicht hindurch. – "Was gibt es denn?" – "Oh, sie ist gar zu fest!" antwortete er. – "Fest? Du meinst wohl zu hart?" – "Nein, hart ist sie nicht, aber ungeheuer fest." – "Ob vielleicht ein kleiner Knochen mit hineingeraten ist? Versuche es nebenan!" – Er setzte das Messer an einer anderen Seite an, und nun ging es leicht. Er roch an das abgeschnittene Stück, machte ein verklärtes Gesicht, winkte mir begeistert zu und biß hinein. Er biß und biß, er hielt mit den Zähnen fest und zog mit beiden Händen – vergeblich! – "Allah, Allah! Diese Wurst ist wie ein Ochsenfell!" rief er aus. "Aber dieser Geruch! Dieser Geschmack! Ich muß durch, und ich komme durch!" – Der Hadschi biß und zerrte aus Leibeskräften und endlich gelang es. Die zähe Stelle gab nach, der Wurstzipfel war entzwei. Das eine Stück hielt er in der Hand und das andre hatte er im Mund. Er begann zu kauen, er kaute fort und fort, aber er schlang den Bissen nicht hinunter.

"Was kaust du denn, Halef?" – "Die Wurst!" antwortete er.

"Aber so schling doch auch!" – "Das geht doch nicht. Ich bringe das Stück nicht auseinander." – "Wie schmeckt es denn?"

"Ausgezeichnet! Aber zäh ist es, sehr zäh. Es kaut sich wie Rindsleder." – "So ist es kein Fleisch. Untersuche es!" – Halef nahm den Bissen aus dem Mund und betrachtete ihn. Er drückte, zog und quetschte, er unterwarf ihn einer sorgfältigen Untersuchung und sagte endlich: "Daraus werde ich nicht klug. Schau du das Ding einmal an!"

Ich nahm das ‚Ding' und betrachtete es. Es sah schon so nicht verlockend aus, aber als ich nun gleich entdeckte, was es war, da wurde es mir noch ganz anders zumute. Sollte ich es dem Hadschi sagen? Jawohl! Er hatte das Gebot des Propheten übertreten, und nun kam die Folge seiner Sünde. Der kleine Mann hatte prächtige Zähne; aber dieses lederne Ding zu zerkauen, war ihm doch nicht gelungen. Ich schob es mit Hilfe des Daumens in die Fassung, die es gehabt hatte, bevor es in die Wurst geraten war, und gab es ihm hin. – Als er den Gegenstand jetzt betrachtete, wurden seine Augen noch einmal so groß. Er riß den Mund auf, fast so, wie vor zwei Stunden, als er den fetten ‚Raki' trank. – "Allah, Allah!" rief er aus. "Schi mahul; schi

[1] Pökelfleisch

biwakkif scha'r irrâs – das ist fürchterlich; das läßt einem die Haare zu Berge stehen!" – Wenn jemand zwanzig Sprachen spräche und jahrelang nur in fremden Zungen redete, im Augenblick großen Schreckens oder großer Freude wird er sich seiner Muttersprache bedienen. So auch hier. Halef sprach sein heimatliches Arabisch, seine moghrebinische Mundart. Er mußte also sehr erschrocken sein.

„Was schreist du denn?" fragte ich mit der harmlosesten Miene.

„O Sihdi, was habe ich gekaut! Schi 'aib, schi makruh – das ist schändlich, das ist abscheulich. B'irdak, billâh 'alaïk – ich flehe dich an, ich beschwöre dich!" – Er sah mich hilfeflehend an. Sämtliche Züge seines Gesichts arbeiteten krampfhaft, um den Eindruck der entsetzlichen Entdeckung zu überwinden. – „So sprich doch nur! Was ist es denn?" – „Ja Allah, ja nabi, ja maßchara, ja hataji – o Allah, o Prophet, o Spott, o Sünde! Ich fühle jedes einzelne Haar auf meinem Haupt! Ich höre meinen Magen wie einen Dulun[1] klingen! Alle meine Zehen wackeln, und in den Fingern kribbelt es, als ob sie mir eingeschlafen wären!" – „Ich weiß aber noch immer nicht, weshalb?" – „Sihdi, willst du mich verhöhnen? Du hast doch auch gesehen, was es ist. Es ist ein Laska es suba." – „Ein Laska es suba? Das verstehe ich nicht." – „Seit wann hast du das Arabische verlernt? So will ich es dir türkisch sagen. Vielleicht weißt du dann, was ich meine. Es ist ein Parmak kabughi[2]. Oder nicht?" – „Meinst du?"

„Ja, das meine ich!" beteuerte er, indem er ausspuckte. „Wer hat die Wurst gemacht? Etwa das Weib?" – „Wahrscheinlich."

„O Unglück! Sie hat einen wunden Finger gehabt und von einem Diw eldiweni[3] den Daumen abgeschnitten und sich über das Pflaster und den Finger gesteckt. Als sie dann die Wurst füllte, hat sie die Fingertüte mit hineingestopft. Schu haida – pfui!" – „Das wäre ja entsetzlich, Halef." – „Lâ tihki, walâ kilmi – rede mir nicht mehr, auch nicht ein Wort!" – Halef hielt alles noch in den Händen: die beiden zerbissenen Teile des Wurstzipfels und die unglückselige Fingerhülse. Es war wirklich der Daumen eines starkledernen Fausthandschuhs. Sein Gesicht war nicht zu beschreiben. In diesem Augenblick fühlte er sich jedenfalls als den unglücklichsten Menschen der Erde. Er sah bald mich und bald die Wurststücke an und schien so von Ekel und Abscheu erfüllt zu sein, daß er keine Zeit fand, an das Nächstliegende zu denken. – „So wirf es doch weg!" sagte ich. – „Wegwerfen? Jawohl! Aber was habe ich davon? Mein Leib ist entweiht, meine Seele entwürdigt, und mein Herz hängt mir wie eine traurige Wurst im Busen. Meine Urahnen drehen sich um, grad so wie mein Magen, und zwar im Grab, und die Söhne meiner Enkelskinder werden Tränen vergießen beim Andenken an diese Stunde der bestraften Leckerhaftigkeit. Ich sage dir, Sihdi, der Prophet hat vollständig recht. Das Schwein ist die ruchloseste Bestie des Weltalls und die Verführerin des menschlichen Geschlechts. Das Schwein muß ausgerottet werden aus dem Reich der Schöpfung, es muß gesteigert werden und vergiftet mit allen möglichen schädlichen Arzneien. Und der Mensch, der die schandbare Erfindung gemacht hat, die zerstückelte Leiche, das Fett und das

---

[1] Dudelsack [2] Fingerhülse, Fingertüte [3] Riesenhandschuh

Blut dieses Viehzeugs in dessen Gedärme zu füllen, dieser Mensch muß in der schrecklichsten Ecke der Hölle schmoren in alle Ewigkeit. Die Frau aber, die diesen Finger des Riesenhandschuhs und das Pflaster ihres ungläubigen Daumens in die Wurst stopfte, diese Halefschänderin soll von ihrem bösen Gewissen gepeinigt werden Tag und Nacht ohne Unterlaß, bis sie sich für einen umgekehrten Igel hält, bei dem die Stacheln nach innen gehen."

„Ja, es ist stark!" lachte ich. „Dein Gesicht ist mir völlig fremd, ich kenne dich gar nicht mehr. Bist du denn wirklich der tapfere und stolze Hadschi Halef Omar Ben Hadschi Abul Abbas Ibn Hadschi Dawuhd al Gossahrah?" – „Schweig, Sihdi! Erinnere mich nicht an die wackern Väter meiner Großväter! Keiner von ihnen hat das furchtbare Unglück gehabt, eine Hülse zu kauen, die erst an einem kranken Finger und dann in einer noch viel kränkeren und trostloseren Wurst steckt. Alle meine männliche Beredsamkeit reicht nicht aus, die Qualen meines Mundes, die Angst meines Schlundes und die Hilflosigkeit meiner Verdauung zu schildern. Dieser Tag ist der bejammernswerteste meiner ganzen irdischen Pilgerfahrt. Erst habe ich den Tran des Fisches getrunken, der mir vor Übelkeit das Lebenslicht auslöschen wollte, und kaum hat es wieder ein wenig aufzuflackern begonnen, so fange ich gar an, an der eingepökelten Hülse einer nichtswürdigen Daumengeschwulst zu kauen. Das ist doch mehr, als ein Sterblicher vertragen kann!" – „So wirf das Ding doch endlich weg!" ermahnte ich den Kleinen abermals. – „Ja, fort, fort! Die Sünde des heutigen Tages soll keinen Augenblick länger an meinen Fingern kleben. Mir sind alle Genüsse der Erde vergällt. Dem ersten, der mir eine Wurst vor die Augen bringt, schieße ich meine sämtlichen Kugeln in den Leib. Ich mag vom Schwein nichts mehr sehen und riechen; es ist das heilloseste Geschöpf auf Erden!"

Er schleuderte alles von sich und fügte hinzu: „Der nach uns dieses Wegs reitet, möge ein hartgesottener Sünder sein! Wenn er diese Wurst findet und verspeist, so wird sein Gewissen vor Grauen aufplatzen wie ein Sack, und seine Taten werden hervorbrechen und ans Tageslicht kommen. Denn diese Wurst ist die Offenbarungsspeise aller Geheimnisse des inneren Menschen. Ich muß alle meine Kräfte zusammenfassen, damit du nicht zu schauen bekommst, welches Aussehen die inwendige Seite deines todkranken und schwergeprüften Halef hat." – Er war gewohnt, selbst den widerstrebendsten Gegenstand in das blumenreiche Gewand des Orients zu kleiden. Das brachte er sogar in diesem schnöden Fall fertig. Dann ritt er wortlos nebenher, und nur als ich ihn neckend nach dem Grund seines Schweigens fragte, grollte er: „Es gibt keine Sprache irgendeines Volkes, deren Wortschatz ausreichend wäre, dir mein Leid und die Zerknirschung meiner Seele und auch die meines Körpers zu beschreiben. Darum ist es besser, ich spreche gar nicht. Ich muß geduldig warten, bis die Empörung meines Innern von selbst aufgehört hat." – Die Schlucht hatte ihr Ende erreicht, und vor uns öffnete sich eine schmale und langgezogene Grasfläche, durch die ein Wasser floß. Vereinzelte Büsche standen darauf, um die sich zahlreiche Himbeersträucher und Brombeerstauden zogen. Die Büsche trugen eine verlockende Fülle von Beeren, über deren Größe man staunen konnte. Wäre es nicht bereits so spät am Tag gewesen, so hätten wir absteigen können, um ein leckeres Mahl zu halten. – „An diesem Wasser liegt Junaks Hütte", erklärte unser Führer. „Wir werden sie in einer Viertelstunde erreichen."

Hier konnten wir nebeneinander reiten. Es war Raum genug vorhanden, und wir setzten unsre Pferde in Galopp. Gewöhnt, selbst während des schnellsten Ritts auf alles zu achten, behielt ich auch jetzt die Umgebung scharf im Auge. So kam es, daß mir ein Umstand auffiel, der mich veranlaßte, mein Pferd anzuhalten. Die andern folgten meinem Beispiel. – „Was hast du gesehen? Was ist's mit diesem Gestrüpp?" fragte Halef. – Wir hielten vor einer Stelle, die so dicht mit Beerensträuchern und kriechenden Stachelranken besetzt war, daß der Mensch nur mit Mühe hindurch konnte. Dennoch waren Bahnen durch dieses Gewirr gebrochen, Bahnen und Gänge, die sich vielfach kreuzten. – „Siehst du nicht, daß jemand da drin gewesen ist?" entgegnete ich. – „Ja, ich sehe es. Warum macht dir das Bedenken? Es hat jemand Beeren gesammelt." – „Die konnte er hier am Rand viel leichter haben. Kein vernünftiger Mensch arbeitet sich so kreuz und quer durch ein solches Dornengestrüpp, wenn er das, was er sucht, ohne Anstrengung haben kann." – „Aber du siehst doch, daß der Betreffende nur Beeren gesucht hat. Sie sind an den Gängen, die er durchbrach, abgepflückt, so weit ein Arm zu reichen vermag."

„Der Betreffende? Hm, ja! Seine Kleidung muß aus einem sehr festen Stoff gewesen sein, wahrscheinlich von starkem Leder. Sonst würden wir die Fetzen hängen sehen. Und die Gänge sind breiter, als ein Mensch sie macht." – „Meinst du etwa, daß es kein Mensch war?" – „Fast möchte ich es denken. Sieh doch nur, mit welcher Gewalt die Ranken niedergebrochen worden sind!"

„Es mag wohl ein sehr kräftiger Mann gewesen sein." – „Selbst der kräftigste Mann bricht sich nicht in dieser Weise Bahn. Er steigt über die Hindernisse weg, wo ihm das nur immer möglich ist. Hier aber ist das nicht der Fall gewesen. Die Ranken und Schößlinge liegen tief und fest auf der Erde. Sie sind so gewaltsam niedergebrochen, als wären sie mit einer Walze zusammengedrückt worden."

„Das ist wahr. Ich begreife nicht, wie das ein Mensch mit seinen Füßen tun kann." – „Hm! Befänden wir uns nicht in der Türkei, sondern in einer amerikanischen Wildnis, so wüßte ich, woran ich wäre. Das Kleid dieses Freundes der Beeren war freilich von Leder. Es scheint der schönste und dichteste Pelz gewesen zu sein, den es nur geben kann, und er war fest auf den Leib gewachsen."

„Effendi, ich weiß, was du meinst", sagte da der Konakdschi, indem er sein Pferd um mehrere Schritte von unserem Standort wegzog, um aus der Nähe des Gestrüpps zu kommen. „Es ist ein Aju[1], von dem du redest." – „Diese Tiere sind hier selten. Aber wenn sich einmal ein Bär in unsre Berge verirrt, so ist's ein alter Einsiedler, mit dem man nicht spaßen darf." – „Das läßt sich denken. Ein junges Tier, das nur von Früchten lebt, wird sich nicht hierher verlaufen. Ich bin beinahe

[1] Bär

überzeugt, daß der Beerensucher wirklich ein Bär gewesen ist, und ich werde mir die Gänge, die er durch das Gestrüpp gebrochen hat, ansehen."

„Um Allahs willen, laß das sein!" warnte Dschemal.

„Pah! Es ist ja noch heller Tag." – „Aber wenn du auf ihn triffst?" „So trifft er auch auf mich. Beides ist sehr gefährlich." – „Er reißt dir den Leib auf und beißt dich in den Kopf. Ich habe gehört, daß der Bär ein großer Freund des Gehirns ist. Darum soll er seinem Opfer gleich mit dem ersten Biß die Hirnschale zermalmen." – „Wir wollen sehen, ob dieser Bär hier auch die Gewohnheit hat", lächelte ich und stieg vom Pferd. – „Bleib da, bleib da!" schrie der tapfere Führer. „Es handelt sich ja nicht allein um dich, sondern auch um uns. Wenn er wirklich noch da im Dickicht steckt und du stöberst ihn aus der Ruhe, so wird er zornig sein und auch über uns herfallen."

„Jammere doch nicht!" herrschte Halef ihn an. „Der Effendi hat den Schwarzen Panther, das schlimmste der Raubtiere, und den Löwen getötet, den König der Gewaltigen. Was ist ein Bär gegen ihn. Er würde das Tierchen mit der Hand erwürgen." – „Oho!" lachte ich. „Du redest zu geringschätzig von diesem lieben Tierchen. Denk an die Bärenjagd bei Gumri! Wenn sich das Tierchen vor dir aufrichtet, so überragt es dich um eines Kopfes Länge. Ist es ausgewachsen, so vermag es dir mit einem Schlag seiner Tatze den Schädel zu zertrümmern. Der Bär schleppt, wenn es ihm beliebt, eine Kuh fort. Es ist also nicht so ungefährlich, ihm zu begegnen." – „Und wenn er noch zehnmal größer wäre, Hadschi Halef Omar fürchtet sich nicht vor ihm. Bleib hier, Sihdi, und erlaube mir, ihn allein aufzusuchen. Ich möchte ihm einen Gruß zwischen die Rippen oder in den Kopf geben."

„Deine Kugel würde gar nicht durch seine Schädelknochen dringen. Dazu bedarf man, wenn man kein Spitzgeschoß hat, eines Gewehres von der Art meiner alten Büchse hier, die ja ein Bärentöter ist. Vielleicht würde deine Kugel ihn nicht einmal belästigen. Der Bär schlägt dir deine Flinte in Stücke und umarmt dich dann, bis dir der Atem ausgeht." – „Meinst du, daß ich ihm nicht auch den Brustkasten zusammendrücken kann, bis es ihm vor den Augen funkelt und ihm das Leben aus dem Leibe fährt!" – „Nein, das kannst du nicht, Halef. Also bleib nur getrost hier!" – „Wenn er wirklich so gefährlich ist, darfst auch du nicht ohne mich hinein. Ich bin dein Freund und Beschützer und will dabei sein, wenn du dich in Gefahr befindest."

„Nun, du magst mich begleiten. Aber das Tier befindet sich nicht hier." – „Weißt du das so genau?" – „Ja. Ich weiß, wie die Lagerstelle eines Bären beschaffen sein muß. Dieses Gestrüpp eignet sich gar nicht dazu. Wenn es wirklich ein Bär ist, der hier war, so kam er nur her, um von den süßen Beeren zu naschen. Als Raubtier hat er es vorgezogen, dabei im Gestrüpp versteckt zu sein. Der Instinkt gebietet ihm, am Tag offne Stellen zu meiden. Daraus erklärt es sich, daß die Früchte da, wo sie viel leichter zu haben sind, nicht abgepflückt wurden. – Also komm!" – Ich nahm die Büchse und drang, von Halef gefolgt, ins Dickicht ein. Die Gänge darin glichen in verkleinertem Maßstab den ‚Straßen', die die Büffel durch das reiterhohe Gras

dor Prärie treten. Das niedergebrochene Geäst un
festgestampft. Petz mußte ein gewaltiges Tier sei

Wir waren kaum zehn Schritte gegangen, so f
daß wir es wirklich mit einem braunen Bären
Locke seines Pelzes war an Dornen hängengeblie

„Sieh her!" machte ich Halef aufmerksam. „W
Wir wollen diese Locke genau betrachten." – „W
„Um zu erfahren, wie alt der Bär ist." – „Läß
wenigen Haaren schließen?" – „Ja, so ziemlich. Je jünger de
desto wolliger ist sein Fell. Sehr alte Bären haben keine Unterwolle
mehr, und der Pelz wird so schäbig und dünn, daß er sogar nackte
Stellen zeigt. Nun urteile selbst: Ist diese Locke wollig?" – „Nein,
das Haar ist fast schlicht." – „Es ist auch nicht gleich stark und nicht
gleich gefärbt. Da, wo es im Fell steckte, ist es dünner als oben und
fast ohne Färbung. Das ist ein Zeichen, daß die Haut das Haar nicht
mehr zu ändern vermag. Dieser Bär ist sehr alt. Ich mag dir nicht
wünschen, von ihm umarmt zu werden. Bei diesem Alter und in der
jetzigen Jahreszeit kann er viermal soviel wie du wiegen."

„O Unglück, o Unterschied! Da passe ich freilich nicht in seine
Arme und an sein Herz. Da ist es auf alle Fälle besser, ihm eine Kugel
zu geben. Also vorwärts! Suchen wir ihn!" – „Er ist nicht mehr da.
Wenn du das niedergetretene Gestrüpp genau betrachtest, findest
du die Bruchstellen schmutzig gefärbt. Ich vermute, daß das Tier
schon gestern hier gewesen ist. Wir brauchen das Dickicht nicht
erst zu untersuchen. Wenn wir es umkreisen, so ist das bequemer,
und wir sehen wohl die Stelle, wo der Bär hineingegangen oder herausgekommen ist." – Wir verließen also das Dorngewirr und umschritten
es. Der Punkt, wo der Bär eingedrungen war, ließ sich schnell finden.
Er lag gegen den Wald zu und war daran zu erkennen, daß die nieder-
gerissenen Zweige und Ranken einwärts gerichtet lagen. Da, wo sie
auswärts lagen, mußte er herausgekommen sein. Diese Stelle lag gegen
das Wasser hin. Ich suchte die Fährte, fand aber nur einzelne, kaum
mehr zu lesende Tritte, die zum Bach führten. Wir gingen nach und
kamen zu der Stelle, wo Petz getrunken hatte. Er war dabei mit den
Vorderpranken ins Wasser gestiegen. Wir erkannten im weichen
Grund des seichten Wassers deutlich die Abdrücke der Tatzen. Der
Bär hatte sie während des Trinkens nicht bewegt und sie dann so
behutsam herausgenommen, als habe er die Absicht gehabt, uns
recht genaue Bilder seiner Pranken zu hinterlassen.

Meine vorhin ausgesprochene Vermutung bestätigte sich: der Bär
war von stattlicher Größe. Seine Sohlen waren stark gepolstert,
woraus man schließen konnte, daß er eine ansehnliche Masse von
Fett mit sich herumtrug. Von hier war er zu einer sandigen Stelle
getrollt, wo er sich gewälzt hatte. Von da an gab es keine deutliche
Spur mehr. Nur aus leisen Anzeichen ließ sich vermuten, daß er in den
Wald zurückgekehrt sei. – „Wie schade!" klagte Halef. „Dieser Sohn
einer Bärenmutter ist nicht einmal so höflich gewesen, auf uns zu
warten." – „Vielleicht ist es die Tochter einer Bärenmutter und
selbst schon Mutter und Großmutter von vielen Enkeln. Hier, wo

..zte, hat sie auch den Sand aufgekratzt. Die Krallen sind ..d abgestoßen. Sie ist eine sehr alte Tante. Sei froh, ihr nicht ..tet begegnet zu sein." – „Und doch wollte ich, sie käme jetzt .., um uns die Verbeugung des Grußes zu machen. Kann ein Bär ..ssen werden?" – „Gewiß. Weißt du nicht mehr, wie sich unser ..eund David Lindsay Bei damals bei Gumri in den kurdischen Bergen auf den Bärenbraten freute – wenn auch leider vergeblich! Schinken und Tatzen des Bären, gut zubereitet, sind wahre Leckerbissen. Auch die Zunge ist vorzüglich. Vor der Leber muß man sich hüten. Es gibt Völker, die sie für giftig halten." – „Freilich! Ich entsinne mich! Schinken und Tatzen!" rief der Kleine aus. „Sihdi, können wir den Bären nicht aufsuchen, um uns diese Leckerbissen von ihm geben zu lassen?" – „Halef, Halef! Denk an andre Leckerbissen, die dir nicht sehr gut –" – „Schweig!" fiel er mir schnell in die Rede. „Meinst du, daß es der Prophet verboten hat, den Schinken und die Tatzen des Bären zu verspeisen?" – „Er hat es nicht verboten. Die Sprache des Propheten hat zwar ein Wort für Bär, nämlich ‚Dibb', aber mit diesem Wort wird zuweilen auch die Hyäne bezeichnet, und ich glaube nicht, daß Mohammed jemals einen wirklichen Bären gesehen hat." – „Hätte er es verboten, so würde ich um keinen Preis ein Gelüste nach Bärenschinken hegen; da dem aber nicht so ist, sehe ich nicht ein, warum wir uns diesen Hochgenuß versagen wollen. Wir gehen in den Wald und schießen das Tier." – „Meinst du, daß es da nur so auf uns wartet?" – „Es muß doch ein bestimmtes Lager haben!" – „Das ist nicht nötig. Und wäre es der Fall, so würden wir das Lager nicht finden. Wir haben keine Fährte, und es beginnt bereits zu dunkeln. Wir müssen also auf die Jagd verzichten."

„Sihdi, mach es doch möglich!" bat er. „Bedenke, daß dein treuer Halef seiner Hanneh, der Perle der Frauen, erzählen will, daß er einen Bären erlegt hat! Sie würde entzückt und stolz auf mich sein."

„Sollte dein Wunsch erfüllt werden, so müßten wir einen oder gar zwei Tage hier verweilen, und dazu haben wir keine Zeit. In einer Viertelstunde wird es Nacht. Wir wollen uns sputen, das Haus Junaks zu erreichen." – „Zum Scheïtan mit diesem Haus! Lieber würde ich heut in der Höhle des Bären schlafen und mich dabei in das Fell wickeln, das ich ihm abgezogen hätte. Aber ich muß gehorchen. Allah gewährt, und Allah versagt. Ich will nicht gegen ihn murren."

Also stiegen wir auf und ritten weiter. – Nach einiger Zeit traten die steilen, mit dunklem Nadelwald bewachsenen Höhen noch weiter zurück, so daß sie eine fast kreisrunde Lichtung einschlossen, auf der wir ein Haus sahen, an das sich zwei Schuppen oder stallähnliche Gebäude lehnten. Nur rechts drüben schob die Höhe einen schmalen, zungenförmigen Ausläufer herein, der aus felsigem Boden bestand und mit Büschen, Laub- und Nadelbäumen besetzt war. – Dort, an der Spitze dieser Zunge, sahen wir eine Person stehen, deren Kleidung nicht entscheiden ließ, ob sie männlichen oder weiblichen Geschlechts sei. – „Das ist Gußka", erklärte Dschemal. „Soll ich sie rufen?"

„Wer ist Gußka?" – „Das Weib Junaks, des Ruß- und Kohlenhändlers."

„Du brauchst sie nicht zu rufen, denn ich sehe, daß sie uns jetzt bemerkt." – Gußka, war das ein Schmeichelname, der auf die Seelen-Eigentümlichkeiten seiner Trägerin schließen ließ? Das Wort bedeutet nämlich im Serbischen ‚Gans'. Ich war neugierig, wie diese so sonderbar benannte Dame uns aufnehmen würde. – Sie tat, als hätte sie uns nicht gesehen, und schritt langsam und gesenkten Kopfes dem Haus zu. Der Ausdruck ‚Haus' war hier eigentlich eine großartige Schmeichelei. Die Mauern bestanden aus Steinen, die ohne bindenden Mörtel übereinandergelegt und deren Zwischenräume mit Erde und Moos verstopft waren. Die Bedeckung war ein rohes Knüppeldach, mit Wassermoos und getrocknetem Farnkraut verkleidet.

Die Tür war so eng und niedrig, als sei sie nur für Kinder gemacht, und die Fensteröffnungen hatten grad die nötige Größe, um die Nase hinausstecken zu können. Noch trauriger sahen die beiden andern Bauwerke aus. Hätten sie sich nicht gar so innig an das Haus gelehnt, so wären sie wahrscheinlich umgefallen. – Die Frau verschwand im Haus, ohne uns einen Blick zugeworfen zu haben. Wir stiegen vor dem Haus ab. Die Tür war verriegelt. Dschemal schlug mit dem Gewehrkolben dagegen. Erst nach längerer Zeit wurde geöffnet, und die Frau trat in die Spalte. – Es gibt ein Märchen von einer alten Zauberin, die – tief im Wald lebend – einen jeden, der sich zu ihr verirrt, in den Backofen steckt, um ihn zu braten und dann zu verspeisen. An diese Hexe mußte ich unwillkürlich denken, als ich jetzt die Frau erblickte. Sollte ihr Name Gußka – Gans, für ihre Eigenart bezeichnend sein, so war sie doch nur mit einer jener steinalten Gänse zu vergleichen, die auf jeden Fremden wie bissige Kettenhunde losfahren und nur darum nicht mit Borsdorfer Äpfeln und Beifußzweigen in Berührung kommen, weil ihr Fleisch zu hart ist. – Sie war schrecklich lang und ebenso dürr. Um uns durch die Tür betrachten zu können, mußte ihr Oberkörper zum Unterkörper fast einen rechten Winkel bilden. Ihr Gesicht war auch in die Länge gezogen; es war überhaupt alles an ihr lang. Die scharfe, sichelförmig gebogene Nase, das spitze, von unten nach oben strebende Kinn, der breite, lippen- und zahnlose Mund, die großen, lappenartigen Ohren, die eng beisammenstehenden, kleinen, wimperlosen und rotgeränderten Augen, die tiefen Falten, in denen der Schmutz zu greifen war: das alles wirkte so abstoßend wie möglich. Den Kopf trug sie unbedeckt. Das dünne Haar, dessen Boden fischschuppenartig durchschimmerte, war nicht geflochten. Es hing in wirren, verfilzten Strähnen herab. Denkt man sich dazu ein unsäglich schmutziges Hemd und eine ebenso unsaubere, unten am Knöchel zugebundene Frauenhose und zwei nackte, skelettartige Füße, die noch nie mit einem Tropfen Wasser in Berührung gekommen zu sein schienen, so wird man glauben, daß diese unvergleichliche Gußka ganz das Aussehen einer aus dem klassischen Altertum übriggebliebenen Gorgo oder Furie hatte. – Und als sie jetzt zu reden begann, zuckte ich beinahe zusammen. Das klang genau wie die heisere Stimme einer Krähe, die sich über irgend etwas erbost. – „Was wollt ihr? Wer seid ihr? Warum haltet ihr an?" krächzte sie. „Reitet weiter!"

Die Frau tat, als ob sie die Tür verriegeln wollte; unser Führer aber

schob sich dazwischen und sagte: „Weiterreiten? Nein, das tun wir nicht. Wir bleiben hier." – „Das geht nicht! Das kann nicht gehen! Ihr habt hier nichts zu suchen. Ich nehme keine Fremden bei mir auf!"
„Ich bin dir doch nicht fremd. Du wirst mich ganz gewiß erkennen?"
„Aber die andern nicht." – „Sie sind meine Freunde." – „Die meinigen nicht." – Sie schob ihn hinaus und er sie hinein, freilich nur zum Schein. – „Sei doch verständig, Gußka!" bat Dschemal. „Wir verlangen von dir ja nichts umsonst. Wir werden dir alles gut und ehrlich bezahlen." – Das schien zu wirken, wenigstens sollten wir so denken. Sie nahm eine weniger abwehrende Haltung an und fragte:

„Bezahlen wollt ihr? Ja, das ist andres! Dann kann ich es mir wenigstens überlegen, ob ich euch hier bei mir bleiben lasse."

„Da gibt es nichts zu überlegen. Wir verlangen von dir nur ein Obdach und etwas zu essen." – „Ist das etwa nicht genug?"

„Das ist mehr als genug; das ist zuviel", sagte ich, „Speise und Trank verlangen wir nicht von dir, und einen Platz zum Schlafen werden wir uns selbst suchen. Hast du keinen Platz im Haus, so schlafen wir im Freien." – Etwas aus diesen krallenähnlichen, von Schmutz starrenden Fingern zu essen, war ein Ding der Unmöglichkeit. Und da drinnen schlafen? Um keinen Preis! Die Stube sah ganz so aus, als ob sie sich jener springenden, wibbelnden und kribbelnden, stechenden, nagenden und beißenden Einwohnerschaft erfreue, die oft auch in vornehmen Häusern des Orients vorhanden ist. Hier aber in dieser Bude hüpften, krochen, zappelten und marschierten jene blutdürstigen Quälgeister jedenfalls in unzähligen Scharen umher. – Die Beschreibung einer Reise durch den duftumflossenen, sagenumwobenen, sonnigen Orient mag wohl angenehm zu lesen sein; aber diese Reise selbst machen, das ist etwas ganz andres. Das Schicklichkeitsgefühl verbietet oft, grad von den eigenartigen, kennzeichnenden Kleinerlebnissen zu sprechen. Der Orient gleicht Konstantinopel, das der ‚Wangenglanz des Weltangesichts' genannt wird. Von außen bietet es einen herrlichen Anblick; aber tritt man in die engen Straßen selbst, so is't's mit der schönen Täuschung vorüber. Der Orient ist zweifellos reich an Schönheit. Nur darf der Besucher dieser Schönheiten nicht zartbesaitet sein!

Der Reisende findet da Abenteuer übergenug, täglich, ja stündlich. Aber was für Abenteuer sind das! Sie beziehen sich nicht auf große Ereignisse, sondern auf die kleinen Verhältnisse des alltäglichen Lebens. Und dabei ist keineswegs Uhlands Wort auf sie anzuwenden:

„Doch schön ist nach dem großen
das schlichte Heldentum."

Dem Erzähler ist es verboten, von diesen Dingen zu sprechen. Die zahlreichsten Abenteuer erlebte er im Kampf gegen die oft unbeschreibliche Unreinlichkeit der Bevölkerung. Ich habe mit einem berühmten Scheik gespeist, der sich während des Essens einige allzu lebhafte Tierchen aus dem Nacken holte, sie vor aller Augen behutsam beiseitesetzte und dann mit den Händen, ohne sie vorher abzuwischen, in den Pilaw fuhr und davon eine Kugel rollte, um sie mir als ‚el

Lukme esch Scheref'[1] in den Mund zu schieben. – Wenige werden glauben, daß dies zwar ein kleines, aber dennoch lebensgefährliches Abenteuer war. Die Zurückweisung dieses Ehrenbissens ist eine Beleidigung, die in der Wüste nur mit dem Tod gesühnt werden kann. Ich hatte also eigentlich nur die Wahl zwischen einer Kugel oder einem Messerstich und dem Verspeisen dieser schrecklichen Reiskugel. Links von mir saß der Scheik, der mir den Bissen reichte und erwartete, daß ich den Mund aufsperre. Rechts saß Krüger Bei, der bekannte Oberst der Leibscharen des Herrschers von Tunis. Er – ein geborener Deutscher – hatte die Entfernung der kleinen Wesen ebenso bemerkt wie ich. Er wußte genau, in welch großer Verlegenheit ich mich in diesem Augenblick befand, und in seinem Gesicht war die Spannung zu lesen, ob ich die Reis- oder die Bleikugel wählen werde. In solcher Lage gilt es, geistesgegenwärtig zu sein. Ich sagte in größter Höflichkeit zu dem Scheik: „Ma binsa dschamlak kull umri – ich werde all mein Lebtag an deine Güte denken." – Den Bissen aus seiner Hand nehmend, fuhr ich fort: „Ridd inna'sar, ja m'allmi – entschuldige, o Herr!" – Und mich nun schnell rechts zu Krüger Bei wendend, schloß ich: „Dachîlak, ent kaïn haun el muhtaram – ich bitte dich, hier bist du der Ehrwürdige!" – Der brave Herr der Heerscharen erschrak. Er ahnte meine Absicht und war so unvorsichtig, den Mund zu öffnen, um mir abwehrend zu antworten. Aber dieser Augenblick genügte mir. Ehe er ein Wort hervorbrachte, hatte er den Reiskloß im Mund und durfte ihn nicht wieder herausnehmen. Er war der Älteste. Daß ich ihm den Ehrenbissen gegeben hatte, war nun nicht eine Beleidigung, sondern ein allgemein wohl aufgenommener Beweis dafür, daß ich das Alter achte. Der arme Ehrwürdige machte freilich ein Gesicht, als hätte er den ganzen Jammer des Erdenlebens zwischen den Zähnen gehabt. Er drückte und drückte und schlang und schlang, bis er rotblau geworden und der Bissen hinunter war. Noch nach Jahren rühmte sich der Undankbare, daß er mir diesen Streich nicht vergessen habe. – Solche Erlebnisse sind im Orient häufiger, als einem lieb sein kann. Man darf wohl eine Andeutung davon geben, sie aber nicht ausführlich beschreiben. Der Kampf gegen Schmutz und Ungeziefer ist im Morgenland wahrhaft schrecklich und kann einem die höchsten Genüsse verleiden. – Frau Gußka ahnte nicht, was mich zu meinen Worten veranlaßte. Es war wohl gegen die ihr zugeteilte Rolle, uns abzusondern; darum sagte sie schnell: „Platz hab ich wohl für euch, Effendi. Wenn ihr es gut bezahlt, habe ich sogar ein Lager für dich; deine Gefährten aber können neben dir auf ihren Decken schlafen." – „Wo ist das Lager?" – „Komm herein; ich werde es dir zeigen!" – Ich folgte ihr, nicht in der Absicht, das Lager zu prüfen, sondern nur um einen Einblick in die Häuslichkeit der ‚Gans' zu bekommen. Aber welch ein Loch betrat ich da! Es gab fast nur die vier rohen Wände. Rechts in der Ecke lagen die Steine des Feuerherdes, und links in der andern Ecke sah ich einen unordentlichen Haufen von dürrem Farn, Laub und Lumpen. Darauf deutete die Frau, indem sie sagte: „Dort ist das Lager. Und hier ist der Herd, auf dem ich euch das

[1] Der Ehrenbissen

Fleisch braten werde." — Es herrschte ein wahrer Höllendunst in diesem Loch, brandig und von allen möglichen Gestänken durchwoben. Von einem Schornstein war keine Rede, der ätzende Rauch fand seinen Abzug durch die Fenster. Die Gefährten waren mit eingetreten. Daß sie dachten wie ich, sah ich ihnen deutlich an. — „Was für Fleisch meinst du?" erkundigte ich mich. — „Pferdefleisch." — „Woher habt ihr das?" — „Von unserm eignen Pferd", seufzte die Alte, indem sie mit beiden Händen zu den Augen griff. — „Habt ihr es geschlachtet?"
„Nein; es ist uns zerrissen worden." — „Ah! Von wem?" — „Mein Mann sagt, es müsse ein Bär gewesen sein."

„Und wann hat der Bär das Pferd überfallen?" — „In letzter Nacht."
„Allah, Allah!" rief Halef. „Also frißt dieser Bär nicht nur Himbeeren! Habt ihr ihn getötet?" — „Wie kannst du so fragen! Um einen Bären zu erlegen, müssen viele Männer beisammen sein." — „Willst du mir sagen, wie es zugegangen ist?" forderte ich sie auf.

„Das wissen wir selbst nicht genau. Wir brauchen das Pferd zu unserm Handel. Es muß uns den Kohlenwagen ziehen und —"
„Ich habe doch draußen gar keinen Wagen stehen sehen!"
„Wir können ihn nicht hier haben, denn es gibt keinen Weg, auf dem wir ihn zu unserm Haus bringen könnten. Er steht also bei dem Köhler. Das Pferd aber befindet sich hier, wenn wir daheim sind. Es bleibt des Nachts im Freien, um das Gras abweiden zu können. Heute früh nun, als wir aufstanden, sahen wir es nicht, und als wir es suchten, fanden wir seine Leiche drüben bei den Felsen. Es war zerrissen worden, und als mein Mann die Spuren sah, sagte er, ein Bär sei es gewesen." — „Wo befindet sich jetzt das übriggebliebene Fleisch?"

„Draußen im Schuppen." — „Zeig es mir!" — „Effendi, das darf ich nicht", sagte sie erschrocken. „Mein Mann hat mir verboten, fremde Leute da hinein zu lassen." — „Warum?" — „Das weiß ich nicht."
„Wo ist er denn jetzt?" — „Er wollte das Lager des Bären suchen."
„Das ist gefährlich! Ist denn dein Mann ein so mutiger Jäger?"
„Ja, das ist er." — „Wann kommt er zurück?" — „Wohl bald."
„So! Sind etwa heut Fremde hier bei euch gewesen?"
„Nein. Warum fragst du so?" — „Weil dein Mann dir verboten hat, Fremde in den Schuppen zu lassen." — „Es war niemand da, kein Mensch, heute nicht und gestern nicht. Wir leben so einsam, daß nur höchst selten jemand zu uns kommt." — In diesem Augenblick ertönte von draußen ein schriller, gellender Schrei. Die Frau sprach schnell weiter, um unsre Aufmerksamkeit abzulenken; ich aber unterbrach sie: „Horch! Wer hat da geschrien?" — „Ich habe nichts gehört."
„Aber ich." — „So wird es ein Vogel gewesen sein." — „Nein, das war ein Mensch. Ist wirklich niemand bei dir?" — „Ich bin ganz allein."
Dabei aber winkte sie Dschemal zur Tür. Ich sah es, drehte mich um und ging hinaus. — „Effendi!" rief sie hinter mir. „Wohin willst du?"
„In den Schuppen." — „Das darfst du nicht." — „Pah! Will doch sehen, wer da geschrien hat." — Da stellte sich der Konakdschi mir in den Weg und sagte: „Bleib da, Effendi! Du hast ja gehört, daß kein Fremder —"
Er sprach nicht weiter. Der Schrei war wieder erklungen, und zwar noch lauter und unheimlicher als vorher. — „Hörst du?" antwortete

ich. „Das klingt, als ob jemand sich in Lebensgefahr befände. Wir müssen nachsehen." – „Aber du darfst doch nicht –"

„Schweig! Es soll mich niemand hindern, zu tun, was mir beliebt."

Dschemal machte noch einen Versuch mich zurückzuhalten; die Frau desgleichen, aber ich ging dennoch. Meine drei Begleiter folgten mir. Hinterher kam der Konakdschi mit der Frau. Beide wisperten angelegentlich miteinander. Soviel ich sehen konnte, machte er ein sehr betroffenes Gesicht. – Ich riegelte den einen Schuppen auf: er enthielt nur allerlei Gerümpel. Als wir dann auf den andern zuschritten, ertönte wieder der Schrei, und zwar aus diesem zweiten Schuppen. Es klang entsetzlich. Nun öffneten wir und traten ein. Es war fast dunkel im Innern. – „Ist jemand da?" fragte ich. – „O Allah, Allah!" jammerte eine Stimme, die ich sogleich erkannte. „Der Scheïtan, der Scheïtan! Er kommt! – Er greift nach mir! – Er holt mich in die Hölle!" – „Das ist ja der Mübarek!" raunte mir Halef zu.

„Allerdings. Entweder sind auch die andern in der Nähe, um uns einen Hinterhalt zu legen, oder sie haben ihren Ritt zum Köhler fortgesetzt und waren gezwungen, den Alten hier zurückzulassen. Er hat das Fieber." – „Effendi, geh nicht hinein!" sagte die Frau. „Es ist ein Kranker drin." – „Warum hast du mir das verschwiegen?"

„Er soll nicht gestört werden." – „Was fehlt ihm denn?"

„Er hat die Cholera. Geh ja nicht hinein! Er steckt dich sonst an, und dann bist du verloren." – „Wer ist der Kranke?"

„Ein Bruder von mir." – „Weib, du lügst! Den Mann, der hier liegt, kenne ich. Er mag dein Bruder sein, denn ihr beide seid Geschwister des Teufels. Es ist der alte Mübarek, den ich mir genauer ansehen will. Hast du eine Lampe?" – „Nein." – „Aber Späne?" – „Auch nicht."

„Höre, jetzt holst du Späne, um Licht zu machen, und wenn du binnen einer Minute nicht zurück bist, bekommst du Hiebe, daß dir das schmutzige Fell zerspringt." – Ich hatte die Peitsche in die Hand genommen. Das wirkte. – „Effendi", widersprach Dschemal, „du hast kein Recht hier als Gebieter aufzutreten. Wir sind hier Gäste und –" „– und werden so zahlen, wie man es verdient, nämlich entweder mit Piastern oder mit Hieben", fiel ich ihm ins Wort. „Da drin liegt der Mübarek. Wo der ist, befinden wir uns in Gefahr, und ich werde so handeln, wie unsre Sicherheit es erfordert. Willst du mich darin irre machen, so muß ich annehmen, daß du es heimlich mit unsern Feinden hältst. Grund dazu ist bereits genug vorhanden, wie du weißt. Also nimm dich in acht!" – Da war er still und wagte kein weiteres Wort. Die Frau brachte Kienspäne, von denen einer bereits brannte. Wir zündeten mehrere an, nahmen sie in die Linke, die gespannten Revolver oder Pistolen in die Rechte und machten uns an die Untersuchung des Schuppens. Hier gab es nur zweierlei zu sehen, nämlich den Mübarek, der besinnungslos in der Ecke lag, und die Pferdeleiche im andern Winkel. Vom toten Pferd stieg ein Heer von ekelhaften Fliegen auf, als wir uns näherten. – „Bist du toll?" fragte ich die Frau. „Dort befindet sich einer, der das Wundfieber hat, und dabei liegt eine Pferdeleiche, von der tausend Insekten zehren. Und von diesem Fleisch sollten wir essen? Weißt du denn nicht, wie gefährlich das ist?"

„Was soll das schaden?" – „Das Leben kann es kosten. Außerdem hast du uns belogen. Dieser Mann dort ist unser Todfeind, der uns nach dem Leben trachtet. Indem du ihn uns verheimlichen wolltest, hast du bewiesen, daß du mit ihm verbündet bist. Das kannst du teuer bezahlen müssen!" – „Effendi", beteuerte sie, „ich weiß kein Wort von alledem, was du sagst." – „Ich glaube dir nicht." – „Ich kann es beschwören." – „Auch deinem Schwur schenke ich keinen Glauben. Wie ist der Alte zu dir gekommen?" – Gußka warf einen fragenden Blick auf den Konakdschi. Dschemal machte eine zustimmende Geste. Ich verstand, was er ihr damit sagte, tat aber, als hätte ich nichts gesehen. – „Es kamen sechs Reiter hier vorbei", erklärte sie mir. „Einer von ihnen war krank, er konnte nicht weiter, so baten sie mich, ihn hierzubehalten, bis er stärker geworden sei, oder bis sie ihn abholen würden. Sie versicherten, daß ich eine gute Bezahlung dafür erhalten werde." – „Kanntest du sie?" – „Nein." – „Warum sagtest du, daß dieser alte Sünder dein Bruder sei?" – „Ob er ein Sünder ist, weiß ich nicht. Sie baten mich, so zu sagen und niemand zu ihm zu lassen, da er von Feinden verfolgt werde." – „Haben sie dir diese Feinde beschrieben?" – „Ja." – „Diese Beschreibung paßte auf uns?"

„Ganz genau. Darum wollte ich dich nicht zu dem Verwundeten lassen." – Da ertönte vom Eingang eine zornige Stimme: „Was geht denn hier vor? Wer wagt es, ohne meine Erlaubnis hier einzudringen?"

Ich trat dem Frager mit dem Kienspan näher. Die Frau eilte auf ihn zu und begann mit ihm zu flüstern. Ich ersah keinen Grund, sie darin zu stören. Als beide fertig waren, wandte er sich an mich: „Effendi, meine Frau erzählt mir, daß ihr sie bedroht habt. Das darf ich nicht dulden. Wir haben, indem wir diesen Kranken bei uns aufnahmen, ein Werk der Barmherzigkeit getan, und ihr habt kein Recht, uns das vorzuwerfen." – „Wer hat einen Vorwurf ausgesprochen?" – „Du!"

„Das ist nicht wahr. Sie hat ihn uns verheimlicht." – „Was geht das euch an? Können wir nicht tun, was uns beliebt?" – „Das könnt ihr wohl; aber wenn ich den Schrei eines Menschen höre und es wird mir auf meine Frage gesagt, daß niemand da sei, so muß ich argwöhnisch werden. Ich muß glauben, daß ein Mensch sich in Gefahr befinde, und um ihn zu retten, bin ich hier eingetreten, obgleich deine Frau es mir nicht erlauben wollte." – „Weil du sein Todfeind bist!"

„Auch das ist erlogen. Wir haben ihn geschont, obwohl er uns nach dem Leben trachtete. Ich habe nicht die Absicht ihm etwas Böses zu tun. Ich bin sogar erbötig ihm beizustehen, wenn es noch möglich ist. Schafft ihn in die Stube! Dort ist es leichter, ihn zu pflegen. Ich werde seine Wunde untersuchen. Kann ihm noch geholfen werden, so wird es mich freuen. Ich raube keinem Menschen das Leben, wenn es nicht in Verteidigung meines eignen Lebens geschehen muß."

„Du wirst ihn ehrlich untersuchen und ihm keine Medizin geben, die ihn vollends umbringt?" – „Der Mübarek bekommt gar keine Medizin. Nur kunstgerecht verbunden soll er werden. Tragt ihn sofort hinein! Ich warte hier auf dich, denn ich habe dann wegen des Pferdes mit dir zu sprechen."

Erst jetzt, als Junak von den Spänen mehr beleuchtet wurde,

sah ich, daß er ein Päckchen in der Hand hatte. Ich erkannte es sogleich und machte Halef darauf aufmerksam, indem ich ihm einen heimlichen Wink gab. – Dschemal, der Kohlenhändler, und dessen Frau hoben den Mübarek auf und trugen ihn an uns vorüber. Der Verwundete war ohne Besinnung, schien aber die Schmerzen der Berührung zu fühlen, denn er schrie jämmerlich. – „Sihdi", sagte Halef zu mir, „wie nun, wenn der Mübarek nicht allein hier versteckt ist?" – „Ich bin überzeugt, daß die andern fort sind, werde aber trotzdem die Maßregeln so treffen, als hätten sie sich hier versteckt."

„Und was willst du mit dem Kohlenhändler wegen des Pferdes besprechen?" – „Ich will es ihm abkaufen, wenigstens einen Teil des Aases." – „Bist du des Teufels? Meinst du, daß wir von diesem Fleisch essen sollen?" – „Wir nicht, sondern ein andrer." – „Wer?"

„Ein Gast von uns. Du wirst ihn hoffentlich noch heute kennenlernen." – Einer weiteren Frage wich ich aus, indem ich mich zu den andern gesellte, die erstaunt das tote Pferd, das Opfer des Bären, betrachteten. Das gewaltige Raubtier hatte dem Pferd die Hirnschale aufgebrochen. Die Schädelhöhle, die den größten Leckerbissen des Bären, das Gehirn enthält, war so fein gesäubert, als sei sie mit einem Schwamm ausgewischt worden. Dann hatte der Bär den Leib angeschnitten. Es fehlten die Eingeweide, die er verzehrt hatte. Das Backenfleisch war seinem Gelüst zur Beute geworden, und zuletzt wohl hatte er sich die Brust genommen. Dann war er satt gewesen.

Das Pferd – ein starkknochiges und wohlgenährtes Tier – hatte wohl Kräfte genug gehabt, eine schwere Last zu ziehen. Darum sagte Halef: „Aber wie kann ein Bär ein solches Pferd überwältigen? Es vermag doch zu fliehen oder sich mit den Hufen zu wehren."

„Das weiß der Bär so genau wie du und richtet seinen Angriff danach ein. Übrigens ist er ein alter Kerl, der gewiß ein gutes Maß Erfahrung besitzt." – „Aber bedenke doch, das Pferd ist so schnell, während der Bär ungelenk und täppisch sein soll." – „Wer das glaubt, kennt ihn nicht. Ja, für gewöhnlich scheint es, als ob er die Behaglichkeit mehr liebe als die Eile; aber ich sage dir, daß ich dabei war, als ein Grauer Bär einen Reiter einholte, der sich alle Mühe gab, zu entkommen. Ist der Bär angeschossen, so entwickelt er eine Wut und Schnelligkeit, die ihn höchst gefährlich machen." – „Nun, wie mag es da diesem Bären gelungen sein, sich des Pferdes zu bemächtigen?"

„Zunächst hat er die Klugheit gehabt gegen den Wind anzuschleichen, um nicht durch die Witterung bemerkt zu werden. In der Nähe seiner Beute hat er einige weite, schnelle Sprünge gemacht und dann das Pferd von vorn angenommen. Du siehst es an den Wunden, daß er es vorn niedergerungen hat. Schau die zerrissenen Vorderbeine und die beiden Risse rechts und links im Hals! Er hat das Pferd mit den Vordertatzen am Hals gepackt und ihm die Hinterpranken an die Vorderbeine gestemmt. Bei seiner Bärenkraft, die ja sprichwörtlich ist, bedurfte es nur eines Rucks, um den Gaul vorn niederzubringen. Hierauf hat er ihm einen Wirbel des Genicks zerknirscht. Das siehst du deutlich an den Wunden. Wünschst du auch jetzt noch, von ihm umarmt zu werden?" – „O Beschützer!

O Bewahrer! Das fällt mir nicht ein. Den Brustkasten könnte ich ihm nicht eindrücken, wie ich vorhin sagte. Aber fürchten würde ich mich doch nicht vor ihm, wenn es zum Kampf zwischen ihm und mir käme. Nur müßte ich meine Flinte bei mir haben. Das ist doch das Sicherste?" – „Ja, doch gibt es Jäger, die dem Bären bloß mit dem Messer zu Leibe gehen." – „Ist das möglich?" – „Gewiß. Nur gehören ruhiges Blut, Körperkraft und ein sicherer Stoß dazu. Trifft das Messer nicht das Herz, so ist es gewöhnlich um den Mann geschehen. Bedient man sich der Büchse, so kann man den Bären auf verschiedene Weise erlegen. Nie aber schieße auf weiten Abstand! Am sichersten ist es, man geht dem Tier mit angelegtem Gewehr entgegen. Es richtet sich auf, um den Schützen zu empfangen. Auf zehn Schritt gibt man ihm den tödlichen Schuß ins Herz. Da der Bär gewöhnlich den Rachen weit aufreißt, kann man auch da eine empfindliche Stelle treffen, indem man ihm die Kugel durch den oberen Teil des Rachens ins Gehirn jagt. Doch selbst dann, wenn er stürzt und ohne Bewegung liegt, ist noch Vorsicht geboten. Bevor man sich bei einem getroffenen Bären häuslich niederläßt, muß man sich genau überzeugen, daß er auch wirklich tot ist."

Ich gab diese Belehrung nicht ohne Absicht, denn ich hoffte, den Bären noch am Abend kennenzulernen. – Jetzt kehrten die beiden Männer zurück. Die Frau war bei dem Kranken geblieben. Der Kohlenhändler fragte: „Was wolltest du wegen des Pferdes mit mir sprechen?" – „Ich wollte wissen, ob du das ganze Fleisch für dich verwenden willst." – „Ja. Ich will es aufheben."

„So nimm dir das Beste! Die geringeren Stücke kaufe ich dir ab."
„Du? Wozu?" – „Für den Bären." – „Der hat schon genug erhalten. Willst du ihn noch dafür beschenken, daß er mich um mein Pferd gebracht hat?" – „Nein; ein Geschenk soll es nicht sein. Weißt du vielleicht, ob das Raubtier sich schon seit längerer Zeit in dieser Gegend befindet?" – „Ich habe früher nie eine Spur von ihm gesehen. Die Nachbarn wohnen hier weit auseinander, aber wenn er schon einen ähnlichen Raub ausgeführt hätte, so wäre es mir sicher zu Ohren gekommen, da ich als Handelsmann die Ortschaften fleißig besuche." – „Dann ist der Bär hier fremd und kennt noch nicht die Gelegenheiten, auf leichte Weise seinen Hunger zu stillen. Darum denke ich, daß er heut abend wiederkommen wird, um den Rest des Pferdes zu verzehren. Liegt die Stelle, wo er den Gaul tötete, weit von hier?" – „Gar nicht weit. Ich hörte von meiner Frau, daß sie grad dort gestanden sei, als ihr ankamt. Das Pferd hat zwischen dem Felsgeröll an der Spitze der Waldzunge gelegen."

„So beabsichtige ich, einen Teil des Fleisches dorthin zurückzuschaffen, um den Bären an dem Ort seiner Tat zu erwarten."
„Effendi, was fällt dir ein!" – „Nichts Ungewöhnliches!"
„Sag das um Gottes willen nicht! Du willst ein solch riesiges Tier am dunklen Abend erwarten? So etwas hat man noch nie gehört. Wenn einmal der seltene Fall eintritt, daß sich ein Bär in diese Gegend verirrt, so treten alle mutigen Männer zusammen und bringen auch ihre Hunde mit, oder es wird um Militär geschickt. Dann gibt

es eine Schlacht, in der viele Hunde und wohl auch mehrere Menschen umkommen, während der Bär als Sieger den Kampfplatz verläßt, bis er endlich in einer zweiten, dritten oder vierten Schlacht überwunden wird." – „Da tut man dem Tier doch zu große Ehre an. Ein einzelner Mann, der eine gute Büchse hat, genügt vollständig."
„Effendi, willst du etwa ganz allein hinaus zu ihm?"
„Gewiß. Oder willst du mich etwa begleiten?" – „Um alle Schätze der Erde nicht!" schrie er, alle zehn Finger steif von sich reckend.
„Nun, ich werde nicht allein gehen, sondern einen meiner Begleiter mitnehmen." – „Mich natürlich, mich!" rief Halef, dessen Augen funkelten. – „Ja, du, Hadschi. Du sollst dabei sein, um Hanneh, der herrlichsten der Beglückerinnen, davon erzählen zu können." – „Hamdulillah! Ich werde Hanneh den Schinken des Bären bringen und sie lehren, ihn zu pökeln und zu räuchern, wie – wie – hm, o Glück, o Seligkeit!" – Beinahe hätte er in seinem Entzücken das Geheimnis seiner Übertretung des Koran verraten. Sein Gesicht strahlte vor Wonne. Osko und Omar aber blickten unzufrieden drein. – „Effendi", meinte Osko, „denkst du etwa, daß wir uns vor dem Bären fürchten würden?" – „Nein, denn ich kenne eure Tapferkeit." – „So bitten wir dich, auch uns mitzunehmen."
„Das geht nicht. Zu viele dürfen wir nicht sein. Wir würden das Tier sonst vertreiben, denn der Bär ist schlau, obgleich man oft das Gegenteil von ihm sagt. Übrigens vertraue ich euch einen wichtigen Posten an, und es ist leicht möglich, daß auch ihr euern Mut beweisen könnt, da der Bär auf den Gedanken kommen kann, auch euch einen Besuch abzustatten." – „Uns? Wieso?" – „Ihr sollt unsre Pferde bewachen, die wir hier einriegeln. Wir dürfen sie heute nicht im Freien lassen, weil es das Raubtier nach frischem Pferdefleisch gelüsten könnte. Jetzt streicht nämlich die Luft von hier zur Stelle hinüber, wo wir auf ihn warten werden. Seine Nase ist fein genug um zu wittern, daß sich hier Pferde befinden. Er ist imstande, das tote Fleisch liegen zu lassen, um hier lebendiges zu bekommen. Also müssen wir, Halef und ich, uns immerhin darauf gefaßt machen, daß er sich vor uns gar nicht sehen läßt und sich vielmehr hieher zum Schuppen wendet. In diesem Fall würden uns eure Schüsse wissen lassen, woran wir sind." – „Ich danke dir, Effendi. Ich sehe, daß du doch Vertrauen zu uns hast. Wir werden treu auf unserm Posten stehen. Der Bär mag nur kommen; unsre Kugeln werden ihn begrüßen." – „Aber nicht so, wir ihr vielleicht denkt. Ihr werdet ihn hier im Innern bei den Pferden und nicht etwa draußen erwarten. Dazu habt ihr nicht die nötige Erfahrung, und es hieße euer Leben tollkühn aufs Spiel setzen." – „Sollen wir uns gegen ein solches Tier hinter Brettern verschanzen?" – „Ja, denn auch wir werden uns hinter die Felsen verstecken. Eure Flinten sind nicht zuverlässig genug, und selbst wenn ihr den Bären trefft, wäre es nur ein Glücksfall, wenn eine Kugel ihm ins Leben dränge. Fände er euch draußen, so müßte wenigstens einer von euch das Leben lassen; davon bin ich überzeugt." – „Aber was können wir gegen ihn tun, wenn er draußen steht, und wir sind hier, ohne ihn sehen zu können?"

„Ihr werdet ihn desto deutlicher hören. Dieser Schuppen ist nur leicht gebaut, und ihr habt keine Ahnung, welchen Scharfsinn der Bär nötigenfalls zu entwickeln vermag. Er weiß genau, was eine Tür ist; er versucht, sie einzudrücken oder mit seinen mächtigen Tatzen aufzureißen. Gelingt das nicht, so streicht er um das ganze Gebäude und untersucht jedes einzelne Brett, ob er es loszusprengen vermag. Hat er erst eine kleine Öffnung, dann ist es ihm bei seiner ungeheuren Körperkraft leicht, mit Gewalt durchzubrechen. Da ist nun eure Aufgabe klar. Wenn er wirklich zu dem Schuppen kommen sollte, so hört ihr an seinem Kratzen, wo er sich draußen befindet, und gebt ihm durch die dünnen Bretter eine Kugel.

Wir draußen hören die Schüsse, und das übrige ist dann unsre Sache."

„Also kann es doch nicht zu einem wirklichen Kampf zwischen uns und ihm kommen!" – „Sehr leicht sogar. Aus einer leichten Verwundung macht sich der Bär wenig; aber sie verdoppelt seine Wut. Er ist imstande, trotz eurer Schüsse die dünnen Bretter loszureißen oder durchzudrücken. Dann seid ihr die Überfallenen und müßt euch eurer Haut wehren. Zum Schießen gibt es da keine Zeit, weil nicht geladen werden kann. Kolbenschläge auf die Nase, aber nicht etwa auf den harten Schädel, weil an ihm der Kolben zersplittern würde, und Messerstiche ins Herz, das ist das einzige, womit ihr euch halten könnt, bis Halef und ich herbeikommen. Übrigens sind wir noch gar nicht so weit. Ich werde euch später noch nähere Weisungen geben." – „Aber", sagte Halef, „es ist bereits dunkel, und unsre Pferde sind im Freien. Wenn er jetzt käme und deinen Rih tötete?" – „Jetzt kommt er noch nicht, und Rih ist kein Köhlerpferd. Ich glaube sogar, ich könnte es dem Rappen überlassen, allein mit dem Bären fertig zu werden. Ein solches Rassetier verhält sich in der Gefahr anders als ein gewöhnlicher Gaul. Wir können unsre Tiere getrost noch weiden lassen. Kommt der Bär wirklich, so kommt er frühestens zwei Stunden vor Mitternacht. Um aber nichts zu versäumen, werden wir draußen ein Feuer anzünden, an dem wir uns niederlassen. Da haben wir die Pferde vor Augen und können ihnen mit unsern Gewehren sofort zu Hilfe kommen. Übrigens wird das Feuer weithin leuchten und den Bären abhalten, auch bei der Lockspeise seinen Besuch vorzeitig zu machen. Jetzt handelt es sich um das Pferdefleisch." – Der Kohlenhändler ging gern auf meine Absicht ein. Für ihn war die Hauptsache, daß das Raubtier getötet werde. Er löste jene Teile des Pferdes, auf die er es abgesehen hatte, von den Knochen. Dann blieb noch immer genug für den Bären übrig. Für diesen Rest verlangte er dreißig Piaster, also nicht ganz sechs Mark, die ich ihm gern zahlte.

Draußen an der Giebelmauer des Hauses war eine ansehnliche Menge Brennholz aufgeschichtet. Ich kaufte es Junak für zehn Piaster ab und ließ unweit der Haustür, die zur Waldzunge öffnete, ein großes Feuer anmachen, das bis zu unserm Aufbruch zur Jagd unterhalten werden sollte. Es leuchtete weit genug, so daß wir unsre in der Nähe des Hauses weidenden Pferde sehen und bewachen konnten. Osko blieb zurück, während wir andern uns nun in die Wohnstube begaben. Ich wollte den Mübarek untersuchen.

Wir hatten, während wir draußen beschäftigt waren, sein ununterbrochenes Klagen gehört. Er bot einen schrecklichen Anblick. Seine verzerrten Züge, seine blutunterlaufenen Augen, der Gischt, der ihm vor dem Munde stand, die Flüche und Verwünschungen, die er ausstieß, und der von ihm ausströmende üble Geruch wirkten so abstoßend, daß es mich große Überwindung kostete, vor ihm niederzukauern, um seine Wunde zu betrachten. – Der Verband war dem Alten nur nachlässig und von ungeschickten Händen wieder angelegt worden. Als ich ihn entfernen wollte und infolgedessen seinen Arm berühren mußte, brüllte er vor Schmerzen wie ein wildes Tier und bäumte sich gegen mich auf. Er hielt mich für den Scheïtan, der ihn zerreißen wolle, wehrte mich mit dem unverletzten Arm von sich ab und bat mich um Gnade und um Erlaubnis, zur Erde zurückkehren zu können. Er versprach mir als Lösegeld Menschen, die er ermorden wollte, um mir ihre Seelen zur Hölle zu senden.

Das Fieber gab ihm zeitweilig solche Kraft, daß ich Gewalt anwenden mußte. Es gehörten drei Personen dazu, ihn zu halten, damit ich ihm die Lappen von den Wunden wickeln konnte. Da sah ich sofort, daß keine Rettung möglich sei. Selbst eine Abnahme des verletzten Gliedes wäre hier zu spät gekommen. Ich legte auch seine Schulter bloß, indem ich den Kaftan aufschnitt. Der Brand, die zersetzende Fäulnis, war bereits eingetreten, und die ekelhafte Jauche verbreitete einen Verwesungsgeruch, der entsetzlich war.

Hier konnte man nichts tun, als ihm Wasser geben, wonach er schrie. Das überließen wir der Frau. Es war wie ein Wunder, daß dieser Mensch den Ritt bis hierher hatte aushalten können. Wir standen schaudernd bei ihm und gedachten nicht mehr seiner Feindseligkeit, sondern nur des grausigen Endes, das er sich selbst bereitet hatte. Dschemal sagte: „Effendi, wäre es nicht besser, wir töteten ihn? Es wäre die größte Wohltat, die wir ihm erweisen könnten."

„Wir haben kein Recht dazu", antwortete ich. „Noch hat er kein Wort der Reue gesprochen; er will vielmehr den Teufel durch die Verheißung grausiger Mordtaten bestechen. Daraus können wir entnehmen, welch schwarze Seele in diesem lebend verwesenden Körper wohnt. Vielleicht gibt ihm Gott noch einmal das Bewußtsein zurück und damit die letzte Gelegenheit, seine Sünden zu bekennen. Übrigens sind seine Qualen nicht unverdient, und – was ihr nicht übersehen dürft – er liegt vor euch als abschreckendes, warnendes Beispiel, dessen deutliche und ergreifende Sprache zwar an uns alle, ganz besonders aber an euch gerichtet ist, an dich, Dschemal, an Junak und auch an Gußka, dessen Frau." – „An uns?" fragte der Erstgenannte verlegen. „Weshalb?" – „Ich will euch nur sagen: Wer auf den Pfaden dieses Mannes wandelt, der läuft Gefahr zum gleichen schrecklichen Ende zu gelangen. Ich habe noch nie einen Gottlosen glücklich enden gesehen." – „So meinst du, dieser fromme Mann sei gottlos gewesen?" – „Ja, und du weißt sehr gut, daß ich recht habe." – „Aber er hat stets für heilig gegolten. Warum hat

Gott ihn nicht eher gestraft?" – „Weil Gott gnädig und langmütig ist und selbst dem härtesten Sünder Zeit zur Umkehr und Besserung gibt. Aber er sieht nur eine Weile zu, und wird die Zeit der Barmherzigkeit nicht benützt, so bricht sein Strafgericht um so schrecklicher herein. In meiner Heimat gibt es ein Sprichwort, das lautet: ‚Allah dejirmenleri jawasch öjütler, lakin kyßa kyßa öjütler[1].' Dieses Wort gilt auch für euch. Es trägt für den Sünder eine fürchterliche Wahrheit in sich. Ich hoffe, daß ihr sie erkennt und danach handelt. Tut ihr das nicht, so werdet ihr ebenso wie der Mübarek dem göttlichen Strafgericht verfallen." – „Effendi, mir gelten deine Worte nicht", lachte Dschemal. „Ich bin dein Freund und habe mit dem Alten nichts zu schaffen. Allah kennt meine Gerechtigkeit und weiß, daß ich keine Strafe verdiene. Und auch dieser Mann, der Kohlenhändler, und seine Frau sind ehrliche Leute. Du hast uns eine Rede gehalten, die wir nicht auf uns beziehen. Jeder Mensch sollte sich um seine eignen Fehler kümmern."

Da er sich seiner bösen Absichten gegen uns wohl bewußt war, konnten diese Worte nur als Frechheit bezeichnet werden. Halef griff darum zur Stelle seines Gürtels, wo sich die Peitsche befand. Ich aber gab ihm einen abwehrenden Wink und entgegnete dem Konakdschi: „Du hast recht, wir alle sind Sünder und jeder Mensch hat seine Fehler. Dennoch ist es Pflicht, den Nächsten zu warnen, wenn er sich in eine Gefahr begibt, in der er leicht umkommen kann. Und nichts ist gefährlicher, als mit der Langmut und Barmherzigkeit Gottes sein Spiel zu treiben. Ich habe meine Pflicht getan und es ist nun eure Sache, meiner Warnung Gehör zu schenken oder nicht. Wir sind hier fertig und wollen nun das Fleisch zu der Stelle tragen, wo das Pferd überfallen wurde." – Wir begaben uns in den Schuppen. Das Gerippe des Pferdes hielt noch zusammen und wir konnten es im ganzen tragen. Halef und der Kohlenmann faßten vorn an, ich trug hinten, und dann marschierten wir ab. In der Nähe des Platzes, wo der Bär das Pferd zerrissen hatte, gebot ich, die Last niederzulegen. An dem schweren Gerippe hing wohl noch ein voller Zentner Fleisch. Das Fell hatte Junak schon abgezogen. Damit der Bär nicht unsre frischen Spuren wittre, rieben wir unsre Sohlen fest an dem Fleisch hin und her. Der Fleischgeruch mußte seine Nase irreführen. Dann ging es weiter. – Als wir die betreffende Stelle erreichten, sah ich, daß sie gut für unsern Zweck geeignet war. Ich erkannte trotz des abendlichen Dunkels die Einzelheiten der Örtlichkeit, da ich sie in einem Halbkreis so umschritt, daß sie zwischen mir und dem hellodernden Feuer lag und sich alle Umrisse gegen die Flammen abzeichneten. – Die scharf vortretende Zunge des Waldes endete in einer schroff felsigen Spitze, vor der schwere Quader abgestürzt waren. Diese lagen zerstreut umher. Zwischen ihnen war das tote Pferd gefunden worden. Wir hatten es am gleichen Punkt wieder hingelegt, und wenn wir uns im richtigen Wind hinter eines der Felsstücke legten, so konnte uns das Raubtier, falls es wirklich kam, nicht entgehen. – Dem Kohlenhändler war es an

[1] „Gottes Mühlen mahlen langsam, mahlen aber trefflich klein"

diesem Ort nicht geheuer, und er ging alsbald fort. Wir folgten ihm langsam. – „Der ‚Held‘ will nicht gefressen werden", lachte Halef. „Jetzt im Dunkeln könnte ihm das vielleicht geschehen, aber ich wette, wenn der Bär ihn am Tag sähe, so würde er denken: Du bist mir zu schmutzig! Übrigens, Sihdi, du winktest mir zum Päckchen, das er in der Hand hatte?" – „Ja. Weißt du, was es enthielt?"

„Gewiß! Ich erkannte sogleich den Lappen, den die Besitzerin des Fischtrans um das Geräucherte gewickelt hat. Ich hatte ihn samt der Wurst weggeworfen. Sollte Junak auch die Wurst gefunden haben?" – „Höchstwahrscheinlich, denn das, was der Lappen enthielt, hatte die Form einer Wurst." – „So mag er sie essen und die Fortsetzung meiner Qual empfinden! Ich wollte, ich könnte ihm dabei zusehen: es sollte mir eine Augenweide sein." – „Dieses Vergnügen wirst du vielleicht haben. Weil Junak den Fund gemacht hat, schließe ich, daß er dort vorübergekommen ist, wo du die Wurst weggeworfen hast. Was hatte er dort zu suchen? Sein Weib sagte, er sei fortgegangen, um die Fährte des Bären zu entdecken; das ist aber nicht wahr. Er hat erfahren, daß wir kommen werden, und seine Ungeduld trieb ihn, und entgegenzugehen. Es muß ihm also an unserm Eintreffen viel liegen, zumal er denken mußte, daß wir während seiner Abwesenheit den Mübarek, den wir doch nicht sehen sollten, viel leichter entdecken könnten, als wenn er persönlich anwesend wäre. Das läßt mich vermuten, daß ihm von der Beute, die die Schurken bei uns machen wollen, ein Teil zugesichert ist."

„Da soll der schmierige Kohlenhändler sich den Mund abwischen, ohne gegessen und getrunken zu haben. Ich sage dir, Sihdi, daß wir viel zu glimpflich mit diesen Leuten verfahren. Erschießen sollten wir sie; die Menschheit würde uns Dank dafür wissen."

„Du weißt, wie ich darüber denke. Ich habe auch schon geschossen. Der Mübarek wird an meinen beiden Kugeln sterben. Aus dem Hinterhalt töte ich nicht. Das wäre Mord. Aber wenn man uns so angreift, daß unser Leben bedroht ist, dann verteidigen wir uns mit allen Mitteln." – Wir kamen zum Feuer, um das sich mittlerweile die andern gelagert hatten. Dschemal hatte zwei Gabeläste in die Erde gesteckt und war damit beschäftigt, ein großes Stück Pferdefleisch auf einen dritten Ast zu schieben, der die Stelle des Bratspießes vertreten sollte. Wenn er glaubte, bei diesem Braten uns als Gäste zu bekommen, so mußte er verzichten. Glücklicherweise hatten wir noch einen kleinen Speisevorrat bei uns, der für diesen Abend leidlich ausreichte. – Als der Kohlenhändler uns essen sah, bekam er solche Gelüste, daß er das Garwerden des Pferdebratens nicht erwarten konnte. Er ging ins Haus und brachte seine Frau und – das bewußte Päckchen herbei. Beide setzten sich nebeneinander ans Feuer. Er wickelte den Lappen auf, und richtig, die Wurst war darin, mit Ausnahme der Ledertüte. Er teilte die Wurst aber sehr ungleich: seine Frau bekam den kleinen und er nahm den großen Teil. Von Dschemal befragt, woher er die Wurst habe, erklärte er, sie von einer seiner Handelsfuhren mitgebracht zu haben. Er durfte sie essen, weil er kein Mohammedaner war. Und die beiden aßen auch mit größtem Behagen. Halef sah ihnen aufmerksam zu. Er hätte wohl gern eine Bemerkung gemacht, aber er durfte ja nichts sagen. - Aus dem Haus erscholl indessen das immerwährende Ächzen und Wimmern des Mübarek, untermischt mit einzelnen schrillen Angstschreien. Es klang, als läge ein Mensch auf der Folter. Seine Verbündeten machten sich nichts daraus. Ich forderte das Weib auf, wieder einmal nachzusehen und ihm Wasser zu geben; aber soeben war der Braten fertig geworden und so weigerte sie sich, meinem Wunsch nachzukommen. Darum stand ich selbst auf.

Grad als ich mich erhob, ließ der Todgeweihte ein so entsetzliches Gebrüll hören, daß es mich eiskalt überlief. Ich wollte zu ihm hineineilen, aber er war bereits unter der Tür und schrie: „Hilfe! Hilfe! Es brennt! Ich stehe in Flammen!"

Er stürzte auf uns zu. Die Aufregung des Fiebers überwand seine Schwäche. Schon nach einigen Schritten blieb er stehen, stierte das Feuer an und brüllte entsetzt: „Auch hier Flammen! Überall Flammen, hier, da, dort! Und in mir brennt's auch! Hilfe, Hilfe!"

Der Alte warf den unverletzten Arm in die Luft und fiel dann schwer zu Boden, wo er leise fortwimmerte. Wir hoben ihn auf, um ihn wieder in die Stube zu tragen, hatten jedoch Mühe, ihn zu fassen, denn er hielt uns für böse Geister und wehrte sich verzweifelt gegen uns. Als wir ihn drinnen auf das Lager legten, war er matt geworden und schloß die Augen. Deshalb begaben wir uns schließlich wieder ins Freie. Aber bald begann er von neuem, so daß es kaum auszuhalten war. Erst nach langer Zeit wurde es im Haus wieder still, und ich ging hinein, um nachzusehen. - Er lag im Finstern; darum brannte ich einen Span an und leuchtete ihm ins Gesicht. Seine Augen waren groß auf mich gerichtet. Er hatte die Besinnung wieder und erkannte mich. - „Giaur!" zischte er mich an. „Bist du also doch gekommen? Allah verfluche dich!" - „Mübarek", mahnte ich ernst, „denke an deinen Zustand! Bevor die Sonne sich erhebt, stehst du vor dem ewigen Richter. Überprüfe deine Sünden! Geh in dich, und bitte Allah um Gnade und Barmherzigkeit!"

„Scheïtan! Du bist mein Mörder. Aber ich will nicht sterben; ich will nicht! Dich, dich will ich sterben sehen!" - Ich kniete nahe bei ihm, mit dem Wassertopf in der Hand, aus dem ich ihn hatte erquicken wollen. Er tat einen schnellen Griff und riß mir das Messer aus dem Gürtel. Ebenso schnell stieß er zu. Er hätte mich in die Brust getroffen, wenn ich den Stoß nicht mit dem tönernen Topf abgewehrt hätte. Im nächsten Augenblick hatte ich ihm das Messer wieder entrissen. - „Du bist wirklich ein entsetzlicher Mensch. Noch im letzten Augenblick willst du deine Seele mit einer Bluttat mehr belasten. Wie kannst du -" „Schweig!" unterbrach er mich brüllend. „Warum habe ich das Fieber! Warum bin ich so schwach, daß ich mir die Waffe wieder entringen lassen muß! Höre, was ich dir jetzt sagen werde!" - Er richtete sich langsam auf. Seine Augen funkelten wie die eines Panthers. Ich trat unwillkürlich zurück.

„Fürchtest du dich vor mir?" hohnlachte er, „oh, es ist auch fürchterlich, mich zum Feind zu haben! - Allah, Allah, da brennt es schon wieder! Ich sehe das Feuer kommen. Es naht; es brennt — brennt!" — Der Bedauernswerte sank zurück und heulte weiter. Sein Bewußtsein schwand, und das Fieber überwältigte ihn abermals. Der Geruch in der Stube war unerträglich. Ich atmete tief auf, als ich mich wieder draußen in der frischen Luft befand, aber nicht allein dieses Geruchs wegen. Wer einen Menschen in dieser Weise hat sterben sehen, der kann das nie vergessen. Noch heut überläuft mich ein Grauen, wenn ich an jenen Abend denke. Was ist der Mensch, der es wagt, sich gegen Gottes Gesetze aufzubäumen?

4. Eine Bärenjagd

Meine Uhr zeigte jetzt die zehnte Stunde. Da der Türke die Stunden vom Augenblick des Sonnenuntergangs an zählt, der an diesem Tag auf halb sieben fiel, war es nach dortiger Zeitrechnung halb vier Uhr. Wir tränkten die Pferde im Bach und führten sie dann in den Schuppen. – „Effendi, wo sollen denn wir bleiben, mein Weib, der Konakdschi und ich" fragte der Kohlenhändler.

„Geht zu den Pferden hinein!" riet ich. – „Nein, nein! Du hast doch selbst gesagt, daß der Bär möglicherweise den Schuppen aufsuchen kann. Wir werden uns in die Stube begeben; aber wenn der Bär kommt, flüchten wir unter das Dach und ziehen die Leiter empor. Den Mübarek mag er immer fressen." – Was der Mann Leiter nannte, war ein Balken, in den man Kerben eingeschnitten hatte. Er lehnte in der Stube, über der es eine Lage von losen Stangen gab, von denen die Decke gebildet wurde. – Wir löschten das Feuer aus, und nun hatten die drei nichts Eiligeres zu tun, als in die Stube zu flüchten. Osko und Omar begaben sich in den Schuppen zu den Pferden, nachdem ich ihnen nochmals erklärt hatte, wie sie sich verhalten sollten. – Dann brach ich mit Halef auf. Der Kleine hatte sich vorher sorgfältig davon überzeugt, daß sein Gewehr nicht versagen werde. Ich nahm nur die Büchse mit; der Stutzen konnte mir einem solchen Tier gegenüber nichts nützen. – „Jetzt sollte der Bär schon dort sein, wenn wir kommen", meinte Halef. „Es ist so finster, daß wir ihn erst sehen würden, wenn wir vor ihm ständen."

„Eben darum dürfen wir jetzt nicht in gerader Linie gehen. Die Luft streicht von hier hinüber, und er müßte uns unbedingt wittern. Wir schlagen einen Bogen, damit wir dann etwa aus der entgegengesetzten Richtung kommen." – Als wir uns der betreffenden Stelle näherten, geschah das mit größter Vorsicht, weil der Bär nicht nur bereits dort sein, sondern auch grad von der Seite kommen konnte, aus der wir herbeischlichen. Wir hielten die Gewehre schußbereit und blieben zuweilen stehen, um zu horchen. Wenn Petz sich schon bei dem Pferdegerippe befand, so mußte sein Schmatzen und das Krachen der Knochen zu hören sein. Aber es war kein andrer Laut zu vernehmen als das leise Rauschen des Windes in den Kronen der Bäume. – Endlich waren wir so nahe, daß wir, um in eine Ecke blickend, den Köder sehen konnten. Es war kein Bär dabei. Nun kletterten wir auf ein großes Felsstück in der Nähe. Es hatte doppelte Mannshöhe und gewährte uns Schutz gegen einen offnen Angriff des Raubtiers. Der Stein war dicht mit Moos bewachsen und bot uns eine ganz behagliche Unterlage. Wir legten uns nebeneinander hin und warteten nun – nicht der Dinge, sondern des Dinges, das da kommen sollte. – „Sihdi", flüsterte Halef mir zu, „wäre es nicht besser gewesen, wir hätten uns getrennt?" – „Freilich; wir könnten da den Bären von zwei Seiten nehmen." – „So wollen wir es doch tun." – „Nein, denn du unterschätzt die Gefahr, und das ist stets ein Fehler. Dein Selbstvertrauen kann dich leicht dazu verleiten, eine Unvorsichtigkeit zu begehen. Vor allen Dingen verlange ich, daß du nur dann schießt, wenn ich es dir erlaube." – „Dann willst du vor mir schießen?" – „Ja, weil meine Kugel stärker wirkt."

„Das tut mir leid, Sihdi, denn ich wollte den Bären erlegen. Welch ein Ruhm kann es für mich sein, wenn ich meiner Hanneh, der herrlichsten der Frauen, erzähle, daß du das Tier getötet hast? Ich will ihr sagen können, daß es durch meine Kugel fiel."

„Das wirst du vielleicht können, denn es steht zu erwarten, daß eine einzige Kugel nicht genügt. Dringt sie dem Bären nicht sofort ins Leben, so kommt er sicher hierher, um uns anzugreifen. Dann lassen wir ihn nahe heran, und wenn er sich an dem Stein aufrichtet, um ihn zu erklettern, kannst du ihm in aller Ruhe deine Kugel in den Rachen oder gar ins Auge geben. Und nun wollen wir schweigen! Wenn wir sprechen, können wir die Annäherung des Raubtiers nicht bemerken." – Wir horchten lautlos in die Nacht hinaus. Die Luft rauschte über den Wald dahin. Das klang wie das Rauschen eines entfernten Wasserfalls. Da dieses Geräusch in gleicher Stärke und ununterbrochen währte, war es leicht, jeden andern Laut davon zu unterscheiden. Unsre Geduld wurde auf eine harte Probe gestellt. Die Uhr, die ich schlagen ließ, sagte mir, daß es bereits Mitternacht sei. – „Der Bär kommt gar nicht", flüsterte Halef. „Wir haben uns vergebens gefreut. Ich werde wohl niemals –" – Er hielt inne, denn er hatte, ebenso wie ich, das Geräusch eines rollenden Steins gehört. Wir lauschten angestrengt. – „Sihdi, da fiel ein Stein", raunte mir der Hadschi zu. „Aber der Bär war es nicht, sonst müßten wir doch mehrere Steine fallen hören." – „O nein. Das Fallen dieses einen Steins hat ihn vorsichtig gemacht. Zwar kann es auch irgendein andres Tier sein, aber ich glaube doch, das es der Bär ist. Jedenfalls werde ich ihn riechen, bevor ich ihn sehe." – „Riechen? Ist das möglich?"

„Für den Geübten allerdings. Wilde Tiere haben einen besonderen, scharfen Geruch an sich. Beim Bären ist er freilich lange nicht so stark wie beim Löwen, Tiger und Panther, aber bemerken werde ich ihn doch. Horch!" – Es klang wie das Knacken eines Astes von rechts herüber. Das Tier kam den steilen Abhang der Waldzunge herab. Und jetzt roch ich ihn wirklich. Wer Raubtiere nur im Käfig gesehen hat, dem fiel wohl stets die häßliche Ausdünstung auf, die sie verbreiten, besonders die großen katzenartigen. Wenn sich das Tier aber in Freiheit befindet, so ist dieser Geruch noch viel stärker. Scharf, stechend, wie der Geruch von Melissengeist oder Opodeldok, fährt er in die empfindliche Nase und ist für einen geübten Geruchsinn schon von fern zu bemerken. Dieser ‚wilde' Duft wehte mir jetzt entgegen. – „Riechst du ihn?" wisperte ich Halef zu. – „Nein", erwiderte er, nachdem er sorgsam rechts und links geschnüffelt hatte. – „Er kommt – ich rieche ihn schon." – „So ist deine Nase seelenvoller als die meinige. Ah, nun soll er einen Gruß bekommen, über den er staunen wird." – Halef knackte den Hahn seines Gewehrs auf. – „Keine Voreiligkeit!" warnte ich. „Du solst unbedingt erst nach mir schießen, verstanden! Wenn du nicht gehorchst, wirst du mich ernstlich zornig machen. Du bist imstande das Tier zu vertreiben." – Er antwortete nicht, aber ich hörte seinen Atem vernehmbar gehen. Es war um die Ruhe des Hadschi geschehen, das Jagdfieber hatte ihn ergriffen. – Jetzt vernahmen wir ein leises Brummen, fast so wie ein Kater schnurrt, und gleich darauf bemerkten wir, daß sich ein großer, dunkler Gegenstand dem Pferdeaas näherte.

„Ist er das, ist er das?" raunte mir Halef ins Ohr. – Sein Atem flog. „Ja, er ist es." – „So schieß! Schieß doch endlich!" – „Nur Geduld! Du scheinst ja zu zittern?" – „Ja, Sihdi, es hat mich ergriffen, so ganz eigenartig. Ich gestehe dir, daß ich zittere, aber nicht aus Angst."

„Ich kenne das." – „So schieß doch endlich, schieß, damit auch ich drankomme!" – „Beherrsche dich, Kleiner! Ich schieße nicht eher, als bis er mir ein gutes Ziel bietet. Wir haben Zeit. Der Bär frißt nicht wie der Löwe. Er ist ein Leckermaul und verzehrt sein Mahl möglichst behaglich. Er nimmt die Stücke vorweg, die ihm am verlockendsten erscheinen, und schiebt das weniger Schmackhafte zur Seite, um sich erst später darüber herzumachen. Dieser Petz wird wahrscheinlich stundenlang bei der Tafel bleiben, um sich nicht etwa durch hastig verschluckte Bissen den Magen zu verderben. Dann trollt er sich hinüber zum Wasser, um einen tüchtigen Trunk zu tun, und sich schließlich in sein Lager zurückzuziehen." – „Aber so stundenlang können wir doch nicht warten!" – „Das ist auch gar nicht meine Absicht. Ich will nur warten, bis er sich einmal aufrichtet. Er tut das während des Fressens gern. Jeder Bär richtet sich zwischen den einzelnen Gängen auf den Hinterpranken auf und putzt sich mit den Vordertatzen das Maul. Dabei werden wir ihn deutlicher erkennen als jetzt. Vorher auf ihn zu schießen, ist töricht. Wir könnten keine größere Dummheit begehen, denn du kannst seinen Körper nicht von dem des Pferdes und vom dunklen Erdboden unterscheiden."

„O doch, o doch! Ich sehe ihn. Ich sehe ihn so deutlich, daß ich schießen werde." – Halef rutschte unruhig hin und her und legte nun gar sein Gewehr an die Wange. – „Weg mit der Flinte!" raunte ich ihm zornig zu. – Der Kleine nahm das Gewehr ab, aber er war so erregt, daß er keinen Augenblick ruhig liegen konnte, und er hätte unsre Anwesenheit dadurch gewiß verraten, wenn der Stein nicht dick mit Moos bewachsen gewesen wäre. – Dem Bären schien sein Mahl zu munden. Er schlürfte und schmatzte wie ein schlecht erzogenes Kind an seiner Suppenschüssel. Freilich sind es nicht immer nur Kinder, an denen man ein solches Betragen beobachten kann. Man setze sich nur an die Tafel eines Gasthofs, so wird man genug solcher Bären schlürfen und schmatzen hören. Petz war wirklich ein Feinschmecker. Er zerkrachte dann und wann eine Röhre, und wir hörten ihn deutlich das Mark herausziehen. – Jetzt trat eine Pause ein. Er brummte behaglich und schlug die Tatzen in das Fleisch, jedenfalls um durch das Tastgefühl die Güte der einzelnen Stücke zu prüfen. Dann richtete er sich auf. Bevor er zum Festsitzen kam, ließ er sich einigemal wieder niederfallen. Der Indianer sagt, wenn sich der Bär während einer solchen Freßpause aufrichtet: „Er horcht in den Magen hinab." Der Augenblick dieses Horchens ist der geeignetste zum Schuß. Ich legte an. – Nun war die Gestalt des Tiers deutlich zu erkennen. Der Bär war, wie wir richtig vermutet hatten, ein riesiges Tier. Das sah ich deutlich, setzte aber trotzdem die Büchse wieder ab. – „Allah, Allah! Schieß doch, schieß!" fuhr mich Halef fast zu laut an. – „Leise, leise! Er hört dich sonst!" – „Aber warum schießt du nicht?" – „Siehst du denn nicht, daß er uns den Rücken zukehrt?" – „Was schadet das?" – „Der Schuß ist mir nicht sicher genug. Der Bär äugte zum Haus hinüber. Sollte er unsre Pferde wittern? Sehr leicht möglich. Er hat sich vom Mahl abgewendet. Das ist bedenklich. Wir müssen warten, bis er sich wieder herumdreht; dann – Budala[1]! Was fällt dir ein!" – Diesen Zornesruf stieß ich laut hervor. Der Hadschi hatte seine Ungeduld nicht mehr zu zügeln vermocht; er hatte so schnell, daß ich es nicht verhindern konnte, angelegt und den Schuß abgegeben. – Ohne auf den Ausbruch meines Zorns zu achten, sprang der Kleine auf, schwang das abgeschossene Gewehr in der Luft und schrie: „Safer! Gahlebe! Ölmisch dir, jatior – Sieg! Triumph! Er ist tot! Er ist hinüber!" – Ich langte empor, packte Halef beim Gürtel und riß ihn nieder. – „Willst du wohl schweigen, Unglücksrabe! Du hast den Bären verscheucht."

„Verscheucht?" rief er, wobei er sich von meinem Griff zu befreien suchte. „Erlegt habe ich ihn, überwunden ist er. Ich sehe ihn ja liegen." – Und sich gewaltsam von mir losreißend, sprang er wieder auf und schrie mit aller Macht seiner Stimme: „Omar, Osko, hört die Wonne, hört die Seligkeit! Vernehmt den Ruhm eures Freundes, und achtet auf die Trompetentöne meiner Herrlichkeit! Ich habe den Bären erschossen, ich habe ihn versammelt zu seinen Vätern und Großonkeln, ich Hadschi Halef Omar Ben Hadschi Abil Abbas Ibn Had –" – Er konnte nicht weiter, denn ich war nun auch aufgesprungen, packte ihn beim Genick und drückte ihn nieder. Ich war wirklich sehr zornig und hatte infolgedessen so fest zugegriffen, daß er unter meiner Hand wie ein Gliedermännchen zusammenknickte.

„Wenn du noch einen Laut von dir gibst, bekommst du meine Faust, du Besitzer eines unglückseligen Schafgehirns!" drohte ich. „Bleib hier oben, und lade schnell dein Gewehr wieder! Ich will sehen, ob die Beute noch zu retten ist." – Bei diesen Worten sprang ich, ohne auf meinen kaum genesenen Fuß zu achten, vom Stein herab. Unten duckte ich mich schnell wieder, lockerte das Messer und legte die Büchse an. War der Bär noch da, so nahm er mich jedenfalls auf der Stelle an. Von oben herab klang der eiserne Ladstock des Hadschi, unten aber blieb alles ruhig. Es war nichts zu hören und nichts zu sehen. Nur so viel wußte ich wahr, daß der Bär sich nicht mehr bei dem Köder befand. – Dennoch war die größte Vorsicht geboten. Seinem Alter war die Schlauheit zuzutrauen, sich nicht sogleich auf mich zu stürzen, sondern heimlich um den Stein herum-

[1] Dummkopf

zuschleichen. Das wäre gefährlich für mich gewesen, denn wenn er um die Ecke kam, trafen wir so hart zusammen, daß er mich mit den Pranken greifen konnte. Darum entfernte ich mich einige Schritte vom Felsen auf die Seite, so daß ich den Steinblock und zugleich den Köder im Auge behielt. – Wir warteten und horchten eine Weile mit gespannter Aufmerksamkeit – vergeblich! Da erklang plötzlich ein Schrei vom Haus herüber, noch einer – und noch einer, und dann erscholl es im Ton der Verzweiflung: „Laßt mich, laßt mich los! Fort, fort! Hilfe, Hilfe!" – „Das ist der Mübarek!" rief Halef herunter.

Ich wollte antworten, tat es aber nicht, denn jetzt hörten wir aus dieser Richtung einen Schuß. Ich kannte den eigentümlich hohlen Knall: es war Oskos Crnagora-Gewehr. – „Der Bär ist drüben beim Schuppen", rief ich Halef mit gedämpfter Stimme zu. „Komm schnell herunter!" – „Hamdulillah! Da bekommen wir ihn doch noch!" jubelte der Kleine. – Er sprang herab, stürzte, raffte sich wieder auf und rannte an mir vorüber. Ich folgte ihm mit gleicher Eile. Aber als ich einige Schritte getan hatte, fühlte ich einen Stich im Fußgelenk. Der Sprung vom Felsen schien meinen Fuß angegriffen zu haben. Ich mußte also meinen Galopp zum schnellen Trab mäßigen. Dabei schritt ich mit dem gesunden Fuß weit aus und zog den kranken, nur mit der Spitze auftretend, vorsichtig nach.

Jetzt schrillte ein unbeschreiblicher Aufschrei durch die nächtliche Stille. War das der Mübarek, oder war es Halef, der inzwischen das Haus erreicht haben mußte? Sollte der unvorsichtige Hadschi dem Bären grad in die Pranken gelaufen sein? Mich erfaßte eine Angst um den Kleinen, die mir den Schweiß aus allen Poren trieb. Da gab es keine Rücksicht mehr auf meinen Fuß; ich rannte weiter, so schnell ich vermochte.

Nun ertönten auch Oskos und Omars Stimmen. Wieder ein Schuß! Unglücklicherweise lag ein Stein in meinem Weg. Ich konnte ihn nicht sehen, stürzte darüber hinweg und schlug, so lang ich war, zu Boden. Der Bärentöter wurde mir aus der Hand geprellt und flog — wohin das wußte ich nicht. – Rasch raffte ich mich auf und blickte ringsum. Die Büchse war nicht zu sehen. Ich hatte keine Zeit, sie mühsam zu suchen. Ich wähnte den Hadschi in Gefahr, und da durfte ich keinen Augenblick verlieren. Darum eilte ich weiter und zog das Messer aus dem Gürtel. Mein Ziel war der Schuppen. – „Osko, wo ist der Bär, wo?" schrie ich schon von weitem. – „Draußen, draußen!" antwortete er von innen. – „War Halef da?" – „Ja, aber er ist wieder dem Bären nach." – Jetzt stand ich an der Holzwand. Zwei Bretter waren da herausgerissen. – „Hier wollte der Bär herein", rief Osko. „Ich habe ihm eine Kugel gegeben." – „Und ihn getroffen?" – „Ich weiß es nicht. Die Bretter krachten erst dann zusammen, als ich schon geschossen hatte." – „Auf welche Seite ist Halef?" – „Nach rechts, wie wir hören."

„Bleibt drin und paßt auf! Das Tier könnte wiederkommen."

Ich rannte in der angegebenen Richtung weiter. Die Haustür war offen; es stand jemand in der Öffnung; das sah ich an dem Schatten, den die Gestalt herauswarf, weil drinnen Späne brannten. Ein menschlicher Körper lag da. Ich stolperte über ihn hinweg, kam aber nicht zu

Fall. – „Schieß doch, schieß, schieß!" hörte ich zwei Stimmen aus der Stube rufen. – Ich war nur noch zehn Schritt von der Tür entfernt und erkannte jetzt den, der da stand: Es war Halef. Er hatte sein Gewehr angelegt und es in die Stube gerichtet. Sein Schuß krachte. Dann flog er heraus und stürzte zu Boden, wie von einem kräftigen Arm herausgeschleudert. Im nächsten Augenblick erschien der Bär, drängte sich auf allen vieren durch die enge, niedrige Tür ins Freie und richtete sich schnell wieder auf. – Auch Halef war sogleich wieder aufgesprungen. Beide, er und der Bär, standen sich drohend gegenüber, nur drei Schritte voneinander entfernt. Der Hadschi drehte das Gewehr um und holte zum Kolbenschlag aus. Da erkannte er mich, denn ich befand mich jetzt im Lichtschein.

„O Sihdi, ich habe keine Kugel mehr!" schrie er mir zu.

Das alles war viel schneller gegangen, als es erzählt oder gelesen werden kann. – „Spring zurück! Nicht schlagen!" – Während ich diese Worte rief, versetzte ich Halef zugleich einen Stoß, daß er weit zur Seite taumelte. Das Tier machte eine halbe Wendung gegen mich, sperrte den Rachen auf und stieß einen langgezogenen Wutschrei aus. Ich fühlte den heißen, stinkenden Atem seines Rachens, als ich an dem Bären vorüberschnellte. Eine blitzschnelle Schwenkung – er griff nach mir, traf aber die Luft, da ich bereits nicht mehr vor ihm, sondern an seiner rechten Seite stand. Mit der Linken ihn bei den Troddeln des Hinterkopfs packend, holte ich mit der Rechten weit aus und stieß ihm das Messer ein-, zweimal bis ans Heft zwischen die bekannten beiden Rippen. Das war so schnell geschehen, daß Petz die beiden tödlichen Stiche empfangen hatte, bevor sein Brüllen verklungen war.

Er warf sich auf den Hinterpranken rechts herum, aber seine Tatze streifte mich nur an der Schulter. Natürlich hatte ich das Messer nicht stecken lassen. Zwei Sprünge rückwärts brachten mich aus der Nähe der Krallen. Dort blieb ich stehen, das Auge auf das Tier gerichtet und den Arm zum abermaligen Stoß erhoben, wenn es notwendig werden sollte. – Aber der Bär folgte mir nicht. Mit weit aufgerissenem, geiferndem Rachen stand er bewegungslos, die kleinen funkelnden Augen grimmig auf mich gerichtet. Dann schlossen sie sich langsam und versuchten vergeblich, sich abermals zu öffnen. Ein Zittern durchlief den gewaltigen Körper; hierauf sank er erst auf die Vorderbeine, die, den Boden scharrend, festen Halt nehmen wollten, und fiel schließlich, langsam und zuckend, auf die Seite. Ein leises, rollendes Brummen drang noch aus seinem Maul; die Beine streckten sich aus, der Bär war tot. – „Allah akbar!" rief Halef, der an seinem Platz erstarrt zu sein schien. „Allah ist groß, und dieser Bär ist fast ebenso groß. Ist er tot, Sihdi?" – „Ich denke es. Danke Gott tausendmal, daß es so glücklich abgelaufen ist!" – „Ja, Allah sei Preis und Ehre gebracht! Das war schrecklich!" – Er wollte sich dem Tier nähern.

„Bleib!" gebot ich ihm. „Noch sind wir nicht sicher, daß er wirklich tot ist. Ich will prüfen." – Ich trat zu dem Tier, hielt ihm den Revolver an das geschlossene Auge und drückte zweimal ab. Es regte sich nicht. „Jetzt kannst du herbeikommen und ihn betrachten. Ist er nicht viel länger als du?" fragte ich den Hadschi. – „Ja, ich glaube, er ist sogar noch länger, als du bist, Sihdi. Ich sage dir: ich habe nicht gezittert, als ich ihm mit ungeladenem Gewehr gegenüberstand; aber das Herz drohte doch mir stehen zu bleiben." – „Du hattest doch schon draußen auf ihn geschossen?" – „Ja. Er trollte vom Schuppen fort und zur Haustür, in der er verschwand. Ich werde ihn nicht getroffen haben. Die andre Kugel aber ist ihm sicher in die Brust gedrungen, denn er stand nur zwei Schritte weit, und zwar aufgerichtet, vor mir. Ich konnte also genau zielen." – „Erzähle kurz, wie alles geschehen ist!" – „Nun ich rannte zum Schuppen, denn ich hatte Oskos Gewehr am Knall erkannt und konnte also annehmen, daß der Bär zu den Pferden wollte. Ich hatte den Schuppen noch nicht erreicht, da hörte ich seitwärts einen Schrei, kümmerte mich aber nicht darum. Am Schuppen sah ich, daß zwei Bretter ausgebrochen waren, und erfuhr von Osko und Omar, der Bär habe das getan. Ich rannte also weiter. Da lag ein dunkler Körper am Boden, und ein größerer stand dabei. Das mußte das Tier sein. Ich blieb stehen, zielte und schoß. Der Bär trollte fort, der Tür zu, und ich sprang hinter ihm her. Er trabte ins Haus, und ich folgte ihm, nachdem ich mein Gewehr rasch wieder geladen hatte. Als ich die offne Tür erreichte, sah ich ihn drin stehen. Er beschnupperte das Lager des Mübarek."

„Tat er dem Alten nichts?" – „Ich sah den Alten gar nicht, er war verschwunden. Ich sah nur den Bären, und er sah mich. Er drehte sich augenblicklich um, kam auf mich zu und richtete sich auf. Ich hatte vor Schreck vergessen gleich zu schießen, denn seine ungeheure Größe überraschte mich so, daß ich kaum atmen konnte. Jemand schrie mir zu, doch zu feuern. Wo sich der Betreffende befand, das hörte ich nur; aber die Worte gaben mit die Besinnung zurück. Grad als der Bär die Tatzen gegen mich ausstreckte, gab ich ihm die Kugel, erhielt aber von ihm einen solchen Stoß, daß ich zur Tür hinaus und zu Boden flog. Als ich wieder aufsprang, stand er vor mir. Ich hatte keine Kugel mehr; an das Messer dachte ich nicht. Ich wollte mich mit dem Kolben wehren. Da kamst du, Sihdi."

„Wohl zur rechten Zeit!" – „Ja, denn ich bin überzeugt, daß mein Gewehr am Schädel des Bären zersprungen wäre. Dann hätte er mich zerrissen. O Sihdi, ich habe dir das Leben zu verdanken!"

Er ergriff meine Hand und zog sie an seine Brust.

„Laß das gut sein! Du hättest ebenso gehandelt, wären unsre Rollen vertauscht gewesen." – „Ja, aber ich zweifle sehr, daß es mir gelungen wäre, dieses Riesentier mit dem Messer zu erlegen. Du hast schon früher Graue Bären getötet, die noch weit größer und gefährlicher sind als dieser hier; ich aber nicht. Dieses Raubtier ist wirklich größer als ein Löwe." – „Massiger, ja. Der Körper, der da hinten liegt, muß der des alten Mübarek sein. Wahrscheinlich ist er tot. Der letzte Fieberanfall hat ihn herausgetrieben. Aber es befremdet mich, daß er so schnell zusammengebrochen ist." – „Der Bär stand bei ihm. Sollte das Tier ihn getötet haben?" – „Möglich. Jetzt wollen wir zunächst nach den andern sehen." – Wir traten in die Stube. Das Licht wodurch der Raum erleuchtet wurde, kam von oben herab. Als ich emporblickte, sah ich den Konakdschi und die beiden Wirtsleute oben auf den Deckenstangen hocken. Sie hatten brennende Späne in den Händen. – „Du selbst kommst auch, Effendi?" fragte Dschemal. „Wo ist der Bär?" – „Er liegt vor der Tür." – „Waj, waj!"

Sie kletterten an dem bereits beschriebenen Balken herab, holten unten tief Atem, und Junak sagte: „Siehst du, daß wir vor ihm nicht sicher waren! Er kam herein. Welch ein Ungetüm! Er war fast so groß wie ein Ochse." – „Ihr hattet doch eure Waffen oben. Warum habt ihr nicht geschossen?" – „Daß wir dumm wären! Dadurch hätten wir ihn ja auf uns aufmerksam gemacht, und er wäre vielleicht zu uns heraufgeklettert. Ein Bär klettert besser als ein Mensch. Weißt du das noch nicht?" – „Ich weiß es. Also ihr schoßt nicht, aber meinen Hadschi habt ihr aufgefordert zu schießen?" – „Natürlich! Er wollte das Tier ja erlegen; wir hatten uns keine so verwegene Tat vorgenommen, und" – fügte Dschemal mit pfiffiger Miene hinzu – „wenn er den Bären angriff, dachte das Untier nicht an uns!" – „Sehr klug, aber auch sehr feig von euch! Wo ist der Mübarek?" – „Draußen. Das Fieber packte ihn, und er rannte fort. Hätte der Alte dabei nicht die Tür geöffnet, so wäre es dem Bären unmöglich gewesen, hereinzukommen. Wo mag der Unvorsichtige sein?" – „Er liegt tot draußen. Wir wollen das Feuer wieder anzünden." Sie folgten uns hinaus, aber sie getrauten sich nicht, zu dem Raubtier zu treten. Sie wollten, bevor sie es wagten, erst das Feuer wieder anzünden, um zu sehen, ob der Bär auch wirklich tot sei. Halef ging, um Osko und Omar zu holen. – Auch diese beiden konnten kaum Worte finden, ihr Erstaunen über die Größe des Tieres auszudrücken. Petz war von der Schnauze bis zur Schwanzwurzel gewiß zwei Meter lang. Zweihundert Kilogramm wog er sicher. Drei Männer mußten sich anstrengen, um ihn bis in die Nähe des Feuers zu schleifen. – Unterdessen nahm ich einen brennenden Ast und ging zum Mübarek. Halef folgte mir. Der Alte war nicht an seiner Wunde gestorben, obwohl auch diese ihm nur noch eine kurze Frist gelassen hätte. Sein Kopf lag tief im Genick, und seine Brust war sozusagen ein Brei von Fleisch, Blut und zerschlagenen Rippen. Der Bär hatte ihm das Genick zerbrochen und dann die Brust aufgerissen, war aber dann durch den Schuß Halefs vertrieben worden. – Wir sagten kein Wort und kehrten zum Feuer zurück. Dort meldete Halef, was wir gesehen hatten, und erzählte weiterhin, auf welche Weise der Bär erlegt worden war.

In Anbetracht der Größe des Tieres wollten selbst Osko und Omar nur schwer glauben, daß ich es gewagt hatte, den Bären mit dem Messer anzugreifen. Bei den andern behielt der Eigennutz vor dem Staunen die Oberhand. Der Kohlenhändler befühlte den Bären und sagte: „Er ist sehr fett und wird eine Menge Fleisch liefern. Auch für den Pelz kann man eine gute Summe erhalten. Effendi, wem gehört das Tier?" – „Dem, der es erlegt hat." – „So? Das denke ich nicht."
„Was denkst du denn?" – „Daß es mir gehört, auf dessen Grund und Boden es erlegt worden ist." – „Ich vermute aber, daß diese ganze Gegend dem Padischah gehört. Wenn du mir beweisen kannst, daß du ihm dieses Land abgekauft hast, so will ich glauben, daß du der

Besitzer bist. Dann aber mußt du mir zweitens beweisen, daß du ein Recht auf alles Wild und Raubzeug besitzt, das auf deinem Boden erlegt wird. Als der Bär kam, hast du dich verkrochen; das ist ein sicherer Beweis, daß du ihn nicht haben wolltest. Wir aber haben ihn gejagt, folglich gehört er uns." – „Effendi, du denkst falsch. Der Bär gehört nicht dir, er gehört –" – „– Hadschi Halef", unterbrach ich ihn. „Wenn du das sagen willst, so hast du recht. Du aber kannst nicht den mindesten Anspruch erheben. Ich habe dir sogar die Lockspeise bezahlen müssen. Wenn wir dir aus besondrer Güte einen Teil des Fleisches lassen, kannst du dich dafür bedanken." – „Wie?" fragte Halef. „Mir soll der Bär gehören? Nein, Sihdi, er ist dein. Du bist es ja, der ihn erlegt hat." – „Ich habe ihm nur den Todesstoß gegeben. Er wäre auch ohne Messer verendet, allerdings nicht so schnell. Sieh her! Ganz in der Nähe der beiden Stichwunden siehst du das Loch, das deine Kugel gebohrt hat. Sie ist nahe am Herzen vorübergegangen und war unbedingt tödlich. Darum ist das Tier dein Eigentum." – „O Sihdi, der Eigentümer lebte ja gar nicht mehr, wenn du nicht gekommen wärst, um ihn zu retten! Du willst mir ein Geschenk machen, das ich nicht annehmen kann." – „Nun, wir wollen nach altem Jägerrecht verfahren. Du hast das Tier angeschossen, also gehört dir der Pelz. Ich habe es dann erstochen, so gehört mir das Fleisch. Die Tatzen und einen Schinken nehmen wir für uns; das übrige mag Junak erhalten, damit er nicht sagen kann, wir hätten sein Eigentumsrecht nicht geachtet." – „Sihdi, ist's wahr? Das Fell soll ich erhalten? Das ist das allerbeste von dem Bären. Wie wird Hanneh, die geliebteste der Frauen, staunen, wenn ich zu ihr komme und ihr diese Siegesbeute zeige! Und mein Söhnchen, das nach dir und mir genannt worden ist, nämlich Kara Ben Hadschi Halef, wird auf dem Fell des Bären schlafen und ein großer, berühmter Krieger werden, weil dann die Stärke des Tiers auf den Knaben übergeht. Ja, ja, das Fell nehme ich an. Wer wird es abziehen?" – „Ich. Wir müssen Gehirn, Fett und Holzasche nehmen, um das Fell einzureiben, damit es geschmeidig bleibt und nicht fault. Dein Pferd wird doppelte Last zu tragen haben." – Meine Entscheidung fand allgemeine Zustimmung. Der Kohlenhändler brachte einen alten Holztrog herbei, in dem das Bärenfleisch gepökelt werden sollte, um dann in den Rauch gehängt zu werden. Dieses Pökelgefäß paßte gut zu seinem Besitzer. Wer weiß, was alles sich schon darin befunden hatte! Nie aber war es gereinigt worden. Während ich mich an die Arbeit machte, fragte ich Junak, was mit dem Mübarek geschehen solle.

„Begraben müssen wir ihn", erwiderte er. „Ihr werdet mir wohl dabei helfen. Es muß noch in dieser Nacht geschehen." – „Die Grube auszuheben ist nicht unsre Sache. Uns als seinen bisherigen Feinden kann diese Arbeit nicht zugemutet werden. Hast du Werkzeuge?"

„Eine Tschapa und eine Kürek[1] habe ich." – „Dann können nur zwei Personen arbeiten. Das magst du mit dem Konakdschi tun, und deine Frau soll euch helfen. Such dir eine passende Stelle aus! Beim Begräbnis werden wir zugegen sein. Die Feindschaft soll nicht über

[1] Hacke und Schaufel

den Tod hinaus währen!" – „So werden wir ihn dort begraben, wo der Bär das Pferd überfallen hat. Ich mag kein Grab in der Nähe des Hauses haben." – Er holte die Werkzeuge. Seine Frau und Dschemal beluden sich mit Holz und einem Feuerbrand, um für Beleuchtung bei der Arbeit zu sorgen, und dann entfernten sie sich, um dem Toten die Grube zu graben, die er uns gewünscht hatte. – Nachdem der Bär aus seinem Pelz geschält worden war, steckten wir eine seiner Vordertatzen an den Ast, der als Bratspieß diente. Sie war so groß und fett, daß wir vier unsern Hunger ausgiebig daran zu stillen vermochten.

Die Gefährten halfen mir, die Fleischreste von der innern Seite des Pelzes abzuschaben, und dann wurde sie mit dem Gehirn und dem Fett des Bären und mit Holzasche tüchtig eingerieben, um hierauf so zusammengelegt zu werden, daß der Pelz leicht hinter dem Sattel auf das Pferd gebunden werden konnte. – Als wir damit fertig waren, kamen die Grabmacher und meldeten, die Grube sei fertig. Nun nahmen sie die Leiche auf, und wir folgten ihnen. – Es ist immer eine ernste Sache, am Grab eines Menschen zu stehen. Ob man ihm Gutes oder Böses zu verdanken hat, ist von keiner Bedeutung gegenüber dem Gedanken, daß er nun vor seinen Richter tritt, dessen Urteil einst auch über uns ergehen wird. Da schwindet der Haß, und die Rache schweigt. Man denkt an nichts als an das ernste Wort Ewigkeit. Ich wenigstens fühlte jetzt nichts als Mitleid mit dem Feind, der eines so bösen Todes gestorben und ohne Reue über seine Sünden von hinnen gegangen war. Auch Halef sagte: „Vergeben wir ihm alles, was er uns angetan hat und noch zu tun beabsichtigte. Ich bin ein gläubiger Bekenner der Lehre des Propheten, und du bist ein gehorsamer Anhänger deines Glaubens. Wir können keinen Toten hassen, sondern wir wollen ihm den letzten Dienst erweisen und an seinem Grab beten."

Beim Schein des Feuers sahen wir üppige Farne. Die schnitten wir ab, um mit ihnen die Grube auszukleiden. Den Toten senkten wir hinab und deckten ihn auch mit Farnwedel zu. Dann fragte Halef: „Wer soll das Gebet sprechen? Du, Sihdi?" – „Nein, ich bin kein Mohammedaner." – „Nun gut, so werde ich beten", sagte Halef. „Du aber, Sihdi, magst vorher die Fâtiha sprechen, die Eröffnung des Koran, die jeder Handlung vorangehen muß. Willst du?" – „Ja."

„So bete sie! Der Verstorbene hat die heiligen Orte besucht und vom Wasser des Sem Sem getrunken. Seine sündige Seele wird vielleicht Gnade finden, wenn Allah aus deinem Mund die Sprache vernimmt, in der der Erzengel Dschebrail[1] mit dem Propheten redete."

Wir stellten uns am offenen Grab auf, die Gesichter nach Mekka gerichtet. Nachdem meine Gefährten sich dreimal verneigt hatten, rief Halef die sieben vornehmsten Eigenschaften Gottes aus, und dann begann ich in dem eigenartigen Versmaß und der Koreïsch-Mundart des Urtextes:

> *„El hamdu lillahi, rabbi 'l alamina.*
> *Er rahmani 'r rahimi,*
> *Maliki jaumi 'd dini!*
> *Ijjake nabudu, we ijjake nestaïnu,*

[1] Gabriel

Ihdina 'β βirata 'l mustakima.
Ssirata 'l ladsina enamta alaihim,
Ghairi 'l maghdhubi alaihim,
We la 'dh dhallina!"

Das ist auf deutsch: „Lob und Preis sei Gott, dem Weltenherrn, der da herrscht am Tag des Gerichts. Dir wollen wir dienen und zu Dir wollen wir flehen, auf daß Du uns führst den rechten Weg, den Weg derer, die Deiner Gnade sich erfreuen, und nicht den Weg derer, über die Du zürnst und nicht den Weg der Irrenden!!"

Und nun betete Halef mit lauter Stimme, indem er die Hände erhob:

„Im Namen des allbarmherzigen Gottes! Hört, ihr Sterblichen die Stunde des Gerichts naht. In dieser Stunde werden die Augen der Menschen gräßlich vor sich hinstarren; kein Augenlid wird zucken, und ihre Herzen werden ohne Blut sein. – Die Erde wird beben und ihre Lasten abschütteln, und der Mensch wird schreien: ‚Wehe, was ist ihr zugestoßen!' Dann wird sie den Auftrag verkünden, der ihr von Allah geworden ist. – Die Sonnen werden zittern, die Sterne erbleichen und die Berge schwanken. Die Kamelstute wird ihre Jungen vergessen, und die Raubtiere werden sich angstvoll zusammendrängen. Das Meer wallt auf, und die Himmel werden hinweggenommen. Die Hölle wird angefacht und das Paradies der Erde nahegerückt werden. Der Mond wird sich spalten, und die Menschen werden vergeblich nach einem Zufluchtsort schreien.

Darum wehe dir, wehe dir! Und abermals wehe dir, und wehe dir! Hast du deine Seele nicht bereitet, vor dem Richter zu bestehen, so wäre es besser, du wärst nie geboren. Die Verdammnis wird dich umfangen und dich nicht wieder ausspeien in alle Ewigkeit.

Und wohl aber dir, wohl dir! Und abermals wohl dir! Hast du deine Sünden im Wasser der Reue gewaschen und sie hier zurückgelassen, so hast du es nicht zu fürchten, daß an jenem Tage die Hölle herangebracht wird, denn Allah wird kommen mit einer Engelschar und dich einführen in sein Paradies." – Der Hadschi verneigte sich dreimal. Sein Gebet war zu Ende: Dann wandten wir die Köpfe nach rechts und links und sprachen: „Es-selâm 'aleïkum we rahmetullah – Gottes Heil und Gnade sei mit euch!" – Wir überließen es Dschemal und dem Kohlenhändler, die Grube mit Erde zu füllen, und kehrten zum Haus zurück, wo wir uns beim Feuer niederließen.

Jetzt konnten wir die Pferde wieder aus dem Schuppen holen, damit sie weideten. Der Bär war ja nicht mehr zu fürchten. Wir selbst bedurften der Ruhe. Es gab für uns nichts mehr zu tun, und so nahmen wir die Sättel unter die Köpfe, um zu schlafen. Aus Vorsicht aber mußte einer wachen. Die Ablösung sollte alle Stunden erfolgen. Wir durften den dreien, die sich dort beim Grab befanden, nicht trauen. – Zuvor untersuchte ich meinen Fuß. So sorgfältig und fest ich ihn auch betastete, ich empfand keine Schmerzen. Die Büchse hatte ich inzwischen gesucht und gefunden. Die Waffen lagen zum augenblicklichen Gebrauch neben uns, und so schlossen wir die Augen. – Aber wir wurden noch einmal gestört. Die zwei Männer kamen mit der Frau, um den Bären in das Haus zu schaffen. Dabei kam mir ein Gedanke. Ich stand wieder auf und schnitt mir ein tüchtiges Stück von der dicken Fettlage ab, die der amerikanische Jäger Bear-fat, Bärenspeck, nennt. Die drei standen dabei, ohne mich zu fragen, wozu ich das nehmen wolle. Dabei bemerkte ich, daß dem linken Fuß des Kohlenhändlers, der keine Schuhe trug, die kleine Zehe fehlte. – „Du hast nur vier Zehen am linken Fuß. Wie hast du sie verloren?" fragte ich. – „Ein Rad meines schwer beladenen Wagens ging darüber und hat mir die eine Zehe zerquetscht. Sie hing so locker am Fuß, daß ich sie mir abschneiden mußte. Warum fragst du?"

„Ohne Absicht. Ich erblickte nur soeben den Fuß."

„Nimmst du noch von dem Fleisch oder können wir es nun forttragen?" – „Schafft es hinein; es ist euer." – Sie schleppten die schwere Last fort. Meine Gefährten hatten mein Tun beobachtet, und Halef erkundigte sich: „Wozu hast du das Fett genommen, Sihdi? Wir brauchen es doch nicht." – „Wir werden es vielleicht nötig haben. Wenn wir in die Juwelenhöhle kommen, wird es finster darin sein." – „Willst du sie denn wirklich betreten?"

„Das weiß ich noch nicht. Es ist aber zu vermuten, daß ich es tue, und da kann ich mir mit Hilfe des Fettes eine Lampe machen."

„So mußt du auch einen Docht haben. Da liegt noch der Fetzen, in den die Wurst gewickelt war. Der Kohlenhändler hat ihn liegen gelassen. Wir können das Fett darin einwickeln und ihn dann als Docht benutzen." – „Tu das! Ich möchte das Zeug nicht wieder anfassen." – „Aber ich soll es tun?" – „Ja, du wirst dich nicht scheuen, denn du hast ja das, was hineingewickelt war, mit großem –"

„Schweig, Sihdi!" rief er hastig. „Ich mag nichts hören und will dir deinen Willen tun." – Er stand auf, wickelte das Fett ein und steckte es in seine Satteltasche. – Von nun an wurden wir nicht wieder gestört; doch mußte ich schon nach einer Stunde aufstehen, weil das Los der zweiten Wache auf mich gefallen war. – Im Haus brannte noch Licht. Ich war müde, und um mich wach zu halten, ging ich auf und ab. Dabei kam ich zu der Tür. Ich fand, daß sie verriegelt war. Ein beißender Rauch kam aus den Fenstern, und es roch nach gebratenem Fleisch. Ich sah hinein, und richtig, die drei hatten auf dem Herd ein Feuer angezündet und brieten Bärenfleisch, obgleich sie bereits am Abend große Mengen Pferdefleisch verschlungen hatten. Ich konnte sie bequem sehen. Sie sprachen sehr eifrig miteinander, wobei sie sich Stück um Stück von dem Fleisch schnitten. Verstehen konnte ich nichts, weil ich am Frontfenster stand; sie aber saßen an der Giebelseite. – Doch grad über ihnen war auch ein Fenster ohne Glas. Ich huschte dorthin und horchte. Der Rauch drang heraus. Ich nahm mein Taschentuch, hielt es vor Mund und Nase, schloß die Augen und schob den Kopf so weit wie möglich in die Fensteröffnung. Sehen konnte man mich nicht, denn die Mauer war dick und das Fenster befand sich hoch über ihren Köpfen.

„Ja, man muß mit diesen Halunken klug und vorsichtig verfahren", sagte soeben Dschemal. „Ihr habt es gehört, daß der Deutsche mich und auch euch im Verdacht hat, es mit unsern Freunden zu halten. Diese Hundesöhne haben den Teufel im Leib. Sie merken alles. Aber es ist heute ihre letzte Nacht." – „Meinst du das wirklich?" fragte der Kohlenmann. – „Ja, es ist sicher!" – „Wollen es wünschen! Ich kenne meinen Schwager, den Köhler; er fürchtet sich nicht vor der Hölle. Aber seit ich diese Männer gesehen, bin ich zweifelhaft geworden. Sie sind vorsichtig und kühn zugleich." – „Pah! Das soll ihnen nichts nützen." – „Nun, wer mit dem Messer einem Bären zu Leibe geht und ihn niedersticht, ohne selbst nur im geringsten verwundet zu werden, der fährt auch meinem Schwager an den Hals."

„Dazu darf es nicht kommen. Sie werden mit List in die Falle gelockt und darin umgebracht." – „Sie sollen doch kugelfest sein!" „Glaube das ja nicht! Der Effendi hat selbst darüber gelacht. Und wenn es so wäre, gibt es nicht auch andre Waffen als Schießgewehre? Übrigens wird es gar nicht dazu kommen, daß man schießt oder sticht. Man lockt sie in die Höhle und zündet das aufgespeicherte Holz an. Da müssen sie ersticken." – „Ja, es ist möglich, daß mein Schwager das vorschlägt; aber die beiden Aladschy bestehen darauf, daß der Effendi von ihrer Hand fallen soll, und Barud el Amasat will den töten, der Osko heißt. Sie haben eine Rache gegeneinander. Ich habe ihnen abgeraten, aber sie blieben dabei, den Männern am Teufelsfelsen aufzulauern und sie mit den Schleudern und mit den Tschakanen zu töten. Zu diesem Zweck nahmen sie meine beiden Schleudern mit." – „Die Toren! So wird es unbedingt zum Kampf kommen." – „O nein! Die Fremden finden ja gar keine Zeit zur Gegenwehr, da sie aus dem Hinterhalt überfallen werden."

„Hoffe nicht zu viel! Wie ich die Schlucht des Teufelsfelsen kenne, so ist dort gar kein Hinterhalt zu legen. Unsre Freunde müssen sich rechts oder links in den Büschen verstecken; das ist aber nicht möglich, weil die Felsen zu beiden Seiten so steil sind, daß man nicht hinaufsteigen kann." – „Da bist du in einem großen Irrtum, Dschemal. Es gibt eine Stelle, allerdings nur eine einzige, wo man hinaufklettern kann. Da kommt linker Hand ein Wasser herab. In seinem Bett kann man emporsteigen, wenn man ein wenig Nässe nicht scheut." – „Wissen das unsre Freunde?" – „Die beiden Aladschy kennen die Gegend ebenso gut wie ich." – „Und sie wollen wirklich dort hinaufklettern?" – „Freilich." – „Aber sie haben doch ihre Pferde bei sich!" – „Die Tiere schaffen sie vorher zu meinem Schwager. Es ist von der betreffenden Stelle gar nicht weit zu ihm. Sie kehren dann zurück und erklettern den Felsen. Ein Tschakan, von da oben herabgeschleudert, muß jeden Kopf zerschmettern, auf den der Wurf gezielt ist. Ich kenne die Stelle genau. Man muß ungefähr fünfzig bis sechzig Schritte im Wasser emporsteigen, dann ist die Felswand überwunden. Geht man hierauf oben vielleicht hundertfünfzig Schritte weit zwischen Büschen und Bäumen hin, so gelangt man an eine Stelle, unter die Schlucht eine Krümmung macht. Ist man dort oben, so kann einem unten kein Mensch entkommen. Das ist der Ort, der das Grab der Fremden werden wird."

„Scheïtan! Das ist gefährlich für mich!" – „Warum?" fragte Junak.

„Weil auch ich getroffen werden kann." – „Unsinn! Die Aladschy verstehen zu zielen!" – „Darauf verlasse ich mich nicht." – „So bleib ein wenig zurück!" – „Wenn ich das tu, muß ich gewärtig sein, daß die Fremden auch haltenbleiben." – „So reite voran! Den Quell wirst du sicher sehen. Wenn du dann die Krümmung bemerkst, brauchst du nur so zu tun, als würde dein Pferd störrisch. Du gibst ihm einige Hiebe, so daß es davongaloppiert. Dann kann dich weder ein Tschakan, noch ein geschleuderter Stein treffen." – „Ja, das ist das einzige, was ich tun kann." – „Übrigens werde ich die Verschworenen noch besonders auffordern, sich in acht zu nehmen, damit sie dich nicht treffen." – „Wirst du denn mit ihnen reden?" erkundigte Dschemal sich. – „Gewiß! Wer nicht bei der Teilung ist, läuft Gefahr nichts zu bekommen. Jetzt ärgert es mich doppelt, daß mein Pferd tot ist. Nun bin ich gezwungen, den Weg zu Fuß zu machen." – „Du kommst sicher zu spät." – „Das glaube ich nicht. Ich bin ein guter Läufer. Wenn ich gegessen habe, mache ich mich sogleich auf die Beine. Dann bin ich schon vor euch dort. Vorausgesetzt, daß es dem Alaman nicht etwa einfällt, mit seinen Gefährten sehr zeitig in den Sattel zu steigen." – „Daß sie das nicht tun, dafür will ich sorgen", beruhigte der Konakdschi seinen wackern Verbündeten. „Ich werde ihnen schon so viele Hindernisse in den Weg legen, daß sie nicht schnell vorwärtskommen. Nötigenfalls verirre ich mich. Höchstens müssen wir befürchten, daß sie Verdacht schöpfen, wenn sie am Morgen bemerken, daß du schon fort bist." – „Es wird sich doch wohl eine befriedigende Ausrede finden lassen –" – Jetzt kam mir der Rauch so stark in die Nase, daß ich den Kopf zurückziehen und ein wenig zur Seite treten mußte. Als ich dann wieder hineinsah, bemerkte ich, daß Junak aufgestanden war. Nun war es mit dem Lauschen vorbei, denn er hätte mich beim ersten Blick zum Fenster sehen müssen. Darum kehrte ich zu den Gefährten zurück und setzte mich leise bei ihnen nieder. – Während ich über das Gehörte nachsann, kam mir der Gedanke, gleich jetzt aufzubrechen; aber ich verwarf ihn wieder. Wir kannten ja die Gegend nicht, und Dschemal machte jedenfalls seine Worte wahr, uns so lang in der Irre herumzuführen, bis er annehmen konnte der Kohlenhändler sei am Ziel angekommen. Darum war es jedenfalls besser, noch zu bleiben. Junak hatte die gefährliche Stelle so genau beschrieben, daß sie meiner Aufmerksamkeit nicht entgehen konnte. Ich hoffte, irgendein Mittel zu finden, die Gefahr zu vermeiden.

Als ich dann von Halef abgelöst wurde, erzählte ich ihm, was ich erlauscht und beschlossen hatte, und er stimmte mir bei.

„Auch ich werde lauschen, Sihdi", meinte er. „Vielleicht höre ich noch etwas Wichtiges." – „Unterlaß das lieber! Ich habe genug gehört und wenn du ertappt wirst, haben wir den Schaden. Sie brauchen nicht zu wissen, daß einer von uns wacht." – Es war wohl schon zwei Uhr nach europäischer Zeitrechnung gewesen, als wir uns zur Ruhe legten; folglich war es sechs Uhr, als wir von Omar, der die letzte Wache hatte, geweckt wurden. – Wir gingen an den Bach, um uns zu waschen, und wollten dann ins Haus. Es war verschlossen. Auf unser Klopfen kam die Frau und öffnete. – „Wo ist unser Führer?"

fragte ich. – „Hier in der Stube. Dschemal schläft noch." – „So werde ich ihn wecken." – Der Mann lag auf den Lumpen, die das Lager des Mübarek gebildet hatten, und stellte sich schlafend. Als ich ihm einige derbe Stöße gab, fuhr er empor, gähnte, starrte mich wie schlaftrunken an und sagte: „Du, Effendi? Warum weckst du mich schon?" – „Weil wir aufbrechen wollen." – „Wie ist die Uhr?" – „Zwölf[1]".
„Erst? Da können wir noch eine ganze Stunde schlafen." – „Wir könnten sogar noch einen ganzen Tag schlafen, aber wir werden es nicht tun." – „Es ist ja nicht so eilig." – „Nein; aber ich liebe es, in der Morgenfrische zu reiten. Wo ist Junak?" – „Ist er denn nicht da?"

Dschemal blickte suchend umher. Die Alte berichtete: „Mein Herr ist nach Glogovik gegangen." – „Woher wir kommen? Warum hat er sich denn nicht von uns verabschiedet?" – „Weil er euch nicht stören wollte." – „So. Was will er denn dort?" – „Er will Salz kaufen. Wir brauchen es, um das Fleisch hier einzupökeln." – Sie zeigte auf die Stücke des Bären, die in der Ecke lagen und ein höchst unschönes Aussehen hatten. – „Hattet ihr denn kein Salz im Haus?" – „So viel nicht." – „Grüß deinen Mann von uns, wenn er wiederkommt!"

„Wie steht es denn mit der Bezahlung, Effendi?" – „Bezahlung? Wofür?" – „Wir haben euch doch beherbergt!" – „Wir haben im Freien geschlafen. Dafür zahle ich nichts. Also Dschemal, wir brechen auf."

„Ich muß erst essen", erklärte er. – „So iß, aber schnell!"

Er machte sich ein Feuer und briet sich ein Stück Bärenfleisch, das er halbgar verschlang. Indessen sattelten wir. Der Bärenschinken wurde mit den drei übriggebliebenen Tatzen in eine Decke gewickelt, und Osko nahm diesen Pack hinter sich aufs Pferd. Nun war der Führer fertig und wir brachen auf. – Die Frau wollte uns nicht ohne Bezahlung ziehen lassen. Sie zeterte, daß wir sie betrügen wollten. Aber Halef zog die Peitsche und knallte sie ihr so nah an ihrem Gesicht vorbei, daß sie heulend ins Haus sprang und die Tür hinter sich verriegelte. Durch das Fenster aber sandte sie uns eine Strafpredigt nach, und noch lange hörten wir ihre gellende Stimme hinter uns erschallen. Es kam uns nicht auf einige Piaster an; aber diese Leute trachteten uns nach dem Leben. Es wäre eine Verrücktheit gewesen, das, was wir hier genossen hatten, nämlich gar nichts, auch noch zu bezahlen.

[1] Nach unserer Zeit: halb sieben. Vgl. a. S 66

5. In der Teufelsschlucht

Ein wunderbar schöner Herbstmorgen war es, frisch und duftig, als wir den Schauplatz unsres nächtlichen Abenteuers, wobei der alte Mübarek ein so schreckliches Ende gefunden hatte, verließen. Wir ritten zwischen steilen Höhen und hinter diesen Bergen ragten schroffe Felsmassen empor, finster wie drohende Riesen. Nach Verlauf einer Stunde war es so, als bewegten wir uns durch die Schluchten der Pyrenäen. – Einen freien Ausblick gab es hier nicht. Der dunkle Urwald hatte uns umfangen. Es gibt mehrere Arten des Urwaldes. Der unberührte Urwald der Tropen, der dichte, nach Moder duftende Wald Litauens, der hehre, lichte Urwald des amerikanischen Westens, die natürlichen, gradlinigen und wie vom Gärtner angelegten Parks von Texas, alle sind sehr verschieden voneinander. Dieser Wald des Schar Dagh war mit keinem der genannten Urwälder zu vergleichen. Man dachte hier unwillkürlich an untergegangene Kulturen, über die nun der Tod seine Waldesschatten wirft. – Nach vielleicht drei Stunden senkte sich der Boden steil abwärts, und wir mußten ein breites Quertal durchschneiden, dessen andrer Rand fast senkrecht emporstieg. Das war eine wahre Felsmauer, scheinbar ununterbrochen, stundenweit von Nord nach Süd sich ziehend. In Rissen und auf Vorsprüngen hatten gewaltige Fichten und Tannen Halt für ihre Wurzeln gefunden, und hoch oben auf der Zinne dieser Mauer lag der dunkle Forst wie eine schwarze Leiste. Die Sohle dieses Tales aber war mit dem herrlichsten Gras bewachsen, so daß ich vorschlug, wenigstens eine Viertelstunde hier zu rasten, damit die Pferde in diesem Grün ein Weilchen schwelgen könnten. – Unser Führer erklärte sich schnell einverstanden und sprang sogleich vom Pferd. Durch diesen Aufenthalt mußte sich ja der Vorsprung, den der Kohlenhändler haben wollte, vergrößern. Dschemal ahnte nicht, daß ich mehr noch um dieses Junak als um des Grases willen hier aus dem Sattel stieg.

Es gab da einen ziemlich bedeutenden Bach. Nur einzelnes dünnes Gesträuch stand an seinem Ufer. Gleich als wir unter den Bäumen des diesseitigen Talrandes hervorgekommen waren und nun die freie Talsohle vor uns hatten, sah ich eine Linie, die grad von dem Punkt, wo wir uns befanden, quer durch das Gras zum Ufer führte. Diese Linie war jedenfalls die Fährte des Kohlenhändlers. Er hatte uns für so dumm gehalten, daß diese Spur unsern Verdacht nicht zu erregen vermochte. – Das Wasser stand von vorgestern her noch hoch in dem Bett, das eine muldenförmige Gestalt haben mußte, da die Ufer flach zu verlaufen schienen. Der Rasen war weich, und darum vermutete ich, wenigstens dort am Wasser einen deutlichen Fußabdruck zu finden. Der Konakdschi beachtete die Fährte gar nicht. Er hockte sich nieder, zog seinen alten Tschibuk hervor, stopfte ihn und setzte den Tabak in Brand. – „Halef", fragte ich so laut, daß Dschemal es hörte, „was ist das wohl für ein Strich, der hier durch das Gras geht?"

„Das ist eine Fährte, Sihdi", antwortete der Gefragte, stolz darauf, die von mir erworbenen Kenntnisse auskramen zu dürfen.

„Von einem Tier oder von einem Menschen?" – „Um das entscheiden zu können, muß ich sie erst genau betrachten."

Er ging, die Augen scharf auf die Fährte gerichtet, mehrere Schritte auf ihr fort und sagte dann: „Sihdi, das kann ein Mensch, aber auch ein Tier gewesen sein." – „So! Um das zu wissen, braucht man sie nicht erst genau anzusehen. Es kann doch nur ein Mensch oder ein Tier gewesen sein. Oder ist es etwa möglich, daß zum Beispiel der Palast des Großherrn hier spazierengefahren ist?" – „Willst du meiner spotten? Ich wette, daß es auch dir unmöglich ist, zu bestimmen, wer die Spur verursacht hat. Komm selbst her!"

„Um das zu bestimmen, brauche ich gar nicht hinzukommen. Hier ist ein Mensch barfuß gegangen." – „Wie willst du das beweisen?"

„Sehr leicht. Kann diese Fährte von einem vierbeinigen Geschöpf getreten sein?" – „Nein." – „Also ist's ein Mensch oder ein zweibeiniges Tier, ein großer Vogel gewesen. Welches aber ist der größte Vogel, der hier gegangen sein könnte?" – „Das würde der Lejlek[1] sein." – „Richtig! Der Lejlek aber geht langsam und bedächtig. Er hebt ein Bein nach dem andern hoch auf und macht würdevolle Schritte. Man müßte die einzelnen Tritte erkennen. Ist das hier der Fall?" – „Nein. Der hier ging, hat keine Tapfen gemacht, sondern mit jedem Bein eine stetige Linie durch das Gras gezogen."

„Ganz recht. Die Fährte besteht nicht aus einzelnen Fußeindrücken, sondern aus einer ununterbrochenen Doppellinie. Die Beine des Storchs sind höchstens fingerdick; diese Linien aber sind breiter als die Spanne einer Menschenhand. Ist es also möglich, daß ein Storch hier gegangen sein kann?" – „Nein, Sihdi. Es ist gewiß ein Mensch gewesen." – „Nun weiter! Du selbst behauptest, keine Fußabdrücke gesehen zu haben. Je älter die Fährte ist, desto vertrockneter muß das abgeknickte und niedergetretene Gras sein. Es ist aber kein einziger Halm auch nur welk geworden. Was ist daraus zu schließen?"

„Daß die Fährte noch sehr jung ist." – „Richtig. Man müßte also unbedingt die Fußeindrücke erkennen. Woran liegt es wohl, daß man sie dennoch nicht sieht?" – „Das kann ich leider nicht sagen."

„Nun, das liegt teils an der Schnelligkeit, mit der dieser Mann gegangen ist, und andernteils an der Weichheit seines Fußes. Er hat Eile gehabt und ist mehr mit den Zehen als mit der Ferse aufgetreten. Stiefel und Schuhe[2] haben harte Sohlen, die eine scharfe Fährte machen. Da diese Schärfe fehlt, hat der Mann keine Fußbekleidung getragen; er ist barfuß gewesen. Siehst du das nun ein?"

„Wenn du es in dieser Weise erklärst, muß ich dir recht geben."

„Wer mag nun wohl dieser eilige, barfüßige Mann gewesen sein? Dschemal, ist dieser Wald bewohnt?" – „Nein, kein Mensch wohnt da", antwortete der Gefragte. – „So vermute ich, daß der Kohlen-

[1] Storch [2] Die landesüblichen Bundschuhe, Opanken

händler Junak aus Versehen eine falsche Richtung eingeschlagen hat. Er wird auf diese Weise nicht nach Glogovik, sondern zum Teufelsfelsen kommen." – „Effendi, was denkst du! Ein solcher Irrtum kann bei ihm gar nicht vorkommen. Hättet ihr nicht geschlafen, so hättet ihr ihn fortgehen sehen." – „Nun, Hadschi Halef Omar hat mir gesagt, daß während der Nacht ein Mann aus dem Haus getreten und dahinter verschwunden sei. In welche Richtung er sich aber gewandt hat, konnte Halef nicht unterscheiden." – „Das wird freilich Junak gewesen sein, denn er ging, als es noch dunkel war, um nicht spät am Abend zurückzukehren." – „So hat er sich in der Dunkelheit eben doch geirrt und ist anstatt nach links nach rechts gegangen. Vielleicht ist das auch mit Absicht geschehen, und da ich aus der Spur erkenne, daß er große Eile gehabt hat, so mag er wohl den Wunsch hegen, unser Kommen bei dem Köhler so bald wie möglich anzumelden."

„Du machst dir die sonderbare Gedanken, Effendi", sagte der Konakdschi verlegen. „Was geht es Junak an, daß wir bei der Scharka ausruhen wollen?" – „Das begreife ich freilich auch nicht."

„So wirst du zugestehen, daß er es unmöglich gewesen sein kann."
„Ich behaupte im Gegenteil, daß er es war. Ich werde es dir sogar beweisen." – „Das ist unmöglich. Etwa aus den Spuren?" – „Ja."

„Die können dir, wie ich zu meinem Erstaunen gesehen habe, wohl sagen, daß ein Mensch hier gegangen ist, nicht aber, wer dieser Mensch war." – „Sie sagen es mir sogar sehr deutlich. Erhebe dich, und komm mit!" – Ich schritt zum Ufer des Flüßchens, und die andern folgten. Da, wo der Mann ins Wasser gegangen war, hatte er langsam und vorsichtig mit den Füßen getastet. Der Grund des Wassers war am Ufer weich; man sah weder Sand noch Steine darin. Um so deutlicher aber erkannte man die Spuren der Füße in dem klaren, seichten Wasser. – „Sieh her, Dschemal!" sagte ich. „Erblickst du die Fußtapfen unter dem Wasser?" – „Ja, Effendi. Und ich sehe auch, daß du richtig vermutet hast: der Mann war barfuß." – „Vergleiche nun die Spuren der beiden Füße miteinander. Findest du da einen Unterschied?" – Er bückte sich, wohl um sein Gesicht nicht sehen zu lassen. Er merkte, was jetzt kommen würde. – „Was sehe ich!" rief da der Hadschi. „Dieser Mann hat am linken Fuß nur vier Zehen gehabt! Sihdi, es ist Junak gewesen und kein andrer." – Der Führer hatte seine Verlegenheit bemeistert und erhob sich wieder, indem er sagte:

„Kann nicht auch ein andrer eine Zehe verloren haben und hier gegangen sein?" – „Gewiß", antwortete ich, „aber das wäre sehr eigentümlich. Ich frage mich nur noch: Welche Absicht verfolgt dieser Junak damit, daß er uns täuscht? Wenn er etwa irgendeine Hinterlist plant, so wird er Salpeter anstatt des Salzes bekommen, vielleicht auch noch Schwefel und Holzkohle dazu. Weißt du, was das bedeutet?" – „Ja, aber ich verstehe dich dennoch nicht. Aus diesen drei Stoffen wird Barut[1] gemacht. Meinst du das?"

„Gewiß, und wenn sich dabei noch ein rundes Stück Blei befindet, so kann es sich leicht ereignen, daß er, der jedenfalls zum Teufelsfelsen will, in die Hölle fährt. Ist dieses Wasser tief?"

[1] Schießpulver

„Nein. Die Pferde brauchen darin nicht zu schwimmen. Man kann mit aufgestreiften Hosen hindurch. Wollen wir wieder aufbrechen?" – „Ja; es ist bereits mehr als eine Viertelstunde vergangen. Wohin führt dann jenseits des Wassers der Weg?"
„Siehst du den dunklen, senkrechten Strich da drüben in der Felswand? Das ist die Öffnung einer schmalen Schlucht. Sie wird die Teufelsschlucht genannt, weil sie zum Teufelsfelsen führt. Dahin reiten wir." – „Und wie lange dauert es, bis wir zu dem Felsen kommen?" – „Mehr als eine halbe Stunde. Du wirst staunen über die Felsmassen zu beiden Seiten der Schlucht. In dieser engen Spalte kommt man sich vor wie ein kleiner Wurm zwischen himmelhohen Mauern." – „Führt denn kein andrer Weg nach Westen?"
„Nein, es gibt nur diesen." – „So sind wir gezwungen, ihm zu folgen. Vorher aber will ich doch versuchen, die Spuren der Leute zu finden, denen wir nachreiten. Im Gras sind sie nicht mehr vorhanden, weil es sich seit gestern wieder aufgerichtet hat; aber im seichten Wasser sind sie vielleicht noch zu erkennen." – Meine Vermutung hatte mich nicht getäuscht. Nur wenig weiter aufwärts waren die sechs Pferde ins Wasser gegangen. Ein weiteres Suchen hatte keinen Zweck, und so durchkreuzten wir denn den Bach und hielten dann auf den Eingang der Schlucht zu. Er hatte nur die Breite, die zwei Reitern gestattet, sich nebeneinander zu halten. Später traten die Felswände weiter zurück. – Das war eine geschlossene Felsmasse, ein ungeheurer, über hundert Meter hoher Würfel plutonischen Gesteins, in den eine unterirdische Gewalt diesen Spalt mitten hineingerissen hatte. Wenn man emporblickte, schien es, als vereinigten sich die Wände mit ihren oberen Rändern. Es war weder rechts noch links möglich, an ihnen emporzukommen. Sie waren nackt, und nur hier und da gab es eine Stelle, wo ein Strauch oder ein einzelner Baum ein Plätzchen für sein dürftiges Fortkommen gefunden hatte.

„Glaubst du nun, daß der Scheïtan diesen Riß mit seiner Faust geschlagen hat?" fragte unser Führer. – „Ja, es ist ein höllischer Weg. Man möchte sich zusammenducken wie ein kleines Insekt, über dem der hungrige Vogel schwebt. Rasch vorwärts!"

Dschemal hatte sich bisher in unsrer Mitte gehalten. Jetzt strebte er voranzukommen. Zu diesem Zweck drängte er sich an Halef und Osko vorüber, die vor uns ritten. Das ließ mich vermuten, daß wir uns der Stelle näherten, die für uns verhängnisvoll werden sollte. Er wollte der vorderste sein, um seine beabsichtigte List mit dem Pferd ausführen zu können. – Plötzlich kam uns ein helles Wasser entgegen, ganz seicht und schmal, das an der Seite des Wegs floß und in einem Loch der Felswand verschwand. Und zugleich bemerkten wir, daß oben die Wände weiter auseinanderrückten. Uns zur Linken wich der Fels um eine ziemlich breite Stufe zurück, die mit Busch und Baum bewachsen war; aber hinaufkommen konnte man hier unmöglich. Diese Stufe war ungefähr sechzehn Meter hoch, und der Kohlenhändler hatte gesagt, daß man an der Überfallstelle fünfzig bis sechzig Schritte im Wasser hinaufsteigen müsse. Dieser Felsenabsatz war jedenfalls gemeint gewesen. – Ich hatte schon vor unserm Aufbruch, als wir die Pferde sattelten, den Gefährten gesagt, wie sie sich verhalten sollten. Auch sie merkten dem Gelände an, daß wir uns in der Nähe des betreffenden Ortes befanden. Sie warfen mir heimlich fragende Blicke zu, und ich winkte zustimmend.

Das kleine Bergwässerchen floß uns still entgegen. Bald aber hörten wir ein lautes Plätschern. Wir erreichten die Stelle, wo es aus der Höhe kam. Es hatte eine Ader weichern Gesteins tief ausgefressen und einen Spalt gebildet, in dem es von Stufe zu Stufe herunterrieselte. Der herabgespülte feine Steingrus hatte sich zu beiden Seiten angehäuft und mit der Zeit eine Bodenschicht gebildet, die ausreichte, Pflanzen zu ernähren. Da gab es allerlei Kräuter und Stauden, die die Kühle und das Wasser lieben, auch Farn, woran diese Gegend überhaupt reich zu sein schien. Ungefähr in doppelter Reiterhöhe war eine dieser Farnstauden halb ausgerissen worden. Ich hielt mein Pferd an und blickte hinauf. – „Kommt doch!" forderte uns der Konakdschi auf, da auch die Gefährten gehalten hatten.

„Warte einen Augenblick!" sagte ich. „Komm mit zurück! Ich möchte dir etwas Überraschendes zeigen." – Er kam herbei.

„Du mußt absteigen", forderte ich ihn auf, indem ich den Sattel verließ. – „Warum?" – „Du kannst es dann besser sehen."

„Aber wir versäumen unsre Zeit!" – „Du hast es ja heute noch niemals so eilig gehabt. Das scheint ein sehr geheimnisvolles Wasser zu sein." – „Wieso?" fragte er neugierig und ahnungslos.

Ich stand am Fuß des kleinen Sturzbachs und betrachtete dessen untere Stufen. Der Konakdschi sprang ab und trat zu mir. Auch die andern stiegen von den Pferden. – „Sieh dir da oben dieses Farnkraut an! Fällt dir nicht auf, daß es ausgerissen ist?"

„Nein! Warum auch?" – „Ich meine, es ist jemand da hinaufgestiegen, hat sich dabei an der Pflanze festhalten wollen und sie aus der Erde gezogen." – „Der Sturm wird es gewesen sein."

„Der Sturm? Hier, wo wir im Innern der Erde stecken, hat es niemals Sturm gegeben. Nein, es ist ein Mensch gewesen."

„Was geht uns das an?" – „Sehr viel, denn es war ein Bekannter von uns." – „Unmöglich! Wer denn?" – „Junak."

Dschemal verfärbte sich, als ich diesen Namen nannte.

„Effendi, was hast du nur mit Junak? Er ist ja nach Glogovik!"

„Nein, er ist da oben. Hier unten, wo das Wasser den Weg erreicht, hat sich der Spülsand angehäuft. Dieser Kohlenhändler ist sehr unvorsichtig. Wenn er uns berichten läßt, er sei nach Glogovik gegangen, darf er doch nicht so dumm sein, mit seinen nackten Füßen diesen Sand zu berühren. Er weiß ja, daß ich bei ihm heute nacht die fehlende Zehe vermißt habe, und hier siehst du den nämlichen vierzehigen Fußtapfen wie vorhin da unten am Bachufer. Er ist da hinaufgeklettert. Was will er oben?" – „Effendi, er ist es nicht!" versicherte der Führer ängstlich. „Reiten wir weiter!"

„Erst muß ich mich überzeugen. Ich werde da hinaufsteigen.

„Herr, du kannst stürzen und dabei Hals und Beine brechen."

„Ich klettere sehr gut, und Hadschi Halef wird mich begleiten. Ich hoffe es glücklich zu überstehen. Viel gefährlicher erscheint es mir weiterzureiten." – „Warum?" – „Nun, ich vermute, daß da oben sich Leute befinden, Leute mit Tschakanen und Schleudern. Das ist es." – „Allah!" rief er erschrocken. – „Und da vor uns krümmt sich der Weg und –" – „Wie kannst du das wissen? Man sieht es doch noch gar nicht!" – „Ich vermute es. Eine solche Stelle ist für jeden gefährlich, der unten vorbeireitet, während man oben auf ihn lauert. Daher werde ich jetzt da oben Umschau halten."

Dschemal war aschfahl geworden und sprach beinahe stammelnd: „Ich kann deine Gedanken wirklich nicht begreifen!"

„Sie sind aber doch leicht zu erklären. Und damit du mir keinen Strich durch meine Rechnung machst, ersuche ich dich, von diesem Augenblick an nur leise zu sprechen." – „O Effendi!" fuhr er auf, seiner Angst den Ausdruck des Zorns gebend.

„Bemühe dich nicht! Wir haben vor dir keine Angst, denn du hast keine Waffen mehr." – Mit einem raschen Griff hatte ich Dschemal Pistole und Messer aus dem Gürtel gezogen. Sein Gewehr hing am Sattel. Und zugleich packten Osko und Omar ihn so fest von hinten, daß er sich nicht rühren konnte. Er wollte schreien, unterließ es aber, denn ich setzte ihm sein eigenes Messer auf die Brust und drohte:

„Sag ein einziges lautes Wort, so ersteche ich dich! Dir soll nicht das mindeste geschehen, wenn du dich still verhältst. Du weißt, daß ich dir nicht traue. Fügst du dich jetzt in unsern Willen, so wird vielleicht unser Mißtrauen schwinden. Wir werden dich binden, und Osko und Omar halten Wache bei dir, bis ich mit Halef zurückkehre. Dann wird sich finden, was mit dir geschieht. Wirst du laut, so erstechen sie dich; gehorchst du aber, so erhältst du deine Waffen zurück und wirst unser Begleiter sein wie vorher."

Dschemal wollte Einspruch erheben, aber sogleich saß ihm Oskos Messerspitze auf der Brust. Das brachte ihn zum Schweigen. Er wurde gebunden und mußte sich niedersetzen.

„Ihr wißt, was ihr tun müßt", sagte ich den beiden Zurückbleibenden. „Achtet darauf, daß die Pferde sich ruhig verhalten. Der Weg ist so eng, daß ihr ihn gut verteidigen könnt. Kein Mensch darf ohne euern Willen vorüber. Und sollte sich etwas Unvorhergesehenes ereignen, so werden wir beim ersten eurer Schüsse herbeieilen. Wenn aber ihr uns schießen hört, so bleibt ihr ruhig unten, denn ihr habt für uns nichts zu befürchten." – Ohne auf den grimmigen Blick zu achten, den der Konakdschi mir zuwarf, schickte ich mich an, emporzusteigen. Halef folgte. Der Aufstieg war etwas anstrengend, aber nicht gefährlich. Das Wässerchen war seicht, und die ausgewaschenen Stufen hatten so geringe Höhe und folgten einander so schnell, daß man wie auf einer Treppe emporstieg. – Junak hatte recht berichtet: fünfzig bis sechzig Schritte hatten wir getan, als wir oben anlangten. Die Felsstufe, auf der wir uns jetzt befanden, hatte hier eine Breite von wenig über hundert Schritt. Die Fläche war verwittert und trug einen nach und nach angesammelten Humusboden von beträchtlicher Tiefe. Da standen Laub- und Nadelbäume und dazwischen allerlei Buschwerk so dicht, wie wir es uns nur wünschen konnten. Dadurch wurde möglich, unbemerkt anzuschleichen. – „Was nun?" flüsterte

Halef. – „Wir schleichen vorwärts. Junak sagte, daß man auf dieser Felsstufe ungefähr hundertfünfzig Schritte gehen müsse, um an die Krümmung zu gelangen. Dort stecken sicher die Wegelagerer. Dennoch wollen wir schon hier jede mögliche Vorsicht anwenden. Halte du dich stets hinter mir!" – „Es ist möglich, daß einer hier vorn steht, um unser Nahen zu beobachten." – „In diesem Falle säße der Wächter sicher vorn an der Felskante. Wenn wir uns weiter links, also rückwärts von ihm halten, kann er uns weder sehen noch hören. Sollte dennoch einer auf uns treffen, dann machen wir ihn mit den Händen unschädlich, wobei wir möglichst jedes Geräusch vermeiden. Ich habe zu diesem Zweck einige Riemen eingesteckt." – „Du weißt, daß auch ich stets Riemen bei mir habe; sie sind oft schnell vonnöten."

„Nur wenn wir es mit mehreren zu tun bekommen, greifen wir zu den Gewehren. Ich werde nur notgedrungen schießen, und selbst dann wollen wir nicht töten. Ein Schuß ins Bein wirft den grimmigsten Feind zu Boden. Also vorwärts!" – Wir huschten voran und gaben uns Mühe, möglichst wenig Zweige zu berühren. Es war unsre Absicht, uns mehr links zu halten, aber wir waren noch nicht weit gekommen, so hörten wir rechts von uns ein Geräusch, das uns zum Stehen brachte. – „Was mag das sein?" raunte Halef mir zu.

„Da wetzt jemand sein Messer an einem Stein. Welche Unvorsichtigkeit!" – „Er ahnt ja nicht, daß wir auf den Gedanken kommen können, hier heraufzusteigen. Gehen wir vorüber?"

„Nein. Wir müssen wissen, wer der Mann ist. Leg dich auf die Erde! Wir dürfen jetzt nur kriechen." – Wir schoben uns der Stelle entgegen, woher wir das Wetzen vernommen hatten, und gelangten bald in die Nähe der Felskante. Dort saß Suef, der Spion, auf Posten und schliff sein Messer mit einem Eifer an dem scharfen Gestein, als würde ihm diese Arbeit mit silbernen Piastern bezahlt. Er hatte uns den Rücken zugekehrt. – Jedenfalls sollte er nach uns ausschauen; aber er hatte just die Stelle gewählt, von wo aus er uns erst dann bemerken konnte, wenn wir uns fast unter ihm befanden. Freilich, wären wir nur wenige Schritte weitergeritten, so hätte er uns gesehen.

„Was tun?" wisperte mir mein kleiner Gefährte zu. „Lassen wir ihn ruhig sitzen?" – „O nein! Hier wächst Moos. Nimm eine gute Handvoll davon! Ich werde Suef hinten so beim Genick fassen, daß er den Mund aufsperren muß. Dann steckst du ihm rasch das Moos hinein, ehe er schreien kann. Ich krieche voran. Sobald ich bis auf Manneslänge bei ihm bin, kannst du dich erheben und auf ihn losspringen." – Vorsichtig krochen wir unter den Büschen auf Suef zu. Nicht weit hinter ihm stand ein Baum, den ich als Deckung nahm, so daß sich der Stamm genau zwischen mir und ihm befand. Jetzt erreichte ich den Baum. Noch zwei Sekunden, und ich war dem Späher entsprechend nahe gekommen. Hinter mir richtete sich Halef auf, zum Sprung bereit. Aber der Kleine war ein Wüstensohn, kein Indianer: er trat auf einen dürren Zweig, der Zweig knackte, und Suef fuhr mit dem Gesicht zu uns herum. – Kein Maler vermag es, den Ausdruck des starren Entsetzens wiederzugeben, den die Züge des Spions annahmen, als er uns erblickte. Er wollte schreien, aber er hätte wohl keinen Ton hervorgebracht, auch wenn ich ihm Zeit dazu gelassen hätte. Ich hatte mich augenblicklich zu ihm hingeschnellt und ihm die beiden Hände um den Hals gelegt. Er strampelte mit den Armen und Beinen und öffnete weit den Mund, um Luft zu schnappen. Im Nu war Halef da und steckte ihm das Moos zwischen die Zähne. Ich hielt noch eine Weile fest. Die Bewegungen Suefs ließen nach, und als ich nun die Hände von ihm nahm, war er besinnungslos. – Ich hob ihn auf und trug ihn fort, zwischen die Büsche hinein. Sein Messer war ihm entfallen, die Flinte hatte neben ihm gelegen. Woher er sie hatte, wußte ich nicht. Halef brachte beides nach. Wir lehnten Suef sitzend an einen Baum und banden ihn so daran, daß der Stamm von seinen rückwärts gebogenen Armen umfangen wurde. Dann befestigten wir ihm noch den mehrfach zusammengelegten Zipfel seines Gewandes auf den Mund, damit er das Moos nicht mit der Zunge herausstoßen konnte. – „So!" kicherte Halef leise. „Der ist gut versorgt. Was nun weiter, Sihdi?"

„Wir setzen unsern Weg fort. Horch!" – Es klang wie Schritte. Und wirklich, wir hörten jemand kommen. Der Betreffende schien sich der Stelle zu nähern, wo Suef gesessen hatte.

„Wer mag es sein?" raunte mir der Hadschi zu. Seine Augen funkelten vor Kampfeslust. – „Keine Übereilung!" gebot ich.

Ich wand mich zwischen den Büschen hindurch und erblickte Bybar. Seine Riesengestalt stand neben dem Baum, den ich vorhin als Deckung benutzt hatte. Ich konnte sein Gesicht deutlich erkennen. Er schien erstaunt zu sein, Suef nicht zu finden und schritt langsam weiter. – „Achtung!" flüsterte ich. „Noch zehn oder zwölf Schritte, so sieht er unsre Gefährten, falls er hinabblickt, und das wird er sicher tun. Komm ganz leise nach!" – Es galt, mich schnell von hinten an den Aladschy zu machen und es gelang mir auch zur rechten Zeit. Sein Blick fiel hinunter auf den Weg. Er sah die drei unten auf uns Wartenden und trat schnell mehrere Schritte zurück, um von ihnen nicht bemerkt zu werden. – Bybar hatte sich dabei nicht umgedreht und durch dieses Zurückweichen die Entfernung zwischen sich und mir verringert, so daß ich ihn erfassen konnte. Ihn mit der Linken beim Genick nehmen und ihm zugleich mit der geballten Rechten einen Hieb an die Schläfe versetzen, das war das Werk eines Augenblicks. Er brach zusammen, ohne einen Laut von sich zu geben. Und da stand auch bereits Halef bei mir. – „Auch binden?" fragte er.

„Ja, aber jetzt noch nicht. Faß mit an! Er ist schwer." Wir trugen den Riesen in die Nähe des Schneiders und fesselten ihn auch an einen Baum. Sein Mund war nicht ganz geschlossen. Ich öffnete ihn erst mit der Klinge, dann mit dem Heft meines Messers. Wir banden dem Betäubten den Gürtel ab und benutzten ihn als Knebel. Weil Bybar sehr stark war, bedurfte er doppelter Bande, so daß unsre Riemen nun verbraucht waren. Den Lasso durfte ich nicht verwenden, falls uns noch einer in die Hände lief, der gebunden werden mußte; die kostbare Leine konnte mir dann leicht in Verlust geraten. Die Pistolen und das Messer, die in Bybars Gürtel gesteckt hatten, legten wir zu Suefs Waffen. – „Nun sind nur noch drei übrig", sagte Halef.

„Sandar, Manach el Barscha und Barud el Amasat." – „Vergiß den Kohlenhändler nicht, der auch hier oben ist." – „Den Halunken rechne ich nicht. Was sind diese vier gegen uns beide! Wollen wir nicht offen zu ihnen gehen und ihnen die Gewehre abnehmen, Sihdi?" – „Das wäre zu verwegen." – „Aber weshalb sind wir denn heraufgestiegen?" „Einen bestimmten Plan hatte ich dabei nicht. Ich wollte sie beschleichen. Was dann zu tun war, mußte sich finden." – „Nun, es hat sich gefunden. Zwei sind bereits unschädlich. Aus den andern machen wir uns nichts." – „Ich mache mir viel aus ihnen. Ja, wenn wir Sandar noch hätten, dann wollten wir mit den übrigen drei schnell fertig werden." – „Hm! Wenn auch er käme!" – „Das wäre mehr Glück, als man erhoffen darf." – „Oder – Sihdi, ich habe einen Gedanken! Ist es nicht möglich, ihn herbeizulocken?" – „Auf welche Weise?" – „Könnte nicht Bybar ihn rufen?" – „Dieser Gedanke ist nicht übel. Ich habe mehrere Stunden lang mit den Aladschy gesprochen und kenne ihre Stimmen. Bybars Stimme ist etwas heiser und ich getraue mir, sie leidlich nachzumachen." – „So tu es, Sihdi!" – „Dann müßten wir einen Platz haben, wo Sandar vorüber muß, ohne uns zu sehen." – „Ein solcher Platz wird sich leicht finden lassen, irgendein Busch oder Baum." – „Freilich! Wir wollen es versuchen!" – „Versuchen wir es! Sihdi, in dieser Weise höre ich dich gern sprechen." – Er war Feuer und Flamme. Das Kerlchen hätte einen ausgezeichneten Soldaten abgegeben; es steckte ein Held in ihm. – Wir schritten vorsichtig weiter, bis wir eine Stelle erreichten, wo drei hohe Büsche eng beisammenstanden, so daß man unbemerkt von außen zwischen ihnen stehen konnte. Wir krochen hinein; und nun rief ich, nicht allzu laut und Bybars Stimme nachahmend: „Sandar! Sandar! Bana gel – komm her zu mir!" – „Schimdi gelirim – ich komme gleich!" antwortete es von daher, wo ich die Männer vermutete. – Die List schien zu gelingen. Ich stand bereit, die Büchse in der Hand. Nach kurzer Zeit hörte ich den nahenden Aladschy fragen: „Nerede ßin – wo bist du?" – „Buradajim – hier bin ich!" – Meine Antwort gab seinen Schritten die gewünschte Richtung. Ich hörte ihn kommen, grad auf die Büsche zu. Jetzt sah ich ihn auch, indem ich zwischen den Zweigen hindurchblickte. Er wollte, erwartungsvoll gradaus schauend, an uns vorüber, leider nicht so nahe, wie es mir lieb gewesen wäre. Da gab es weder Zaudern, noch Bedenken. Ich sprang zwischen den Büschen hervor. – Sandar sah mich. Nur eine Sekunde hielt ihn der Schreck ihn fest auf der Stelle; dann wollte er zurückspringen, aber es war schon zu spät für ihn. Mein Kolben traf ihn so, daß er zusammenbrach. Auch er hatte weder Flinte noch Tschakan bei sich, sondern nur Pistolen und das Messer. – „Hamdulillah!" jubelte Halef fast zu laut. „Es ist gelungen! Wie lange wird er wohl brauchen, um wieder ins Leben zurückzukehren?" – „Laß erst sehen, wie es mit ihm steht. Der Schlag hätte einen andern vielleicht getötet." – Der Puls des Aladschy war kaum wahrzunehmen. Für wenigstens eine Viertelstunde hatten wir sein Erwachen nicht zu befürchten. – „So brauchen wir ihn nicht zu knebeln", meinte Halef: „Aber anbinden werden wir ihn doch!" – Wir benützten dazu den Schal, der dem Aladschy als Gürtel

diente. Und nun hatten wir nicht mehr nötig, übermäßige Vorsicht walten zu lassen. Wir schlichen nicht mehr, sondern wir gingen vorwärts, wenn auch recht leise. – So gelangten wir an die Stelle, wo der Weg unten die erwähnte Krümmung machte. Auch der Felssaum hier oben folgte dieser Biegung, und so entstand ein Vorstoß, eine Art Bastei, auf der sich die Strolche niedergelassen hatten. Es standen da nur einige Sträucher. Hinter einem der Sträucher verborgen sahen wir Manach al Barscha, Barud el Amasat und Junak sitzen. Sie sprachen miteinander, doch nicht so laut, daß wir sie verstehen konnten, obgleich wir ihnen nahe waren. – Dieser Ort war für ihre Zwecke sehr gut gewählt. Sie mußten uns kommen sehen, und eine aus diesem Hinterhalt gut geworfene Axt hätte jedenfalls den Betreffenden getötet. Etwas hinter ihnen, uns zu, standen in einer Pyramide sechs Gewehre. Also hatte auch Junak eine Flinte mitgebracht. Dabei lagen die Tschakane der Aladschy und die ledernen Schleudern, die Junak hergeliehen hatte. Neben den Schleudern war ein kleiner Haufen glatter, schwerer Bachkiesel. Ein solcher Stein konnte, aus geübter Hand geschleudert, gar wohl den Tod bringen. – Die drei waren uns sicher. Sie saßen an der Kante der Bastei. Manach el Barscha war kaum drei Schritte davon entfernt. Wollten sie fliehen, so mußten sie an uns vorüber. Der Gedanke, hinabzuspringen, wäre der reine Wahnsinn gewesen. Man sah es ihnen an, daß sie sich in gespannter Erwartung befanden. Ihre Blicke flogen immer in die Richtung, woher wir kommen mußten. Junak sprach am meisten. Aus seinen Bewegungen war zu schließen, daß er das Bärenabenteuer erzählte. Wir standen eine Weile, ehe er ein Wort sprach, das wir verstehen konnten: „Ich will wünschen, daß alles so kommt, wie ihr es hofft. Diese vier Schufte sind zu allem fähig. Sie sind gleich bei ihrer Ankunft wie die Herren in meinem Haus aufgetreten. Und Dschemal wird euch dann erzählen, wie sie ihn behandelt haben. Sie schlossen ihn für eine ganze Nacht mit all den Seinen im Keller ein –"
„Und er hat es sich gefallen lassen?" rief Manach el Barscha. „Konnten sie sich nicht wehren?" – „Habt ihr euch denn gewehrt? Nein, ihr seid schleunigst fortgeritten!" – „Der Soldaten wegen, die diese Fremden leider bei sich hatten." – „Nicht einen einzigen hatten sie bei sich; das hat Dschemal später gar wohl gemerkt." – „Scheïtan! Wenn das wahr wäre!" – „Es ist so! Sie haben euch durch eine List getäuscht. Diese Menschen sind nicht nur verwegen wie die Jabani kedïler[1], sondern auch verschlagen wie die Gelindschikler[2]. Nehmt euch nur in acht, daß sie nicht auch die heutige Falle wittern! Der widerwärtige Effendi hat Verdacht gegen den Konakdschi und auch gegen mich geäußert. Es dauert so lange, bis sie kommen; sie müßten schon da sein. Ich will nicht hoffen, daß sie erraten, was ihrer hier erwartet." – „Das können sie unmöglich erraten. Sie kommen gewiß, und dann sind sie verloren. Die Aladschy haben geschworen, den Alaman bei lebendigem Leib langsam in Stücke zu zerschneiden. Barud hier nimmt den Montenegriner Osko, und mir muß diese kleine, giftige Kröte, der Hadschi, in die Hände laufen. Er ist so flink mit

[1] Wildkatz [2] Wiesel

der Peitsche, und er soll erfahren, was Schläge bedeuten. Kein Messer und keine Kugel darf ihn berühren; er wird an der Peitsche sterben. Überhaupt soll keiner von ihnen sogleich getötet werden. Die Aladschy zielen nicht auf den Kopf, und auch ich werde den Hadschi nur betäuben. Ich will mich nicht um die Seligkeit bringen, ihn totprügeln zu können. Warum sie nur so lange bleiben? Ich kann es kaum erwarten." – Ich hätte gern noch mehr gehört, und hoffte, sie würden vom Karanirwan-Han sprechen. Aber Halef konnte es nicht länger aushalten. Daß Manach el Barscha so große Sehnsucht hatte, ihn totzupeitschen, erregte seinen Zorn. Er trat plötzlich vor, hart an die Feinde heran und rief: „Nun, hier hast du mich, wenn du es gar nicht erwarten kannst!" – Sein Erscheinen erregte ungeheuren Schreck. Junak schrie und streckte die Hände abwehrend vor, als hätte er ein Gespenst erblickt. Barud el Amasat sprang auf und starrte den Hadschi wie geistesabwesend an. Auch Manach el Barscha war emporgeschnellt, wie von einer Spannfeder getrieben; aber er faßte sich schneller als die andern. Seine Züge verzerrten sich vor Wut. – „Hundesohn!" brüllte er. „Hier bist du? Aber diesmal soll es euch nicht gelingen! Du gehörst mir! Jetzt habe ich dich!" – Manach wollte die Pistole aus dem Gürtel reißen. Doch der Hahn oder der Abzugsbügel mochte sich festgehakt haben. Er brachte die Waffe nicht so schnell heraus, wie er wünschte. Und da legte auch schon Halef auf ihn an und gebot: „Weg mit der Hand vom Gürtel, sonst schieße ich dich nieder!"
„Erschieße einen von uns!" trotzte Barud el Amasat. „Aber auch nur einen! Der zweite trifft dann dich!" – Er zog sein Messer. Da trat ich langsam hervor, ohne ein Wort zu sprechen. Ich hielt den angelegten Stutzen auf den Sprecher gerichtet. – „Der Effendi! Auch er ist da!" schrie Barud. – Er ließ die Hand, die das Messer hielt, sinken und tat vor Schreck einen Sprung rückwärts. Dabei traf er an Manach el Barscha, und zwar so kräftig, daß dieser einen Stoß bekam, der ihn an den Rand des Felsens brachte. Er schlug mit den Armen in die Luft, hob einen Fuß, um festen Halt zu suchen, und verlor dadurch vollends das Gleichgewicht. – „Allah, Allah, All – –!" brüllte er, dann war er von der Kante der Bastei verschwunden. Man hörte seinen Körper unten aufschlagen. – Keiner brachte zunächst ein Wort hervor, auch ich nicht. Es war ein Augenblick des Entsetzens. So tief hinab! Der Körper mußte zerschmettert sein! – „Allah hat ihn gerichtet!" rief endlich Halef, dessen Gesicht todbleich geworden war. „Und du, Barud el Amasat, bist der Henker, der ihn in die Tiefe gestoßen hat. Leg das Messer weg, sonst fliegst du ihm nach!"
„Nein, ich lege es nicht weg. Schieß. Aber kosten sollst du dennoch meine Klinge!" knirschte Barud. – Er duckte sich zum Sprung und holte dabei zum Stoß mit dem Messer aus. Das war für Halef Grund genug zu schießen. Er tat es aber nicht, trat schnell zurück, drehte seine Flinte um und empfing den Gegner mit einem Kolbenschlag, der Barud zu Boden streckte. Der Armenier wurde entwaffnet und mit seinem eignen Gürtel gebunden. – Jetzt hatten wir es nur noch mit dem Kohlenhändler zu tun. Der Tapfre saß noch genauso da wie vorher. Hatte ihn schon das Erscheinen Halefs aufs höchste erschreckt,

so war durch das, was nun geschah, seine Angst verzehnfacht worden. Er streckte die Hände zu mir aus und flehte: „Effendi, schone mich! Ich habe euch nichts getan. Du weißt, daß ich euer Freund bin!"

„Du, unser Freund? Wie sollte ich das wissen?" – „Du kennst mich ja!" – „Woher?" – „Ihr habt doch diese Nacht bei mir gerastet. Ich bin Junak, der Kohlenhändler." – „Das glaube ich nicht. Du bist ihm zwar sehr ähnlich, besonders was die Reinlichkeit betrifft; du bist genauso ein Schmutzfink wie er; aber er selbst bist du nicht."

„Ich bin es, Effendi! Du mußt es doch sehen! Und wenn du es nicht glaubst, so frage Hadschi Halef!" – „Ich brauche ihn nicht zu fragen. Er hat keine besseren Augen als ich. Der Kohlenhändler kann nicht hier sein, denn er ist nach Glogovik gegangen, um Salz zu kaufen." – „Das ist nicht wahr, Effendi." – „Seine Frau hat es mir gesagt, und ihr glaube ich mehr als dir. Wenn du wirklich Junak wärst, so dächte ich dir Dank schuldig zu sein, und würde dich allerdings glimpflicher behandeln als jeden andern. Aber da es erwiesen ist, daß du dieser Mann nicht sein kannst, mußt du die gleiche Strenge erwarten wie deine sauberen Genossen, die uns töten wollten und deshalb ihr Leben verwirkt haben. Du wirst also mit ihnen hier an den schönen Bäumen baumeln müssen." – Das zog ihn vom Boden empor. Er sprang auf und schrie voller Angst: „Effendi, es ist nichts, gar nichts erwiesen. Ich bin wirklich Junak; ich will dir alles erzählen, was in und bei meinem Haus geschehen ist, und was wir gesprochen haben. Du wirst doch nicht den Mann hängen, der euch so freundlich bei sich aufgenommen hat!" – „Nun, von einer freundlichen Aufnahme war nicht das mindeste zu bemerken. Aber wenn du wirklich Junak bist, wie kommt es dann, daß du dich jetzt hier und nicht in Glogovik befindest?" – „Ich – ich wollte – wollte mein Salz hier holen!"

„Ah! Und warum ließt du uns die Lüge sagen, du gingst in einer andern Richtung?" – „Weil – weil –", stotterte er, „es fiel mir erst unterwegs ein, hierher zu gehen." – „Belüge mich nicht abermals! Du bist hierher gegangen, um dir deinen Beuteanteil zu sichern. Du hast deshalb bedauert, daß dein Pferd tot ist, so daß du laufen mußtest." – „Effendi, das kann dir nur der Konakdschi gesagt haben! Dschemal hat uns wohl betrogen und dir alles erzählt?" – „Sieh, welch ein Geständnis du mit deiner Frage machst! Ich weiß alles. Ich sollte hier gegen deinen Rat überfallen werden. Dazu hast du unsern Feinden diese Schleudern besorgt. Falls dieser Angriff mißlang, wollte man uns in die Juwelenhöhle locken und uns darin ermorden."

Junak senkte den Kopf. Wahrscheinlich glaubte er, ich hätte meine Kenntnisse vom Konakdschi; es fiel mir nicht ein, ihm diese Meinung zu nehmen. – „Nun sprich!" fuhr ich fort. „Auf dich selbst wird es ankommen, ob ich dich für ebenso schlimm halten muß wie die andern. Dein Schicksal liegt jetzt in deinen eignen Händen."

Erst nach einer Pause des Nachdenkens gestand er: „Du darfst nicht glauben, der Plan, euch zu töten, sei von mir ausgegangen. Diese Leute hatten ihn schon längst gefaßt." – „Das weiß ich. Aber du hast aus gemeiner Gewinnsucht daran teilgenommen. Das kannst du nicht leugnen." – „Vielleicht hat Dschemal mich schlechter gemacht, als ich bin." – „Ich fälle mein Urteil nicht nach der Meinung andrer Leute. Ich habe meine eignen Augen und Ohren. Und die sagen mir, daß du zwar nicht der Urheber des Mordplans, aber doch ein Mitglied dieser saubern Gesellschaft bist. Übrigens habe ich nicht Zeit, mich länger mit dir zu befassen. Leg dein Messer weg! Der Hadschi wird dich binden!" – „O nein, nein!" schrie Junak ängstlich. „Ich will dir alles zu Gefallen tun, nur aufhängen darfst du mich nicht!"

„Ich wüßte nicht, welchen Gefallen du mir erweisen könntest. Es kann mir nichts nützen, dich leben zu lassen!" – Der kalte Ton, in dem ich das sagte, erhöhte seine Angst, und als ihm nun Halef das Messer aus dem zerfetzten Gürtel zog, rief er: „Ich kann euch nützlich sein, Effendi, ich kann!" – „Wieso?" – Der Kohlenhändler sah wieder nachdenklich zu Boden. In seinen Zügen malte sich der Kampf zwischen Angst und Hinterlist. Wollte er mir wirklich nützen, so mußte er den Verräter gegen den Köhler, seinen Schwager, spielen. Vielleicht sann er über eine Lüge nach, die ihn aus seiner gegenwärtigen bedrängten Lage befreien könnte. Nach einer Weile richtete er das Auge mit zutraulichem Blick auf mich und sagte: „Du befindest dich in größter Lebensgefahr, ohne daß du eine Ahnung davon hast, Effendi. Was dir hier drohte, war gering gegen das, was dich noch erwartet." – „Wie meinst du das?" – „Wirst du mir auch wirklich das Leben schenken, wenn ich es dir sage?" – „Ja. Nur glaube ich nicht, daß du mir etwas Neues sagen kannst."

„O doch! Ich bin überzeugt, daß du keine Ahnung von der Gefahr hast, die dir droht. Nicht wahr, du willst den Schut finden?"

Ich schüttelte bejahend den Kopf. – „Du bist sein grimmigster Feind. Der Mübarek hat ihm einen Eilboten gesandt, um ihn vor dir zu warnen. Er hat dem Schut auch gemeldet, daß ihr ihn verfolgt, und daß er euch hinter sich herlocken will, bis ihr in die Hände des Schut fallt. Die andern aber, deren ihr euch hier bemächtigt habt, wollten euer Eigentum für sich haben. Sie legten euch hier diesen Hinterhalt, dem ihr glücklich entgangen seid. Der Schut aber hat sich aufgemacht, um euch entgegenzureiten. Er muß bereits in der Nähe sein, und ihr seid verloren, wenn ich und mein Schwager euch nicht retten." – „Aber Scharka trachtet mir ja auch nach dem Leben!"

„Gewiß, denn er ist auch ein Anhänger des Schut. Aber wenn ich ihm sage, daß ich mein Leben geschont habt, obgleich ich mich in euern Händen befand, wird sich seine Feindschaft in Freundschaft verwandeln, und er wird alles aufbieten, euch zu retten. Ich selbst werde euch auf einem Weg aus den Bergen führen, so daß ihr der Gefahr sicher entgeht." – Ich tat, als glaubte ich ihm, und fragte: „Kennst du denn den Schut?" – „Gewiß. Er war oft bei mir."

„Wo wohnt er denn?" – „Drüben in Orossi. Er ist ein Anführer der Miriditen und besitzt eine große Macht." – „In Orossi? Mir wurde gesagt, er wohne im Karanirwan-Han?" – Junak erschrak sichtlich darüber, daß ich diesen Namen nannte, dann aber wiegte er lächelnd den Kopf: „Man hat dir das gesagt, um dich irrezuführen."

„Aber einen Ort dieses Namens gibt es doch?" – „Ich kenne keinen und bin doch weit und breit ortskundig. Glaube mir, denn ich meine es gut und aufrichtig mit dir." – „Wirklich? Nun, wir werden ja sehen. Wie weit ist es denn von hier bis zu deinem Schwager?"

„Man reitet nur eine Viertelstunde. Dann kommst du in ein großes, rundes Tal, das Tal der Trümmer genannt. Wendest du dich von der Einmündung des Wegs rechts, so wirst du bald den Rauch sehen, der Scharkas Meilern entsteigt." – „Und du würdest uns zu ihm führen?"

„Ja, und von ihm würdest du noch viel mehr erfahren, als ich dir sagen kann. Euer Leben hängt davon ab, daß ihr mir Glauben schenkt. Nun tu, was du willst!" – Halef nagte an seiner Unterlippe. Er konnte seine Wut darüber, daß der Mann uns für so leichtgläubig hielt, nur schwer verbergen. Ich aber machte ein freundliches Gesicht, winkte dem Schurken vertraulich zu und antwortete:

„Die Wahrscheinlichkeit spricht dafür, daß du uns die Wahrheit sagst. Soll ich noch einmal versuchen, ob du es ehrlich meinst?"

„Versuche es, Effendi!" rief der Kohlenhändler erfreut. „Du wirst sehen, daß ich dich nicht täusche." – „Nun gut, das Leben soll dir geschenkt sein. Aber binden müssen wir dich doch für einige Zeit."

„Warum?" – „Weil die andern nicht ahnen sollen, daß du mit uns einig bist. Es muß scheinen, als müßtest auch du ihr Schicksal teilen." – „Aber du gibst mir dein Wort, daß ihr mich wieder losbindet?" – „Ich verspreche dir, daß du bald wieder frei bist und nicht das mindeste von uns zu befürchten hast." – „So bindet mich!"

Er streckte seine Hände hin. Halef nahm ihm seinen Gürtel ab und band ihm damit die Hände auf den Rücken.

„Nun warte hier bei diesen beiden", sagte ich zu dem Hadschi. „Ich gehe, um die Gefährten zu holen." – Barud el Amasat war noch besinnungslos. Halefs Hieb war sehr kräftig gewesen.

Ich ging den Weg zurück, den wir gekommen waren. Einen Grund, das Gelände hier oben weiter zu untersuchen, gab es nicht.

Mein Verfahren mit Junak hatte nicht den gewünschten Erfolg gehabt. Es war meine Absicht gewesen, etwas Sicheres über den Schut und über den Karanirwan-Han zu erfahren. Zwar stand es mir noch jetzt frei, mit der Peitsche dieses Geständnis zu erzwingen, aber ich hatte keine Lust, dieses Mittel anzuwenden und hoffte auch so meinen Zweck zu erreichen. – Ich suchte Sandar auf. Er lag noch still da! Sein Puls war jedoch kräftiger geworden. Er mußte sich bald wieder erholen. Dann ging ich zu der Stelle, wo Bybar und Suef angebunden waren. Die beiden waren bei Bewußtsein. Als der Aladschy mich erblickte, schnaufte er grimmig durch die Nase, stierte mich mit blutunterlaufenen Augen an und machte eine gewaltige Anstrengung, von seinen Fesseln loszukommen. – „Gib dir keine Mühe!" sagte ich zu ihm. „Ihr könnt euerm Schicksal nicht entgehen. Es ist lächerlich, daß Menschen wie ihr, die kein Hirn im Kopf haben, sich einbilden, es mit einem fränkischen Effendi aufnehmen zu können. Ich habe euch bewiesen, daß eure Unternehmungen stets nur alberne Knabenstreiche waren. Ich glaubte, ihr würdet endlich einsehen, wie dumm ihr seid; aber meine Nachsicht war vergeblich. Jetzt ist unsre Langmut zu Ende, und ihr sollt das bekommen, was ihr für uns bestimmt hattet, den Tod. Ihr habt es nicht anders gewollt."

Ich wußte, daß ich den Aladschy nicht schwerer kränken konnte als dadurch, daß ich ihn dumm nannte. Ein wenig Todesangst mochte ihm übrigens nichts schaden. Dann ging ich bis an den Felsrand, von wo ich die Gefährten sehen konnte. Osko bemerkte mich und rief herauf: „Du bist's, Effendi? Allah sei Dank! Da steht alles gut!"

„Ja. Binde den Konakdschi los, daß er heraufklettern kann. Du steigst hinter ihm her und bringst alles mit, was ihr an Riemen oder Schüren bei euch habt. Omar mag bei den Pferden bleiben."

Nach kurzer Zeit kamen beide herauf, der Konakdschi voran. Ich nahm ihn in Empfang, indem ich ihm den Revolver zeigte.

„Ich warne dich, einen Schritt ohne meine Erlaubnis zu tun. Du wirst mir in allem augenblicklich gehorchen, sonst schieße ich dich nieder." – „Warum, Effendi?" fragte er erschrocken. „Ich bin wirklich nicht dein Feind. Ich weiß von nichts und habe mich da unten ganz ruhig verhalten." – „Keine unnützen Worte! Ich habe bereits im Treska-Konak gewußt, woran ich mit dir bin. Es ist dir nicht gelungen, mich auch nur einen Augenblick zu täuschen. Jetzt hat das Spiel ein Ende. Vorwärts!" – Wir gingen bis zu der Bastei, wo Halef bei den beiden Gefangenen stand. Barud el Amasat war bei Besinnung. Als Dschemal die zwei erblickte, stieß er einen Ruf des Schreckens aus. – „Nun, ist das Junak oder nicht?" fragte ich ihn. „Allah! Er ist es!" antwortete er. „Wie ist er hierher gekommen?"

„Ganz so wie du; er ist da vorn heraufgestiegen. Nimm Barud el Amasat auf, und trage ihn! Junak ist nicht an den Füßen gefesselt, er kann uns folgen. Vorwärts!" – Die Schurken mußten uns zu Bybar und Suef folgen. Die Blicke, die da gewechselt wurden, waren mehr als sprechend; ein Wort aber ließ keiner fallen.

Osko hatte einige Riemen mitgebracht. Außerdem zogen wir Barud el Amasat den Kaftan aus und schnitten ihn mit dem Messer in lange Streifen, die wir zu Stricken drehten, um Barud und Junak damit zu binden. Sodann verfügten wir uns zu Sandar, der soeben die Augen geöffnet zu haben schien. Er schnaufte wie ein wildes Tier und bäumte sich gegen seine Fesseln auf. – „Sei ruhig, mein Liebling!" lachte Halef. „Wen wir einmal haben, den haben wir fest."

Auch dieser Aladschy wurde dahin geschafft, wo sich die andern befanden. Die Bäume standen nahe beieinander, und die Gefangenen wurden so an die Stämme befestigt, daß sie sich unmöglich losmachen konnten. Der Konakdschi, der bis dahin ohne Fesseln gewesen war, um die andern tragen zu können, kam zuletzt an die Reihe.

Nun nahmen wir den Überwältigten die Knebel ab, damit sie reden konnten; aber sie zogen es vor, sich stumm zu verhalten. Ich sah, daß Halef eine Feiermiene annahm, um ihnen eine Strafpredigt zu halten, kam ihm aber mit der Weisung zuvor, alle Waffen der Gefangenen herbeizuholen. Sie bildeten zusammen eine stattliche Sammlung. – „Diese Waffen sollten benutzt werden, uns zu töten", sagte ich. „Jetzt sind sie unsre rechtmäßige Beute, mit der wir nach Belieben schalten dürfen. Wir werden sie vernichten. Schlagt die Kolben von den Flinten und Pistolen, und haut mit den Beilen die Läufe krumm!" – Niemand war schneller dazu bereit als Halef. Die

Messer wurden zerbrochen, und endlich machte ich mit meinem Heiduckenbeil die Tschakane der beiden Aladschy unbrauchbar. Es waren unbeschreibliche Gesichter, mit denen die bisherigen Besitzer dieser Waffen der Zerstörung zusahen. Sie schwiegen aber auch da, und nur Junak zeterte, als seine Flinte zerbrochen wurde:

„Halt! Die gehört ja mir!" – „Jetzt nicht mehr", entgegnete Halef. „Aber ich bin doch euer Freund!" – „Und zwar der beste, den wir haben. Sei nur ohne Sorgen! Das Versprechen, das unser Effendi dir gab, wird gehalten." – Und nun wendete der Hadschi sich mit einer Miene an die andern, die mich abermals vermuten ließ, daß er im Begriff stehe, eine seiner berühmten Reden zu halten. Ich winkte ihm, mir zu folgen und entfernte mich aus dem Gesichtskreis der Gefangenen. – „Sihdi, warum soll ich nicht zu ihnen sprechen?" fragte er. – „Weil es keinen Zweck hat. Wenn wir gehen, ohne ein Wort zu sagen, lassen wir sie in größerer Angst zurück, als wenn wir eine große Rede halten." – „Ah so! Wir gehen?"

„Und kehren nicht zurück." – „Allah! Das ist stark! Soll ich mir nicht einmal das Vergnügen machen, ihnen zu sagen, wofür ich diese Menschen halte?" – „Das wissen sie bereits." – „Sollen sie denn hier oben verhungern oder verschmachten? Sie können sich nicht selbst befreien. Und übrigens hast du Junak versprochen, daß er losgebunden werden soll! Willst du dein Wort nicht halten?"

„Doch! Habe nur keine Sorge! Der Köhler weiß sicher, wo sie sich befinden, und wird baldigst bemüht sein, sie aus ihrer Lage zu befreien." – „Reiten wir zu ihm?" – „Ja. Kommt nur!"

„Nur noch einen Augenblick, Sihdi! Ein Wort wenigstens muß ich ihnen sagen, sonst bringt es mich um." – Er eilte zu den Gefangenen zurück, und ich folgte ihm, um zu verhindern, daß er etwa eine Dummheit mache. Er stellte sich vor sie hin, warf sich in die Brust und sagte:

„Ich habe euch im Namen des Effendi und in meinem eigenen zu verkünden, daß wir, bevor ihr festgenommen und hier angebunden wurdet, drei Okka[1] Pulver unter diese beiden Bäume vergraben haben. Die lange Lunte liegt dabei, und wir werden sie, sobald es uns nachher gefällt, von weitem und ohne daß ihr es seht, anbrennen. Dann werden eure Glieder in alle Winde fliegen und niemand wird darüber größere Freude haben als ich, der ich bin der berühmte Hadschi Halef Omar Ben Hadschi Abul Abbas Ibn Hadschi Dawuhd al Gossarah!" – Als er auf diese Weise seinem Herzen Luft gemacht hatte, kam er zurück und fragte: „War das nicht gut, Sihdi? Welche Angst werden die Wichte nun ausstehen, da sie glauben, auf einer Pulvermine zu sitzen, die jeden Augenblick loskrachen kann."

„Nun, dein Mittel, diese Männer zu peinigen, ist nicht sehr geistreich ausgedacht. Mögen sie glauben oder nicht, daß du die Wahrheit gesagt hast: die Ungewißheit, in der sie sich befinden, ist auch schon ein Strafe für sie." – „Sie werden es glauben; ich bin überzeugt."

„Wenn wir die Leute des Schut töten wollen, können wir es billiger haben, als mit Verschwendung einer solchen Menge Pulvers, das in dieser Gegend so selten ist. Ich bedaure sie, falls sie glauben, daß wir

[1] 1 Okka = 1,236 kg

drei Okka Pulver bei uns tragen." – Wir stiegen zu Omar hinab, der die Pferde bewachte. Dort nahm ich dem Tier des Konakdschi den Sattel und das Zaumzeug ab, warf beides zur Erde und jagte den Gaul in der Richtung fort, woher wir gekommen waren. Es lag nicht in meiner Absicht, dieses Pferd mitzunehmen. Ich mußte es sich selbst überlassen, und da war es besser, wenn es ganz ledig war. Dadurch war der Möglichkeit vorgebeugt, daß es sich mit dem Zügel oder mit den Bügeln im Wald verfing und infolgedessen elend zugrunde ging.

Nun stiegen wir auf unsre Pferde und erreichten bald die Stelle, wo Manach el Barscha lag. Sein zerschmetterter Körper bot einen schauderhaften Anblick. Wir stiegen nicht ab, denn die Leiche zu betrachten hatte keinen Zweck. Unsre Pferde konnten nur schwer dazu gebracht werden, darüber hinwegzutreten.

„Das war ein ernstes Gericht", sagte Halef, indem er das Gesicht abwendete. „Allahs Hand trifft alle Gottlosen, den einen früher, den andern später, und doch wollen sie sich nicht bessern. Fort von dieser schrecklichen Stelle!" – Er drängte sein Pferd rascher vorwärts, und wir folgten ihm schweigend. – Die Wände der Schlucht wurden immer höher und rückten so eng zusammen wie vorher. Das hatte etwas unsäglich Bedrückendes; diese Gesteinsmasse führte mit vollem Recht den Namen Teufelsfelsen. – Nachdem wir wohl eine Viertelstunde geritten waren, öffnete sich die Schlucht auf ein rundes, weites Tal, bei dessen Anblick ich unwillkürlich den Rappen anhielt. Es hatte die Gestalt einer tiefen Schüssel, deren Boden einen Durchmesser von fast einer Stunde haben mochte. Aber wie sah es in dieser Schüssel aus! – Die Ränder stiegen rundum felsig und ziemlich steil empor. Da, wo Pflanzen hatten Wurzeln fassen können, standen mehrhundertjährige Nadelbäume, gegen deren Dunkel das Grün riesiger Laubhölzer lebhaft abstach. Nach Süden und nach Westen schien das Tal einen ziemlich breiten Ausgang zu haben. Die Sohle war mit Felstrümmern fast ganz bedeckt, Trümmer von der Größe eines mehrstöckigen Palastes bis zum faustgroßen Stein herab. Über diese Felsen breitete sich ein schimmernder Überzug von allerlei Gerank, und dazwischen hatte üppiges Gebüsch allen Raum so in Besitz genommen, daß ein Hindurchkommen nicht denkbar zu sein schien.

Hier hatte ein Erdbeben das Gestein zerschüttelt, oder hatte sich ein unterirdischer See hier befunden, dessen Felsdecke plötzlich eingebrochen war? Das Tal hatte das Aussehen, als sei es einmal von einer solchen Decke überwölbt gewesen, die von der Faust des Teufels zerschlagen wurde. – Von da aus, wo wir hielten, führten Spuren nach rechts, längs der Talwand hin. Wir folgten ihnen. Das war die Richtung, von der Junak gesprochen hatte. Lange spähte ich vergeblich nach den Meilern aus, die hier vorhanden sein sollten. Endlich sah ich über dem Gebüsch die Luft im Sonnenglanz zittern. Das war das Anzeichen von Feuern, die keinen Rauch verbreiteten.

„Dort muß die Wohnung des Köhlers Scharka liegen", sagte ich. „Es scheint kaum fünf Minuten bis dahin zu sein. Am liebsten möchte ich vorher Umschau halten. Reitet hier in die Büsche und wartet auf mich!" – Ich übergab Halef mein Pferd und die Gewehre und ging

97

zu Fuß weiter. Nach kurzer Zeit gelangte ich an den Rand eines freien Platzes, dessen Boden von Kohlenstaub schwarz gefärbt war. Ein roh aus Stein aufgeführtes Häuschen stand auf seiner Mitte, und rundum erblickte ich brennende oder Spuren abgebrannter Meiler.

Einer dieser kegelförmigen Haufen, der größte von allen, stand rechts vor mir am Rand der Lichtung und ganz an den Felsen der hier senkrecht aufsteigenden Talwand gelehnt. Das wunderte mich. Aber noch merkwürdiger erschien mir dieser Meiler, als ich den Blick erhob und über den dichten Wipfeln der Schwarzhölzer die gewaltige Krone einer riesigen Eiche ragen sah. Ich schaute rundum und entdeckte keinen zweiten Baum dieser Art. Sollte das die hohle Eiche sein, durch deren Inneres der heimliche Weg in die Höhle führte? Dann war es leicht möglich, daß der senkrecht unter ihr stehende Meiler zu dieser Höhle in irgendwelcher Beziehung stand.

In seiner Nähe war aus Steinen ein von Moos überzogener Sitz gebaut, auf dem zwei Männer saßen, die Tabak rauchten und sich angelegentlich zu unterhalten schienen. Einer der Männer war städtisch gekleidet. Sein Anzug paßte nicht in diese Umgebung. Der untersetzten, schmutzig und ärmlich gekleideten Gestalt des andern sah man es an, daß er entweder der Köhler selbst oder einer seiner Gehilfen war. Was wollte der beinahe vornehm gekleidete Mann von dem rußigen Kohlenbrenner? Sie sprachen zueinander wie Leute, die miteinander vertraut sind. Jenseits des Meilers hielt ein gesatteltes Pferd, das die Blätter vom Buschwerk knabberte. Der Rand des Gebüschs, an dem ich stand, zog sich bis zum Meiler und noch weiter hin und berührte auch die Bank, sie mit den längst verblühten Zweigen eines Goldregenstrauches beschattend. Wie, wenn ich es versuchte, heimlich hinter die Bank zu kommen? Es konnte nicht allzu schwer sein. Vielleicht war da etwas Wichtiges zu hören.

Darum kehrte ich einige Schritte zurück und huschte zwischen den Büschen in die Richtung der Bank. Das war freilich nicht so leicht, wie ich dachte. Die Sträucher standen dicht beisammen; ich mußte, um mich nicht durch die Bewegung der Äste zu verraten, oft auf dem Boden kriechen. – Als ich dann die Felswand erreichte, fand ich zu meiner Überraschung einen leidlich ausgetretenen Pfad, der von der Höhe herabzukommen schien. Sollte dieser Weg vielleicht zur Eiche führen? Ich folgte ihm in entgegengesetzter Richtung, und sah mich bald vor dem Meiler, da, wo sein unterer Teil so an den Felsen stieß, daß er aus dem Gestein herausgewachsen zu sein schien. Der Pfad hörte sonderbarerweise am Fuß des Meilers wie abgeschnitten auf. Das gab mir zu denken.

Diesen Meiler vor mir, die Felswand zur Rechten, hörte ich zu meiner Linken die Stimmen der beiden Männer. Die Bank war durch ein schmales Buschwerk vom Weg, von dem Felsen und von meinem Standort getrennt. Ich legte mich auf den Boden nieder und kroch zwischen den Büschen hindurch, bis ich den Goldregen erreichte.

Jetzt befand ich mich so nahe hinter der Bank, daß ich sie fast mit der Hand zu erreichen vermochte, konnte aber nicht gesehen werden, weil das Laubwerk einen dichten Schleier bildete. Der Städter führte soeben das Wort. Er hatte etwas Kurzes und Befehlendes in seiner Ausdrucksweise. Als ich mich zurechtgelegt hatte, hörte ich ihn sagen: „Das ist eine seltsame Geschichte. Ein Alaman verfolgt den Mübarek, die Aladschy und ihre Begleiter. Er läßt kein Auge von ihnen und gibt ihnen keine Ruhe bei Tag und Nacht. Weshalb?"

„Das weiß ich nicht", erwiderte der Köhler. – „Und jetzt lauern sie ihm in der Schlucht auf? Wird er wirklich kommen? Wird es gelingen?" – „Auf jeden Fall. Die Feinde können nicht vorüber, ohne getötet zu werden. Junak, der die Nachricht brachte, daß sie kommen werden, hat sich zu den übrigen gesellt. Das sind mit Dschemal sieben Mann gegen vier, und die vier sind noch dazu ahnungslos."

„Nach allem, was du mir von den vieren jetzt erzählt hast, sind sie aber nicht zu unterschätzen. Wie nun, wenn sie beim ersten Anzeichen eines Überfalls ihre Pferde wenden und fliehen?"

„Das erste Anzeichen des Überfalls wird schon ihr Tod sein. Die Aladschy verfehlen ihr Ziel niemals, wenn sie die Tschakane werfen. Und zu fliehen fällt diesen Fremden nicht ein; sie sind zu kühn dazu."

„Nun, mag es gelingen! Ich will es wünschen. Und wenn das Pferd dieses Deutschen wirklich ein solches Prachttier ist, wie du sagst, so wird der Schut noch ein schönes Bakschisch dafür bezahlen. Es ist gut, daß ich mich bei dieser Gelegenheit hier eingefunden habe; da kann ich das Pferd gleich in Empfang nehmen und es ihm nach Rugova bringen." – Beinahe hätte ich mich vor Freude verraten, als ich diesen Ortsnamen hörte. Ich machte unwillkürlich eine Bewegung, so daß die Blätter raschelten. Glücklicherweise aber achteten die beiden nicht darauf. Also in Rugova wohnte der Schut! War er dann aber auch der Pferdehändler Kara Nirwan? Diese Frage wurde mir sofort beantwortet, denn der Sprecher fügte hinzu: „Solche Pferde können wir brauchen, denn Kara Nirwan hat einen Einfall über die serbische Grenze beschlossen und zieht zu diesem Zweck eine Anzahl tapfrer Männer bei Pristina zusammen, die gut beritten sein müssen. Er selbst will sie anführen, und so muß ihm dieser Prachthengst überaus willkommen sein." – „Einen Einfall im großen? Ist das nicht gefährlich?"

„Nicht so sehr, wie es den Anschein hat. Jetzt gärt es überall. Man spricht nicht mehr von Räubern, sondern von Patrioten. Das Handwerk hat den politischen Turban aufgesetzt. Wer nach dem Besitz andrer trachtet, der gibt vor, sein Volk frei und unabhängig machen zu wollen. Doch ich bin nicht gekommen, um mit dir über diese Angelegenheit zu sprechen, sondern ich habe einen Auftrag des Schut auszurichten. Ist die Höhle jetzt leer?" – „Ja." – „Und du hast auch für die nächste Zeit keinen Bewohner des geheimen Kerkers zu erwarten?" – „Nein. Eigentlich war beabsichtigt, diesen Alaman mit seinen drei Begleitern hineinzulocken; aber das ist nicht mehr nötig, da sie jetzt am Teufelsfelsen getötet werden. Und wenn wir es getan hätten, so wäre die Sache in zwei Stunden vorüber gewesen. Ich hätte den Meiler da hinter uns angebrannt; der Rauch wäre in die Höhle geströmt und sie hätten ersticken müssen." – „Der Rauch bleibt aber wohl solange darin, daß tagelang niemand hinein kann?"

„O nein. Er zieht oben durch die hohle Eiche ab. Wenn ich die

Tür hier unten öffne, entsteht ein so wirksamer Zug, daß bereits nach einigen Stunden keine Spur von Rauch mehr zu bemerken ist."

„Das ist ja prächtig eingerichtet! Also du brauchst die Höhle auf keinen Fall?" - „Nein." - „Das wird dem Schut lieb sein. Wir haben nämlich einen Fremden geangelt, der hier untergebracht werden soll, um sich dann loszukaufen." - „Wieder einmal? Ist denn bei euch im Karaul kein Platz?" - „Nein. Da steckt jetzt neben dem andern, von dem du weißt, ein Kaufmann aus Skutari, der durch Hamd el Amasat in unsre Hände geliefert wurde. Seine Familie wird nachkommen, so daß er uns sein ganzes Vermögen lassen wird. Hamd el Amasat hat die Familie bereits früher gekannt, und es ist ein Meisterstück von ihm, sich dieses Kaufmanns bemächtigt zu haben." - Was ich da hörte, war unbezahlbar. Hier an dem alten Meiler erfuhr ich alles, wonach ich bisher vergeblich gefahndet hatte! Also der Schut war wirklich jener persische Pferdehändler Kara Nirwan und wohnte in Rugova. Dort gab es einen Karaul, also einen alten Wachtturm, in dem ein Kaufmann aus Skutari, jedenfalls Galingré, gefangen saß, damit ihm sein ganzes Vermögen abgenommen werden könne. Und seine Verwandten sollten nachkommen, jedenfalls durch eine teuflische List herbeigelockt. Und ein Einfall nach Serbien war geplant, wobei der Schut meinen Rih reiten sollte! Zum Glück befand sich der Hengst noch in meinem Besitz, und ich spürte gar keine Lust, ihn nur hergeben und mich töten zu lassen. - Weiter kam ich in meinen Betrachtungen nicht, denn ich vernahm eine Kunde, die meine größte Aufmerksamkeit in Anspruch nahm. Der Köhler fragte nämlich:

„Lohnt es sich auch, den Mann hier bei mir aufzunehmen, den ihr mir schicken wollt?" - „Gewiß. Er scheint ungeheuer reich zu sein."

„Du nanntest ihn einen Fremden. So wohnt er wohl nicht hier im Land der Arnauten?" - „Nein, er ist ein Inglis." - „Ah, die sind freilich meist reich. Habt ihr ihn schon in eurer Gewalt?" - „Noch nicht, aber der Inglis ist uns sicher. Er wohnt im Han zu Rugova und scheint dort auf jemand zu warten, der aber nicht kommen will. Er ist mit gemieteten Pferden und Dienern gekommen und hat sogar einen Dragoman bei sich, dem er täglich dreißig Piaster und alle seine Bedürfnisse bezahlt. Dieser Mensch ist eine lächerliche Gestalt. Er ist sehr lang und dürr, trägt zwei blaue Fenster vor den Augen, hat einen Mund wie ein Köpek balyghy[1] und eine Nase, die jeder Beschreibung spottet. Sie ist enorm lang und wie ein Chyjar[2] gestaltet und scheint überdies vor kurzem mit einem Haleb tschibani[3] behaftet gewesen zu sein. Er lebt wie ein Großsultan, und niemand kann ihm die Speisen kostbar genug zubereiten. Wenn er seinen Beutel öffnet, sieht man nur Goldstücke flimmern; dennoch kleidet er sich wie ein Spaßmacher in den Schattenspielen. Sein Anzug ist ganz grau, und auf dem Kopf hat er einen grauen Hut, der so hoch ist wie das Minareh der Omajjaden-Moschee zu Damaskus." - Als ich das hörte, war es mir, als hätte mir jemand einen Schlag ins Gesicht versetzt. Diese Beschreibung paßte ganz genau auf meinen englischen Freund David Lindsay, von dem ich mich vor kurzem in Konstantinopel verabschiedet hatte, und der

[1] Haifisch [2] Gurke [3] Aleppobeule

mir bei dieser Gelegenheit sagte, daß er in einigen Monaten in Altengland sein werde. – Alles stimmte: der Anzug, der Reichtum, die blaue Brille, der breite Mund, die gewaltige Nase. Er mußte es sein! In Gedanken berechnete ich, ob es möglich wäre, daß er sich jetzt im Land der Skipetaren, in Rugova, befinden könne. Ja, es war möglich, wenn er kurz nach mir Stambul zu Schiff verlassen hatte und in Alessio oder Antivari ans Land gestiegen war. – „Trotz seiner Lächerlichkeit ist er eine fette Beute", fuhr inzwischen der Sprecher fort, „vielleicht die reichste, die wir jemals gemacht haben. Heut abend wird er festgenommen und in den Karaul gesteckt. Sofort nach meiner Rückkehr aber werden wir ihn auf Umwegen, wo niemand uns begegnen kann, her zu dir schaffen. Du magst dich auf seine Ankunft vorbereiten." – „So!" brummte der Köhler. „Heut abend nimmt man ihn gefangen. Wenn du heute wieder von hier aufbrichst, bist du früh in Rugova, denn du kennst ja die Wege. Der Karaul liegt so einsam, daß ihr mit dem Inglis, obwohl es Tag ist, sogleich aufbrechen könnt, ohne gesehen zu werden, und so kann er schon am Abend bei mir eintreffen. Aber sag, kann sich dieser Mann denn auch verständlich machen?" – „Leider nicht; darum hat er ja einen Dolmetscher bei sich." – „Das ist unangenehm. Ich befasse mich nur ungern mit dieser Sache, aber ich muß dem Schut gehorchen. Wenn der Inglis weder Türkisch noch Albanisch versteht, wird er mir wahrscheinlich große Verlegenheiten bereiten. Ich hoffe, daß der Schut in Rücksicht darauf den Lohn bemißt, den ich dafür erhalte." – „Du wirst zufrieden sein. Du weißt ja, daß unser Anführer niemals geizt, wenn es gilt, für geleistete Dienste erkenntlich zu sein. Diese Sache ist also abgemacht. Ich werde morgen jedenfalls noch vor Abend hier eintreffen und nicht nur den Engländer, sondern auch den Dolmetscher mitbringen. Es kann nicht schwer sein, auch ihn festzunehmen, und dir wird durch seine Anwesenheit die Behandlung des Gefangenen erleichtert."

„Wie ist der Fremde zu benennen? Wie lautet sein Name?"

„Was er ist, weiß ich nicht. Er hat einen Titel, der wie ‚Sörr' ausgesprochen wird, und sein Name ist auch ein fremdes Wort, das ich noch nie gehört habe und auch nicht verstehe. Es klingt wie Lin-seh. merke es dir!" – Jetzt war über die Person des Engländers kein Zweifel möglich. Es handelte sich wirklich um meinen alten, guten, wenn auch etwas sonderbaren David Lindsay. Mit dem Titel war auch das englische Wort ‹Sir›, gemeint. – Aus welchem Grund befand sich der Englishman in Rugova? Was hatte ihn veranlaßt, von Konstantinopel aufzubrechen und in solcher Eile nach Albanien zu kommen? Ich konnte es nicht begreifen. Der Städter fuhr nach einer kurzen Pause fort: „Nach dem, was ich von dir hörte, müßte der Überfall auf den Deutschen nun längst geschehen sein. Es beunruhigt mich, daß die Aladschy und ihre Gefährten noch nicht hier sind." – „Vielleicht ist der Alaman später aufgebrochen, als Junak meinte. Als Junak von seiner Hütte fortschlich, haben die Fremden noch geschlafen. Bei den Anstrengungen der letzten Tage ist es kein Wunder, wenn sie ermüdet waren. Übrigens hat Dschemal den Auftrag erhalten, dafür zu sorgen, daß sie nicht allzu schnell reiten, und so ist es leicht zu erklären, daß sie noch nicht eingetroffen sind." – „Mir aber macht diese Verspätung Sorgen, Scharka. Am liebsten möchte ich zum Teufelsfelsen, um nachzusehen, wie es dort steht." – „Das darfst du nicht; du könntest dadurch die ganze Sache verderben und grad in dem Augenblick dort anlangen, in dem die Fremden die betrffende Stelle erreichen. Dein Erscheinen würde vielleicht ihren Verdacht erwecken. Nein, bleib hier! Wir haben noch Zeit. Es ist gar nicht möglich, daß der Streich mißlingt." – „Gut, so will ich mich gedulden. Inzwischen kannst du mir die Höhle zeigen." – Beide erhoben sich von der Bank. Da ich vermutete, daß der heimliche Eingang zur Höhle in irgendwelcher Beziehung zu dem Meiler stehe, neben dem ich lag, hielt ich es für ratsam, mich schleunigst zu entfernen. Ich kroch darum leise bis auf den Pfad zurück und eilte dann zu der Stelle, wo sich die Gefährten in den Büschen versteckt hatten. – Dort sah ich sogleich, daß Osko fehlte. Bevor ich noch fragen konnte, meldete mir Halef: „Sihdi, der Montenegriner ist fort; er wollte aber bald wiederkommen." – „Wo ist er hin?" – „Ich weiß es nicht. Kaum warst du vorhin verschwunden, so sagte er kurz und hastig: ‚Ich muß fort, bin aber in einer halben Stunde wieder da.' Und bevor wir ihn zurückzuhalten vermochten, ritt er davon." – „Wohin? In die Richtung, aus der wir gekommen sind?" – „Ja, Sihdi!" – „So weiß ich, weshalb er umgekehrt ist. Er hat eine Rache gegen Barud el Amasat, den Entführer seiner Tochter. Obgleich wir unsern Feind oft so nahe vor uns gehabt haben, daß er ihm eine Kugel hätte geben können, hat er es doch nicht getan. Vorhin, als wir auf dem Felsen die Gefangenen festbanden, war ihm Gelegenheit geboten, seine Rache auszuführen. Er hat es abermals unterlassen, weil er wohl fürchtete, daß ich ihn hindern würde, einen Mord zu begehen. Er ritt scheinbar gutwillig mit uns weiter, ist aber nun umgekehrt, um seine heimliche Absicht auszuführen. Ich bin jetzt über eine Viertelstunde fort gewesen. Während dieser Zeit hat er den Teufelsfelsen erreicht, und es ist mir wohl nicht mehr möglich, Barud zu retten. Dennoch will ich es versuchen. Mein Pferd ist schnell. In fünf Minuten bin ich dort. Bleibt hier versteckt, bis ich wiederkomme." – Ich stieg in den Sattel und ritt zurück. Für Rih genügte das Wörtchen ‚kawâm – schnell!' Kaum hatte ich es ausgesprochen, so flog er wie ein Pfeil dahin. In kaum einer Minute hatte ich die enge Schlucht erreicht. Der Rappe schoß zwischen den Felsen dahin wie ein Bolzen im Blasrohr. Noch eine Minute und noch eine – nach drei Minuten sah ich die Leiche Manach el Barschas liegen. Eben schnellte der Hengst darüber hinweg und in die mehrfach erwähnte Krümmung der Schlucht hinein, da ertönte von oben ein so entsetzlicher Schrei, daß nicht nur ich zusammenzuckte, sondern auch das Pferd vor Schreck sich mitten im Galopp so aufbäumte, daß es hintenüber geschlagen wäre, wenn ich nicht rasch mein ganzes Gewicht vorgeworfen hätte. Ich riß den Rappen auf den Hinterhufen herum und schaute empor. – Was ich da erblickte, machte mir fast das Blut in den Adern erstarren. Ich war so weit über die Krümmung hinausgekommen, daß ich die Bastei erblickte. An ihrer Kante, an der Stelle, von wo Manach el Barscha herabgestürzt war, sah ich zwei Männer miteinander ringen: Osko und Barud el Amasat. Der Gefangene war nicht mehr gefesselt und konnte sich seiner Hände und Füße frei bedienen. Sie hielten einander eng umschlungen. Jeder trachtete danach, von der Felsenkante fortzukommen und seinen Gegner über sie hinabzuschleudern. – Ich rührte mich nicht von der Stelle. Hätte ich mich auch noch so sehr beeilt, ich wäre doch zu spät gekommen. Ehe es mir gelingen konnte, emporzuklettern und dann oben den hundertfünfzig Schirtt langen Weg zurückzulegen, mußte der Kampf entschieden sein. Bis dahin lag sicher einer zerschmettert unten – vielleicht alle beide! – Das eigenmächtige Handeln Oskos geschah gegen meinen Willen. Es lag nicht in meiner Absicht, Barud el Amasat töten zu lassen; aber Oskos Leben stand mir doch höher als das seinige. Beide schwebten jetzt in gleicher Gefahr, denn der eine schien soviel Kraft und Gewandtheit zu besitzen wie der andre. Sollten beide umkommen? Nein! Einer von ihnen war unbedingt verloren, und da sollte wenigstens nicht Osko dieser eine sein. Ich sprang also aus dem Sattel und legte den Bärentöter an. Barud el Amasat sollte die Kugel bekommen. Das war freilich ein schwieriger Schuß. Beide hielten sich so eng umschlungen, daß ich diesen Schuß nur wagen konnte, weil ich meine Büchse genau kannte und mich auf mein ruhiges Blut verlassen konnte. – Ich zielte lange. Die Kugel mußte Baruds Kopf treffen. Die beiden Ringer sahen, was ich beabsichtigte. Barud gab sich die größte Mühe, mir kein Ziel zu bieten. Osko befürchtete, von mir getroffen zu werden, denn er schrie herab:

„Effendi, schieße nicht! Er muß hinab. Paß auf!" – Ich sah, daß er die Arme vom Gegner ließ. Barud trat zur Seite, um Atem zu schöpfen. Da machte auch Osko eine Seitenwendung, um Barud zwischen sich und den Abgrund zu bekommen. Er hob die Faust, als wollte er ihm einen Hieb auf den Kopf setzen. Aber das war nur eine Finte, denn als Barud beide Arme vorstreckte, um den Hieb abzuwehren, bückte sich Osko blitzschnell und stieß ihm die Faust gegen den Magen. Im gleichen Augenblick warf der Montenegriner sich zu Boden, um vom Gegner nicht erfaßt und mit hinabgerissen zu werden. Barud el Amasat taumelte zurück. wollte sich am Körper seines Feindes halten, griff aber über ihn hinweg in die Luft und stürzte herab. Er schlug neben der Leiche Manachs nieder. Ich wendete mich schaudernd ab. – Oben sprang Osko wieder auf, beugte sich vor, um den Körper Baruds zu sehen, und rief triumphierend: „Senitza ist gerächt! Dieser Mann wird niemals wieder die Tochter eines Freundes stehlen. Seine Seele fährt in einen tieferen Abgrund, als die Schlucht ist, in die sein Leib gestürzt wurde. Bleib unten, Effendi! Ich komme hinab."

„Wo sind die andern?" rief ich hinauf. – „Noch da, wo wir sie verlassen hatten. Es vermag keiner, sich zu befreien; dafür habe ich gesorgt." – Osko trat oben vom Rand zurück, und ich begab mich an den Wasserfall, wo sein Pferd stand. Nach einiger Zeit kam er herabgestiegen. Noch ehe ich meinen Verweis beginnen konnte, kam er mir zuvor: „Effendi, sprich nicht davon! Es ist geschehen und kann nicht mehr geändert werden. Ich habe meinen Grimm im stillen getragen. Dein Glaube verbietet dir die Rache; aber auf den Bergen meiner

103

Heimat herrscht das Gesetz der Vergeltung. Gott hat es gegeben, und wir müssen es befolgen." – „Nein, Gott hat es nicht gegeben", entgegnete ich. „Du bittest in deinen täglichen Gebeten, daß sein Wille geschehe und flehst um Vergebung deiner Schuld, wie auch du den Schuldigen vergeben willst. Kann es da Gottes Wille sein, daß du ihm das Richteramt nimmst? Barud el Amasat hatte dir die Tochter geraubt, aber er hat sie nicht getötet. Selbst wenn du glaubtest, berechtigt zu sein, Gleiches mit Gleichem zu vergelten, durftest du ihm nicht das Leben nehmen."

„Ja, Barud el Amasat hat Senitza nicht getötet, aber er verkaufte sie als Sklavin, und was sie in Ägypten erduldet hat, weißt du besser als ich, da du es warst, der sie befreite. Das war viel schlimmer, als ob er sie ermordet hätte! Und dazu kommt das Leid, das er mir und Isla Ben Maflei bereitet hat. Ich habe sie in allen Ländern des Islams vergebens gesucht. Ihr Entführer hat den Tod verdient, und er hat ihn schnell gefunden. Die wenigen Augenblicke der Todesangst, die er empfunden hat, sind nichts gegen die lange Trauer, die er über uns brachte!" – „Aber einen Mord hast du doch begangen!"

„Nein, Effendi, es war kein Mord, sondern ein ehrlicher Kampf, Mann gegen Mann! Ich konnte ihn töten, als er an den Baum gefesselt war; aber ich habe ihn losgebunden und auf die Bastei geschafft. Dort befreite ich seine Arme und Beine von den Fesseln, warf meine Waffen weg und sagte ihm, die Stunde der Vergeltung sei gekommen. Ich teilte ihm mit, daß ich edelmütig sein und ihm Gelegenheit geben wolle, sich zu wehren. Ja, ich habe ihn eine Zeitlang sogar geschont. Ich bin stärker als er. Erst als ich sah, daß du schießen wolltest, wobei deine Kugel mich treffen konnte, machte ich Gebrauch von meiner Überlegenheit. Wirst du mich jetzt noch immer tadeln?"

„Ja, denn du hast hinter meinem Rücken gehandelt."

„Das mußte ich, denn ich wußte, daß du mich hindern würdest, ihn zu strafen." – „Aber indem du ihn losbandest, wirst du auch die Fesseln der andern gelockert haben." – „Nein, ich habe sie im Gegenteil fester angezogen. Es ist ihnen unmöglich, sich selbst zu befreien. Ich weiß, daß du mir zürnst; ich habe das vorausgesehen, und ich bin bereit, deinen Zorn über mich ergehen zu lassen. Aber ich habe den Schwur gehalten, den ich einst ablegte. Tu mit mir, was du willst!" – „Steig auf und komm!" entgegnete ich kurz.

Was hätte ich auch machen wollen? Der Tote war nicht wieder zum Leben zurückzurufen, und die Anschauungen, in denen der Montenegriner erzogen worden war, ließen ihm die Rache als seine heilige Pflicht erscheinen. Ich war mit ihm unzufrieden, hatte aber kein Recht, mich zum Richter seiner Tat aufzuwerfen.

So ritt ich mißmutig voran und er folgte mir schweigend. Bei den Leichen angekommen, schloß ich die Augen. Während mein Rappe mit einem weiten Satz über sie hinwegsprang, war es mir, als vernähme ich unter mir einen klagenden Laut. Dann krachte hinter mir ein Schuß. – „Was war das?" fragte ich, ohne mich umzudrehen.

„Er lebte noch", antwortete Osko. „Meine Kugel hat ein Ende gemacht. Er soll nicht länger leiden."

6. Die „Juwelenhöhle"

Nach dieser Rachetat des Montenegriners, die ich leider nicht hatte verhindern können, kehrten wir zu unsern in der Nähe der Kohlenmeiler versteckten Gefährten zurück. Sie wollten wissen, was geschehen war, und sahen uns mit fragenden Blicken entgegen, erhielten aber weder von mir noch von Osko die erwartete Auskunft. Osko war wohl innerlich zu erregt, um ein Gespräch zu beginnen, und ich glaubte, Wichtigeres vorzuhaben. – Vorhin, als ich mich zum Meiler geschlichen hatte, war mir eine Pferdespur aufgefallen, die rechts in die Büsche führte. Ich hatte sie nicht geprüft und beschloß, das jetzt nachzuholen. Es war während meiner Abwesenheit nichts Störendes vorgekommen, und so meinte ich, meine Begleiter auch noch für einige Minuten steckenlassen zu können. – Ich brauchte der Fährte nicht lange zu folgen, so sah ich die Pferde stehen. Es waren sechs Stück, dabei die beiden Schecken der Aladschy. Man hatte sie also trotz der Überzeugung, daß wir das Tal gar nicht erreichen würden, versteckt.

Nun war es aber Zeit, uns dem Köhler zu zeigen. Wir stiegen wieder auf und ritten auf seine Wohnung zu. Als wir den Rand des Gesträuchs erreichten und die Lichtung vor uns hatten, stand er mit dem Fremden vor der Tür seiner Hütte. Schon von weitem sahen wir deutlich, daß sie über unser Kommen erschraken. Sie wechselten einige hastige Worte und kamen uns dann langsam entgegen.

„Akschamlarynis chaïr olßun", grüßte ich. „Was ist das für ein Haus?" – „Das meinige", antwortete der Besitzer. „Ich bin Kohlenbrenner und heiße Scharka." – „So sind wir auf dem richtigen Weg. Erlaubst du uns, abzusteigen und ein wenig hier zu rasten?"

„Ihr seid mir willkommen. Wohin wird euch eure Reise führen?"

„Wir wollen nach Ibali reiten. Wie weit ist es noch bis dorthin?"

„In drei Stunden könnt ihr dort sein." – „Und ist der Weg schwer zu finden?" – „Sehr leicht sogar. Aber wollt ihr wirklich nach Ibali?"

„Warum sollte ich dich falsch berichten, da ich mich doch bei dir nach dem genauen Weg erkundigen will?" – Scharka machte ein verblüfftes Gesicht. Nach allem, was er über uns gehört hatte, konnte er nicht glauben, daß der angegebene Ort das Ziel unsers Ritts sei. Die Sache mußte ihm bedenklich erscheinen.

„Was wollt ihr in Ibali?" fragte er. – „Wir wollen dort nur übernachten und dann morgen weiterreiten." – „Wohin?"

„Über die Fandi-Berge nach Lesch[1], das nahe der Meeresküste liegt." – Wir waren während dieses Gesprächs abgestiegen und standen nun den beiden gegenüber. Also das war der gefährliche Köhler, bei dem ein Menschenleben gar nichts galt! Ich hatte ihn vorhin

[1] Alessio

nicht genau betrachten können. Er hatte ein rohes Bulldoggengesicht, dessen Züge zur Vorsicht mahnten. Seiner Schwester, der Kohlenhändlerin, sah er durchaus nicht ähnlich.

Der andere war das Gegenteil von ihm. Auch abgesehen von der Sauberkeit seiner Kleidung hatte er beinahe etwas Vornehmes an sich. Sein Gesicht war fast mädchenhaft weich geschnitten. Es war leicht, sich in ihm zu täuschen. – „Was befiehlst du, Effendi?" fragte Scharka weiter. „Wollt ihr etwas zu essen haben und vielleicht Wasser für die Pferde?" – „Essen werden wir nicht, aber die Pferde bedürfen eines Tranks. Ist vielleicht eine Quelle hier?" – „Ja, gleich hinter dem Haus. Erlaube, daß ich euch dorthin führe." – Das Wasser trat nahe bei der Hütte zutage und bildete vor seinem Abfluß ein kleines Becken, das sich gut zur Tränke eignete. Der Fremde war uns langsam gefolgt. Es sollte ihm wohl kein Wort unsers Gesprächs verlorengehen.

Wir nahmen den Pferden die Gebisse aus den Mäulern und ließen sie trinken. Dabei erkundigte sich der Köhler, der seine große Spannung nicht zu verbergen vermochte: „Es kommt so selten jemand in diese einsame Gegend, daß ihr es verzeihen werdet, wenn ich gern wissen will, wen ich vor mir habe." – „Dein Wunsch ist gerechtfertigt. Wir sind fremd in diesem Land und kommen von Edirne, um nach Lesch zu reiten, wie ich dir bereits sagte. Und da du nun weißt, wer wir sind, wirst du es erklärlich finden, daß wir unserseits auch erfahren wollen, wer der Effendi ist, der uns so erstaunt betrachtet."

Ich hatte nicht zu viel gesagt, denn es lag noch weit mehr als bloßes Erstaunen im Gesicht des Fremden. Sein Blick ging zwischen mir und meinem Rappen hin und her, und zwar mit einem Ausdruck, als halte er uns beide für blaue Wunder. Daß wir, vier dem Tod geweihte Männer, jetzt so heil und munter vor ihm standen, schien für seinen Verstand ein unlösbares Rätsel zu sein, obgleich er vorhin erst noch am Gelingen des Überfalls gezweifelt hatte.

„Das kannst du erfahren", erwiderte Scharka. „Dieser Effendi ist ein Alim[1] aus Dschakova, der sich, grad so wie ihr, auf Reisen befindet." – „Ein Alim! So hat er die Universität besucht, und weil auch ich ein Alim bin, freilich ein Alim meines Heimatlandes, so freue ich mich sehr, ihn kennenzulernen. Ich hoffe, mich von ihm belehren lassen zu können." – „Ja, ich bin in Stambul gewesen und habe studiert", erklärte der sogenannte Alim, „doch führe ich ungern gelehrte Gespräche." – „Warum nicht? Der Baum, der Früchte trägt, soll sie nicht für sich behalten. Sie werden ja erst dadurch nützlich, daß sie genossen werden. Wie der Baum seine Früchte nicht selbst verzehren kann, so sind auch die Früchte deines Studiums nicht für dich, sondern für andre vorhanden, denen sie zum Segen gereichen. Also du kommst aus Dschakova. Wohin wird dich dein Weg von hier aus führen?"

„Nach Köprülü." – „So hättest du über Prisren und Üsküb reiten sollen. Das ist der beste und kürzeste Weg."

„Das weiß ich wohl, aber ich bin Ilm-i ars erbabindan[2] und ritt in die Berge, um seltene Steine zu suchen." – „So! Ich habe mir das Steinesuchen als eine mühselige und schmutzige Arbeit gedacht.

[1] Gelehrter, Mehrzahl: Ulema [2] Geolog

Dein Anblick bekehrt mich zu einer andern Ansicht. Deine Wissenschaft ist eine bedeutsame. Sie läßt uns in Allahs Schöpferwerkstatt blicken. Sieh dieses Tal mit seinen Trümmern und den gewaltigen granitnen Umfassungsmauern! Welchem Dewr-i arsi[1] wird dieses Gestein wohl sein Dasein verdanken?" – Bei dieser Frage wurde sein Gesicht glühend rot. Er war weder Geologe, noch kam er aus Dschakova. Er sann und sann und brachte endlich die Antwort zum Vorschein: „Alles Wissen ist nichts vor Allahs Auge. Er hat die Steine gemacht, nicht wir. Darum sollen wir auch nicht darüber nachdenken, wie sie entstanden sind." – Seltsame Ansicht! Dann brauchte es ja keine Geologen zu geben. Der Köhler schien das zu begreifen, denn er ließ ein breites, verlegenes Lächeln sehen und beeilte sich, meine Aufmerksamkeit von den Kenntnissen des Alim abzulenken, indem er sagte: „Ihr seid fremd im Land und sucht euch doch selbst den Weg! Das ist kühn von euch. Andre würden sich einen Führer nehmen. Warum habt ihr das nicht auch getan?" – Jetzt brachte Scharka das Gespräch dahin, wo er es haben wollte. Er mußte doch erfahren, wie es gekommen war, daß wir zunächst überhaupt und dann noch dazu ohne den Konakdschi bei ihm angelangt waren.

„Eure Führer sind nicht zuverlässig", erklärte ich. – „Nicht? Wieso?" – „Wir hatten einen, der uns bis hierher bringen wollte, denn er kannte dich gut. Aber –" – „Ein Bekannter von mir?" unterbrach er mich. „Wer sollte das gewesen sein?" – „Dschemal, der Wirt des Treska-Konak." – „Denn kenne ich allerdings. Er ist ein braver und zuverlässiger Mann. Wie kommt es, daß er sich nicht bei euch befindet?" – „Er ist schändlicherweise zurückgeblieben, noch ehe wir das Ziel erreichten." – „Das wundert mich von ihm. Welchen Grund hatte er denn dazu?"

„Frage ihn selbst, wenn du ihn einmal triffst! Zwischen uns sind über diese Angelegenheit nicht viel Worte gemacht worden. Ich vermute aber, daß es eine Gesellschaft gab, die ihm lieber war als die unsrige. Zu diesen Leuten hat er sich wahrscheinlich begeben."

„Welche Leute waren das?" – „Du kennst sie jedenfalls nicht."

„Nun, ich bin mit vielen Leuten bekannt."

„Mit denen, die ich meine, wohl nicht, denn du scheinst ein braver und ehrlicher Mann zu sein. Die Betreffenden aber sind Diebe und Räuber. Es sind zwei Brüder, die Aladschy genannt werden, und es waren noch einige andre dabei." – „Aladschy?" stellte sich Scharka erstaunt. „Diesen Namen kenne ich allerdings nicht."

„Das habe ich mir gedacht." – „Um so mehr wundert es mich von meinem Bekannten, dem Konakdschi, daß er sich zu ihnen begeben hat. Er scheut alles, was gegen die Gebote des Großsultans ist."

„Wenn das bisher so war, so ist es nun anders geworden."

„Wo befinden sich denn diese Räuber?" – „Das hat Dschemal mir nicht gesagt. Vielleicht teilt er es dir mit, wenn du ihn fragst."

„So sag mir wenigstens, wo er euch verlassen hat!"

„Wer kann das genau sagen! Es war in einem Hohlweg. Wir sind aber durch so viele Täler und Schluchten gekommen, daß wir sie nicht

[1] Entstehungszeit

gezählt haben." – Scharka sah mir nachdenklich ins Gesicht. Die dumme Art meiner Antwort paßte wohl nicht zu der Vorstellung, die er sich von mir gemacht hatte. – "Wo seid ihr in der letzten Nacht geblieben?" erkundigte er sich weiter. – "Bei Junak, deinem Schwager."

"Bei dem?" rief er im Ton herzlichster Freude. "So seid ihr mir doppelt willkommen! Wie hat euch Junak gefallen?"

"Ebenso gut wie seine Frau, deine Schwester." – "Das freut mich sehr. Es sind liebe, wenn auch arme Leute. Ihr werdet bei ihnen gut aufgehoben gewesen sein?" – "Ja, es hat uns niemand etwas getan."

Er schien einen ausführlichen Bericht zu erwarten. Meine letzte Antwort war kurz und ich wendete mich von ihm ab. Trotzdem fragte er noch: "Wie kommt es aber, daß der Konakdschi euch grad zu mir führen sollte?" – "Er sollte nicht, er wollte. Er sprach von der Schönheit der Gegend, von den gewaltigen Felsen und von vielem andern." Da winkte der ‚Alim' dem Köhler heimlich zu und fragte: "Hat er euch nicht auch von der berühmten Höhle erzählt, die sich hier befindet?" – "Dschemal hat uns sogar aufgefordert, Scharka zu bitten, daß er sie uns zeigt." – "Wißt ihr, was man sich von ihr erzählt, auch das von den Juwelen?" – "Alles."

"So will ich dir gestehen, daß auch ich nur wegen dieser berühmten Höhle hierhergekommen bin. Scharka zeigt sie nicht gern; aber ich bat ihn so lange, bis er mir versprach, mich hineinzuführen. Ich glaube, er wird auch euch nicht ausschließen."

"Nun", meinte ich gleichmütig, "was man von dieser Höhle berichtet, halte ich für Märchen. Ob ich sie sehe oder nicht, ist mir gleichgültig." – "So darfst du dir's nicht denken!" fiel der ‚Alim' schnell ein. Und nun begann er eine lange Aufzählung der Herrlichkeiten, die die Höhle enthalten sollte. Scharka stimmte so eifrig ein, daß auch ein Dummkopf hätte merken müssen, es sei ihr sehnlicher Wunsch, uns diesen berühmten Ort zu zeigen. Wir waren dem letzten Hinterhalt entronnen; der Höhle aber sollten wir nicht entgehen. Der Köhler hatte ja dem andern gesagt, auf welche Weise wir dann umgebracht werden sollten. – Ich tat, als hätte ich mich überzeugen lassen, und erklärte schließlich: "Nun, wenn es wirklich so ist, will ich mir die Höhle ansehen. Wann willst du sie uns zeigen?"

"Sogleich, wenn es dir gefällig ist."

"Gut, so komm!"

Ich machte einige Schritte; aber Scharka hielt mich zurück: "Willst du sie denn allein sehen?" – "Ja. Meinen Gefährten ist nichts daran gelegen." – "Oh, grad sie werden davon aufs höchste entzückt sein!"

Und nun stellte der Köhler mir vor, welch eine Sünde ich begehen würde, wenn ich den andern nicht erlaubte, die Wunderhöhle zu betrachten. Es mußte ihm natürlich daran liegen, daß keiner zurückblieb. Wenn wir nicht alle in die Höhle gingen, war sein Plan unausführbar. – Auch jetzt tat ich, als ließe ich mich überzeugen, und gab den andern die Erlaubnis mich zu begleiten. – "Aber eure Gewehre könnt ihr nicht mitnehmen", meinte Scharka. – "Warum nicht?"

"Weil sie euch hinderlich wären. Der Eingang zur Höhle ist nicht bequem. Man muß auf dem Boden kriechen, bevor man hineingelangt."

„Gut! So lassen wir die Gewehre da. Wir hängen sie an die Sattelknöpfe." – „Auch die Messer und Pistolen!" – „Das ist doch nicht nötig."

„Sogar sehr! Wie leicht geht eine Pistole los, und wie leicht verletzt man sich mit einem Messer, wenn man auf dem Bauch kriecht und dabei die Waffen im Gürtel hat!" – „Du hast recht. Legen wir also alle unsre Waffen zu den Pferden!" – Meine Gefährten sahen mich erstaunt an, aber sie gehorchten doch meinem Wink. Meine beiden Revolver verschwanden unbemerkt in den Hosentaschen. Der Köhler warf dem ‚Gelehrten' einen triumphierenden Blick zu.

„Jetzt kommt!" forderte er uns auf. „Ich will euch den Eingang zeigen." – Scharka schritt auf den Meiler zu, und wir folgten ihm. Ich hatte also vorhin recht gehabt, als ich mir den Meiler in Verbindung mit dem Höhleneingang dachte. Jetzt wendete sich Scharka zu uns um: „Hier wird kein Mensch die Tür zur berühmten Höhle vermuten. Sie ist aber doch da. Paßt auf!" – Der Meiler sah aus wie jeder andre Meiler, ein kegelförmiger Aufbau von Hölzern, ringsum mit einer Erdschicht bedeckt. Scharka bückte sich und entfernte an einer Stelle in der Nähe des Bodens diese Schicht. Es kamen einige Bretterstücke zum Vorschein, die er auch wegnahm, und nun sahen wir eine Öffnung von der Größe, daß ein starker Mann hindurchkriechen konnte. – „Das ist der Eingang", sagte er. „Kriechen wir nun hinein!" – Er trat zurück und gab mir einen Wink, daß ich zuerst hineinkriechen sollte. – „Du bist der Führer", sagte ich. „Krieche voran!" – „Nein", wehrte er ab. „Der Vornehmste geht voran."

„Der bin ich nicht. Der Vornehmste ist dieser gelehrte Alim, der die Ilm-i ars studiert hat. Ihm gebührt also die Ehre."

„Nein, nein!" rief der gute Mann erschrocken. „Du bist viel gelehrter als ich; das habe ich bereits gemerkt. Überdies seid ihr hier fremd, und es ist Pflicht der Höflichkeit, Fremden den Vortritt zu lassen." – „Nun, so wollen wir es versuchen." – Ich bückte mich und blickte hinein. Man konnte nicht weit hineinblicken, aber es genügte mir doch, um mich auszukennen. Ich stand wieder auf und sagte enttäuscht: „Es ist ja ganz finster darin!" – „Oh, wenn wir drin sind, werde ich sogleich Licht machen", erwiderte der Köhler.

„Ach so! Was wirst du denn anzünden?" – „Kienspäne."

„Liegen denn Späne in der Höhle?" – „Ja." – Ich war überzeugt, daß er log. In einer Höhle, in der Gefangene festgehalten werden, bewahrte man keine Dinge auf, mit denen die Eingesperrten unter Umständen imstande wären, sich Licht zu machen. – „Übrigens ist das gar nicht nötig", sagte ich. „Es ist ja hier im Meiler Kien genug vorhanden, um Feuer zu machen. Hast du Feuerzeug bei dir?"

„Ja; Tschakmak, Sünger und Kükürd[1], alles was ich brauche, um die Späne anzuzünden." – „Keine Kibritlar[2]? Die sind doch viel bequemer!" – „Die sind hier kaum zu bekommen."

„So! Und doch hast du Zündhölzer!" – „Nein, Effendi, ich habe keine." – „Sonderbar! Wer muß sie da hierhergesteckt haben?"

Ich bückte mich und brachte mehrere Zündhölzer zum Vorschein, die ich vorher im Innern des Höhleneingangs zwischen dem Holz

[1] Feuerstahl, Schwamm und Schwefel   [2] Zündhölzer

hatte stecken sehen. – „Das – das – sind wirklich Kibritlar!" rief Scharka, scheinbar maßlos erstaunt. „Sollte einer meiner Knechte sie hineingesteckt haben? –" „Du hast Knechte?" – „Ja, vier. Da ich die Kohlen nicht im Wald, sondern nur hier auf diesem Platz brenne, brauche ich die Leute zum Herbeischaffen des Holzes." – „Nun, so ist der betreffende Knecht ein großer Schlaukopf, der es versteht, eine Sache so vorteilhaft wie möglich einzurichten." – „Wie meinst du das?" – „Nun, wenn wir hier hineingekrochen sind, dauert das Feuermachen mit Stahl und Schwamm so lange, daß wir inzwischen Lunte riechen und wieder herauskriechen könnten. Mit einem Streichhölzchen aber ist es augenblicklich getan." – Der Köhler erschrak, und ich bemerkte trotz seines rußigen Gesichts, daß er sich entfärbte. „Effendi", rief er, „ich verstehe dich nicht. Ich weiß nicht, was du meinst." – „Soll ich dir das wirklich erst sagen?" lachte ich. „Sieh doch, wie schön du den Eingang aus lauter Tschyragh[1] zusammengesetzt hast, das sofort brennt und einen solchen Qualm entwickelt, daß jeder, der wieder zurückkriechen wollte, augenblicklich ersticken müßte. Und dieses Holz liegt auf einer Strohunterlage, an die man das Zündholz hält. Wenn das die Herrlichkeiten sind, die wir anstaunen sollen, so bedanken wir uns sehr. Wir haben keineswegs die Absicht, uns in der Juwelenhöhle ersticken und braten zu lassen."

Scharka starrte mich einen Augenblick lang mich gedankenlos an. Dann rief er zornig: „Was fällt dir ein! Willst du mich für einen Mörder erklären? Das dulde ich nicht. Das erfordert Rache! Komm, Marko! Sie dürfen nicht zu ihren Waffen. Wir nehmen die Schurken fest!"

Er wollte fortlaufen, zu unseren Pferden hin. Der ‚Gelehrte', der jetzt Marko genannt wurde, schickte sich an, ihm zu folgen. Da zog ich die beiden Revolver, die ich heimlich in die Taschen gesteckt hatte, und gebot: „Halt! Keinen Schritt weiter, sonst schieße ich! Von solchen Halunken wie ihr, läßt man sich nicht betrügen."

Sie sahen die Läufe auf sich gerichtet und blieben stehen.

„Ich – ich – wollte nur scherzen, Effendi!" stieß der Köhler hervor. „Ich auch. Man kann einander ja auch einmal zum Spaß eine Kugel in den Leib jagen. Es ist freilich nicht jedermanns Sache; aber wenn es euch so beliebt, könnt ihr es haben." – „Es war nur Zorn über die Beleidigung! Du hast doch vorhin gesagt, daß du mich für einen guten Menschen hältst!" – „Allerdings, aber man kann sich täuschen." – „Habe ich euch nicht freundlich empfangen?" – „Ja, und dafür bin ich dir dankbar. Wegen dieses Empfangs will ich das zuletzt Geschehene vergessen; aber es ist meine Pflicht, dafür zu sorgen, daß uns, solange wir hier ausruhen, niemand gefährlich werden kann. Setzt euch dort auf die Bank! Meine Begleiter werden da auf dem Holzklotz Platz nehmen und den von euch, der Miene macht aufzustehen, ohne weiteres erschießen." – Ich winkte Osko und Omar. Sie setzten sich auf den Klotz, nachdem sie vorher ihre Waffe geholt hatten. Der Klotz lag ungefähr zwanzig Schritte von der Bank entfernt. Die beiden konnten also den Köhler und den ‚Alim' mit ihren Flinten leicht in Schach halten. Den beiden hingegen war es möglich,

[1] Kierrholz

sich miteinander zu unterhalten, ohne von den Aufpassern gehört zu werden. Das bezweckte ich. – „Effendi, das haben wir nicht verdient", murrte Scharka. „Du trittst ja wie ein Räuber auf!"

„Nicht ohne Grund. Das weißt du am besten." – „Ich kenne keinen Grund. Daß ich zornig gewesen bin, darf dich nicht wundern. Nun soll ich hier vor den Mündungen der Gewehre sitzen, auf meinem eigenen Grund und Boden? Das ist mir noch nicht vorgekommen!"

„Es wird nicht lange dauern. Wir werden bald aufbrechen. Hoffentlich machst du deinen Fehler dadurch gut, daß du uns den besten Weg nach Ibali beschreibst." – Seine Augenlider zuckten leise. Der Köhler konnte sich doch nicht ganz beherrschen und die Freude verbergen, die er bei meiner Frage empfand. – „Du wirst bemerken, daß dieses Tal zwei Ausgänge hat, einen nach Süden und einen nach Westen. Dem westlichen müßt ihr folgen. Ihr kommt dann wieder in ein Tal, das viel länger und breiter ist als dieses hier. Da gibt es Wagengleise, die vom Fuhrwerk Junaks stammen. Ihr folgt ihnen, bis ihr an eine Höhe gelangt, die sich euch quer in den Weg legt. Dort teilen sich die Gleise. Rechts dürft ihr nicht reiten, sondern links, denn das ist die Richtung nach Ibali." – „Und wohin führt rechts der Weg?" – „Über den Schwarzen Drin nach Kolastschin. Weiter brauche ich euch die Gegend nicht zu beschreiben, denn wenn ihr diesem linken Gleis immer folgt, kommt ihr auf die erwähnte Höhe und seht von da oben Ibali unten liegen."

„Schön! Und nun kannst du mir noch einen Gefallen tun. Ich möchte mir für kurze Zeit etwas von dir borgen." – „Was, Effendi?"

„Ein kleines Gefäß, in das ich einige schwarze Ssümüklü bödschekler[1] tun kann." – „Ssümüklü bödschekler?" fragte er erstaunt.

„Ja, ich habe gesehn, daß es hier im Tal solche Tiere gibt."

„Es gibt hier sogar viele; aber wozu brauchst du sie?" – „Mein Pferd leidet an einer kleinen Verschlagung, und du wirst wissen, daß die Schnecken ein gutes Mittel gegen dieses Übel sind."

„Ja, das ist wahr. Man muß dem kranken Pferd die Nüstern mit dem Schleim der Schnecken bestreichen. Doch das allein hilft noch nicht. Es gehört auch das Kraut der Nane[2] dazu, das man dem Pferd zu fressen gibt." – „Das weiß ich wohl. Ich werde versuchen, diese Pflanze zu finden. Also, du hast ein Gefäß?"

„Ja, im Haus steht ein kleiner, eiserner Topf; den magst du nehmen. Du wirst ihn in der Nähe des Herdes stehen sehen." – Scharka tat jetzt recht gefällig. Ich ging ins Haus und fand den kleinen Topf. Als ich wieder herauskam, bat ich Halef leise, den Bärenspeck zu sich zu stecken. Der Hadschi sollte mit mir gehen. – „Also ich werde mich jetzt für kurze Zeit mit meinem Begleiter entfernen", warnte ich den Köhler. „Versuche ja nicht, diese Bank zu verlassen! Auch wenn deine Knechte kämen, könnten sie dich nicht unterstützen denn sie würden Gefahr laufen, selbst erschossen zu werden. Ich habe die geladenen Gewehre gesehen, die in deiner Stube hängen. Die beiden Wächter werden jedem eine Kugel geben, der Miene macht das Haus zu betreten." – Wir ließen unsre Gewehre bei Osko und Omar

[1] Schnecken [2] Minze, Mentha

liegen; nur die Revolver, Pistolen und Messer nahmen wir mit. Dann entfernten wir uns der Mitte des Tals zu, entgegengesetzt der Richtung, die eigentlich in meiner Absicht lag. — "Willst du wirklich Schnecken und Minze suchen, Sihdi?" fragte mich Halef.

"Fällt mir gar nicht ein!" — "Warum schleppst du diesen Topf mit?" — "Er soll uns als Leuchter dienen. Wir untersuchen die Höhle." "Ah! Da sollten wir aber doch dort durch den Meiler kriechen." "Nein. Wir steigen durch die Rieseneiche da oben. Der Köhler darf keine Ahnung haben, daß wir die Höhle besichtigen wollen."

"Kennst du den Weg?" — "Ich denke, ja. Komm schnell, damit wir keine Zeit verlieren. Ich will die beiden Schurken zuvor belauschen. Jetzt in den ersten Minuten des Alleinseins werden sie sich unterhalten. Den Weg nach Ibali hat uns der Köhler mit Vorbedacht empfohlen. Ibali liegt westlich von hier. Dorthin führt die Talöffnung. Das Gleis, dem wir folgen sollen, zieht vermutlich rechts nach Kolastschin, wie der Köhler sagte, und dieser Richtung werden wir folgen, denn da geht es nach Rugova, wohin ich will. Das links abzweigende Gleis würde uns wahrscheinlich in eine Falle bringen, die er uns stellen will. Ich habe es am Zwinkern seiner Augen gesehen. Dieser Mensch soll uns nicht betrügen." — Jetzt waren wir dem Köhler und Marko aus den Augen und konnten links abbiegen. Da stand ein alter, urwüchsig gebauter Wagen, an dem sich fast keine Eisenteile befanden. Das war wohl der Kohlenkarren, von dem der Kohlenhändler gesprochen hatte. — Nun drängten wir uns durch die Büsche und kehrten in die Nähe unseres Ausgangspunktes, des Meilers zurück. Dort führte ich Halef den erwähnten schmalen Pfad, der sich zwischen den Büschen und der Felswand hinzog, und hieß ihn auf mich warten. Ich schlich bis zum Meiler, wo ich schon vorher gewesen war, und lauschte. Ja, die beiden auf der Bank sprachen so leise miteinander, daß ich nichts deutlich hören konnte. Ich wiederholte meinen vorigen Versuch, indem ich leise bis unter den Goldregen kroch, und nun konnte ich ihre Worte besser vernehmen. Leider hatte ich vielleicht die Hauptsache versäumt, doch das Erlauschte war immerhin von Wichtigkeit für mich; denn als ich in meinem Versteck gemächlich eingerichtet hatte, hörte ich Marko sagen: "Und wie kamst du auf den Gedanken, sie nach Westen zu weisen? Dahin muß ich ja auch."

"Natürlich mußt du hin, und ich begleite dich. Meine Knechte gehen auch mit, denn du kennst die Örtlichkeit nicht. Das Gleis, das ich ihnen als das richtige bezeichnet habe, führt sie in eine lange Schlucht, die keinen Ausgang hat." — "So kehren sie einfach um."

"Allerdings; aber dann sind wir auch schon dort. Es ist ein Weg, den wir ausgefahren haben, um Meilerholz herbeizuschaffen. Wenn unsre Feinde ihm von da an, wo er in die Schlucht abbiegt, eine halbe Stunde folgen, halten sie vor einer Felswand, an deren Fuß sich ein tiefer Teich gebildet hat. Sie müssen zurück und brauchen wieder eine halbe Stunde, um aus der Schlucht zu kommen. Das gibt uns mehr als genug Zeit, ihnen zu folgen und uns an einem geeigneten Ort zu verstecken. Von da aus schießen wir sie nieder." — "Das könnten wir vielleicht schon hier tun, noch bevor sie aufbrechen." — "Nein. Wenn nur ein einziger von ihnen entkommt, ist alles verraten. Sobald sie sich entfernt haben, gebe ich meinen Knechten ein Zeichen. Sie brauchen kaum fünf Minuten, um bei uns zu sein. Wir besteigen die Pferde der Aladschy und der andern und folgen diesen Wichten auf den Fersen. Gewehre habe ich genug. Schade, daß dieser Deutsche sie sehen mußte! Daran hatte ich freilich nicht gedacht, als ich ihn ins Haus schickte." – „Ich weiß überhaupt nicht, was ich von ihm denken soll", brummte Marko. – „Ich werde auch nicht klug aus ihm."

„Einmal macht er ein dummes Gesicht und redet wie ein Alberner, und dann wieder hat er das Aussehen eines Mannes, vor dem man sich nicht genug hüten kann. Aber siehst du, daß ich recht hatte! Der Überfall ist mißlungen." – „Das kann ich nicht begreifen. Selbst wenn der Konakdschi so dumm gewesen ist, die Fremden zu verlassen, sind sie doch durch die Schlucht des Teufels gekommen, wo sie von unsern Freunden bemerkt werden mußten. Die Unsern müssen geschlafen haben." – „Oder der Deutsche hat sie überfallen!"

„Das ist undenkbar. Erstens hatte er ja gar keine Ahnung, daß er angegriffen werden sollte. Zweitens kannte er den Aufstieg nicht. Und drittens, wenn er beides gewußt hätte, wäre dennoch ein Handstreich seinerseits unmöglich gewesen. Es könnte nur eine Erstürmung stattgefunden haben. Dabei aber wären diese Wichte alle ums Leben gekommen. Man hätte sie von oben herab erschossen. Die Sache ist mir ein unlösbares Rätsel." – „Es wird sich bald aufklären."

„Gewiß. Ich würde selbst zur Bastei gehen oder einen meiner Knechte hinschicken; aber wir können ja nicht fort. Die beiden Schufte lassen ja kein Auge von uns und haben die Finger stets am Drücker." – „Wollen doch einmal versuchen, ob sie mit sich reden lassen!" – „Ich versuche es nicht. Wage du es!" – Marko machte eine langsame Bewegung, als wollte er aufstehen. Da hörte ich aber Oskos befehlende Stimme: „Nieder!" – Zugleich sah ich, zwischen den Beinen der beiden hindurchblickend, daß Osko und Omar ihre Gewehre an die Backen nahmen. Der ‚Gelehrte' sank wieder zurück und rief: „Darf man sich denn nicht wenigstens rühren?" – „Nein, auch nicht mehr sprechen. Noch ein Wort, so schießen wir!" – Die beiden machten sich in leisen Flüchen und Verwünschungen Luft. Ich wußte nun, daß ich mich auf die Wachsamkeit der Gefährten verlassen konnte, und kroch langsam aus den Büschen zurück zu Halef.

„Hast du etwas gehört?" fragte er. – „Ja, aber davon später. Komm schnell!" – Wir folgten dem Pfad und sahen bald, daß ich ganz richtig vermutet hatte: dieser schmale Weg führte zur Höhe. Er lenkte in einen Felsenriß, in dem er als steile Zickzacklinie emporstieg. – Als wir oben anlangten, waren vielleicht sechs bis acht Minuten vergangen. Da erblickten wir zwischen größeren Bäumen zahlreiche Stöße von Meilerholz aufgeschichtet. Axtschlag ließ auf die Anwesenheit von Menschen schließen. – „Das sind die Köhlerknechte", sagte Halef. „Hoffentlich überraschen sie uns nicht."

„Ich möchte es nicht befürchten. Sie sind rechts da drüben, wir aber müssen nach links, wo du den Wipfel der Eiche emporragen siehst." – In dieser Richtung war der Wald geflissentlich von der Axt verschont geblieben. Scharka hatte sich aber wohl gehütet, die Stelle zu lichten, wo sein Geheimnis verborgen lag. Die Bäume und Büsche standen hier im Gegenteil so dicht beisammen, daß wir uns zuweilen nur mit Gewalt hindurchzuzwängen vermochten. – Endlich hatten wir die Eiche erreicht. Sie war von bedeutendem Umfang. Der Stamm schien gesund zu sein. Die mannsstarken Wurzeln, die streckenweit zutage traten, ließen keine Höhlung erkennen. Aber als ich den Baum umschritt, erblickte ich ungefähr in dreifacher Manneshöhe ein Loch, groß genug, einen Mann hindurchzulassen. Der niederste Ast war so tief, daß man ihn fast mit den Händen erreichen und von da aus den zweiten Ast leicht erfassen konnte. Der dritte war abgebrochen oder abgestorben, und eben da, wo er aus dem Stamm herausgewachsen war, befand sich die Höhlung. – „Wenn ich mich nicht irre, so befindet sich dort oben der Eingang", erklärte ich, empordeutend. – „Wie aber kommt man da hinauf?" fragte Halef.

„Dazu braucht man eine Leiter, denn der Stamm ist viel zu stark, als daß man ihn zum Klettern umfassen könnte."

„Eine Leiter ist da." – „Ich sehe keine", meinte der Hadschi, indem er sich vergeblich umschaute. – „Auch ich sehe sie nicht, aber ich sehe etwas andres. Betrachte den Boden, so wirst du im Moos eine deutlich ausgetretene Spur erkennen, die dort in das Buchendickicht führt. Da ist man hin und her gegangen, vermutlich um eine Leiter herbeizuholen und wieder fortzutragen. Du wirst sie sofort finden." – Wir folgten der Spur, traten zwischen die jungen, dicht belaubten Buchenstämmchen und sahen da einen armstarken Fichtenstamm liegen, dem man die Aststummel gelassen hatte, so daß sie als Leiter dienen konnten. – „Richtig! Da ist sie", erklärte Halef. „Nun können wir hinauf." – „Wir werden hinaufkommen, ohne uns der Leiter zu bedienen. Die Vorsicht rät uns, auf sie zu verzichten. Es kann leicht irgend jemand kommen, obgleich ich es nicht befürchte. Sieht man dann die Leiter angelehnt, so weiß man gleich, daß man in der Eiche steckt. Ich habe dich nur hierhergeführt, um dir zu beweisen, daß meine Vermutung mich nicht täuschte."

„Aber ohne Leiter komme ich nicht hinauf!" – „Du steigst auf meine Schultern, dann kannst du den untersten Ast fassen."

„Und du?" – „Ich erreiche ihn im Sprung." – Halef kletterte mir auf die Schultern und konnte dann leicht weiterkommen. Mir gelang es, mit einem Sprung den Ast zu fassen, und dann standen wir auf dem zweiten und hatten das Loch gerade vor dem Gesicht. Ich blickte hinein. Der Stamm war hohl und die Höhlung so groß, daß sie recht gut zwei Männer faßte. Aber wie da im Innern des Baums hinabzukommen war, davon konnte ich nichts sehen. – „Es ist keine Strickleiter vorhanden", brummte mein kleiner Begleiter. „Du hast dich getäuscht." – „Nein, ich täusche mich nicht. Betrachte diese Öffnung und dann auch die Höhlung genau! Es ist da alles wie glattgerieben. Du erblickst keine Spur von faulem Holz oder von Modermehl. Man steigt hier ein und aus; das ist gewiß. Man hat jedoch die Vorrichtung nicht so angebracht, daß sie von außen gesehen werden kann. Ich denke sie gleich zu finden." – Ich steckte Kopf und Arme in das Loch, stemmte im Innern des Raums die Ellbogen an und zog den Oberkörper nach. Dann griff ich suchend in der Höhlung herum.

Richtig! Über dem Loch war ein starker, hölzerner Querstab eingezwängt, woran man sich mit den Händen festhalten konnte, um die Beine ins Innere hereinzuziehen. Das tat ich auch. An dem Holz hängend, tastete ich mit den Füßen umher und fühlte ein zweites, stärkeres Querholz, auf das ich mich stellen konnte.

Nun kauerte ich mich nieder, denn ich spürte an dem Holz zwei erhabene Punkte, von deren Natur ich mich mit den Händen überzeugen wollte. Es waren starke Knoten. Kniend senkte ich jetzt ein Bein tiefer hinab und überzeugte mich, daß eine Strickleiter vorhanden war. – „Komm herein!" rief ich dem Hadschi zu. „Ich hab's gefunden." – „Ja, es ginge wohl, wenn ich ein wenig größer wäre", klagte er. – Ich richtete mich wieder auf und half dem Kleinen herein und auf die Querleiste. – „Allah! Wenn das Holz zerbricht oder abrutscht! Dann stürzen wir hinab!" schauderte er.

„Keine Angst! Ich habe mich überzeugt, daß es stark genug ist für uns beide. Und abrutschen kann das Querholz nicht, da es auf eingenagelten Stützen ruht. Aber ob die Leiter fest genug für zwei Personen ist und ob es überhaupt geraten erscheint, daß wir beide zugleich hinabsteigen, das weiß ich nicht. Bleib oben! Ich werde die Sache untersuchen." – Ich stieg hinab oder vielmehr ich griff mich hinab. Für meine Ungeduld und für die knapp bemessene Zeit ging es mir zu langsam, Querstrick um Querstrick der Leiter im Finstern mit den Füßen zu suchen. Querhölzer gab es nämlich nicht. Ich ließ also die Füße frei schweben und turnte mit den Händen wie an einem Seil hinab. – Es gab einzelne Absätze, die wieder durch Querstangen bezeichnet waren. Ich schwebte nicht mehr im Innern des Baumes, sondern in einem engen Felsenschacht. Wie der entstanden war, ob auf natürliche Weise oder mit künstlicher Nachhilfe, konnte ich im Finstern nicht feststellen. Endlich faßte ich Boden. – Ich fühlte mit den Händen, daß ich mich in einem engen Loch befand, das keinen Ausgang hatte und Raum für vielleicht vier bis fünf Personen bot. Da kam mir mein Laternchen zustatten, das kleine Fläschchen mit Öl und Phosphor, das ich stets bei mir trug. Ich öffnete den Stöpsel, um den Sauerstoff der Luft eintreten zu lassen. Als ich es dann wieder zumachte, gab es einen so hellen, phosphoreszierenden Schein, daß ich die Wände ringsum ziemlich deutlich sehen konnte.

Der Raum war dreieckig. Auf zwei Seiten hatte ich natürlichen Felsen. Die dritte Seite bildete eine künstliche Mauer, nicht höher als zwei Meter. – Als ich auch den Boden beleuchtete, sah ich, daß er auch aus Fels bestand. Dabei bemerkte ich eine Schnur, die an das untere Ende der Strickleiter gebunden war und emporführte. Ihr mit dem Laternchen folgend, machte ich die Entdeckung, daß diese Schnur über die Mauer auf die andre Seite führte. Das war mir genug, um alles zu wissen. Nun wollte ich wieder hinauf, hörte aber Halefs halblaute Stimme: „Sihdi, halte die Leiter straff! Sie dreht sich."

„Ah! Du kommst?" – „Ja, es dauerte mir zu lange. Ich glaubte, es sei dir ein Unglück widerfahren."

115

Bald stand er neben mir und tastete und blickte beim matten Schimmer des Laternchens umher.

„Es scheint, wir sind in einem Felsenbrunnen", meinte er.

„Nein, wir befinden uns in einer Höhle." – „Dann ist sie aber verwünscht klein und eng!" – „Das ist nur eine Ecke von ihr. Wir müssen wieder einige Stufen empor und dann über diese Mauer hinwegklettern." – „Aber wie?" – „Mit der Leiter, die wir auf der andern Seite hinablassen. Hier, fühle diese Schnur! Sie geht hinüber. Kein Fremder, der drüben im Finstern steht, wird ahnen, daß es hier noch einen engen Raum gibt, in den eine Strickleiter mündet. Die Schnur ist drüben mit ihrem Ende vermutlich so angebracht, daß sie nur ein Eingeweihter bemerken kann. Wenn von drüben jemand hier emporsteigen will, so braucht er nur die Strickleiter mit Hilfe der Schnur hinüberzuziehen. Das Ding ist sehr geschickt gemacht."

„Noch viel geschickter aber sind wir beide, Sihdi", kicherte der Kleine. „Wir entdeckten leicht die allergrößten Heimlichkeiten. Wollen wir in die Höhle hinüber?" – „Gewiß. Wir klettern die wenigen Stufen empor, setzen uns auf die Mauer, lassen das Ende der Strickleiter drüben hinab und steigen dann in aller Gemütlichkeit nieder."

Und so, wie ich es sagte, geschah es auch. Wir gelangten in einen Raum, für den mein Laternchen nicht ausreichte. Ich zog ein altes Stück Papier und ein Streichhölzchen hervor, brannte das Papier mit Hilfe des Zündhölzchens an und leuchtete umher. Der Raum, in dem wir uns befanden, hatte die Größe einer geräumigen Stube, vielleicht zwölf Schritte lang und zwölf breit. – Als das Papier verbrannt war und wir wieder im Dunkeln standen, bemerkte ich unten am Boden der einen Seite einen milchglasähnlichen viereckigen Schimmer. Ich ging hin, legte mich nieder und entdeckte ein langes Loch, das ins Freie führte. – „Halef, hier befinden wir uns an dem Meilerloch, durch das wir in die Falle gehen sollten", meldete ich erfreut. „Ich werde hineinkriechen. Wenn ich mich nicht täusche, so muß ich Osko und Omar sehen können." – Meine Vermutung bestätigte sich. Als ich so weit vorgekrochen war, wie ich durfte, ohne von draußen bemerkt zu werden, sah ich die beiden sitzen, die Augen auf die Bank gerichtet und die Flinten schußfertig in den Händen. Das genügte. Ich zog mich wieder zurück. – „Nun machen wir Licht, nicht wahr?" fragte Halef. – „Ja. Gib den Speck her! Der Hemdlappen dient als Docht." – Ich trug den kleinen Topf mit dem Henkel am Gürtelriemen festgeschnallt. Jetzt machte ich ihn los. Das Bärenfett wurde hineingeschnitten und der Lappen zu einem Docht gedreht. Mit Hilfe eines Zündhölzchens hatten wir bald eine Fettfackel, die zwar entsetzlich rauchte, aber den Raum völlig erleuchtete. – Nun untersuchten wir die Wände. Sie bestanden aus gewachsenem Fels; abgerechnet die schmale Mauer in der einen Ecke, über die wir gestiegen waren. Es war klar: die Höhle bestand nur aus diesem einen Raum. Trotz alles Klopfens war keine hohlklingende Stelle zu finden. Nur ein Gegenstand zog unsre Beachtung auf sich: ein viereckig behauener Stein, der neben dem Loch lag und genau hineinpaßte. Ein Ring, an dem eine Kette hing, war in den Stein eingegossen. – „Das ist der Verschluß", sagte der Hadschi. – „Ja. Er ist aber nur dann nötig, wenn sich ein Gefangener hier befindet. Dann wird die Öffnung mit diesem Stein verschlossen und der Stein selbst mit der Kette draußen so befestigt, daß er von innen nicht entfernt werden kann." – „Denkst du, daß hier zuweilen Gefangene stecken?" – „Jawohl. Morgen abend zum Beispiel kommt einer an, und du wirst dich wundern, wenn du erfährst, wer es ist." – „Nun, wer?" – „Davon später unterwegs. Auch werden hier Menschen getötet. Mit uns hatte der Köhler die gleiche Absicht. Wir sollten vorankriechen. Er hätte hinter uns den Meiler in Brand gesteckt, und weil das Loch, in dem die Strickleiter hängt, wie eine hohe Fabrikesse wirkt, wäre der Rauch hier eingedrungen und hätte uns in wenigen Minuten erstickt." – „Allah! Wehe diesem Köhler, wenn ich jetzt wieder hinauskomme!" – „Du wirst ihm gar nichts sagen und gar nichts tun. Ich habe einen triftigen Grund, ihm noch zu verheimlichen, was ich weiß." – „Aber wir reiten fort und sehen ihn niemals wieder!" – „Wir reiten fort und sehen Scharka schon morgen wieder. Jetzt wissen wir genug und steigen wieder empor." – Die Flamme wurde ausgelöscht, und nun mußten wir warten, bis Topf und Fett erkaltet waren. Dann traten wir den Rückweg an und sorgten dafür, daß die Strickleiter wieder hinter der Mauer zu finden war.

Als wir schließlich oben vor der Eiche standen, holten wir tief Atem. Es ist doch nichts Angenehmes, eine solche Fahrt in die ungewisse Tiefe zu machen. Was hätte dabei alles geschehen können! Nun wurde das Fett aus dem Topf entfernt und versteckt. Minze fanden wir auf dem Rückweg nicht, aber um den Schein zu wahren, raufte ich einige andre Pflänzchen aus, die ich dem Rappen geben konnte. Halef machte sich den Spaß und sammelte die langen schwarzen Schnecken, die wir erblickten. Sie waren unten zwischen den Büschen so zahlreich, daß er den Topf voll bekam.

Wir taten so, als kämen wir aus der entgegengesetzten Richtung. Ich gab meinem Rappen ein Pflänzchen zu fressen; Halef strich ihm eine der Schnecken um die Nüstern und trug dann den Topf mit den andern Schnecken in die Stube. Als er wieder herauskam, machte er ein so seelenvergnügtes Gesicht, daß ich ihn fragte: „Wo hast du sie denn hingetan?" – „Ich habe sie in die Tasche des Kaftans geschüttet, der drin hängt." – „Das ist freilich eine große Heldentat, auf die du stolz sein kannst. Der berühmte Hadschi Halef Omar beginnt Knabenstreiche auszuführen!"

Er lächelte in sich hinein. Meine Bemerkung störte und kränkte ihn nicht. – Als wir zu Osko und Omar traten, meldeten die beiden, daß nichts Störendes vorgekommen sei. Der Köhler aber konnte seine Ungeduld nicht länger beherrschen und sagte: „Jetzt bist du wieder da. Nun wirst du uns wohl erlauben, die Bank wieder zu verlassen?"

„Noch nicht. Ihr werdet erst aufstehen, wenn wir zu Pferd sitzen."

„Und wann reitet ihr fort?" – „Sogleich. Wir lassen dir für deinen freundlichen Empfang eine ebenso freundliche Warnung zurück: verschütte deine Juwelenhöhle und versuche nicht wieder, jemand hineinzulocken! Es könnte sonst leicht das Schicksal, das du andern bereitest, dich selbst ereilen." – „Was du damit sagen willst, Effendi, weiß ich nicht." – „Denke darüber nach! Ich bin überzeugt, daß du mich dann bald verstehen wirst. Wenn ich wiederkomme, wird es sich zeigen, ob du meine Warnung befolgt hast." – „Du willst wiederkommen? Wann?" – „Wann es notwendig ist, früher nicht, auch nicht später." – „Effendi, du machst mir ja ein Gesicht, als sei ich der schlechteste Mensch auf Erden." – „Der bist du auch, obgleich es andre gibt, die es im Bösen auch fast so weit gebracht haben wie du."

„Was soll ich denn begangen haben? Was könntest du mir beweisen?"

„Vor allen Dingen bist du ein Lügner. Du hast behauptet, den Namen der Aladschy nicht zu kennen. Und doch haben sie sich wiederholt bei dir aufgehalten und sind sogar von den Soldaten hier gesucht worden." – „Das ist nicht wahr. Ich habe ihre Namen nie gehört und sie noch viel weniger hier bei mir gesehen." – „Wie kommst du dann dazu, ihre Pferde hier versteckt zu halten?" – „Ihre – Pferde?" fragte Scharka stockend. – „Ja. Ich sah sie stehen." – „Was? Wie? Sollten diese Menschen hier sein, ohne daß ich es weiß?" – „Sei still! Glaube ja nicht, Knaben vor dir zu haben! Grad der Umstand, daß ihr euch für klüger haltet als uns, hat euch das Spiel verdorben und wird es euch auch weiterhin verderben. Willst du etwa leugnen, daß dein Schwager heute bei dir gewesen ist?" – „Hat er kommen wollen? Ich habe ihn nicht gesehen." – „Der Kohlenhändler behauptet aber, bei dir gewesen und sodann in die Teufelsschlucht gegangen zu sein, wo wir überfallen werden sollten." – „Effendi, du sprichst schreckliche Worte. Ihr hättet euch in einer solchen Gefahr befunden?"

„Nicht wir, sondern deine Freunde. Für uns gab es keine Gefahr. Ihr seid nicht die Männer, vor denen man sich fürchten müßte. Aber für deine Spießgesellen war die Gefahr sehr groß, und sie sind ihr erlegen." – Scharka fuhr erschrocken von seinem Sitz auf.

„Erlegen?" fragte er, beinahe stammelnd. „Was ist geschehen?"

„Genau das, was sie beabsichtigten, nämlich ein Überfall, nur mit dem Unterschied, daß sie überfallen wurden." – „Sie? Von wem?"

„Von uns natürlich. Mein Hadschi Halef Omar und ich, wir allein, haben die sechs wohlbewaffneten Männer überrumpelt. Zwei von ihnen sind tot – sind von der Felsenbastei herabgeschmettert. Die andern haben wir gefesselt, auch Dschemal, unsern verräterischen Führer. Ich sag euch das, um euch zu beweisen, daß wir diese Tölpel nicht fürchten. Ihr müßt hingehen und sie losbinden, damit sie uns auch weiterhin verfolgen können. Sagt ihnen aber, daß wir bei der nächsten Gelegenheit ihr Leben nicht mehr schonen werden! Und ebenso wie über ihnen schwebt auch über euch der Tod, wenn ihr euch nicht warnen laßt. Das wollte ich euch sagen. Und nun seid ihr frei." – Wir nahmen unsre Waffen auf und stiegen in die Sättel. Die beiden machten zunächst von ihrer Freiheit keinen Gebrauch. Sie standen starr vor Schreck. Als wir uns schon eine Strecke entfernt hatten und ich mich umblickte, sah ich sie noch so stehen.

Von dem freien Platz, auf dem das Haus stand, führten Wagengleise nach Süden und nach Westen. Wir schlugen die westliche Richtung ein. Die Felswände wichen dort voneinander zurück, und wir gelangten in das zweite, noch größere Tal, von dem der Köhler gesprochen hatte. Die Gleise waren so deutlich, daß man ihnen leicht folgen konnte. Der Boden war mit saftigem Gras bewachsen; er bildete eine kleine Prärie, auf der weder Baum noch Busch stand. Vor uns in der Ferne erhob sich die Bergkette, an der das Gleis sich teilen sollte. - Bis jetzt hatten wir unsern Weg schweigend verfolgt. Nun aber erzählte ich den Gefährten alles, was ich erlauscht und erspäht hatte. Nur den Namen des Engländers nannte ich nicht. Sie waren im höchsten Grad erstaunt über das, was sie hörten. Halef richtete sich im Sattel auf und rief: „Hamdulillah! Jetzt wissen wir endlich, was wir wissen wollten. Jetzt kennen wir den Namen und die Wohnung des Schut und werden den Kaufmann Galingré befreien. Dieser Hamd el Amasat aber, der ihn dem Schut überliefert hat, soll seinen Lohn für all seine Missetaten erhalten. Er hat meinen Freund Sadek vom Stamm der Merasig getötet. Sadek war der berühmteste Führer über den Schott Dscherid und ist von der Kugel des Mörders gefallen, den dafür die meinige treffen wird!" - „Die deinige?" fragte Omar, indem er seinem Pferd die Sporen gab, daß es sich hoch aufbäumte. „Hast du vergessen, daß ich der Sohn Sadeks bin? Habe ich diesen Mörder nicht durch die Hälfte des Morgenlandes verfolgt? Er ist mir entgangen. Nun aber, da ich weiß, wo er ist, bin ich es allein, der mit ihm zu sprechen hat. Oder hast du es nicht gehört, welchen Schwur ich tat dort auf dem Salz des Schotts, als ich von dir und dem Effendi erfuhr, daß Hamd el Amasat, der sich damals Abu en Naßr nannte, meinen Vater ermordet habe? Noch weiß ich jedes Wort dieses Schwurs. Er lautet: ‚Allah, du Gott der Allmacht und Gerechtigkeit, höre mich! Mohammed, du Prophet des Allerhöchsten, höre mich! Ihr Kalifen und Märtyrer des Glaubens, höret mich! Ich, Omar Ben Sadek, werde nicht eher meinen Bart beschneiden, nicht eher die Moschee besuchen, als bis die Dschehenna den Mörder meines Vaters aufgenommen hat. Ich schwöre es!' So habe ich damals gesagt, und nun sollt ihr mir bestätigen, daß ich meinen Schwur gehalten habe. Bin ich in eine Moschee zum Gebet gegangen? Hat eine Schere meinen Bart berührt, der mir fast bis auf die Brust gewachsen ist? Und nun, da ich endlich, endlich den Mörder meines Vaters treffen werde, soll ich ihn andern überlassen? Nein, Hadschi Halef Omar, das darfst du nicht von mir verlangen! Wer sich an ihm vergreift, wird mein ärgster Feind, und wenn er vorher mein bester Freund gewesen, ja, und wenn es auch unser Effendi selbst wäre!" - Omar war in diesem Augenblick der echte Wüstensohn. Seine Augen funkelten, und seine Zähne knirschten gegeneinander. An Versöhnlichkeit und Gnade war da nicht zu denken. Der unerbittliche Ton, in dem er gesprochen hatte, machte einen solchen Eindruck auf uns, daß wir eine Weile in tiefem Schweigen verharrten. Dann war wie gewöhnlich Halef der erste, der wieder das Wort ergriff: „Du hast uns alles gesagt, Sihdi, aber eins verstehe ich nicht. Wohin reiten wir jetzt?" - „Nach Rugova zum Schut." - „Das ist sehr gut, aber ich hätte dir noch mehr Menschenfreundlichkeit zugetraut!" - „Wieso?" - „Du weißt, daß ein Unglücklicher in die Höhle Scharkas geschleppt werden soll, noch dazu ein Inglis, und doch tust du nicht im mindesten, als ob du ihn retten könntest und wolltest." – „Ich wüßte nicht, wie ich das anfangen sollte", entgegnete ich scheinbar gleichgültig. – „Nicht? Allah! Sind deine Gedanken auf einmal so schwach geworden? Nichts ist leichter, als diesem Mann zu helfen." – „Nun, wie denn?" – „Indem wir unsern Pferden die Sporen geben und nach Rugova galoppieren, um zu verhindern, daß er überhaupt festgenommen wird." – „Wir kämen zu spät, denn wir würden erst während der Nacht dort anlangen."

„So suchen wir gleich den Karaul auf und befreien ihn, daß er nicht in die Höhle geschafft werden kann." – „Wo ist der Karaul? Wie kommen wir hinein? Wo steckt der Fremde da? Wie ist es möglich, ihn so schnell herauszubringen? Fallen dir vielleicht die Antworten auf diese Fragen vom Himmel herab?" – „Meinst du, daß es so schwer ist?" – „Nicht nur schwer, sondern ganz unmöglich. Wenn wir in tiefer Nacht dort ankommen, bei wem willst du die nötigen Erkundigungen einziehen? Jedermann schläft und wer dennoch wacht, ist wahrscheinlich ein Anhänger des Schut. Können wir hinkommen, fragen, den Karaul stürmen, das alles in einer halben Stunde?" – „Freilich nicht."

„Schon am Abend wird der Inglis ergriffen. Bevor wir dort irgend etwas zu seiner Befreiung unternehmen können, ist er schon unterwegs zur Höhle." – „Nun gut, so reiten wir jetzt nicht nach Rugova, sondern bleiben heimlich hier und holen ihn dann heraus. Das ist ungefährlich und wird uns nicht schwerfallen, weil wir den geheimen Eingang kennen." – Grad das, was er jetzt vorschlug, hatte ich mir fest vorgenommen. Es war der sicherste Weg zur Befreiung Lindsays. Dennoch wehrte ich ab: „Das geht nicht, lieber Halef." – „Warum denn nicht?" – „Weil wir dabei unsre kostbare Zeit versäumen würden."

„Was gilt die Zeit, wenn es sich darum handelt, einen Unglücklichen zu retten!" – „Wenn wir allen Unglücklichen helfen wollten, so müßten wir uns vertausendfachen können. Jeder mag für sich selbst sorgen." – „Aber Sihdi, ich kenne dich nicht mehr!" – „Der Inglis geht mich nichts an. Ist er so unvorsichtig gewesen, die Räuber auf sein Geld aufmerksam zu machen, so mag er auch die Folgen tragen. Ich habe gar nichts mit ihm zu schaffen. Er heißt David Lindsay, ein Name, der uns völlig unbekannt ist." – Ich hatte das möglichst gleichmütig gesagt; aber kaum war der Name über meine Lippen, so riß Halef in die Zügel, daß sein Pferd hinten in die Hechsen sank.

„Lindsay? David Lindsay?" schrie er überlaut. „Ist das wahr?"

„Ja. Der Name wurde deutlich genannt. Der Engländer soll ein grau gekleideter Mensch sein – mit blauer Brille, mit langer, roter Nase und mit einem sehr breiten Mund." – „Sihdi, du bist verrückt!"

Der Hadschi starrte mich mit weit aufgerissenen Augen an. Auch die beiden andern waren maßlos erstaunt. – „Verrückt?" fragte ich. „Wie kommst du denn auf diesen beleidigenden Gedanken?"

„Weil du nun behauptest, diesen Inglis nicht zu kennen."

„Nun, kennst du ihn denn?" – „Es ist doch unser Gefährte, der mit uns durch Kurdistan, nach Bagdad und –" – Der Kleine hielt inne. Sein Erstaunen war so groß, daß ihm die Stimme versagte. Noch immer blickte er mich mit weit aufgerissenen Augen fassungslos an. – „Was für ein Gefährte?" fragte ich. – „Nun, unser – unser

Lord, denn wir nicht Lord, sondern nur Sir David Lindsay nennen durften! Bist du denn des Teufels, daß du diesen Bekannten plötzlich und so ganz und gar vergessen hast?" – Die beiden andern sahen es mir wohl an, daß mir der Schalk im Nacken saß. – „Aber Halef!" rief Osko. „Meinst du denn wirklich, daß der Effendi den Inglis nicht kennt? Er will sich ja nur an unserm Staunen weiden!"

„Ah, so ist das, so! Nun, dann weide dich, Sihdi, weide dich! Denn meine Verwunderung ist so groß, daß ich gar keine Worte finde. Also es ist in Wirklichkeit unser Inglis?" – „Leider!"

„Und du willst ihn nicht retten?" – „Nun, wenn du meinst, so dürfen wir ihn freilich nicht steckenlassen." – „Nein, das geht nicht, ganz und gar nicht. Aber wie kommt er so plötzlich nach Rugova?"

„Das weiß ich auch nicht. Um es zu erfahren, müssen wir zu ihm in die Höhle, damit wir ihn fragen können." – „Allah sei Dank! Endlich erwacht dein Verstand wieder!" – „Ja, er war mir ganz abhanden gekommen vor Schreck über das Gesicht, das du machtest. Ich habe das Nachdenken dir allein überlassen, und wir werden den Plan ausführen, den du uns vorgeschlagen hast."

„Den letzten?" – „Ja. Wir verstecken uns hier in der Nähe bis morgen abend. Das wird uns und auch den Pferden dienlich sein, denn seit Stambul haben wir keine ausgiebige Ruhe gehabt. Und selbst dort waren wir meist Tag und Nacht tätig." – „Du gibst also zu, daß mein Plan gut ist?" – „Außerordentlich!" – „Ja, ich bin dein Freund und Beschützer und verstehe es, einen vortrefflichen Ssefer tertibi[1] zu entwerfen. Wer mit mir reitet, befindet sich in guter Obhut. Das werdet ihr nun endlich einsehen. Wo aber finden wir einen Platz, an dem wir uns bis morgen aufhalten können?"

„Da drüben auf den bewaldeten Bergen. Sie gewähren eine freie Aussicht auf diese Talebene und ermöglichen es uns, den Köhler Scharka und seine Spießgesellen zu beobachten. Wenn wir uns meines Fernrohrs bedienen, werden wir sie deutlich sehen können, falls sie unsern gegenwärtigen Weg verfolgen, um zur Schlucht zu reiten, in der wir nach Scharkas Plan überfallen werden sollen."

„Hm!" brummte Halef nachdenklich. „Sie werden wahrscheinlich schon vorher merken, daß wir nicht dorthin geritten sind. Schau nur, wie tief sich die Hufe unserer Pferde in dem weichen Grasboden abzeichnen!" – „Das ist nur gut für uns, denn eben dieser Umstand ermöglicht es uns, sie zu täuschen. Dieser weiche Boden wird ein Ende nehmen. Ich vermute, daß wir auf Stein und Fels gelangen, wo wir abbiegen können, ohne daß es ihnen auffällt."

„Dann werden sie später feststellen, daß unsre Fährte fehlt."

„Hoffentlich gelingt es uns, das zu vermeiden. Wir haben ja Zeit genug, Vorkehrungen zu treffen." – „So meinst du nicht, daß sie uns sogleich folgen werden?" – „Nein. Um die Leute des Schut an einer raschen Verfolgung zu hindern, habe ich ihnen gesagt, was in der Teufelsschlucht geschehen ist. Ich wollte es ihnen zuerst verschweigen, damit die Aladschy, Suef, Junak und Dschemal recht spät befreit würden. Um aber Zeit zu gewinnen, sah ich davon ab.

[1] Feldzugsplan

Der Köhler wird sich mit seinen Leuten und mit dem „Alim' schleunigst zum Teufelsfelsen begeben, um die Gefangenen loszubinden. Diese werden eine ansehnliche Zeit brauchen, um alles zu erzählen, was sich ereignet hat. Dadurch gewinnen wir wenigstens zwei Stunden, und diese Frist reicht aus, falls wir jetzt unsre Schnelligkeit vergrößern. Also rascher vorwärts!" – Wir setzten unsre Pferde in Galopp und erreichten nach kaum einer Viertelstunde die Stelle, wo die Wagenspuren auseinanderliefen. Dort ritten wir links ab, obgleich wir eigentlich nach rechts wollten. Unsre Fährte war so deutlich, daß unsre Verfolger überzeugt sein mußten, wir seien der Richtung gefolgt, die der Köhler uns gewiesen hatte. Je mehr wir uns dem Höhenzug näherten, desto merklicher stieg die Wiese an. Der Boden wurde härter, und endlich hörte der Graswuchs auf.

Nun ließ ich die Gefährten warten und ritt allein in gestrecktem Galopp weiter, bis ich die Schlucht erreichte, von der Scharka gesprochen hatte. Ihre Sohle war weich, und ich ritt eine tüchtige Strecke in sie hinein und wieder zurück, wobei ich dafür sorgte, daß die Hufe des Rappen recht sichtbare Eindrücke hinterließen. So mußte der Köhler meinen, daß wir uns wirklich dort befänden.

Als ich zu meinen Gefährten zurückgekehrt war, benutzten wir den harten, felsigen Grund, uns rechts zu wenden, ohne Spuren zu hinterlassen, was uns auch gelang.

Nach einiger Zeit kamen wir an eine Stelle, wo der Fuß der Bergkette weit vortrat. Wir lenkten zwischen die hier beginnenden Bäume hinein und stiegen ab, um unsre Pferde den ziemlich steilen Hang emporzuführen. Oben befanden wir uns im Schatten riesiger Fichten, unter deren Wipfeln hinweg wir einen freien Ausblick ins Tal der Juwelenhöhle hatten. Hier banden wir die Pferde an, und ich drang tiefer in den Wald ein, um eine Stelle zu suchen, die uns Futter für die Tiere bot und zugleich eine solche Lage hatte, daß ein Feuer, das wir machen mußten, nicht bemerkt werden konnte.

Die Erfahrung ist da der beste Wegweiser. Die Beschaffenheit des Baumwuchses verrät schon aus der Ferne, wo Gras und Wasser zu finden sind. Ich traf auf eine lauschige, baumfreie Stelle, wo eine Quelle entsprang. Das Wasser floß nach West, dem Schwarzen Drin entgegen. Wir hatten die Wasserscheide zwischen diesem Fluß und dem Wardar überschritten. – Hierher brachten wir die Pferde, sattelten ab und banden ihnen die Vorderbeine leicht zusammen, so daß sie sich nicht zu weit entfernen konnten. Dann begaben wir uns wieder an die Stelle zurück, von wo aus wir unsre Gegner beobachten konnten. Es dauerte nicht lange, so erblickte ich sie durch das Fernrohr. Trotz der weiten Entfernung sah ich, daß sie in gestrecktem Galopp ritten. Sie wollten die verlorene Zeit einbringen, denn sie mußten annehmen, daß wir umkehren würden, sobald wir an die Felswand gelangten, wo wir nicht weiter konnten. Bevor wir dann Zeit fanden, die Schlucht zu verlassen, mußten sie sich darin versteckt haben, wenn ihr Plan überhaupt gelingen sollte.

Wir zählten acht Personen und erkannten, als sie nahe genug waren, die beiden Aladschy, Suef, Dschemal, Scharka, Marko und noch zwei Reiter. Die Kleidung der beiden letzten ließ vermuten, sie seien Knechte des Köhlers. Sie waren uns also an Zahl doppelt überlegen und wir mußten annehmen, daß auch der Köhler Pferde besaß, die wir aber nicht bemerkt hatten. Da alle mit Gewehren versehen waren und in der Stube nicht so viele Büchsen gehangen hatten, stand fest, daß Scharka einen verborgenen Vorrat von Waffen besaß. – Die acht Reiter folgten der Richtung, in der sie uns vermuteten. Dort, wo die Wagengleise auseinandergingen, hielten sie an, um den Boden zu untersuchen. Sie sahen, daß wir in der gewünschten Weise weitergeritten waren und folgten unsrer Spur, bis wir sie aus den Augen verloren. – Von jetzt an warteten wir wohl gegen zwei Stunden. Dann sahen wir sie langsam zurückkehren. An der erwähnten Stelle blieben sie halten und sprachen angelegentlich miteinander, wie aus ihren lebhaften Gebärden zu erkennen war. Dann trennten sie sich. Marko ritt mit den beiden Aladschy in der Richtung nach Kolastschin davon; die andern kehrten ins Tal der Juwelenhöhle zurück. – Diese Männer ritten langsam. Wir sahen es ihrer Haltung und ihren Bewegungen an, daß sie sehr enttäuscht waren. Die andern aber stürmten im Galopp quer über unser Gesichtsfeld. Sie hatten Eile, weil der ‚Alim' den Englishman abzuholen beabsichtigte. Als von beiden Trupps nichts mehr zu sehen war, begaben wir uns zu unsern Pferden, wo wir Laub und trockene Äste sammelten, um ein Feuer anzumachen, an dem Schinken und Tatzen des Bären gebraten werden sollten. Fleisch hatten wir mehr, als wir bis morgen abend brauchten. – Die Zeit der Dämmerung war hereingebrochen und es wurde finster an unserm Lagerplatz. Das gab eine kleine Urwaldstimmung, die meinen Begleitern großes Vergnügen bereitete. Jetzt endlich ermöglichte sich eine ausführliche Besprechung aller Erlebnisse der letzten Tage; wir hatten ja genug Zeit dazu. Dann legten wir uns zur Ruhe. Vorher aber wurde die Reihenfolge der Wachen bestimmt. Wir hatten zwar eine Überraschung kaum zu befürchten, aber Vorsicht ist in keiner Lage überflüssig, und überdies mußte der Wachende das Feuer unterhalten, denn es war hier zwischen den Bergen des Schar Dagh eine kühle Nacht zu erwarten.

7. Lindsays Befreiung

Am nächsten Morgen und am Mittag gab es Bärenbraten wie am Abend vorher, und das Gespräch drehte sich wieder ausschließlich um die letzten Erlebnisse. Wir fühlten uns erfrischt und gekräftigt, und auch unsern Pferden war es anzusehen, daß die lange, ausgiebige Ruhe ihnen wohltat. Menschen wie Tiere waren nun befähigt, weitere Anstrengungen zu ertragen. – Nach dem Mittag ritt ich allein fort, um drüben bei den Steinwänden, die das Tal der Juwelenhöhle umgaben, einen Ort ausfindig zu machen, wo wir des Abends unsre Pferde sicher unterbringen konnten. Der Köhler hatte gemeint, der Engländer könne schon am Abend eintreffen; um diese Zeit mußten wir uns also in der Nähe befinden, um ihm Hilfe zu bringen. Ich mußte einen Umweg machen, um nicht etwa von drüben aus gesehen zu werden. Doch trug mich mein schnelles Pferd bald hinüber, und es gelang mir, ein Versteck zu entdecken, das für meine Absichten geeignet war. Es lag in der Nähe des Taleingangs. – Als ich wieder bei den Gefährten eintraf, war es Zeit, aufzubrechen, denn die Sonne hatte sich im Westen gesenkt, und bis wir das Versteck erreichten, mußte es völlig dunkel sein. Wir gaben uns keine Mühe, unsre Spuren zu verbergen; am Abend waren sie doch nicht zu bemerken. Drüben zogen wir die Pferde zwischen die Büsche und dann machte ich mich mit Halef auf, um die saubere Gesellschaft zu beschleichen. Osko und Omar, die zurückbleiben mußten, erhielten die Weisung, sich ruhig zu verhalten und den Ort auf keinen Fall vor unsrer Rückkehr zu verlassen. – Es war nun ganz dunkel; aber da wir die Gegend leidlich gut kannten, gelangten wir ohne Störung in die Nähe des Köhlerhauses. Zwischen dem Gebäude und dem Meiler brannte ein helles Feuer, an dem alle saßen, die wir hier zu treffen erwartet hatten. Vorsichtig am Rand der kleinen Lichtung hinpirschend, erreichten wir das jenseitige Gebüsch und krochen hindurch, dem schmalen Weg zu, der von der Eiche herabkam und bei dem Meiler mündete. Dort setzten wir uns nieder. – Die Männer saßen so weit von uns entfernt, daß wir wohl ihre Stimmen vernahmen, aber die Worte nicht verstehen konnten. Allem Anschein nach waren sie nicht in der besten Stimmung. Die Blicke, die sie öfters zum Taleingang warfen, ließen vermuten, daß sie das baldige Erscheinen des ‚Alim' und seines Gefangenen erwarteten. – Kaum war eine Viertelstunde vergangen, seit wir hier lauerten, so hörten wir Pferdegetrappel. Die am Feuer Sitzenden sprangen auf. Sechs Reiter kamen. Zwei von ihnen waren auf die Pferde gebunden: Lindsay, ohne seinen Hut, und ein andrer, jedenfalls sein Dolmetscher. Einer der andern vier war der angebliche Gelehrte, der aus dem Sattel sprang und zu den Wartenden trat. Er wurde mit sichtlicher Genugtuung bewillkommnet. Dann band man die Gefangenen von den Pferden los, hob sie herab und schlang ihnen die Stricke wieder um die Füße; an den Händen waren sie auch gebunden. So wurden sie auf den Boden gelegt. Die Männer der Bedeckung lehnten ihre Gewehre an die Mauer des Hauses und setzten sich gleichfalls ans Feuer.

Es war schade, daß wir nichts von der Unterhaltung der Gegner verstehen konnten; denn es wurde jetzt lebhaft gesprochen. Doch dauerte das nicht lange. Bald standen die Leute des Schut auf, um die Gefangenen zum Meiler zu tragen, dessen Eingang der Köhler in der bereits beschriebenen Weise öffnete. Jetzt waren sie uns so nahe, daß wir jedes Wort hörten. Der ‚Alim' wandte sich an den gefesselten Dolmetscher: „Ich sagte dir bereits, daß du nichts befürchten sollst. Wir haben dich mitgenommen, weil wir den Inglis nicht verstehen können. Du wirst sogar Bakschisch für die ausgestandene Angst erhalten. Der Inglis muß auch das bezahlen. Er weigerte sich freilich bisher, auf unser Verlangen einzugehen, aber wir werden ihn schon zu zwingen wissen und rechnen dabei auf deine Hilfe. Wenn du ihm rätst, von seiner Halsstarrigkeit zu lassen, so ist es zu deinem eignen Vorteil, denn je eher er zahlt, desto schneller wirst du frei." – „Und wird auch er frei werden, sobald er das Geld bezahlt hat?" fragte der Dolmetscher. – „Das ist nicht deine Sache. Aber ich will dir trotzdem eine Andeutung darüber machen. Läßt man etwa jemand frei, der sich nachher rächen kann? Das mußt du ihm aber verschweigen. Ihr werdet jetzt in eine Höhle gesteckt. Sprich mit ihm! In einer Viertelstunde komme ich hinein. Weigert er sich auch dann noch, mir eine Hawale[1] auf seinen Sarraf[2] zu geben, so erhält er tüchtige Prügel, die ihn sicherlich eines Besseren belehren werden. Er bekommt weder Essen noch Trinken, bis er gehorcht; dagegen soll er um so reichlicher mit Hieben bewirtet werden."

„Was sagt Schurke?" fragte Lindsay in englischer Sprache.

„Daß wir jetzt in eine Höhle gesteckt werden", erwiderte der Dragoman. „Ihr sollt weder Essen noch Trinken, sondern nur Prügel erhalten, bis Ihr die verlangte Anweisung schreibt. Aber Ihr dürft das nicht tun, denn ich höre soeben, daß Ihr dennoch getötet würdet. Natürlich soll ich Euch das nicht verraten. Aber Ihr habt mich in Dienst genommen, und ich halte zu Euch, nicht zu diesen Schuften. Vielleicht gelingt es uns doch, einen Weg zur Flucht zu finden."

„Besten Dank!" entgegnete der Engländer in seiner kurzen Weise. „Schurken sollen keinen Para erhalten. Mögen mich totprügeln! Well!" – „Nun, was hat er dazu gesagt?" fragte Marko.

„Daß er nichts bezahlen wird." – „Er wird bald anders sprechen. Hinein also mit euch! In einer Viertelstunde komme ich nach."

Jedem der beiden wurde ein Strick unter den Armen hindurchgeschoben, an dem zwei vorankriechende Köhlerknechte sie in die Höhle hineinzogen. Als die Knechte wieder herauskamen, hörte ich im Innern des Meilers eine Kette klirren und schloß daraus, daß der Stein vor dem Eingang befestigt worden war. – „Hätten wir

[1] Anweisung [2] Bankier

unsern Freund nicht gleich jetzt heraushauen können?" raunte mir Halef zu. – "Nein, wir haben unsere Gewehre zurückgelassen." "Was tut das? Wir tragen unsre Messer und Pistolen bei uns, und du hast die Revolver. Das ist genug." – "Selbst wenn es gelungen wäre, die Räuber zunächst zu vertreiben, so würden sie dann doch über uns hergefallen sein, während wir die Fesseln der Gefangenen lösten. Nein, wir müssen vorsichtiger verfahren. Komm jetzt mit zur Eiche!" – Wir machten uns auf den Weg, wobei wir uns mehr auf das Gedächtnis und den Tastsinn als auf unser Gesicht verlassen mußten, denn es war hier unter den Bäumen so finster, daß wir nicht die Hand vor den Augen sahen. Dennoch erreichten wir den Baum schon nach zehn Minuten. Auch hier oben herrschte eine wahrhaft ägyptische Finsternis. Doch wir wußten gut Bescheid und stiegen in der gleichen Weise hinauf und hinein, wie wir es gestern gemacht hatten. – Nun galt es, jedes Geräusch zu vermeiden, da sich der ‚Alim' schon in der Nähe befinden konnte. Ich riet Halef, nicht mit den Füßen von Schlinge zu Schlinge zu steigen, sondern sich wie ich mit den Händen an der Leiter wie an einem Strick hinabzulassen. Ich glitt voran, und er folgte mir. – Als wir unten in der Ecke hinter der Mauer anlangten, war alles finster. Kaum hatten wir den Boden unter den Füßen, so wurde es hell. Als ich einige Stufen der Leiter wieder emporgestiegen war und nun über die Kante der Mauer in die Höhle blicken konnte, sah ich den ‚Alim', der wohl soeben hereingekrochen war und nun vor den beiden gefesselt am Boden Liegenden stand. In der einen Hand hielt er eine Talgkerze, in der andern eine Peitsche. Messer und Pistole hatte er abgelegt, wohl weil er gedacht hatte, sie würden ihm beim Kriechen hinderlich sein.

Das folgende Gespräch wurde nun in der Weise geführt, daß die türkischen Fragen dem Engländer durch den Dolmetscher in englischer Sprache, die englischen Antworten Lindsays aber Marko auf Türkisch übermittelt wurden. – Der ‚Gelehrte' band zunächst den Strick von den Füßen des Dragomans los und sagte: "Ich will dir die Fesseln halb lösen, damit du dich aufrichten kannst. Die Hände freilich bleiben gebunden. Jetzt frage ihn, ob er das Geld bezahlen will."

Der Dolmetscher sprach die Frage aus. – "Nie!" knurrte der Englishman. – "Du wirst es doch tun, denn wir zwingen dich!" "Ein Lindsay läßt sich von keinem Menschen zwingen."

"Wenn nicht von einem Menschen, so doch durch die Peitsche, die wir sehr kräftig handhaben." – "Wage es!" – "Oh, das ist gar kein Wagnis!" – Marko versetzte dem Engländer einen Hieb. Halef stieß mich an – er wollte, ich möge sofort eingreifen. Aber ich ließ mich zu keiner voreiligen Handlung hinreißen. – "Schurke!" rief der Lord. "Das soll gerächt werden!" – "Was sagt er?" fragte der ‚Alim'. – "Daß ihn Schläge nicht zwingen werden", übersetzte der Dragoman. – "Er wird anders pfeifen, wenn er fünfzig oder hundert bekommen hat. Wir wissen, daß er Millionen besitzt. Er hat es ja selbst gesagt. Er soll und muß zahlen. Verkünde ihm das!"

Es ist überflüssig, die Drohungen zu wiederholen, die Lindsay mürbe machen sollten. Er blieb bei seiner Weigerung, obgleich er noch einige Hiebe erhielt. – „Nun gut!" rief Marko endlich. „Ich gebe dir eine Stunde Zeit. Dann kehre ich zurück, und du bekommst hundert Peitschenhiebe auf den Rücken, falls du noch nicht zum Gehorsam geneigt bist." – „Wage es!" drohte Lindsay abermals durch den Dolmetscher. „Hiebe dreifach zurückbekommen!"

„Von wem denn?" lachte der andre. – „Von dem Effendi, von dem wir unterwegs gesprochen haben." – „Dieser Fremde wird niemals etwas von dir erfahren, obgleich du ihm entgegengeritten bist."

„Wird mich finden." – „Dazu müßte er allwissend sein. Er weiß ja nicht, daß du ihn suchst." – „Wird in Rugova erfahren: Bin dagewesen, dann plötzlich verschwunden. Wird meine Spur verfolgen bis hierher. Yes!" – „Deine Spur? Wie will er sie finden? Kein Mensch weiß, wo du bist. Am Abend bist du verschwunden, und seitdem haben nur unsre Freunde dich gesehen." – „Wird Kerle zwingen, es ihm zu sagen."

„Dann müßte er wissen, daß du in den Karaul gebracht worden bist. Und das wissen nur zwei, der Schut und ich." – „Schadet nichts! Bekommt es doch heraus. Was seid ihr beide gegen ihn und seinen Hadschi!" – „Hundesohn, sprich nicht so! Es ist ganz unmöglich, daß der Alaman dich entdeckt. Und wenn es ihm gelänge, so wäre es um ihn geschehen. Er müßte uns in die Hände laufen und würde von uns totgepeitscht. Laß dich ja nicht von dieser unsinnigen Hoffnung täuschen! Es wird dich kein Mensch hier entdecken, und du kannst dich nur durch Anweisung der geforderten Summe retten. Damit du das glaubst, will ich dir sagen, daß dein Effendi in diesem Augenblick jedenfalls schon in dem Karaul steckt, aus dem ich dich geholt habe, er und seine drei Begleiter. Und ihnen werden wir nie den Vorschlag machen, sich loszukaufen; sie dürfen die Freiheit niemals wiedersehen und werden ihr Leben lassen müssen." – „Unsinn!" rief der Engländer, als ihm diese Worte übersetzt wurden. „Meine Freunde gefangennehmen? Ausgeschlossen. Höchstens, wenn es ihnen beliebt! Yes!" – „Du machst dich lächerlich! Ich werde dir beweisen, daß sich diese Kerle vor uns in den Staub werfen, um uns um Gnade anzuwinseln. Sie sollen mit dir in einem Loch stecken, und du wirst mit ihnen sterben, wenn du bei deinem Vorsatz bleibst, dich nicht loszukaufen. Ich gehe jetzt. Du hast eine Stunde Zeit. Besinne dich wohl und wähle das einzige Mittel zur Rettung deines Lebens. Denke ja nicht, daß du von hier entkommen kannst. Auf allen vier Seiten seid ihr von Felsen umgeben, und es gibt nur den einzigen Weg durch dieses Loch herein und hinaus. Dieses aber ist verschlossen, und ihr seid überhaupt gefesselt, so daß ihr nichts unternehmen könnt. Dem Dolmetscher werde ich zu seiner Erleichterung die Füße frei lassen; er kann nichts dafür, daß du dich so hartnäckig weigerst, mein Gebot zu erfüllen." – Jetzt legte Marko sich auf den Boden nieder und kroch wieder hinaus. Wir hörten, daß der Stein in das Loch gezogen und angekettet wurde. – Einige Augenblicke blieb alles still; dann hörten wir den Engländer sagen: „Gemütliche Lage, Mr. Fan Hoti[1]! Nicht? Wie?" – „Ja", stimmte der Dolmetscher bei. „Ich glaube nicht,

[1] Der Vornamen Fan ist die im Albanischen gebräuchliche Abkürzung von Stefan

daß eine Rettung möglich ist." – "Pshaw! David Lindsay stirbt nicht in diesem Felsenloch." – "So wollt Ihr Euch loskaufen?"

"Fällt mir nicht ein. Sobald die Schufte das Geld hätten, würden sie mich töten." – "Ganz gewiß. Aber wie sollen wir hinauskommen? Ich bin überzeugt, daß es nur diesen einen Aus- und Eingang gibt. Und selbst wenn es einen andern Weg gäbe, würden unsre Fesseln uns hindern, irgend etwas zu unsrer Befreiung zu tun. So müssen wir den Gedanken an Rettung aufgeben." – "Nonsense! Wir kommen frei!" – "Auf welche Weise?" – Spazieren hinaus. Well!"

"Aber wer macht uns auf?" – "Mein Freund, den diese Schufte den deutschen Effendi nennen." – "Ihr habt ja gehört, daß er schon gefangen ist!" – "Fällt ihm nicht ein!" – "Seid nicht so sicher! Ihr wißt, wie es uns gegangen ist. Man hat uns gar nicht Zeit zur Gegenwart gelassen." – "Ist bei ihm nicht nötig. Ist nicht so dumm wie wir, in eine solche Falle zu laufen." – "Selbst wenn diese Räuber ihm nichts anhaben können, dürfen wir nicht auf ihn rechnen. Er kann unmöglich erfahren, was mit uns geschehen ist und wo wir uns befinden."

"Kennt ihn nicht. Kommt sicher! Yes!" – "Ich bezweifle es, Sir David. Wie sollte Eurem Freund das gelingen?" – "Ist seine Sache. Setze meinen Kopf, daß er kommt!" – "Ist schon da!" rief ich jetzt laut. "Ihr habt recht behalten, Sir David." – Für kurze Zeit blieb es still; dann ertönte die frohlockende Stimme des Engländers: "The devil! Das war seine Stimme. Kenne sie genau. Seid Ihr da, Mr. Kara Ben Nemsi?" – "Ja, und Halef ist bei mir."

"Heigh-day! Sie sind's; sie sind's! Habe ich es nicht gesagt? Prächtig, herrlich, wundervoll! Nun wir Prügel austeilen. Aber, wo steckt Ihr denn, he?" – "Hier im Winkel. Ich werde sogleich bei Euch sein."

Halef konnte zurückbleiben; ich aber ließ den untersten Teil der Leiter über die Mauer hinüber und stieg drüben hinab.

"So, da bin ich! Nun reicht Eure Arme und Beine her, Sir David, damit ich die Stricke zerschneide. Dann machen wir uns schleunigst aus dem Staub." – "O nein! Bleiben hier. Well!" – "Wozu?"

"Schuft seine eigne Peitsche geben, wenn er nachher kommt."

"Das werden wir freilich tun, aber nicht hier. Die Peitsche ist Nebensache, die Freiheit aber Hauptsache. Wir wollen nicht allein diesen ‚Alim' haben, sondern auch die andern. So, steht auf und kommt mit zur Wand!" – Ich hatte die Fesseln zerschnitten und schob nun beide gegen die Mauer. – "Was dort? Eine Tür?" fragte Sir David.

"Nein, aber ein Felsenloch, das wie ein Schornstein zur Höhe führt und in einen hohlen Baum mündet. Es hängt eine Strickleiter drin, mit deren Hilfe wir hinaufsteigen werden. Ich fürchte nur, Ihr könnt Euch nicht auf Eure Hände verlassen." – "Wenn es sich um die Freiheit handelt, werden sie ihre Schuldigkeit tun. Well! Fühle bereits, daß Blut wieder richtig fließt. Yes!" – Beide schlugen die Hände gegeneinander, um sie zu beleben. Ich zog mein Laternenfläschchen heraus, ließ Luft hinein und beleuchtete nun die Leiter und die Mauer so, daß sie sich zurechtfinden vermochten. Dabei erklärte ich ihnen die Einrichtung der ganzen Anlage. – "Höre schon!" sagte der Engländer. "Wird prächtig gehen. Ärgere mich nur, daß Ihr mir nicht Zeit läßt, den Schurken hier zu erwarten." – „Wir treffen ihn draußen." – „Wirklich? Gewiß?" – „Ja. Wir steigen zum Meiler hinab, durch den sie Euch in die Höhle geschafft haben. Dort sitzen die Kerle beim Feuer, und wir werden ihnen sehr liebenswürdig Gesellschaft leisten." – „Very well! Macht schnell, daß wir zu ihnen kommen! Erzählen, danken später! Nicht?" – „Natürlich! Steigt voran! Ich folge Euch. Dann mag Mr. Hoti kommen und Halef macht den Nachtrab." – „Der? Wo steckt Hadschi?" – „Er wartet jenseits der Mauer. Also vorwärts, Sir David! Ich halte Euch, falls Eure Hände Euch den Dienst versagen sollten." – Der Aufstieg begann. Er ging nicht allzu schnell vor sich, denn es stellte sich heraus, daß die Hände der beiden doch durch die Fesseln gelitten hatten. Trotzdem gelangten wir glücklich hinaus. Als ich ihnen dann auch vom Baum herabgeholfen hatte, was wegen der Finsternis notwendig war, kletterte ich wieder in die Höhlung und zog die Strickleiter herauf. Nachdem ich sie durch das Loch hinausgelassen hatte, schnitt ich sie innen ab und warf sie hinab. Dann stieg ich nach. Sie wurde zusammengelegt und mitgenommen. – Da der Engländer und der Dolmetscher die Örtlichkeit nicht kannten, mußten wir sie führen. Sobald wir so tief gekommen waren, daß die Felskuppe den Feuerschein verdeckte, wurde die Strickleiter hingelegt und angezündet. Wir warfen dürre Zweige darauf, damit sie ganz vernichtet wurde. – Diese Flamme erhellte uns den Weg, und der Abstieg ging leichter vonstatten. Die Windungen, die der Weg machte, waren ziemlich hell bestrahlt, ohne daß das Feuer jenseits des Felsenrisses im Tal gesehen werden konnte.

Unten drangen wir möglichst schnell durch die Büsche, denn es lag uns daran, bei unsern Gegnern zu erscheinen, bevor Marko wieder in die Höhle kroch. An einer passenden Stelle blieb ich mit den beiden andern zurück. Halef mußte zu Osko und Omar laufen, um sie und meine Gewehre zu holen. – Zunächst wurde kein Wort gesprochen. Erst als die Erwarteten nahe sein mußten, fragte Sir David: „Was nun mit den Schuften, Sir? Wollt sie wohl straflos laufen lassen, he? Kenne Euch!" – „O nein! Ich habe bisher Nachsicht genug geübt. Der Streich, den sie Euch gespielt haben, muß bestraft werden. Sie wollten nicht nur Euer Geld, sondern auch Euer Leben."

„Well! Was also tun?" – „Zunächst müssen wir uns ihrer bemächtigen; das weitere wird sich dann finden. Wir sind unser sechs und haben es mit zwölf Männern zu tun; also kommen zwei von ihnen auf einen von uns, ein Verhältnis, das ich unter den gegenwärtigen Verhältnissen nicht für ungünstig halte." – „Ich auch nicht, falls ich Waffen hätte." – „Ihr werdet ein Gewehr bekommen, vielleicht auch mehrere. Der Köhler und seine Leute haben, wie ich sehe, ihre Gewehre nicht bei sich; also werden sich die Waffen in der Stube befinden, wo wir sie leicht holen können." – Wir standen nämlich so, daß wir die ganze Bande leicht überblicken konnten. Auch die vier Neuangekommenen hatten ihre Flinten nicht bei sich, sondern, wie bereits erwähnt, an die Mauer des Hauses gelehnt. Diese Gewehre brauchten wir also nicht zu fürchten, sondern höchstens nur die alten, unzuverlässigen Pistolen, die drei von ihnen im Gürtel führten.

Marko hatte Messer und Pistolen noch nicht wieder an sich genommen.

Jetzt kam Halef mit den beiden Gefährten. Ich beauftragte ihn, durch das Fenster ins Haus zu steigen und uns die Gewehre herauszulangen. Zu diesem Zweck schlichen wir uns zu der dem Feuer abgekehrten Giebelseite. Die Fensteröffnung war groß genug, den Hadschi einzulassen. Es waren sieben geladene Flinten, die er herausgab. – „Sihdi", meinte er beim Heraussteigen, „dieser Köhler muß wirklich eine Gewehrniederlage haben. Er hat schon gestern den Aladschy zwei Flinten geben müssen, und das hier sind sieben, für ihn, seine vier Knechte, Suef und Dschemal, deren Waffen wir zerbrochen haben. Gestern hingen nicht sieben Stück hier. Es scheint, daß dieser Scharka die ganze Bande des Schut bewaffnet."

Die Gewehre wurden untersucht. Sie hatten das Kaliber wie Oskos und Omars Flinten. Das war vorteilhaft für Sir David und den Dolmetscher, die sich also des Kugelvorrates der Gefährten bedienen konnten. Lindsay hing sich vier Flinten über und der Dolmetscher drei. Das sah äußerst grimmig aus, war aber nicht sehr gefährlich, da die Gewehre nur einläufig waren. – „Was nun?" fragte Sir David. „Waffen habe ich. Nun auch schießen. Yes!" – „Nur wenn es wirklich notwendig wird", ermahnte ich ihn. „Wir wollen sie nicht töten."

„Aber mich wollten sie doch morden! Schieße sie nieder. Mache mir den Teufel draus. Well!" – „Wollt Ihr ein Mörder werden? Wir geben ihnen die Peitsche. Gestern sah ich Stricke auf dem Wagen liegen, vielleicht sind sie noch dort. Halef, hole sie! Ihr aber, Sir David, mögt mit Mister Fan Hoti rechts hinüberschleichen. Wir andern gehen links, so daß wir die Gesellschaft zwischen uns bekommen. Ihr tretet nicht eher zwischen den Büschen hervor, als bis Ihr hört, daß ich es wünsche. Und nehmt Euch in acht, daß Ihr jetzt nicht bemerkt werdet." – Sie entfernten sich. Halef schleppte einen ganzen Haufen Stricke herbei, und warf sie zu Boden. Jetzt hätten sie uns nur gehindert. – Nun schlüpfte ich mit den andern vorsichtig zur Hinterseite der Hütte und an ihr entlang bis an die Ecke. Dort legten wir uns nieder und schoben uns sacht dem Feuer entgegen. Die Schatten der um die Flamme sitzenden Gestalten fielen auf uns, so daß wir nicht vom Erdboden zu unterscheiden waren. Als wir uns zwischen den Gegnern und den an der Wand lehnenden Gewehren befanden, war es Zeit. – „Bleibt hier zunächst stehen", flüsterte ich den dreien zu, „und seht darauf, daß niemand zu den Gewehren kommen kann! Jedem, der mir nicht gehorcht, gebt ihr eine Kugel, aber nur ins Bein! Einen solchen Halunken lahmzuschießen, werden wir wohl auf unser Gewissen nehmen können. Wenn wir nicht gleich mit Nachdruck auftreten, kann es um uns geschehen sein."

Wir erhoben uns, und ich schritt auf das Feuer zu. Diejenigen, die mit den Gesichtern zu mir gerichtet saßen, erblickten mich zuerst. Es war der ‚Alim' mit seinen drei Begleitern. Er sprang auf und rief erstaunt: „Allah! Da kommt der Deutsche!"

Marko ließ vor Überraschung die Peitsche fallen, die er in der Hand hielt. Auch der Köhler sprang auf und starrte mich so erschrocken an, als sähe er ein Gespenst. Die andern aber blieben sitzen. Suef und Dschemal schienen sich vor Schreck nicht bewegen zu können. Alle hatten die Augen auf mich gerichtet, weshalb sie die im Schatten stehenden drei Freunde nicht bemerkten.

„Ja, der Deutsche", wiederholte ich. „Habe ich dir gestern nicht gesagt, Scharka, daß ich sicher wiederkommen werde, sobald es nötig sei?" – „Ja, du hast es gesagt", erwiderte der Köhler. „Aber welche Notwendigkeit sollte dich schon heute zurückführen?" – „Ein kleines Geschäft, das ich mit deinem Freund, dem ‚Alim', machen will."

„Mit mir?" fragte der Genannte. – „Ja, mit dir. Weißt du nicht, was ich meinte?" – „Ich habe keine Ahnung."

„So setze dich, damit ich dir die Angelegenheit in aller Bequemlichkeit vortragen kann." – Der Eindruck, den mein plötzliches Erscheinen machte, war derartig, daß sich Marko sogleich niedersetzte. Ich gab dem Köhler einen kurzen, gebieterischen Wink und auch er ließ sich nieder. Die Halunken waren verblüfft, mich so plötzlich in ihrer Mitte zu sehen. – „Zunächst muß ich dir melden, daß ich mich noch nicht im Karaul befinde", wendete ich mich an den ‚Gelehrten'. „Du hast dich also sehr verrechnet."

„Im Karaul?" fragte er betroffen. „Ich weiß nicht, was du meinst."

„So bist du sehr vergeßlich! Du hast doch gesagt, daß ich mich schon im Karaul zu Rugova befände." – „Effendi, ich kenne weder einen Karaul noch habe ich so etwas gesagt."

„So bist du wohl auch nicht der Meinung, daß ich dort zu Tode gepeitscht werden soll?" – „Nein. Ich begreife dich überhaupt nicht."

„Ja, wenn du mich überhaupt nicht begreifst, so glaube ich freilich gern, daß du es für unmöglich hältst, ich könne die Spur des Engländers finden." – Marko antwortete nicht. Die Stimme versagte ihm und er schnappte nach Luft. Darum fuhr ich fort: „Es weiß freilich außer dir und dem Schut kein Mensch, wie der Inglis in eure Hand geraten ist; aber er hat dir versichert, ich würde ihn dennoch finden. Es war sehr dumm von dir, das nicht zu glauben. Ein Mann, der studiert hat, sollte gescheiter sein." – „Was für einen Engländer meinst du?" – „Den, dem du nachher hundert Hiebe geben wolltest!"

Der ‚Alim' schluckte und schluckte und brachte kein Wort hervor.

„Effendi", rief da der Köhler, „welches Recht hast du, hierherzukommen und uns Dinge zu sagen, die kein Mensch verstehen kann?"

Scharka wollte sich erheben, aber ich drückte ihn nieder und antwortete: „Beruhige dich! Mit dir habe ich zunächst nichts zu tun. Dieser ‚Alim' wird mir schon selbst zu antworten wissen. Ich suche nämlich den Inglis, den er hierhergebracht hat."

„Aber ich habe ja in meinem ganzen Leben noch keinen Engländer gesehn!" behauptete Marko. – „Höre, das ist eine gewaltige Lüge. Du bist ja gestern nur zu diesem Zweck hier gewesen, einem Inglis bei Scharka eine Wohnung zu verschaffen." – „Nein, nein, das ist nicht wahr!" – „Nun, wir werden ja sehen. Ich bin gekommen, das Lösegeld für ihn zu bezahlen." – „Ah!" stieß er hervor. „Wer hat dich dazu beauftragt?" – „Ich selbst. Ich habe mich aus eigenem Antrieb entschlossen, es dir zu bringen." – Es war geradezu ein dummer

Blick, den er auf mir ruhen ließ. Der Köhler war klüger als der Städter. Scharka erriet, daß ich in feindlicher Absicht gekommen sei, denn er schnellte in die Höhe und rief: „Lüge, nichts als Lüge! Hier weiß niemand etwas von einem Engländer. Wenn du glaubst, uns beleidigen zu können, so hast du dich verrechnet! Du hast schon gestern –" – „Schweig!" donnerte ich ihn an. „Dein Verdienst ist es freilich nicht, daß ich jetzt lebendig und gesund vor dir stehe. Du wolltest uns bei dem Teich an der Felswand ermorden. Glücklicherweise aber war ich nicht so albern, wie du dachtest. Setz dich nieder!" – „Effendi", schrie er mich an, „wage nicht noch einmal, mich in dieser Weise zu verdächtigen! Es könnte dir schlecht bekommen." – „Setz dich!" wiederholte ich. „Ich dulde nicht, daß man mir hier widerspricht. Wer von euch sich ohne meine Erlaubnis erhebt, den lasse ich niedersetzen. Also nieder mit dir, Scharka, augenblicklich, sonst –" – „Setz mich doch nieder! Hier stehe ich, und hier ist mein Messer! Wenn du noch –" – Der Köhler kam nicht weiter. Er hatte das Messer aus dem Gürtel gezogen und gegen mich gezückt. Da krachte hinter uns ein Schuß, und er sank mit einem Wehruf zusammen. Die andern wollten vor Schreck auffahren, aber ich rief: „Bleibt sitzen, sonst trifft auch euch die Kugel! Ihr seid umzingelt." – „Glaubt es nicht!" brüllte Scharka, der am Boden saß und sein Bein mit beiden Händen hielt. „Holt die Gewehre! Dort lehnen sie, und im Haus sind noch mehr." – „Ja, dort lehnen sie. Holt sie euch doch!" – Bei diesen Worten deutete ich zur Wand, und alle sahen dort meine drei Gefährten stehen, die ihre Flinten angelegt hatten. Der Schuß war aus Halefs Gewehr gefallen.

„Drauf, drauf!" gebot der Köhler. – Aber niemand gehorchte. Jeder sah, daß ihn die Kugel treffen würde, der eine Miene machte, dem Köhler zu gehorchen. Scharka stieß schreckliche Flüche aus. Da hob ich den Kolben und drohte: „Schweig! Noch ein Wort, so schlage ich dich nieder! Wir haben bereits gestern bewiesen, daß wir uns nicht vor euch fürchten, und heute sind wir zahlreicher hier."

„Und wenn ihr hundert seid, so fürchte ich dich nicht. Du sollst nicht umsonst auf mich haben schießen lassen. Da –!" – Scharka ergriff das Messer, das ihm entfallen war, und schleuderte es auf mich. Ich sprang zur Seite, es flog an mir vorüber, und im nächsten Augenblick erhielt er meinen Kolbenschlag, der ihn besinnungslos niederstreckte. – Das machte Eindruck. Keiner wagte eine feindselige Bewegung. Die drei, die Pistolen hatten, hielt ich besonders im Auge; aber es fiel ihnen gar nicht ein, sich dieser Waffen zu bedienen.

„Ihr seht, daß wir nicht scherzen", erklärte ich nun. „Marko soll mir Antwort geben. Die andern mögen sich ruhig verhalten. Wo befindet sich der Inglis?" – „Es ist keiner hier", antwortete er. – „Auch in der Höhle nicht?" – „Nein."

„Damit hast du vollkommen recht, denn er ist bereits wieder heraus." – „Be–reits wie–der he–raus?" stotterte er.

„Wenn du ihn sehen willst, so schau dich einmal um!"

Ich winkte zu der Stelle, wo ich Lindsay und den Dolmetscher wußte. Beide kamen herbei. Marko war steif vor Schreck.

„Glaubst du jetzt, daß ich seine Spur gefunden habe?" lachte ich. „Kaum hast du ihn gebracht, so ist er schon frei. Ihr könnt übrigens sehen, daß die beiden sogar die Gewehre haben, die sich drin in der Stube befanden. Ihr seid in unsern Händen, und wir bitten uns nun noch die Pistolen dieser drei braven Männer aus. Der Dolmetscher mag sie ihnen aus den Gürteln ziehen; sie selbst dürfen ihre Waffen nicht berühren. Und dann mag ihm ein jeder auch noch sein Messer abgeben. Wer sich weigert, wird erschossen."

Ich legte den Stutzen an, und der Engländer zog eines seiner Gewehre an die Wange, obgleich er nicht verstanden hatte, was ich sagte. Das schüchterte die Leute vollends ein. Sie ließen sich ihre Waffen abnehmen, ohne ein Wort der Weigerung zu wagen.

„Halef, die Stricke!" – Es brauchte nur drei Sekunden, so hatte der Kleine diesen Befehl ausgeführt. – „Binde den ‚Alim'!"

„Effendi, was fällt dir ein!" rief der ‚Gelehrte'. „Mich binden? Das dulde ich nicht!" – „Du wirst es ruhig geschehen lassen, sonst bekommst du die Kugel in den Kopf. Glaubst du denn, einen Lord von Altengland schlagen zu dürfen und dann dafür wie ein Padischah behandelt zu werden? Weißt du nicht, welch eine Beleidigung ein Peitschenhieb ist? Ihr werdet samt und sonders gebunden. Den andern gebe ich mein Wort, daß ihnen nichts geschehen wird, wenn sie gehorsam sind; du aber wirst die Peitschenhiebe mit guten Zinsen zurückerhalten." – Marko sträubte sich dennoch gegen Halefs Hände. Da fragte Lindsay den Dolmetscher: „Was heißt auf Türkisch: ich werde helfen?" – „Jardym ededschejim", erwiderte der Gefragte.

„Well! Also: jardym ededschejim!" – Er hob die Peitsche auf, die Marko vorhin hatte fallen lassen, und versetzte ihm einige so kräftige Jagdhiebe, daß der Getroffene den Widerstand aufgab. Er wurde gebunden, und dann kamen auch die andern an die Reihe. Sie weigerten sich nicht; sie hatten zu große Angst vor den auf sie gerichteten Gewehren. Wir befestigten ihnen die Hände so auf den Rücken, daß es ihnen unmöglich war, sich gegenseitig die Knoten aufzulösen. Selbstverständlich wurden ihnen auch die Füße zusammengebunden.

Dann untersuchte ich das Bein des Köhlers. Die Wunde war nicht gefährlich. Die Kugel war oberhalb des Kniegelenks durch das Fleisch gedrungen und dann wohl in den brennenden Holzhaufen gefahren. Ich verband die Wunde, und dann wurde auch Scharka gefesselt, wobei er erwachte. Er warf uns grimmige Blicke zu, sagte aber kein Wort. Nun winkte ich die Gefährten beiseite. Die Gefangenen brauchten nicht zu hören, was zwischen uns gesprochen wurde. – „Hört, Sir, habt eine große Dummheit begangen", sagte Lindsay zu mir. – „Ihr meint, daß ich diesen Leuten versprach, es solle ihnen nichts geschehen?" – „Natürlich – yes!"

„Ich halte das für keine Dummheit, sondern nur für ein Gebot der Menschlichkeit." – „Geht fort mit Eurer Menschlichkeit! Schufte haben Euch und uns nach dem Leben getrachtet. Ist das wahr oder nicht, he?" – „Allerdings." – „Yes! Nun, sehe nicht ein, warum wir ihnen nicht auch ein wenig nach ihrem Leben trachten sollen! Oder kennt ihr nicht das Gesetz, nach dem hier gehandelt wird?"

„Ich kenne es ebenso genau wie Ihr; aber wenn diese halbwilden Menschen danach handeln, so ist es deshalb doch keineswegs nötig, daß auch wir es uns zur Richtschnur dienen lassen. Ihr habt Räuber gegen Euch gehabt, sie aber haben es mit einem Gentleman zu tun, der ein Christ und nebenbei ein Peer von Altengland ist. Würde es gentlemanlike von ihm sein, wenn er nach den Grundsätzen dieser Räuber handelte?" – „Hm!" brummte er. – „Übrigens haben sie weder Euch noch uns einen leiblichen Schaden zugefügt. Wir alle sind mit heiler Haut davongekommen. Die Ermordung dieser Leute wäre also keineswegs durch das Gesetz der Wiedervergeltung zu entschuldigen." – „Gut, dann nicht töten, aber weidlich prügeln!"

„Verträgt sich solch eine Prügelei mit der Würde eines David Lindsay?" – Ich kannte die Stelle, wo er angefaßt werden mußte. Der Erfolg ließ auch nicht auf sich warten. Er rieb sich nachdenklich seine blau angelaufene Nase und fragte dann: „Ihr meint, ein solches Prügelfest und ein Englishman passen nicht gut zusammen?"

„Ja, das ist meine Meinung. Ich habe eine zu große Achtung für Eure Person und Euer Volk, als daß ich annehmen möchte, eine so unfeine Rache verursache Euch ein großes Vergnügen. Der Löwe kümmert sich nicht um die Maus, die ihn an der Mähne zerrt."

„Löwe – Maus – sehr gut! Ausgezeichneter Vergleich. Well! Lassen wir diese Mäuse in Ruh! Als Löwe will ich großmütig sein. Aber diesen Kerl, den Ihr Alim nennt, betrachte ich nicht als Maus. Er hat mich geschlagen." – „Da sind wir einig. Marko und Scharka sind die Leiter der andern. Beide haben jedenfalls mehr als ein Menschenleben auf dem Gewissen. Sie dürfen nicht leer ausgehen. Was den Köhler betrifft, so wurde er durch Halefs Kugel bestraft. Der andre mag die Peitsche schmecken, fünfzig wohlgezählte Hiebe auf den Rücken, keinen einzigen weniger." – „Aber, Sir, hundert sollte ich bekommen!" – „Fünfzig sind genug. Er wird sein Lebtag daran denken." – „Einverstanden! Well! Aber was nachher?"

„Wir schließen sie alle in die Höhle ein." – „Sehr gut! Werden in ihre eigne Grube gestürzt. Doch sie werden drin verschmachten, und Ihr wollt nicht töten!" – „Ich werde dafür sorgen, daß sie zur rechten Zeit befreit werden. Wenn sie zwei oder drei Tage lang die Gespenster des Verhungerns und Verdurstens vor sich haben, so ist das eine empfindliche Strafe. Wir werden sicher einen Menschen finden, der mit ihnen verbündet ist und die Höhle kennt. Den schicken wir her, um sie zu befreien. Sie können uns dann nichts mehr schaden, denn wir sind inzwischen längst aus dieser Gegend fort." – „Wo wollt Ihr denn hin?" – „Nach Rugova zunächst."

„Prächtig! Yes! Anderswohin würde ich auch nicht gehen. Habe mit diesem verteufelten Kara Nirwan ein ernstes Wort zu sprechen."

„Ich auch; doch davon später! Kennt Ihr ihn vielleicht persönlich?"

„Yes! Besser, als mir lieb ist." – „Also wir sind einig in bezug auf die Bestrafung unsrer Gefangenen?" – „Yes! Vorausgesetzt, daß Alim seine fünfzig bekommt." – „Die soll er haben."

Fan Hoti, der unser englisch geführtes Gespräch verstanden hatte, bemerkte beistimmend: „Auch ich wäre nicht dafür, diese Leute zu töten. Die Todesangst, die sie in der Höhle ausstehen werden, ist Strafe genug. Aber es fragt sich, ob diese Strafe überhaupt vollzogen werden wird. Es ist leicht möglich, daß sehr bald einer kommt, der als Anhänger des Schut die Höhle kennt. Wenn er niemand hier im Tal findet, wird er in die Höhle sehen und die Leute befreien."

„Können wir das hindern?" – „Nein; aber dann werden sie sofort aufbrechen, um wie eine gierige Meute hinter uns her zu sein."

„Das können wir ihnen erschweren, indem wir ihre Pferde mitnehmen. Daran habe ich bereits gedacht. Nach Rugova zu laufen, erfordert so viel Zeit, daß wir bei ihrer Ankunft dort jedenfalls schon fort wären. Hoffentlich finden wir den kürzesten Weg von hier dorthin." – „Ich war noch niemals in diesem Tal", erwiderte der Dolmetscher, „und ich glaube nicht, daß wir imstande sind, den Weg durch Wald und Wildnis zu finden, auf dem wir hergebracht wurden. Ich weiß aber, daß wir, wenn wir zunächst nach Kolastschin reiten, von dort aus offne Straße haben: Schlagen wir diese Richtung ein, so kommen wir wohl ebenso schnell hin, als wenn wir uns über weglose Berge und durch halsbrecherische Täler und Schluchten mühselig Pfade suchen." – „Das ist auch meine Meinung. Ich wäre auf alle Fälle zuerst nach Kolastschin geritten. Der Weg dorthin wird wohl zu finden sein; er ist, wie der Köhler uns mitteilte, durch Wagengleise bezeichnet. Jetzt aber wollen wir zunächst das Notwendigste tun, nämlich die Kerle in die Höhle schaffen, nachdem Marko vor ihren Augen seine Züchtigung erhalten hat."

Ich teilte den andern, die nicht Englisch verstanden, unsern Entschluß mit. Sie billigten ihn. Der Hadschi, der sonst so gern zur Peitsche griff, erklärte auf meine Frage, er sei kein Henkersknecht, sondern schlage nur dann und wann zu, wenn es gelte, sich Achtung zu verschaffen. Darum wurde ausgemacht, daß einer der Köhlerknechte die Züchtigung übernehmen sollte. – Wir suchten den stärksten von ihnen aus. Er bekam mitgeteilt, was wir von ihm verlangten, und daß er sein Leben aufs Spiel setze, wenn er die Peitsche nicht kräftig genug führe. Dann wurde er von den Stricken befreit und mußte mit Omars Hilfe einen starken Klotz herbeirollen, der an der hintern Wand des Hauses lag. Auf diesen Klotz wurde der Alim gebunden. Der angebliche Gelehrte versuchte durch Bitten die Strafe von sich abzuwenden, allerdings vergeblich.

„Effendi", rief er mir zuletzt in heller Angst zu, „warum willst du so grausam sein? Du weißt doch, daß ich ebenso wie du Geologe bin, denn ich habe den Bau der Erde studiert! Willst du wirklich deinen Berufsgenossen schlagen lassen?" – „Hast du nicht gesagt, ich sollte zu Tode gepeitscht werden? Berufe dich ja nicht auf dein Studium! Es hat dich so weit geführt, daß jetzt die Peitsche den Bau deines Körpers sehr eingehend studieren wird." – Der Köhlerknecht erhielt die Peitsche. Halef stellte sich mit der Pistole neben ihn und drohte, ihn sofort zu erschießen, wenn ein Hieb zu schwach ausfalle. Die Züchtigung begann. – Hernach band ich dem Knecht die Hände wieder auf den Rücken, zog ihn beiseite und fragte ihn: „Nicht wahr, dein Herr hat Pferde?" – „Nein", leugnete er. – „Höre, ich habe sie gestern gesehen, als ihr in das Tal rittet, wo wir überfallen werden sollten. Wenn du mir nicht die Wahrheit sagst, lasse ich dir ebenso wie Marko fünfzig auf den Rücken geben." – Das wirkte. – „Effendi", sagte er, „du wirst es nicht verraten, wenn ich dir die Wahrheit mitteile?" – „Nein." – „Schläge mag ich doch nicht haben. Der Köhler hat vier Pferde, von denen das eine ein ausgezeichneter Renner ist."

„So ist Scharka nicht arm?" – „O nein! Auch sein Schwager Junak ist wohlhabend, ohne daß sie sich's merken lassen. Sie haben viel Geld versteckt." – „Wo?" – „Das weiß ich nicht. Wenn ich es wüßte, hätte ich mich mit diesem Geld längst davongemacht."

„Es sind so viele Waffen vorhanden; folglich muß Scharka doch auch Schießbedarf besitzen?" – „In der Stube unter dem Lager wirst du alles finden: Waffen, Pulver, Blei, Zündhütchen und auch Feuersteine für Gewehre, die Steinschlösser haben." – „Kennst du den Alim genauer?" – „Nein." – „Ein Gelehrter ist er nicht, obgleich er sich mir gegenüber dafür ausgegeben hat. Welchen Standes ist er denn eigentlich?" – „Das weiß ich nicht." – „Aber Kara Nirwan ist dir bekannt?" – Jetzt antwortete er erst auf eine wiederholte Drohung: „Ja, ich kenne ihn, denn er ist oft hier." – „Wo liegt sein Han? Im Ort Rugova selbst?" – „Nein, sondern vor der Stadt." – „Und der Karaul, den er als Versteck benutzt?" – „In dem Wald, durch den früher der Weg ging, der die Grenze des Mirditengebiets bildete. Längs dieser Grenze waren zu ihrem Schutz zahlreiche Karauls angelegt, von denen nur dieser eine noch vorhanden zu sein scheint."

„Hast du den alten Wachtturm einmal gesehen?" – „Nein."

„Auch nichts über seinen Bau und seine Einrichtung gehört?"

„Niemals. Der Schut hält das sehr geheim." – „Aber Marko wird es wissen?" – „Ich glaube, er ist ein Vertrauter des Schut."

„Gut! Du wirst mir jetzt die Pferde des Köhlers zeigen. Versuche aber nicht, mir zu entspringen! Sieh, dieser Revolver hat sechs Schüsse. Ich nehme ihn zur Hand, und du gehst einen Schritt vor mir her. Bei der ersten hastigen Bewegung, die du machst, schieße ich dich nieder. Vorwärts!" – Er ging voran, hinter das Haus, und bog von da scharf rechts ab, in eine Richtung, in die ich noch nicht gekommen war. Ein ziemlich ausgetretener Weg, den ich noch gar nicht bemerkt hatte, führte hier in die Büsche, zwischen denen wir kaum zwanzig Schritte gemacht hatten, als wir vor einem breiten, etwas über mannshohen, dunklen Gebäude standen. – „Da drin sind sie" sagte der Gehilfe des Köhlers. – „Was ist das? Ein Gebäude?" – „Ein Stall, aus Stangen und Steinen errichtet." – „Er reicht nur für vier Pferde aus. Wo sind die andern Tiere?" – „Auf der andern Seite, hinter dem Feuer."

„Wo gestern die Pferde der Aladschy standen?" – „Ja." – „So weiß ich genug. Komm mit zurück!" – Der Knecht zögerte. – „Effendi", sagte er, „du siehst, daß ich dir gehorsam bin. Nun tu mir wenigstens den Gefallen, mir zu sagen, ob wir getötet werden." – „Ihr bleibt am Leben. Ich habe gesagt, daß euch nichts geschehen soll, und halte mein Wort. Aber wir werden euch ein wenig in die Höhle sperren."

„Weiter geschieht uns wirklich nichts?" – „Nein." – „So habe Dank! Wir konnten Schlimmeres erwarten."

Das Einsperren schien ihn nicht zu erschrecken. Ich erriet seine Gedanken; darum sagte ich:

„Wir meinen es mit euch nicht so gnädig, wie du denkst. Es wird euch nicht gelingen, euch ohne fremde Hilfe zu befreien." – Er schwieg. „Die Leiter ist nicht mehr da", fuhr ich fort. – „Die Leiter? Nicht mehr da?" fragte er bestürzt. „Kennst du sie denn?" – „Ja, ich war schon gestern in der Höhle. Wir stiegen durch die Eiche ein und wollten den Ort kennenlernen, von wo wir den Engländer heut zu befreien beabsichtigten." – „Allah!" rief er erstaunt. – „Wir waren auch heute schon in der Höhle, als Marko kam, um mit dem Inglis drin zu reden. Das magst du den andern erzählen, damit sie einsehen, wie wenig Hirn sie im Kopf haben." – „Aber, Effendi, dann können wir doch nicht wieder aus der Höhle heraus!" sagte er ängstlich.

„Das sollt ihr auch nicht." – „Sollen wir elend drin umkommen?" „Es ist nicht schade um euch." – „Du hast uns aber doch versprochen, daß uns nichts geschehen soll!" – „Ja, und ich halte mein Wort. Wir tun euch nichts. Ihr selbst habt der Höhle ihre grausige Einrichtung gegeben, und nun tragt ihr selbst auch die Schuld, wenn sie euch zum Verhängnis wird." – „Effendi, das darfst du nicht tun. Wir müssen ja jämmerlich verschmachten!" – „Viele andre sind ebenso jämmerlich dort erstickt. Wir krümmen euch kein Haar; aber wir bringen euch an den Ort, wo sich eure Opfer befanden. Was dann geschieht, geht uns nichts an." – „Werdet ihr dann den Stein vorschieben?" – „Gewiß." – „O Allah! So ist keine Rettung möglich. Dieser Stein ist von innen nicht zu entfernen, nicht durch eine Axt, nicht durch ein Messer. Und wir haben nicht einmal ein Werkzeug, sondern werden sogar an Händen und Füßen gebunden sein. Willst du denn nicht wenigstens mit mir eine Ausnahme machen?"

„Verdienst du das?" – „Du hast doch gesehen, daß ich gehorsam war." – „Aus Angst vor meiner Kugel. Damit hast du dich keineswegs einer besonderen Gnade würdig erwiesen. Etwas andres wäre es, wenn du Reue zeigtest über eure Taten." – Er sah mich verständnislos an. – „Reue? Bin ich ein altes Weib, das zu greinen anfängt, wenn es eine Dummheit begangen hat? Und nichts als Dummheit war es, daß wir uns von euch übertölpeln ließen." – „So, so! Wenn das alles ist, was du mir zu sagen hast, bin ich fertig mit dir. Du wirst eingesperrt wie die andern." – Da fuhr er grimmig auf. „So hole dich der Scheïtan und versenke dich in die tiefste Verdammnis der Hölle! Du bist der bissigste und räudigste unter allen Hunden der Erde! Möge dein Ende tausendmal elender und qualvoller sein als das unsrige!"

Das hatte ich erwartet. Sein augenblicklicher Gehorsam konnte mich nicht täuschen. Er war der kräftigste und auch der rohste und gefühlloseste unter den Köhlerknechten. Das hatte ich ihm gleich angesehen. Ich war nur in der Absicht gegen ihn so mitteilsam gewesen, daß er alles, was er von mir erfahren hatte, den andern wieder sagte. Sie sollten nur für eine Zeit in der Höhle stecken, aber während dieser Frist erfahren, was Todesangst bedeutet. – Als wir zum Feuer zurückkehrten, wo ihm die Füße wieder gebunden wurden, beeilte er sich auch, seinen Spießgesellen in zornigen Worten mitzuteilen, welches Schicksal ihrer warte. Als sie das vernahmen, erhoben sie ein lautes Geschrei und bäumten sich unter den Fesseln auf. Nur der Köhler lag ruhig und schrie über ihre Stimmen hinweg:

„Seid still! Durch euer Brüllen macht ihr es nicht anders. Wir dürfen diesen Schurken, die uns töten wollen, nicht den Gefallen tun, ihnen Angst zu zeigen. Und müssen wir denn Angst haben? Nein, sage ich euch, und hundertmal nein! Ein landfremder Halunke ist es, der uns verderben will; darum wird Gott selbst niedersteigen, um uns zu retten. Dieser Schuft soll nicht über uns triumphieren!"

„Ich weiß, was du meinst", antwortete der Knecht. „Gott kann nicht zu uns in die Höhle steigen, denn die Leiter ist fort. Dieser Fremde. ist durch die Eiche gekrochen und hat die Leiter weggenommen."

Eine minutenlange Stille des Schreckens trat ein. Dann fragte der Köhler voll Angst, die ihm fast den Atem raubte: „Ist das wahr? Ist das wahr?" – „Jawohl! Er hat es mir selbst gesagt." – „Wie hat er das Geheimnis erfahren?" – „Der Teufel, der sein Bruder und Verbündeter ist, muß es ihm gesagt haben." – „So ist es vorbei mit uns, so müssen wir verhungern und verschmachten!" – Jetzt hatte ihn seine Ruhe völlig verlassen. Er zerrte an seinen Banden und schrie mit heiserer Stimme: „O Gott, laß Feuer vom Himmel fallen und diese Fremden verzehren! Laß Wasser aus der Erde steigen und sie ersäufen! Laß Gift aus den Wolken regnen, damit sie verderben, wie das Gewürm, das ausgerottet wird!" – Die andern stimmten in diese Verwünschungen ein, die uns bewiesen, daß wir das richtige Mittel gefunden hatten, sie die Folter der Todesangst kosten zu lassen. Der Lärm, den sie verursachten, war so groß, daß wir uns beeilten, sie in die Höhle zu schaffen. Drinnen wurden sie nebeneinander gereiht. Dann krochen wir hinaus und befestigten den Stein mit Hilfe der Kette. Das Angstgeheul der Verbündeten des Schut dauerte fort, war aber nun von außen nicht mehr zu vernehmen. – Jetzt machten wir uns an die Arbeit, die Hölzer, aus denen der Meiler bestanden hatte, zum Feuer zu schaffen, so daß das Eingangsloch frei wurde. Selbst Lindsay half dabei. Die Knüppel boten einen willkommenen Brennstoff zum Unterhalt des Feuers während der Nacht. – Während dieser Arbeit nahm mich der Hadschi beim Arm, schnitt ein pfiffiges Gesicht und sagte: „Sihdi, mir ist soeben ein guter Gedanke gekommen."

„So? Gewöhnlich taugen grad deine besten Einfälle nicht viel."

„Dieser ist aber tausend Piaster wert!" – „Ich gebe sie dir gewiß nicht dafür." – „Du wirst dich dennoch freuen, wenn du ihn hörst."

„So sprich!" – „Sage mir vorher, ob du vielleicht Mitleid mit den Menschen hast, die da drinnen stecken." – Er deutete zur Höhle.

„Nein, gar nicht." – „Die Strafe, die wir ihnen zugesprochen haben, ist, mit ihren Verbrechen verglichen, gar keine Strafe zu nennen. Morgen oder übermorgen sind sie wieder frei, und dann wird alles schnell vergessen sein. Wäre es nicht gut, ihre Angst ein wenig zu erhöhen, damit sie länger daran denken müssen?" – „Ich hätte nichts dagegen. Aber wie wolltest du das anfangen?" – „Wir müssen in diesen Verbrechern den Glauben erwecken, daß sie den gleichen Tod sterben sollen, dem sie ihre Opfer weihten." – „Ersticken also?"

„Ja. Wir zünden ein Feuer vor der Höhle an und öffnen das Loch, damit der Rauch hinein kann." – „Da ersticken sie doch wirklich!" „O nein! Es darf nur ein Feuerchen sein, und da es im Freien brennt, wird der größte Teil des Rauchs in die Luft steigen. Der Meiler war so eingerichtet, daß er einen Luftzug nach innen verursachte, was bei unserm Feuerchen nicht der Fall ist. Die Halunken brauchen nur zu bemerken, daß wir die Höhle öffnen; sie brauchen dann den Rauch nur zu riechen, ohne daß er in Masse zu ihnen hineindringt, so werden sie eine unbeschreibliche Angst bekommen. Nicht, Sihdi?"
„Ich glaube auch." – „So sag, ob ich darf!" – „Gut, tu es! Es kann ihren Seelen nur nützlich sein, wenn wir sie so erregen, daß dieser Tag vielleicht ein Wendepunkt ihres Lebens wird." – Der Hadschi machte die Kette los und schob den Stein in die Höhle zurück, aber so, daß er an der Kette von außen noch zu fassen war. Dann schichtete er einen kleinen Haufen Holz vor dem Loch auf und steckte ihn mit Hilfe eines brennenden Astes in Brand. Nun kniete er nieder und blies den Rauch mit solchem Eifer in das Loch hinein, daß ihm die Tränen in die Augen traten. – „Laß das sein, Halef!" lachte ich. „Du erstickst ja selbst." – „O nein! Laß mir nur das Vergnügen! Die Leute des Schut werden jetzt eine Angst bekommen, als lägen sie in der glühenden Pfanne, in der der Scheïtan seine ganz besonderen Lieblinge brät."

Während er so mit Hingebung bei seinem Feuerchen beschäftigt war, nahmen wir andern einen Brand und gingen ins Haus. Dort fanden wir einen Haufen Kienspäne und auch einige Talglichte, mit denen wir die Stube erleuchten konnten. – Dann wurde das Lager untersucht. Wir warfen seine Bestandteile zur Seite und kamen auf eine alte, zusammengenagelte Brettertür. Als sie entfernt war, gähnte uns ein ziemlich tiefes, viereckiges Loch entgegen, dessen Inhalt wir herausnahmen. Ich entdeckte da eine ganze Sammlung von Flinten, Pistolen, Tschakanen und Messern. Das also war die Waffenniederlage, deren Vorhandensein wir geahnt hatten. Der weitere Inhalt der Grube bestand aus mehreren großen Stücken Blei, einigen blechernen Schachteln, mit Zündhütchen gefüllt, einem Häufchen Feuersteine und einem kleinen Faß Pulver. Das Fäßchen war angebohrt, das Loch aber mit einem zusammengedrehten Lappen wieder verstopft worden.

Ich kniete dabei nieder, um den Lappen herauszuziehen und die Beschaffenheit des Pulvers zu untersuchen. Dabei stieß ich an eins der Bleistücke, so daß es in die Grube zurückfiel. Das gab einen Ton, der mich aufhorchen ließ. Es hatte hohl geklungen.

„Sollte sich unter diesem Loch ein zweites befinden?" fragte ich. „Horcht!" – Ich warf ein zweites Stück hinab – es gab den gleichen Klang. – „Yes!" sagte Lindsay. „Vermutlich Zwischenboden. Einmal versuchen, ob wegnehmen können. Yes!" – Wir verstopften das Fäßchen einstweilen wieder und rollten es fort, damit es nicht etwa mit einem Kienspanfunken in Berührung käme. Dann legten wir uns, so viele Platz hatten, auf den Bauch rund um das vielleicht einen Meter tiefe Loch und scharrten mit den Messern den Boden auf, der aus festem Erdreich zu bestehen schien. Die losgekratzte Erde wurde mit den Händen herausgeworfen. – Bald konnten wir mit den Armen nicht mehr weit genug reichen. Halef wurde herbeigeholt. Da er der Kleinste und Schmächtigste von uns war, sollte er sich in die Grube kauern und weitergraben. Er stieg hinein und scharrte emsig drauflos. – „Bin neugierig, was für einen Fowlingbull er zum Vorschein bringen wird", lachte Sir David, den die Sache an seine Forschungsleidenschaft in den Ruinen am Euphrat und Tigris gemahnte. – Plötzlich hörte Halef auf. Der Klang, den das Messer verursachte, war ein andrer geworden. – „Die Erde hört auf", meldete der Kleine. „Ich bin auf Holz gestoßen." – „Mach weiter!" bat ich. „Versuche, das Holz von der Erde bloßzulegen!"

„Es sind armdicke Querstangen, Sihdi. Unter ihnen ist ein hohler Raum." – Noch eine kurze Zeit warf er Erde herauf; dann aber brachte er zwei buchene Hölzer zum Vorschein. – „Es liegen ihrer wohl mehr als zwanzig nebeneinander", sagte er. „Ich werde bald sehen, was darunter steckt." – Halef hob noch mehrere Hölzer aus, bis nur so viele unten blieben, wie er brauchte, um darauf knien zu können. Dann langte er in das dadurch entstandene Loch hinab. Der Gegenstand, der ihm in die Hände kam, hatte einen solchen Umfang, daß er ihn nicht durch die Öffnung heraufzubringen vermochte.

„Es ist Leder", erklärte er, „aber mit Stricken umwunden und ziemlich schwer." – „So will ich dir meinen Lasso hinabreichen", erwiderte ich. „Zieh ihn unter den Stricken hindurch und entferne hierauf die übrigen Stäbe! Dann werden wir das Ding mit Hilfe des Lasso heraufbekommen." – Der Hadschi gehorchte, kam dann aus der Grube heraus und wir zogen den Gegenstand am Lasso empor. Er steckte in einem fest zugebundenen und mit Stricken fürsorglich umwundenen Ledersack, in dessen Innern ein metallisches Klingen und Klirren ertönte. Als wir die Stricke abgelöst und den mit einem Riemen zugebundenen Sack geöffnet hatten, holten wir den Inhalt heraus. Alle Anwesenden, ich nicht ausgenommen, stießen einen Ruf der Verwunderung aus, denn wir sahen eine ganze, kostbare, altskipetarische Waffenrüstung vor uns liegen. – Sie bestand zunächst aus einem silbernen oder wahrscheinlich nur versilberten Kettenpanzer, dessen Glieder kunstvoll ineinandergeschlungen waren. Der Verfertiger dieses Panzers war jedenfalls ein Meister seines Fachs gewesen, und es hatten wohl viele Monate dazu gehört, dieses Prachtstück anzufertigen. Der, für den der Panzer bestimmt gewesen, hatte eine kleine Gestalt gehabt, etwa wie mein Halef. – Sodann fanden sich zwei Pistolen mit Steinschlössern, reich mit Gold ausgelegt, und ein langer, breiter, zweischneidiger Dolch, dessen Griff von Rosenholz war, ebenfalls mit Gold ausgelegt. Am Knauf trug er eine große, bläulich schimmernde Perle. – Das letzte Stück war ein krummer Türkensäbel, der in einer einfachen Lederscheide steckte, deren Lacküberzug sich abgegriffen hatte. Er ging von Hand zu Hand, ohne daß einer ein Wort dazu sagte. Halef reichte ihn mir zuletzt hin und meinte: „Schau auch du ihn an, Sihdi! Er paßt nicht zu den andern Gegenständen." – Der Griff war so schmutzig, daß man nicht erkennen konnte, woraus er bestand; fast schien es, als sei er absichtlich so beschmutzt worden. Aber die lippenartig gebogene stählerne Parierstange glänzte hell im Schein der brennenden Späne. Ich war Waffenkenner genug, sofort zu sehen, daß sie eine fein gestochene arabische Inschrift trug. Sie war leicht zu lesen und lautete: ‚Ismi eß-ßa'ika – mein Name ist der einschlagende Blitz.'

Das war mir genug, um zu vermuten, daß ich eine sehr wertvolle Waffe in der Hand hatte. Mit Hilfe des alten, an der Mauer hängenden Kaftans, in dessen Tasche der Hadschi die Schnecken gesteckt hatte, reinigte ich den Griff vom Schmutz und sah nun, daß er aus Elfenbein bestand, in das die erste Sure des Koran schwarz eingebeizt war. Der Knauf war mit zwei goldnen Halbmonden geziert, die sich kreuzten. Zwischen den so gebildeten vier Halbsicheln standen arabische Buchstaben, nämlich im ersten Zwischenraum ein Dschim, im zweiten ein Ssad, im dritten wieder ein Dschim, und im vierten sah ich ein Cha, ein Mim und ein Dal. Diese Buchstaben bedeuteten den Namen des Waffenschmieds, den Ort und das Jahr der Anfertigung. Die Buchstaben der drei ersten Zwischenräume waren zu ergänzen und so zu lesen:

‚Ibn Dschordschani (Name)
eß-ßaikal (Waffenschmied)
fi'sch-Scham' (in Damaskus).'

Der vierte Zwischenraum enthielt die Jahreszahl. Ein Cha bedeutet 600, ein Mim 40 und ein Dal 4, also war der Säbel im Jahre 644 der Hidschra, das der Zeitspanne vom 18. Mai 1246 bis zum 6. Mai 1247 christlicher Rechnung entspricht, geschmiedet worden.

Nun zog ich die Klinge aus der Scheide. Sie war mit einer schmutzigen Mischung von Öl und pulverisierter Holzkohle eingeschmiert. Als ich das abgewischt hatte, machte sie ihrem Namen Ehre; sie glänzte wie der Blitz. – Bei näherer Betrachtung war nicht zu verkennen, daß es eine echte Klinge war, aus indischem Golkondastahl geschmiedet, in der Hitze eines Kameldungfeuers ausgeglüht und dann in Olivenöl gehärtet. Sie zeigte auf der einen Seite die deutliche Inschrift ‚Dir balak – nimm dich in acht!' und auf der andern ‚Iskini dem – gib mir Blut zu trinken!' Sie besaß eine solche Geschmeidigkeit, daß ich sie beinahe um meinen Oberschenkel biegen konnte.

„Nun, Halef", fragte ich den Hadschi, „paßt diese Klinge wirklich nicht zu den andern Gegenständen?" – „Wer hätte das gedacht!" antwortete er. „Sie ist gewiß echt." – „Freilich. Sie besitzt einen viel größeren Wert als alles andre, was die Grube neben ihr enthält. Und sie widerlegt die irrige Meinung, daß solche echte Klingen nicht in Damaskus, sondern nur in Meschhed, Herat, Kirman, Schiras, Isfahan und Chorassan gefertigt worden seien. Ich werde euch zeigen, wie man einen solchen Stahl versucht."

Es lag ein Holzklotz da, der als Schemel gedient zu haben schien. Darauf legte ich einen harten, doppelt faustgroßen Stein, um ihn mit dem Säbel zu zerschneiden. Der Versuch gelang beim ersten Hieb, und die Schneide der Klinge zeigte nicht die geringste Scharte.

„The devil. Sie ist echt!" rief der Engländer. „Habt kostbaren Fund gemacht. Kaufe Euch den Säbel ab. Wieviel wollt Ihr haben?"
„Nichts." – „Wie? Nichts? Nehme ihn nicht umsonst!"
„Ich kann ihn weder verkaufen, noch verschenken, denn er gehört nicht uns."
„Kennt Ihr den Eigentümer?"
„Wir müssen suchen, ihn zu ermitteln." – „Und wenn nicht finden?"
„So geben wir die Sachen an die Behörde ab. Die Rüstung ist wahrscheinlich gestohlen worden; ihr rechtmäßiger Eigentümer muß sie wiedererhalten, Sir David. Ich hoffe nicht, daß Ihr andrer Meinung seid." – „Bin andrer Meinung! Wollt etwa monatelang das ganze Land nach Besitzer durchsuchen? Oder vielleicht einem Beamten übergeben? Würde Euch auslachen und Sachen für sich behalten. Yes!"
„Das befürchte ich nicht. Wenn ich von der Behörde sprach, so meine ich keineswegs einen türkischen Wali und seine Untergebenen. Diese Leute haben hier in den Bergen nicht die geringste Macht. Die Stämme der Bergbewohner sind ganz unabhängig, sowohl voneinander als auch von der türkischen Herrschaft. An der Spitze eines jeden Stammes steht ein Bajraktar[1], der mit Hilfe einiger Unterführer den Stamm beherrscht. Alle an einem Stammesangehörigen begangenen Verbrechen werden nicht vom Staat, sondern von dem Beschädigten und dessen Familienmitgliedern bestraft, weshalb ja hier die Blutrache noch in voller Blüte steht. Übergebe ich einem solchen Bajraktar die Rüstung, so bin ich sicher, daß er sie nicht unterschlägt, selbst wenn sie das Eigentum des Angehörigen eines andern Stammes ist." – „Und wo solchen Bajraktar finden?"
„Das werde ich gleich im nächsten Dorf erfahren. Übrigens brauche ich mir diese Mühe gar nicht zu geben. Ich werde mir schon hier den Namen des Besitzers nennen lassen." – „Von wem?"
„Vom Köhler. Er hat die Sachen versteckt und muß also wissen, wem sie abgenommen worden sind. Halef, Osko und Omar mögen ihn gleich herbeiholen." – „Das geht nicht, Sihdi", meinte der Hadschi.
„Warum nicht?" – „Weil ich doch das Feuerchen vor der Höhle angezündet habe. Wir können nicht hinein."
„So löschst du dieses Feuerchen wieder aus, mein Lieber."
„Gut! Aber später werde ich es wieder anzünden."
Die drei gingen und brachten nach einer Weile den Köhler herbeigetragen. Sie legten ihn nicht eben sanft zu Boden, wobei er einen lauten Schrei ausstieß, wohl weniger wegen des Schmerzes, den ihm die unsanfte Behandlung verursachte, als vor Schreck über das, was er erblickte. Wir waren ja in seine Schatzkammer eingedrungen. Scharka preßte die Zähne zusammen, daß sie knirschten, und ließ einen wütenden Blick über uns und über die auf der Erde liegenden Gegenstände schweifen. Als dieser Blick dann an der offnen Grube haftenblieb, ging ein eigentümliches Zucken über sein Gesicht, das ich mir so deutete: die Grube mußte noch irgend etwas enthalten, was wir nicht gefunden hatten. – „Ich habe dich zu uns bringen lassen", sagte ich zu ihm, „um Auskunft über diese Gegenstände von dir

[1] Bannerträger

zu erhalten. Wem haben sie gehört?" – Der Köhler schwieg; auch auf eine Wiederholung meiner Frage gab er keine Antwort.

„Legt ihn auf den Bauch und gebt ihm die Peitsche so lange, bis er spricht!" befahl ich. – Er wurde augenblicklich in die richtige Lage gebracht, und Halef zog seine Peitsche. Als Scharka sah, es sei uns Ernst, rief er: „Halt! Diese Rüstung gehört mir."

„Kannst du das beweisen?" – „Ja. Ich habe sie stets gehabt."

„Und du vergräbst sie? Rechtmäßiges Eigentum braucht man nicht zu verstecken." – „Wenn man allein im Wald wohnt, muß man es tun, wenn man nicht Gefahr laufen will, daß die Diebe es sich holen."

„Diese Diebe sind ja deine Freunde; du hast sie nicht zu fürchten. Auf welche Weise bist du denn in den Besitz dieser Rüstung gekommen?" – „Ich habe sie geerbt." – „Von deinen Vätern? Sollten die Vorfahren eines Kohlenbrenners einer so reichen und hervorragenden Familie angehört haben?" – „Ja, meine Ahnen waren berühmte Helden. Von ihren Reichtümern ist leider nur die Rüstung auf mich gekommen." – „Andere Schätze hast du nicht?" – „Nein."

„Wollen sehen!" – Ich brannte einen neuen Span an und leuchtete in die Grube hinab. In einer Ecke da unten lagen zwei in Lumpen gewickelte Päckchen, die unter einem Sack verborgen gewesen waren. Halef mußte hinabsteigen und sie uns heraufreichen. Er schüttelte sie; es klang wie Geld. – „Sie sind schwer", sagte er. „Ich denke, daß sie etliche Piaster enthalten." – Der Köhler stieß einen grimmigen Fluch aus und rief: „Vergreift euch nicht an diesem Geld! Es ist mein Eigentum!" – „Schweig!" gebot ich ihm. „Es kann dir unmöglich gehören, denn du hast soeben behauptet, außer der Rüstung keine weiteren Schätze zu besitzen." – „Muß ich euch alles mitteilen?"

„Nein; aber es wäre für dich geraten gewesen, aufrichtig zu sein. Deine Lügen beweisen, daß diese Sachen dir nicht gehören."

„Soll ich euch meine Habe zeigen, damit ihr sie mir raubt?"

„Wir sind ehrliche Leute und würden dir nicht einen Para nehmen, wenn wir überzeugt wären, daß das Geld wirklich dir gehört. Übrigens kann es dir gleichgültig sein, ob wir uns dieser Sachen bemächtigen oder nicht. Du wirst ja doch nichts mehr davon haben, denn deiner wartet jetzt der sichere Tod." – Unterdessen waren die Lumpen aufgebunden und die Beutel geöffnet worden. Diese Beutel bestanden aus Wildleder und waren mit einer schönen Perlenstickerei versehen, in deren Mitte wir den Namen ‚Stojko Vites' lasen. Es waren Buchstaben des cyrillischen Alphabetes, dessen man sich auch in Serbien und in den angrenzenden Ländern bedient. Vites entspricht dem deutschen Wort ‚Ritter'. Es war leicht zu schließen, daß der Eigentümer dieses Geldes den Namen Vites trug, weil seine Ahnen Ritter gewesen waren. Aus ihrer Zeit stammte wohl die Rüstung. Noch heute sieht man in jenen Gegenden zuweilen einen Ketten- oder Schuppenpanzer, der freilich nur bei friedlich-festlichen Gelegenheiten getragen wird, weil er im Kampf den heutigen Schußwaffen doch nicht widerstehen könnte. – „Kannst du lesen?" fragte ich den Köhler. – „Nein."

„Du heißt Scharka. Das ist dein Vorname. Wie aber lautet dein Familienname?" – „Visosch."

„Und wie hieß doch jener deiner Vorfahren, der diesen Panzer anfertigen ließ?" – "Anch Visosch."

„Das ist Lüge. Jetzt hast du dich gefangen. Diese Rüstung und dieses Geld gehören einem Mann, der Stojko Vites heißt. Willst du das leugnen?" – Er starrte mich in maßlosem Erstaunen an. Er hatte nicht gewußt, daß die Stickerei Buchstaben bildete, und konnte sich nun nicht erklären, wie ich auf diesen Namen gekommen war.

„Du hast den Teufel!" stieß er hervor. – „Und du fährst zum Teufel, wenn du mir nicht sofort sagst, wo dieser Stojko zu finden ist."

„Ich kenne keinen Menschen, der diesen Namen führt, und die Sachen gehören mir. Ich kann das mit allen Eiden beschwören."

„Nun, dann muß ich dir freilich glauben, und wir haben also kein Recht, dich von deinem Eigentum zu trennen. Es mag mit dir untergehen. Nimm es mit zu deinen berühmten Ahnen, die sicherlich in der Hölle wohnen!" – Dabei rollte ich das Pulverfäßchen in seine Nähe und zog den Stöpsel heraus. Dann schnitt ich mit dem Messer den unteren Saum von dem erwähnten Kaftan los und drehte ihn zu einer Schnur zusammen, deren eines Ende ich in das Faß steckte, während ich das andre Ende mit dem brennenden Span zum Glimmen brachte. – „Effendi, was willst du tun?" schrie er erschrocken. – „Dich mit dem Haus und allen, was es enthält, in die Luft sprengen. Kommt rasch fort, ihr andern, damit wir nicht von den Steinen getroffen werden!" Ich tat, als ob ich wirklich gehen wollte, und die andern folgten mir. Die Lunte glimmte langsam weiter.

„Halt, halt!" brüllte Scharka uns nach. „Habt Erbarmen!"

„Auch du hast kein Erbarmen für deine Opfer gehabt", rief Halef ihm zurück. „Fahr zur Hölle! Wir wünschen dir schnelle Reise!"

„Kommt zurück, kommt zurück! Ich will alles sagen, alles! Nehmt die Lunte weg! Die Sachen gehören nicht mir."

Ich hatte schon das Freie erreicht, kehrte nun aber schnell um, um zu fragen: „Wem denn?" – „Eben diesem Stojko Vites, dessen Namen du vorhin nanntest. Nimm doch nur die Lunte weg!"

„Nur unter der Bedingung, daß du uns die Wahrheit mitteilst!"

„Ja, ja! Nur fort mit dem Feuer vom Pulver!"

„Schön! Ich kann die Lunte ja wieder anzünden. Halef, drücke die Funken aus! Und dir, Scharka, sage ich: wenn ich dich nochmals auf einer Lüge ertappe, brennen wir die Zündschnur wieder an, und dann wird all dein Bitten vergeblich sein. Wir haben keine Lust, mit uns spielen zu lassen. Also wo hast du diesem Stojko das Geld und die Rüstung abgenommen?" – „Hier."

„Ah! Er war nicht allein, denn ohne Begleitung führt man in dieser Gegend keine solchen Schätze mit sich." – „Sein Sohn war bei ihm und ein Diener." – „Du hast sie getötet?"

„Den Alten nicht. Die andern wehrten sich und zwangen uns, sie niederzuschießen." – „Also lebt Stojko noch?" – „Ja."

„Und wo?" – „Im Karaul bei Rugova." – „Ich verstehe. Er soll gezwungen werden, Lösegeld zu zahlen?" – „Ja, der Schut will es haben. Wenn er es bekommt darf ich diese Sachen für mich behalten."

„Und wenn er es nicht bekommt?" – „So muß ich mit dem Schut

teilen." – „Wer weiß noch von dieser Sache?" – „Niemand als der Schut und meine Knechte." – „Sie waren dabei als Stojko überfallen wurde?" – „Ja. Ich allein hätte die drei Männer nicht überwinden können." – „Ihr seid wirklich eine teuflische Bande! Aber sag, ahnt der Alim nichts davon?" – Er hat nichts erfahren, weil er sonst auch hätte teilen wollen." – „Was habt ihr mit den Leichen der beiden Erschlagenen getan?" – „Sie sind vergraben worden." – „Wo?"

Scharka zögerte mit der Antwort. Als er aber sah, daß Halef sofort den brennenden Span an die Lunte hielt, sagte er schnell: „Nicht wieder anbrennen! Der Ort ist nicht weit von hier. Ihr wollt ihn doch nicht etwa aufsuchen?" – „Das werden wir freilich tun."

„Und nachgraben?" – „Wahrscheinlich." – „Ihr verunreinigt euch nur mit den Leichen!" – „Das hast auch du getan, ohne dich zu scheuen. Du wirst uns sogar hinführen. Man wird dich tragen."

„Das ist nicht nötig. Ihr werdet die Stelle leicht allein finden, wenn ihr zum Wagen geht und dann in die Büsche eindringt. Dort werdet ihr einen Erd- und Aschehaufen bemerken, unter dem die beiden begraben sind. Hacke und Schaufel liegen dabei."

„Wir werden hingehen. Ist es nicht so, wie du sagst, so fliegst du doch noch in die Luft. Übrigens bin ich überzeugt, daß ihr sie nicht deshalb ermordet habt, weil sie sich wehrten. Sie mußten auf alle Fälle sterben um euch nicht verraten zu können. Auch der alte Stojko wird sein Leben lassen müssen, selbst dann, wenn er das Lösegeld bezahlt. Wie aber bist du auf den Gedanken gekommen, ihn in den Karaul zu schaffen? Wenn du ihn heimlich bei dir in der Höhle behieltest, konntest du das Lösegeld für dich erzwingen und brauchtest es nicht dem Schut zu lassen." – „Er kam eben dazu, als der Kampf beendet war. Da sah er alles, und ich konnte ihm nichts verschweigen. Er hat dann Stojko sogleich mitgenommen." – „Was wollte denn Stojko hier bei dir?" – „Er beabsichtigte, die Nacht bei mir zu bleiben. Er kam aus der Gegend von Slokutschie, wo er Bajraktar seines Stammes ist." – „Wohin wollte er?" – „In die Akrababerge nach Batera, das vor Kroja liegt. Sein Sohn wollte sich dort die Braut holen."

„Mein Himmel, Scharka, du bist ein leibhaftiger Teufel! Anstatt zur Hochzeit ist der Jüngling in den Tod gegangen! Die kostbare Rüstung hat er mitgenommen, um sich mit ihr zur Feier zu schmücken. Für dich kann keine Strafe zu gräßlich sein! Der Sohn ist tot. Aber wenigstens der alte Vater soll gerettet werden. Du wirst mir zunächst sagen, wann diese Tat geschehen ist." – „Heute vor zwei Wochen."

„Weiter! Wie gelangt man in den Karaul?" – „Das weiß ich nicht. Der Schut hält es streng geheim. Höchstens Marko könnte er es mitgeteilt haben. Aber, Effendi, du siehst, daß ich dir alles gestehe. Nun wirst du mich auch nicht töten."

„Nein, wir töten euch nicht. Ihr habt mehr als zehnfachen Tod verdient, wir aber wollen uns mit eurem Blut nicht besudeln. Ihr seid Scheusale, denen kein wildes Tier gleicht. Wir gehen jetzt, um die Begräbnisstelle zu untersuchen. Du bleibst bis zu unsrer Rückkehr hier liegen. Omar mag dich bewachen." – Wir versahen uns mit Feuerbränden und suchten den beschriebenen Ort auf. Übrigens darf man nicht denken, daß dieser Schurke uns seine Antworten so schnell und fließend gegeben hätte. Er hatte oft gezaudert, war aber stets durch Halef, der den Span an die Lunte hielt, zum Sprechen gezwungen worden. – Wir fanden den Haufen, der mehr aus Asche als aus Erde bestand. Er wurde mit Hilfe der dabeiliegenden Werkzeuge aufgewühlt. Man hatte die Toten nicht vergraben, sondern verbrannt. Vier angekohlte Schädel bewiesen, daß vorher auch andre Leichen auf gleiche Weise beiseite geschafft worden waren. Der Anblick war gräßlich. Wir verließen den Ort mit Schaudern. Halef und der Engländer ergingen sich in Ausdrücken der tiefsten Entrüstung. Sie verlangten, daß mit dem Köhler und seinen Knechten sofort ein Ende gemacht werde. Ich antwortete vorerst gar nicht. Ich fühlte einen unsäglichen Grimm. – „Warum sprecht Ihr nicht, Sir?" grollte Lindsay. „Diese Verbrecher müssen doch bestraft werden!" – „Das sollen sie auch." „Pshaw! Habt selbst gesagt, daß Obrigkeit hier keine Gewalt hat. Müssen Vergeltung selbst in die Hand nehmen, sonst fliegen Galgenvögel davon. Wollt ihnen ja sogar einen schicken, der ihnen die Höhle öffnet." – „Das werde ich allerdings tun; aber nicht einen ihrer Freunde, sondern einen Mann, bei dem sie keine Gnade und Nachsicht finden. Meine Ansicht war bisher allerdings, ihnen jetzt eine tüchtige Todesangst einzujagen, ihr Leben aber zu schonen. Was sie an uns verbrochen haben, können wir vergessen, und das andre ging uns nichts an. Jetzt dagegen, nach Entdeckung dieser gräßlichen Missetat, halte ich zwar daran fest, daß wir uns selbst nicht an ihnen vergreifen, aber ihrer Strafe sollen sie nicht entgehen. Wir werden Stojko Vites befreien und ihn dann hierher schicken. Ich glaube nicht, daß sie an ihm einen schwachherzigen und nachsichtigen Richter haben werden." – „Well! Das lasse ich gelten. Bajraktar wird sicher ausgiebige Rache nehmen. Aber wenn zuvor Freund des Köhlers kommt und Halunken befreit? Was dann, he?" – „Des müssen wir allerdings gewärtig sein, aber es kann doch keiner von uns hierbleiben, um das zu verhindern." – „Warum nicht?" fragte der Dolmetscher. „Ich bin sofort bereit dazu. Sir David hat meine Hilfe nicht mehr nötig, da Ihr nun bei ihm seid. Ich muß zwar auf meine Bezahlung verzichten, wenn ich das Amt des Dragoman –" – „Unsinn, Mr. Fan Hoti!" fiel Lindsay ein. „Zahle dennoch. Well!" – „Nun, so habe ich keinen Schaden. Ich bleibe hier und bewache die Scheusale, bis Stojko kommt. Oder denkt Ihr vielleicht, daß ich dieses Amtes nicht treu genug walten werde? Ihr meint, daß ich geneigt bin, mich diesen Menschen vielleicht gar gefällig zu erweisen?" – „Nein", antwortete ich. „Ich habe Gelegenheit gehabt, Euch zu prüfen. Ich hörte, was Euch für Vorschläge gemacht wurden, auf die Ihr jedoch nicht eingegangen seid. Ihr habt Sir David nicht verheimlicht, daß er sterben müsse, selbst wenn er die verlangte Geldsumme bezahlte. Ich weiß, daß Ihr zu uns, nicht aber zu dem Köhler und seinem Anhang halten werdet; aber ich weiß nicht, ob Ihr Klugheit und Tatkraft genug besitzt, das auszuführen, was Ihr Euch jetzt freiwillig vorgenommen habt." – „Bitte, Sir, macht Euch darüber ja keine Sorge!" erwiderte Fan Hoti. „Auch ich bin ein geborener Skipetar. Ich habe als Dolmetscher oft mit Leuten zu tun, die ebenso hinterlistig wie gewalttätig sind. Ich werde die Aufmerksamkeit der Leute, die etwa hierherkommen könnten, von der Höhle abziehen. Und reicht List nicht aus, so habe ich Waffen und gebrauche Gewalt." – „Würdet Ihr das wirklich tun?" – „Gewiß! Denkt Ihr, ich wüßte nicht, was auch meiner wartete, falls Ihr nicht gekommen wärt! Es wurde mir die Freiheit versprochen, ja; aber ich hätte sie niemals wiedergesehen. Man durfte mich nicht leben lassen, ich hätte alles verraten können. Ich bin Familienvater, ich habe ein Weib, Eltern und mehrere Kinder, denen der Ernährer ermordet worden wäre. Wenn ich daran denke, kann es mir nicht einfallen, den Mördern Nachsicht zu zeigen."

„Well! Sehr gut!" meinte Lindsay. „Brauche zwar keinen Dolmetscher mehr, werde aber alles bezahlen und von heut an zwanzig Pfund geben. Auch tüchtiges Bakschisch dazu, wenn alles klappt; well!" – „Daran soll es nicht fehlen. Aber wie wollt Ihr zahlen, Sir David", lächelte der Albanier, „wenn Euch alles abgenommen worden ist?" – „Werde Schut alles wieder nehmen. Und wenn nicht – Unterschrift von David Lindsay gilt überall soviel, wie es ihm beliebt."

„Im Notfall bin ich auch da", sagte ich. „Sir David kann sich meiner Kasse bedienen, die allerdings leider nicht die Unerschöpflichkeit der seinigen besitzt." – „Aha!" lachte er. „Jetzt Geldmangel, wie? Hättet mir in Stambul Hengst verkauft. Zahlte gut, Yes! Habt aber einen Kopf, der so dick ist, daß bald Hörner daraus hervorbrechen werden. Well!"

8. Der Vertraute des Schut

Wir waren während dieser Wechselrede vor der Hütte stehengeblieben. Jetzt gingen wir hinein. Der Köhler blickte uns erwartungsvoll und sichtlich besorgt entgegen. – „Nun, Effendi, hast du dich überzeugt, daß ich dich nicht belogen habe?" fragte er. – „Du hast die Wahrheit gesprochen. Ja, ich habe deine Worte sogar übertroffen gefunden. Es sind dort mehr als nur die zwei, um die es sich zunächst handelte, verbrannt worden. Wer waren die andern?" – „Das waren – waren – mußt du das wissen, Effendi?" – „Nein. Behalte es lieber für dich! Aber es ist anzunehmen, daß du einen großen Raub zusammengescharrt hast. Wo hast du ihn versteckt?" – „Ich besitze nur, was ihr hier bei mir gefunden habt." – „Lüge nicht! Diese Sachen haben Stojko gehört. Wo befindet sich der Beuteanteil, der dir vom Schut ausbezahlt wurde, und der Ertrag der Raubtaten, die du außerdem auf eigne Rechnung ausgeführt hast?" – „Ich sage dir, daß ich nichts weiter besitze!" – „Sihdi, soll ich die Lunte anbrennen?" fragte Halef, indem er sich mit dem Span der Zündschnur näherte. – „Ja." „Nein, nein!" rief Scharka. „Sprengt mich nicht in die Luft! Ich sage die Wahrheit: es ist hier bei mir nichts zu finden." – „Hier nicht, aber anderwärts wohl?" – Der Räuber schwieg. – „Rede, sonst macht Halef seine Drohung wahr!" – „Ich habe nichts hier, mein – mein Schwager hat mir alles aufgehoben." – „Junak? Wo denn?" – „Es ist unter seinem Herd vergraben." – „Ah! So hast du dich hier nicht ganz sicher gefühlt? Nun, es mag einstweilen dort liegenbleiben. Wir haben keine Zeit zurückzureiten, um dieses Blutgeld abzuholen. Ich bin fertig mit dir. Du wirst mich nicht wiedersehen. Ich rate dir, in dich zu gehen, bevor du stirbst. Schafft den Kerl fort!" – „Effendi, du sprichst vom Sterben!" rief Scharka. „Du hast mir doch versprochen, uns nicht zu töten!" – „Ich habe dir dieses Versprechen gegeben, und ich halte mein Wort. Wir vergreifen uns nicht an euch; der Tod tritt von andrer Seite an euch heran. Er ist euch bereits so nahe, daß er schon die Hand erhebt, um euch zu ergreifen." – „Was für ein Tod?" fragte er voll Angst, gerade als er aufgehoben wurde, um fortgetragen zu werden. „Du wirst ihn bald kennenlernen, auch ohne daß ich es dir vorher sage. Fort mit dir!" – Meine Gefährten schafften den Köhler weg, nachdem ich Halef die Weisung gegeben hatte, an seiner Stelle den „Alim" zu bringen. Dieser wurde nicht ins Haus geführt, sondern ans Feuer. Halef hatte ihm den Strick von den Füßen genommen, damit Marko gehen konnte. Der Mann hielt die Lippen zusammengepreßt und würdigte uns keines Blickes, obgleich die Todesangst aus seinen Zügen sprach. – „Ich möchte etwas von dir erfahren", begann ich. „Du wirst es mir sagen, wenn du nicht vorziehst, abermals fünfzig aufgezählt zu erhalten. Ich muß wissen, wie man heimlich in den Karaul des Schut gelangt." – Noch hatte mir der Engländer nicht erzählt, wie er in den Wachtturm gekommen war; aber es gab genug Gründe für mich, anzunehmen, daß dies nur auf einem verborgenen Weg geschehen könne. Diesen Weg mußte ich erfahren. – Marko starrte vor sich nieder und antwortete nicht. – „Nun, hast du mich nicht gehört?" fragte ich ihn. Und als er auch jetzt schwieg, winkte ich Halef zu, der die Peitsche bereit hielt. Er holte zum Hieb aus. Da wich der „Alim" zurück, warf mir einen wütenden Blick zu und sagte: „Du sollst mich nicht wieder schlagen lassen! Ich will dir antworten, doch es wird zu deinem Verderben sein. Wer sich in die Geheimnisse der Schut eindrängt, ist verloren. Ich werde dich nicht belügen, sondern dir die Wahrheit verraten. Aber eben diese Wahrheit wird euch einem schauderhaften Tod in die Arme führen. Das soll meine Rache sein. Also, was willst du wissen?" – „Du bist ein Vertrauter des Schut?" – „Ja." – „Kennst du alle seine Geheimnisse?" „Nicht alle, nur einige." – „Aber der Eingang zum Karaul ist dir bekannt?" „Ich kenne ihn." – „So beschreibe ihn mir!" – Der Haß hatte Marko zu einer großen Unvorsichtigkeit verleitet, ohne daß er das bedachte. Er hatte mir gesagt, es drohe uns der Tod. Jedenfalls barg der geheime Eingang irgendeine Falle für den Uneingeweihten und es kam nun darauf an herauszufinden, worin sie bestand oder an welcher Stelle sie zu erwarten sei. Es verstand sich von selbst, daß er sich hüten würde, mir das zu sagen. Ich konnte ihn weder durch Gewalt, noch durch List zwingen, es zu verraten. – Es gab nur ein Mittel, das Richtige zu erfahren: ich mußte sein Gesicht genau beobachten. Ein Mann wie er, noch dazu im Zorn, hatte seine Züge gewiß nicht übermäßig in der Gewalt. Er dachte wohl überhaupt nicht daran, daß er sich durch das Spiel seiner Mienen verraten könne. Aus diesem Grund stellte ich mich so, daß er, um mich beim Sprechen ansehen zu können, sein Gesicht dem Feuer zukehren mußte. Dabei stieß ich mit einem Knüppel in den brennenden Holzhaufen, so daß die Flamme hoch und hell auflogerte. Wohlweislich nahm ich eine möglichst unbefangene Miene an und ließ die Lider sinken, so daß sie die Augen halb bedeckten und der Blick infolgedessen weniger scharf zu sein schien. – „Den Weg durch das Gebirge kennst du nicht", begann er. „Darum wirst du über Kolastschin reiten müssen. Die Wagenspur wird dich nach einer Furt bringen, deren Wasser nur geringe Tiefe hat. Unterhalb Kolastschin vereinigt sich bei Küküs der Schwarze mit dem Weißen Drin und wendet sich dann westlich, um an Rugova vorbeizufließen. Du folgst aber nicht dem Drin, sondern von Kolastschin führt eine Straße nach Rugova. Es ist dieselbe, die von Ochrida im Süden kommt und nach Spassa geht, um dann über Pacha Skutari zu erreichen. Diese Straße zieht sich am linken Ufer des Drin hin, während Rugova am rechten liegt. Dort wirst du wahrscheinlich im Han absteigen. Der Wirt heißt Kolami. Daraus, daß ich dir alles so genau beschreibe, magst du ersehen, daß ich von deinem Untergang überzeugt bin." – Die Worte, mit denen er mir sagte, daß ich von Kolastschin aus nicht dem Drin, sondern der Straße folgen müsse, waren mit einer gewissen Hast gesprochen worden und dabei in einem so eindringlichen Ton, daß ich die Absicht heraushörte. Es lag ihm sichtlich daran, daß ich diesen Weg einschlug. Wenn ich es wirklich tun mußte, falls es keinen andern gab, so galt es, auf dieser Straße vorsichtig zu sein. — „Laß diese Bemerkungen!" sagte ich. „Nicht nach dem Weg, sondern nach dem Karaul habe ich dich gefragt." — „Der Karaul liegt in hohen Wald des Flußufers. Jedermann kann dich hinweisen. Du wirst einen uralten, halb verfallenen Wachtturm finden, der mitten in umfangreichen Mauertrümmern steht. Der enge Eingang ist nicht zu ebener Erde, sondern hoch oben. Man baute damals so, um das Erstürmen des Karauls zu erschweren. Wer durch die Tür wollte, mußte auf einer hohen Leiter hinaufsteigen." — „Ist eine solche vorhanden?" — „Nein, sie ist heutzutage nicht mehr nötig. In der Mauer hat man in gewissen Entfernungen Steine herausgebrochen, so daß Vertiefungen entstanden, die das Hinaufklettern ermöglichen. Droben aber findest du nichts als Ruinen und eingefallene Wände." — „Und darunter?" — „Ist nichts."

„Das glaube ich nicht. Wie hoch über der Erde ist der Eingang zum Turm?" — „Wohl zweimal in Manneshöhe." — „Darüber sind früher die Gemächer gewesen. Unterhalb muß es aber auch noch andre Räume gegeben haben und auch noch heute geben. Man wird den Turm doch nicht über sechs Arschin[1] hoch ohne Innenräume gebaut haben!" — „Jedenfalls ist er nicht hohl, denn man hat trotz des mühevollsten Suchens keinen Abstieg entdeckt, der hinunterführt. Der Turm gleicht einer runden Säule, die vom Erdboden an bis zu der angegebenen Höhe ohne Innenräume und dann erst hohl ist. Dennoch befinden sich grad unter ihm Höhlungen, die gar nicht mit ihm in Verbindung stehen und niemals mit ihm in Verbindung gestanden haben. Das sind die Höhlen der Gümüsch ma'deni[2], die es vor uralten Zeiten da gegeben hat. Der Schacht, der vom Berg aus in die Erde geführt hat, ist zugeschüttet worden, und Sträucher und Bäume sind auf der Stelle gewachsen, so daß man die Mündung nicht mehr finden kann. Auch einen Stollen hat es gegeben, der vom Ufer des Drin in den Schacht geführt hat, um das Wasser des Bergwerks abzuleiten. Auch der Eingang dieses Stollens war verbaut worden, und niemand wußte mehr von ihm, bis er von einem unsrer Freunde entdeckt wurde. Durch diesen Stollen mußt du in die Mine eindringen; er führt weit ins Erdinnere, bis du in einen großen, runden Raum kommst, in den mehrere Kammern münden." — „In einer steckt ein Mann namens Stojko?" — „Ja", dehnte Marko vorsichtig.

„In welcher?" — „Der Raum liegt dir, wenn du durch den Stollen kommst, grad gegenüber." — „Aber ist er verschlossen?" — „Nur durch einen Holzriegel, den man leicht zurückschieben kann." — „Ist denn der Stollen gut gangbar?" — „So gut, daß man kein Licht braucht. Er führt immer gradaus und steigt gleichmäßig an. Seine Sohle ist mit Brettern belegt, die ein wenig schlüpfrig sind. Diese Bretter leiten an einer Stelle über einen unterirdischen Spalt; sie sind aber dort so gut befestigt, daß nicht die geringste Gefahr vorhanden ist."

[1] 1 Arschin = 0,68 m [2] Silbermine

Marko zuckte bei diesen Worten wegwerfend mit der Achsel, um die Gefahrlosigkeit zu bezeichnen; aber aus seinen Augen traf mich ein tückischer, triumphierender Blick, und seine dunklen Brauen schnellten empor und wieder nieder, wie von einem federnden Gedanken bewegt. Dieser Blick, dieses Zucken der Brauen hatte kaum eine halbe Sekunde in Anspruch genommen, war aber für mich so vielsagend gewesen, daß ich nun wußte, woran ich war. Grad an dieser Felsenspalte lauerte die Gefahr! – Überdies hatte Marko mich wohl schon vorher belogen. Der untere Teil des Turms war gewiß nicht ohne Innenräume gebaut. Wenn die Mauern zwei Arschin stark waren, boten sie hinreichend Sicherheit gegen den Feind, zumal der eigentliche Eingang hoch über der Erde lag. Die früheren Bewohner des Karauls, die Wachleute, hatten doch nicht nur Wohnräume, sondern Keller und auch Gewölbe nötig gehabt. Warum sollte man diese nicht im untern Teil des Turms angebracht und obendrein durch das Vollmauern eine solche Zeit- und Baustoffverschwendung getrieben haben? – Hatte sich wirklich ein Silberbergwerk hier befunden? Das war jedenfalls vor der Türkenherrschaft, während der Regierung der Bulgaren-Chane gewesen. Man weiß ja zum Beispiel von Chan Symeon, der vom Jahre 888 bis zum Jahre 927 regierte, daß unter ihm nicht nur das Reich seine größte Ausdehnung erlangte, sondern auch Handel, Künste und Wissenschaften freundliche Pflege fanden und an vielen Orten nach edlen Metallen geschürft wurde. Seine Herrschaft erstreckte sich nach Westen bis ungefähr zum heutigen Prisren, also der Gegend, in der wir uns jetzt befanden. Das war allerdings möglich, daß hier ein Schacht abgeteuft wurde. Die Grenze des Landes, die hier vorüberzog, hatte man mit Wachttürmen besetzt und einer dieser Karauls sollte wohl besonders diesem Bergwerk dienen. – War meine Vermutung richtig, so durfte man annehmen, daß dieser Schacht bei der großen Nähe der Grenze und der feindlichen Völker nicht ins Freie, sondern in den Turm gemündet hatte. Der Gelehrte sprach von Gebäudetrümmern, die dabei zu finden seien. Vielleicht hatte gar unter ihnen, also wenigstens im Schutz der Besatzung des Karauls, das Mundloch gelegen. – Dazu kam, daß ich nicht an die Auffüllung des Schachtes glaubte. Alte Bergwerke wirft man nur bei uns zu. Der Türke hütet sich, eine mühevolle Arbeit zu unternehmen, die nur Kosten verursacht und sich nicht unmittelbar lohnt. Ihm ist es gleichgültig, ob irgendein Bulgare oder Albanier in das offengelassene Mundloch eines Schachtes stürzt und da den Hals bricht. „Allah hat es gewollt!" sagt er, und damit beruhigt er sich.

Wenn das Mundloch noch vorhanden war, mußte es sich in seiner Nähe befinden, verdeckt von den Trümmern. Auch war eine geheime Verbindung vom Erdgeschoß des Turms zum Schacht möglich. Marko konnte mir darüber gewiß Auskunft erteilen, aber es war mir unmöglich, ihn dazu zu zwingen. Darum fragte ich auf seine letzte Versicherung in gleichgültigem Ton: „Aber wo liegt denn da für uns die Gefahr, von der du sprachst?" – „Die kommt erst dann, wenn ihr den großen, runden Raum betretet, um den Gefangenen zu befreien." – „Worin besteht sie?" – „Das weiß ich nicht. Und wenn ich es wüßte, würde ich es dir nicht verraten. Sobald man eine Gefahr kennt, ist sie keine mehr." – „Ich kann dich aber mit der Peitsche zwingen zu reden!" – „Und wenn du mich totschlägst, kann ich dir nicht etwas sagen, was ich selbst nicht weiß. Ich müßte, um den Prügeln zu entgehen eine Lüge ersinnen, die glaubwürdig erschiene." – „Aber woher weißt du denn vom Vorhandensein einer Gefahr?" – „Der Schut hat davon gesprochen. Er hat gesagt, jeder sei verloren, der ohne sein Wissen den runden Raum betrete. Er wird wohl irgendeine Vorrichtung angebracht haben, durch die jeder unberufene Besucher des Ortes getötet wird." – „Hm! Und wie findet man den Eingang zum beschriebenen Stollen?"

„Er ist nur vom Wasser aus zu erreichen. Man muß einen Kahn besteigen und eine Strecke im Drin aufwärts fahren. Drüben am andern Ufer zieht sich die Straße hin, hüben aber steigt eine steile Felswand aus dem Fluß auf. Wenn du genau aufpaßt, wirst du da eine Stelle finden, wo die Wand – und auch der Fluß – eine Krümmung macht. Der Drin ist da sehr tief, und eben dort befindet sich das Stollenloch, das bei gewöhnlichem Wasserstand so hoch ist, daß man im Kahn sitzend grad hineinkann, ohne mit dem Kopf oben anzustoßen." – „Und dieses Loch hat man erst vor kurzem bemerkt?"

„Ja, weil Kletterpflanzen von oben herabhängen und es völlig verdecken. Man fährt mit dem Kahn hinein, so weit das Wasser reicht, und bindet ihn an einen starken Pflock, der in den Stein getrieben ist." – „Das ist nicht ganz ungefährlich. Und auf diese Weise ist Stojko hineingeschafft worden?" – „Ja, auch der Engländer, der da vor dir steht. Du brauchst ihn nur zu fragen; er wird es dir gewiß bestätigen." – „Gibt es dort am Stollenende noch andre Räumlichkeiten als den großen runden Raum und die daranstoßenden Kammern?" – „Nein, sie liegen tief unter dem Karaul. Wir haben auch vergeblich einen Schacht gesucht, der zur Höhe führt. Er ist zugeschüttet worden." – „Wer bringt denn den Gefangenen Speise und Trank?" – „Das weiß ich nicht." – „Hast du deiner Beschreibung noch etwas beizufügen?" – „Nein. Ich habe dir alles gesagt, was ich weiß. Der Schut hat mir mitgeteilt, daß jeder sterben muß, der unberufen den Raum betritt. Darum habe ich vorhin gesagt, daß ihr dem sicheren Tod entgegengeht, wenn ihr wirklich etwas gegen Kara Nirwan unternehmen wollt." – „Nun, wir brauchen ja nicht selbst in den Stollen zu gehen. Wir schicken andre hinein."

„So sterben diese, und ihr erfahrt nicht einmal, wie es ihnen drin ergangen ist." – „Oder ich lasse den Schut festnehmen, und er muß uns hineinführen." – „Festnehmen?" lachte er. „Wenn du in Rugova jemanden festnehmen lassen willst, mußt du zum besten Freund des Schut gehen. Du kannst nichts gegen ihn unternehmen. Er steht in einem großen Ansehen. Wenn du Hilfe gegen ihn forderst, hast du es entweder mit Leuten zu tun, die seine Verbündeten sind oder ihn für einen so ehrlichen und wohltätigen Mann halten, daß sie dir kein Wort glauben. Wir sind in deine Hände geraten; er aber wird über dich lachen. Wenn ihr offen gegen Kara Nirwan auftretet, wird man euch als wahnsinnig ansehen. Handelt ihr aber heimlich gegen ihn, lauft ihr dem sicheren Verderben entgegen. Tut, was ihr wollt! Die Dschehenna ist auf alle Fälle euer Teil!"

„Die Hölle? Der Tod? O nein! Du täuschst dich abermals in uns. Du hast mir viel mehr gesagt als du wolltest. Du läßt dich einen Alim nennen, einen Gelehrten, und bist doch so albern, daß ich fast Mitleid mit dir fühle. Du hast mir ja genau gesagt, welchen Gefahren wir entgegengehen." − „Ich? Ich kenne sie ja selbst nicht!"

„Versuche nicht, mich zu täuschen! Ich habe dir bewiesen, daß du es nicht vermagst. Die erste Gefahr erwartet uns auf der Straße zwischen Kolastschin und Rugova. Dort lauern die Aladschy, die dich begleiteten. Der Schut hat wohl dafür gesorgt, daß sie wieder bewaffnet sind, und ihnen vermutlich auch noch einige Begleiter beigesellt. Wir werden wahrscheinlich trotzdem auf dieser Straße reiten, denn wir fürchten die Feinde nicht; sie aber mögen sich vor uns hüten. Greifen sie uns wieder an, so schonen wir ihr Leben nicht mehr." − Der Vertraute Kara Nirwans ließ ein Lachen hören, das seine Verlegenheit verbergen sollte. − „Dieser Gedanke ist lächerlich!" sagte er. „Die Aladschy tun euch gewiß nichts mehr; sie sind froh, daß sie von hier entkommen sind." − „Werden ja sehen! Und die zweite, jedenfalls viel größere Gefahr wartet auf uns in dem Stollen an der Stelle, wo wir auf den Brettern über den Felsspalt gehen müssen. Ich sage dir, daß wir die Bretter nicht eher betreten werden, als bis wir sie genau untersucht haben. Vielleicht sind sie so angebracht, daß der Uneingeweihte, der sie betritt, in den Spalt stürzen muß. Uns soll das gewiß nicht geschehen! Später im runden Raum, in den du die Gefahr für uns verlegst, sind wir ganz sicher."

Marko stieß einen Fluch aus und stampfte mit dem Fuß auf, ohne jedoch sonst ein Wort zu sagen. − „Du siehst wohl ein, daß ich dich durchschaut habe", fuhr ich fort. „Ich weiß, daß du mich belogen hast. Du gabst dir Mühe, meinen Blick von der wirklichen Gefahr abzulenken. Ich weiß nun, was ich wissen will, und werde dich wieder in die Höhle schaffen lassen. Gehab dich wohl und strenge deine Gelehrsamkeit an, indem du darüber nachdenkst, wie es euch möglich sein könnte, aus der Höhle zu entkommen! Du hast ja die Ilm-i ars studiert und mußt dich also in Felsen und Höhlen zu Hause fühlen." − Er wurde wieder an den Füßen gebunden und fortgeschafft. Dann wollte Halef sein ‚Feuerchen' wieder anzünden, was ich ihm aber ausredete. − Jetzt wollten wir sehen, welche Summe die beiden Beutel enthielten. Halef brachte sie aus Stube herbei, öffnete sie und schüttete den Inhalt auf meine ausgebreitete Schärpe. Wir zählten 600 Piaster in dreißig silbernen Medschidje-Stücken und 8000 Piaster in goldnen Pfund- und Halbpfundstücken. Das waren nach deutschem Geld beinahe sechzehnhundert Mark. Wozu mochte Stojko eine solche Summe bei sich getragen haben?"

Das Geld wurde wieder in den Beutel getan, und dann holten wir die vier Pferde herbei, um sie zu mustern; eins davon sollte ja ein ausgezeichnetes Tier sein. Es war ein Goldfuchs mit weißer Blesse, ein so prächtiges Pferd, daß ich sofort aufstieg, um es, wenn auch

ohne Sattel, zu probieren. Es zeigte sich sehr feinfühlig gegen die Schenkel, hatte aber, wie ich gleich merkte, eine mir unbekannte Schule durchgemacht. – „Wundervolles Viehzeug!" meinte der Englishman. „Mitnehmen?" – „Gewiß", antwortete ich. „Wir nehmen überhaupt alle Pferde mit, die sich hier finden. Nur Fan Hoti behält das seinige da. Es könnte doch sein, daß es den Halunken auf irgendeine unerwartete Weise gelänge, aus der Höhle zu entkommen. Für diesen Fall wollen wir durch die Entfernung der Pferde wenigstens dafür sorgen, daß sie uns nicht schnell nachkommen können."
„Well! Bitte um Goldfuchs! Bin während des Herwegs auf Ziegenbock gesessen; tut mir jetzt noch mein ganzes Gestell weh. Yes! Ist mir, wie wenn vom Chimborasso heruntergekollert und unten noch über Urwald hinweggerollt. Habt doch hoffentlich nichts dagegen." – „Gegen diese beneidenswerte Empfindung in Eurem Gestell? Nein, Sir David, habe gar nichts dagegen." – Unsinn! Meine, daß ich den Fuchs reite." – „Nehmt ihn immerhin!" – „Auf wie lange?" – „Das weiß ich freilich nicht, da er nicht unser Eigentum ist." – „Wollt etwa auch hier den Besitzer ausfindig machen?"
„Vielleicht. Ich traue dem Köhler kein solches Pferd zu. Es ist gestohlen. Vielleicht gehört es Stojko." – „Hört, Mister Kara, Ihr habt zwei oder drei Eigenschaften, die mir nicht übel gefallen; andre Vorzüge aber gehen Euch ab. Zum Stehlen zum Beispiel kein Talent?" – „Besitzt Ihr es vielleicht?" – „Überflüssige Frage! Ein Lindsay stiehlt nie; aber diesen Fuchs würde ich mitnehmen. Gute Beute; yes!" – „Hm. Dem Spitzbuben ist alles gute Beute, was er auf die Seite zu bringen vermag", lachte ich. Dann gebot ich meinen andern Gefährten in türkischer Sprache: „Führt die Pferde wieder fort! Wir wollen uns um das Feuer setzen und sehen, ob wir noch Bärenschinken genug für alle haben." Und wieder auf englisch fuhr ich fort: „Ein Bärenschinken und eine halbe Tatze ist für Sir David noch da." – „Bä – Bärenschinken? Bä – Bärentatze?" fragte Lindsay, indem er den großen Mund gänzlich aufriß.
„Jawohl, Sir David! Osko und Omar werden unsre Pferde herbeiholen, denn bei ihnen befinden sich die Leckerbissen, die ich Euch genannt habe." – „Vom wirklichen Bären?" – „Ja, sogar von einem Eisbären, den wir vorgestern in der Falle gefangen haben. Er ging sehr leicht hinein, weil wir ihn mit Mehlwürmern geködert hatten."
„Albernheit! Redet verständig, Sir! Habt wirklich Bärenfleisch?"
„Nun ja. Es gelang uns, so ein Tierchen zu erlegen."
„Hallo! Erzählt!" – „Laßt es euch von Halef schildern! Er hat den Bären erlegt und das Fell bekommen, an dem Ihr ersehen könnt, welch ein gewaltiger Petz es war." – „Halef, der Kleine? Bären erlegt? Well! Traue es ihm zu – Halef, seid doch so gut und berichtet mir Abenteuer!" – Der Hadschi versäumte nicht, dieser Aufforderung nachzukommen. Erzählen war seine größte Lust, besonders wenn es sich um eine Tat handelte, an der er selbst teilgenommen hatte. Er begann sogleich in seiner bekannten Art und Weise: „Ja, o Lindsay Bei, wir haben den Bären getroffen und den Riesen des Schar Dagh erlegt. Seine Spuren waren wie die Stapfen eines Elefanten, und seine

Größe konnte die Völker der Erde erbeben machen. Dennoch ist ihm unsre Kugel in die Brust gedrungen, und unser Messer hat ihm das Leben zerschnitten. Er kann nun nicht mehr Pferdefleisch fressen und zum Nachtisch seinen Gaumen mit Himbeeren letzen. Wir haben seine Füße gebraten und die rechte Seite seines Ausruhens beinahe aufgespeist. Wie es gekommen ist, daß wir ihn ausgelöscht haben aus der Liste des irdischen Wandels, das sollst du erfahren, damit dir die halbe Tatze, die wir noch haben, um so besser schmeckt."

Bekanntlich verstanden es Lindsay und Halef, sich trotz ihrer gegenseitigen mangelhaften Sprachkenntnisse einander leidlich verständlich zu machen. Der Englishman hatte einen kleinen Vorrat arabischer und türkischer Wörter gesammelt, und Halef hatte sich während der Zeit unseres Beisammenseins mit Lindsay Mühe gegeben, englische Ausdrücke aufzuschnappen und seinem Gedächtnis einzuprägen. Dazu kam, daß ich, wenn es sonst nichts zu besprechen gab, dem Kleinen von meinem Vaterland erzählte. Ich mußte ihm das Unverständliche erklären und die Dinge bei ihren deutschen Namen nennen, die er sich zu merken trachtete. Auf diese Weise hatte er sich auch eine ganze Anzahl deutscher Ausdrücke angeeignet und war erpicht darauf, die in seinen Augen bedeutenden Kenntnisse in Anwendung zu bringen. Dazu bot sich ihm jetzt Gelegenheit, die er mit Freuden ergriff. – Seine Erzählung war halb türkisch, halb arabisch gehalten und reichlich mit englischen und deutschen Bezeichnungen gespickt. Die deutschen brachte er möglichst oft an, ohne sich darum zu kümmern, ob sie richtig seien oder nicht. Das gab dann ein Mischmasch, das mir heimlich Vergnügen machte. Sir David aber hörte ernsthaft zu und warf nur zuweilen eine Frage ein, wenn Halef durch eine allzu kühne Wendung unverständlich wurde. Wenn es ganz haperte, dann half Fan Hoti mit seinen Sprachkenntnissen aus. Übrigens trugen die lebhaften Gesten, mit denen der Kleine seinen Bericht begleitete, viel zur Verdeutlichung bei.

Indessen brachten Osko und Omar unsre Pferde, und wir verfertigten einen Bratspieß, an dem die Reste des Bären in einen genießbaren Zustand gebracht wurden. Übrigens gab Halef der Wahrheit die Ehre. Er stellte zwar sein Verhalten sorgsam in ein möglichst glänzendes Licht, betonte aber, daß er nicht mehr am Leben sein würde, wenn ich nicht zur rechten Zeit mit dem Messer gekommen wäre. – Ein wahrer Hochgenuß war es, das Mienenspiel des Engländers während Halefs Erzählung zu beobachten. Er hatte die Gewohnheit, besonders wenn ihn eine Rede lebhaft fesselte, kein Auge von dem Sprechenden abzuwenden, und die Gesichtsbewegungen des andern nachzuahmen. Das tat er auch jetzt. Auf seinem Antlitz wiederholte sich das lebhafte Mienenspiel des Hadschi aufs genaueste. Seine Augen, die Brauen, die große Nase, der breite Mund, sie alle befanden sich unausgesetzt in Bewegung, und diese Bewegung brachte infolge seiner eigentümlichen Gesichtsbildung und des Gegensatzes zu Halefs Mienenspiel eine erheiternde Wirkung hervor, wovon man freilich nichts merken lassen durfte.

„Well", sagte er, als Halef geendet hatte. „Habt Eure Sache gut gemacht, lieber Hadschi. Ich nicht dabei — schade! Habe schauderhaftes Pech. Kommt mir stets etwas dazwischen bei meinen Heldentaten. Yes!" – „Ja", lächelte ich ihm zu, „es kommt sogar vor, daß Ihr dabei ergriffen und in einen Karaul gesperrt werdet. Welche Heldentat war es denn eigentlich, die Euch veranlaßte, so Hals über Kopf nach Albanien zu kommen?" – „Hm! Habe diese Frage schon erwartet. Muß beichten. Well! Bin nur aus Liebe und Freundschaft für Euch hierhergekommen. Yes!" – „Das rührt mich tief. Eine Freundschaft, die es wagt, sich in einer Höhle des Schar Dagh toträuchern zu lassen, kann mir die bittersten Tränen des Entzückens erpressen." – „Spottet nicht! War gut gemeint. Wollte Euch zu Hilfe kommen." – „Ah so! Wußtet Ihr denn, wo Ihr uns treffen könntet, und kanntet Ihr die Gefahr, in der wir uns befanden?" „Yes! Bevor von Stambul fort, besuchte ich Maflei, bei dem Ihr gewohnt hattet, um mich zu verabschieden. Sein Sohn Isla, soeben aus Edirne zurückgekehrt. Erzählte, was dort geschehen war. Erfuhr, daß Ihr nach Skutari zum Kaufmann Galingré reiten wolltet. Zuvor hinter Entflohenen her; gefährliche Strolche, fürchterlicher Räuberhauptmann. Beschloß, Euch zu Hilfe zu kommen." – „Diese Liebe kann ich Euch niemals vergelten, Sir David! Ihr seid uns so wacker und nachdrücklich zu Hilfe gekommen, daß uns schließlich nichts andres übrigblieb, als Euch hier aus dieser Höhle herauszuziehen."

„Lacht nur, lacht! Wußte nichts von diesem Loch!"

„Auch wir kannten die Höhle nicht und sind trotzdem nicht hineingesteckt worden. Wie gelang es Euch denn, Euern glorreichen Plan so schnell in Ausführung zu bringen?" – „Sehr einfach. Erkundigte mich am Goldenen Horn nach passender Gelegenheit, fand aber keine. Mietete also kleinen Dampfer, Franzosen, der nicht recht wußte, welche Ladung stauen sollte. Well!" – „Das klingt ganz nach David Lindsay! Weil er nicht sofort eine passende Verbindung findet, mietet er gleich einen ganzen Dampfer. Wo liegt denn das Schiff? Ist es abgefahren, nachdem es Euch ans Land gesetzt hatte?"

„Nein, muß auf meine Rückkehr warten. Liegt drunten in Antivari. Schlechter Hafen; zu seicht. Ging aber nicht anders. Yes!"

„Nun weiter! Was tatet Ihr, als Ihr an Land wart?"

„Könnt Euch denken! Nahm Pferde, Dolmetscher Fan Hoti, einige Diener und ritt fort, hierherauf: jetzt da. Das ist alles!"

„Wenn Ihr das alles nennt, so möchte ich erst wissen, was nichts ist! Ihr hattet unterwegs zur See Zeit genug, Euch einen Plan zurechtzulegen." – „Plan? Brauche nicht. Geschichte wird stets anders. Yes!" – „Nun, dann wundert es mich freilich nicht, daß Ihr so prächtig hineingefallen seid. Wenn man so etwas unternimmt, wie Ihr, muß man doch über die Art und Weise, wie es auszuführen ist, ein wenig nachdenken." – „Habe auch getan. Kaufte mir zunächst Sir John Redhouses türkisch-englisches Wörterbuch. Kostete mich vierhundert Piaster –" – „Und habt trotz dieses Wörterbuches einen Dolmetscher mitgenommen?" – „War gezwungen dazu. War in dem Buch zu viel türkische Schrift; kann ich nicht lesen." – „Also war bereits die Einleitung zu Eurer Rettungsfahrt von ungeheurem Erfolg begleitet!

Ihr kauftet Euch ein Buch, das Ihr nicht lesen konntet. Das ist sehr gut! Nun brauchtet Ihr Euch, um die Sache noch besser zu machen, nur noch einen Dolmetscher zu nehmen, der nicht Englisch verstand, so konnten die Heldentaten beginnen." – "Hört, Sir, wenn Ihr mich auslacht, steige ich auf Goldfuchs und lasse Euch hier jämmerlich sitzen!" – "Ja, und reitet den Aladschy und dem Schut wieder in die Hände, um abermals eingesteckt zu werden. Der Gedanke, nach Rugova zu reisen, war übrigens nicht ganz übel von Euch. Wie seid Ihr denn drauf gekommen?

„Durch Erkundigung bei Dolmetscher und durch Landkarte. Hatte erfahren, daß Ihr nach Melnik aufgebrochen wart; wußte, daß Ihr nach Skutari wolltet. Konntet nur einen Weg benutzen; mußte Euch auf diesem Weg entgegenreiten." – "Bei dieser Berechnung habt Ihr aber außer acht gelassen, daß es nicht meine Gewohnheit ist, auf der Heerstraße zu ziehen. Es ist auch wirklich wie eine Fügung, daß wir uns hier befinden. Hätten wir den Schut in einer andern Gegend suchen müssen, so wäre Euer Tod eine ausgemachte Sache gewesen. Einmal im Ernst gesprochen, ich muß Euch wirklich herzlich dankbar dafür sein, daß Ihr Euch unsertwegen in solche Gefahren begeben habt. Aber ich habe doch eine leise Ahnung, daß Euch noch eine Nebenabsicht geleitet hat." – "Nebenabsicht? Welche?"

„Daß wißt Ihr selbst. Habe ich recht?" – Ich deutete über meine Schulter zu unsern Pferden. Lindsay schob seine Nase hin und her, als ob sie ihm in seiner Verlegenheit im Weg sei, räusperte sich einigemal und antwortete dann: „Well! Ratet richtig. Konntet Euch wegen des Rappen doch noch eines Besseren besonnen haben. Möchte das Tier gar zu gern haben. Bezahle Heidengeld dafür!" – „Mein Rih ist mir nicht feil; dabei bleibt es. Schweifen wir also nicht von Eurer Erzählung ab! Dachtet Ihr denn in Antivari nicht an das Notwendigste, was Ihr tun mußtet: an den Kaufmann Galingré?"

„Habe natürlich an ihn gedacht; bin auch dort gewesen. Mußte mich erkundigen, ob Ihr vielleicht schon angekommen wäret."

„Das war unmöglich. Aber warnen mußtet Ihr ihn, Sir David."

„Habe es auch getan." – „Was sagte er dazu?" – „Er? Hm, er war gar nicht da." – „Wo war er denn?" – „Fort, in Gegend von Pristina, sogenanntes Amselfeld, Getreide einkaufen. Hat sich durch Getreidehandel bedeutende Reichtümer erworben. Jetzt das Geschäft verkauft, will in das Innere, nach Üsküb, dort neues gründen. Gegend dort überaus fruchtbar." – „Von wem habt Ihr das erfahren?" – „Vom Dolmetscher, der es in der Stadt hörte." – „Nicht bei Galingré selbst?"

„Nein." – Ich kannte den guten Englishman genau und ahnte, daß er hatte pfiffig sein wollen, dabei aber grad auf die allergrößte Dummheit verfallen war. Er liebte es, Abenteuer zu suchen, fiel aber damit fast regelmäßig hinein. – „Habt Ihr Fan Hoti und die Diener schon in Antivari in Dienst genommen?" fragte ich ihn. – „Yes. Ritten dann nach Skutari. Schlechter Weg, hart gepflastert, von Zeit zu Zeit wieder aufgerissen, für Kriegsfall. Dann stundenlang duch Morast. Beschmutzt nach Skutari; dort sogleich zu Galingré."

„Von wem wurdet Ihr empfangen?" – „Wurde in Kontor geführt,

war ganz leer, da Geschäft verkauft. Nur Vertreter da, feiner, gewandter, erfahrener und höchst liebenswürdiger Mann." – „Hörtet Ihr seinen Namen?" – „Freilich. Hieß Hamd en Naßr." – „Oh! Ausgezeichnet!" – „Kennt ihn vielleicht Mister Kara?" – „Sehr genau sogar." – „Nicht wahr, prächtiger Kerl?" – „Sehr prächtig! Er wird sich gefreut haben, Euch kennenzulernen, zumal Ihr ihm von mir erzählt habt?" – „Sonderbar! Tat gar nicht so, als ob er Euch kenne."
„Er wird wohl einen Grund dazu gehabt haben. Ihr habt ihm gesagt, was der Zweck Eures Kommens sei?" – „Yes, habe ihm alles erzählt, Eure Erlebnisse in Stambul und Edirne, Flucht Barud el Amasats, Manach el Barschas und des Gefängnisschließers, und ihn schließlich ernstlich vor Baruds Bruder Hamd el Amasat gewarnt. Schurke, Betrüger; habe alles gesagt. Yes!" – „Ausgezeichnet! Was sagte er dazu?" – „Bedankte sich wiederholt und ließ Wein bringen, Hamd el Amasat war durchschaut und bereits fortgejagt worden. Das war klug. Erkundigte mich dann nach dem Weg, den ich einschlagen wolle, um Euch zu treffen. Sagte ihm, daß ich nach Kalkandelen und Üsküb gehen werde, auf welcher Linie ich Euch sicher begegnen müsse. Mister Hamd hieß das gut und gab mir die besten Ratschläge."

„Der brave Mann!" – „Yes, ist zwar Türke nur, aber durch und durch Gentleman. Gab mir sogar Empfehlungsbriefe mit." – „So! An wen, mein verehrter Freund?" – „An bedeutendsten Pferdehändler des Landes, Kara Nirwan in Rugova. Muß diesen Kerl aber doch nicht genau gekannt haben; bin durch ihn in die Patsche geraten.

„War der Empfehlungsbrief offen?" – „Nein." – „Und Ihr habt ihn auch nicht geöffnet und zu lesen versucht?" – „Seid Ihr verrückt, Sir? Gentleman und Verletzung des Briefgeheimnisses! Haltet mich wirklich für so unanständig?" – „Hm! Ich gestehe Euch offen, daß ich in diesem Fall gewiß sehr unanständig gewesen wäre."

„So? Fremde Briefe macht Ihr auf, aber fremdes Pferd ist Euch heilig? Sonderbarer Mensch!" – „Es ist oft ein Vorteil, sonderbar zu sein. Also Ihr habt nur mit diesem Vertreter gesprochen. Hat Galingré denn keine Familie?" – „Frau und verheiratete Tochter. Schwiegersohn wohnt im gleichen Haus." – „So hätte ich mich an Eurer Stelle diesen Personen vorstellen lassen!" – „Wollte es auch, aber Schwiegersohn war nicht daheim, Damen im Morgenkleid und dringend mit Einpacken beschäftigt. Konnten niemanden empfangen." – „Ließen sie Euch das sagen?" – „No. Vertreter sagte es." – „Warum packten sie ein?" – „Müssen nach Üsküb ziehen. Galingré ihnen aus Pristina Boten gesandt: Nicht erst wieder heimkommen, sondern in Üsküb auf sie warten. Wollten zwei oder drei Tage nach mir aufbrechen."

„Wißt Ihr, wer der Bote gewesen ist, den Galingré angeblich gesandt hat?" – „No, Sir." – „Hm! Hat Euch denn dieser vortreffliche Hamd en Naßr nicht anvertraut, daß er selbst es gewesen ist?" „No. Überhaupt unmöglich. Mußte doch als Geschäftsführer daheim bleiben!" – „O nein! Er ist mit Galingré geritten und dann wieder umgekehrt, um dessen Familie und Vermögen nachzuholen!"

„Hätte mir das gesagt!" – „Er hat Euch noch ganz andre Dinge verschwiegen. Dieser liebenswürdige Herr, den Ihr einen echten

Gentleman nennt, ist ein Schurke durch und durch." – „Mister Kara, Beweis!" – „Sogleich. Der Mann hat Euch, als Ihr fort wart, sicher gewaltig ausgelacht." – „Ausgelacht? Impossible! Was fällt Euch ein, Sir?" – „Ich will Euch sogar sagen, daß er Euch für einen riesigen Dummkopf gehalten hat und auch noch heute hält." – Während des Gesprächs war der Schinken und die Tatze gebraten worden. Lindsay hatte die Tatze erhalten und sich soeben das erste Stück davon in den Mund geschoben. Bei meinen letzten Worten vergaß er, ihn zu schließen. Er starrte mich eine Weile an, die Tatze in der Linken, das Messer in der Rechten und das Fleischstück im offnen Mund. Dann spuckte er das Fleisch aus und fragte: „Ist das Euer Ernst, Sir?"

„Ja, mein völliger Ernst", nickte ich. – Da sprang er auf, warf Messer und Tatze fort, streifte sich die Ärmel auf und rief:

„Well! Wir boxen! Steht auf, Sir! Werde Euch einen Dummkopf auf den Magen geben, daß Ihr aus dem Tal hinaus bis in die Wüste Gobi fliegt! David Lindsay ein Dummkopf!" – „Bleibt doch sitzen, Sir David!" antwortete ich ruhig. „Nicht ich nenne Euch so, sondern ich habe nur gesagt, daß jener Mensch Euch dafür hält." – „Woher wißt Ihr das?" – „Ich denke es mir." – „So! Werde Euch diesen Gedanken austreiben, Sir! Steht auf! Legt aus! Gebe Euch eins auf den Magen, daß er Euch aus dem losen Mund springt!" – „Gut, ich mache mit, Sir David! Aber nicht jetzt, sondern nachher, wenn unser Gespräch beendet ist." – „Warte nicht so lange!" – „Wenn ich nicht mittue, werdet Ihr doch warten müssen. Ihr habt ein Meisterstück geliefert, wofür Ihr eigentlich einen Orden bekommen solltet. Ihr seid nach Skutari geritten, um Galingré vor Hamd el Amasat zu warnen, und habt statt dessen diesen Hamd el Amasat vor uns gewarnt. Ihr seid nach Antivari gedampft, um uns in etwa drohenden Gefahren beizustehen, und habt doch alles mögliche getan, uns den Feinden in die Hände zu liefern. Ja, Ihr selbst seid ihnen bereits mit größter Unbefangenheit schnurstracks in die Falle gelaufen. Natürlich lachen sie Euch aus. Wenn Ihr etwa denkt, daß sie Euch für ein Wunder von Klugheit halten, so begreife ich Euch nicht."

Diese Worte erhöhten seinen Zorn. Er ballte die Fäuste, stellte sich breitspurig vor mich hin und rief: „Das, das wagt Ihr mir zu sagen, Ihr Master, Ihr Mister, Ihr Sir, Ihr – Ihr – Ihr Mosjö? Auf und heran! Das Boxen beginnt! Gebe Euch eins, daß Ihr wie Milchtopf in Scherben fliegt!" – „Habt nur noch einen Augenblick Geduld, Sir David! Habt Ihr denn nicht geahnt, daß der Mann, dem Ihr Eure Warnung mitteiltet, just der Gauner war, vor dem Ihr warnen wolltet?"

„Wie? Was? Bin ich verrückt." – „So? Ist Euch denn nicht der Name aufgefallen, den der Vertreter Galingrés führt?" – „Hamden Naßr? – Nein." – „Und der, vor dem Ihr ihn warntet, heißt Hamd el Amasat!" – „Millionen Menschen haben gleiche Vornamen." – „Gut. Wir haben Euch doch früher unser Erlebnis in der Sahara erzählt, von der Ermordung des jungen Galingré und dann vom Tod des Führers Sadek auf dem Schott Dscherid. Könnt Ihr Euch noch auf den Namen des Mörders, eines Armeniers, besinnen?"

„Yes. Eben Hamd el Amasat." – „Er nannte sich aber damals

anders. Besinnt Euch doch!" – „Weiß schon. Nannte sich Vater des Sieges, auf arabisch Abu en Naßr." – „Nun, so vergleicht diese beiden Namen Hamd el Amasat und Abu en Naßr mit den Namen des Geschäftsführers, der Hamd en Naßr heißt!" – Lindsay hielt noch immer beide Fäuste vorgestreckt. Jetzt ließ er sie langsam sinken. Auch seine Unterlippe sank immer tiefer herab, und sein Gesicht nahm den Ausdruck einer so rührenden geistigen Bescheidenheit an, daß ich laut auflachen mußte. – „Hamd – es – – Naßr!" stammelte er. „O Himmel! Sollte – sollte – sollte – –" – Er stockte. – „Jawohl, es ist so, wie Ihr befürchtet, Sir David!" nickte ich. „Ihr habt den Mörder vor sich selbst gewarnt. Er hat für Euch so – so – ich will sagen, so unschädlich gehalten, daß er Euch sogar einen Empfehlungsbrief in die Hände gab, worin die Weisung an Kara Nirwan stand, sich Eurer Person zu bemächtigen. Diesen Brief habt Ihr in rührender Ehrlichkeit an die richtige Anschrift geliefert und seid natürlich festgenommen und hierhergeschafft worden, um totgeräuchert zu werden, wie eine Finne oder Trichine in der Schlackwurst. Nebenbei habt Ihr verraten, daß wir kommen, und habt den Mann, auf den wir es abgesehen haben, die Waffe gegen uns in die Hand gegeben. Es ist ein seltsamer Dienst, den Ihr Euch und selbst Euren Freunden geleistet habt. Das wollte ich Euch sagen. Und nun, Sir David, kann das Boxen beginnen. Ich bin bereit dazu. Come on!" – Ich war aufgestanden und ging nun auch in Stellung. Aber als ich mich gegen ihn auslegte, wandte er sich langsam ab, ließ sich noch langsamer nieder, senkte den Kopf, kratzte sich mit beiden Händen hinter den Ohren und stieß einen so gewaltigen Seufzer aus, als hätte er die ernstliche Absicht, das Feuer auszublasen.

„Nun, Sir David, ich denke, Ihr wollt mich in die Wüste Gobi fliegen lassen!" – „Seid still, Sir!" bat er kläglich. „Habe die Gobi im Kopf!" – „Mich wie einen Milchtopf in Scherben schlagen!"

„Bin selbst größter Kleistertopf der Welt!" – „Oder mir den Magen aus dem Mund treiben!" – „Schweigt! Muß an meinen eignen Magen denken. Habe David Lindsay drin, und wie! Well! Yes!"

„Es scheint, Ihr bildet Euch auf Euren prachtvollen Gentleman in Skutari nichts mehr ein?" – „O weh! Laßt mich mit diesem Schurken in Ruh! Kerl muß doch glauben, ich hätte Schafskäse im Kopf statt Gehirn!"

„Das war vorhin meine Meinung; Ihr wolltet deshalb mit mir boxen. Wollt Ihr etwa jetzt auf diese Genugtuung verzichten?"

„Gern, sehr gern! Habt nur zu recht gehabt. Möchte mich selbst boxen. Seid doch so gut, Sir, und gebt mir eine Ohrfeige, aber eine solche, daß man sie in Altengland hören kann!"

„Nein, Sir David, das werde ich nicht tun. Wer zur Einsicht seines Fehlers kommt, dem soll man die Strafe erlassen. Und zu Eurer Beruhigung will ich Euch versichern, daß Ihr uns keinen Schaden gemacht habt. Nur Ihr selbst seid von den Folgen Eures Fehlers getroffen worden." – „Wollt mich nur beruhigen!" – „Nein, es ist die Wahrheit." – „Glaube nicht. Hamd el Amasat nun auf Euch vorbereitet." – „Nein; denn er hält uns für tot. Er nimmt sicher an, wir seien dem Schut in die Hände gelaufen, dem er jedenfalls in seinem

‚Empfehlungsschreiben' ausführlich über uns berichtet hat. Er ist also ganz arglos bezüglich der Gefahr, die ihm von unsrer Seite droht." – „So lügt dieser Schurke, daß Galingré nach Üsküb reiste?" „Gewiß! Galingré ist vielleicht gar Euer Gefängnisnachbar gewesen, denn er steckt jetzt im Karaul bei Rugova." – „Sir!" – „Ja, ja! Hamd el Amasat ist nur deshalb bei ihm ins Geschäft getreten, um ihn zugrunde zu richten. Er hat den Franzosen nach Pristina begleitet und ihn dem Schut in die Hände gegeben. Dort haben sie ihm sein Geld abgenommen. Da Galingré Getreideeinkäufe machen wollte, nehme ich an, daß er eine bedeutende Summe bei sich trug. Hamd el Amasat hat ihm ferner, wie ich vermute, den Verkauf des Geschäfts und die Gründung eines neuen eingeredet. So ist das Vermögen Galingrés flüssiggemacht worden. Da er nicht selbst in Skutari ist, kommt es in die Hände seiner Frau oder seines Schwiegersohnes. Um das Geld zu erlangen, muß sich Hamd el Amasat dieser Personen versichern, und zwar so, daß niemand es erfährt. Darum hat der Armenier ihnen der Wahrheit zuwider die Botschaft gebracht, Galingré sei geradewegs nach Üsküb gereist, und sie sollten schnell dorthin nachkommen. Sie packen nun und werden reisen, aber nicht nach Üsküb, sondern nach Rugova, wo sie mit allem, was sie bei sich führen, verschwinden werden. Dieser Plan ist schon vor längerer Zeit gefaßt und mit ausgesuchter Schlauheit ausgeführt worden. Hamd el Amasat hat seinen großen Bruder Barud aufgefordert, zu ihm zu kommen und in Rugova, im Karanirwan-Han, mit ihm zusammenzutreffen. Dieser Zettel fiel in meine Hände und diente mir als Wegweiser. Die beiden Brüder beabsichtigten wohl, mit dem geraubten Geld irgendwo ein Geschäft anzufangen oder vom Geld zu leben. Ein Teil des Raubes wird oder soll dem Schut zufallen. Man läßt Galingré nicht ermordet, sondern man läßt ihn noch leben, um mit Hilfe seiner Unterschrift etwaige Außenstände später eintreiben zu können. So reime ich mir die ganze Geschichte zusammen, und ich glaube nicht, daß ich dabei viel irrgehen werde." – Lindsay schwieg. Sein Fehler drückte ihn so sehr, daß er zunächst an nichts andres denken mochte. Ich hielt die Bärentatze übers Feuer, um sie wieder warm zu machen, und reichte sie ihm dann mit den Worten: „Laßt das Geschehene jetzt ruhen und beschäftigt Euch lieber mit diesem Leckerbissen! Das wird Euch dienlicher sein." – „Glaube es schon, Sir! Habt viel Nachsicht für mich. Yes! Werde aber Scharte auswetzen; Hamd el Naßr unerbittlich verfolgen – einfangen – niederschießen! Yes! Well!" – „Ihr werdet kaum Gelegenheit dazu finden. Der Führer Sadek, den er erschoß, war der Vater unsres Omar. Hamd el Amasat ist daher Omars Blutrache verfallen. Wir können nichts tun, als der Sache einen möglichst menschlichen Abschluß geben. Eßt also jetzt, Sir David! Wie es Euch in Rugova ergangen ist, könnt Ihr mir später erzählen." – „Könnt es sogleich erfahren." Er schob eine gewaltige Scheibe Fleisch zwischen die Zähne, kaute, daß die Nase auf und nieder stieg, und berichtete: „Kehrten im Han Kara Nirwans ein. Wirt daheim – gab Empfehlungsbrief ab. Begrüßte mich durch Dolmetscher herzlich; große Freude – Gast – nichts bezahlen." – „Wie ich Euch kenne, ließt Ihr nun grad Euer Geld sehen?" – „Of course – natürlich! David Lindsay läßt sich nichts schenken." – „Ich hörte davon, als ich hier ein Gespräch des Köhlers mit dem angeblichen Gelehrten belauschte. Der Vertraute des Schut erzählte, daß Ihr sehr reich sein müßtet. Es ist stets unvorsichtig, in der Fremde – zumal hier bei diesen unzähmbaren Leuten – reichliche Geldmittel sehen zu lassen." – „Bin kein Lump. Mag nicht umsonst essen und trinken!" – „Das ist Eure Ansicht, Sir David. Ich aber sage Euch, daß wir während unsres Ritts fast nie bezahlen durften und doch nicht für Lumpen gehalten worden sind."

„Weiß nicht, wie Ihr das anfangt. Von mir verlangen sonst alle Leute Geld. Yes! Kurz und gut, gab im Karanirwan-Han jedem Bediensteten tüchtiges Bakschisch. Well!" – „Und dafür zollte man Euch eine Dankbarkeit, die endlich darin gipfelte, daß man Euch alles nahm, sogar die Freiheit. Auf welche Weise wurdet Ihr denn in die Falle gelockt?"

„Durch Dolmetscher Fan Hoti. Hatte ihm von meinen Reisen erzählt: Ausgrabungen, geflügelte Stiere und so. Sagte es dem Perser. Der ließ mich rufen, machte geheimnisvolle Gebärden, deutete auf Fan Hoti, wollte nichts vor ihm sagen. Gab ihm also mein Wörterbuch. Kara Nirwan damit fort." – „Das habt ihr sehr brav gemacht. Der Perser konnte nicht ohne Hilfe des Dolmetschers mit Euch sprechen. Dieser hätte Euch jedenfalls gewarnt. Durch das Buch gabt Ihr dem Schut das beste Mittel in die Hand, Euch, ohne daß der Dolmetscher Mißtrauen fassen konnte, ins Netz zu locken. Sagt ja nicht, daß der Dragoman die Schuld trage! Ihr habt Euch selbst alles zuzuschreiben. Fand sich denn der Schut in das Buch?" – „Sehr leicht. Holte mich nächsten Tag in abgelegene Stube; nur er und ich, Buch auf dem Tisch. Hatte Wörter angezeichnet, las sie mir türkisch vor und deutete dann auf die daneben stehende englische Übersetzung. Am meisten wiederholten sich dabei die Worte Kanadli aslan und Maden." – „Also ein geflügelter Löwe in einem Bergwerk?" – „Ja. Kara Nirwan zeigte mir durch ausgezeichnete Wörter an, daß er mich nachts im Kahn über den Fluß zu einem Bergwerk führen werde, wo geflügelter Löwe zu finden sei." – „Und das habt Ihr geglaubt?" – „Warum nicht? Gibt es am Tigris geflügelte Stiere, so kann es am Drin auch geflügelte Löwen geben. Ist doch Wappen von Venedig. Kurz und gut, er winkte mir fragend zu, und ich winkte zurück. Sache war abgemacht! Perser holte mich nachts ab, führte mich zum Fluß. Stiegen in Boot, fuhren stromaufwärts. Felswand mit Loch, von Pflanzen verdeckt; dort hinein. Kahn angebunden, Fackel angebrannt. Gang mit Brettern auf dem Boden. Schut mit Fackel voran; große, runde Kammer mit mehreren Türen und Ring an der Wand, dort Fackel hinein. Perser klatscht; Knecht kommt, Hammer in der Hand. Schut öffnet Tür, deutet hinein; bücke mich – erhalte Schlag auf Hinterkopf, breche zusammen. Aus! Well!" – „Aber, Sir David, hattet Ihr denn gar kein Mißtrauen gefaßt?" – „Nein. Seht Euch nur diesen Kara Nirwan an! Hat ein so ehrliches Gesicht, daß man sofort Vertrauen schenken muß. Habe erst hier erfahren, daß er der Schut ist." – „Nun hoffentlich bekomme ich ihn auch zu sehen, dann werde ich mir sein Gesicht genau betrachten. Weiter!"

„Fand mich beim Erwachen allein Hände frei, Füße in eisernen Ringen, rundum Fels. Gefangen! Yes!"

„Eine derbe, aber nicht ganz unverdiente Strafe für Eure Unvorsichtigkeit! Wie war Euch denn zumute! Was dachtet Ihr?"

„Nichts. Habe geflucht und gebetet, gerufen und gebrüllt – niemand kam. War völlig ausgeraubt. Auch Hut und Uhr fort. Trage jetzt nur dieses armselige Tuch. Yes!" – „Über den hohen, grauen Zylinderhut werdet Ihr Euch leicht trösten, obgleich Ihr den Ritt hierher nun ohne richtige Kopfbedeckung gemacht habt. Und was die Uhr betrifft, so werdet Ihr doch nicht erwarten, daß ein Räuber Euch ein so kostbares, mit Brillanten besetztes Prachtstück lassen wird, nur damit Ihr in einer finstern Zelle nach der Zeit sehen könnt."

„Hätte sie schlagen lassen. Wußte nicht, wie lange ohne Besinnung. Endlich kam Räuberhauptmann – mit Licht. Tinte, Papier, Feder, Wörterbuch, Zettel. Hielt mir Pistole vor, verlangte mittels Buch und Zettel Anweisung auf 250000 Piaster; sonst tot." – „Das sind fast sechzehntausend Taler. Das Geschäft dieses Mannes wäre einträglich, wenn er öfters solche Vögel finge und auch wirklich Geld erhielte. Ihr habt Euch aber geweigert, darauf einzugehen?" – „Sure. Brüllte mich türkisch oder armenisch, meinetwegen auch persisch an, ich antwortete englisch, und wie! Holte endlich Knecht; banden mir Hände, machten Füße aus den Ringen, fesselten sie; Tuch vor Augen, und fort." – „Wohin? Wieder durch den Stollen?" – „Nein. Durch mehrere Kammern und Gänge, wurde getragen; hörte aber am Schall der Schritte. Endlich niedergelegt, an langen Strick gebunden und lange Zeit emporgezogen." – „Ah! Also gibt es doch einen Schacht im Bergwerk! Wenn Ihr nur seine Mündung gesehen hättet!"

„Wartet! Oben frische Luft; niedergelegt. Menschen reden, Pferde stampfen. Fußfesseln gelöst, in Sattel gehoben, Füße unter Pferdebauch wieder gebunden. Well! Tuch etwas verrutscht: Sah Häusertrümmer, runden Turm, sonst Wald. Yes!" – „Also mündet der Schacht bei den Trümmern in der Nähe des Turms, wie ich mir's dachte."

„Ist richtig. Wurde fortgeschafft, wohin und in welcher Gesellschaft, das wißt ihr."

„Behieltet Ihr das Tuch noch lange vor den Augen?"

„Erst kurz vor Ankunft hier abgenommen, war indessen dunkel geworden." – „Und wie war es denn mit Euch?" fragte ich den Dragoman. „Das Verschwinden Sir Davids muß Euch doch aufgefallen sein?"

„O nein", erwiderte Fan Hoti. „Ich sah ihn zwar nicht, als ich erwachte; aber als ich nach ihm fragte, sagte man mir, er sei in Richtung zum Dorf gegangen, langsam und gemächlich, wie ein Spaziergänger. Das war nichts Außergewöhnliches. Ich konnte meinem Herrn doch nicht verbieten, sich ohne meine Begleitung das Dorf und den Fluß zu betrachten. Dann kam der angebliche Alim geritten; es war noch früh am Morgen. Er sagte mir, daß er Sir David gesehen habe und mich an die betreffende Stelle führen könne – –" – „Sagte Marko das sofort, als er kam?" – „Nein. Er hatte erst mit Kara Nirwan gesprochen." – „Dachte es mir! Der Schut hat ihn unterrichtet, wie er es anfangen solle, auch Euch festzunehmen. Marko vereinbarte hier am Abend vorher, daß er Euch mitbringen wolle, da der Köhler ja nicht mit dem Engländer sprechen könne. Gingt Ihr mit ihm?"

„Ja. Er zeigte mir die Stelle, wo er meinen Herrn angeblich gesehen hatte, aber dieser war nicht da. Also suchten wir ihn." – „Sehr schlau! Indessen wurden die Männer beordert, die sich Eurer bemächtigen sollten." – „So ist es. Der Vertraute des Schut führte mich endlich zum Karaul, wo ich die Pferdeknechte des Handschi fand. Dort wurde mir gesagt, der Engländer müsse eine kleine Reise antreten, und ich solle ihn begleiten. Eine Weigerung werde mein Tod sein. Ich wurde festgenommen, auf das Pferd gebunden, und erhielt auch ein Tuch, so wie Sir David. Einer Schuld an diesem Vorfall kann mich niemand zeihen." – „Das wird keinem Menschen einfallen, Mr. Hoti. Jede Weigerung Eurerseits wäre Torheit gewesen. Ihr hättet nur unschuldig das Leben lassen müssen. Aber Ihr könnt nun viel dazu beitragen, daß diese Leute ihre Strafe erleiden. Hoffentlich bewacht Ihr sie sorgfältig!" – „Versteht sich. Doch ich hoffe, daß Ihr mich nicht zu lange warten laßt. Man weiß nicht, was geschehen kann."

„Ich werde mich beeilen, Mr. Hoti. Wäre ich in Kolastschin bekannt, durch das wir kommen, so würde ich Euch von dort einige zuverlässige Männer senden, damit Ihr Gesellschaft hättet. Aber ich kenne dort keinen Menschen und müßte gewärtig sein, Euch Leute zu schicken, die Freunde des Köhlers sind." – „Was das betrifft, so bin ich imstande, Euch einen zu nennen, an den Ihr Euch wenden könnt, oder sogar zwei. Ein Nachbar von mir in Antivari hat eine Frau, die aus Kolastschin gebürtig ist. Sie hat zwei Brüder in der Heimat, von denen der eine sie oft besucht. Ich kenne ihn genau und kann, wenn Ihr es verlangt, darauf schwören, daß er ein treuer und sicherer Mann ist, der mir gern den Gefallen tun wird, hierherzukommen. Er kann seinen Bruder und vielleicht noch einen Bekannten mitbringen." – „Wer ist dieser Mann?" – „Er ist ein Taschdschy[1], ein kräftiger Bursche, der sich vor drei Gegnern nicht fürchtet, und heißt Dulak. Wollt Ihr nach ihm fragen?" – „Ja, ich sende ihn her, wenn er auf meinen Wunsch eingeht. Findet er noch jemand, der ihn begleiten will, so können wir ihnen, falls sie keine Pferde haben, um schnell herzukommen, die Tiere geben, die wir von hier mitnehmen. Und nun glaube ich, haben wir genug gesprochen. Wir wollen schlafen. Wir wissen nicht, was die nächste Nacht bringt. Wollen losen, wie die Reihe der Wache läuft. Beim Morgengrauen brechen wir auf, um womöglich schon um Mittag in Rugova zu sein." – „Sir", sagte der Dolmetscher, „es soll keiner wachen als ich. Ihr und Eure Begleiter müßt Euch morgen anstrengen, während ich hier ruhen kann. Auch sind es nur noch wenige Stunden bis zur Morgenröte. Diese Bitte müßt Ihr mir erfüllen." – Ich wollte nicht; da er aber darauf bestand, tat ich ihm den Willen. Ich war von seiner Zuverlässigkeit überzeugt. – Trotzdem war es mir nicht möglich, ruhig zu schlafen. Der Gedanke an die eingesperrten Schurken, die vielleicht doch Mittel und Wege finden könnten, sich zu befreien, beunruhigte mich. Als der Morgen anbrach, war ich zuerst auf den Beinen. Ich ging in

[1] Steinbrucharbeiter, Steinbrecher

den Stall zu den vier Pferden. Da hingen die Sättel und Decken. Zwei Decken trugen in einer Ecke die cyrillischen Buchstaben *St.* und *V.* Das sollte jedenfalls Stojko Vites heißen. Zwei Pferde, darunter der Goldfuchs, und zwei Sättel gehörten ihm. Er sollte sie wiederbekommen. – Nun weckte ich die Gefährten und kroch dann in die Höhle, um mich zu überzeugen, daß die Gefangenen sicher verwahrt seien. Ich ließ ihnen Wasser bringen, damit sie trinken konnten. Essen bekamen sie nicht, obgleich ich in der Stube des Köhlers Mehl und andres Eßbares gesehen hatte, freilich in welchem Zustand!

Anfangs hatten wir die im Haus gefundenen Waffen, die nicht verteilt worden waren, verbrennen wollen; wir ließen sie jedoch unbeschädigt. Fan Hoti konnte sie an sich nehmen und damit tun, was ihm beliebte. Er sagte, daß er die Stücke, die er nicht brauchen könne, den Leuten geben wolle, die wir ihm aus Kolastschin schicken würden. Wir empfahlen ihm noch einmal, den Eingang der Höhle gut zu verwahren, und verabschiedeten uns von ihm in der Hoffnung, ihn bald wiederzusehen. Andernfalls versprach ihm der Englishman, die Bezahlung in seine Behausung zu Antivari abzuliefern. Die Sonne war noch tief unter dem östlichen Himmelsrand, als wir das verhängnisvolle Tal verließen.

9. Eine gefährliche Falle

Noch niemals hatte der Hadschi so prächtig im Sattel gesessen wie an diesem Morgen. Um nämlich den schönen Kettenpanzer nicht als hinderliches Gepäck mitnehmen zu müssen, hatte er ihn angelegt, den Damaszener umgeschnallt und den Dolch in den Gürtel gesteckt. Mit dieser Rüstung Stojkos ausgestattet, dünkte sich der Kleine etwas viel Besseres zu sein als gewöhnlich. Damit man den Panzer ja nicht übersehen könne, hatte er seinen Kaftan mit Hilfe einer Schnur nur leicht über die Schultern gehängt, so daß er ihn wie ein Mantel umfloß oder bei schnellem Ritt wie eine Flagge nachwehte. An seinen Turban hatte er ein rot und gelb gestreiftes, seidenes Tuch befestigt, ein Andenken an Konstantinopel; auch dieses Tuch flatterte keck nach hinten. Der blank geriebene Panzer glänzte und funkelte in den Strahlen der Sonne, die sich erhob, als wir, die Gabelung der Wagenspur hinter uns, über die Höhen ritten, die hier die Wasserscheide zwischen Drin und Wardar bildeten und sich in mächtigen Felsstufen zum Tal des erstgenannten Flusses niedersenkten.

Die öftere Erwähnung von steilen Felswänden, von Schluchten und Rissen darf hier nicht verwundern. Die Gebirge der Balkanhalbinsel – besonders die westlichen und vor allen Dingen der Schar Dagh – sind meist von gewaltigen, tief zerklüfteten Felsmassen gebildet. Senkrechte Wände von mehreren hundert Metern sind da keine Seltenheit. Zwischen diesen eng beieinanderstehenden Mauern überfällt einen das Gefühl der Hilflosigkeit. Es ist, als wollten die schweren Massen über dem Eindringling zusammenbrechen. Ihm kommt der Gedanke, wieder umzukehren, um dem Verderben zu entrinnen, und unwillkürlich treibt man die Pferde zu größerer Schnelligkeit an, um dem niederdrückenden Bewußtsein menschlicher Ohnmacht zu entgehen und die Gefahr hinter sich zu bringen. – Bei dieser Beschaffenheit des Hochlandes ist es erklärlich, daß seine Bewohner allen fremden Eroberern gegenüber stets mehr oder weniger ihre Unabhängigkeit bewahrten. Diese finsteren, drohenden, kalten Schluchten und Gründe sind natürlich von großem Einfluß auf das Gemüt und die körperliche Beschaffenheit der Bevölkerung. Der Skipetar ist gegen Fremde ebenso ernst, verschlossen und feindselig wie sein Land. Seine sehnige kraftvoll geschmeidige Gestalt, sein ernstes Gesicht mit den granitnen, unerbittlichen Zügen, sein kalt blickendes und abweisend drohendes Auge stimmen ganz mit der Beschaffenheit seiner Berge überein. Sein Inneres zeigt wenig helle, freundliche Punkte; es ist von tiefen Spalten und Rissen durchzogen, in deren Gründen die Wasser des Hasses, der Rache und des unversöhnlichen Zornes schäumen. Selbst untereinander sind die Leute argwöhnisch und mißtrauisch. Die Stämme schließen sich voneinander ab, die einzelnen Familien und Personen ebenso. Doch dem Eindringling gegenüber scharen sie sich zusammen wie ihre aneinandergezwängten Felsen, die dem Reisenden nur an seltenen Stellen einen schmalen, mühsamen Durchgang gewähren. – Diese Betrachtungen drängten sich mir auf, als wir dem Wagengleis durch schmale Klüfte und mit Felstrümmern bedeckte Brüche, über scharfe Grate und abschüssige, vom Regen glattgewaschene Steilungen folgten. Ich konnte nicht begreifen, wie Junak, der Kohlenhändler, auf diesem Weg sein armseliges Fuhrwerk hatte fortbringen können. Das Pferd mußte wahre Wunder verrichtet haben. Jedenfalls war der Holzkohlenhandel nicht die eigentliche Veranlassung gewesen, solch mühsame und gefährliche Fuhren zu unternehmen. Ich hatte vielmehr die Überzeugung, daß sie den Zweck verfolgten, heimlich den verbrecherischen Absichten des Schut und des Köhlers zu dienen.

Nachdem wir die Massen des eigentlichen Gebirgsstocks überwunden hatten, wurde der Weg besser. Wir ritten über die Vorberge hinab und sahen von einigen Punkten bereits die Wasser des Schwarzen Drin heraufschimmern. Der harte Felsgrund machte weichem Boden Platz. Der finstere Wald trat zurück, um lichterem Forst zu weichen, der nach und nach in freundliches Buschwerk überging, durch dessen Fülle sich grüne, wiesenartige Streifen zogen, bis wir endlich an den Fluß gelangten. Hier war die Furt, von der Marko gesprochen hatte. Die Wagenspuren führten an dieser Stelle ins Wasser und drüben wieder heraus. – Der Ritt war uns bisher durch die mitgenommenen Pferde doppelt beschwerlich geworden. Jetzt hatten wir große Mühe, sie über den Fluß zu bringen. Wir mußten sie einzeln hinüberreiten. Erfreulicherweise bot von da an der Weg keine Schwierigkeiten mehr. Es ging über eine grasige Ebene und dann sanft bergan, bis wir angebaute Felder erreichten und endlich Kolastschin am Fuß des dort beginnenden Bergzugs liegen sahen. Von Gurasenda und Ibali kam linker Hand die Straße herab, an der das Dorf lag. Aber diese sogenannte Straße verdiente diesen Namen ebensowenig wie ein Krokodil den eines Paradiesvogels.

Den ersten Menschen, der uns begegnete, fragten wir nach Dulak, dem Steinbrecher. Der Mann war ausgerechnet Dulaks Bruder. Er führte uns freundlich zur Wohnung des Genannten, und Dulak war zu Hause. Die Brüder waren starke Männer von halbwildem Aussehen, hatten aber Zutrauen erweckende Gesichtszüge. Ihre Wohnungen lagen am diesseitigen Ende des Dorfs. Daher kam es, daß uns noch kein andrer Bewohner des Ortes gesehen hatte, wir also nicht, wie gewöhnlich, angegafft und belästigt wurden. – Ich schickte die Gefährten mit den Pferden hinter das Haus und trat allein mit den Brüdern in das Gebäude, um ihnen mein Anliegen vorzutragen. Es lag mir daran, möglichst wenig beobachtet zu werden, damit man nicht erfuhr, daß wir jemand zur Höhle schickten. Als ich sagte, was mein Begehren sei, und den Brüdern den Dolmetscher Fan Hoti nannte, zeigten sie sich sofort bereit, auf meinen Wunsch einzugehen, warnten mich aber, mich mit irgendeinem andern einzulassen.

„Du mußt nämlich wissen, Effendi", sagte Dulak, „daß du dich hier sonst auf niemand verlassen kannst. Der reiche Kara Nirwan hat es verstanden, sich überall beliebt zu machen. Kein Mensch wird glauben, daß er der Schut sei, und sobald man merken würde, daß ihm von dir eine Feindseligkeit drohe, würde man ihn vor euch warnen. Wir selbst können deine Erzählung nur schwer für Wahrheit halten. Aber du hast das Aussehen eines ehrlichen Mannes, und da dich Fan Hoti an mich gewiesen hat, wollen wir tun, was du verlangst. Aber wir dürfen das nicht weiter wissen lassen. Darum werden wir sofort aufbrechen, und auch du magst nicht länger hier verweilen, als nötig ist." – „Habt ihr Pferde?" – „Nein. Wenn ich ein Pferd brauche, um meine Schwester in Antivari zu besuchen, bekomme ich leicht eines geliehen. Warum fragst du? Sollen wir etwa reiten?"

„Ja. damit ihr möglichst bald bei Fan Hoti eintrefft. Ihr kennt doch den Weg zum Tal, das der Köhler bewohnt?" – „Gewiß."

„So will ich euch Pferde geben, die ihr dann vielleicht für immer behalten könnt." – Ich erzählte ihnen, auf welche Weise wir zu den Tieren gekommen waren, und fragte sie dann, ob ihnen die Aladschy bekannt seien, und ob sie die beiden vielleicht gesehen hätten.

„Wir kennen sie", erklärte der Steinbrecher, „denn sie haben sich zu verschiedenen Malen in dieser Gegend herumgetrieben. Sie sind gefürchtet, wagen es aber doch nicht mehr, im Dorf einzukehren. Wenn ich richtig beobachtete, so sind sie wieder hier, und zwar in Gesellschaft andrer. Das möchte ich vermuten nach dem, was ich gestern gesehen habe." – „Was hast du erblickt? Darf ich es vielleicht erfahren?" – „Ich habe keinen Grund, es dir zu verschweigen. Der Steinbruch, in dem ich beschäftigt bin, liegt seitwärts von der nach Rugova führenden Straße, links im Wald. Um ihn zu erreichen, muß ich durch das Dorf und noch eine halbe Stunde darüber hinaus. Dann geht mein Weg von der Straße ab und in den Forst hinein. An dieser Stelle bildet der Berg eine kleine, halbkreisförmige Bucht, die mit dichtem Gebüsch bewachsen ist. Die Straße führt da vorüber, und ich muß durch diese Bucht gehen, um zum Ort meiner Arbeit und des Abends von da wieder zurückzukommen. Gestern abend nun hörte ich, als ich die Bucht erreichte, zur Seite meines Wegs Stimmen im Gebüsch. Ich trat hinzu und sah acht oder neun Pferde stehen, bei denen ebenso viele Männer saßen. Die Gesichter konnte ich nicht erkennen; aber es war doch noch hell genug, zu bemerken, daß sich bei den Pferden zwei Schecken befanden. Da es bekannt ist, daß die Aladschy Schecken reiten, dachte ich mir mein Teil." – „Wurdest du von den Leuten gesehen?" – „Nein. Ich wich sogleich zurück. Dann kam ich aus der Bucht heraus und wendete mich nun auf der Straße nach rechts, dem Dorf zu. Da, wo der Wald zu Ende geht und man beinahe die ersten Häuser sieht, saß wieder ein Mann im Gras. Sein Pferd weidete in der Nähe. Er saß so, daß er zum Dorf blickte. Es hatte den Anschein, als erwartete er von dorther jemand."

„Sprachst du mit ihm?" – „Nein. Ich werde mich hüten, mich um die Angelegenheit dieser Leute zu kümmern." – Ich war überzeugt, daß die Aladschy uns bei der Bucht überfallen wollten. Sie mußten ja annehmen, daß wir da vorüberkommen würden. Der einzelne

Reiter war ein vorgeschobener Posten, der unsre Ankunft melden sollte. Es kam also darauf an, das Gelände kennenzulernen. Darum erkundigte ich mich: „Kann man nicht auf einem andern Weg von hier nach Rugova kommen?" – „Nein. Effendi, es gibt keinen zweiten. Die Bucht ist nicht zu vermeiden." – „Kann man denn nicht zum Schwarzen Drin rechts ausweichen?" – „Leider nicht. Rechts hast du von hier aus zunächst einige Felder, hierauf Wiese, und dann gibt es zwischen Straße und Fluß nur tiefen Sumpf. Wo der Sumpf aufhört, beginnen hohe, steile Felsen. Die Straße führt wohl eine Stunde lang zwischen unbesteigbarem Gestein dahin, bis du fast die Nähe von Rugova erreicht hast. Zwar gibt es hier oder da zur rechten oder linken Hand einen Einschnitt, aber wenn du ihm folgst, bist du schon nach kurzer Zeit gezwungen, umzukehren weil du nicht weiter kannst."

„Also zur Linken liegt die Bucht. Wie ist die gegenüberliegende Stelle rechts der Straße beschaffen?" – „Da ist noch Sumpf. Laß dir's ja nicht einfallen, da hineinzureiten! Du wärst verloren. Dann aber beginnt gleich das Gestein." – „Dann ist freilich die Lage im höchsten Grad gefährlich für uns. Aber wir müssen durch."

„Vielleicht gelingt es euch durch außerordentliche Schnelligkeit; Steine und Kugeln wird es freilich genug geben." – Nach dieser Erkundigung übergab ich Dulak und seinem Bruder die Pferde. Ich behielt nur den Goldfuchs und das zweitbeste der mitgebrachten Tiere für Stojko zurück. Dann verabschiedeten wir uns. – Durch Kolastschin ritten wir im Galopp, draußen aber hielten wir an. Ich teilte den Gefährten mit, was der Steinbrecher zu mir gesagt hatte, tauschte meinen Rih gegen Halefs Pferd um, und bat sie, noch einige Minuten zu warten und dann langsam nachzukommen. Hierauf ritt ich so schnell fort, daß ich den Späher erreichen mußte, bevor er die mir folgenden Reiter sehen konnte. Schon von weitem erblickte ich den Posten; er bestand jetzt aus zwei Männern, die hart an der Waldecke im Gras lagen. Ihre Pferde hielten neben ihnen. – Sie sahen mich kommen und teilten sich wahrscheinlich ihre Bemerkungen über mich mit. Ihre Kleidung war lumpig; Kühnheit und Hinterlist aber leuchteten aus ihren Augen. – Ich grüßte, stieg ab und schritt langsam zu ihnen hin. Sie erhoben sich und musterten mich mit scharfen Blicken. Es verdroß sie, daß ich nicht im Sattel blieb. Das sah ich ihnen an.

„Was willst du hier? Warum reitest du nicht weiter?" fuhr mich der eine an. – „Weil ich mich bei euch nach dem Weg erkundigen will", lautete meine Antwort. – „Dabei konntest du sitzenbleiben. Wir haben keine Zeit, uns mit dir abzugeben." – „Hm. Ich sehe doch nicht, daß ihr mit einer Arbeit beschäftigt seid?" – „Das geht dich nichts an! Frage, und wir werden antworten, dann aber trolle dich von dannen!"

Die Wegelagerer hatten ihre Gewehre liegengelassen. Die Messer und Pistolen trugen sie griffgerecht in den Gürteln. Die beiden mußten mein werden; das stand fest. Aber ich mußte so schnell verfahren, daß sie keine Zeit fanden, zu den Waffen zu greifen. Da ich, um nicht ihr Mißtrauen zu erregen, meine Gewehre am Sattelknopf hatte hängen lassen, kam es darauf an, eins der ihrigen zu erwischen, weil ich sie mit dem Kolben niederschlagen wollte. Ich zeigte also eine

recht harmlose Miene und sagte: „Ihr scheint bei so übler Laune zu sein, daß ich freilich am liebsten sogleich davonreiten möchte; aber da ich den Weg nicht kenne, bin ich gezwungen euch um Auskunft zu bitten." – „Hast du denn nicht im Dorf gefragt?" – „Ja, aber das, was ich dort erfuhr, befriedigt mich nicht." – „So hast du wohl niemand getroffen, der Türkisch sprach. Man sieht es dir an, daß du ein Fremder bist. Wo kommst du denn her?" – „Von Ibali." – „Und wohin willst du?" – „Nach Rugova, wohin diese Straße wohl führen wird."
„Sie führt dorthin. Du brauchst ihr nur zu folgen und kannst gar nicht irren, weil kein Reitweg abzweigt. Zu wem willst du in Rugova?" – „Zum Pferdehändler Kara Nirwan, um mit ihm ein größeres Geschäft abzuschließen." – „So! Wer bist du denn?"
„Ich bin ein –" – Hier wurde ich unterbrochen. Der andre, der bisher geschwiegen hatte, stieß einen lauten Ruf aus und trat einige Schritte vor, so daß er sich von den Gewehren entfernte. Er blickte zum Dorf. – „Was gibt's?" fragte sein Spießgeselle, indem er ihm folgte, während ich stehenblieb. – „Dort kommen Reiter. Ob sie es sind?" – „Es sind vier. Das stimmt. Wir müssen sofort –"
Er kam in der Rede nicht weiter. Ich hatte mich hinter ihnen ins Gras gebückt und eine der Flinten ergriffen. Der Sprecher brach unter dem ersten Kolbenschlag zusammen, und der zweite Hieb traf seinen Kumpan, bevor er sich umwenden konnte. Dann schnitt ich den Pferden die Zügel, Sattelgurte und Bügelriemen ab, um damit die beiden Strolche zu binden. Ich war mit dieser Arbeit gerade fertig, als meine Gefährten hereinkamen. – „Zwei für einen?" meinte der Engländer. „Das heißt gute Arbeit! Yes!"
Da die Waffen der Freibeuter für uns keinen Wert besaßen, zerschlugen wir die Flinten und Pistolen und warfen die Trümmer in ein nahes Wasserloch. – Jetzt galt es vorsichtig zu sein. Ich bestieg den Rappen wieder, und dann ritten wir langsam vorwärts, wobei wir die Gewehre bereithielten. Hätte es links von uns ebenen Waldboden gegeben, so wäre es leicht gewesen unter dem Schutz der Bäume unbemerkt anzuschleichen; aber gleich mit Beginn des Waldes stieg auch der mit Tannen bewachsene Fels steil empor.
Rechts sahen wir den erwähnten Sumpf. Trügerische, mit Moos bewachsene oder mit großblätterigen Moorpflanzen bedeckte Stellen wechselten darin mit schleimigen Lachen, die ein heimtückisches Aussehen hatten. – Um unsre Zahl zu verdecken, ritten wir einzeln, dicht hintereinander. Leider war der Weg so steinig, daß bei der ringsum herrschenden Stille der Hufschlag unsrer Pferde ziemlich weit vernommen werden konnte. Nach ungefähr einer Viertelstunde erblickten wir zur rechten Seite das Ende des Sumpfes und die Stelle, wo sich das Gestein aus ihm erhob. Zur Linken senkte sich die Höhe nieder, um die Bucht zu bilden, von der Dulak gesprochen hatte. Wir hatten gar nicht mehr weit bis dorthin. – Nun bewegten wir uns noch langsamer und vorsichtiger als bisher. Ich ritt an der Spitze, und eben wollte ich mich umwenden, um die Gefährten aufzufordern in Galopp zu fallen, als ein lauter Ruf erscholl. Ein Schuß krachte – die Kugel pfiff an mir vorüber, und zugleich erhielt ich einen Stein

an den Kopf, daß ich fast die Besinnung verlor und mir alle Farben des Regenbogens vor den Augen funkelten. Der Stein hatte mich glücklicherweise nur gestreift. Wer einmal einen solchen Wurf an den Kopf bekommen hat, der glaubt es gern, daß David einst Goliath mit Stein und Schleuder tötete. – Aber zu solchen Betrachtungen gab es keine Zeit. Ein andrer Stein hatte den Goldfuchs getroffen, und dieser ging in die Luft, so daß Lindsay alle seine Geschicklichkeit aufbieten mußte, um nicht herabzufallen. – „Fort!" schrie Halef. „Fort, hindurch!" – Er gab seinem Pferd einen Peitschenhieb und schoß davon. Osko und Omar folgten. Der Engländer brachte sein Pferd nicht weiter. Es schlug mit allen vieren aus und bockte auf der gleichen Stelle. Ich aber hielt mitten auf dem Weg. Es war mir, als hätte ich tausend Glocken im Kopf, die alle läuteten. Ich war wie gelähmt. Da krachte wieder ein Schuß. Er kam von einem Felsenabsatz herab, auf dem der Schütze stand. Die Kugel schlug hart vor meinem Rappen auf den Boden auf und spritzte Steinsplitter umher. – Ich sah den Schützen stehen, ungefähr neun oder zehn Manneshöhen über dem Weg. Er grinste mich höhnisch an und richtete die Pistole auf mich. Das gab mir die Besinnung wieder. Rasch hob ich den Stutzen und schoß. Seine Pistole blitzte zu gleicher Zeit auf. Er fehlte abermals, aber meine Kugel nahm ihn so sicher, daß er herabstürzte. Im gleichen Augenblick entfiel mir der Stutzen. Lindsays Goldfuchs war wohl zur Ansicht gekommen, daß es hier nicht ganz geheuer sei. Er nahm den Kopf noch einmal zwischen die Beine, warf den Hinterkörper empor und schoß davon, unglücklicherweise so hart an mir vorbei, daß der Reiter mit dem Kopf an mein Gewehr stieß und es mir aus den Händen schleuderte. Zugleich erhielt ich einen Stoß in die linke Hüfte, daß ich mit den Händen auf den Hals des Pferdes flog. Ein Ruck an meinem Gürtel, so daß mein Rappe zur Seite prallte, da ich ihn fest zwischen die Schenkel genommen hatte, sonst wäre ich herabgerissen worden, dann noch ein gewaltiger Hieb gegen meinen Kopf, und Lindsay sauste davon.

Der unglückselige Englishman hatte mich fast waffenlos gemacht, wo ich doch die Waffen so nötig brauchte. Wie es gekommen war, hatte ich nicht gesehen, weil meine Augen noch auf den herabstürzenden Mann gerichtet waren. Ich erfuhr es später von Lindsay. Er hatte sein Gewehr in der Rechten und hielt es ängstlich fest, damit es ihm bei dem Widerstand seines Pferdes nicht entfallen sollte. Als der Goldfuchs dann mit ihm so dicht an mir vorüberschoß, stieß er mir erstens mit dem Kopf den Stutzen aus den Händen und zweitens den Flintenlauf gegen die Hüfte, so daß sich der Lauf unter meinen Gürtel bohrte, ihn zerriß und sich dann in dem Riemen verfing, mit dem der Bärentöter an meinem Sattelknopf hing; auch dieses Gewehr wurde herabgerissen. Zwar griff ich schnell zu, aber ich erwischte weder Büchse noch Gürtel, sondern nur den Tschakan, der im Gürtel gesteckt hatte. Bärentöter, Stutzen, Gürtel und Schärpe mit dem Messer und den Revolvern lagen am Boden.

Ich wäre gern abgesprungen, um mich ihrer wieder zu bemächtigen, doch der Zusammenprall mit dem Goldfuchs hatte meinen sonst so verständigen Rappen wild gemacht. Er wieherte zornig und setzte hinter dem dahinstürmenden Missetäter her, so daß ich Mühe hatte, mich wieder zurechtzusetzen und wenigstens den Tschakan festzuhalten. – Es war das erstemal, daß es Rih unternahm, mit mir durchzugehen, und er tat es so nachdrücklich, daß ich an der Bucht wie im Flug vorüberschoß. Schüsse krachten; Menschen brüllten – ein Tschakan wirbelte mir hart an der Nase vorüber. Ich nahm die Zügel hoch und warf mich nach hinten, um den Hengst zu bändigen. Darüber konnte ich auf nichts andres achten – ein Krach, ein Schrei – Lindsay schlug einen Purzelbaum aus dem Sattel zur Erde herab – mein Rappe war mit ihm und dem Goldfuchs zusammengerannt. Er hatte seinerseits dem Fuchs den Stoß heimzahlen wollen.

Sein Zweck war erreicht. Er wieherte abermals und gehorchte nun willig dem Zügel. Mir aber war es nicht so wohl zumut wei ihm: mir schwindelte; es wollte mir schwarz vor den Augen werden. Hinter mir hörte ich Hufschlag und wild schreiende Stimmen. Vor mir rief Halef: „Der Inglis, der Inglis! Zurück, schnell zurück!"

Ich nahm mich mit Gewalt zusammen und sprang – nein, taumelte aus dem Sattel, um Lindsay beizustehen, der regungslos auf der Erde lag. Aber das Heulen hinter uns lenkte meine Aufmerksamkeit von ihm ab. Die Aladschy kamen in gewaltigen Sätzen herangesprungen, gefolgt von etwa acht zerlumpten Banditen, die ein wüstes Gebrüll ausstießen und im Laufen auf uns schossen – eine Albernheit von ihnen, denn so trafen sie nicht. Hätten sie ihre Kugeln gespart, bis sie uns nahe waren, dann wäre es mit uns vorbei gewesen.

In solchen Augenblicken hat man keine Zeit, auf das Brummen des Kopfes zu achten. Ich sah die heranstürmenden Feinde und die wieder zurückkehrenden Freunde. Halef war der Vorderste.

„Wo sind die Gewehre?" rief er, indem er fast noch im Galoppieren aus dem Sattel sprang. „Sihdi, wo hast du sie?" – Ich hatte keine Zeit zur Erklärung, denn die Aladschy brauchten nur noch einige Sekunden, um uns zu erreichen. – „Steht! Schießt!" schrie ich, und dann hatte ich nur noch Zeit, dem Hadschi mit der Linken den Golkondasäbel aus der Scheide zu reißen. In der Rechten den Tschakan, in der Linken den Säbel, so sprang ich an die Straßenseite zum Felsen, um Rückendeckung zu bekommen. Als ich mich umdrehte, schnellten beide Aladschy wie wilde Tiere auf mich los. Ihre Kampfbeile fest in den Fäusten, hielten sie mit den linken Händen die Pistolen auf mich gerichtet und drückten auf kaum zwölf Schritt Entfernung ab. Ich warf mich zu Boden. Die Kugeln prallten über mir gegen den Felsen. Ihre Pistolen konnten zweiläufig sein; darum stand ich nicht an der gleichen Stelle wieder auf, sondern schnellte mich augenblicklich so weit wie möglich an der Felswand hin, wobei ich Säbel und Tschakan fest in den Händen behielt. Und richtig! Wieder zwei Schüsse, die mich abermals nicht trafen; dann fuhr ich empor. – Zwischen den ersten zwei und den letzten beiden Schüssen war kaum eine Sekunde vergangen. Die Aladschy waren zu hitzig. Nun warfen sie die nutzlosen Pistolen weg und sprangen mit erhobenen Beilen auf mich los. Ich konnte nur auf mich achten, sah aber doch, daß der Englishman noch immer regungslos dalag. Die andern drei hatten ihre Gewehre auf die Angreifer abgeschossen und einige von ihnen getroffen, wurden jedoch nun von den übrigen umringt. – Halef sagte mir später, er habe auf die Aladschy gezielt, aber keinen getroffen, weil die Aufregung seine Hände zittern machte. Jetzt standen sechs Feinde gegen ihn und die zwei Gefährten; ich konnte ihnen nicht zu Hilfe kommen. Jeder von uns hatte zwei Feinde gegen sich. – Wäre es je einmal mein Wunsch gewesen, einen Kampf auf Leben und Tod mit dem Heiduckenbeil mitzumachen, dann wäre ich jetzt völlig befriedigt worden. Zwei Tschakane gegen einen! Zwei Riesen, die auf diese Waffe eingeübt waren, gegen mich, der ich bisher nur den viel leichteren und zierlicheren Tomahawk im Nahkampf geführt hatte! Nur größte Kaltblütigkeit konnte mich retten. Ich durfte meine Kraft nicht ausgeben; ich mußte mich darauf beschränken, feindliche Hiebe vorsichtig abzuwehren, um dann jeden Vorteil blitzschnell auszunützen. – Die Aladschy waren zu meinem Glück wie blind vor Wut. Sie hieben regellos auf mich ein. Der eine verdrängte den andern, um einen tödlichen Hieb anzubringen; ihre Beile waren einander hinderlich. Dazu brüllten sie wie angeschossene Löwen. Mit dem Rücken nahe der Felswand, aber ja nicht an sie gelehnt, was mich in den Bewegungen des Armes gehindert hätte, und den Blick scharf auf die Gegner gerichtet, wehrte ich ihre Hiebe mit dem Beil ab, bald in fester Auslage, bald durch Gegenhieb von unten herauf, bald durch Kreiswirbel, wenn sie zugleich schlugen, je nachdem es erforderlich war. Keiner der Hiebe saß. Meine Ruhe verdoppelte ihren Grimm und verleitete sie erst recht zu regellosem Kämpfen. – Drüben auf der Mitte des Wegs schrie, fluchte und tobte es, als stritten Hunderte gegeneinander. Beide Parteien hatten die Flinten abgeschossen, einige Pistolenschüsse waren gefallen; nun befanden sie sich im engsten Handgemenge. Mir wurde bang um die Gefährten; ich mußte versuchen, meine Gegner möglichst rasch loszuwerden. Die Gesichter der beiden Riesen waren fast blaurot geworden vor Wut und Anstrengung. Sie keuchten, und von ihren Lippen troff der Geifer. Da ich jeden ihrer Hiebe abfing, begannen sie mit den Füßen gegen mich zu treten. Das mußte ich benützen! – Soeben hatte ich zwei gleichzeitige Hiebe mit einem Kreisschlag abgewehrt, da hob Sandar den Fuß, um mich gegen den Leib zu treten, während sein Bruder zum nächsten Hieb ausholte. Sofort sauste mein Tschakan auf Sandars Knie nieder. Dann glitt ich schnell zur Seite, um Bybars Beil zu entgehen. Sandar fiel zu Boden und heulte vor Schmerz; die Waffe entglitt seiner Hand.

„Hundesohn!" brüllte Bybar. „Das ist dein Tod!"

Er holte so weit aus, daß ihm die Axt beinahe nach hinten entfiel. Ich brauchte seinen Bruder nicht mehr zu fürchten und konnte die Rückendeckung aufgeben. Darum veränderte ich meinen Platz, indem ich einen Sprung machte, um mich vom Felsen zu entfernen. Bybar konnte nicht schlagen, weil ich ihm nicht standhielt. Ich umkreiste ihn, indem ich die Augen starr auf ihn richtete und zugleich meine beiden Waffen in den Händen wechselte, so daß ich den Tschakan in die Linke und den Säbel in die Rechte bekam. Der Skipetar drehte sich, um mir stets das Gesicht zu zeigen, um seine eigne Achse. Als er meinen Waffenwechsel bemerkte, rief er höhnisch lachend: „Willst du mir mit dem Säbel zu Leibe? Das soll dir vergehen, du Wurm!" – „Schlag zu!" schrie Sandar, der am Boden saß und sein Knie mit beiden Händen hielt. „Er hat mir das Bein zerschmettert. Schlag zu!" – „Gleich, gleich! Da, da soll er es haben!"

Ich war stehengeblieben, um Bybar Zeit zum Hieb zu geben. Sein Tschakan sauste nieder, der meinige, von der Linken geführt, flog empor; beide prallten zusammen. Sein Hieb hatte mehr Wucht gehabt als der meinige; das hatte ich vorher gewußt, und das wollte ich. Ich ließ mein Beil fahren, als hätte er es mir aus der Hand geschlagen. – „So ist's recht!" brüllte Bybar. „Jetzt gilt's!"

Er holte zum zweitenmal aus. – „Ja, jetzt!" antwortete ich.

Der Damaszener blitzte auf – ein Sprung von mir vorwärts, ein schneller Streich gegen seinen erhobenen Arm – die Axt fiel mit der daranhängenden Hand herab; sie war von der ausgezeichneten Klinge hart hinter dem Gelenk abgetrennt worden!

Bybar ließ den Arm sinken, starrte einige Augenblicke den Stummel an, aus dem das Blut hervorschoß, und richtete dann den Blick auf mich. Sein Gesicht wurde fast blau. Seine Augen wollten aus ihren Höhlen treten; ein halb ersticktes Brüllen entfuhr seinem Mund, wie wenn ein Ertrinkender den letzten Hilferuf ausstößt, der durch das Gurgeln der Flut verschlungen wird. Er hob die gesunde Faust zum Schlag, aber sein Arm glitt kraftlos nieder. Er drehte sich langsam im Halbkreis und fiel dann schwer zu Boden.

Sandar schien vor Entsetzen starr zu sein. Als er die Hand seines Bruders fallen sah, war er aufgesprungen. Er stand noch jetzt aufrecht da, trotz des verletzten Beins. Seine Augen waren ganz ausdruckslos, der Blick leer wie der einer Leiche. Ein Zischen drang zwischen seinen Lippen hervor, ein quirlendes Stöhnen, dann plötzlich ein lauter, gräßlicher Fluch, wobei er sich auf mich werfen wollte. Aber als er das unverletzte Bein hob, knickte das andre zusammen. Er stürzte nieder. – Jetzt war ich frei und schaute nach den andern aus. Mir gegenüber lehnte der Hadschi an dem Felsen und wehrte mit dem Kolben zwei Gegner von sich ab. Ein dritter lag vor ihm am Boden. Weiter mir zu, wälzte sich einer unsrer Feinde hin und her. Rechts von ihm lagen Osko und sein Gegner, die sich wütend aneinanderpreßten. Jeder von ihnen hielt die mit dem Messer bewaffnete Hand des andern mit der linken von sich ab, so daß keiner von ihnen zum Stoß kommen konnte. Und gar nicht weit davon kniete Omar auf einem, den er mit der Linken bei der Gurgel hatte, während er mit der Rechten zum Messerstoß ausholte. – „Omar, nicht töten, nicht töten!" mahnte ich. – Da warf der Araber das Messer weg und legte dem Gegner nun auch die Rechte um den Hals. Ich sprang zu Halef hinüber, dem Hilfe am nötigsten war, und versetzte dem einen seiner Widersacher einen Säbelhieb in die Schulter und dem andern einen Hieb in den Oberschenkel. Sie ließen heulend von

Halef ab, worauf ich auch Osko von seinem Bedränger befreite, indem ich den Säbel fortwarf, eins der daliegenden Gewehre aufhob und dem Gegner den Kolben an den Kopf schlug. – „O Allah!" rief Halef, tief aufatmend. „Das war Hilfe in der höchsten Not, Sihdi. Sie hätten mich bald übermannt. Ich hatte zuletzt gar drei gegen mich!" – „Bist du verwundet?" – „Das weiß ich nicht. Aber mein Kaftan ist schwer verwundet. Dort liegt er. Sie haben ihm die Arme ausgerissen und die Rippen eingeschlagen. Er wird wohl nicht wieder ins Leben zurückzubringen sein." – Der lange Rock war ihm allerdings in Fetzen gerissen worden. Der kleine Held hatte sich jedenfalls in sehr bedrängter Lage befunden. Verwundet war er nicht; aber ein Kolbenhieb, den er auf die linke Schulter erhalten hatte, schmerzte ihn sehr. Osko war auch nicht verwundet, und nur Omar blutete aus einem tiefen Schnitt quer über dem linken Unterarm.

Halef verband ihn rasch, wozu er die Fetzen seines Kaftans benützte. Ich aber ging zum Engländer, dessen Regungslosigkeit mir Sorge machte. Ich untersuchte ihn und dankte Gott: er hatte nicht den Hals gebrochen. Er atmete, und als ich ihn kräftig rüttelte, kam er zur Besinnung, öffnete die Augen, starrte mich an und sagte: „Good morning Sir! Seid Ihr denn schon so zeitig munter?"

„Ja, es wird Zeit, daß auch Ihr munter werdet", spottete ich. „Sonst heißt es nicht guten Morgen, sondern gute Nacht für Euch! Ihr müßt mit dem Kopf schwer aufgeschlagen sein."

„Aufgeschlagen? Wie? Wann? Wo bin ich denn eigentlich?"

Er setzte sich auf und blickte erstaunt umher. Ich winkte Halef herbei, der ihm das Verständnis des Geschehenen eröffnen sollte, und ging zu Bybar, der in einer Blutlache lag. Wenn er nicht verbluten sollte, mußte schnell eingegriffen werden. Ich schnitt einen schmalen Streifen von einem Gewehrriemen und band ihm das Leder so fest um den Armstumpf, daß das Blut nur noch in einzelnen Tropfen zum Vorschein kam. Ein zweiter Riemen wurde in gleicher Weise hinter dem ersten befestigt, und dann wurde auch diese Wunde mit Kaftanfetzen umwickelt. – Vor allen Dingen mußte sich nun Halef auf den Rappen setzen und nach Kolastschin zurückreiten, um Leute zu holen, denen wir die Besiegten übergeben konnten. Osko ritt bis dahin zurück, wo meine Gewehre mit dem Gürtel lagen, um mir diese Gegenstände zu holen. Omar war verbunden und konnte mit mir das Schlachtfeld besichtigen. Lindsay hatte sich erhoben und sich endlich auf alles besonnen, was bis zu seinem Sturz geschehen war. – „Verteufelte Geschichte!" brummte er. „Grad im schönsten Rummel Verstand weg! Ärgerlich! Yes! Habt aber auch ohne meine Hilfe aufgeräumt." – „Allerdings, Sir David. Vielleicht hätten wir mit Eurer Hilfe nicht so aufgeräumt." – „Wieso, he?"

„Ich meine, vielleicht war es vorteilhaft für uns, daß Ihr Euch im richtigen Augenblick niederlegtet, um einzuschlafen. Eure Hilfe hätte uns möglicherweise nur Schaden gemacht." – „The devil! Ihr seid grob!" – „Nein, nur offen. Ihr habt die Eigenheit, daß unter Euren Händen sich alles ins Gegenteil verwandelt."

„Oho! Seid selbst an allem schuld. Habt mich vom Pferd geworfen!"

„Nachdem Ihr vorher wie ein Rammschiff an mich gerannt wart!"
„Konnte nicht dafür, Mr. Kara. Goldfuchs ging mit mir durch den Hafer." – „Und dann der Rappe mit mir in die Wicken. Hätte sich das nicht ereignet, so wären wir entkommen, ohne ein Haar zurückzulassen und andrer Leute Blut vergießen zu müssen."
„Schadet nichts. Halunken haben Aderlaß verdient; wir Sieger, nur ein Schnitt in den Arm. Glorious! Yes! Wie waren Rollen verteilt?" – „Omar einen, Osko zwei und Halef drei. Ihr seht, daß wir munter sein mußten. Laßt uns nach diesen Leuten sehen!"

Was wir noch zu tun hatten, bestand darin, die verwundeten Feinde zu verbinden und den nur Besinnungslosen die Hände auf dem Rücken zu befestigen. Tot war nur einer: der, den ich bei Halef hatte liegen sehen. Der Hadschi hatte ihm eine Pistolenkugel in den Kopf geschossen. – Nun kam Osko zurück. Er führte sein Pferd am Zügel. Im Sattel saß ein am Arm Verwundeter.

„Hier bringe ich den Mann, den du vom Felsen herabgeschossen hast, Effendi", meldete Osko. „Er ist nicht tot." – „Ich wußte es", antwortete ich. „Wenn er nicht beim Herabstürzen den Hals brach, konnte er nicht tot sein, denn ich habe auf sein Schlüsselbein gezielt. Verbindet auch diesen Mann! Ich will zu den Pferden dieser Leute zurück." – Ich brachte meinen zerrissenen Gürtel einstweilen mit Hilfe eines Riemchens wieder in Ordnung; dann ritt ich zur Bucht, wo ich die gesattelten Pferde fand. Es war nur auf die Schecken abgesehen. Die andern Klepper ließ ich stehen. Die Schecken aber nahm ich an den Zügeln und kehrte mit ihnen zurück.

„Willst du sie behalten?" fragte Osko. – „Ja. Diesmal frage ich nicht, ob wir ein Recht dazu haben oder nicht. Hierzulande gehört die Beute dem Sieger. Wir haben bisher Reiter und Pferd geschont; das ist nun zu Ende. Die Aladschy haben uns fortgesetzt angegriffen, um uns zu töten. Wenn wir ihnen jetzt die Pferde nehmen, so wird kein Mensch uns Diebe nennen." – „Und wer soll sie bekommen, Effendi?" – „Wen meinst du wohl, Osko? Die Schecken sind Pferde, die weit und breit nicht ihresgleichen finden. Dazu kommt der Ruhm, diesen Räubern ihre Tiere abgenommen zu haben. Ich denke, du nimmst eins und Omar eins." – „Um sie für immer zu behalten?" fragte er hastig. – „Gewiß! Hoffentlich laßt ihr sie euch von ihren bisherigen Herren nicht wieder abjagen." – „Effendi, du weißt nicht, welche Freude du mir bereitest. Ich reite mit euch bis Skutari und will dann mein Vaterland, die Crnagora, besuchen, bevor ich nach Stambul zu meiner Tochter zurückkehre. Wie wird man mich dort um das Pferd beneiden!" – Auch Omar sprach seine große Freude aus. Beide fühlten sich glücklich über das Geschenk, das ich ihnen gemacht hatte, ohne daß es mich einen Para kostete. Sie waren eben darüber, zu losen, welches Pferd dem einen und dem andern zufallen sollte, als Halef zurückkehrte. Er hörte, daß die beiden die Schecken haben sollten, sagte aber nichts, seine Gedanken standen jedoch auf seinem Gesicht geschrieben. Er fühlte sich gekränkt und zurückgesetzt. – „Nun, werden Leute kommen?" fragte ich ihn.

„Ja. Ich bin bis zum Han geritten und habe dort die Botschaft ausgerichtet. Es wird nicht lange dauern, so eilt die ganze Einwohnerschaft des Dorfs herbei. Wie werden sie uns anstaunen ob des herrlichen Siegs, den wir erkämpft haben!"

„Sie werden uns gar nicht anstaunen." – „Warum nicht?"

„Weil wir nicht mehr hier sind, wenn sie kommen. Ich habe keine Lust, kostbare Zeit zu versäumen, um mich von diesen Leuten begaffen zu lassen." – „Aber wir müssen doch bleiben, um ihnen den Grund und den Verlauf des Kampfs zu erzählen. Diese Wegelagerer hier werden, wenn wir eher aufbrechen, Lügen ausstreuen und uns als die Schuldigen hinstellen." – „Das ist mir gleichgültig." – „Und was geschieht mit den erbeuteten Waffen?" – „Die zerschlagen wir."

„Well!" mischte sich da der Engländer ein. „Nehme mir aber Andenken mit. Kann vielleicht wieder zu besserer Kopfbedeckung kommen; wollen sehen!" – Er probierte die Mützen sämtlicher Besiegten durch, um eine passende zu finden. Diese Unbefangenheit nötigte mir ein heimliches Lächeln ab; ich ließ ihn aber gewähren, ohne ihn zu warnen. Er mußte allerdings eine Mütze haben, daß es im Orient geradezu eine Schande ist, sich ohne regelrechte Kopfbedeckung sehen zu lassen; aber eine bereits gebrauchte zu nehmen, was bei ihm freilich nicht gut anders möglich war – nun, man mußte die Folgen abwarten. – Ich nahm meinen Tschakan wieder an mich. Die Waffen der Gegner wurden vernichtet. Dann verließen wir schleunig den Ort, der unsre üble Todesstätte hätte werden sollen. Osko und Omar ritten ihre Schecken; die bisher benutzten Pferde wollten sie verkaufen. Neben diesen Tieren mußten sie auch die am Zügel führen, die ich für Stojko zurückbehalten hatte. Glücklich, so leichten Kaufes davongekommen zu sein, trabten wir weiter. – Wir ritten fortwährend zwischen bewaldeten Felshöhen dahin. Dabei wurde das jüngste Erlebnis gehörig durchgesprochen. Nur Halef blieb einsilbig. Er konnte aber seine Gefühle und Gedanken nicht verheimlichen; darum wußte ich, daß er bald kommen werde, um mir Vorwürfe zu machen. Und wir waren noch keine Stunde wieder unterwegs, so trabte er an meine Seite und fragte in seinem freundlichsten Ton:

„Sihdi, willst du mir wohl eine Frage aufrichtig beantworten?"

„Gern, mein lieber Halef." – „Meinst du, daß ich heut meine Sache gut gemacht habe?" – „Vortrefflich." – „Ich bin also tapfer gewesen und habe deine Zufriedenheit erworben?" – „Im vollsten Maß."

„Omar und Osko aber sind wohl noch tapferer gewesen als ich?"

„O nein, obgleich auch sie ihre Schuldigkeit vollauf getan haben."

„Aber du hast sie doch so sehr vor mir ausgezeichnet!"

„Das wüßte ich nicht." – „Du hast ihnen die Schecken gegeben! Omar hat nur einen Feind besiegt, Osko zwei und ich sogar drei!"

„Allerdings, wenn auch mit meiner Hilfe, Halef." – „Hast du nicht auch Osko geholfen? Warum hat denn er einen Schecken bekommen und ich nicht? O Sihdi, ich bin dein Freund und Beschützer und habe geglaubt, daß du mich liebst. Nun aber finde ich, daß andre dir mehr gelten." – „Du täuschst dich, Halef. Du bist mir der liebste von allen."

„Das hast du heute bewiesen! Wer wird stolz sein auf Osko, wenn er auf dem Schecken durch die Crnagora reitet? Wer wird sich über

Omars Pferd freuen? Er hat keine Verwandten und steht allein in der Welt. Ich gönne ihm die Freude, denn er ist ein braver Gefährte, und ich habe ihn lieb. Aber denk an Hanneh, an mein Weib, die Rose der Frauen, die Sanfteste und Zarteste unter den Töchtern der Mütter und Großmütter! Wie würde sie entzückt sein, wenn ihr Hadschi Halef, der Tapferste der Tapfern, geritten käme auf einem erbeuteten Schecken der Aladschy! Sie würde von Zelt zu Zelt eilen, um zu verkünden: ‚Er ist zurückgekehrt, mein Gemahl und Gebieter, der Heldenhafteste unter den Helden, der Männlichste unter den Männern, der Kriegerischste unter den Streitbaren! Er ist da, der tötende Säbel, der Vater des Sieges, der Bruder und Schwager des Triumphs. Er hat den Erdkreis umritten und Sieg um Sieg erfochten, Er hat mit wilden Tieren und starken Menschen gekämpft, und niemand hat ihn zu überwinden vermocht. Sogar den Bären hat er getötet und seine Tatzen verzehrt. Jetzt ist er heimgekehrt auf dem Scheckigsten der Schecken, den er erobert hat von den Gewaltigsten unter den Anführern der Räuber. Sein Sihdi, den ihr alle kennt, hat ihm dieses herrliche Pferd verliehen als Preis seiner Tapferkeit, als Lohn seiner Stärke und als Zeichen seines unvergänglichen Ruhms. Preis sei diesem Sihdi, dem Gerechten, der nach Verdienst belohnt, und Ehre sei meinem Herrn Hadschi Halef Omar Ben Hadschi Abul Abbas Ibn Hadschi Dawuhd al Gossarah!' So würde sie sagen, und alle Söhne der Araber würden einstimmen in das Lob deiner Gerechtigkeit. Alle würden Lobgesänge dichten auf deine Unparteilichkeit und herrliche Strophen auf den Glanz deines Biedersinns. Nun ist das unmöglich, denn du hast mich mißachtet und mir die verdiente Belohnung vorenthalten!" – Sein Schmerz erging sich in überschwenglichen Ausdrücken. Aber es war ihm Ernst damit, obgleich es mir heimlich Spaß bereitete. Glücklicherweise besaß ich das beste Mittel, ihn sogleich aufzurichten und ihn in allergrößte Wonne zu versetzen. Darum erklärte ich dem Kleinen: „Du irrst. Ich habe dich nicht zurückgesetzt. Ich hatte vielmehr die Absicht, deine Dienste noch ganz anders zu belohnen. Osko und Omar sollten dich beneiden."

„Wie könnten sie mich beneiden, wenn sie die Schecken besitzen?"

„Du sollst ein Pferd haben, das fünfzigmal mehr wert ist als die Schecken der Aladschy zusammen." – „Ich? Welches Pferd sollte das sein?" – „Das errätst du nicht?" – „Nein, Sihdi." – „So muß ich es dir sagen. Ich werde dir, wenn wir scheiden, meinen Rih schenken. Du sollst ihn zu Hanneh bringen, der Holdesten der Holden."

Das gab dem Kleinen einen solchen Ruck, daß er sein Pferd anhielt und mich weit offenen Mundes anstarrte. – „Sihdi", stieß er hervor, „habe Erbarmen mit mir! Wenn du sagst, daß Rih mein Eigentum sein soll, so machst du mich unglücklich!" – „Unglücklich? Warum?" – „Weil es nicht wahr sein kann. Kein Mensch verkauft ein solches Pferd!" – „Ich will es aber nicht verkaufen, sondern dir schenken!" – „Kein Mensch wird es verschenken!" – „Habe ich es nicht geschenkt erhalten?" – „Ja, als Lohn deiner großen Verdienste um den Stamm, der ohne dich vernichtet worden wäre, und als Zeichen der großen Freundschaft Scheik Mohammed Emins."

„So schenke ich es dir aus den gleichen Gründen. Habe ich dich nicht noch lieber, als der Scheik mich haben konnte? Bist du nicht mein wahrer Freund? Hast du dir nicht große Verdienste um mich erworben? Lebte ich noch, wenn du nicht stets mein Beschützer gewesen wärst?" – Das ging Halef tief zu Herzen. Die Tränen traten ihm in die Augen, und er sagte wehmütig: „Ja, ich bin dein Freund und ich habe dich so lieb, daß ich mein Leben tausendmal für dich hingeben würde, wenn das möglich wäre. Ich würde sogar vielleicht Hanneh verlassen, wenn es zu deinem Glück notwendig wäre. Und doch spottest du meiner!" – „Denke das nicht! Hast du nicht bereits Hanneh vernachlässigt um meinetwillen? Hast du sie nicht verlassen, sie und dein kleines Söhnchen, um mir zu folgen durch jede Not und alle Gefahren? Und ich sollte deiner spotten?" – „Ja, denn du nennst mich deinen Beschützer!"

„Du nennst dich ja selbst oft so!"

„O Sihdi, du weißt gar wohl, wie das zu nehmen ist. Nicht ich bin dein Beschützer, sondern du bist der meinige. Oft hast du mir das Leben gerettet, indem du das deinige wagtest. Und das ist die Wahrheit. Du weißt doch, daß mein Mund zuweilen mehr sagt, als ich selbst glaube. Du nimmst es ruhig hin und lächelst im stillen über deinen kleinen Hadschi, der froh ist, wenn du deine Hand nicht von ihm abziehst. Und nun sollte ich für meine Verdienste, die ich gar nicht besitze, den Hengst bekommen? Das ist nicht möglich! Denke, wie stolz du auf ihn sein kannst, wenn du einreitest in das Land deiner Väter! Die Söhne deines Volks werden staunen und dich beneiden; in allen Städten wird man reden und erzählen von diesem Pferd und von seinem Reiter, und in allen Gasetalar[1] wird dein Bild erscheinen, wie du auf dem Rappen sitzt, die Büchse am Sattel und den Tschakan an der Seite!" „Nein!" lachte ich. „Man wird weder von mir sprechen, noch davon schreiben. Nur wenige Menschen werden sich darum kümmern, ob ich überhaupt ein Pferd habe oder nicht. Die Verhältnisse meines Landes sind nicht die des deinigen. Bringe ich Rih mit nach Hause, so kostet er mich mehr Geld, als ich habe. Davon hast du keinen Begriff. Ich müßte ihn verkaufen, sonst würde er mich aufzehren." – „Nein, nein, Sihdi, verkaufen darfst du diesen prächtigen Hengst nicht! Wer versteht dort die Behandlung dieses Pferdes, das ja der König der Rappen ist!" – „So bist du ganz meiner Ansicht. Und selbst wenn ich Rih verkaufen wollte, würde er beim reichsten Besitzer langsam dahinsiechen und sich nach dem freien Leben sehnen, das er gewöhnt ist. Du beobachtest ihn nicht so, wie ich es tue. Der Rappe ist die Wüste gewöhnt und den Sonnenbrand. Er braucht das Futter, das er nur dort haben kann. Er wird sich beim ärmsten Araber wohler fühlen als in meiner Heimat im herrlichsten Stall. Wer wird ihn dort behandeln wie ein Kind des Hauses? Wer wird ihm des Abends vor dem Schlafenlegen die Koransure ins Ohr sagen, so wie er es seit dem Tag seiner Geburt gehabt hat? Noch sind wir im Land des Großherrn, und doch ist er bereits krank. Sein Haar ist nicht mehr wie der Faden der Spinne; seine Augen sind hell, aber nicht

[1] Zeitungen

mehr voll Feuer. Suche die drei Locken: zwischen den Ohren, am ersten Halswirbel und an der Wurzel des Schweifs, den sichern Zeichen der drei Vortrefflichkeiten eines echten Blutes! Das Haar ist nicht mehr gelockt, es ist schlicht und straff geworden. Rih würde vielleicht elend aussehen, aber er liebt mich, und das erhält ihm die Munterkeit und Spannkraft. So wird er auch dich lieben, aber keinen andern. Er weiß, daß du sein Freund bist, und wird dir gehorchen, wie er mir gehorcht hat, wenn du des Abends die Sure nicht vergißt. Also um seinetwillen darf ich den Rappen nicht behalten. Ich muß ihn der Heimat zurückgeben aus Dankbarkeit für das, was er mir geleistet hat. Und wenn ich dabei zugleich dich glücklich mache, so ist das ein Grund mehr, ihn dir zu schenken. Sobald wir das Meer erreichen, ist er dein Eigentum. Dann kannst du ohne Verdruß sehen, daß Osko und Omar die Schecken reiten, denn sie sind mit Rih nicht zu vergleichen." — „Ich kann es aber nicht glauben, Sihdi. Freilich, mein Schmerz wird groß sein, wenn ich mich nun bald von dir trennen muß, und das Tier zu besitzen, das du geritten hast, wäre mir ein Trost in diesem Leid; aber bedenke die Größe dieser Gabe! Als Besitzer des Hengstes wäre ich ein sehr reicher Mann und einer der angesehensten des Stammes. Ich weiß, daß du keine Schätze besitzt; wie dürfte ich da ein solches Geschenk von dir annehmen!" — „Du darfst, und du sollst. Sprechen wir nicht weiter davon!" — Halef sah mir forschend ins Gesicht. Als er merkte, daß es mir Ernst war, glänzte das helle Entzücken in seinen Augen. Und doch sagte er zagend:

„Ja, Sihdi, sprechen wir nicht länger davon! Das ist eine so hochwichtige Angelegenheit, daß du sie dir reiflich überlegen mußt."

„Sie ist überlegt und längst beschlossen." — „So überdenke sie noch einmal! Noch ist die Trennungsstunde nicht gekommen. Aber eine große Bitte habe ich, Sihdi!" — „Welche denn?" — „Erlaube mir, von heut an Rih des Abends an deiner Stelle die Sure ins Ohr zu sagen. Er wird dann wissen, daß er mir gehören soll, und sich an diesen Gedanken gewöhnen. Der Schmerz der Trennung von dir wird ihm dadurch erleichtert werden." — „Ja, tu das! Ich werde von jetzt an auch darauf verzichten, ihm Futter und Wasser zu geben. Er ist dein Eigentum, und von diesem Augenblick an habe ich ihn nur noch von dir geliehen. Aber ich knüpfe eine Bedingung an diese Gabe, Halef."

„Nenne sie, ich werde sie erfüllen, wenn es mir möglich ist."

„Es ist dir möglich. Ich möchte nicht für immer von dir scheiden. Du weißt, daß ich nach meiner Ankunft in der Heimat fast immer bald wieder fortgehe. Es ist möglich, daß ich wieder einmal in das Land komme, wo du mit Hanneh, der Unvergleichlichen, wohnst. In diesm Fall gehört Rih wieder mir, solange ich ihn dort brauche."

„Sihdi, ist's wahr? So wolltest du uns besuchen? Oh, welche Freude würde das geben auf den Weideplätzen und unter allen Zelten! Der ganze Stamm käme dir entgegen, um dir das Ahlan we sahlan wa marhabâ[1] zu singen, und du würdest auf Rih einreiten in das Duar[2] und ihn besitzen, solange es dir beliebt. Der Gedanke, dich wiederzusehen, wird mich beim Scheiden trösten und es mir erleichtern,

[1] Willkommen [2] Zeltdorf

180

die kostbare Gabe anzunehmen, die du mir machen willst. Ich werde den Rappen nicht als mein, sondern als dein Eigentum betrachten, das du mir anvertraut hast, um es dir gut zu bewahren."

Dem Beglückten war es unmöglich, diesen Gegenstand so schnell fallen zu lassen. Er besprach ihn von allen möglichen Gesichtspunkten aus und redete sich in eine wirkliche Begeisterung hinein. Dann aber gab es nichts Notwendigeres für ihn, als den Gefährten die Größe seines Glückes mitzuteilen. Sie gönnten es ihm von ganzem Herzen. Nur der Englishman, dem Halef mehr in Gesten als in Worten die betreffende Mitteilung gemacht hatte, kam herbei und sagte beinahe zornig: „Hört, Sir, erfahre soeben, daß Ihr Rih weggeschenkt habt. Habe ich Armbewegungen und Ausrufe des Hadschi richtig verstanden?" – „Allerdings, Sir David." – „So seid Ihr zehnmal verrückt!"

„O bitte! Hält man es in Altengland für eine Verrücktheit, einen braven Menschen glücklich zu machen?" – „Nein, aber man hält es für Wahnsinn, solches Prachttier Bedientem zu schenken." – „Halef ist nicht nur mein Diener, sondern mehr noch mein Freund, der mich weithin begleitet und deswegen seine Heimat verlassen hat."

„Keine Entschuldigung. Bin ich Euer Freund oder Euer Feind?"
„Ich denke das erste." – „Habe ich Euch begleitet oder nicht?"
„Ja, wir sind lange Zeit beisammen gewesen." – „Habe ich Heimat verlassen oder nicht?" – „Seid Ihr meinetwegen aus Altengland fort?"
„Nein. Wäre aber ohne unsre Freundschaft längst wieder dort. Das ist ganz dasselbe. Bin sogar, weil ich Euch retten wollte, in dieses verteufelte Gebirg gekommen und ausgeraubt und eingesperrt worden. Fällt mir natürlich nicht ein, dafür Belohnung von Euch zu begehren; hätte Euch Rih abgekauft, hätte Euch Scheck gegeben, den Ihr nach Gutdünken ausfüllen konntet, ohne daß ich hingeschaut hätte; jede Summe wäre Euch ausbezahlt worden. Rih hätte fürstlichen Stall erhalten, marmorne Krippe, würzigstes Heu aus Wales, besten Hafer aus Schottland und saftigsten Klee aus Irland!"

„Und wäre dabei gestorben! Rih will in der Wüste wohnen und Datteln fressen. Einige Bla Halefa[1] sind das leckerste Futter für ihn. Nein, Sir David, Ihr seid ein reicher Mann, ein Millionär, und habt die Mittel, Euch alle Wünsche zu erfüllen. Halef aber ist ein armer Kerl, der nichts wünschen darf, weil er weiß, daß er nichts bekommen kann. Dieses Geschenk geht ihm über alle Freuden und Wonnen, die Mohammed den Gläubigen bereits hier auf Erden verheißt. Er soll es haben. Ich habe es gesagt und kann nicht zurück."

„So! Ihn wollt Ihr selig machen, meine Freuden und Wonnen aber gehen Euch nichts an. Hol Euch der Teufel, Sir! Wollte, es käme Spitzbube, der Euch mir stehlen wollte; würde nichts dagegen sagen, sondern ihn bitten, Euch mitnehmen und beim Trödler für sechs oder acht Para verkaufen!" – „Danke für diese Wertschätzung! Acht Para sind noch nicht ganz vier Pfennige. Ich habe wirklich nicht geahnt, daß ich ein gar so billiger Gegenstand bin. Aber was habt Ihr denn? Leidet Ihr an Kopfschmerzen, Sir David?" – Er hatte nämlich mehreremal, bald mit der linken, bald mit der rechten Hand den

[1] Geringste Sorte getrockneter Datteln, Pferdefutter

Fes in die Stirn oder ins Genick geschoben und dabei mit den Fingern jene zielbewußten Bewegungen gemacht, die geeignet sind, ein gewisses kleines Wildbret aufzustöbern. – „Kopfschmerzen? Wieso?" fragte er. – „Weil Ihr so oft zum Kopf greift." – „Weiß nichts davon; geschieht ganz unwillkürlich, wohl weil Fes nicht ganz richtig sitzt."
Aber noch während er sprach, kratzte er sich abermals.

„Seht, soeben geschieht es wieder, und der Fes ist doch richtig gesessen." – „Ja, hm! Scheint, ich habe verdorbenes Blut. Setzt sich in der Kopfhaut fest und beginnt zu jucken. Werde, wenn ich nach Altengland komme, Blutreinigungskur vornehmen, Lindenblüten. und Holundertee mit strengster Diät und großem Plumppudding täglich."

„Quält Euch nicht mit einer solchen Kur! Die Pflaumen und Rosinen des Puddings würden Euch den Magen verderben. Ein wenig Fett mit Quecksilber tut es auch, und obendrein erfordert diese Behandlung nur fünf Minuten Zeit." – „Meint Ihr?" – „Ja. Wolltet Ihr warten bis zum Holundertee in Altengland, so würdet Ihr jedenfalls nur als Skelett dort ankommen; die weicheren Körperteile wären indessen verspeist worden." – „Von wem?" – „Von dem, was Ihr unreines Blut nennt. Diese Blutstropfen haben nämlich eigentümlicherweise sechs Beine und einen Rüssel, der höchst unangenehm wirken kann." – „Wie – wa – waaas?" stotterte er, mich erschrocken ansehend. – „Ja, mein lieber Sir David! Vielleicht habt Ihr das Latein Eurer Jugendjahre noch einigermaßen im Kopf. Wißt Ihr noch, was *Pedicolos cɑ~itis* bedeutet?" – „Hab's jedenfalls gewußt, ist mir aber entfallen." – „Oder wißt Ihr, welches liebliche Geschöpf der Araber ‚Kaml‘, der Türke aber ‚Bit‘ nennt? Der Russe sagt ‚Woschj‘, der Iteliener ‚Pidocchio‘, der Franzose ‚Pou‘ und der Hottentott ‚t'Garla‘."

„Seid still! Laßt mich mit Türken und Hottentotten in Ruhe! Verstehe keins dieser Wörter!" – „So habt die Güte, Euer Haupt zu entblößen und das Innere Eures Fes zu untersuchen. Vielleicht macht Ihr dann eine wichtige Entdeckung, die Euch den Ruf eines berühmten Insektenforschers einbringen wird." – Lindsay riß die Mütze vom Kopf, blickte aber nicht hinein, sondern fragte betroffen:

„Wollt mich beleidigen? Sollte da drin –?" – „Ja, ich meine, daß da drin –!" – „Etwas – etwas Lebendiges krabbelt?" fuhr er fort.

„Richtig! Genau das meine ich." – „The devil! Ah!" – Er hielt sich die Mütze vors Gesicht und starrte hinein. Seine Nase fuhr hin und her, hinunter und hinauf, als wolle sie gesondert die eifrigste Untersuchung anstellen. Dann ließ er die Hände mit der Mütze sinken und rief erschrocken aus: „Woe to me! Lice! Lice!" – „Habt Ihr es entdeckt, Sir David?" – Der Engländer wollte den Fes wegwerfen, besann sich aber anders, stülpte ihn vor sich auf den Sattelknopf, fuhr sich mit beiden Händen ins Haar und begann nun eine entsetzliche Verwüstung seines Scheitels. Dabei erging er sich in Ausdrücken, die nicht wiederzugeben sind. Er war außer sich darüber, daß diese Tierlein nicht einmal das ehrenwerte Haupt eines Gentleman achteten. – Dieser Zorn brachte mich zum Lachen. Lindsay ließ die Hände vom Kopf, wendete sich wieder mir zu und schrie mich an: „Lacht nicht Sir, sonst boxen wir! Wie steht es mit Eurem Fes? Auch Einwohnerschaft? He?" – „Habe nicht die Ehre, Sir David. Diese Art von Quälgeistern hält sich fern von mir, weil ich mich niemals so zuvorkommend wie Ihr gegen sie erwiesen habe." – „Unvorsichtigkeit, diesen Fes zu nehmen! Schauderhaftes Unheil angerichtet! In dieser kurzen Zeit! Kaum glaublich!" – „Oh, was das betrifft, so hat der Türke eine Redensart, die lautet: Tschapuk ok gibi hem bit gibi – schnell wie der Pfeil und die Laus. Und in der Türkei versteht man sich auf diese Sache." – „Aber was tun? Gebt mir doch guten Rat! Wäre Schande ohne Hut in Rugova einzureiten. Und dort wohl auch kein Hutgeschäft? Wie?" – „Kaum! Wollen also sehen, ob sich der Fes reinigen läßt! Vor uns braucht Ihr keine Umstände zu machen und könnt den Gefährten ruhig Euer Unglück wissen lassen. Steigen wir für zwei Minuten ab!" – Nachdem die andern erfahren hatten, um was es sich handelte, erbot sich Osko, die Säuberung zu übernehmen. Er legte die Mütze auf einen Stein und tat eine dünne Schicht Erde oben darauf. Auf diese kam dann ein Haufen trockener Zweige, die angebrannt wurden. Dadurch erreichten Erde, Stein und Mütze einen Wärmegrad, der den beabsichtigten Zweck unbedingt erfüllte. In der Nähe tröpfelte Wasser vom Fels und bildete eine kleine Pfütze, in der der Fes nach dem warmen Verfahren einer nassen Behandlung ausgesetzt wurde. Lindsay unterzog indessen seinen Kopf einer gründlichen Säuberung. Dann erhielt er die Zierde seines Hauptes zurück, und wir bestiegen unsere Pferde.

10. Unter der Erde

Wir ritten weiter. Nach einiger Zeit traten rechter Hand die Felsen zurück und es öffnete sich uns ein freier Blick nach Osten, während uns links die Berge weiterbegleiteten. Dann sahen wir aus einem Seitental einen Reiter kommen. Er bemerkte uns zu gleicher Zeit und lenkte sein Pferd auf uns zu. Als er uns erreichte, grüßte er höflich, und wir dankten ihm ebenso. Er hatte eine behäbige Gestalt und ein ehrliches Gesicht, das geeignet war, eine gute Meinung über ihn zu erwecken. – „Wir wollen nach Rugova", sagte ich ihm. „Ist es noch weit bis dorthin?" – „Noch eine halbe Stunde, Effendi", entgegnete er. „Ihr werdet sogleich den vereinigten Drin erreichen, an dessen linkem Ufer die Straße hinführt. Ihr seid fremd. Auch ich will nach Rugova; ich bin von dort. Erlaubt ihr, daß ich euch begleite?"
„Sehr gern. Du kannst uns, da wir fremd sind, mit einer Auskunft dienen." – „Ich bin gern bereit dazu. Sagt nur, was ihr wissen wollt!"
„Zunächst möchten wir erfahren, bei wem man dort einkehren kann." – Ich hatte die Absicht, bei dem Wirt Kolami, von dem Marko, der Vertraute des Schut, gesprochen hatte, abzusteigen, erwähnte das aber nicht, um vorher über den Karanirwan-Han etwas Näheres zu erfahren. – „Rugova besitzt zwei Hane", erklärte er. „Der eine, der größere, gehört einem Perser, namens Kara Nirwan, und liegt außerhalb des Ortes; der Wirt des andern, gleich am Fluß bei der Brücke, heißt Kolami." – „Zu welchem würdest du uns raten?"
„Zu keinem. Ich überlasse euch die Wahl." – „Was für ein Mann ist dieser Perser?" – „Ein sehr angesehener. Man wohnt gut und billig bei ihm. Kolami gibt sich aber auch Mühe, seine Gäste zufriedenzustellen und ist noch billiger als Kara Nirwan." – „Sind diese beiden Handschi einander freundlich gesinnt?" – „Nein, sie sind Feinde."
„Warum?" – „Nur aus persönlicher Abneigung. Es ist keine Rache dabei; sie haben einander nichts getan. Kolami kann den Perser nicht leiden; er mißtraut ihm." – „Warum?" – „Erlaßt mir die Antwort! Ihr seid fremd, und die Sache kann euch gleichgültig sein." – „So werden wir bei Kolami einkehren." – „Es wird ihm lieb sein, solche Gäste zu empfangen; doch ich rate euch nicht von Kara Nirwan ab, denn das tu ich nie; man könnte mich sonst für neidisch halten. Ich bin nämlich Kolami." – „Ah so! Nun, da versteht es sich von selbst, daß wir in deinem Haus wohnen." – „Ich danke dir. Wie lange werdet ihr in Rugova bleiben?" – „Das weiß ich noch nicht. Wir verfolgen hier einen bestimmten Zweck und wissen noch nicht, ob und wann wir ihn erreichen werden." – „Ist's ein Geschäft, ein Pferdeverkauf? Dann müßt ihr euch freilich an den Perser wenden, der Pferdehändler ist. Ich sehe, daß ihr vier ledige Tiere habt." – „Ja, wir wollen zwei davon

verkaufen; aber das ist nicht der eigentliche Grund unsres Kommens. Wir haben noch andres im Sinn. Du scheinst ein Mann zu sein, dem man Vertrauen schenken darf. Darum will ich dir mitteilen, daß wir beabsichtigen, Kara Nirwan zu verklagen." – „Verklagen? Oh, da nehmt ihr euch was vor, was nicht leicht ist. Die Leute, an die ihr euch da wenden müßt, sind alle seine Freunde. Ist er dir vielleicht Geld schuldig?" – „Nein, ich will ihn eines Verbrechens zeihen."

Bei diesen Worten richtete Kolami sich schnell im Sattel auf, hielt sein Pferd an und fragte: „Du hältst ihn für einen Verbrecher?" „Ja." – „Was soll er begangen haben?" – „Einen Mord, sogar viele Morde und Räubereien, dazu." – Da rötete sich sein Gesicht; seine Augen leuchteten auf. Er legte mir die Hand auf den Arm und fragte hastig: „Effendi, bist du vielleicht ein Muchbir[1] des Großwesirs?" „Nein, der bin ich nicht. Ich bin aus einem fremden Land und stehe im Begriff, dorthin zurückzukehren. Vorher aber will ich einen Mann bestraft sehen, der mittelbar durch seine Anhänger wiederholt nach unsrem Leben getrachtet hat. Und dieser Mann ist eben der Perser."

„Maschallah! Höre ich recht? Ist's möglich! Fände ich endlich einmal einen Menschen, der die gleiche Ansicht hat wie ich?"

„So hältst auch du Kara Nirwan für einen Bösewicht?" – „Ja, aber man darf es nicht sagen. Ich habe einmal nur ein Wörtchen darüber geäußert; das hätte mich beinahe das Leben gekostet."

„Welchen Grund hast du, schlecht von ihm zu denken?"

„Der Perser hat mich beraubt. Ich war in Prisren, um Geld zu holen. Dort traf ich mit ihm zusammen, und er erfuhr von mir, daß ich einen gefüllten Beutel bei mir trug. Unterwegs wurde ich überfallen und mußte das Geld hergeben. Die Täter waren vier Männer, die ihre Gesichter verhüllt hatten. Den Anführer erkannte ich, obwohl er andre Kleidung trug, an der Stimme, an den Spitzen des Bartes, die unter der Verhüllung hervorblickten, und an den Pistolen, die er mir entgegenhielt. Es war Kara Nirwan. Aber was wollte ich tun? Zwei Bewohner von Rugova bekundeten am andern Tag freiwillig, daß sie ihn zu bestimmter Zeit in Prisren getroffen hätten, und das war genau die Stunde, da ich überfallen worden war. Er konnte beweisen, daß er sich nicht an der Stelle des Überfalls befunden haben könnte. Ich mußte daher schweigen." – „Die beiden sind jedenfalls dabei beteiligt gewesen. Meinst du das nicht auch?" – „Ich bin überzeugt davon. Seit jener Zeit habe ich aufgepaßt. Ich sah und hörte vieles, ohne jedoch den rechten Zusammenhang zu finden. Endlich bin ich gar auf den Gedanken gekommen, daß Kara Nirwan kein andrer ist als – als – –" – Kolami getraute sich nicht, das Wort zu sagen; darum ergänzte ich herzhaft: „Als der Schut!" – „Effendi!" fuhr er auf. – „Was gibt's?" – „Du sagst ja genau, was ich denke!"

„So sind wir einer Meinung, und das ist gut." – „Hast du Beweise?" „Ja. Ich bin meiner Sache sicher. Er kann mir nicht entgehen."

„O Allah, wenn das wäre! Dann würde das Land von seinem Schrekken befreit. Effendi, ich habe vorhin gesagt, daß ich und der Perser einander nichts getan hätten. Ich mußte so sagen, denn ich kannte

[1] Geheimpolizist

dich nicht. Jetzt aber gestehe ich dir, daß ich ihn hasse wie den Teufel, und daß ich sehr wünsche, dir beistehen zu können, um ihn unschädlich zu machen, ihn, den ehrlichen, frommen, geachteten Menschen der doch der größte Bösewicht der Erde ist!"

Man sah es dem Handschi an, daß es ihm mit diesen Worten Ernst war. Das Zusammentreffen mit ihm konnte uns von Nutzen sein. Darum trug ich kein Bedenken, ihm mitzuteilen, was wir in Rugova tun wollten und was wir erlebt und über den Schut erfahren hatten. Besonders ausführlich war ich bei der Schilderung der Ereignisse am Teufelsfelsen und im Tal des Köhlers. Er unterbrach mich oft mit Ausdrücken des Staunens, der Angst oder der Befriedigung. Er hielt im Eifer über das, was er hörte, sein Pferd so oft an, daß unser Ritt dadurch wesentlich verzögert wurde. Am schärfsten wurde seine Aufmerksamkeit, als ich ihm von den Karaul, dem Schacht und dem Stollen erzählte. Als ich endlich geendet hatte, rief er aus:

„Man sollte das nicht für möglich halten; aber es stimmt alles genau, und ich selbst bin bereits auf den Gedanken gekommen, dieser Perser müsse Menschen bei sich zurückhalten. Es sind schon viele verschwunden, die vorher bei ihm eingekehrt waren. Und warum fährt er so oft auf dem Drin spazieren. Er wohnt außerhalb des Ortes und hat doch einen Kahn auf dem Wasser. Kaum hat man ihn einsteigen und fortrudern sehen, so ist er verschwunden. Jetzt begreife ich es; er fährt in den Stollen ein." – „Ist dir nichts über die Mündung des alten Schachtes bekannt?" – „Nein, gar nichts. Doch was gedenkst du zu tun, Effendi, wenn du angekommen bist? Willst du etwa zum Muchtar[1] gehen und Anzeige erstatten? Dieser Mann ist des Persers Busenfreund." – „Fällt mir nicht ein. Noch habe ich keine unmittelbaren Beweise gegen Kara Nirwan; ich will sie mir erst holen und werde zu diesem Zweck den Stollen aufsuchen." – „Da kannst du dich eines meiner Kähne bedienen. Wenn du es mir erlaubst, fahre ich mit."

„Das ist mir lieb, da du mir als Zeuge dienen kannst."

Wir hatten den Fluß erreicht und ritten hart an seinem Ufer hin. Die Wasser schossen, eng eingezwängt, in heimtückischer Stille dahin. Diesseits war das Ufer eben, jenseits aber stieg eine Felswand hoch und senkrecht empor. Diesen Felsen bedeckte ein mächtiger Nadelwald, zwischen dessen Grün ein altes Gemäuer hindurchschimmerte. Das war der Wachtturm, über den Jahrhunderte dahingegangen waren. Grad unter ihm machten Fels und Fluß eine Krümmung, hinter der das Dorf versteckt lag. – Als wir die Krümmung hinter uns hatten, sahen wir Rugova und auch die Brücke, über die wir reiten mußten. Doch beeilten wir uns nicht, sie zu erreichen. Wichtiger war es mir, den Eingang des Stollens zu entdecken.

Er war bald gefunden, obgleich wir das Loch nicht sehen konnten. Hart vor der Krümmung, wo die Strömung in voller Gewalt den Felsen traf, gab es eine Stelle, wo einige Meter über dem Wasser ein Felsvorsprung den Flugsamen der Pflanzen Gelegenheit gegeben hatte, festen Halt zu fassen. Von dieser Stelle hingen dichte Ranken nieder und bildeten einen natürlichen Vorhang, hinter dem der Eingang

[1] Ortsvorsteher, Ortsältester

des Stollens verborgen lag. Wegen der heftigen Strömung war es nicht ungefährlich, diese Stelle mit dem Kahn zu befahren. Es gehörten kräftige Arme dazu, den Druck des Wassers zu überwinden und nicht an den Felsen gepreßt zu werden. – Nachdem wir hierüber Klarheit erhalten hatten, ritten wir schneller und kamen bald über die Brücke. Rugova lag ziemlich eng zwischen den Höhen eingeklemmt und machte keineswegs den Eindruck einer wohlhabenden Ortschaft. Links sah man eine Straße den Berg hinansteigen. Es war jene, der wir später folgen mußten. – Die Brücke mündete auf ein freies Plätzchen, das von wenigen armseligen Häusern umgeben war, unter denen sich ein besseres Gebäude auszeichnete. Das war der Han Kolamis. Unser Weg führte hart am Hoftor dieses Gasthauses vorüber. Auf dem Platz war ein Seiler mit seiner Arbeit beschäftigt. Ein Schuster saß vor seiner Tür und flickte an einem Pantoffel herum. Daneben pickten Hühner und gruben Kinder mit ihren schmutzigen Patschen nach den Schätzen eines Schutthaufens, und nicht weit davon standen einige Männer in eifrigem Gespräch. – Einer von ihnen trug die Tracht der mohammedanischen Skipetaren: kurze glänzende Stiefel, weiße, mit schwarzen Borten besetzte Hosen, rote, mit Gold verbrämte Jacke, auf deren Brustteilen silberne Patronenbehälter befestigt waren, ein langes, rotes Gürteltuch vielmal um den Leib gewunden, darüber den ledernen Waffengurt geschnallt, aus dem die Griffe zweier Pistolen, eines prächtigen Dolchs und eines krummgebogenen Handschar hervorsahen, und auf dem Kopf einen roten Fes mit einer Quaste. Dieser Kleidung nach war er ein sehr wohlhabender Mann. Sein hageres Gesicht mit kühn geschnittenen Zügen hatte eine ausgesprochen gelbe Farbe – „schut[1]" nennt das der Serbe; ein dichter, schwarzer Bart hing ihm in zwei Spitzen fast bis auf die Brust herab, und schwarz war auch die Farbe seiner Augen, die groß auf uns gerichtet waren. Diese Augen waren wie Abgründe, in denen das Verderben lauert, tief und unheimlich. Sie hatten den Blick jener willensstarken Menschen, die überall, wo sie auftreten, den andern, den Schwächeren, ihre Handlungen vorschreiben. – Ich hatte diesen Mann noch nie gesehen; aber ihn erblicken und erkennen, das war eins. Ich raunte Kolami zu: „Das ist der Schut, der Gelbe, nicht?"

„Ja", antwortete er. „Wie unwillkommen, daß er uns gleich sehen muß!" – „Mir ist es aber willkommen, denn dadurch wird die Angelegenheit beschleunigt. Kara Nirwan erkennt mich an meinem Rappen; er kennt den Goldfuchs und die Pferde der Aladschy. Der Schut weiß jetzt nicht nur, daß wir seinen Leuten entkommen sind, sondern daß auch der Köhler und die Aladschy von uns bezwungen worden sind. Er ist überzeugt, daß unser Kommen ihm gilt. Da er blind sein müßte, um den Inglis nicht zu bemerken, den er hier gefangen gehalten hat, so kann er sich sagen, daß wir es zunächst auf diesen Schacht abgesehen haben. Paß auf! Der Tanz wird gleich beginnen."

Wir beide ritten voran. Osko und Omar folgten. Halef war mit Lindsay ein wenig zurückgeblieben, und der Englishman hatte, da er sich

---
[1] Siehe die Anmerkung im Band T 4, Seite 14, mit dem Hinweis, daß das „sch" wie „j" im französischen „jour" auszusprechen ist.

mit dem Hadschi in einem schwierigen, von vielen Gebärden begleiteten Gespräch befand, nicht auf die Gruppe der Männer geachtet. Jetzt aber bemerkte Sir David seinen Widersacher. Der Engländer zügelte sein Pferd und starrte den Perser grimmig an. – Wir konnten den Vorgang gut beobachten, weil wir mittlerweile vor der Tür des Hans angekommen und von den Pferden gestiegen waren. Nicht mehr als zwölf Schritte von uns entfernt standen die Männer. Ich sah, daß der Schut die Unterlippe an den Zähnen wetzte. Auf seinem Gesicht lag der Ausdruck des Grimms und zugleich der rücksichtslosen Entschlossenheit. – Da gab Lindsay seinem Pferd die Sporen, schoß herbei und zügelte den Fuchs so nahe vor dem Schut, daß er ihn fast umgerissen hätte. Dann begann er, eine Rede loszulassen, die alles enthielt, was er an englischen Kraftausdrücken wußte und an arabischen und türkischen Schimpfwörtern gesammelt hatte. Sie strömte ihm so schnell vom Mund, daß die einzelnen Ausdrücke gar nicht zu verstehen waren. Dazu fuchtelte er mit Armen und Beinen, als wäre er von einem bösen Geist besessen. – „Was will dieser Mann?" fragte einer aus der Gruppe. Es war der Muchtar, wie mir Kolami zuraunte.

„Ich weiß es nicht; ich verstehe ihn nicht", erwiderte der Schut dem Frager. „Aber ich kenne ihn und wundre mich sehr, ihn wieder zu sehen." – „Ist es nicht der Inglis, der mit seinem Dragoman Fan Hoti und seinen Dienern bei dir wohnte?" – „Ja. Ich habe dir noch gar nicht gesagt, daß er mir diesen Goldfuchs gestohlen hat und mit ihm verschwunden ist. Du wirst die Güte haben, ihn festzunehmen."

„Sogleich! Wir wollen diesen Fremden das Pferdestehlen verleiden."

Der Ortsgewaltige trat zu Lindsay heran und erklärte ihm, daß er verhaftet sei. Der Engländer verstand ihn aber nicht; er fuhr fort zu schreien und herumzufuchteln, und stieß den Muchtar, der ihn am Bein faßte, kräftig mit dem Fuß von sich. – „Allah!" zürnte der Beamte. „Das hat noch niemand gewagt! Herbei, ihr Männer! Holt ihn vom Pferd und schafft ihn fort!" – Die Männer gehorchten und traten zum Engländer heran. Aber als sie nach ihm fassen wollten, ergriff er sein Gewehr, legte auf sie an und schrie in englisch-türkischem Wortgemisch: „Away! I atmak! I atmak!" – Er hatte sich gemerkt, daß schießen „atmak" heißt. Die Angreifer traten eiligst zurück, und der Muchtar rief: „Der Inglis ist toll. Er versteht uns nicht. Wenn wir doch den Dragoman hier hätten, um ihm begreiflich zu machen, daß ihm Widerstand nichts nützt und seine Lage nur verschlimmert!" – Da trat ich zu ihm hin und sagte: „Verzeih, o Muchtar, daß ich dich in der Ausführung der Obliegenheit deines Amtes störe! Wenn du einen Dolmetscher brauchst, kann ich dir dienen." – „Das ist gut. Sag diesem Pferdedieb, daß er mir ins Gefängnis folgen muß." – „Pferdedieb? Du irrst dich. Dieser Bei ist kein Pferdedieb." – „Er ist einer, den mein Freund Kara Nirwan hat es gesagt." – „Und ich sage dir, daß dieser Inglis in seinem Land eine Stellung hat, die wenigstens ebenso hoch ist wie hier die eines Paschas mit drei Roßschweifen. Ein solcher Mann stiehlt nicht. Er hat in seinem Stall daheim mehr Pferde, als hier in ganz Rugova vorhanden sind." – Ich sprach zwar bestimmt, aber doch höflich.

Das schien in dem Muchtar die Ansicht zu erwecken, daß ich eine hohe Achtung für sein Amt und seine Person hege und er infolgedessen auftrumpfen könne. Er schnauzte mich an: „Schweig! Hier gilt nur das, was ich sage! Dieser Inglis hat hier ein Pferd gestohlen und ist ein Dieb, wofür ich ihn bestrafen werde. Übersetze ihm das!"

„Das kann ich ihm nicht sagen." – „Warum nicht?" – „Weil es eine Beleidigung wäre, die dieser Bei mir nie verzeihen könnte. Ich will seine Freundschaft nicht verlieren." – „Also bist du der Freund eines Pferdediebes? Schäme dich!" Er spuckte vor mir aus.

„Unterlaß das, Muchtar!" warnte ich ihn. „Ich spreche höflich mit dir, und du läßt mich dafür den Speichel deines Mundes sehen! Wenn das noch einmal geschieht, bediene ich mich einer Sprache, die deinem Verhalten angemessen ist." – Das war bedeutend schärfer gesagt. Der Perser hatte mich von Kopf bis zu den Füßen gemustert. Jetzt hustete er und machte eine Handbewegung, die den Zweck hatte, den Zorn des Muchtar gegen mich zu entflammen. Es gelang ihm auch, denn das Dorfoberhaupt nahm sofort den Kampf gegen mich auf.

„Welche Sprache wolltest du denn führen? Gegen mich ist nur Höflichkeit möglich; jedes andre Auftreten würde ich bestrafen. Ich habe vor dir ausgespuckt, weil du einen Dieb deinen Freund nanntest. Und dazu habe ich ein gutes Recht; darum tu ich es gleich noch einmal. Sieh, das gilt dir wieder!" – Er spitzte den Mund, ich trat aber rasch einen Schritt vor, holte aus und gab ihm eine so herzhafte Ohrfeige, daß er zu Boden taumelte. Dann zog ich den Revolver. Meine Begleiter griffen sofort zu ihren Waffen. Auch der Schut zog seine Pistole. – Der Muchtar erhob sich. Er hatte ein Messer im Gürtel stecken. Ich glaubte, er werde es ziehen, um für meinen Schlag Rache zu nehmen. Aber Großsprecher sind gewöhnlich feige Menschen. Der Mann hatte keinen Mut und wendete sich an den Schut: „Willst du es dulden, daß ich mißhandelt werde, wenn ich mich deiner Angelegenheit annehme? Ich hoffe, daß du diese Beleidigung, die eigentlich dir gilt, augenblicklich rächen wirst!" – Der Blick des Persers wanderte einigemale zwischen dem Muchtar und mir hin und her. Dieser gewalttätige gewissenlose Mensch besaß jedenfalls einen hohen persönlichen Mut. Aber das Erscheinen der Leute, die er tot oder wenigstens unschädlich gemacht wähnte, und die nun plötzlich unversehrt vor ihm standen, lähmte seine Tatkraft. Er war offenbar nicht nur kühn, sondern auch vorsichtig. Nach allem, was er nun von uns wußte, schätzte er uns als Gegner richtig ein. Deshalb beherrschte er sich. Es kostete ihn allerdings sichtlich Anstrengung, dem Ortsvorsteher zu antworten: „Diese Ohrfeige hat dir gegolten und nicht mir. Du bist es, der sie erhalten hat, und wirst wissen, was du zu tun hast. Ich bin aber bereit, den Befehlen, die du erteilen wirst, Nachdruck zu geben."

Kara Nirwan spielte bedeutsam mit seiner Pistole.

„Weg mit der Waffe!" rief ich ihm zu. „Du bist nicht Polizist. Von dir dulde ich keine Drohung. Habe ich diesem Muchtar gezeigt, wie ich Unhöflichkeiten beantworte, so werde ich wohl auch wissen, den Drohungen eines Mannes zu begegnen, der gar nichts zu befehlen hat. Eine Pistole ist eine lebensgefährliche Waffe. Droht man mir damit, so habe ich das Recht der Notwehr. Sobald du sie ziehst, wirst du meine Kugel im Kopf haben. Das beachte wohl; ich scherze nicht!" – In seinen Augen blitzte es, und er rief mir zornig zu: „Du scheinst nicht zu wissen, mit wem du redest! Du hast den Gebieter dieses Ortes geschlagen. Ihr droht uns mit euren Gewehren und werdet das selbstverständlich büßen müssen. Sämtliche Bewohner von Rugova werden herbeieilen, um euch gefangenzunehmen. Im Land des Großherrn ist es nicht Sitte, daß Pferdediebe gerechte Männer mit dem Tod bedrohen!"

„Was du schwatzt, ist lächerlich. Ich werde euch sogleich beweisen, daß ich weiß, mit wem ich rede. Die Leute von Rugova habe ich nicht zu fürchten, da ich gekommen bin, sie von einem Teufel zu befreien, der in ihrer Mitte und weithin im Lande sein Wesen treibt. Wenn du uns Pferdediebe nennst, so lachen wir darüber, aber dieses Lachen wird dir gefährlich werden!" – „Seid ihr es nicht?" fragte er. „Dieser Engländer reitet meinen Fuchs, und diese beiden Begleiter von dir sitzen auf Schecken, die ihnen nicht gehören; sie haben die Tiere gestohlen." – „Woher weißt du, daß sie ihnen nicht gehören?" „Weil diese Pferde das Eigentum zweier Freunde von mir sind."

„Dieses Geständnis ist eine große Unvorsichtigkeit von dir. Wir haben die Schecken allerdings nicht gekauft, sondern sie den Aladschy abgenommen. Wenn du zugibst, daß diese berüchtigten Räuber deine Freunde sind, so hast du dir selbst dein Urteil gesprochen. Sage mir", fuhr ich fort, indem ich mich an den Muchtar wendete, „ob du weißt, daß die Aladschy Schecken reiten?" – „Was gehen mich die Aladschy an?" antwortete das Dorfoberhaupt. „Ich habe es jetzt nicht mit ihnen, sondern mit euch zu tun." – „Das ist mir lieb, denn ich wünsche, daß du dich ein wenig mit uns beschäftigst. Freilich muß dies in andrer Weise geschehen, als es in deiner Absicht zu liegen scheint." – „Oho! Hast du hier zu befehlen? Hast du hier Ohrfeigen auszuteilen? Ich werde die Leute von Rugova versammeln, um euch gefangennehmen zu lassen. Sogleich werde ich den Befehl dazu geben!" – Er wollte fort. – „Halt! Noch einen Augenblick!" gebot ich. „Du hast noch gar nicht gefragt, wer wir sind. Ich werde es dir sagen. Wir –" – „Das ist gar nicht notwendig!" unterbrach mich der Schut. „Du bist ein Giaur aus Almanja, den wir bald kleinmachen werden." – „Und du bist ein Schiit aus Persien, der Hassan und Hussain verehrt. Nenne dich also nicht einen Rechtgläubigen und bringe das Wort Giaur nicht noch einmal, sonst bekommst du eine ebensolche Ohrfeige wie der Muchtar!" – „Bietest du mir das?" brauste er auf. – „Ja; ich biete dir überhaupt noch weit mehr. Woher weißt du, daß ich Alaman bin? Du hast dich durch dieses Wort verraten. Deine Rolle als Schut ist ausgespielt!" – „Schut?" fragte er erbleichend. – „Schut?" riefen die andern. – „Ja, dieser Schiit Kara Nirwan ist der Schut. Ich werde es euch beweisen. Hier, Muchtar, hast du meine Ausweise. Sie sind im Namen des Padischah ausgefertigt, und ich hoffe, daß du ihnen die gebührende Ehre erweisen wirst. Andernfalls würde ich es unverzüglich dem Müteßarrif in Prisren und auch dem Wesir nach Stambul melden. Wisch deine schmutzigen Hände ab und hüte dich, meine Pässe zu beflecken!"

Ich öffnete die Urkunden und hielt sie ihm entgegen. Als er die großherrlichen Siegel erblickte, wischte er wirklich die Hände an seinen Hosen hin und her, griff dann an Brust und Stirn, verbeugte sich und legte die Ausweise unter einer abermaligen Verneigung an die Stirn, um sie erst nachher zu lesen. – „Dumm! Hm!" bemerkte der Engländer, der diesen Vorgang beobachtet hatte. „Mein Paß fort – Perser gestohlen, mit den andern Sachen. Yes!"

„Wenn er nicht vernichtet ist, Sir David, werdet Ihr ihn wiederbekommen. Übrigens genügt es, wenn er meine Papiere liest. Ihr seid mein Freund, und ich bürge für Euch." Die Leute waren aus den umliegenden Häusern getreten und blickten neugierig auf uns. Einige liefen fort, in die enge Gasse hinein, die auf den Brückenkopf mündete, um andre zu holen, und es hatte sich schnell eine Zuschauermenge gebildet, die uns im Halbkreis umstand.

Das schien dem Schut willkommen zu sein. Er fühlte sich sicher, da er glaubte, sich auf den Beistand des Volkes verlassen zu können. Seine schon an sich hohe Gestalt richtete sich noch höher auf. Man sah es ihm an, daß er ebenso gewandt wie kräftig war. Im Ringkampf war er jedenfalls mehr zu fürchten als einer der Aladschy, die nur über ihre rohe, ungeschulte Körperkraft verfügten. Ich nahm mir vor, es nicht auf einen solchen Ringkampf ankommen zu lassen, sondern ihn gegebenenfalls mit einer Kugel kampfunfähig zu machen.

Endlich hatte der Muchtar die Pässe gelesen. Er drückte sie wieder an die Stirn und auch an die Brust, faltete sie zusammen und machte Miene, sie einzustecken. – „Halt!" sagte ich. „Diese Urkunden sind mein Eigentum, nicht aber das deinige." – „Aber du willst hierbleiben?" fragte er. – „Ja." – „So werde ich sie behalten, bis euer Prozeß beendet ist." – „Nein, das wirst du nicht. Wie kannst du, ein einfacher Kjaja, es wagen, die Papiere eines Mannes, der so hoch über dir steht, an dich zu nehmen! Schon die bloße Absicht ist eine Beleidigung. Und was fällt dir ein, von einem Prozeß zu sprechen! Du weißt jetzt, mit wem du sprichst, und ich werde dir sagen, was ich von dir fordere. Ich will dir entgegenkommen und diese Pässe nicht wieder an mich nehmen. Da ich bei dem Handschi Kolami wohnen werde, mag er sie in Verwahrung halten. Gib sie ihm! Er wird sie ohne meine ausdrückliche Bewilligung nicht aus den Händen lassen." – Er gehorchte, wenn auch widerstrebend. Dann fuhr ich mit erhobener Stimme fort, so daß alle Umstehenden es hören konnten: „Und nun will ich mich ernstlich dagegen verwahren, daß einer von uns ein Pferdieb genannt wird. Wir sind ehrliche Leute und kommen zu dem Zweck hierher, euch von dem größten Räuber dieses Landes zu befreien. Dieser Goldfuchs hat nicht dem Perser gehört, sondern einem Skipetaren, nämlich dem Bajraktar Stojko Vites aus Slokutschie, der mit seinem Sohn nach Batera reiten wollte, um ihn dort zu vermählen. Sie kamen zum Köhler Scharka, der ein Untergebener des Schut ist und den Bajraktar überfiel und beraubte. Stojko Vites blieb leben, aber sein Sohn wurde ermordet

191

und verbrannt. Ich kann euch die Knochenreste zeigen. Dieser Panzer, den mein Begleiter einstweilen angelegt hat, dieser Säbel und dieser Dolch sind Teile des Raubes. Der Bajraktar wurde zu Kara Nirwan geschleppt, um erst später ermordet zu werden, weil man ihm noch ein bedeutendes Lösegeld erpressen wollte."

„Lüge, Lüge, tausendfache Lüge!" schrie der Perser. „Dieses Pferd gehört mir, und von einem Bajraktar Stojko Vites weiß ich nicht das geringste!" – „Die Lüge ist auf deiner Seite. Du hast den Bajraktar im Schacht stecken, wo du auch diesen Inglis gefangen hieltest. Du hast diesen Inglis zum Köhler schaffen lassen, um ihm ein Lösegeld abzuzwingen und ihn dann zu töten. Es ist uns gelungen, ihn zu befreien, und nun kehrt er zurück, um dich anzuklagen."

„Er ist offenbar ein dreister Narr, ebenso wie du! Ich soll ein Räuber und ein Mörder sein? Frage die Leute, die deine Lügen hören! Sie werden dir sagen, wer ich bin. Und wenn du fortfährst mich in so frecher Weise zu beschuldigen, werden sie mich beschützen. Nicht wahr, das werdet ihr, ihr Männer und Einwohner von Rugova? Oder könnt ihr ruhig zusehen, daß ein Fremdling es wagt, mich, der ich euer Wohltäter bin, in dieser Weise zu beschuldigen und anzuklagen?" – „Nein, nein!" riefen mehrere Stimmen. „Fort, weg mit diesem Fremden! Er soll kein Wort mehr sagen dürfen!"

Ich ahnte, was nun kommen werde. Ich dachte mir, daß später große Eile notwendig sei, und darum gebot ich Halef leise, einstweilen die Pferde in Sicherheit zu bringen. Dann wendete ich mich an die Leute: „Was ich Kara Nirwan vorgeworfen habe, ist alles wahr; ich werde es beweisen. Der Perser ist der Schut, verstanden – der Schut! Auch das kann ich euch beweisen, wenn ihr es ruhig anhören wollt!" – Da donnerte mich der Pferdehändler an: „Schweig! Sonst schieße ich dich nieder wie einen Hund, den man nur durch die Kugel von seiner Räude befreien kann!" – Ich hätte ihn am liebsten niedergeschlagen; aber die Stimmung war gegen mich, wie ich deutlich sah. Darum antwortete ich ihm ruhig: „Verteidige dich nicht durch Worte, sondern durch die Tat! Führe uns in den Schacht, und beweise uns, daß Stojko nicht da unten steckt!" – „Ich kenne keinen Schacht!"

„So kenne ich ihn und werde diese Leute hinführen!"

Ein höhnisches Zucken ging über sein Gesicht und ich wußte, weshalb. Ich hütete mich wohl, vom Stollen zu sprechen, durch den ich eindringen wollte; er sollte denken, der Engländer habe den Eingang zum Stollen vergessen. Ich wollte den Glauben erwecken, daß wir zum Karaul wollten, um durch den Schacht einzudringen. Darum fuhr ich fort: „Und nicht nur diesen einen Gefangenen hat er im Schacht unter dem Karaul verborgen, sondern noch einen zweiten, einen Kaufmann aus Schkoder[1], dessen Geld er mitgenommen hat und dessen übriges Vermögen er auch noch haben will. Ihr werdet auch diesen Mann unten finden. Er und Stojko werden euch erzählen, was mit ihnen geschehen ist, und dann werdet ihr glauben, daß Kara Nirwan der Schut ist. Ich fordere euch und den Muchtar hiermit auf, ihn gefangenzunehmen und

[1] Albanische Bezeichnung für Skutari

zum Turm zu schaffen. Dort muß er euch den Eingang des Schachtes zeigen." – „Ich, ein Gefangener?" schrie Kara Nirwan. „Den will ich sehen, der mich dazu macht! Ich kenne keinen Schacht. Ich bin bereit, freiwillig mitzugehen. Sucht euch den Schacht; ich kann ihn euch nicht zeigen, weil ich ihn nicht kenne. Findet ihr ihn, so werde ich mich ohne Weigerung und Widerstand binden lassen, damit man mich nach Schkoder schaffe. Stellt es sich aber heraus, daß er gelogen hat, so werde ich die strengste Bestrafung verlangen."

„Gut, ich gehe darauf ein", erwiderte ich. – „Auf, zum Karaul!" ertönte es sogleich von allen Seiten. „Der Perser soll der Schut sein! Wehe diesem Fremden, wenn er lügt!" – „Ich lüge nicht. Wir geben uns ganz in eure Hände. Wir werden sogar alle unsre Waffen ablegen, damit ihr überzeugt seid, daß wir friedliche Leute sind und es ehrlich meinen. Gebt eure Flinten, Messer und Pistolen her, und geht mit diesen braven Leuten zum Turm! Ich werde sie hier im Han aufbewahren und euch dann mit Kolami nachkommen."

Diese Aufforderung war an meine Gefährten gerichtet. Halef hatte die Pferde in den Hof bringen helfen; er war wieder da und sagte, als ich ihm seine Waffen abforderte: „Aber, Sihdi, da können wir uns ja nicht wehren!" – Ich durfte es ihm nicht sagen, aus welchem Grund ich die Waffen ablegen ließ. Die Gefährten sollten unbewaffnet sein, um keine Unvorsichtigkeit begehen zu können. Der hitzköpfige Hadschi war imstande, durch eine Gewalttätigkeit sich und die andern in Gefahr zu bringen. – „Ihr braucht euch nicht zu wehren", erklärte ich ihm. „Man wird euch nichts zuleide tun. Seid nur vorsichtig!" –

„Und kommst du nach, Sihdi?"

„Nein. Ich sagte nur so, um den Schut zu täuschen. Er wird eine Strecke mit euch gehen und dann sicher verschwinden. Hierauf steigt er in den Schacht ein, um die Gefangenen zu verstecken. Vielleicht tötet er sie. Indessen fahre ich mit Kolami in den Stollen ein und treffe unten mit dem Schut zusammen." – „Du allein? Das ist zu gefährlich. Ich will mit dir gehen." – „Nein, das würde auffallen. Hütet euch übrigens, in den Schacht einzusteigen, wenn ihr ihn finden solltet! Man weiß nicht, in welcher Weise der Schut dafür sorgt, daß ihr ihm nicht hinabfolgen könnt. Seid freundlich gegen die Leute, damit ihr sie nicht gegen euch aufbringt, und tut ja nichts, bevor ich wieder bei euch bin!" – Es hatte sich eine beträchtliche Menschenmenge angesammelt, und es war vorauszusehen, daß ihre Zahl noch anwachsen werde. Als der Wirt und ich die Waffen der Gefährten beisammen hatten, wurden unsre Leute mit dem Schut in die Mitte genommen, und der Zug setzte sich in Bewegung.

Nun traf ich mit dem Handschi die nötigen Vorkehrungen, ging dann voran an die Brücke und stieg in den Kahn. Kolami kam bald mit zwei Knechten nach. Diese führten die Ruder, er setzte sich auf den Bugsitz, und ich steuerte. Obgleich wir hüben bleiben wollten, lenkte ich doch zum andern Ufer hinüber, weil wir dort nicht so starke Strömung hatten. Als wir dann der betreffenden Stelle gegenüber angekommen waren, legte ich wieder um.

Jetzt mußten die Knechte alle ihre Kräfte anstrengen, um nicht durch die reißende Flut abgetrieben zu werden. Ich mußte weit über das Ziel aufwärts halten. Die Ruder bogen sich, sie drohten zu zerbrechen; doch war meine größte Sorge, ob auch wirklich der Eingang des Stollens dort unter dem grünen Vorhang zu finden sein werde. Noch waren wir ein Stück oberhalb. Jetzt ließ ich den Kahn abfallen und hielt grad auf das Loch zu. Täuschte ich mich, und gab es dort nur Felsen, so mußte der Kahn zerschellen, mit so reißender Schnelligkeit wurden wir zu der Stelle getrieben.

„Die Ruder herein! Bückt euch!" rief ich den dreien zu.

Sie gehorchten augenblicklich. Ich selbst blieb aufrecht sitzen, da ich sonst das Steuer hätte loslassen müssen. Jetzt waren wir noch zwei Bootslängen, noch eine vom Felsen entfernt – ich schloß die Augen, damit sie nicht von den Zweigen verletzt würden – ein Schlag in mein Gesicht wie von einem weichen Rutenbesen – ich öffnete die Augen – tiefe Dunkelheit um mich – ein Aufstoß vorn, der Boden des Kahns knirschte – wir befanden uns im Stollen.

„Allah sei Dank!" atmete der Wirt tief auf. „Mir war ein wenig bang." – „Mir auch", antwortete ich. „Wären wir hier auf Felsen getroffen, so hätten wir ein gefährliches Bad erhalten. Wer nicht ausgezeichnet schwimmt, wäre hier verloren. Fühlt an die Wand, ob ein Pflock da ist! Es soll sich einer hier befinden, um den Kahn anzuhängen." – Der Pflock war wirklich vorhanden. Wir befestigten das Fahrzeug daran und zündeten die mitgebrachten Laternen an. Ihr Licht reichte hin, den Gang zu erleuchten, da er schmal war. Die Knechte steckten die auf Vorrat mitgebrachten Talgkerzen zu sich. – Ich nahm eine Laterne in die Linke und den Revolver in die Rechte und schritt voran. Wir konnten, da wir Licht bei uns hatten, von weitem gesehen werden, und es war ja immerhin möglich, daß sich einer der Knechte des Schut zur Bewachung der beiden Gefangenen hier unten befand. – Der Stollen war so hoch, daß ich aufrecht gehen konnte. Seine Sohle war mit einzelnen Brettern belegt, wohl um Schubkarren eine glattere Bahn zu geben. Wir gingen sehr langsam, weil ich zu unsrer Sicherheit Schritt um Schritt untersuchen mußte. Vielleicht eine Viertelstunde war seit unsrer Einfahrt verflossen, als wir uns von einer Luftschicht umgeben fühlten, die um mehrere Grade kälter war als bisher. „Wir nähern uns wahrscheinlich dem Spalt, von dem Marko gesprochen hat", bemerkte ich. „Jetzt müssen wir doppelt vorsichtig sein."

Nach wenigen Schritten gähnte uns eine breite Spalte an, die quer durch den Stollen schnitt. Ihre Tiefe war nicht zu erkennen und ihre Höhe ebensowenig. Bretter führten hinüber, eins vor das andre gelegt, nur einen halben Meter breit. – „Das ist der Ort, wo das Verderben wartet", meinte der Handschi. „Effendi, untersuche den Steg genau!" – „Gebt die Stricke her!" – Wir knoteten vier Stricke, die die Knechte mitgebracht hatten, zusammen, nahmen das Seil dann doppelt und banden mir das eine Ende unter den Armen hindurch und um die Brust fest, während das andre Ende von den dreien gehalten wurde. Mich bückend, so daß die Laterne hinunterschien, schritt ich nun vorwärts, den Boden genau untersuchend. – Über den Spalt waren drei starke Balken gelegt, je einer zur rechten und linken Seite und der dritte in der Mitte. Auf dem mittleren Balken lag das Brett. Zwischen ihm und den beiden Seitenbalken blieb ein mehr als fußbreiter leerer Raum, aus dem die kalte grausige Tiefe gähnte. – Warum das? Warum lagen die Balken nicht eng beisammen? So fragte ich mich. In dieser Einrichtung des gefährlichen Stegs mußte die Hinterlist liegen, der der Unberufene zum Opfer fallen sollte.

Nach etwa acht Schritten, wobei ich mich über dem Abgrund befand, erreichte ich die Stelle, die meine Aufmerksamkeit erregte. Die drei Längsbalken waren hier durch einen Querbalken verbunden. Als ich ihn genau untersuchte, sah ich, daß er eine Achse bildete die sich in zwei an den beiden Seitenbalken angebrachten Löchern bewegte. Nun war mir die Anlage klar. Wer einmal einen Zimmerplatz besucht hat und dort Kinder auf einem Balken, der quer auf dem andern lag schaukeln sah, kann sich die Einrichtung dieses gefährlichen Stegs vorstellen. Jetzt wußte ich auch, weshalb die beiden Seitenbalken da lagen, deren Zweck ich vorher nicht erkannt hatte. Sie verbanden die beiden Ufer der Spalte miteinander. In ihrer Mitte trugen sie einen Querbalken, der eine bewegliche Achse bildete, auf der der Mittelbalken mit dem Brett ruhte. Dieser Mittelbalken lag zum Eingang des Stollens hin fest auf dem Rand der Spalte auf, an seinem andern Ende aber jedenfalls nicht. Infolgedessen konnte man bis zur Mitte des Stegs, bis zur Achse, sicher gehen. Sobald man aber weiterschritt, neigte sich der vorwärts liegende Teil der Brücke durch das Übergewicht dem Abgrund zu, während der rückwärts liegende Teil sich hob; dann mußten alle, die sich auf dem Steg befanden, in die grauenhafte Tiefe stürzen und dort zerschellen. Damit hatte der ‚Alim' gerechnet. Ich wendete mich um und teilte den dreien dieses Ergebnis meiner Untersuchung mit.

„So können wir wohl gar nicht hinüber?" fragte der Handschi.

„O doch, denn der Schut betritt diesen Stollen ja auch. Es muß also eine Vorrichtung geben, durch die der gefährliche Waagebalken an seinen beiden Enden befestigt werden kann, wenn nicht an beiden, so doch wenigstens an dem drüben liegenden Ende. Wollen einmal nachschauen!" – Ich kehrte um, und wir forschten nach. Ja, dieser Mittelbalken lag hüben lose auf der Steinkante auf. Wir hoben sein Ende empor, und die andre Hälfte senkte sich. Wir suchten vergebens ein Loch, einen Pflock oder Riegel, womit der Balken hier an dem Boden befestigt werden könnte. – „So muß ich freilich hinüber", erklärte ich. – „Um Allahs willen! Du stürzt ja!" warnte Kolami besorgt. – „Nein. Ihr drückt hier den Balken so kräftig nieder, daß er nicht emporschnellen kann; dann kann er sich drüben nicht senken. Drei Männer eurer Stärke werden mich doch halten können. Ihr seid schwerer als ich. Übrigens hänge ich an dem Strick. Kniet nieder und legt die Hände fest auf den Balken! Ich gehe jetzt."

Es war mir nicht ganz wohl zumute, als ich nun abermals auf dem schmalen Brett über den Abgrund schritt; aber ich kam wohlbehalten drüben an. Dort sah ich beim Licht der Laterne sofort, auf welche Weise der Steg zu befestigen war. Das Ende des Balkens ragte in die Luft – es erreichte nicht den Rand der Spalte; aber es waren zwei eiserne Ringe daran angebracht, und an beiden Seiten hingen je eine Kette mit einem Haken an der Wand des Stollens herab. Hakte man die Ketten in die Balkenringe, so wurde der Steg festgehalten und konnte nicht sinken. – „Nun, hast du es gefunden?" fragte der Handschi herüber. – „Ja. Ich mache den Balken fest. Ihr könnet dann ohne Gefahr herüberkommen." – Durch kräftiges Zerren an den Ketten überzeugte ich mich, daß sie zuverlässig seien, und hakte sie dann ein. Die drei kamen herüberm, sahen sich die einfache Vorrichtung an, und nun schritten wir weiter. Das alles war begreiflicherweise sehr langsam gegangen, da von unsrer Sorgfalt das Leben abhing. Nun aber schritten wir desto schneller vorwärts. Meine Uhr sagte mir, daß, seit wir das Boot verlassen hatten, weit über eine halbe Stunde verronnen war. – Der stetig aufwärts führende Stollen bot keine Schwierigkeit mehr. Nach ungefähr drei Minuten gelangten wir in den bewußten runden, großen Raum. Der Fels hatte aufgehört. Wir sahen rund um uns Mauern. Fünf Türen gab es da, vier niedrige und eine hohe, schmale. Diese hatte keinen Riegel, konnte also von uns nur durch Aufsprengen geöffnet werden. Die übrigen Türen waren mit Riegeln versehen.

„Hinter diesen niedrigen Türen befinden sich die Gefangenen", erklärte ich, schob einen der Riegel zurück und öffnete. Wir erblickten ein ungefähr zwei Meter tiefes, etwa anderthalb Meter breites und ebenso hohes Loch, in dem ohne jedwede Unterlage ein Mensch lag, und zwar, wie es der Engländer beschrieben hatte, mit den Füßen in eisernen Ringen steckend. – „Wer bist du?" fragte ich.

Ein Fluch war die Antwort. – „Sag, wer du bist! Wir kommen, dich zu retten." – „Lüge nicht!" klang es mir rauh entgegen.

„Es ist die Wahrheit. Wir sind Feinde des Schut und wollen dich –" Ich kam nicht weiter. Zwei Rufe ertönten, einer aus dem Mund eines der Knechte. – Ich kniete vor dem Loch und hielt die Laterne hinein. Kolami kauerte neben mir, und die Knechte standen gebückt hinter uns, um auch hineinzusehen. Indessen war die vorhin erwähnte hohe Tür knarrend aufgegangen und der eine Knecht hatte den Schrei ausgestoßen. – Ich drehte mich zu dem Knecht um:

„Was gibt's?" – Die Tür des Lochs stand nämlich so von der Mauer ab, daß ich zunächst nichts bemerkte. – „Dort, da – da ist er!" antwortete der Gefragte auf die hohe Tür deutend. – Ich sprang auf und spähte über den niedern Türflügel hinweg. – „Drauf!" rief ich, als ich den Schut erkannte. – Er war heftig erschrocken, uns hier zu sehen, und stand starr. In der Hand hielt er einen Meißel oder etwas Ähnliches. Mein Ruf gab ihm die Beweglichkeit zurück.

„O Hassan, o Huissain!" schrie er, indem er den Meißel auf meinen Kopf schleuderte. „Ihr sollt mich nicht fassen, ihr Hundesöhne!"

Ich mußte mich blitzschnell hinter die Tür bücken, um nicht getroffen zu werden. Als ich wieder emporfuhr, sah ich Kara Nirwan im Stollen verschwinden. Er wollte auf dem Weg entspringen, der uns hergeführt hatte. Da wir hier waren, mußte ein Kahn vorhanden sein, mit Hilfe dessen er entkommen konnte, so sagte er sich. Er war durch den Schacht von oben herabgekommen, durfte aber nicht auf diesem Weg zurückkehren, weil inzwischen die Leute da oben angekommen waren, von denen er sich unter irgendeinem Vorwand entfernt hatte. Sie hätten ihn erblickt, und das Mundloch des Schachts wäre entdeckt gewesen. – „Er entspringt! Ihm nach!" rief ich, ließ die Laterne stehen und eilte in den Stollen hinein. – „Nimm die Laterne mit!" schrie der Handschi hinter mir her. – Ich hütete mich aber, das zu tun; denn ich hatte das Licht nicht ohne Absicht zurückgelassen. Ich hatte gesehen, daß der Schut auch jetzt die Pistolen im Gürtel trug. Die Laterne in meiner Hand hätte ihm ein sicheres Zielen ermöglicht. Er brauchte nur ruhig stehenzubleiben und die Waffe auf mich zu richten, so mußte er mich treffen. Darum folgte ich ihm im Finstern. – Das war freilich keine leichte Sache. Ich streckte die Hände aus, um mit den Seitenwänden Fühlung zu nehmen, und rannte so, hüben und drüben anstreifend, so schnell wie möglich vorwärts. Zweimal verweilte ich einen Augenblick, um auf die Schritte des Fliehenden zu lauschen. Aber das war vergeblich, denn Kolami kam mit den Knechten hinter mir her, und der Lärm, den sie verursachten, übertönte das Geräusch der Schritte des Schut.

Übrigens war die Verfolgung gefährlich, obgleich ich keine Laterne trug. Er brauchte mich gar nicht zu sehen. Er durfte nur stehenbleiben und die Pistolen ziehen. Der Schall meiner Tritte genügte, mich ihm zu überliefern. Ich an seiner Stelle hätte dieses Verfahren gewiß befolgt. Zwei geladene Doppelpistolen, also vier Kugeln, und außerdem noch das Messer reichten hin, uns unschädlich zu machen. Ich rechnete aber auf seine Hast, die ihm vermutlich die ruhige Überlegung raubte. – So ging es in möglichster Eile vorwärts. Ich hatte mich doch verrechnet, als ich glaubte, das Entsetzen werde ihn unaufhaltsam vorwärtstreiben. Er war doch stehengeblieben, denn plötzlich krachte vor mir ein Schuß, in diesem engen, niedrigen Gang zehnfach stark widerhallend. Beim Blitz des Pulvers sah ich, daß sich der Schütze kaum zwanzig Schritt vor mir befand. Die Kugel traf nicht. Ich hörte sie an die Wand schlagen. Rasch zog ich den Revolver und drückte zwei-dreimal ab. – Ich hörte das höhnische Gelächter des Schut. Er rannte weiter und schoß noch einmal; da stand er an dem über den Abgrund führenden Steg, wie ich beim Blitzen des Schusses sah. Langsamer folgte ich ihm und erreichte den Rand des Spaltes. Hier überzeugte ich mich mit den Händen, daß die Ketten noch eingehakt waren, und betrat nun erst das schmale Brett, das über den Abgrund führte. – Jetzt war der bedenkliche Augenblick gekommen. Wenn er drüben stand und mich angriff, bevor ich den festen Boden erreichte, war ich verloren. Um ihn davon abzuhalten, gab ich auf der Mitte des Stegs die restlichen drei Schüsse des Revolvers ab. Ein abermaliges Gelächter belehrte mich, daß ich ihn nicht getroffen hatte. Aber ich hörte dem Schall auch an, daß der Lachende nicht am Abgrund stand, sondern weitereilte. – Nun zögerte ich nicht, ihm zu folgen. Drüben jenseits der Spalte, warf ich einen Blick zurück. Ich sah den Schein der Laterne. Der Handschi war nicht weit hinter mir. Fort und fort ging es. Ich keuchte vor Anstrengung; ich glitt auf den feuchten, schlüpfrigen Brettern oft aus. Und wieder krachte vor mir ein Schuß, den ich aus dem andern Revolver erwiderte. In der Besorgnis, daß der Verbrecher doch noch stehenbleiben und mich wirklich treffen könne, feuerte ich nach und nach, immer vorwärtseilend, alle sechs Schüsse des zweiten Revolvers ab. Dann griff ich zum Messer – nein, in den leeren Gürtel, denn das Messer war nicht vorhanden. Hatte ich es mit einem der Revolver herausgerissen, oder war es mir entfallen, als ich vor dem Gefängnisloch kniete? Das wußte ich jetzt nicht. – Mir war zumute, als hätte die Hetzjagd bereits eine volle Stunde gedauert. Da wurde es dämmerig vor mir: ich hatte den Eingang des Stollens erreicht. Kam man von draußen, aus dem hellen Schein herein, so schien es hier völlig dunkel zu sein. Hatte man sich aber eine Weile in der Finsternis befunden, so erfaßte das Auge die wenigen, durch den Pflanzenvorhang dringenden Strahlen und konnte die Gegenstände im Innern des Stollens wenigstens ihren Umrissen nach erkennen. Ich hielt an.

Vor mir lag der Kahn. Soeben hatte der Schut ihn vom Pflock gelöst und sprang hinein. Er hörte, daß ich nahe war, und schrie mir zu: „Hundesohn, leb wohl! Nur du hast von diesem Loch gewußt, sonst niemand. Kein Mensch wird es entdecken und euch hier suchen. Freßt einander vor Hunger auf!" – Ich dachte in diesem Augenblick der Verblüffung nicht daran, daß es im schlimmsten Fall möglich wäre, uns durch Schwimmen zu retten; ich glaubte seinen Worten. Der Kahn durfte also nicht fort. Deshalb holte ich aus und sprang hinein. Der Schut stand aufrecht darin, mit beiden Händen an die Felswand gestemmt, um auf diese Weise den Kahn gegen das hereinpressende Wasser hinauszustoßen. Die Ruder konnten wegen der Enge des Stollens erst draußen eingelegt werden. Der Kahn schwankte unter der Wucht meines Sprungs. Ich verlor das Gleichgewicht, fiel nieder und der Schut auf mich. – „Bist du da?" zischte er mir ins Gesicht. „Willkommen! Du bist mein!" – Er faßte mich mit der einen Hand bei der Gurgel und ich packte seine beiden Arme. Mit der Linken fühlte ich, daß er mit der rechten Hand in den Gürtel griff. Ich wußte, was die gegenwärtige Minute für mich bedeutete. Gab ich mir angesichts dieses Gegners nur die geringste Blöße, so war ich verloren. Schnell fuhr ich mit der Hand an seinem Arm nieder bis zum Handgelenk und preßte es so fest zusammen, daß er einen Schmerzensschrei ausstieß und die Waffe – ich weiß nicht, ob Messer oder Pistole – fallen ließ. Dann zog ich das Knie empor und stemmte den Perser von mir ab. Im nächsten Augenblick hatte ich mich aufgerichtet, er sich aber auch. Wir standen nur einen Schritt auseinander. Wie durch einen dichten Nebel sah ich seine Hände aus dem Gürtel kommen und sich gegen mich richten; ich schlug sie mit den Fäusten auseinander – ein Schuß krachte. Oder waren es zwei? Ich weiß es nicht. Er aber brüllte: „Nun dann anders! Mich bekommt ihr nicht!" – Kara Nirwan sprang ins Wasser; er hatte die Laterne des Handschi erblickt, der sich uns näherte. Der Perser war wirklich tollkühn! In diesen Strudel zu springen, dazu gehörte mehr als gewöhnliche Beherztheit. Ich versuchte, den Kahn fortzuschieben; aber die Strömung drang mit solcher Kraft herein, daß ich merkte, es gehöre eine geraume Zeit dazu, das Fahrzeug hinauszubringen. Indessen war der Schut fort, tot oder gerettet. Daß er es gewagt hatte, ins Wasser zu springen, ließ erraten, daß er ein guter Schwimmer sei. Die reißende Strömung mußte ihn schnell davontragen. Entkam er, so konnte er der Familie Galingrés, die wir warnen wollten, entgegenreiten, sich mit Hamd el Amasat vereinigen und – – – Ich dachte nicht weiter. Seit Kara Nirwan im Wasser verschwand, waren kaum zwei Sekunden vergangen. So warf ich Jacke und Weste ab, setzte mich auf die Ruderbank, riß mir die hohen Stiefel von den Beinen und rief in den Stollen zurück: „Ich schwimme. Schnell ins Boot, und dann mir nach!"

„Um Allahs willen, nein! Es ist dein Tod!" schrie Kolami entsetzt.

Aber ich war schon im Wasser. Ich sprang nicht hinein, sondern ließ mich vorsichtig hinab, denn bei den Strudeln, die es hier gab, war es geraten, an der Oberfläche zu bleiben. Hauptsache ist da ein kräftiges Ausstreichen, nicht auf der Brust, sondern halb auf der Seite liegend, so daß man mit dem abwärts gerichteten Arm nach unten schlägt und durch den Gegendruck oben gehalten wird.

Kaum war ich mit dem Kopf durch den Pflanzenvorhang gekommen, so wollten mich die Strudel packen. Ich wurde an den Felsen gedrängt und kämpfte eine Weile, um nur oben und auf gleicher Stelle zu bleiben. Dann schoß eine Welle heran und brach sich am Felsen – das war der richtige Augenblick; ich überließ mich ihr, half durch kräftiges Stoßen nach und schoß stromab davon, so schnell, daß ich unwillkürlich die Augen schloß. – Als ich wieder aufblickte, befand ich mich zwischen zwei Strömungen, die sich eine Strecke vor mir trafen und einen gefährlichen Wirbel bildeten. Er war in der Mitte des Flusses. Vor diesem Wirbel mußte ich mich hüten. Ich wendete sofort, hatte aber lange zu arbeiten, bis es mir gelang, die eine Strömung zu durchkreuzen und in ruhiges, sicheres Wasser zu kommen. – Jetzt erst konnte ich mich um den Schut kümmern. Durch Wassertreten gab ich mir eine aufrechte Haltung und sah mich um. Da – grad aus dem Wirbel, den ich so ängstlich vermieden hatte, tauchte er empor; er schoß fast bis zur Hälfte des Leibes aus dem Wasser, tat einen wahren Delphinensprung und überwand den Strudel. Dann hielt er zum Ufer herüber, in dessen Nähe ich schwamm.

Ich konnte nicht anders, ich mußte den Perser bewundern. Er war ein viel besserer Schwimmer als ich. Es war ihm gar nicht eingefallen, einen Wirbel zu vermeiden. Er wußte, daß dieser ihn zwar fassen, aber auch wieder ausstoßen würde. Aber es hatte trotzdem ein verwegener Mut dazu gehört, sich hineinzustürzen. Jetzt befand er sich abwärts von mir und schwamm dem Ufer zu, ohne sich umzusehen; darum bemerkte er mich nicht. – Hier gab es kein Zögern, ich mußte dem Schut folgen. Hände und Füße unter der Oberfläche haltend, so daß ich kein Geräusch verursachte, hielt ich mich hinter ihm. Im Schnellschwimmen war ich ihm wohl überlegen, denn ich war ihm bald so nahe daß ich fast seinen Fuß ergreifen konnte. Aber auch das Ufer war schon da. Jetzt mußte der Schreck mein Verbündeter sein. Kara Nirwan hatte keine Waffen mehr und ich auch nicht. Es stand mir also das bevor, was ich hatte vermeiden wollen, ein Ringkampf mit dem Schut. – Das hier platte Ufer war mit angespülten Kieseln bedeckt und lief nach und nach seicht aus. Als der Perser Grund fühlte, stand er auf und watete hinaus, triefend vor Nässe. Er hatte es dabei so eilig, daß er sich auch jetzt nicht umsah und das Wasser mit lautem Spritzen vor sich herschob. Darum hörte er nicht, daß hinter ihm noch einer kam. Da ich wohlweislich Schritt mit ihm hielt, so hielt er meine Schritte für die seinigen. Dabei raffte ich am Rand des Wassers einen faustgroßen, runden Kiesel auf, um mich seiner als Waffe zu bedienen. – Jetzt stand er an Land, streckte die Arme empor, stieß einen frohlockenden Ruf aus, drehte sich halb um und blickte zum Eingang des Stollens. Dort kam eben der Kahn herausgeschossen; so lange hatten die drei Männer gebraucht, um den gewaltigen Wasserdruck zu überwinden. – „Ihr Hundesöhne! Euch bekomme ich noch!" rief er und wandte sich dann wieder zum Land, um davonzueilen. Ich war zwei Schritte seitwärts getreten und stand nun grad vor ihm. –„Und ich bekomme dich!" antwortete ich ihm.

Mein Anblick brachte eine noch größere Wirkung hervor als ich erwartet hatte. Der Schut brach vor Schreck beinahe zusammen und erhielt, bevor er sich ermannen konnte, mit dem Stein einen Schlag an den Kopf, daß er niedersank. – Aber dieser Mann war ein übermächtiger Gegner; war seine Betäubung nur vorübergehend, so konnte der Ausgang unsres Kampfes doch noch fraglich für mich werden. Darum riß ich dem Perser, sobald er gestürzt war, das lange Gürteltuch vom Leib und band ihm die Arme bei den Ellbogen auf dem Rücken zusammen. Dieses Gegners mußte ich mich gut versichern. – Kaum war das geschehen, so erholte er sich. Noch geschlossenen Auges machte er eine Bewegung aufzuspringen; es gelang nicht. Dann riß er die Augen auf, starrte mich an, gab sich mit dem Oberkörper einen Schwung aufwärts und nach vorn, kam wirklich empor und zum Stehen und stemmte die Hände in die Seiten, um das Tuch zu sprengen. Zum Glück hielt es fest. – Das alles war sehr schnell vor sich gegangen. Aber ebenso schnell hatte ich meinen Gürtel abgenommen und stieß dem Schut mit dem Bein die Füße nach hinten, so daß er nach vorn niederstürzte. Sofort saß ich ihm auf den Kniekehlen und band ihm auch die Füße zusammen. Er konnte sich nicht dagegen wehren, weil er ja die Arme auf dem Rücken hatte. – „So!" keuchte ich, indem ich aufstand. „Jetzt wissen wir, wer den andern hat. Da drüben im Stollen werden sich die Leute nicht auffressen, und du wirst den guten Bewohnern von Rugova erklären, wie es dir möglich gewesen ist, so schnell in einen Schacht zu kommen den du gar nicht kennst." – „Teufel!" zischte er. „Hundertfacher Teufel!" Dann schloß er die Augen und blieb ruhig liegen.

Die Strömung hatte den Kahn ergriffen und trug ihn pfeilschnell abwärts. Die darin Sitzenden steuerten auf mich zu. – „Effendi, wir hielten dich für verloren!" rief Kolami schon von weitem. „Allah sei Dank, daß er dich gerettet hat! Wer liegt bei dir?" – „Der Schut."

„O Himmel! So hast du ihn?" – „Ja." – „Dann schnell! Auf, auf, legt euch in die Ruder!" – Die Knechte strichen so aus, daß das Boot mit halbem Körper auf das Ufer schoß. Die drei sprangen heraus und eilten herbei. – „Er ist's, ja, er ist's!" jubelte der Handschi. „Welch ein Schwimmer mußt du sein, Effendi! Wie gelang es dir, den Schut zu überwinden?" – „Das kann ich dir nachher erzählen. Jetzt schafft ihn in den Kahn, mit dem es viel schneller geht, als wenn wir den Mann am Ufer hin und über die Brücke tragen. Wir müssen nun sofort zum Karaul hinaufsenden, damit die Leute erfahren, daß ich sie nicht belogen habe. Da ich ihnen nicht gefolgt bin, sind sie imstande sich an meinen Begleitern zu vergreifen." – Man gehorchte meiner Weisung und nach einigen Minuten landeten wir an der Brücke. Einer der Knechte lief zum Karaul hinauf. Kolami brachte mit den andern Knechten den Schut in seinen Han. Ich nahm Jacke, Weste und Stiefel in die Hände und lief in türkischen Strümpfen hinterdrein. Den Fes abzulegen, daran hatte ich gar nicht gedacht; er war fest sitzengeblieben. Ich mußte nun die nassen Kleider ausziehen. Eine Hose zu borgen, war eine heikle Sache, wenn ich an die zoologische Entdeckung dachte, die Lindsay in seinem Fes gemacht hatte. Zum Glück besaß der Wirt neue Schalwar[1], die er noch nicht getragen hatte, und diese zog ich an. Kaum war ich angekleidet, so erschien Halef nebst dem Engländer. Der Englishman machte Schritte wie der Däumling mit den Siebenmeilenstiefeln, und Halef sprang neben ihm einher wie ein kleiner Pony neben einem hochbeinigen Reitkamel.

„Ist's wahr? Habt Ihr ihn, Sir?" rief Lindsay, die Tür aufreißend. „Da liegt er. Seht ihn Euch an, Sir David!" – Seiner Rolle treu, hielt der Schut die Augen geschlossen. – „Naß! Wohl ein Kampf im Wasser?" forschte Lindsay. – „Beinahe." – „War er im Schacht?" „Ja." – „Well! So kann er nicht mehr leugnen!" – „O Sihdi", sagte Halef, „das muß entsetzlich gewesen sein, dort an der gefährlichen Stelle. Ich bin begierig, alles zu erfahren." – Aber zum Erzählen war jetzt keine Zeit; denn nun trafen auch die andern ein. Das ganze Dorf kam gelaufen und wollte sehen und hören. Wir stellten uns an die Tür und ließen nur den Muchtar ein und die Köj atalary[2]. Der Polizist war auch dabei, ein Kerl, dick wie Falstaff und mit einem blechernen Schlauch bewaffnet, der vermutlich ein Blasinstrument vorstellen sollte. – Als diese Leute den Liebling der Umgebung gebunden und ganz durchnäßt auf dem Boden liegen sahen, zeigten sie sich höchst aufgebracht darüber; der Muchtar rief zornig: „Wie könnt ihr es wagen Kara Nirwan ohne meine Erlaubnis wie einen Gefangenen zu behandeln?" – „Stimm deinen Ton ein wenig herab!" erwiderte ich kühl „und sage mir zunächst, wie es dem Perser möglich gewesen ist, sich von euch zu entfernen." – „Ich habe es ihm erlaubt." – „Warum und wozu gabst du ihm diese Erlaubnis?"

„Er wollte seine Knechte holen, die helfen sollten, den Schacht zu suchen." – „Sie sollten vielmehr helfen, euch sein Finden unmöglich zu machen." – „Wir haben vergeblich auf dich gewartet. Daß du nicht kamst, ist ein Beweis deines bösen Gewissens, und ich befehle

[1] Türkische Pumphosen [2] Väter

201

den Perser augenblicklich loszubinden!" – Dieser Befehl war an den dicken Polizisten gerichtet, der sich auch anschickte, ihn auszuführen. Da aber nahm ihn Halef beim Arm und sagte: „Freundchen, greif diesen Mann nicht an! Wer ihn ohne Erlaubnis dieses Effendi berührt, dem gebe ich die Peitsche!" – „Was sagst du?" schrie der Muchtar. „Hier hat kein andrer zu befehlen als ich, und ich sage, daß Kara Nirwan losgebunden wird!" – „Du irrst!" entgegnete ich. „Jetzt bin ich es, der hier zu befehlen hat. Und wenn du mir widerstrebst, lasse ich dich gleichfalls binden und nach Prisren schaffen. Du bist der kleinste der Beamten des Großherrn und hast, wenn höhere sich hier befinden, nur zu gehorchen. Ich sage dir, daß der Müteßarrif nichts dagegen hat, wenn ich dir die Bastonade zuerkenne. Ich werde mich aber herablassen, dir zu erzählen, weshalb wir nach Rugova gekommen sind, und du wirst mich anhören und nur dann sprechen, wenn ich es dir erlaube. Ich sehe, daß die Ehrwürdigen des Dorfes begierig sind, meinen Bericht zu hören." – Da aber meinte Halef: „Nein, Sihdi! Wie könnte ein vornehmer Mann wie du deinen Mund anstrengen, um einem gewöhnlichen Kjaja zu erklären, warum etwas geschehen ist oder geschehen soll! Ich bin deine rechte Hand und deine Zunge und werde diesen Vätern von Rugova die Augen öffnen über den Mann, den sie bei sich gehabt haben, ohne zu ahnen, daß er in der Dschehenna geboren wurde und zur Dschehenna fahren wird."

Und nun begann er in seiner Weise den Bericht, der je länger, desto mehr das Erstaunen der Zuhörerschaft erweckte. Als Halef dann unser Zusammentreffen mit Kolami erwähnte, fiel dieser ein: „Jetzt bitte ich, mich fortfahren zu lassen, da du nicht weißt, was sich im Stollen ereignet hat." – Nun sprach der Wirt von seinem langgehegten Verdacht und brachte viele in der Umgegend geschehenen Ereignisse damit in Verbindung. Er machte das so gut, daß sich die Zuhörer wundern mußten, daß sie nicht auch so gedacht hatten wie er. Und als er endlich unser Eindringen in den Stollen und die Gefangennahme des Persers erzählte, konnte er vor Ausrufen, die ihn unterbrachen, kaum zu Ende kommen. – Nur der Muchtar hatte wortlos bis zum Ende zugehört. Dann sagte er: „Das beweist noch gar nichts! Kara wird den Schacht gesucht haben und sein Kismet ließ ihn das Loch schnell finden. Er ist hinabgestiegen und auf euch getroffen. Da ihr ihm feindlich entgegentratet, hat er fliehen müssen, um sich vor euch zu retten. Also ist das, was ihr als seine Schuld auslegt, die eurige, und ich muß meinen Befehl –"

„Schweig!" donnerte Halef ihn an. „Hat der Effendi dir jetzt erlaubt, zu sprechen? Er scheint mir ganz so, als seist du der Persers Spießgeselle." – Da trat ein Greis auf mich zu. Er verneigte sich höflich und sagte: „Effendi, erzürne dich nicht über den Muchtar! Er ist einer der geringsten im Ort und hat das Amt nur erhalten, weil kein andrer es mochte, denn es ist viel Störung dabei. Die Zahl meiner Jahre ist die höchste in Rugova, und alle diese Männer werden es bestätigen, daß ich auch der wohlhabendste bin. Ich wollte nicht Muchtar sein; jetzt aber, wo es sich um eine hochwichtige Angelegenheit handelt, werde ich für das Dorf sprechen und dir sagen, daß ich euch Glauben und mein Vertrauen schenke. Ich werde jetzt hinausgehen, um der Menge draußen zu erzählen, was wir vernommen haben. Dann werden wir einige Männer wählen, die du in den Stollen führst, um die Gefangenen zu befreien. Diese werden deine Aussagen bestätigen, und dann soll der Schut den Händen des Müteßarrif überliefert werden. Man hat Jahre hindurch getrachtet, ihn zu fangen. Nun, da er entdeckt ist, dürfen wir ihm nicht deshalb beistehen, weil er ein Einwohner unsers Orts ist, sondern wir müssen die Schande, die er über uns bringt, damit abwaschen, daß wir uns mit Abscheu von ihm wenden." – Das war ein rechtes Wort zu rechter Zeit. Der Greis ging hinaus. Wir hörten lange seine Stimme; dann aber brach ein Lärm los, der mich fürchten ließ, er sei gegen uns gerichtet. Aber ich hatte mich geirrt. Als der Alte zurückkehrte, wurden die Männer gewählt, die mitgehen sollten. Fünf Kähne wurden gebraucht, um alle zu befördern. – Ich hatte Sorge, daß man während unsrer Abwesenheit einen Versuch machen könne, den Schut zu befreien. Darum fragte ich meine Gefährten, ob sie ihn bewachen wollten. Halef, Osko und Omar wollten aber unbedingt mit in den Stollen, und nur der Engländer erklärte sich gern zur Wache bereit. Schließlich sagte mir der Wirt, daß er seinem Gesinde befehlen werde, niemand einzulassen. Das genügte. Der Schut wurde in eine Ecke gelegt, und Lindsay setzte sich bewaffnet zu ihm.

Draußen machte uns die Menge willig, ja beinahe ehrerbietig Platz. Da nur ein einziges Boot in dem Einfahrtsloch Platz hatte, ging dort das Ausschiffen sehr langsam vor sich. Jeder leere Kahn mußte umkehren, bevor ein besetzter ihm folgen konnte. Die zuerst Angekommenen mußten im Stollen auf die letzten warten. Der Handschi, der die Einfahrt kannte, stieg aus einem Nachen in den andern, um den Steuermann zu machen, bis wir endlich alle beisammen waren, sechzehn Personen. Es gab eben sehr viele ‚Väter des Dorfes'. Erwähnt muß werden, daß möglichst viele Laternen herbeigeschafft worden waren. Lichter gab es genug da, so daß jeder, der keine Laterne hatte, eine Talgkerze anzündete und in der Hand trug.

Ich schritt voran. Bevor wir die Spalte erreichten, sah ich mein Messer liegen. Ich hatte es also mit dem Revolver herausgerissen und steckte es nun wieder zu mir. Der über die Spalte führende Steg wurde, bevor die andern ihn betraten, noch einmal sorgfältig untersucht, und endlich gelangten wir in den runden Raum. Noch stand die Tür offen, vor der ich gekniet hatte, als der Schut erschienen war. Jetzt klang uns die Stimme des Gefangenen entgegen: „O Allah! Kommt ihr endlich wieder? Ich bin fast verzweifelt!"

„Du glaubst also jetzt, daß wir kamen, um dich zu retten?" fragte ich, mich wieder mit der Laterne zu ihm hineinbückend.

„Ja, denn ich vernahm es aus den Worten, die gerufen wurden, als ihr dem Schut nachfolgtet. Dann verging eine so lange Zeit, und ich mußte annehmen, ihr wäret ihm zum Opfer gefallen."

„Wir haben ihn gefangen, und du wirst als Zeuge gegen ihn dienen."

„Mein Zeugnis soll sein Verderben sein, auch das Verderben des Köhlers, der meinen Sohn ermordet hat." – „So bist du wohl Stojko, der Besitzer des Goldfuchses?" – „Stojko ist mein Name. Woher kennst du mich?" – „Das wirst du nachher erfahren; jetzt müssen wir vor allem deine Füße aus den Ringen nehmen."

Die Ringe bestanden aus zwei Hälften, die sich unten in einem Gelenk bewegten und oben mittels einer Schraube geschlossen waren. Der Schut hatte einen Schraubenschlüssel bei sich gehabt, den er fallen gelassen hatte. Wir suchten und fanden das Werkzeug. Als der Gefangene frei war und sich aufrichten wollte, vermochte er es nicht sogleich. Er hatte vierzehn Tage in gleicher Lage zugebracht und mußte erst wieder die Glieder üben. Er war eine hohe, ehrwürdige Gestalt. Jetzt freilich bot er keineswegs das Bild eines stolzen Skipetaren. Halef trat zu ihm, so daß die Lichter ihn beschienen, und fragte: „Stojko, kennst du dieses Panzerhemd?" – „Allah! Es ist das meinige." – „Wir haben es dem Köhler abgenommen, auch den Säbel, den Handschar und das Geld. Es war in zwei Beuteln verwahrt."

„Es war mein Eigentum, wenn es nämlich achttausendsechshundert Piaster sind. Ich hatte dreißig silberne Medschidije; das übrige bestand aus goldenen Pfund- und Halbpfundstücken."

„Dein Besitz ist gerettet, und du sollst alles wiederhaben."

„Was nützt mir das Geld, da mein Sohn nicht lebendig gemacht werden kann! Er ging, um sich die Blume seines Herzens zu holen, und wurde ermordet, ohne ihr Angesicht gesehen zu haben. Das Geld hatten wir bei uns, um Schafe zu kaufen, da über die Herden unsrer Gegend ein großes Sterben gekommen war. Aber wie habt ihr die Untat des Köhlers entdecken und zugleich erfahren können, daß man mich zum Schut gebracht hat?" – „Wir werden es dir nachher erzählen", antwortete ich. „Sag mir zunächst, ob du allein hier bist."

„Hier neben mir liegt noch einer, der türkisch sprechen kann, aber doch auch ein Fremder sein muß, denn –"

Er wurde durch ein heftiges Pochen unterbrochen, und hinter der nächsten Tür erscholl eine Stimme: „Macht auf, macht auf!"

Wir schoben den Türriegel zurück und fanden den Gefangenen in gleicher Weise wie Stojko in Ringe gelegt. – „Dem Himmel sei Dank!" rief er. „Endlich Rettung!" – „Warum warst du bis jetzt still?" – „Ich habe alles gehört; aber ich glaubte nur an einen neuen Streich des Schut. Wie habe ich nach Befreiung geseufzt und gefleht, und immer vergeblich!" – Es war Galingré, der Kaufmann aus Skutari. Er hatte nicht so lange wie Stojko in den Ringen gesteckt und konnte nach seiner Befreiung sofort stehen und bald auch langsam gehen. Die anderen Gefängnislöcher waren jetzt leer. – Stojko und Galingré erzählten nun ihre Leidensgeschichte. Wer bisher noch gezweifelt hatte, daß Kara Nirwan der Schut sei, mußte jetzt eine andre Meinung fassen. Der Anblick dieser beiden Mißhandelten empörte alle Anwesenden gegen den Verbrecher. Es wurden wilde Drohungen ausgestoßen, doch glaubte ich nicht an die Nachhaltigkeit dieser sittlichen Entrüstung. Der Skipetar rächt nur, was ihm selbst und den Gliedern seiner Familie oder seines Stammes geschehen ist. Hier aber handelte es sich um zwei fremde Menschen, für die die Bewohner von Rugova kein wärmeres Mitgefühl hatten. Auf ihre

Hilfe durfte ich mich nicht allzu fest verlassen. – Zunächst galt es, die Örtlichkeit zu untersuchen. Die schmale Tür, durch die wir den Perser hatten kommen sehen, stand noch offen. Es handelte sich jetzt darum, nachzuforschen, wohin sie führte. Die abgebrannten Kerzen wurden durch neue ersetzt, und dann begannen wir die Untersuchung. Einige von den Dorfbewohnern blieben bei Galingré und Stojko zurück. – Durch die Tür gelangten wir in einen ziemlich hohen, aber schmalen Gang, dessen Wände aus Stein gemauert waren. Er führte uns nach kurzer Zeit in ein viereckiges Gelaß, in das zwei weitere Gänge mündeten. Eine Decke war nicht vorhanden; es stieg vielmehr eine Leiter empor, ähnlich gebaut wie die hölzernen Fahrten in unsern Schachten. Daneben hing eine ziemlich neue Schnur herab. Welchen Zweck hatte diese Schnur? – Ich betrachtete sie sorgfältig. Sie war sehr dünn und von dunkler Farbe. Als ich sie zwischen den Fingern rieb, bröckelte ein feines Pulver ab.

„Weg mit dem Licht!" rief ich dem Alten neben mir zu. „Das ist eine Zündschnur, die oben in eine – –" – Ich kam nicht weiter. Der Mann hatte sich gebückt, um unnötigerweise nachzusehen, ob der Faden bis zum Boden reiche, und war ihm dabei mit dem Licht zu nahe gekommen. Augenblicklich zuckte ein bläuliches Flämmchen über meine Finger hinweg, in denen ich die Schnur hielt.

„Zurück! Schnell zurück!" schrie ich schreckensbleich. „Es gibt eine Sprengung!" – Die Dorfleute standen wie erstarrt. Meine drei Gefährten besaßen mehr Geistesgegenwart; sie verschwanden augenblicklich in dem Gang, durch den wir gekommen waren. Ich folgte ihnen, und nun rannten auch die andern nach. Da ging es auch schon los, hinter und über uns. – Zuerst hörten wir einen dumpfen Krach. Die Wände des Gangs, in dem wir vorwärts eilten, schienen zu wanken und vor der Decke fielen Steine herab. Dann folgte ein donnerartiges Rollen, von mehreren Schlägen unterbrochen, und endlich ein Knall, hoch über uns, wobei der Boden unter unsern Füßen zitterte. Wie verhallender Paukenwirbel tönte es noch eine Weile über uns fort; dann war es still. Wir befanden uns wieder in dem runden Raum und keiner fehlte. – „Allah! Ne idi bu – was war das?" keuchte der Alte, der vor Schreck und Anstrengung keinen Atem fand. – „Ein Patlama[1]", antwortete ich. „Du hast die Zündschnur angebrannt, und infolgedessen ist wohl der Schacht eingestürzt. Der Faden war mit Pulver eingerieben."

„Das würde doch nicht brennen, da es feucht im Schacht ist. Sollte sich der Schut eines Fischek urumi[2] bedient haben?"

„Das gibt es wohl nicht mehr." – „O doch! Es sollen noch Leute das Geheimnis kennen, Feuer zu machen, das selbst unter der Oberfläche des Wassers brennt. Allah sei Dank, daß wir mit dem Schreck davongekommen sind! Was tun wir nun?" – „Wir warten ein Weilchen und versuchen dann, ob es möglich ist, ohne Gefahr in den Schacht zu gelangen." – Als einige Minuten verstrichen waren, ohne daß wir etwas weiteres gehört hatten, kehrte ich mit Halef in den Gang zurück. Viele Steine lagen da auf dem Boden, ihrer wurden immer

[1] Sprengung, Entladung [2] Griechisches Feuerwerk

mehr, je weiter wir kamen. Die Wände hatten bedrohliche Risse; dennoch drangen wir behutsam vor, bis wir nicht weiter konnten. Wir hatten eine Stelle erreicht, wo der Gang völlig verschüttet war, und kehrten nun wieder um. Warum sollten wir uns unnütz in Gefahr stürzen? Die Gefangenen waren befreit, und das übrige ging uns nichts an. Wir konnten an die Oberwelt zurückkehren. – Stojko mußte getragen werden, und auch Galingré beanspruchte unsere Unterstützung. Da beide der frischen Luft am meisten bedurften, sollten sie die ersten sein, die herausgeschafft wurden. Am Wasser hoben wir die beiden in den Kahn. Ich stieg mit ein, um das Steuer zu nehmen, und Kolami folgte mit einem andern starken Mann, um zu rudern. Die übrigen mußten warten, da ein zweites Boot erst Platz hatte, wenn wir hinausgefahren waren. – Als wir draußen von den am Ufer stehenden Leuten bemerkt wurden, erhoben diese ein lautes Geschrei. Viele von ihnen deuteten dabei zur Felsenhöhe. Andre fragten, ob es uns gelungen sei, die Gesuchten zu finden, und als der Hadschi diese Frage bejaht hatte, rannten sie in gleicher Richtung mit unserm Kahn am Ufer entlang, dem Dorf entgegen.

Die übrigen Kähne warteten im ruhigen Wasser auf uns. Der Wirt stieg mit dem zweiten Ruderer in ein andres Boot, um es zum Stollen zu bringen. Ich brauchte die beiden nicht mehr, da der Kahn vom Wasser getrieben wurde und es nur des Steuers bedurfte, ihn bei der Brücke landen zu lassen. – Dort wurden wir von den Neugierigen erwartet, die sich so beeilt hatten, daß sie uns zuvorgekommen waren. Die beiden Befreiten wurden von ihnen aus dem Kahn gehoben und im Triumph in die Stube gebracht, wo der Engländer noch ebenso, wie wir ihn verlassen hatten, beim Schut saß.

„Da kommt Ihr, Sir", sagte er. „Hat sehr lange gedauert. Sind das die beiden?" – „Ja, es sind Eure Schicksalsgenossen, mit denen Ihr im Schacht gesteckt habt." – „Well! Mögen sich den Halunken da ansehen, dem sie das zu verdanken haben. Wahrscheinlich zahlen sie ihm eine Belohnung dafür." – Trotz des allgemeinen Jubels traute ich den Einheimischen nicht. Damit sie sich nicht heimlich mit dem Perser verständigen könnten, gestattete ich nur einem von ihnen, der Stojko führen mußte, uns in die Stube zu folgen. Galingré konnte die wenigen nötigen Schritte jetzt allein tun.

Es läßt sich denken, mit welchen Blicken und Worten die Geretteten ihren Peiniger begrüßten. Die Blicke sah er nicht, denn er hielt die Augen geschlossen, und die Worte beachtete er nicht. Dem ergrimmten Stojko aber schien der Haß die Gelenkigkeit seiner Füße zurückgegeben haben. Er riß sich von seinem Begleiter los, eilte auf den Schut zu, versetzte ihm einen Fußtritt und rief: „Ujuslu köpek – räudiger Hund! Gott hat mich aus deiner Mördergrube entkommen lassen. Dafür aber ist nun deine Stunde da. Du sollst heulen unter den Qualen, die ich dir bereiten werde!" – „Ja", fiel Galingré ein, „der Schurke soll hundertfach büßen, was er an uns und an so vielen andern begangen hat."

Beide versetzten dem Regungslosen so derbe Fußtritte, daß ich ihnen Einhalt tun mußte: „Laßt ihn! Er ist ja nicht wert, daß ihr ihn auch nur mit den Füßen berührt. Es gibt andre, die das Amt des Henkers übernehmen werden."

„Andre?" rief Stojko, indem sein Auge grimmig aufleuchtete. „Was brauche ich andre? Mir ist er verfallen, mir! Ich will es sein, der die Rache übernimmt!" – „Davon sprechen wir später. Er ist nicht dir allein sondern ebenso jedem von uns verfallen. Begnüge dich jetzt damit, daß du gerettet bist! Sieh zu, daß du dich erholst! Laß dir Raki geben, um deine Füße einzureiben, denn ich denke, du wirst sie bald brauchen." – Und mich an den Mann wendend, der ihn geführt hatte, fügte ich hinzu: „Warum zeigtet ihr, als ihr uns aus dem Stollen kommen saht, zur Felsenhöhe hinauf?"

„Weil da oben etwas vorgefallen ist", antwortete er. „Der Karaul muß eingestürzt sein: er ist nicht mehr zu sehen. Als wir schon lange auf euch gewartet hatten, tat es einen entsetzlichen Krach da oben. Wir sahen Staub, Steine und Feuer fliegen. Einige rannten fort, am Fluß entlang bis dahin, von wo aus man den Turm erblickt. Als sie zurückkehrten, sagten sie, er sei verschwunden."

„Er ist wahrscheinlich zerstört und mit ihm der Schacht. Der Schut hat eine Mine oder auch einige Minen angebracht, um den Zugang von oben nötigenfalls unmöglich zu machen. Einer von uns kam unvorsichtigerweise mit dem Licht der Zündschnur zu nahe, worauf die Entladung erfolgte." – „So ist alles zerstört und man kann nichts mehr vom Innern des Berges sehen?"

„Soviel hat der Schut doch nicht erreicht. Nur der Schacht ist verstopft. Durch den Stollen aber kann man hinein. Es ist noch immer möglich zu den Marterkammern zu gelangen, in denen er seine Opfer quälte." – Jetzt kamen allmählich alle ‚Ehrwürdigen des Ortes' wieder zusammen. Wie mochte es dem Schut zumute sein! Er zuckte mit keiner Miene, nicht einmal mit den Spitzen des Schnurrbarts. Er handelte wie der Käfer, der sich in der Nähe seiner Feinde tot stellt. Beim Käfer geschieht das aus Todesangst; beim Menschen aber ist jedenfalls die Scham eine der Ursachen, und das ließ mich vom Schut nicht mehr gar so schlecht denken wie vorher. Die Männer umringten und betrachteten ihn. Der Greis fragte: „Was ist mit ihm? Er bewegt sich nicht, und seine Augen sind geschlossen. Ist etwas mit ihm geschehen?" – „Jok, jok – nein, nein!" antwortete Halef schnell. „Er schämt sich." – Selbst diese laut und höhnisch gesprochenen Worte brachten keine Bewegung in den Mienen des Schut hervor. – „Er schämt sich? Das ist unmöglich! Schämen kann sich nur jemand, der etwas Lächerliches begangen hat. Die Taten dieses Mannes aber sind nicht lächerlich, sondern grauenhaft. Ein Teufel kann keine Scham empfinden. Er hat sich hier bei uns eingeschlichen und uns während langer Jahre getäuscht. Die letzten Tage und Stunden seines Lebens sollen ihm einen Vorgeschmack der Hölle bieten. Effendi, du hast ihm die Maskara[1] abgerissen; du sollst nun auch bestimmen, was mit ihm geschieht."

Da drängte sich der Muchtar an uns heran. – „Du erlaubst wohl, daß ich dir darauf die Antwort gebe. Freilich sagtest du, ich hätte

[1] Larve, Maske

das Amt des Muchtar erhalten, weil kein andrer es haben wollte; wir wollen auch gar nicht darüber streiten, ob das wahr ist; aber da ich es nun einmal habe, muß ich auch die Pflichten eines Dorfvorstehers erfüllen. Darum hat darüber, was jetzt mit Kara Nirwan geschehen soll, kein andrer zu bestimmen als ich. Wer mir das abspricht, handelt gegen das Gesetz." – "Deine Worte klingen gut", meinte der Alte. "Wir wollen sehen, ob der Effendi damit zufrieden ist." – "Ich werde zufrieden sein, wenn der Muchtar nach dem Gesetz handelt, auf das er sich stützt", antwortete ich. – "Ich werde genau danach handeln", versicherte der Genannte. – "Nun, so laß hören, was du beschlossen hast!" – "Zunächst müssen dem Perser die Fesseln abgenommen werden." – "Warum?" – "Weil er als der Reichste und Vornehmste des Dorfs eine solche Behandlung nicht gewöhnt ist." – "Diese Behandlung widerfährt ihm als Mörder und Räuber, nicht aber als dem angesehensten Mann von Rugova."

"Es ist noch keineswegs erwiesen, daß er das getan hat, wessen du ihn beschuldigst." – "Nicht? Wirklich nicht?" – "Nein, denn daß ihr ihn im Schacht getroffen habt, das beweist gar nichts."

"Aber hier stehen drei Zeugen, drei Männer, die beschwören können, daß er sie eingekerkert hat!" – "So ist erst nach ihrem Schwur seine Schuld bewiesen. Ich aber bin nur ein einfacher Muchtar und darf ihnen diesen Schwur nicht abnehmen. Bis dahin muß der Perser als unschuldig gelten, und ich verlange, daß er von seinen Fesseln befreit wird." – "Wann und vor wem das Zeugnis abgelegt werden muß, ist mir gleichgültig. Ich bin von seiner Schuld überzeugt. Übrigens bist du als Muchtar für alles, was auf deinem Gebiet geschieht, verantwortlich. Nun steht es einwandfrei fest, daß es hier Raub und Mord gegeben hat. Wenn du nicht einwandfrei klarstellst, wen die Schuld daran trifft, werde ich dich selbst binden und zum Müteßarif nach Prisren schaffen lassen." – "Effendi!" rief er erschrocken. – "Ja, das werde ich tun! Ich will Sühne für die begangenen Verbrechen haben und wenn du dich weigerst, dich des Schuldigen zu bemächtigen, so bist du mit ihm einverstanden und wirst als sein Spießgeselle und Hehler behandelt. Du wirst bereits gemerkt haben, daß wir nicht mit uns spaßen lassen. Hüte dich also, meinen Verdacht zu erwecken!" – Er war verlegen geworden, denn ich hatte wohl das Richtige getroffen. Wenn er auch nicht ein Verbündeter des Schut war, so war er doch wohl der Ansicht, daß es ihm Nutzen bringen werde, wenn er sich auf die Seite des reichen Persers stellte. Von mir, dem Fremden, hatte er nichts zu erwarten. Meine Drohung aber hatte doch ihre Wirkung nicht verfehlt, denn er fragte ziemlich kleinlaut: "Nun, was forderst du denn? Was soll geschehen?" – "Ich fordere, daß sofort ein Bote nach Prisren abgeschickt wird, um zu melden, der Schut sei gefangen. Dort befinden sich die Ssuwarylar[1] des Großherrn. Der Müteßarif mag schleunigst einen Offizier mit der nötigen Mannschaft senden, um den Gefangenen und dessen hiesige Mitschuldige abholen zu lassen. Die Untersuchung muß in Prisren stattfinden."

[1] Berittene Gendarmen

„Wie kommst du auf den Gedanken, daß der Schut hier Mitschuldige hat?"

„Ich vermute es mit großer Bestimmtheit; ich glaube sogar, daß du auch zu ihnen gehörst, und ich werde mich dir gegenüber darnach verhalten." – „Effendi, diese Beleidigung muß ich mir verbitten! Wie sollen überhaupt diese Mitschuldigen entdeckt werden?"

„Das mußt du als Vertreter der Polizeigewalt in Rugova wissen. Daß du eine solche Frage aussprechen kannst, ist ein sicherer Beweis, daß dir die Fähigkeiten abgehen, dein Amt richtig und gerecht zu verwalten. Auch das werde ich dem Müteßarrif melden. Wenn der Muchtar dieses Ortes seinen Pflichten nicht gewachsen ist, wenn er noch dazu, anstatt nach dem Gesetz zu handeln, den Beschuldigten verteidigt und beschützt, so darf er sich nicht wundern, wenn man ihm den Gehorsam versagt. Ich verlange also einen zuverlässigen Boten. Wenn er jetzt fortreitet, ist er in sechs oder sieben Stunden in Prisren. Während der Nacht können die Gendarmen hier eintreffen."

„Das geht nicht." – „Warum nicht?" – „Einen Boten zu senden, ist zu umständlich. Ich werde unter den hiesigen Bürgern einige Begleiter auswählen, die Kara Nirwan und meinen Bericht nach Prisren schaffen." – „So! Das ist allerliebst. Sie werden dir den Bericht sehr bald zurückbringen." – „Wieso? – Warum?" – „Weil ihnen der Schut entsprungen ist, oder vielmehr weil sie ihn freigelassen haben. Nein, mein Lieber, so habe ich es nicht gemeint. Ich lese dir deine Gedanken vom Gesicht ab. Es geht ein Bote ab und bis die Ssuwarylar kommen, wird sich der Schut in guter Verwahrung befinden." –

„Wer soll ihn bewachen? Doch ich und mein Saptije?"

„Nein. Dieser Mühe sollt ihr enthoben sein. Wir selbst werden die Bewachung übernehmen. Du kannst ruhig heimkehren und deinen Kef halten. Ich werde schon einen Ort finden, wo uns der Gefangene sicher ist." – „Das dulde ich nicht!" trotzte der Muchtar.

„Oho! Sprich höflicher, sonst lasse ich dir die Bastonade geben! Vergiß nicht, daß ich selbst mit dem Müteßarrif sprechen und ihm erzählen werde, wie sehr du dich geweigert hast, der Gerechtigkeit zu dienen. Wir werden jetzt aufbrechen, um zum Han des Kara Nirwan zu gehen. Sorge dafür, daß wir von dem Volk draußen nicht belästigt werden! Sollten mir diese Leute nicht die Hochachtung erweisen, die ich fordern kann, so lasse ich dich in dein eigenes Gefängnis sperren und dir dabei die Fußsohlen peitschen, daß du monatelang nicht zu stehen vermagst!" – Ich sprach diese Drohung aus, um mich in Achtung zu setzen. Die Bevölkerung war dem Perser wohlgesinnt. Gaben wir nur ein kleines Zeichen von Schwäche, so konnte das die schwersten Folgen nach sich ziehen. Aber meine Worte brachten nicht die beabsichtigte Wirkung hervor. Der Muchtar antwortete: „Ich habe nun genug angehört von dir. Wenn du noch eine solche Unhöflichkeit sagst, bist du es, der Schläge bekommt!" – Er hatte kaum ausgesprochen, so flog ihm die Peitsche vier-, fünfmal so um die Beine, daß er laut schreiend in die Höhe sprang. Zugleich wurde er von Osko und Omar gepackt. Halef fragte: „Sihdi, soll ich?"

„Ja, noch zehn tüchtige Hiebe auf die Schalwar. Wer euch daran hindern will, bekommt auch zehn." – Bei diesen Worten blickte ich drohend im Kreis umher. Keiner sagte ein Wort, obgleich sie einander fragend ansahen. – Osko und Omar hielten den Muchtar so fest am Boden nieder, daß sein Sträuben vergeblich war. – „Effendi, laß mich nicht schlagen!" bat er jetzt. „Ich weiß ja, daß ich dir gehorchen muß und werde alles tun, was du von mir verlangst." – „So will ich dir zehn Hiebe erlassen, aber nicht etwa aus Rücksicht auf dich, sondern aus Achtung für die Männer, die zugegen sind. Sie sind die Ältesten von Rugova, und ihre Augen sollen nicht durch den Anblick der Peitsche beleidigt werden. Erhebe dich, und bitte mich um Verzeihung!"

Er wurde losgelassen, stand auf, verbeugte sich und sagte: „Verzeih mir, Effendi! Es wird nicht wieder geschehen." – Dabei sah ich es seinem heimtückischen Blick an, daß er die erste Gelegenheit ergreifen würde, sich an mir zu rächen. Trotzdem erwiderte ich nachsichtig: „Ich hoffe es. Solltest du dieses Versprechen vergessen, so würde es zu deinem eigenen Nachteil sein. Also sorge dafür, daß wir nicht belästigt werden! Wir müssen jetzt aufbrechen – erst zum Haus des Schut und dann zum Karaul, um die Verwüstung anzusehen, die dort angerichtet worden ist." – „Effendi, da muß ich auch dabei sein. Aber ich kann noch nicht so weit gehen", meldete sich Stojko. – „So setzt du dich auf dein Pferd. Wir haben dir ja deinen Goldfuchs mitgebracht." – „Ihr habt –?" – Er sprach nicht weiter. Sein Blick war hinaus auf den Platz gefallen, und ich bemerkte, daß sein Gesicht den Ausdruck freudiger Überraschung annahm. Er eilte ans Fenster und rief hinaus: „Ranko! Kommt ihr, mich zu suchen? Hier bin ich! Herein, herein mit euch!" – Draußen hielten sechs bis an die Zähne bewaffnete Reiter auf prächtigen Pferden. Auf den Ruf ihres Stammesführers drängten sie ihre Tiere durch die Menge, stiegen ab und kamen herein. Ohne zunächst auf etwas anderes zu achten, eilten sie auf Stojko zu, um ihn herzlich zu begrüßen. Der jüngste von ihnen fragte im Ton größter Überraschung: „Du bist hier in Rugova? Seid ihr nicht weitergekommen? Was ist geschehen? Wo ist Ljubinko?" – „Frage nicht! Denn wenn ich dir antworte, wird dir die Rache den Dolch in die Hand drücken."

„Die Rache? Was sagst du? Wäre er tot?" – „Ja, tot, ermordet!"

Da trat der junge Mann einen Schritt zurück, riß das Messer aus dem Gürtel und rief: „Ljubinko, den ich liebte, dein Sohn, der Sohn meines Vatersbruders, wurde ermordet? Sage mir, wo der Mörder ist, daß meine Klinge ihn augenblicklich treffe! Ah, jener Mann hat seinen Panzer an – er ist der Mörder!" – „Halt!" gebot Stojko, dem Zornigen, der sich auf Halef werfen wollte, am Arm fassend. „Tu diesem Mann nichts Böses, denn er ist mein Retter. Der Mörder ist nicht hier." – „Wo denn? Sag es schnell, damit ich hinreite und ihn niederstoße!" – Dieser kaum dreißigjährige junge Mann war ein echter Skipetar. Seine hohe, sehnige Gestalt war in roten, mit goldnen Tressen und Schnüren verzierten Stoff gekleidet. Die Füße steckten in Opanken, die aus einem einzigen Stück Leder bestanden und mit silbernen Ketten um den untern Saum der Hosen festgehalten wurden. Sein gebräuntes Gesicht war scharf geschnitten. Die Oberlippe bedeckte ein starker Schnurrbart, dessen Spitzen er bis hinter die Ohren hätte ziehen können. Seine dunklen Augen hatten den Blick des Adlers. Wehe dem, über den der Racheruf dieses Mannes erschallte!

Stojko erzählte, was ihm zugestoßen war, hier und bei dem Köhler. Ranko hörte schweigend zu. Wer nun einen Ausbruch seines Zorns erwartet hatte, der war im Irrtum. Er trat, als sein Oheim mit dem Bericht zu Ende war, zu mir, zu Halef, Osko, Omar und dem Engländer, machte uns höfliche Verneigungen und begann:

„T'u nja tjeta![1] Erst der Dank und dann die Rache. Ihr habt die Mörder unschädlich gemacht und dann meinen Oheim befreit. Verlangt alles von mir, was mir möglich ist, ich werde es tun; aber verlangt nicht Gnade für jene, die unser Stahl treffen muß. Der Oheim war zwei volle Wochen fort und kehrte nicht wieder heim. Darum wurden wir besorgt um ihn und um Ljubinko. Wir brachen auf, um zu ihnen nach Batera zu reiten. Wir kamen über Prisren hierher und wollten über Fandani und Orossi weiter. Hier sollte ein Schluck Raki getrunken werden. Da rief uns der Oheim herein. Wir werden nun nicht nach Batera reiten, sondern zur Höhle des Köhlers. Er und seine Knechte, die Mörder, sollen uns nach Slokutschie begleiten, damit die Männer und Frauen unsers Stammes sehen, wie wir den Tod dessen rächen, den wir liebten und der einst unser Oberhaupt werden sollte." – „Ja, wir werden zum Haus des Köhlers reiten", stimmte sein Oheim bei. „Mein Sohn ist tot, und nun bist du der Erbe und hast als solcher die Pflicht, mir bei der Bestrafung der Bluttat beizustehen. Vorher aber müssen wir hier unsre Pflicht tun. Es ist gut, daß ihr gekommen seid. Dadurch haben wir sechs tapfere Männer gewonnen, die den Wünschen des Effendi Nachdruck verleihen werden."

Damit hatte er recht. Die Beihilfe von sechs solchen Männern war mir sehr willkommen. Wir zählten mit Galingré jetzt dreizehn Mann, ein kleines Häuflein zwar, aber doch immerhin genug, um den Bewohnern des Ortes Gehorsam aufzuzwingen. – Der Muchtar war beim Erscheinen der sechs Skipetaren hinausgegangen. Wir hörten, daß er zu den draußen versammelten Leuten sprach; seine Worte aber konnten wir nicht verstehen, da er mit gedämpfter Stimme redete. Das kam mir verdächtig vor. Wenn er gerechte Sache hatte, konnte er laut sprechen. Ich teilte dieses Bedenken dem Alten mit, der sich freiwillig auf unsre Seite gestellt hatte, und er ging hinaus, um nötigenfalls eine Aufreizung der Leute zu verhindern. – Indessen unternahm es Halef, Stojko das geraubte Geld zurückzugeben. Der Gerettete erkannte es als das seinige an. Dann schnallte der Kleine den Panzer und den Damaszener ab, um auch diese nebst dem Dolch zurückzugeben. Stojko zögerte, sie zu nehmen. Nach einigen Augenblicken der Überlegung wendete er sich an mich: „Effendi, ich habe eine Bitte, die du mir, wie ich hoffe, erfüllen wirst." – „Wenn mir die Erfüllung möglich ist, bin ich gern bereit dazu." – „Sie ist dir sehr leicht möglich. Ihr habt mich gerettet. Ich weiß, daß ich ohne euch eines bösen Todes gestorben wäre. Mein Herz ist deshalb voll von Dank gegen euch, und ich möchte euch das beweisen. Die Waffen, die Hadschi

[1] „Langes Leben!", albanische Begrüßung

Halef Omar mir jetzt zurückgeben will, sind ein altes Erbstück meiner Familie. Mein Sohn, der sie tragen sollte, ist tot; ihr Anblick würde mich und die Meinen ständig an seine Ermordung erinnern, und so möchte ich sie gern dir schenken als ein Zeichen meiner Dankbarkeit. Leider aber ist der Panzer dir zu klein. Dem Hadschi paßt er ausgezeichnet, und so bitte ich dich um die Erlaubnis, ihn damit beschenken zu dürfen." – Halef unterbrach ihn mit einem Ausruf des Entzückens. Stojko aber fuhr fort: „Den Säbel und den Dolch aber sollst du bekommen, damit du dich bei ihrem Anblick meiner erinnerst."

Halefs Augen waren mit großer Spannung auf mich gerichtet. Auf meine Antwort kam es an, ob er das reiche Geschenk annehmen durfte oder nicht. Ihm zuliebe sagte ich: „Wegen des Panzers kann ich weder Ja noch Nein sagen. Er soll Halefs Eigentum sein, darum mag er allein bestimmen, ob er diese wertvolle Gabe annehmen will oder nicht." – „Sofort, sofort!" rief der Kleine, indem er augenblicklich den Panzer wieder umschnallte. „Wie wird Hanneh, die lieblichste Blume der Frauen, staunen und sich freuen, wenn ich so silberfunkelnd bei ihr ankomme! Wenn sie mir entgegenblickt, wird sie meinen, ein Held aus den Erzählungen von Scheheresade oder der berühmte Feldherr Ssalah es din[1] nahe sich ihr. Die tapfersten Krieger des Stammes werden mich beneiden. Ich werde die Bewunderung der Frauen und Töchter erregen, und sie werden die Lobgesänge der Kühnheit anstimmen, sobald sie mich erblicken. Die Feinde aber werden bei meinem Anblick fliehen vor Angst und Entsetzen, denn sie werden an dem glänzenden Panzer erkennen – mich, den unbezwinglichen Hadschi Halef Omar Ben Hadschi Abul Abbas Ibn Hadschi Dawuhd al Gosserah!" – Halef hatte sich eben bei allen seinen reichen Erlebnissen und Erfahrungen ein wahrhaft kindliches Gemüt bewahrt. Trotz des Überschwangs, mit dem er seine Worte vorbrachte, wagte keiner es, ihm mit einem Lächeln zu antworten. Stojko sagte vielmehr sehr höflich und achtungsvoll: „Es freut mich, daß der Panzer dir gefällt. Möge er der Lieblichsten sagen, wieviel ich dir zu verdanken habe! Hoffentlich wird auch der Effendi meine Gaben nicht verschmähen?" – „Von Verschmähen kann keine Rede sein", antwortete ich. „Es ist mir nur deshalb unmöglich, sie anzunehmen, weil sie so kostbar sind. Du darfst dich nicht eines Schatzes berauben, den deine Ahnen heilig gehalten haben." – Seine Miene verdüsterte sich. Ich wußte gar wohl, daß es eine fast todeswürdige Beleidigung ist, das Geschenk eines Skipetaren zurückzuweisen, glaubte aber, Stojko werde hier eine Ausnahme machen und sich nicht erzürnt zeigen. Doch klang seine Stimme beinahe heftig, als er fragte: „Effendi, weißt du, was ein Skipetar tut, wenn sein Geschenk zurückgewiesen wird?" – „Ich bin noch nicht in der Lage gewesen, es zu erfahren." – „So will ich es dir sagen. Er rächt diese Beleidigung, oder, wenn er dem Beleidiger Dank schuldet, so daß er sich nicht rächen kann, so vernichtet er die Gabe, die verachtet wird. Auf keinen Fall aber nimmt er sie zurück. Es würde die größte Undankbarkeit gegen dich sein, wenn ich dir zürnen wollte; denn du hast

[1] Saladin

mir das Leben erhalten und meinst es auch jetzt gut mit mir. Darum darf mein Zorn sich nur auf die Gegenstände erstrecken, die dein Mißfallen erregen. Sie sollen vernichtet werden." – Er zog den Säbel aus der Scheide und bog die Klinge zusammen, enger und immer enger, so daß sie schließlich zerspringen mußte. Da kam mir ein rettender Gedanke. – „Halt! Ich nehme dein Geschenk an. Aber betrachte meinen Gürtel, der mit Waffen gespickt ist! Wo soll ich den Säbel und den Dolch unterbringen? Oder ist es dir lieber, wenn ich die beiden Stücke, von denen jedes einzelne eines Fürsten würdig ist, mit nach Hause nehme, um sie dort an den Wänden meiner Wohnung aufzuhängen und verrosten zu lassen?" – Die Miene Stojkos hellte sich auf. – „Effendi, was du mit ihnen anfangen wirst, ist deine Sache. Jedenfalls sind sie in guter Hand. Tu mit ihnen, was du willst, sie sind von heute an dein Eigentum." – Damit drückte er mir den Säbel und den Dolch in die Hand. – „Ich danke dir. Du sollst gleich sehen, welche Verfügung ich treffen werde, und ich denke, daß du damit einverstanden sein wirst. Osko, was sagst du zu diesem Damaszener? Nimm ihn! Er gehört dir!" – „Effendi", rief der Genannte abwehrend, wobei er es aber doch nicht unterlassen konnte, einen verlangenden Blick auf die Waffe zu werfen. „Du wirst doch nicht – –" – „Doch! Der Säbel gehört dir! Du sollst hinter Halef nicht zurückstehen, der den Kettenpanzer bekommen hat, denn du hast zur Befreiung dieses Mannes genau soviel beigetragen wie er. Und du, Omar, willst du den Dolch haben?" – Der Sohn der Wüste war weniger zurückhaltend als der Montenegriner, er griff begierig nach der ihm dargebotenen Waffe. – „Kara Ben Nemsi Effendi, du weißt nicht, welche Freude du mir mit deisem Geschenk machst! Ich danke dir."

„So ist es gut! Stecke ihn in den Gürtel!" – Omar ließ sich das nicht zweimal sagen, und auch Osko widersprach nicht länger. Stojko war dem Vorgang mit Aufmerksamkeit gefolgt und es war ihm anzusehen, daß er mit dieser Wendung der Angelegenheit nicht unzufrieden war. Seine gekränkte Würde war dadurch, daß ich das verschmähte Geschenk schließlich doch noch angenommen hatte, wiederhergestellt, und das war die Hauptsache. – „Effendi", wandte er sich an mich, „du hast recht damit getan, deine Freunde mit den Waffen zu beglücken. Mögen sie ihnen Schutz bringen in Gefahr und Sieg im Kampf! Jetzt aber wollen wir aufbrechen, bevor die Angehörigen des Schut erfahren, was vorgefallen ist." – „Wenn du meinst, daß sie es nicht wissen, so irrst du dich. Rugova ist so klein, daß diese Leute jetzt schon alles wissen würden, selbst wenn es einen andern als den angesehenen Perser betroffen hätte. Jedenfalls haben sie ihre Vorbereitungen gut getroffen. Löst dem Schut die Fesseln von den Füßen, damit er gehen kann. Osko und Omar mögen ihn in ihre Mitte nehmen, und augenblicklich jeden niederschießen, der es wagen sollte, die Hand zu seiner Befreiung auszustrecken." – Die Fesseln wurden Kara Nirwan abgenommen. Er bewegte sich nicht. – „Steh auf!" gebot Halef. – Der Gefangene tat, als hätte er es nicht gehört. Aber als ihm der Hadschi einen derben Peitschenhieb verabreichte, sprang er augenblicklich auf, warf dem Kleinen einen wütenden Blick zu und schrie: „Hundesohn, das darfst du wagen, weil ich an den Händen gebunden bin! Sonst würde ich dich augenblicklich zermalmen. Aber noch ist die Sache nicht zu Ende. Ihr werdet alle bald erfahren, was es heißt, den Sch – – Kara Nirwan zu beleidigen!" – „Sprich das Wort Schut immerhin aus!" antwortete ich, um ihn zu einem Bekenntnis zu reizen. „Wir wissen doch alle, daß du der Anführer der Räuber bist. Aus der Ferne hast du deine Häscher auf die Opfer gehetzt, du aber bist stets im sichern Dunkel geblieben. Der Köhler Scharka mußte dir Leute ins Garn treiben, und nur durch Tücke und Hinterlist hast du sie in die Falle gelockt. Der Räuber, der kühn und offen den Menschen überfällt, kann noch bewundert werden; du aber bist ein Feigling, den man verachten muß. Du besitzt nicht eine Spur von Mut. Du wagst es nicht einmal einzugestehen, wer du bist. Pfui, Schande über dich! Ein Hund sollte sich hüten, dich anzubellen, denn das ist viel zu viel Ehre für dich!" – Bei diesen höhnenden Worten spuckte ich vor dem Perser aus. Das brachte die von mir beabsichtigte Wirkung hervor. Kara Nirwan brüllte grimmig auf: „Schweig! Wenn du sehen willst, ob ich feig bin oder nicht, so nimm meine Fesseln ab und kämpfe mit mir! Dann sollst du erfahren, was für ein Wurm du gegen mich bist!" – „Ja, in Worten bist du tapfer, aber nicht in der Tat. Bist du nicht vor uns geflohen, als du uns im Schacht erblicktest?" – „Ihr wart in der Überzahl." – „Ich habe ganz allein deine Verbündeten besiegt, obgleich sie auch in der Überzahl waren. Und bist du nicht abermals geflohen, als ich – ich ganz allein – im Kahn mit dir kämpfte? War das Mut von dir? Und als wir dann miteinander das Ufer erreichten, warst du da gefesselt? Hast du mir gezeigt, daß ich ein Wurm gegen dich bin, oder habe nicht ich dich niedergeschlagen wie einen Knaben? Rede ja nicht von Mut! Alle deine Spießgesellen, die beiden Aladschy, Manach el Barscha, Barud el Amasat, der Mübarek, haben mir offen gezeigt, daß sie meine Feinde waren, daß sie Räuber und Mörder seien; du allein hast nicht das Herz dazu. Du kannst nur drohen, weiter nichts. Du besitzt das Herz eines Hasen, der davoneilt, wenn er die Meute hört. Du bist ein Adschem, ein Perser aus Nirwan. Die Nirwani fressen Krötenfleisch und werden dann, wenn sie davon fett geworden sind, von den Läusen verzehrt. Kommt ein Nirwani in einen andern persischen Ort, so rufen seine Bewohner: ‚Tufu Nirwanost! Nirwanan dschabändararänd; ura basäd – pfui, einer aus Nirwan! Die Nirwani sind Feiglinge; speit ihn an!' Grad so muß man auch von dir sagen, denn du hast nicht das Herz, zu gestehen, wer du bist. Deine Eingeweide zittern vor Angst, und deine Knie schlottern vor Schwäche, daß ein Wort des Zorns dich umblasen könnte!" – Solche Beleidigungen waren ihm wohl noch nicht ins Gesicht geschleudert worden. Er zitterte wirklich, aber nicht vor Angst, sondern vor Grimm. Dann tat er einen Sprung auf mich zu, stieß mit dem Fuß nach mir und brüllte in der persischen Mundart, deren ich mich bedient hatte:

„Gur, bisâmân – Schurke, Dummkopf! Du verbreitest Gestank und streust die Krätze umher! Kein Mensch sollte mit dir sprechen. Deine Rede ist Tollheit, und deine Worte sind Lügen. Du nennst mich feig? Wohlan, so will ich dir zeigen, daß ich mich nicht fürchte."

Und zu den andern gewendet, fuhr er in türkischer Sprache fort: „Ihr sollt mich nicht für einen Feigling halten. Ich will bekennen, daß ich der Schut bin. Ja, ich habe diese drei Männer in dem Schacht eingeschlossen, um mir viel Geld von ihnen geben zu lassen und sie dann zu töten. Aber wehe und dreifach wehe über jeden, der es wagt, mir ein Haar zu krümmen! Meine Leute zählen nach Hunderten und werden alles, was mir geschieht, entsetzlich rächen. Dieser Hundesohn aus Almanja wird zuerst meiner Rache verfallen. Er wird an der Räude verenden und noch dem danken, der ihn mit einem Knüppel von seinen Qualen erlöst. Kommt herbei und bindet mir die Hände los! Ich werde es euch reich lohnen, und dann soll –" – Er kam nicht weiter, denn Halef trat an ihn heran, gab ihm eine Ohrfeige, daß er taumelte, und rief ihm zu: „Das ist für den Hundesohn und für die Räude, und wenn du nun noch ein einziges Wort sagst, Ssefil bodur[1], so haue ich dich mit der Peitsche, daß deine Knochen meilenweit umherfliegen! Schafft ihn fort, den Schurken! Ich werde hinter ihm hergehen, und für jeden Laut, den er ohne Erlaubnis des Effendi hören läßt, fährt der Hieb ins Fleisch!" – Das war sehr ernst gemeint, und ich hatte auch gar nichts dagegen. In der Lage, in der der Perser sich befand, war es eine unsägliche Frechheit, solche Reden zu führen. Die Hauptsache war freilich, daß ich meinen Zweck erreicht hatte: er hatte eingestanden, daß er der Schut sei. Nun durfte ihn niemand mehr in Schutz nehmen, wenigstens nicht offen. – Er biß sich auf die Lippen, wagte aber nicht wieder zu sprechen. Der Goldfuchs wurde für Stojko geholt. Galingré erklärte, daß er versuchen wolle, mit uns zu gehen, denn es wurde nun Zeit, zum Karanirwan-Han aufzubrechen.

[1] Elender Wicht

11. Verfolgung

Als wir den Han Kolamis verließen, bemerkten wir, daß sich die Menschenmenge davor verringert hatte. Der ehrwürdige Alte hatte bis jetzt zu den Leuten gesprochen, aber es war ihm sichtlich nicht gelungen, den Eindruck zu verwischen, den die vorhergehende Hetzrede des Muchtar auf sie gemacht hatte. Sie bildeten zwei Trupps, von denen es der eine mit uns, der andre mit dem Perser hielt.

„Onu getiriorlar – sie bringen ihn!" rief eine Stimme aus dem einen Haufen. „Kara Nirwan kabahatßsis, ßerbeßt brakyn onu – Kara Nirwan ist unschuldig; gebt ihm die Freiheit!" – „Jok, jok; katildir – nein, nein; er ist ein Mörder!" ertönte es von der andern Seite. „Ölmedi, schimdi, mutlak – er muß sterben, sofort, unbedingt!"

Beide Haufen drängten herbei; ich redete dem einen bittend, dem andern drohend zu und versprach, die Sache solle eine streng gerechte Untersuchung finden. Daran schloß ich die ernste Warnung vor einer zu großen Annäherung an uns, da wir jeden niederschießen würden, der es wagte, uns zu belästigen. Das half. Wir hielten die Waffen in den Händen. Man murrte zwar, ließ uns aber abmarschieren. Selbstverständlich folgten alle hinterdrein. Niemand dachte an Arbeit. Heute war ein Tag, wie es in Rugova noch niemals einen gegeben hatte.

Die ‚Väter des Ortes' hatten sich zu uns gesellt. Der Alte schritt voran, um uns den Weg zu zeigen. Die andern wies ich an, hinter uns zu gehen. Sie sollten sich zwischen uns und der aufgeregten Bevölkerung befinden, der nicht zu trauen war. So ging es in ein enges Gäßchen hinein und dann aus dem Dorf hinaus, den Berg empor. Die Häuser von Rugova schienen verlassen zu sein. Nicht einmal ein Kind war zu sehen. Die ganze Einwohnerschaft befand sich entweder hinter uns oder bereits vor uns auf dem Berg. – Der Perser leistete nicht den geringsten Widerstand. Er tat gar nicht verlegen und hielt auch die Augen nicht mehr geschlossen. Er schickte seinen Blick überallhin. Vermutlich erwartete er von irgendeinem seiner Anhänger ein heimliches Zeichen. Deshalb hielt auch ich meine Augen offen.

Ranko und seine Männer saßen zu Pferd. Ich hatte das gewünscht, damit sie im Fall einer Feindseligkeit die Angreifenden gleich niederreiten konnten. Sie boten auf ihren schönen Rossen mit ihrer guten Bewaffnung und prächtigen Haltung einen herzerfreuenden Anblick. Es war ihnen anzusehen, daß sie sich nötigenfalls nicht scheuen würden, es mit ganz Rugova aufzunehmen. – Hinter oder vielmehr über dem Dorf gab es einige ärmliche Felder und dann Wald, in den der Hohlweg, dem wir folgen mußten, tief einschnitt. Hier und da traten die Bäume zurück, um einer kleinen Alpenwiese Platz zu machen, auf der einige Pferde, Rinder, Ziegen und Schafe weideten.

Das hinter uns liegende stille Dorf und diese Wiesen mit den Tieren hatten ein friedliches Aussehen, das keineswegs mit dem Zweck unsers Hierseins und mit dem Umstand übereinstimmte, daß Rugova der Ausgangspunkt so vieler Verbrechen gewesen war. – Es begegnete uns kein Mensch, und das, was der Schut erwartet hatte, schien nicht einzutreffen, bis endlich, als wir fast die Höhe erreicht hatten, eine Stimme über uns vom Rand des Hohlwegs laut wurde:

„Jam tamam njizet e katré vjet!" – Das war albanisch und heißt auf deutsch: „Ich bin grad vierundzwanzig Jahre alt." Ehe ich noch zu denken vermochte, was dies zu bedeuten habe, rief die Stimme weiter: „Moti i emiré!" – Das heißt: „Es ist sehr schönes Wetter." Und darauf folgten die Worte: „Ssa oscht ßahati – wieviel Uhr ist es?" – Worauf eine zweite Stimme erwiderte: „Oscht tamam katré ßahati – es ist genau vier Uhr." – Diese lauten Zurufe galten natürlich dem Schut. Ich legte den Stutzen an und sandte zwei Kugeln zur Stelle empor, wo, dem Schall der Stimmen nach, die beiden Rufer sich befinden mußten. – „Soti i jem, kuku lele – ach Gott, wehe mir!" schrie es oben. – Ich hatte getroffen. Niemand äußerte ein Wort dazu. Der Schut aber drehte sich zu mir um und warf mir einen lodernden Blick des Hasses zu. Als er das Gesicht wieder gewendet hatte, ging ich raschen Schrittes vor. Ich wollte jetzt seine Miene sehen, die zu verstellen er sich wohl keine Mühe gab, weil er sich unbeachtet wähnte. Während ich an ihm vorüberkam, sah ich ein Lächeln der Befriedigung bis hinauf zu seinen Augen spielen. Als er mich erblickte, verschwand es sofort. – Es war klar, daß die Zurufe den Zweck gehabt hatten, Kara Nirwan über seine Lage zu beruhigen. Was aber bedeuteten sie eigentlich? Daß sehr schönes Wetter sei, hatte jedenfalls nichts anderes zu sagen, als daß die Angelegenheit für ihn gut stehe. Was aber war mit dem Alter von vierundzwanzig Jahren gemeint? Bedeutete diese Zahl vielleicht Menschen, die zu seiner Befreiung bereit seien? Wahrscheinlich! Ich konnte keine andre Erklärung finden. Und daß es vier Uhr sei – was sollte diese vier sagen, auf die es wohl ganz allein ankam? Die Tageszeit sollte dadurch natürlich nicht angegeben werden. Ich fragte leise die Gefährten über ihre Ansicht. Doch ihr Scharfsinn erwies sich als ebenso unzureichend wie der meinige. Wir konnten nichts andres tun, als überaus vorsichtig zu sein. – Bald nach diesem Zwischenfall senkten sich die Seiten des Hohlwegs, und wir kamen auf ebenes Gelände. Eigentlich hatte ich Lust, den Zug hier halten zu lassen und mich nun zu der Stelle zu begeben, wohin ich geschossen hatte; aber ich mußte mir sagen, daß ich niemand dort antreffen würde, da der Unverwundete gewiß den Verwundeten fortgeschafft oder wenigstens versteckt hatte, und es schien mir auch nicht rätlich zu sein, mich jetzt zu entfernen, da meine Abwesenheit leicht von uns feindlich Gesinnten zu einem Streich gegen uns benutzt werden konnte. Wir zogen also weiter. – Nach einiger Zeit, als wir uns nach rechts gewendet hatten und uns noch immer im Wald befanden, mündete ein schmaler Pfad in unsern Weg. An dieser Stelle standen mehrere Männer, die auf unser Kommen gewartet zu haben schienen. – „Wohin führt dieser Steig?"

fragte ich sie. – „Zum Karaul", lautete die Antwort. – „Wart ihr dort?" – „Ja." – „Befinden sich jetzt noch andre Leute dort?" – „Viele. Sie untersuchen das Gestein."

„Nun, was ist dort zu sehen?" – „Der Turm ist vollständig eingestürzt." – „Ist nicht irgendeine Spur von dem alten Schacht zu entdecken?" – „O ja! Hart an dem Platz, wo der Turm stand, hat sich die Erde tief eingesenkt, und es ist ein großes Loch entstanden, das die Gestalt eines Chuni[1] hat. Niemand aber wagt es, hinabzusteigen, weil das Gestein noch fortwährend nachbröckelt. Die Stelle könnte leicht noch tiefer einsinken." – Der Schut tat einige Schritte zur Seite, als wollte er in den Pfad einbiegen. Er erwartete wohl Hilfe dort am Karaul. Ich aber sagte: „Lassen wir das! Es ist für uns dort gar nichts zu finden. Wir wollen geradewegs zum Karanirwan-Han gehen!" – Als wir uns wieder in Bewegung gesetzt hatten, verschwanden die Männer zwischen den Bäumen, und wir hörten den lauten Ruf: „Prmaß! Majschpejtschi te schpija – zurück! Schnellstens nach Hause!" – War das etwa ein Zeichen für die vierundzwanzig Männer, die ich im Hinterhalt vermutete? Die Worte mußten ihnen von weitem zugerufen werden, da die Zeit drängte; denn sie mußten auf alle Fälle schon vor uns im Han eintreffen. Gern hätte ich einige der Reiter vorausgesandt, aber ich konnte sie nicht entbehren und hielt es überdies für gefährlich, sie von uns fortzulassen. – Bald endete der Wald. Der Weg führte nur noch durch dichtes Buschwerk. Dann erblickten wir Felder, durch Reihen von Sträuchern voneinander abgegrenzt. Diese machten einen freien Ausblick unmöglich. Darum konnten wir die Leute nicht sehen, die wahrscheinlich vom Karaul zum Han eilten. „Wo liegt das Haus des Persers?" fragte ich den Alten, der uns führte. – „Nur fünf Minuten noch, dann wirst du es sehen", erwiderte er. – Als diese Zeit vergangen war, erreichten wir den für die weite Umgebung so verhängisvollen Ort. Der Weg, auf dem wir kamen, war die nach Prisren führende Straße, auf der Ranko mit seinen fünf Begleitern vorhin vom Norden her Rugova erreicht hatten. Hart an dieser Straße lagen eng beieinander die Gebäude des Karanirwan-Han, den wir so lange gesucht hatten und den wir nun endlich vor uns erblickten. – Das Hauptgebäude stand links an der Straße, die Nebengebäude befanden sich rechts. Sie umschlossen einen großen Hof, in den ein breites Tor führte. Dieses Tor war verschlossen. Davor und vor dem Eingang des Hauptgebäudes standen wohl vier bis fünf Dutzend Menschen beiderlei Geschlechts. Es schien, daß man ihnen den Eintritt verwehrt hatte. Sie empfingen uns still. Ich hörte kein Wort sprechen. Die Gesichter waren zwar nicht drohend, aber auch nicht freundlich; auf allen war der Ausdruck großer Spannung zu lesen. – Wir wendeten uns zum Wohnhaus, dessen Tür uns trotz unsers Klopfens nicht geöffnet wurde. Halef ging zur hinteren Seite und meldete uns nach seiner Rückkehr, daß auch dort die Tür von innen verriegelt sei. – „Befiehl, daß uns geöffnet wird!" gebot ich dem Schut. „Sonst öffnen wir uns selbst." – „Ich habe dich nicht zu mir eingeladen", antwortete er.

[1] Trichter

„Ich verbiete euch, mein Haus zu betreten." – Da nahm ich den Bärentöter her. Einige Hiebe mit dem eisenbeschlagenen Kolben, und die Tür ging in Stücke. Der Schut stieß einen Fluch aus. Die Menge drängte herbei, um mit uns ins Haus zu kommen. Ich aber bat Ranko, mit seinen fünf Reitern hier zurückzubleiben und dafür zu sorgen, daß kein Unberechtigter eintrete. Dann begaben wir uns ins Innere des Gebäudes. – Der Flur war leer. Wir sahen keinen Menschen. Es gab hier feste Ziegelmauern. Rechts und links lagen je zwei Stuben, die dicht verschlossen waren. Auch sie waren leer. Ihrer Einrichtung nach mußte ich annehmen, daß die beiden vorderen Stuben zur Aufnahme von Gästen bestimmt seien. Links hinten wohnte wahrscheinlich die Familie des Schut; rechts hielt sich wohl das Gesinde auf. Als ich die Hintertür öffnete, sah ich, daß sie auf freies Brachland führte. In ihrer Nähe führte innerhalb des Flurs eine schmale Holztreppe empor. Ich stieg allein hinauf in den Dachraum, der aus drei Abteilungen bestand. Die mittlere, in die die Treppe mündete, enthielt allerlei Gerümpel. Von den Dachbalken hingen dichte Reihen getrockneter Maiskolben und Zwiebeln herab. Die beiden andern Abteilungen wurden von Giebelstuben gebildet, die durch dünne Bretterwände von der Mitte getrennt waren. Ich klopfte an eine Tür, erhielt aber keine Antwort. Da nahm ich abermals den Gewehrkolben zu Hilfe und stieß ein Brett ein. Nun sah ich, daß die Kammer leer war. Auch drüben an der andern Seite wurde auf mein Klopfen nicht geantwortet. Durch ein Astloch schauend, gewahrte ich eine Frau, die auf einer Truhe saß. – „Mach auf, sonst schlage ich die Tür ein!" drohte ich. – Da auch dieser Zuruf nicht beachtet wurde, stieß ich ein Brett ein, griff durch die Öffnung und schob den Türriegel zurück. Ich wurde durch ein mehrstimmiges Gekreisch empfangen. Die Frau, die ich gesehen hatte, war vielleicht fünfunddreißig Jahre alt. Bei ihr befanden sich zwei alte Weiber. Alle drei waren gut gekleidet und verhüllten sogleich ihre Gesichter. Ich war überzeugt, die Frau des Schut, die Schuta, die Schwester Deselims aus Ismilan, vor mir zu haben. Sie hatte sich von ihrem Sitz erhoben und war in die Ecke geflüchtet. Von den beiden andern gedeckt, rief sie mir zornig-trotzig entgegen: „Was fällt dir ein! Wie darfst du es wagen, auf diese Weise bei uns einzudringen!" – „Weil es auf andre Weise nicht möglich war", erwiderte ich. „Ich habe noch nie einen Han gesehen, den man am hellen Tag vor den Gästen verschließt."

„Du bist kein Gast." – „Woher weißt du das?" – „Ich weiß, was geschehen ist. Man hat es mir berichtet, und übrigens sah ich euch kommen." – Sie deutete zur runden Maueröffnung in der Giebelwand. Da diese nach Rugova gerichtet war, hatte man uns also gut bemerken können. – „Für wen hältst du mich denn?" fragte ich weiter.

„Du bist der schlimmste Feind meines Herrn." – „Deines Mannes? Wer ist das?" – „Kara Nirwan." – „Also bist du die Wirtin! Aus welchem Grund hältst du mich für euren Feind?" – „Weil du meinen Herrn gefangengenommen hast, weil du ihn überhaupt seit langer Zeit verfolgst." – „Das alles weißt du schon? So wirst du dich jedenfalls auf meinen Besuch vorbereitet haben. Sag mir einmal: bist du nicht mit dem Waffenschmied Deselim in Ismalin bekannt?" – „Sogar verwandt bin ich mit ihm!" rief sie mir wütend entgegen. „Er war mein Bruder, und du hast ihn ermordet. Allah verfluche dich!"

Ich setzte mich gemächlich auf eine Ecke der Truhe. Auf meine Frage, wer die andern Frauen seien, entgegnete die Schuta: „Es ist meine Mutter und deren Schwester. Sie haben dich sehr lieb, weil du der Mörder meines Bruders bist!" – „Ich verzichte auf ihre Liebe, und ihr Haß ist mir gleichgültig", versetzte ich. „Daß du wünschest, Allah möge mich verfluchen, klingt nicht gut aus dem Mund eines zarten Weibes und ist außerdem eine große Unvorsichtigkeit von dir. Wie die Sachen stehen, solltest du dich sehr hüten, mich zu beleidigen. Ich habe die Macht, dich dafür zu bestrafen."

„Und wir haben die Macht, uns dann zu rächen!" drohte sie.

„So? Du scheinst ja über eure Kräfte genau unterrichtet zu sein. Wahrscheinlich hat dein Mann dir kein geringes Vertrauen geschenkt."

Ich spottete, um sie zu einer Unvorsichtigkeit zu verleiten, und wirklich fuhr sie auf: „Ja, ich besitze Kara Nirwans volles Vertrauen. Er sagt mir alles, und so weiß ich auch genau, daß du verloren bist!"

„Ja, ich konnte mir freilich denken, daß die Schuta alles weiß und –" „Die Schuta?" unterbrach sie mich. „Die bin ich nicht!"

„Pah! Leugne nicht! Kara Nirwan hat gestanden, daß er der Schut ist." – „Das ist nicht wahr!" fuhr sie angstvoll auf. – „Ich lüge nicht. Er hat es vor dem ganzen Dorf zugegeben, als ich ihm sagte, er sei zu feig, es einzugestehen." – „O Allah! Ja, so ist Kara Nirwan! Den Vorwurf der Feigheit läßt er nicht auf sich sitzen. Lieber bringt er sich und uns ins Verderben!" – „Mit diesen Worten schließt du dich seinem Geständnis an. Eigentlich habe ich mit euch Frauen nichts zu schaffen; aber du bist seine Vertraute und darum seine Mitschuldige, und du wirst sein Schicksal teilen müssen, wenn du uns nicht Veranlassung gibst, dich mit Milde zu behandeln."

„Effendi, ich habe nichts mit dieser Sache zu schaffen!" – „Sehr viel sogar! Du warst jahrelang die Gefährtin des Verbrechers und mußt auch die Strafe mit erleiden. Der Schut wird jedenfalls hingerichtet werden." – „O Allah! – Ich auch?" – „Sicher!" – Die drei Weiber schrien vor Angst laut auf. – „Jetzt könnt ihr heulen", fuhr ich fort. „Hättet ihr doch früher über euch selbst gejammert! Oder habt ihr wirklich geglaubt, daß Allah eure Missetaten nicht ans Tageslicht bringen würde? Alle eure Verbündeten sind verloren, und mancher von ihnen wird das Leben lassen." – Die beiden Alten rangen die Hände. Die Schuta schwieg eine Weile und fragte dann:

„Du sprachst vorhin von Milde. Wie meintest du das?"

„Ich meinte, daß man dich nachsichtiger beurteilen werde, wenn du Veranlassung dazu gibst." – „Und worin soll diese Veranlassung bestehen?" – „In einem offnen Geständnis." – „Das hat Kara Nirwan schon abgelegt. Ihr braucht also nur ihn zu fragen, wenn ihr noch mehr wissen wollt." – „Ganz recht. Ich habe auch nicht die Absicht, ein Verhör mit euch anzustellen und euch irgendwelche Geständnisse zu erpressen. Die Untersuchung wird in Prisren geführt werden, und ich bin dabei nur als Zeuge beteiligt. Aber auf meine Aussage

wird sehr viel ankommen, und du kannst es dahin bringen, daß ich ein gutes Wort für dich einlege." – „Sag mir, was ich tun soll!"
„Nun, ich will aufrichtig mit dir sein. Meine Gefährten und ich, wir sind aus fremden Ländern. Wir werden dorthin zurückkehren und nie wieder hierherkommen. Darum ist es uns gleichgültig, wer durch euch hier geschädigt wurde und ob ihr dafür bestraft werdet. Weniger gleichgültig aber ist uns alles, was ihr gegen uns unternommen habt. Da wir jedoch glücklicherweise mit dem Leben davongekommen sind, so fühlen wir uns zur Nachsicht geneigt, falls uns der Schaden ersetzt wird, den wir erlitten haben. Du kannst das Deinige beitragen, daß es geschieht." – „Soviel ich weiß, hast du keinen Schaden gehabt." – „Du scheinst genau unterrichtet zu sein. Meinen Schaden will ich auch nicht rechnen. Aber ihr habt den Engländer und auch den Kaufmann Galingré ausgeraubt. Ich hoffe, es ist noch alles vorhanden, was ihr ihnen abgenommen habt?" – Die Schuta senkte den verschleierten Kopf. Ich konnte mir denken, daß sich ein Kampf in ihrem Innern abspielte. Aber ich traute ihr nicht zu, den richtigen Entschluß zu fassen, und hatte außerdem keine Zeit, viel Worte zu machen. Darum wiederholte ich meine letzte Frage in dringendem Ton. Da antwortete sie endlich: „Ja, Effendi, ich glaube, es ist noch alles vorhanden." – „Wo?" – „Im Jasyhane[1] meines Herrn." – „Halt ein!" rief ihre Mutter erschrocken. „Willst du Kara Nirwan verraten? Willst du alles hergeben, was euer Eigentum geworden ist?" – „Sei still! Ich weiß, was ich tu", entgegnete die Tochter. „Dieser Mann hat recht. Wir haben unrecht getan und müssen unsre Strafe leiden. Aber diese Strafe wird um so geringer werden, je früher wir das Geschehene gutzumachen suchen." – Das war ja eine außerordentlich eilige Bekehrung! Konnte ich daran glauben? Unmöglich! Zumal mir der Klang ihrer Stimme nicht gefallen wollte. Sie winkte den beiden Alten beruhigend zu. – „Wo befindet sich das Jasyhane?" fragte ich. – „Drüben im Hof. Du wirst es an der Schrift über der Tür erkennen." – „Die Sachen und das Geld sind dort nicht nur aufgehoben, sondern versteckt?" – „Ja. Solche Beute legt man doch nicht in den Geldkasten." – „Beschreibe mir das Versteck!"

„Du wirst den Ssandyk[2] an der Wand sehen. Rücke ihn fort und du wirst dahinter ein Loch in der Mauer entdecken, in dem du alle Gegenstände finden wirst, die dem Engländer und dem Kaufmann genommen wurden." – „Wenn du mich täuschen solltest, so würdest du deine Lage nur verschlimmern. Übrigens weiß ich, daß sich vierundzwanzig Männer hier aufhalten, die uns unschädlich machen sollen." – Die Schuta schwieg betroffen, aber ihre Mutter und Tante ließen Schreckensrufe hören. Die Wirtin aber sagte: „Effendi, man hat dich belogen!" – „Nein. Niemand hat es mir gesagt, also kann ich nicht belogen worden sein. Ich habe es selbst beobachtet."

„So hast du dich geirrt." – „Nein. Ich weiß genau, daß sie hier sind."
„Und doch ist es nicht so. Ja, ich will eingestehen, daß ungefähr so viele Männer bereit waren, euch entgegenzugehen, aber nicht hier, sondern draußen am Karaul." – „Befinden sie sich noch dort?"

[1] Schreibstube, Kontor [2] Truhe, Geldtruhe

„Ja. Sie dachten, ihr würdet erst dorthin gehen, bevor ihr hierher in den Han kämt." – „Sind sie beritten?" – „Nein. Was könnten ihnen die Pferde im Kampf gegen euch nützen?" – „Gut. Und wo sind eure Knechte?" – „Sie zählen zu diesen Leuten. Wir haben zwölf Knechte, weil wir so viele zu den Pferden haben müssen, die bei uns stets zum Verkauf stehen." – „Und die andern zwölf?" – „Sind Leute von hier." „Die deinem Mann als dem Schut untertan sind?" – „Ja."

Sie gab diese Antworten schnell, ohne sich zu besinnen und im Ton größter Aufrichtigkeit. Aber ich durfte der Frau des Schut nicht trauen. Ich sah wohl ein, daß es vergeblich wäre, noch weiteres aus ihr herauszuholen. Ich mußte ja annehmen, daß sie mir auch bis jetzt nicht die Wahrheit gesagt habe. Darum erhob ich mich von der Truhe und sagte: „Aus deiner Aufrichtigkeit ersehe ich, daß ich dich den Richtern zur Milde empfehlen kann. Ich gehe jetzt hinab. Ihr werdet diesen Raum nicht verlassen. Finde ich die Verhältnisse nicht so, wie du mir gesagt hast, so dürft ihr auf Gnade keinen Anspruch machen."

„O Effendi, ich bin überzeugt, du findest sie so, daß ihr mir die Strafe vielleicht gar erlassen werdet." – Als ich hinabkam, standen die andern noch im Flur. Der Perser warf einen forschenden Blick auf mich, ohne jedoch aus meinem Gesicht etwas lesen zu können. Ich sagte, daß wir uns hinüber in den Hof begeben wollten.

Draußen saßen die Skipetaren noch auf ihren Pferden. Man hatte sich nicht feindselig gegen sie verhalten. Als wir an das Hoftor klopften, wurde wieder nicht geöffnet. Ich gebot dem Schut, aufmachen zu lassen, doch er weigerte sich abermals. Da fiel mir das Stichwort ein, das ich von dem Fährmann in Ostromdscha gehört hatte. Ich klopfte abermals und rief: „Atschynis, Ssyrdasch – öffnet, ein Vertrauter!" – „Schimdi – sogleich!" antwortete es hinter der Pforte. Der Innenriegel wurde weggeschoben und das Tor geöffnet. Ein Knecht stand da, der uns erschrocken anstarrte. – „Budala – Dummkopf!" fuhr ihn der Schut zornig an. – Wir drangen ein, mit uns aber auch ein großer Teil des Volkes. Ich gebot den Leuten, draußen zu bleiben; vergeblich. Sie drängten herein, so breit das Tor war. Das konnte uns gefährlich werden. Darum gab ich den sechs Skipetaren einen Wink, worauf sie ihre Pferde zwischen die Leute hineintrieben und die bereits im Hof Befindlichen von den draußen Stehenden trennten.

Laute Rufe des Unmuts erschollen. Wir verriegelten das Tor, und dann sagte ich den Leuten, daß sie hier stehenbleiben müßten. Damit es ihnen nicht einfiele, das Tor zu öffnen, mußten es die Skipetaren bewachen. Wir andern gingen weiter. Die Seiten des Hofs bestanden aus einem langen, niedrigen Gebäude, das die ganze vordere Linie des Vierecks einnahm; dann aus einem ebensolchen Gebäude als zweite Linie; die dritte und vierte Linie wurde von hohen Mauern gebildet. Von der dritten Linie, uns gegenüber, gingen sechs Bauwerke aus – lang, schmal und niedrig – gleichlaufend miteinander wie die Zähne eines Kammes. Es schienen Stallungen zu sein. Sie standen mit ihren Giebeln zu uns, während sie die andern Giebelseiten an die Mauer lehnten. An einem dieser Giebel las ich das Wort ‚Jashyhane' und darüber stand ein arabisches Dal. Was dieser Buchstabe anzeigen mochte, wußte ich nicht. Jasyhane bedeutet Kontor. Darin sollte sich die von der Schuta erwähnte Geldtruhe befinden.

Zunächst schickte ich Halef, Omar und Osko aus, das Innere all dieser Gebäude zu untersuchen. Ich blieb bei den ‚Vätern des Ortes' und bei dem Schut zurück; denn ihn durfte ich nicht aus den Augen lassen.

Nach einer halben Stunde kehrten die Gefährten zurück, und Halef meldete: „Sihdi, es ist alles sicher, kein einziger Mensch ist da."

„Was befindet sich in den Häusern?" – „Diese beiden Gebäude" – er deutete dabei auf die erste und zweite Seite des Hofvierecks – „sind Vorratsräume, die nur zum Hof offen sind. Die sechs niedrigen Bauwerke uns gegenüber sind Stallungen, worin viele Pferde stehen."

„Und niemand ist dort? – Kein einziger Knecht?" – „Keiner."

„Sind alle diese Ställe gleich gebaut?" – „Nein. Der, über dem das Wort Jasyhane steht, hat vorn, gegen uns zu, ein Stübchen, worin ein niedriger Tisch und einige Schemel sind. Auf dem Tisch lagen allerhand Schreibereien." – „Gut, wir wollen uns zunächst dieses Stübchen einmal ansehen. Der Perser geht mit mir, und der Inglis und Monsieur Galingré begleiten uns." – „Ich nicht?" fragte Halef. – „Nein. Du mußt hierbleiben, um an meiner Stelle aufzupassen. Dulde vor allen Dingen nicht, daß das Tor geöffnet wird, und verlaß diese Stelle unter keinen Umständen! Ihr steht hier mit dem Rücken gegen das Vorratsgebäude und habt prächtige Deckung, wobei ihr den ganzen Hof übersehen könnt. Kommt ihr während meiner Abwesenheit in irgendeine Gefahr, so gebraucht ihr eure Waffen. Ich bin bald wieder da." – Wir drei – Galingré, Lindsay und ich – führten den Schut zum erwähnten Stall. Die Tür befand sich in der Mitte des Gebäudes. Als wir eintraten, bemerkte ich zwei Reihen von Pferden. Im hintern Giebel befand sich eine Tür, und vorn führte auch eine in das sogenannte Kontor. Eine Decke gab es nicht; das Dach war aus Stroh hergestellt. Es gab hier im Stall kein Plätzchen, das einem Feind als Versteck hätte dienen können. Der Schut war waffenlos und an den Händen gebunden. Wir brauchten wohl keine Sorge zu haben. – Um ja keine Vorsichtsmaßregel zu versäumen, ging ich zur hintern Tür, die von innen verriegelt war. Ich öffnete sie und blickte hinaus. Da gab es hinter der Mauer, an die die sechs Ställe im rechten Winkel stießen, noch eine zweite Außenmauer. Zwischen beiden zog sich ein schmaler Raum hin, der als Düngerstelle benutzt wurde. Da ich auch da niemand erblickte, fühlte ich mich beruhigt, zumal ich die Tür von innen verriegeln konnte. Das tat ich auch und kehrte zu den dreien zurück.

Jetzt traten wir in das Kontor. Es wurde nur von einer kleinen Fensteröffnung erhellt. Dem Eingang gegenüber sah ich an die Wand gerückt ein eisenbeschlagene Truhe. Da auch hier außer uns kein Mensch zu erblicken war, schien jede Besorgnis überflüssig. Aber das gelbe Gesicht des Schut war um einen Ton bleicher geworden. Sein Blick irrte ruhelos hin und her. Er mußte sich in größter Aufregung befinden. – Ich schob ihn an die Wand, unseligerweise so, daß er zur Tür sehen konnte, während wir ihr den Rücken zukehrten und sagte: „So bleibst du stehen und beantwortest mir meine Fragen! Wo hebst du das Geld auf, das du geraubt hast?"

Der Perser ließ ein höhnisches Lachen hören. – „Das möchtest du wohl gern wissen?" fragte er. – „Allerdings." – „Wirst es aber doch nicht erfahren!"

„Vielleicht weiß ich es schon."

„Dann müßte es dir der Scheïtan verraten haben!"

„Wenn es wirklich der Teufel war, so hatte er doch eine Gestalt, die nicht zum Erschrecken war. Er sah deiner Frau sehr ähnlich."

„Was?" fuhr er auf. „Sollte sie es dir gesagt haben?"

„Ja, wenigstens gab sich der Teufel für deine Frau aus, als ich ihn oben auf dem Boden traf. Sie sagte mir, das geraubte Gut befinde sich da hinter der Geldtruhe." – „Diese alberne, ver – –"

Kara Nirwan hielt inne. Seine Augen leuchteten auf, und er schrie: „Weg mit den Messern! Tötet die räudigen Hunde nicht! Ich will sie lebendig haben." – Zugleich versetzte er mir einen Fußtritt an den Unterleib, der mich taumeln machte, und ich wurde, bevor ich mich umdrehen konnte, von hinten gepackt. Es waren vier oder sechs Arme, die mich umschlangen. Zum Glück hing mir der Stutzen am Riemen von der Schulter herab. Man hatte das Gewehr mit gefaßt, konnte mir darum den rechten Arm nicht so fest wie den linken an den Leib drücken. – Jetzt galt es. Ein Glück, daß die Angreifer die Waffen nicht gebrauchen sollten! Der Englishman schrie auf, Galingré ebenfalls. Auch sie waren ergriffen worden. Ich gab mir einen Schwung, um mit dem Gesicht gegen meine Bedränger zu kommen. Es gelang. Da standen in der kleinen Stube wohl zwölf bis vierzehn Menschen, genug, um uns zu erdrücken. Und draußen im Stall standen noch mehr. Hier wäre Schonung aber unser eignes Verderben gewesen. Ich wollte die drei, die mich gefaßt hielten, abschütteln; es wäre mir wohl auch gelungen, wenn ich Spielraum dazu gehabt hätte. – Einige von den Bedrängern rissen den Schut durch das Gedränge hinaus, um ihn dort von seinen Fesseln zu befreien. Da griff ich mit der rechten Hand in den Gürtel und zog den Revolver. Ich konnte aber den Arm nicht emporheben und hielt die Waffe gegen die Leiber der Feinde. Drei Schüsse, und ich war frei. Was ich nun tat, kann ich nicht bis ins einzelne beschreiben. Mit den drei noch übrigen Schüssen machte ich Lindsay und Galingré Luft, gab mir aber Mühe, die Betreffenden nur kampfunfähig zu machen.

Sobald sich der Engländer frei fühlte, stieß er ein Brüllen aus wie ein Löwe, der sich auf seine Beute stürzt. Er schien vergessen zu haben, daß er Waffen trug, erfaßte einen schweren Hammer, der auf dem Tisch lag, und warf sich damit auf die Feinde. Galingré entriß einem der Verwundeten das Messer und stürzte vorwärts.

Das ging alles so schnell, daß seit dem Erscheinen der Gegner wohl noch nicht eine Minute vergangen war. Sie waren überzeugt gewesen, uns überrumpeln und augenblicklich unschädlich machen zu können. Daß es so schnell anders kam, verblüffte sie. Es war, als hätten sie keine Hände und keine Waffen zur Gegenwehr. Einer drängte den andern hinaus. Alle kehrten uns den Rücken zu. Ein heilloser Schreck hatte sie erfaßt. – „Dur, dur, kalyn – atyn – ßokyn – halt, halt, bleibt stehen, schießt, stecht!" ertönte draußen die zornige Stimme des Schut. – Vorhin hatte er verboten, die Waffen zu gebrauchen. Jetzt kam sein Befehl zu spät. Wir hatten die Leute vor uns auf der Flucht und durften ihnen nicht Zeit lassen, sich festzusetzen.

Der Engländer schrie bei jedem Hieb mit seinem Hammer: „Schlagt sie tot! Haut sie nieder! Well!" – „Hajde, ßa-usch, dyschary – fort, weiter, hinaus!" heulten die Kerle, von denen einer den andern vorwärts drängte. „Kurtulynis; geliorlar, geliorlar – rettet euch; sie kommen, sie kommen!"

Es war beinahe zum Lachen. Diese fürchterlichen Leute des Schut, mit ihm noch neunzehn an der Zahl, rissen vor uns dreien aus. Alles schrie, die Pferde wurden scheu, wieherten und schlugen aus; es waren Augenblicke der größten Verwirrung. – Ich aber dachte nur an den Schut. Sollte er mir abermals entkommen? Die Mauer war so hoch, daß er sie nicht ersteigen konnte. Er mußte zwischen den Stallgebäuden in den Hof zurück, um durch das Tor zu entfliehen. Das war der einzige Ausweg, wie ich dachte, und dort hielten ja nicht nur die berittenen Skipetaren Wache, sondern auch Halef stand in der Nähe. Der Hadschi schoß ihn jedenfalls lieber nieder, als daß er ihn durch das Tor ließ. Aber ebenso standen dort, innerhalb und außerhalb des Tors, die Leute von Rugova. Nahmen sie sich des Persers an, so bekamen wir einen harten Stand. – Diese Gedanken flogen mir durch den Kopf, indem ich weiter auf die Fliehenden eindrang. Da schlug von der linken Seite her ein Pferd aus. Der hochgeschleuderte Huf traf zwar nicht voll auf, aber er strich mir doch so kräftig an der Schulter vorüber, daß ich niederstürzte. – Ich raffte mich auf und wollte weiter, da ertönte hinter mir die helle Stimme des Hadschi: „Sihdi, was ist los, was gibt es? Ich hörte die Schüsse deines Revolvers und dann das Schreien." – Soeben waren die Fliehenden durch die Hintertür verschwunden, Lindsay und Galingré mit ihnen. Halef sah sie nicht mehr, sondern mich allein. – „Wir wurden überfallen", antwortete ich hastig. „Der Schut ist wieder frei. Ich treibe ihn dir in die Hände. Such dir hier schleunigst das beste Pferd aus und reite ihn nieder, wenn ich ihn dir zujage. Schnell, schnell! Ich darf mich nicht aufhalten, sonst kommt der Kampf zum Stehen, und das könnte schlimm für uns werden." – Ich lief fort, durch die hintere Tür hinaus und zur Düngerstelle zwischen den beiden Mauern. Ich hatte richtig vermutet. Die Fliehenden machten Miene, sich zur Wehr zu setzen.

„Immer drauf, Sir David!" rief ich Lindsay auf Englisch zu. „Wir dürfen sie nicht zur Ruhe kommen lassen." – Da erhob er seine Stimme und seine beiden Arme und sprang mitten unter die Feinde hinein. Dann kam ich dazu. Galingré hielt sich wie ein Held. Die Gegner wandten sich wieder zur Flucht und eilten davon, wir hinter ihnen her, am nächsten Stall vorüber, der Nr. 5 hatte, dann an Nr. 6 vorbei – der Schut und die vordersten waren nicht zu sehen gewesen.

Als wir um die Ecke des sechsten Stalls bogen und nun an die zweite Seite des Hofvierecks kamen, wo das zweite Vorratshaus stand, sah ich hart an dessen Giebel eine offne Pforte. Sie war nicht zwanzig Schritt von uns entfernt, und die Fliehenden rannten darauf zu.

Sollte der Schut bereits da hinaus sein? Dann war guter Rat teuer. Ich tat einige Sprünge, die mich mitten unter die Flüchtigen brachten, stieß sie auseinander, schnellte auf die Pforte zu und hindurch. Ja, es war so! Da links rannten sie über das Feld, und rechts jagte der Schut zu Pferd davon. Das Pferd war ein Rappe. Trotz meines Zorns und trotz der Aufregung, in der ich mich befand, hing mein Auge bewundernd an dem Tier. Breite, feste Sehnen, hohe, schlanke Gliedmaßen, stark ausgebildete Hinterhand, tiefe Brust, schlanker Leib, langer, waagrecht getragener Hals, kleiner Kopf – alle Wetter, das war ein englisches Vollblut! Wie kam ein solches Tier hierher nach Rugova. – Ich war voll Bewunderung über die Leichtigkeit und Schnelligkeit, mit der es dahinflog. Ich dachte kaum an den Reiter. Oder doch! Er durfte nicht fort. Ich riß den Stutzen an die Wange, um genau zu zielen. Würde ich ihn noch treffen? Es war für die Kugel des Stutzens schon zu weit. – Da blitzte etwas vor meinen Augen auf. Es war ein Messer, mit dem einer der an mir vorübereilenden Feinde ausholte, um mich niederzustechen. Ich hatte nur noch Zeit, zur Seite zu springen; er aber erhielt an Stelle des Schut meine Kugel, und zwar in die rechte Schulter. – „Zurück auf den Hof!" rief ich dem Engländer zu. Er und Galingré sprangen mir nach, ohne noch auf die Feinde zu achten, zur Pforte wieder hinein, zwischen dem Vorratshaus und dem sechsten Stall hindurch in den Hof. Dort hielt Halef auf ungesatteltem Pferd. – „Der Schut entflieht auf einem Rappen nach Rugova", keuchte ich atemlos. „Eile ihm nach, daß er nicht etwa am Han Kolamis absteigt und unsern Rih stiehlt. Suche zu erfahren, welche Richtung er von Rugova aus nimmt! Jedenfalls reitet er gegen Skutari, um Hamd el Amasat zu treffen und der Frau Galingré Geld abzunehmen, denn hier darf er sich nicht mehr sehen lassen."

„Allah ist groß, und ihr seid dumm gewesen!" meinte der Kleine. „Wie weit soll ich dem Halunken folgen?" – „Nur so weit, bist du genau weißt, welchen Weg er einschlägt." – Dann kehrst du um. Das übrige ist meine Sache. Laß dich aber nicht zu Übereilungen verleiten!" – Er drängte sein Pferd zur Seite, jagte auf das Tor zu und schrie schon von weitem: „Macht auf!"

Ranko sah an meinem Winken, daß ich Halefs Verlangen billigte. Er riß den Riegel zurück und das Tor auf. Im nächsten Augenblick brauste der Hadschi hinaus – nicht mitten unter die draußen stehenden Leute hinein, wie ich geglaubt hatte; denn sie standen nicht mehr da.

Ich war ihm nachgesprungen. Als ich am Tor ankam, sah ich, daß die Leute zum Dorf rannten. Sie hatten den Schut hinter der Mauer hervorkommen sehen; sie wußten also, daß er frei war, und eilten hinter ihm her. Ich selbst konnte ihn nicht mehr sehen, da ihn die Buschreihen verdeckten, die die Felder abgrenzten. Halef verschwand auch schon hinter diesen Sträuchern. – „Effendi", fragte Osko, „ist der Schut entkommen?" – „Ja! Aber wir erwischen ihn wieder. Komm herein! Wir dürfen uns nicht lange hier aufhalten. Was wir noch zu tun haben, muß schnell geschehen." – Die ‚Väter des Dorfes' waren nicht mitgelaufen. Ich erzählte ihnen den Vorfall, und sie sagten nichts dazu. Es schien ihnen sogar lieb zu sein, daß der Schut entkommen war. Selbst der ehrwürdige Alte atmete wie erleichtert auf und fragte: „Effendi, was wirst du nun tun?"

„Den Schut fangen", erklärte ich. – „Und dabei stehst du so ruhig? Wer einen andern fangen will, muß doch eilen!"

„Ich eile bereits, nur nicht so, wie du es meinst." – „Kara Nirwan muß dir doch entkommen, da sein Vorsprung schon so groß ist."

„Hab keine Sorge! Ich hole ihn ein." – „Und dann bringst du ihn hierher zurück?" – „Nein. Dazu habe ich keine Zeit."

„Aber du mußt doch als Ankläger oder Zeuge gegen ihn auftreten!"

„Dazu sind andre da. Das kann ich überhaupt euch überlassen. Ihr wißt, daß der Perser der Schut ist. Er hat es in eurer Gegenwart eingestanden. Nun ist es an euch, ihn bei seiner Rückkehr zu bestrafen. Und wenn ihr es nicht tut, wird Stojko es an eurer Stelle besorgen." – „Ja, das werde ich gewiß", versicherte der Genannte. „Sobald er sich hier wieder sehen läßt, gehört er mir."

„So lange warte ich nicht", erklärte sein Neffe. „Der Effendi will ihn fangen, und wir begleiten ihn." – „Darüber sprechen wir noch", antwortete ich. „Jetzt folgt mir in das Jasyhane." – Wir begaben uns dahin. Dort ließ ich die schwere Truhe von der Wand rücken. Wirklich, dahinter war eine Vertiefung in der Mauer, die nicht ganz die Größe der Truhe hatte. Dort fand ich alles vor, was dem Engländer und Galingré abgenommen worden war; aber auch weiter gar nichts. Frühere Raubfrüchte hatten schon einen andern Ort erhalten. Ich war jedoch mit diesem Ergebnis zufrieden. Lindsay schmunzelte vergnügt, als er sogar seinen Hut erblickte, und Galingré jubelte, als er sein Geld wieder in Händen hielt.

Dann machten wir einen Rundgang durch die sechs Ställe. Da waren Pferde von allen Sorten, Farben und Preisen. Die besten Tiere, aber standen in dem Stall, der an das Kontor stieß. Einen prächtigen Braunen hatte ich gesehen, als ich mit dem Schut hier eingetreten war. Halef hatte den gleichen Geschmack wie ich, denn er hatte sich diesen Braunen trotz der großen Eile, in der dies geschehen mußte, ausgesucht. Fast ebenso wertvolle Pferde wählte ich für Galingré und für den Engländer aus. Es galt, uns möglichst gut beritten zu machen. Für die gemietete Dienerschaft Lindsays war nicht zu sorgen, da diese das Weite gesucht hatte. – Dann zog sich Stojko auch mehrere ausgezeichnete Tiere in den Hof. Der Muchtar wollte das freilich nicht dulden, aber der Skipetar fuhr ihn an: „Schweig! Können mir alle diese Pferde das Leben meines Sohnes aufwiegen? Ich weiß sehr wohl, daß ihr euch das Eigentum des Schut teilen werdet, wenn er nicht zurückkehrt. Und da sollen wenigstens auch die durch ihn Geschädigten etwas erhalten. Übrigens seid ihr imstande, ihn, wenn Kara Nirwan zurückkehren sollte und wir nicht mehr da sind, grad so aufzunehmen, als sei gar nichts vorgefallen. Ich kenne euch, werde aber dafür sorgen, daß es ihm nicht so wohl werden kann."

Die andern Gegner waren ebenso verschwunden wie der Schut. Sogar die im Kontor Verwundeten waren fort. Und jetzt wußte ich's:

der Buchstabe Dal bedeutete 4. – Der Geldschrank sollte verschlossen bleiben, bis von Prisren ein Beamter kam. Ein Bote dahin war freilich noch nicht abgesandt worden. Ich gebot dem Muchtar, das schleunigst zu tun und überhaupt dafür zu sorgen, daß die Verwaltung des Karanirwan-Han in treue Hände käme. Dann stiegen wir zu Pferd und ritten nach Rugova zurück, ohne uns darum zu kümmern, ob die ‚Väter des Ortes' uns folgten oder nicht. – Im Han wartete Halef schon auf uns mit der Meldung, daß er noch zur rechten Zeit gekommen sei, um die Wegnahme Rihs durch den Schut zu verhindern.

„Er war mir weit voran", erzählte der Hadschi, „und ich konnte in dem abschüssigen, holprigen Hohlweg mein Pferd nicht recht zügeln, da ich kein richtiges Zaumzeug, sondern nur das Halfter hatte. Ich wußte nicht, wo er war, ritt aber, als ich hier ankam, in den Hof. Und siehe, da hielt er, und die Knechte Kolamis waren eben damit beschäftigt, ihm den Rappen aus dem Stall zu ziehen."

„Wie kamen sie dazu, das zu tun?" – „Der Räuber hatte zu ihnen gesagt, seine Unschuld habe sich herausgestellt, und er sei beauftragt, dir dein Pferd zu holen. Die Leute von Rugova haben eine so heillose Angst vor ihm, daß man es nicht wagt, ihm zu widersprechen."

„War er denn bewaffnet? So viel ich weiß, hat er bei seiner Befreiung keine Zeit gehabt, sich mit Waffen zu versehen."

„Ich habe nichts dergleichen bemerkt. Natürlich erhob ich Einspruch und gebot, Rih sofort wieder in den Stall zurückzubringen. Während ich noch mit den Knechten herumzankte, machte er sich schleunigst davon." – „Wohin?" – „Hier über die Brücke hinüber. Aber er ritt nicht den gebahnten Weg, der dem Ufer des Flusses folgt, sondern querfeldein, zum Wald hinüber im Westen. Es ging immer im Galopp, und ich folgte ihm, bis er zwischen den Bäumen verschwunden war." – Nachdem ich dem Hadschi zu seiner tiefsten Zerknirschung erklärt hatte, daß er nebst Osko und Omar versäumt habe, hinter die Ställe zu sehen, wo die Leute des Schut versteckt waren, versammelten wir uns in der Wirtsstube. Hier entwickelte ich den Gefährten meinen Plan: „Die Zeit drängt. Der Schut ist entflohen und wir müssen ihn wiederhaben. Er hat hier alles verlassen müssen, um einstweilen nur das Leben zu retten. In diesem Augenblick ist er ein armer Mann, er hat kein Geld. Um solches zu bekommen, reitet er Hamd el Amasat entgegen, der die Familie Galingré bringt. Diesen Leuten soll alles, was sie bei sich führen, abgenommen werden. Wenn das gelingt, hat der Schut wieder Geld und kann später, wenn wir fort sind, möglicherweise zurückkehren und alles leugnen. Lästige Zeugen kann er auf irgendeine Weise unschädlich machen. Ich halte es bei den hiesigen Verhältnissen gar nicht für unmöglich, daß es ihm gelingt, seine Unschuld glaubhaft zu machen." – „Um Gottes willen!" rief Galingré. „Meine Frau, meine Tochter und mein Schwiegersohn befinden sich in größter Gefahr. Effendi säume nicht! Wir müssen sogleich aufbrechen, sogleich!"

„Geduld!" mahnte ich. „Wir dürfen uns nicht übereilen. Vor allem müssen wir wissen, wohin der Weg führt, den er eingeschlagen hat."

„Das kann ich dir sagen", antwortete Ranko, der Neffe Stojkos.

„Ich weiß, welche Absicht der Räuber hat. Die Verwandten dieses Fremden kommen von Schkoder. Die Straße von dorther geht über Skala, Gori, Pacha, Spassa und endlich Rugova. Von Pacha aus wendet sie sich nordwärts nach Spassa und von dort aus wieder südöstlich nach Rugova. Sie bildet also einen bedeutenden Winkel, der einen großen Umweg bedingt. Der Schut weiß das. Er reitet darum nicht nach Spassa, sondern gerade westwärts nach Pacha. Der Weg dorthin ist zwar nicht zu befahren und sehr schlecht, aber man vermeidet, wenn man ihn benutzt, den ungeheuren Bogen und erreicht mit einem guten Pferd Pacha anstatt in sieben Stunden in der halben Zeit. Kara Nirwan hat die Absicht, uns weit voranzukommen."

„Der Flüchtling wird annehmen, daß wir ihm folgen. Nun, wir können den gleichen Weg einschlagen. Hoffentlich finden wir hier einen Mann, der das Amt des Führers übernehmen kann."

„Wir brauchen keinen Führer. Ich selbst kenne diesen Weg. Vor allen Dingen gilt es, den Schut zu bekommen. Wir reiten alle mit dir. Dann kehren wir hierher zurück und werden mit Scharka und seinen Spießgesellen Abrechnung halten." – „Ich muß dir davon abraten, denn ihr werdet mit Sehnsucht bei der Höhle erwartet. Wenn ihr zu kommen zögert, ist es möglich, daß die Mörder, an denen du den Tod deines Vetters rächen willst, aus ihrem Gewahrsam entwischen."

„Erkläre mir das!" – Ich war jetzt gezwungen, abermals kurz unsre Erlebnisse zu erzählen. Alsdann machte ich die Skipetaren darauf aufmerksam, daß der Dolmetscher Fan Hoti und die beiden Steinbrucharbeiter doch nicht so zuverlässig seien, daß man ihnen die Bewachung der Höhle auf längere Zeit anvertrauen könne. Und da gaben sie mir recht. – „Das ist richtig, Effendi", sagte Stojko. „Nicht der Schut ist der Mörder meines Sohnes, sondern die Köhler sind es. Den Schut überlasse ich dir; die andern aber nehme ich auf mich. Ich werde, obgleich ich noch schwach bin, schleunigst aufbrechen. Ich kenne den Weg, und außerdem sind wir Skipetaren und können uns auf unsre Augen und unsre Pferde verlassen."

„Nun denn, so vergiß ja nicht, daß das Vermögen des Köhlers, das heißt der Ertrag seiner Räubereien und Mordtaten, unter dem Herd seines Schwagers, des Kohlenhändlers, versteckt ist!"

„Ich werde hinreiten und es holen. Wem soll ich's geben?"

„Es gehört den Verwandten der Leute, denen er es abgenommen hat. Kannst du sie nicht ausfindig machen, so verteile es unter die Armen und Bedürftigen deines Stammes! Keinesfalls aber laß es in die Hände des Gerichts kommen! Sonst würden es weder die Berechtigten, noch die Armen erhalten." – „Es soll genauso geschehen wie du sagst, und die Empfänger sollen eure Namen erfahren, denn ihr seid es, denen sie es zu verdanken haben. Nun aber wollen wir uns zum Aufbruch fertig machen." – Da nahm Ranko nochmals das Wort: „Ich bleibe dabei, daß ich noch nicht zur Höhle reite. Mein Oheim und meine fünf Begleiter werden den Tod meines Vetters Ljubinko rächen. Aber der Schut hat meinen Oheim über zwei Wochen lang eingesperrt und wollte ihn töten. Auch das erfordert Rache. Es genügt mir nicht, daß du, Effendi, den Räuber verfolgst. Ich selbst muß dabei sein, und darum werde ich mit dir reiten. Übrigens könnt ihr euch meiner als Führer bedienen, denn ich kenne die Gegend, durch die wir reiten müssen." – "Ich will nicht gegen deinen Entschluß sprechen", sagte sein Oheim. "Aber ihr braucht gute Pferde. Ich werde dir meinen Goldfuchs geben; Ersatz für ihn ist vorhanden. Das ist somit abgemacht, und ich werde aufbrechen. Aber was wirst du mit dem Schut beginnen, wenn du ihn ergreifst?" fragte er mich.

"Das kann ich jetzt unmöglich sagen. Es kommt auf die Verhältnisse an, unter denen ich mit ihm zusammentreffe. Gelingt es mir, seiner ohne Blutvergießen habhaft zu werden, so werde ich ihn Ranko übergeben, der ihn hierherschaffen mag. Was dann mit ihm geschieht, ist eure Sache." – Es handelte sich nur noch um die Pferde. Ich hatte meinen unvergleichlichen Rih. Osko und Omar ritten die Schecken der Aladschy; Ranko bekam den Goldfuchs; Halef, der Engländer und Galingré hatten die drei besten Pferde vom Karanirwan-Han. Die von Osko und Omar bisher gerittenen Tiere erhielten Packsättel, um die Speise- und Futtervorräte zu tragen, die wir vorsichtshalber mitnehmen mußten. Diese Sättel und Vorräte kauften wir von Kolami, dem es sehr leid tat, daß wir sein Haus so bald wieder verließen. Er zeigte sich dankbar dafür, daß wir ihn von seinem Gegner befreit hatten. – Der Abschied von Stojko und den Seinen war äußerst herzlich. Er rief uns noch seine Segenswünsche zu, als er über die Brücke hinüber war und dann links in die Richtung einlenkte, woher wir gekommen waren. – Jedenfalls ist er mit seinen Skipetaren glücklich ins Tal des Köhlers gekommen. Wie es dann dem Besitzer der Mordhöhle und seiner Rotte ergangen ist, das weiß ich nicht und – mag es auch nicht wissen. Blut um Blut, Leben um Leben!

Kurze Zeit später brachen auch wir auf. Die Sonne neigte sich zum Untergang, als wir Rugova verließen. Die Ortsbewohner blickten uns nach; wir aber sahen nicht zurück, denn wir hatten durchaus nicht unsre Herzen zurückgelassen. Wohl aber schaute ich, als wir im sausenden Galopp über die ebene Brache dahinflogen, noch einmal zur Felsenhöhle zurück, auf der der Karaul gestanden hatte. Vielleicht erzählt man in noch später Zeit von ihm, vom Schacht und von den fremden Männern, wegen denen der ehrwürdige Turm verschwinden mußte. – Wir waren sieben Reiter und besaßen Pferde, wie sie in der weiten Umgegend wohl nicht gleich wieder zusammengebracht werden konnten. Darum erschien er mir nicht zweifelhaft, daß wir den Schut einholen würden. Von Rugova bis zum Wald hätte ein Fußgänger sicher drei Viertelstunden gebraucht. Wir erreichten ihn schon nach fünf Minuten. – Das Hochgebirge lag hinter uns. Im Südwesten ragten die Gipfel des Fandigebirgs empor. Wir mußten nun seine nördlichen Ausläufer überwinden. Unter den Bäumen des Waldes ging es steil bergan, wohl drei Viertelstunden lang. Oben hörte der Wald auf, und es gab eine weite Fläche, auf der duftige Gräser und allerlei Stauden wuchsen. Hier in den hohen Pflanzen war die Fährte des Schut so deutlich zu sehen, daß sie wie eine dunkle Linie vor uns hinlief. Wir ließen die Tiere wieder ausgreifen.

Durch den Wald herauf hatten wir einzeln reiten müssen. Jetzt erlaubte es das Gelände, daß sich einer zum andern gesellte. Neben mir ritt Halef. Sein Brauner war ein prächtiges Tier und hielt ohne Anstrengung Schritt mit meinem Rih. Ich blickte zurück und gab Galingré einen Wink, herbeizukommen. Wir nahmen ihn in die Mitte.

„Hast du mir etwas zu sagen, Effendi?" fragte er mich türkisch, weil Halef dabei war, der nicht französisch verstand.

„Ja, ich möchte gern wissen, wie es dem sogenannten Hamd en Naßr gelungen ist, sich in dein Geschäft einzuschleichen."

„Er wurde mir von Stambul aus gut empfohlen und hat sich auch stets sehr brauchbar und treu erwiesen." – „Aus Berechnung sicherlich. Ist nun dein Geschäft wirklich verkauft?"

„Ja. In Üsküb wurde ein neues dafür gekauft. Er ist aber noch nicht bezahlt. Meine Frau wird das Geld und die Wechsel bei sich haben."

„Welch eine Unvorsichtigkeit von einer Frau, ein solches Vermögen von Skutari nach Üsküb zu schleppen!"

„Du darfst nicht vergessen, daß dies gegen meinen Willen und nur auf Veranlassung Hamd en Naßr geschieht!"

„Das ist richtig. Darf ich vielleicht erfahren, aus welcher Stadt Frankreichs du eigentlich stammst?" – „Aus Marseille. Die regen Beziehungen, in denen mein Haus zu den östlichen Mittelmeerländern stand, veranlaßten mich später, in die Türkei zu gehen. Wir hatten eine Zweigstelle in Algier, die mein Bruder eines drohenden Verlustes wegen persönlich besuchen mußte. Er war der Leiter des Marseiller Hauses. Die Ausgleichung des Fehlbetrages war nur unter Mitwirkung seines Sohnes möglich, und er ließ ihn nachkommen. Nach einiger Zeit erhielt ich die Schreckensnachricht, daß mein Bruder in Blida ermordet worden sei." – „Von wem?" – „Des Mordes verdächtig war ein armenischer Händler, der aber vergeblich verfolgt wurde. Paul, so hieß mein Neffe, brach selbst auf, um diesen Menschen zu suchen, ist aber nie zurückgekehrt." – „Was wurde aus dem Geschäft in Marseille?" – „Mein Bruder hatte damals eine verheiratete Tochter, wie jetzt ich. Auf deren Mann ging das Geschäft über."

„Und du hast nie wieder von deinem Neffen Paul und von dem Mörder deines Bruders gehört?" – „Nein. Wir haben Briefe über Briefe geschrieben, der Schwiegersohn meines Bruders ist selbst nach Algerien, nach Blida gereist, aber alle Mühen sind vergeblich gewesen."

„Was würdest du tun, wenn du den Mörder träfest und er dich um eine Stelle in deinem Kontor bäte?" – „Er würde eine Stelle bekommen, aber in der Hölle. Doch, warum fragst du mich so eigentümlich?" – Ich erzählte nun dem Franzosen von dem Toten im Wadi Tarfaui[1] und berichtete ihm vom Inhalt der drei algerischen Zeitungen, die mir leider mit der Satteltasche verlorengingen, als mein Pferd unter der Salzdecke des Schott Dscherid versank.

„Effendi", rief Galingré bestürzt aus, „welch fürchterliche Kunde! Aber sprich schnell weiter! Weißt du noch etwas Näheres von dem Mörder?" – „Sag mir vorher, ob dein Neffe Paul verheiratet war."

„Nur kurze Zeit. Die junge Frau hat sich über sein Verschwinden zu Tode gegrämt." – „Wie war ihr Mädchenname? Fing er mit den

[1] Siehe Bd. 1, „Durch die Wüste"

beiden Buchstaben *E. P.* an?" – „Ja, Effendi, ja. Sie hieß Emilie Pouillet. Aber woher kennst du die Anfangsbuchstaben ihres Namens?"

„Sie ist gewiß nicht so alt gewesen, wie es nach der Jahreszahl scheint, die sich hier im Innern dieses Ringes befindet."

Ich zog den Ring, den ich damals an der Hand des Toten gefunden hatte, von meinem kleinen Finger, an dem ich ihn von jenem Tag an getragen hatte. Galingré sah die eingegrabene Schrift ‚*É. P.* 15 *juillet* 1830' und sagte fast atemlos: – „Der Trauring meines Neffen Paul, meines verschwundenen Neffen! Ich weiß es genau."

„Aber wie stimmt das mit der Jahreszahl 1830?"

„Es ist der Trauring der Großmutter seiner Braut, deren Mädchenname Emilie Palangeur war. Da die Buchstaben stimmten, hat sich die Enkelin des Ringes ihrer verstorbenen Großmutter bedient, aus kindlicher Liebe und nicht aus Sparsamkeit. Aber, Effendi, du hast diesen Ring bei dem Toten gefunden?" – „Er steckte an seinem Finger, und ich nahm ihn an mich. Der Mörder muß ihn wohl übersehen haben." – „Mein Gott, mein Gott! Endlich erhalte ich Gewißheit, aber was für eine Gewißheit! Bist du denn dem Mörder nicht gefolgt?"

„Ja. Ich traf ihn auf dem Schott, wo wir über die grausige Salzdecke des Sees ritten. Da erschoß er unsern Führer, den Vater Omars, der jetzt mit uns reitet, um seinen Vater an dem Mörder zu rächen. Und dann trafen wir ihn noch einmal; es gelang ihm aber, uns zu entkommen, was ihm jetzt nicht mehr gelingen soll."

„Jetzt? Ist er denn hier?" – „Gewiß! Es ist jener Hamd en Naßr, eigentlich Hamd el Amasat." – „O Himmel! Ist das möglich? Hamd el Amasat ist der Mörder meines Bruders und seines Sohnes?"

„Ja. Halef war schon damals mein Begleiter. Er mag dir alles erzählen, auch wie ich in Stambul[1] von dir erfahren habe."

Darauf hatte der Hadschi gewartet. Er erzählte gar so gern. Darum drängte ich mein Pferd zu Ranko vor und ließ die beiden allein. Bald hörte ich Halefs laute, schwungvolle Stimme erschallen.

Mittlerweile gelangten wir zwischen bewaldete Höhen, wo wieder langsamer geritten werden mußte. Als ich mich umschaute, sah ich Halef, Galingré und Omar beisammen, die den unheilvollen Fall weiter besprachen. Ich hielt mich voran, denn ich hatte keine Lust, an ihren Racheplänen teilzunehmen. – Es begann zu dämmern, als der Wald sich wieder abwärts senkte, und es war dunkel, als wir in das steile Tal der Joska ritten und die Lichter von Pacha vor uns hatten. Das erste Haus dieses Ortes war kein Haus. Es wäre sogar eine Überschwenglichkeit gewesen, es eine Hütte zu nennen. Aus dem offnen Loch, das ein Fenster bedeuten sollte, leuchtete die Flamme des Herdes. Ich ritt hin und rief hinein. Auf diesen Ruf erschien etwas Rundes, Dickes vor dem Loch. Ich hätte es am liebsten für ein Wergoder Heubündel gehalten, wenn nicht aus der Mitte des Gewirrs eine menschliche Stimme erklungen wäre: „Kusch oscht jaschté – wer ist draußen?" fragte es albanisch.

Das vermeintliche Werg oder Heu war also die reizende Haartracht des Sprechenden. – „Del – komm heraus", antwortete ich in der

[1] Siehe Bd. 3, „Von Bagdad nach Stambul"

gleichen Sprache. Da meine Kenntnisse nicht weit reichten, fuhr ich türkisch fort: „Ich bin ein Fremder und möchte dir eine Frage vorlegen. Wenn du dir fünf Piaster verdienen willst, so komm einmal heraus!" – „Be - be - - besch gurusch – fü - fü - fünf Piaster!" schrie der Mann, entzückt über diese außerordentliche Summe. „Ich komme gleich, gleich! Warte! Laufe nicht fort!"

Dann erschien er unter der Tür, eine kleine, dünne, säbelbeinige Gestalt mit einem ungeheuren Kopf. – „Du bist nicht allein?" fragte er. „Ihr werdet mir doch nichts tun! Ich bin ein bettelarmer Mann, der Hirt von Pacha." – „Hab keine Sorge! Wenn du uns gute Auskunft gibst, sollst du sogar zehn Piaster bekommen."

„On gurusch – zehn Piaster!" rief er erstaunt. „O Himmel! Zehn Piaster gibt mir der Muchtar für das ganze Jahr, und auch noch Schläge dazu." – „Wofür?" – „Daß ich seine Schafe weide."

„Er ist wohl kein guter und auch kein freigebiger Mann?"

„Nein, gar nicht. Er greift viel lieber zur Peitsche als zum Beutel, und wenn er mir Essen gibt, erhalte ich nur das, was andre nicht mögen." – Ich fragte nach dem Muchtar, weil ich mir denken konnte, daß der Schut bei ihm eingekehrt sei. Der Hirt war keineswegs jung, dazu schien er mir geistesschwach oder wenigstens kindisch zu sein. Vielleicht war eben deshalb bei ihm mehr zu erfahren, als bei einem andern. – „Du weidest wohl die Schafe des ganzen Dorfs?" erkundigte ich mich weiter. – „Ja, und jeder gibt mir für einen Tag das Essen, mir und meiner Schwester, die drin am Feuer sitzt."

„So seid ihr stets im Dorf und kommt nirgends hin?"

„Oh, ich komme schon weit herum, wenn ich die Schafe forttreiben muß, die verkauft worden sind. Vor einiger Zeit war ich in Rugova und sogar nach Gori bin ich gekommen."

Nach Gori mußten wir reiten. Das kam mir gerade recht.

„In Rugova?" fragte ich. „Bei wem denn?" – „Im Karanirwan-Han." – „Kennst du dort den Handschi?" – „Oh, den kennt jeder! Ich habe Kara Nirwan erst heute wieder gesehen, und meine Schwester auch, die drin am Feuer sitzt." – „So war er hier in Pacha?"

„Ja, und er wollte noch weiter. Er ließ sich vom Muchtar Waffen geben, weil er keine bei sich hatte." – „Woher weißt du das?"

„Ich habe es gesehen." – „Aber was er mit dem Muchtar gesprochen hat, hast du nicht gehört?" – „Oho! Alles habe ich gehört, alles! Grad weil ich es nicht hören sollte, habe ich gelauscht. Ich bin nämlich sehr klug, und meine Schwester auch, die drin am Feuer sitzt."

„Darf ich sie sehen?" – „Nein." – „Warum nicht?" – „Weil sie sich vor Fremden fürchtet. Sie reißt vor ihnen aus." – „Vor mir braucht sie nicht auszureißen. Wenn ich sie einmal sehen darf, gebe ich dir fünfzehn Piaster." – „Fünf - zehn - Pi - - aster!" wiederholte er. „Ich werde sie gleich rufen und –" – „Nein, nicht rufen! Ich komme hinein." – Dieser eigentümliche Mensch wußte vielleicht das, was ich von ihm erfahren wollte. Ich sprang schnell, um ihm keine Zeit zu lassen, sich anders zu besinnen, aus dem Sattel und schob ihn zur Tür hinein. Dann folgte ich nach. – Welch ein Loch hatte ich da betreten! Die Hütte war nur aus unbehauenen Steinen errichtet, und aus Steinplatten bestand auch das Dach. Zwei Steine bildeten den Herd, auf dem das Feuer brannte. Darüber stand auf einem dritten Stein ein großer Tontopf, von dem aber die obere Hälfte fehlte. Das Wasser kochte, und daraus sahen zwei nackte Beine hervor, Beine von einem Tier. Ein Mädchen stand dabei und rührte mit dem Stiel einer zerbrochenen Peitsche in dem Topf herum. Zwei Lagerstätten aus verfaultem Stroh bildeten das einzige Hausgerät.

Und die Insassen erst! Der Hirt war eine bemitleidenswerte Erscheinung. Sein dürrer Leib steckte in einer zerlumpten Hose. Um den Leib hatte er ein Tuch gewunden. Der Oberleib war mit einem schmierigen Schafpelz bedeckt. Sein übergroßer Kopf hatte ein wunderbar kleines Erbsennäschen, einen breiten Mund, blaue Wangen und ein Paar unbeschreibliche Äuglein. Die Krone, die dieses Haupt schmückte, bestand aus einer Haarwildnis, die jeder Beschreibung spottete.

Ähnlich sah sein Schwesterlein aus, deren Kleidung ebenso unzureichend war wie die seinige. Der einzige Unterschied zwischen ihm und ihr bestand darin, daß sie einen mißlungenen Versuch gemacht hatte, ihre Haarsträhnen in einen Zopf zusammenzuwürgen.

Als sie mich erblickte, schrie sie laut auf, warf den Peitschenstiel fort, eilte zu einem der Lager und kroch so tief unter das faule Stroh, daß nur noch die kohlschwarzen Füße daraus hervorsahen.

Das Herz tat mir weh. Das waren nun auch Menschen!

„Reiß doch nicht aus, Jaschka!" mahnte ihr Bruder. „Dieser Sotni gibt uns fünfzehn Piaster." – „Es ist nicht wahr!" erwiderte sie unter dem Stroh. – „Freilich ist's wahr."

„Laß sie dir nur geben, aber gleich!" – „Sotni – Herr, gib sie mir!" bat der Hirt. – „Wenn Jaschka hervorkommt, gebe ich euch sogar zwanzig." – „Zwa – zwa – zwanzig! Jaschka, komm heraus!"

„Er mag sie nur erst geben! Ich glaube es nicht. Bis zwanzig kann gar keiner zählen; er auch nicht!" – Ich griff in die Tasche und gab ihm die genannte Summe in die Hand. Er tat einen Freudensprung, stieß einen Ruf des Entzückens aus, packte seine Schwester und zog sie bis zu mir hin. Dort drückte er ihr das Geld in die Hände. Sie sah es an, sprang auf, ergriff meine Rechte, küßte den Ärmel und suchte dann ihren Peitschenstiel, um damit wieder im Topf herumzürühren.

„Was kocht ihr denn da?" fragte ich. – „Aw eti"[1], erklärte er und schnalzte wie ein Feinschmecker mit der Zunge.

„Wildbret? – Was für ein Tier?" – „Kirpi[2], ein Kirpi ist's, den ich vorgestern gefangen habe." – „Und den eßt ihr?"

„Freilich! Kirpi ist ja der größte Nefis jemek[3], den es nur geben kann. Sieh dir ihn an! Wenn du ein Stück haben willst, sollst du es bekommen, denn du hast uns so unmenschlich viel Geld geschenkt. Ich gebe es dir sehr gern, und meine Schwester auch, die da am Feuer steht." – Ich ergriff das ‚Wildbret', seltsamerweise auch die Lieblingsspeise der Zigeuner, beim Bein und zog es empor. Hurr! Die lieben Leute hatten dem Tier zwar die Stachelhaut abgezogen, es aber nicht aufgebrochen und ausgenommen. Es kochte also samt dem ganzen Leibesinhalt!

[1] Wildbret [2] Igel [3] Leckerbissen

Ich ging hinaus zu einem unsrer Packpferde und holte Brot und Fleisch herein, das ich dem Hirten reichte.

„Das soll unser sein?" schrie er verwundert, und nun gab es einen unendlichen Jubel. Als der Aufruhr sich gelegt hatte, mußte Jaschka die zwanzig Piaster in der Ecke vergraben, und ihr Bruder sagte: „Wir heben uns alles Geld auf, das wir verdienen. Wenn wir einmal reich sind, kaufe ich mir ein Schaf und eine Ziege. Das gibt Wolle und Milch. Nun aber kannst du wieder vom Wirt des Karanirwan-Han sprechen, Sotni. Ich werde dir alles sagen. Du bist so gut, wie noch kein Mensch gegen mich gewesen ist, und auch gegen meine Schwester, die am Feuer steht." – „Du hast diesen Mann also kommen sehen?" – „Ja, er ritt das schwarze Pferd, das er vom Pascha von Köprülü gekauft hat, weil er es vorher krank gemacht hatte. Er ritt mitten in meine Herde hinein und hat mir zwei Schafe, die dem Muchtar gehörten, totgeritten. Darum ließ ich meine Schwester, die da am Feuer steht, bei der Herde und rannte zum Muchtar, um ihm das zu sagen. Als ich hinkam, hielt der Mann aus Rugova vor dem Haus und gab mir vom Pferd herab einen Schlag auf den Kopf. Er sagte, ich solle mich schnell davonmachen und nicht anhören, was hier gesprochen werde. Mein Herr stand bei ihm. Aber weil er mich geschlagen und zwei Schafe zuschanden gemacht hatte, ging ich in die Stube und stellte mich ans Fenster, um alles zu hören, was ich nicht hören sollte."

„Nun, was sprachen sie?" – „Kara Nirwan fragte, ob vielleicht Leute mit Wagen vorübergekommen seien."

„War das geschehen?"

„Nein. Sodann sagte er, daß Reiter kommen würden, einer auf einem schwarzen, arabischen Hengst. Dieser werde nach ihm fragen; der Muchtar solle sagen, daß Kara Nirwan nach Dibri geritten sei, nicht aber auf der Straße nach Gori."

„Er ist aber wohl nach Gori?"

„Freilich; ich habe es gesehen. Ich habe ja genau aufgepaßt."

„Wie weit ist es bis Gori?" – „Wenn man ein gutes Pferd hat, muß man wohl an die zwölf Stunden reiten. Aber Kara Nirwan will nicht ganz bis Gori, sondern nur bis zum Nevera-Han."

Nevera ist serbisch und bedeutet treulos, verräterisch.

„Warum führt der Han diesen Namen?" forschte ich.

„Weil er an dem Felsen liegt, der so heißt." – „Und warum heißt der Felsen so?" – „Ich weiß es nicht." – „Was will der Mann aus Rugova dort?" – „Er will auf die Leute warten, die mit dem Wagen kommen." – „Welche Orte liegen zwischen hier und diesem Nevera-Han?" – „Die Dörfer Brdeti und Fuscha Arsit, dann kommt der Han. Man muß von jetzt an bis zum Morgengrauen reiten, bevor man hinkommt, denn es ist wohl an die acht Pferdestunden weit."

„Liegt der Han einsam, oder ist ein Ort dabei?" – „Einsam. Ich bin dort gewesen." – „An welcher Straße?" – „Rechts."

„Kennst du den Handschi?" – „Ja, er ist zuweilen hier und heißt Dragojlo. Niemand kann ihn leiden. Man sagt, er habe sein Vermögen zusammengestohlen."

"Hast du noch mehr gehört?"

"Nein, denn der Muchtar kam in die Stube, um seine Waffen zu holen: eine Flinte, eine Pistole und auch ein Messer. Der Mann aus Rugova hatte die seinigen nicht bei sich. Dann ritt er schnell fort." – "Wie lange ist das her?" – "Ja, Herr, das kann ich dir nicht sagen, denn ich habe kein Dscheb ßa'aty[1] wie der Padischah. Aber ich denke, daß über zwei Stunden seitdem vergangen sein werden."

"So sag mir nur noch, ob die Straße nach Gori leicht zu finden ist."

"Ja, sie kommt jenseits der Joska, über die ihr reiten müßt, von Spassa her und geht dann links weiter. Ich werde euch bis über das Dorf hinaus führen." – "Schön, tu das! Aber es ist Nacht. Kann man da nicht leicht von der Straße abkommen?" – "Das ist wohl möglich, wenn man sie nicht kennt. Aber bis zum Dorf Brdeti kann man gar nicht irren, und dort werdet ihr sicher jemand finden, der euch so weit führt, bis ihr nicht mehr irren könnt."

"So weiß ich alles. Ich bin mit dir zufrieden. Wieviel kostet hier ein Schaf?" – "Zwanzig Piaster ein einjähriges."

"Und eine Ziege?"

"Die ist viel teurer. Die kostet, wenn sie Milch gibt, wohl über dreißig Piaster." – "Nun, dann sollst du mehr als ein Schaf und eine Ziege haben. Sieh diese Silberstücke! Sie geben zusammen zweihundert Piaster. Davon kannst du dir wenigstens vier Schafe und vier Ziegen kaufen, wenn du dir das Geld nicht von schlechten Menschen nehmen läßt." – "Nehmen lassen? Da sollte mir einer kommen! Ich würde zum Ortsvorsteher gehen, der mir helfen würde. Aber du machst nur Scherz. Da wären wir ja steinreiche Leute, ich und meine Schwester, die da am Feuer steht." – Ich zog mein Notizbuch, riß ein Blatt heraus und schrieb einige Zeilen darauf, die ich ihm mit der Bemerkung gab: „Wenn jemand sagen sollte, daß du die zweihundertundzwanzig Piaster nicht ehrlich erworben habest, wenn man dir also das Geld nehmen will, so gibst du dem Muchtar diesen Zettel. Er enthält die Bescheinigung, daß ich es dir geschenkt habe, und meine Unterschrift." – Bevor ich schrieb, hatte ich ihm das Geld in die Hände gelegt. Er stand ganz steif da, die Hände weit von sich gestreckt, mich ungläubig anstarrend. Ich tat den Zettel auf das Geld, wendete mich ab, ging hinaus und stieg aufs Pferd. Da kam er mir nachgesprungen und schrie jubelnd: „Soll das wirklich mein sein?" – "Ja, gewiß!" – „Mein und meiner Schwester, die drin am Feuer steht?" – „Natürlich! Aber schrei nicht so! Du hast uns versprochen, uns zur Straße zu bringen, und wir haben keine Zeit, zu warten."

"Gl ich, gle ch, ich komme ja schon, ich komme!"

Er hielt das Geld und den Zettel noch immer in den Händen. Jetzt trug er es hinein zu der ‚Lieblichsten der Töchter', die ‚dort am Feuer stand', und kehrte dann zurück. Er wollte seinem Entzücken durch viele Worte Luft machen, aber ich verbot es ihm, und so schritt er still vor uns her. Wir hatten mit einer kleinen Gabe zwei Menschen glücklich gemacht.

[1] Taschenuhr

Nachdem wir an zwei oder drei kleinen Gebäuden vorübergekommen waren, ging es auf einer hölzernen Bockbrücke über die Joska. Dann kam das eigentliche Dorf Pacha. Es begegneten uns einige dunkle Gestalten, die erstaunt stehenblieben; angesprochen wurden wir nicht. So kamen wir an das Ende des Dorfs, wo wir die Straße erreichten und uns von unserm Führer verabschiedeten. Als wir ein Stück fort waren, rief er uns noch albanisch nach: „Nat e emiré! Uhda e mbaré! T'u nja tjeta – Gute Nacht! Glückliche Reise! Langes Leben!"

12. An der Verräterspalte

Jetzt hatten wir finstere Nacht vor uns. Ich kannte die andern Pferde noch nicht genau, aber auf Rih konnte ich mich verlassen. Er wich sicher nicht vom Weg ab, wenn ich ihm die Zügel ließ. Darum setzte ich mich an die Spitze unsers Trupps, legte die Zügel auf den Sattelknopf und ließ meinen Schwarzen laufen.

Es ging bergan, dann eben fort und endlich wieder bergab, immer durch Gebüsch oder Wald. Hätte der Schut hier auf uns gelauert, so hätte er einige von uns aus dem Sattel schießen können. Ich dachte daran und strengte Augen und Ohren an, glücklicherweise ohne Grund. – Nach mehr als zwei Stunden erreichten wir das Dorf Brdeti. Es war doch jedenfalls besser, einen Führer zu haben. Ranko hatte zwar behauptet, die Gegend zu kennen, aber, wie ich vermutete, mehr aus dem Grund, überhaupt mitreiten zu dürfen. Überdies war es finster, und der Mond ging erst später auf. Wenn wir uns verirrten, konnte der Schut seinen Zweck erreichen, bevor wir den rechten Weg fanden. Ich fragte also kurzerhand einen uns Begegnenden, ob wir gegen gute Bezahlung einen Führer haben könnten. Der Mann bot sich uns selbst an. Er sagte, daß er uns für zehn Piaster bis nach Nevera-Han führen werde, falls wir Zeit hätten, zu warten, bis er sein Pferd geholt habe. Wir sagten zu, und es währte nur einige Minuten, bis er sich wieder bei uns einstellte. – Freilich mußten wir vorsichtig sein, denn wir kannten den Menschen nicht. Er konnte vom Schut beauftragt sein, den Dorfweg auf und ab zu wandern, um uns zu erwarten und falsch zu führen. Darum nahmen wir ihn in die Mitte, und ich versprach ihm zwanzig Piaster, wenn er ehrlich sei, und eine Kugel in den Kopf, falls er uns täusche.

Wieder durch Wald und Gebüsch reitend, gelangten wir nach fast drei Stunden ins Dorf Fuscha Arist. Erst hinter diesem Ort gab es Feld, dann wieder Wald. Zuweilen hörten wir zur linken Hand Wasser rauschen. Das war ein Nebenfluß des vereinigten Drin. Den Namen habe ich vergessen. – Nun kam der Mond herauf, und wir konnten ziemlich gut sehen. Wir befanden uns in einer wilden Gebirgslandschaft. Felswände und Zacken überall, drohende Baumriesen, feuchte Luft und hohles Rauschen der Wipfel, deren Schatten der Mond uns in den seltsamsten Gestalten über den Weg warf.

Und was für ein Weg war das! Da sollten Wagen fahren können! Unsre Pferde stolperten jeden Augenblick über große Steine oder traten in jähe Löcher hinein. So ging es weiter und immer weiter, bis es kälter wurde und der Morgenwind sich erhob. Wir erfuhren von dem Führer, daß wir uns mitten in den Kerubibergen, einer berüchtigten Gegend, befanden. In einer Stunde sollte der Nevera-

Han zu erreichen sein. – Auf meine Frage, warum die Gegend den Namen Nevera trage, erhielt ich die Auskunft, daß sich in dem ebenen Gestein oft lange und tiefe Risse zeigten. Ein Reiter dürfte dort sein Pferd nicht in Galopp fallen lassen, weil das Tier nicht schnell genug anzuhalten vermöge, wenn sich plötzlich vor seinen Hufen ein solcher Spalt öffne. Viele Menschen seien dadurch schon ums Leben gekommen. Überdies gehe die Sage, daß es in jener Gegend Leute gebe, die ihre Opfer in solche Schlünde stürzten. Das war keine beruhigende Mitteilung. – Nach einer halben Stunde begann der Morgen zu grauen. Ich überlegte mir, daß uns der Führer im Nevera-Han vielleicht nur hinderlich sein könne, und bot ihm dreißig Piaster statt der versprochenen zwanzig, falls er gleich umkehre. Er war einverstanden und ritt schnell davon, als er das Geld empfangen hatte. Es mochte ihm in unsrer Gesellschaft nicht allzu wohl gewesen sein. Wir hatten fast gar nicht gesprochen und ihn mit merklichem Mißtrauen behandelt. – Plötzlich hörte der Wald auf. Weithin Ebene, die nur aus hartem Felsen zu bestehen schien, der mit schlüpfrigem Moos bedeckt war. Ein Baum war gar nicht, ein Busch oder Strauch nur selten zu sehen. In der Ferne lag ein dunkler Punkt. Durch das Fernrohr erkannte ich ihn als einen Gebäudeblock. Das war jedenfalls der gesuchte Han.

Unser Weg erschien als dunkle Linie im Grün des Mooses. Dann gelangten wir an eine Stelle, wo eine Spur links abzweigte. Ich stieg ab und untersuchte sie. Es war da ein von mehreren Reitern begleiteter Wagen gefahren. Die Flechten, die von den Hufen und Rädern niedergedrückt worden waren, lagen noch fest am Boden. Sie hatten noch nicht Zeit gefunden, sich wieder aufzurichten. Der Wagen konnte erst vor wenigen Minuten da gefahren sein. Aber zu sehen war er nicht, denn grad die Richtung, die er eingeschlagen hatte, wurde uns durch eine dünne Reihe von Büschen verdeckt.

Es stieg eine Angst in mir auf, von der ich mir aber nichts merken ließ. Ich sprang in den Sattel und jagte dem Hang zu, gefolgt von meinen Begleitern, die sich mein Benehmen nicht erklären konnten. Als wir bei dem Han anlangten, sahen wir, daß er aus mehreren Gebäuden bestand, deren Anblick keineswegs einladend war. Vor der Tür des Wohnhauses standen zwei schwere, beladene und mit Planen überdeckte Ochsenwagen. Ein dritter Wagen hatte auch dagestanden, war aber jetzt fort. – „Halef, geh mit hinein", erklärte ich. „Die andern bleiben ja. Seht auch, ob eure Sattelgurte fest angezogen sind. Vielleicht gibt es einen Gewaltritt."

„Sollten das die Wagen sein, mit denen meine Frau fährt?" fragte Galingré besorgt. – Ich antwortete ihm nicht und trat mit Halef durch die offne Tür. Da sie nicht verriegelt war, mußten die Bewohner des Hauses bereits wach sein. In der Stube saßen zwei kräftige Männer an einem Tisch beim Raki. An einem andern Tisch befand sich eine ganze Familie vor einer vollen Schüssel. Die Familie bestand aus einem langen starken Mann, zwei Burschen, einer Frau und vermutlich einer Magd. Der Mann stand aufrecht, als wir eintraten; es schien, er sei vor Schreck vom Sitz aufgefahren, als er uns draußen gesehen hatte. Ich wendete mich barsch an ihn: „Dieses Haus ist der Nevera-Han?" – „Ja", erwiderte er. „Ich bin der Handschi Dragojlo." – „Wem gehören die beiden Wagen, die draußen stehen?" „Leuten aus Skutari." – „Wie heißen sie?" – „Ich habe es mir nicht gemerkt. Es ist ein fremder Name." – „Ist Hamd es Naßr bei ihnen?"

Ich sah es ihm an, daß er mit Nein antworten wollte, aber ich warf ihm einen Blick zu, vor dem er erschrak. Darum ließ er ein zögerndes Ja' hören. – „Wo ist er jetzt?" – „Nach Pacha und weiter." „Allein?" – „Nein. Die Fremden sind mit ihm gefahren."

„Wie viele waren es?" – „Ein Mann, eine alte und eine junge Frau und der Fuhrmann." – „Wie lange sind sie fort?"

„Noch keine Viertelstunde. Dort sitzen die Fuhrleute der beiden übrigen Wagen, die nachfolgen sollen." – Drogojlo deutete auf die beiden ersterwähnten Männer. – „Hattest du noch andre Gäste?" „Nein." – „Keinen aus Rugova?" – „Nein." – „Du lügst, Dragojlo! Kara Nirwan ist dagewesen und mit Hamd es Naßr und dem Wagen fortgeritten. Er ist erst in der Nacht hier angekommen!"

Ich sah, daß der Handschi unsicher wurde. Er war wohl mit dem Schut verbündet und murrte verlegen: „Ich kenne keinen Kara Nirwan. Ein Reiter kam allerdings vor zwei Stunden hier an, aber nicht aus Rugova, sondern aus der entgegengesetzten Richtung, nämlich aus Lesch. Er hatte es sehr eilig, und da die Fremden den gleichen Weg nahmen wie er, schloß er sich ihnen an."

„Richtig! Er hatte es sehr eilig und ist doch mit einem Ochsenwagen weitergeritten! Da kommt er freilich schnell vorwärts. Dieser Wagen ist übrigens nicht nach Pacha gefahren; wir kommen von dort und hätten ihm begegnen müssen. Ich kenne dich; ich weiß auch, was hier vorgehen soll. Wir werden wiederkommen und weiter mit dir sprechen. Nimm dich in acht! Wir werden dafür sorgen, daß diese Leute nicht in einer Spalte der Neverafelsen verunglücken."

Und mich an die Fuhrleute wendend, fügte ich hinzu: „Wir gehören zu der Familie, deren Sachen ihr fahrt. Ihr verlaßt diesen Han nicht eher, als bis wir zurückgekehrt sind. Ich lasse unsre Packpferde draußen stehen; führt sie in den Stall und gebt ihnen Futter und Wasser!" – Die beiden Männer erhoben sich schweigend, um diesem Befehl nachzukommen. Ich eilte mit Halef wieder hinaus und sprang in den Sattel. – „Wir reiten zurück. Es ist eine Teufelei los. Man will Galingrés Familie in eine Felsspalte stürzen", meldete ich.

Galingré schrie erschrocken auf. Ich hörte es kaum, denn mein Pferd befand sich bereits im Galopp. Die andern brausten hintendrein.

Ranko trieb seinen Goldfuchs an meine Seite und fragte: „Ist der Schut dabei?" – „Ja." – „Allah sei Dank! So haben wir ihn!"

Weiter wurde kein Wort gesprochen. Wir erreichten die Stelle, wo ich die Wagenspur untersucht hatte, und lenkten in diese ein. Die Pferde schienen zu merken, daß man die größte Schnelligkeit von ihnen forderte. Wir brauchten sie nicht anzutreiben. Die beiden Schecken der Aladschy flogen nur so dahin – sie machten ihrem Ruf alle Ehre. Auch die andern Tiere taten ihre Schuldigkeit wie spielend. Nach meinem Rih aber war doch der Goldfuchs das beste

Pferd. Das bemerkte ich jetzt. – „Sihdi", rief Omar hinter mir, „sag mir nur, ob ich Hamd el Amasat zu sehen bekomme!"

„Ja, er ist da!" – „So möge sich die Hölle öffnen, denn ich werde ihr einen Fraß verschaffen!" – Jetzt brausten wir durch die erwähnte Buschreihe hindurch. Ein freier Blick öffnete sich. Weit vor uns, fast am Rand des Gesichtskreises, sah ich einen hellen Punkt, nicht größer als eine Muschelschale. Das mußte der Wagen sein; die weiße Plane leuchtete. – „Schneller, schneller!" rief ich. „Wir müssen ihnen möglichst nahe kommen, bevor sie uns bemerken." – Ich hatte meinen Rappen bisher in keiner Weise angetrieben. Jetzt rief ich ihm nur das altgewohnte ‚Kawâm' zu, und da war es, als sei er bisher nur getrabt. Er flog. – „Maschallah! Welch ein Pferd!" rief Ranko.

Er war der einzige, dem es gelang, an meiner Seite zu bleiben, aber er mußte die Peitsche gebrauchen. Ich saß völlig ruhig im Sattel; so gleichmäßig schoß Rih dahin. – Der weiße Punkt wurde größer. Ich zog mein Fernrohr aus und blickte hindurch. Der Wagen bewegte sich vorwärts. Drei Reiter begleiteten ihn. Gott sei Dank! Wir kamen nicht zu spät. Wollte der Schut sein Vorhaben ausführen, so mußte er den Wagen halten lassen. Daß sich das Gefährt noch in Bewegung befand, war ein Beweis, daß den Leuten noch nichts zugestoßen war. Die drei Reiter waren jedenfalls der Perser, Hamd el Amasat und der Schwiegersohn Galingrés. Die beiden Frauen saßen im Wagen. – Schon war es mir möglich, den englischen Rappen des Schut mit bloßem Auge zu erkennen. Da drehte er sich um und sah uns kommen. Wir waren wohl noch einen Kilometer von ihnen entfernt. Ich bemerkte, daß er sein Pferd anhielt. Hamd es Amasat tat desgleichen. Einige Sekunden lang blickten sie zu uns her; dann aber galoppierten sie, den Wagen im Stich lassend, davon und zwar in verschiedene Richtungen. Sie wollten uns teilen. Der Schut ritt geradeaus; der andre jagte links ab.

Ich hatte befürchtet, daß sie bei unserm Anblick aus Wut den Schwiegersohn und die Frauen erschießen würden. Daß sie es nicht taten, war ein großes Glück. Indem ich jetzt zurückblickte, sah ich die andern weit hinter mir; aber meine Stimme konnte sie erreichen. Links hinüberdeutend, rief ich ihnen zu: „Fangt den da drüben! Es ist Hamd el Amasat. Den Schut nehmen wir beide!"

„Schneller, schneller, Ranko!" forderte ich dann den Skipetaren auf. Er gab seinem Goldfuchs die Sporen und schlug mit der Peitsche auf ihn ein. Das und wohl noch mehr der Ehrgeiz des Pferdes trieben es zur Anstrengung aller seiner Kräfte; es schoß meinem Hengst voraus. Rih aber hatte das kaum bemerkt, so vergrößerte er von selbst seine Geschwindigkeit und überholte den Fuchs. Rih duldete kein Pferd vor sich. – Jetzt erreichten wir den Wagen. Der Schwiegersohn hielt dabei. Er wußte nicht, woran er war; er konnte sich nicht erklären, weshalb er von seinen beiden Begleitern so plötzlich verlassen worden war. – „Das waren Mörder!" rief ich ihm zu, während wir an ihm vorüberschossen. – Was für einen Eindruck diese Worte auf ihn machten, konnte ich nicht beobachten, denn kaum hatte ich sie ausgesprochen, so waren wir schon weit über ihn hinaus.

Mich abermals umdrehend, sah ich, daß die Gefährten mich verstanden hatten und Hamd el Amasat folgten, die beiden Schecken allen voraus. – Nur Galingré hatte die ursprüngliche Richtung beibehalten, was ihm nicht zu verübeln war. Ihm lag vor allen Dingen daran, sich zu überzeugen, wie es um seine Familie stand. Wir brauchten ihn auch nicht. – Bis jetzt hatte der Schut seinen Vorsprung beibehalten; wir waren ihm nicht näher gekommen, obgleich Ranko seinen Goldfuchs fortwährend antrieb. – „Effendi, wir bekommen ihn nicht!" schrie er mir zu. „Sein Engländer ist uns überlegen."
„Oho! Paß auf! Du kennst meinen Schwarzen noch nicht."

Ich hob mich in den Bügeln. Weiter tat ich nichts, denn das ‚Geheimnis' in Anwendung zu bringen, dazu gab es noch keine Veranlassung. Aber diese einzige Bewegung genügte. Rih merkte, daß ich ihm die Last erleichtern wollte. Das beleidigte sein Selbstgefühl, und er griff noch weiter aus. – Es war, als verschwände der Boden nur so hinter uns. Wer da kein guter Reiter war, dem konnte schwindlig werden. Ranko blieb weit hinter mir zurück, und dem Schut kam ich immer näher. Erst war er über einen halben Kilometer vor mir gewesen; jetzt betrug der Abstand nur noch die Hälfte davon, dann zweihundert Meter – hundertfünfzig – hundert Meter. Kara Nirwan sah sich um und stieß einen Schrei des Schreckens aus. Er begann sein Pferd mit Kolbenstößen anzufeuern. Das brave Tier tat alles, was es leisten konnte. Den Kopf waagrecht vorstreckend, schoß es in großen Sprüngen weiter. Der Schaum troff ihm vom Maul, und die Haut begann schweißig zu glänzen. Das war kein gutes Zeichen. Das englische Vollblut war meinem Araber bei weitem nicht gewachsen. Bei Rih war keine Spur von Schaum oder Schweiß zu bemerken. Ich hätte noch eine Viertelstunde in dieser Weise mit ihm jagen können, ohne daß er zu schwitzen oder zu schäumen begonnen hätte. Aber ich war gewöhnt, das edle Tier zu schonen.

Darum ging ich mit mir zu Rate, was ich tun sollte. Schießen? Das war das Schnellste und Sicherste. Mein Bärentöter trug weit über den Schut hinaus, und bei dem ruhigen Gang meines Pferdes hatte ich ein so sicheres Zielen, daß es mir ein leichtes gewesen wäre, den Perser aus dem Sattel zu holen. Aber ich wollte ihn nicht töten. Oder sollte ich seinem Pferd eine Kugel geben? Dann mußte er aus dem Sattel fliegen und war mir verfallen. Doch das schöne, brave Tier tat mir leid. Nein, es gab ein anderes Mittel, ihn mir zu holen, ohne ihn oder sein Pferd zu töten. Ich hatte ja den Lasso bei mir. Den wand ich jetzt los. – Als ich noch damit beschäftigt war, hörte ich den Schut einen schrillen Schrei ausstoßen. Er nahm sein Pferd hoch, und es tat einen weiten Satz. Es hatte eine jener Spalten überwunden, von denen mir der Führer erzählt hatte. Einige Sekunden später schoß mein Rih über sie hinweg. Sie war etwa zweieinhalb Meter breit.

Jetzt sah sich der Schut wieder um. Ich war ihm näher gekommen. Da legte er die Flinte auf mich an. Hatte er wirklich gelernt wie die Beduinen im Sattel nach rückwärts zu schießen? Ich durfte seinen Schuß nicht abwarten. Im Nu waren die Hähne meines Bärentöters gespannt, und die beiden Schüsse krachten schnell nacheinander los. Ich hatte das Gewehr nicht etwa angelegt, um zu zielen; ich wollte nur sein Pferd erschrecken und erreichte meine Absicht auch wirklich. Das Tier fuhr zusammen, tat einen Seitensprung und schoß dann in unregelmäßigen Sätzen wieder vorwärts. Der Schut war gerade beim Abdrücken gewesen. Sein Schuß ging los, traf mich aber nicht. Nun warf ich den Riemen der Büchse über die Schulter und wickelte mir den Lasso um Ellbogen und Unterarm, um laufende Schlingen zu erhalten. Ich mußte mich beeilen, denn vorne tauchte ein dunkler Waldstreifen auf. Gelang es dem Schut, ihn zu erreichen, so war er gerettet. – Er hatte Mühe gehabt, sich im Sattel zu halten, als sein Pferd zur Seite sprang, und war nun bestrebt, festen Sitz zu bekommen. Jetzt galt es. Ich mußte das ‚Geheimnis' anwenden. Darum legte ich meinem Rappen die Hand zwischen die Ohren und rief seinen Namen „Rih!" Einen Augenblick lang war es, als bliebe der Hengst starr in der Luft hängen; dann ließ er ein lautes Wiehern hören und nun, es ist eben nicht zu beschreiben, welche Schnelligkeit ein solches Pferd bei Anwendung des Geheimnisses entwickelt. Ein andrer als ich, der ich mein Tier gewöhnt war, hätte die Augen schließen müssen, um nicht aus dem Sattel zu taumeln.

Sechzig Meter hatte ich den Schut vor mir gehabt; es wurden fünfzig, dreißig, jetzt zwanzig Meter. Er hörte den Hufschlag meines Pferdes so nahe hinter sich, drehte sich um und schrie entsetzt:

„Allah verdamme dich in die Hölle, du Hundesohn!" – Er zog seine Pistole und feuerte sie auf mich ab, doch ohne zu treffen. Dann schlug er ihren Schaft dem Pferd auf den Kopf, daß es mit Anstrengung seiner letzten Kräfte wie rasend dahinflog. Vergeblich! Ich war fünfzehn Meter hinter ihm, nun nur noch zehn, jetzt sechs.

„Paß auf, Schut, jetzt hole ich dich!" rief ich ihm zu. „Kein Mensch und kein Teufel kann dich retten!" Er antwortete mit einem überlauten Aufschrei, der fast wie ein Gebrüll war. Ich glaubte, das habe er vor Wut getan, und schwang die Schlingen des Lassos um den Kopf. Aber da sah ich, daß er sein Pferd zur Seite reißen wollte. Es gelang ihm nicht. Das Tier befand sich einmal im Schwung und war durch die Schläge auf den Kopf wie toll geworden. Ein zweiter Schrei, wie ihn ein Mensch nur in der höchsten Not, im größten Entsetzen auszustoßen vermag! Das war nicht Wut, sondern Todesangst!

Ich nahm mein Pferd ein wenig seitwärts, um neben dem Schut, der dicht vor mir war, vorbeisehen zu können. Gott im Himmel! Ein langer, breiter, dunkler Streifen zog sich quer über unsre Richtung, nicht mehr als dreißig Meter von uns entfernt – ein Spalt, ein tiefer, breiter Spalt, dessen jenseitige Kante über einen Meter höher war als die diesseitige! Vielleicht wäre es mir noch gelungen, mein Pferd abzulenken, aber bei der unsagbaren Schnelligkeit, mit der es dahinflog, war das Gelingen zweifelhaft. Also drauflos! Das war noch die einzige Möglichkeit. – Ich ließ die Arme mit dem Lasso sinken, nahm den Kopf des Rappen hoch, legte ihm die linke Hand abermals zwischen die Ohren und schrie, nein, ich brüllte: „Rih, ia Rih, ia Rihti et tajib, natt, natt, natt – Rih, mein Rih, mein guter Rih, springen, springen, springen!" – Der Hengst wußte, daß ‚natt' springen bedeute; er war darauf abgerichtet. Er öffnete das Maul, ließ einen tiefen, grunzenden Ton hören, den ich als einen Ausdruck der Begeisterung an ihm kannte, knirschte in den Stahl des Gebisses und flog in weitem Bogen an dem Schut vorüber und auf die Spalte zu.

Der Perser und ich, wir hatten beide keine Zeit, aufeinander zu achten. Jeder hatte mit sich und seinem Pferd zu tun. Aber er brüllte mir einen Fluch zu, als ich an ihm vorbeischoß. Nun war der Spalt da. Straff die Zügel, legte ich mich weit nach vorn. – „Rih, hallak 'ali, 'ali – Rih, jetzt, hoch, hoch!" rief ich. – Mein Auge war starr auf die gegenüberliegende Felskante gerichtet. Wie breit der Spalt war, sah ich nicht. Ich faßte nur den gegenüberliegenden Punkt ins Auge, den ich erreichen wollte, und der über einen Meter höher lag als der Felsrand hüben. – Das brave, unvergleichliche Tier setzte an und schoß hoch. Einen halben Augenblick lang schwebte ich über der grauenhaften Tiefe. Ich ließ die Zügel schießen und warf mich zurück, so gefährlich und unsinnig das auch erscheinen mag. Ich mußte das tun, um das Vorderteil des Pferdes zu entlasten und nicht abgeworfen zu werden. Hätte ich mich nicht zurückgeworfen, so wäre ich verloren gewesen; denn trotz der Unvergleichlichkeit des Rappen und trotz der Kraft, mit der er sich über den Abgrund schnellte, gelang der Sprung nicht vollständig. Rih faßte nur mit den Vorderhufen das Gestein.

„'ali, 'ali!" schrie ich abermals und warf mich vor, Rih den Lasso, den ich noch in der Rechten hielt, unter den Bauch und zwischen die Hinterbeine schlagend. Dadurch wurde die Hinterhand entlastet. Rih hatte noch nie einen Schlag von mir erhalten. Als er den Lassohieb am empfindlichsten Teil seines Körpers fühlte, warf er die Hinterhufe hoch an den Bauch herauf, krümmte sich zusammen, daß der Sattelgurt zerplatzte und – faßte nun auch hinten Fuß. Ein gewaltiger Sprung – ich stürzte mitsamt dem Sattel herab, und das Pferd schoß noch eine Strecke vorwärts, um dann stehenzubleiben.

Das alles hatte nur eine, nur zwei Sekunden gedauert. Ich raffte mich auf und blickte zurück. Da setzte soeben der Rappe des Schut an. Ein Schrei, ein wilder Schrei, und Roß und Reiter stürzten in die Tiefe. – Mein ganzer Körper war wie Eis. Ich trat an den Spalt heran! Himmel! Er war wenigstens fünf Meter breit! So schien es mir, doch es ist bekanntlich nicht leicht, die Breite eines Wassers oder eines tiefen Risses genau abzuschätzen. Man irrt da sehr leicht. Seine Tiefe war so bedeutend, daß ich den Grund nicht sehen konnte. Es lag eine dichte, schwarze Finsternis da unten. – Das war ein gerechtes Gericht! Der Schut hatte genau den Tod gefunden, den er anderen bereiten wollte. Denn tot war er – samt seinem Pferd. Es war gar keine Möglichkeit, daß beide lebendig in dieser Tiefe angekommen sein konnten. Dennoch lauschte ich einige Zeit und rief auch hinab. Aber es war keine Antwort, kein Laut zu hören. – Nun ging ich zu Rih. Er war umgekehrt und dorthin gelaufen, wo der Sattel lag. Ich legte ihm die Arme um den Hals und drückte seinen Kopf an mich. Er rieb das Maul an meiner Schulter und leckte mir dann Hand und Wange. Es war, als wüßte er genau, daß wir einander das Leben gerettet hatten.

Nun erst kümmerte ich mich um meine Gefährten. Ranko kam auf seinem Goldfuchs herbeigejagt. Er sah die Spalte nicht und rief, und ich winkte ihm zu, langsam zu reiten. – Zur rechten Hand von mir galoppierten die andern noch immer hinter Hamd el Amasat her. Er wechselte die Richtung, was den Zweck hatte, die größere Schnelligkeit ihrer Pferde auszugleichen. Meine Freunde ließen sich nicht täuschen und folgten dem Armenier im Zickzack, allen voran Omar, der den Mörder seines Vaters als erster ereilen wollte. Nur einer war klüger als die andern, nämlich der Hadschi. Er hatte die List des Flüchtlings begriffen und war bemüht, ihr zu begegnen. – Doch jetzt hatte Hamd el Amasat diesen Gegner bemerkt. Er sah, daß er da nicht durchkommen könne, und wendete sich nun südwärts in die Richtung, die der Schut vorher eingeschlagen hatte. Dabei benutzte er geschickt die wenigen Büsche als Deckung. Aber auf diese Weise mußte der Armenier den gefährlichen Spalt erreichen, den er allerdings noch nicht gesehn hatte. Er stand jedenfalls eine bedeutende Angst aus, was ihm durchaus zu gönnen war. Was ihn eigentlich erwartete, das wußte er freilich nicht. Bis jetzt glaubte er nur, er werde wegen seines Verhaltens gegen Galingré und dessen Familie verfolgt. Da, wo der Wagen bei unserm Vorüberkommen gehalten hatte, stand er noch. Galingré und sein Schwiegersohn waren bei ihm. Ranko war jetzt an den Spalt gekommen, blickte schaudernd hinab und rief: „Der ist tot, zerschmettert, Effendi! Allah, wie war es dir möglich, da hinüberzukommen!"

„Davon später! Bleib drüben, damit Hamd el Amasat nicht hier vorüberkann. Ich werde ihm entgegenreiten." – „Du kannst ja nicht. Dein Gurt ist geplatzt." – „Ich habe einen Jedek[1] in der Satteltasche. In zwei Minuten ist der Schaden geheilt." – „Aber du kannst doch nicht herüber zu Hamd el Amasat!" – „Vielleicht finde ich eine schmale Stelle des Risses, und wenn nicht, so wird meine Kugel hinüberfliegen." – So ein Notgurt besteht aus einem kurzen Gurtstück dessen Enden mit je einer fest greifenden Schnalle versehen sind. Man schnallt ihn über die zerrissene Stelle, und der Sattelgurt ist dann so brauchbar wie vorher. In kurzer Zeit hatte ich wieder gesattelt und stieg auf, um am diesseitigen Rand der Spalte ostwärts zu reiten, während Ranko an der andern Seite haltenblieb. Er ließ hier im Westen Hamd el Amasat nicht durch. Im Osten glänzte Halefs Kettenpanzer. Von Norden her wurde der Feind von den andern gejagt, und nun befand ich mich im Süden, um ihn zu empfangen. Er war eingeschlossen. Übrigens hätte ihm auch schon die Spalte des Entkommen nach Süden verwehrt. – Soeben sah ich, daß der Armenier anhielt und sein Gewehr auf Omar richtete. Omar trieb sein Pferd zu einem Seitensprung an und wurde infolgedessen nicht getroffen. Dann aber jagte er auf Hamd el Amasat zu, die Flinte hoch erhoben, um ihn niederzuschlagen. Omar wollte ihn lebendig haben, ihn nur betäuben. Hamd el Amasat floh nicht; er hielt stand. Als sein Gegner nahe genug war, zog er schnell seine Pistole und feuerte. Aber Omars Pferd bäumte und überschlug sich. Hamd el Amasat jagte weiter, der Spalte zu. Als er das Hindernis erblickte, stutzte er und wendete sich nach Westen, wo ich hielt. Ich ritt ihm entgegen und gelangte an eine Stelle, wo die

[1] Notgurt, Ersatzgurt

Spalte etwas weniger breit war. Hier war sie zu überwinden, zumal mein Schluchtrand höher lag als der jenseitige. Ich trieb mein Pferd eine Strecke zurück, um genügenden Anlauf zu haben.

Jetzt kam der Flüchtling. Er sah, daß ich keine Waffe in der Hand hatte und daß sich der Spalt zwischen ihm und mir befand. Freilich – er hätte es nicht wagen dürfen, ihn zu überspringen.

„Komm herüber!" höhnte er. „Dir gebe ich mich gefangen!" – „Sogleich!" antwortete ich. – Ein Zuruf an Rih, er flog auf den Spalt zu und in einem wundervollen Sprung hinüber. Hamd el Amasat schrie vor Entsetzen auf und jagte fort, auf Ranko zu, ich hinter ihm her. Jetzt war der Lasso gut. Ich legte die Schlinge, warf und riß mein Pferd herum – ein Ruck, und Hamd el Amasat flog aus dem Sattel. Im nächsten Augenblick stand ich neben ihm. – Der Wurf war gut gelungen. Die Schlinge hatte sich dem Gefangenen fest um die Arme gelegt, so daß er sie nicht bewegen konnte. Ich kniete nieder und legte ihm den Riemen noch mehrmals um den Leib. Der Sturz vom Pferd hatte Hamd el Amasat halb betäubt. Er starrte mich mit großen Augen an, sagte aber nichts. Da kam Omar herangejagt und sprang aus dem Sattel. – „Wie?" rief ich ihm erfreut zu. „Ich sah dich stürzen und dachte, du seist getroffen!" – „Der Mörder hat schlecht gezielt", erwiderte er. „Die Kugel hat mir des Herrn Zügel zerrissen; darum kam mein Pferd zu Fall. Endlich, endlich habe ich ihn! Und nun soll –"

„Still!" bat ich. „Überlaß es zunächst mir, mit ihm zu sprechen."

„Gut! Aber er gehört mir!" – Ich antwortete nicht, denn jetzt kam Ranko. Bald stellten sich auch die andern ein, Halef als der letzte, der am weitesten entfernt gewesen war. – Zunächst wurde der Tod des Schut besprochen und mein Sprung über den Spalt. Die Gefährten suchten die betreffende Stelle auf und konnten sich nicht genug wundern, daß es mir gelungen war, hinüberzukommen. Rih erntete reiches Lob und wurde von allen gestreichelt, wobei er freudig wieherte.

Der Schut wurde nur mit kurzen Worten erwähnt. Es war das beste, uns nicht weiter mit ihm zu beschäftigen. Was Hamd el Amasat betraf, so bat ich, ihm jetzt noch nicht zu sagen, wer wir seien. Er sollte erst nach unsrer Ankunft im Nevera-Han gerichtet werden. Er war wieder bei voller Besinnung und wurde auf sein Pferd gebunden. Osko und Halef nahmen ihn zwischen sich, um ihn zum Han zu bringen. Auch Omar bot sich dazu an; aber ich sagte ihm aufrichtig, daß ich ihm nicht ganz traue. Wenn er den Gefangenen begleitete, stand zu befürchten, daß er, ohne unsre Einwilligung, seinen Rachedurst stillen würde. – Während diese drei auf dem kürzesten Weg zum Han ritten, kehrten wir andern zum Wagen zurück. Dieser war zu entfernt, als das Galingré und die Seinen den Verlauf unsrer Hetzjagd verfolgen konnten. Die beiden Frauen und der Schwiegersohn hatten nicht geahnt, welch gefährlichem Verbrecher sie folgten. Mit dem größten Vertrauen waren sie allen seinen Anweisungen gefolgt, da sie überzeugt gewesen waren, daß diese Weisungen von Galingré selbst ausgegangen seien. Sie glaubten, daß sich Galingré bereits in Üsküb befinde und Hamd en Naßr mit umfassender Vollmacht ausgestattet habe. Als dieser vorhin so plötzlich die Flucht ergriff, wußten sie nicht, was sie über dieses Verhalten denken sollten. Erst dann, als Galingré bei ihnen erschienen war, hatten sie erfahren, von welcher Gefahr sie bedroht gewesen waren; denn er hatte ihnen kurz berichtet, wenn auch nicht so ausführlich, wie es später geschehen konnte.

Wir wurden den Damen und dem Schwiegersohn Martin Rouvier vorgestellt. Sie waren aus dem Wagen gestiegen, um uns zu empfangen. Es sollte ans Erzählen gehen, ich aber bat, das für später aufzuheben. Nur wissen wollte ich, ob der Wirt des Nevera-Han im Einverständnis mit dem Schut gestanden habe. – „Gewiß!" erklärte Rouvier. „Die drei sprachen heimlich zusammen, und dann riet uns Dragojlo angelegentlich, gleich aufzubrechen und die beiden andern Wagen nachkommen zu lassen." – „War denn für euch ein Grund vorhanden, nicht zu warten, bis die andern Wagen auch mitfahren konnten?"

„Meine Frau fühlte sich unwohl. Die Fahrt hierher hatte sie angegriffen, und eine Besserung war auch dann nicht zu erwarten, wenn wir in dem schmutzigen Han eine Ruhepause von einem Tag gemacht hätten. Da sagte der Perser, daß er im nächsten Dorf eine verheiratete Schwester habe, die unsre Frauen gern willkommen heißen werde. Er stellte uns das so vorteilhaft vor, daß wir endlich geneigt wurden, seinem Rat zu folgen und uns von ihm zu dieser Schwester bringen zu lassen. Die andern Wagen mit dem Gepäck konnten gemächlich nachkommen, da wir einen ganzen Tag dort verweilen wollten."

„Ah so! Der Schut wollte euch töten und sich dann auch des Gepäcks bemächtigen. Aber wie konntet ihr so unvorsichtig sein, ihm auch dann noch zu folgen, als er so auffällig vom Weg ablenkte?"

„Uns war das nicht auffällig, denn er sagte, daß wir in dieser Richtung eher ans Ziel kommen würden. Über diese Ebene zu fahren, sei überhaupt viel bequemer, als die Benutzung des Fahrwegs, der sich im allerschlechtesten Zustand befinde." – „Nun, er hätte euch an die erste Spalte kommen lassen, wo der Wagen nicht weiter konnte, Dort wärt ihr erschossen, ausgeraubt und in den tiefen Spalt geworfen worden." – „Mein Gott, wer hätte das gedacht!" rief Frau Galingré. „Wir schenkten Hamd en Naßr unser ganzes Vertrauen, und auch dieser Perser gab sich ganz so, daß wir ihn für den besten und gefälligsten Menschen halten mußten. Welch eine Gnade Gottes, daß ihr gekommen seid, grad noch im letzten Augenblick, um uns zu retten!"

„Ja, wir haben diesen Männern sehr viel zu verdanken!" stimmte ihr Mann bei. „Sie haben uns alle vom Tod gerettet und mich aus einer entsetzlichen Gefangenschaft befreit. Einen bedeutenden Teil meines Vermögens habe ich bereits zurückerhalten, und was ihr bei euch führt, unsre ganze übrige Habe, dürfen wir erst jetzt wieder als unser Eigentum betrachten. Worte sind kein Dank, und da sich das Leben nicht bezahlen läßt, müssen wir für immer ihre Schuldner bleiben."

So sagte er jetzt. Dann aber, als wir den Wagen umgelenkt hatten und den bedächtig schreitenden Zugochsen langsam folgten, gesellte er sich zu mir, drängte mich von den andern ab und sagte so, daß es von niemand sonst gehört werden konnte: „Monsieur, ich habe erst jetzt erkannt, wie groß die Gefahr war, in der sich meine Familie befand. Sie haben sehr viel an mir getan. Zunächst haben Sie mir die langersehnte Nachricht von meinem verschollenen Neffen gebracht. Dann befreiten Sie mich aus dem Schacht und gaben mir das abgenommene Geld zurück, eine Summe, deren Höhe Sie gar nicht kennen, weil Sie wegtraten, als ich nachzählte, um zu sehen, ob noch alles vorhanden sei. Weiter haben Sie auch meine Familie von einem gewaltsamen Tod erlöst. Und von dem Eigentum, das mir dadurch erhalten wurde, muß ich doch auch sprechen. Meine Frau hatte alle Beträge bei sich, die flüssiggemacht werden konnten, eine große Unvorsichtigkeit, ja, und zugleich ein unverzeihlicher Geschäftsfehler. Aber Hamd en Naßr hatte behauptet, es sei mein Befehl, daß in dieser Weise verfahren werden solle. Kurz und gut, wir haben Ihnen unendlich viel zu danken. Soll ich eine so erdrückende Last der Verpflichtung auf mir ruhen lassen und sie durch das ganze Leben tragen? Ich hoffe, daß Sie das nicht wollen. Ich hoffe vielmehr, daß Sie mir erlauben, mich in irgendeiner Weise erkenntlich zu zeigen. Haben Sie Familie?" – „Eltern und Geschwister." – „Sind Sie reich?" – „Nein, sehr arm sogar. Ich arbeite für sie und hoffe, daß sich ihre Verhältnisse nach und nach besser gestalten."

„So können Sie Geld brauchen?"

„Allerdings. Aber das verdiene ich mir durch meinen Beruf. Ich schreibe über meine Reisen und erhalte dafür leidliche Beträge, mit deren Hilfe ich die Meinen unterstütze." – „So muß ich Sie dringend ersuchen, meinen Teil zu dieser Unterstützung beitragen zu dürfen."

„Ich danke Ihnen für Ihre gute Absicht! Sie meinen es herzlich gut, aber ich treibe nicht Menschenrettung gegen Bezahlung. Und was die Hauptsache ist: Sie haben mir gar nichts zu verdanken. Nennen sie es Glück, Zufall, Schickung oder Gottes Wille, daß wir Sie getroffen haben; ich bin es jedenfalls nicht, der diese Ereignisse gefügt hat. Wir sahen Sie in Not; es lag in unsrer Macht, Sie daraus zu befreien, und so haben wir es getan. Die Freude und die Genugtuung, die wir darüber empfinden, daß es uns gelungen ist, die Werkzeuge eines höheren Willens zu sein, ist uns eine hinreichende Belohnung."

„Aber Monsieur, ich bin reich, reicher noch als Sie zu denken scheinen!" – „Das freut mich, denn ich gönne meinem Nebenmenschen seinen Besitz von Herzen. Wenn Sie reich sind, so können Sie viel Gutes tun. Ihr Gläubiger bin nicht ich, sondern Gott ist es. Das Kapital können Sie ihm nie zurückerstatten, aber zahlen Sie ihm die Zinsen dadurch aus, daß Sie seinen weniger begüterten Kindern ein Wohltäter sind, der stets ein offnes Herz und eine offne Hand für sie hat."

„Das werde ich, ja, das werde ich!" versprach er tief gerührt. „Aber Sie sind doch auch weniger begütert als ich!" – „Es gibt der Güter verschiedene und auch viele Arten des Reichtums. Ich habe weder Gold noch Silber, aber ich bin dennoch ebenso reich wie Sie und möchte wohl schwerlich mit Ihnen tauschen." – „Monsieur, das ist ein stolzes Wort, das mich zum Schweigen zwingt, wenigstens was Ihre Persson betrifft. Aber wenn ich das, was Sie anzunehmen sich weigern, Ihren Gefährten gebe, so werden Sie mir doch diese Freude nicht verderben. Nein, das dürfen Sie nicht tun!" – „Diese Leute sind ihre eigenen

Herren. Ich habe ihnen nichts zu befehlen; sie können tun und lassen, was Ihnen beliebt."

„Das freut mich. Sie werden ihnen also nicht abraten, mir zu erlauben, dankbar zu sein?" – „Nein. Ich weiß, daß die Zurückweisung eines dankbaren Herzens beleidigt und bedrückt. Handeln Sie also ganz nach Belieben! Ich bin überzeugt, daß Sie dabei die richtige Art und Weise finden werden; denn grad meine Gefährten haben Eigenheiten, unter denen ein ausgeprägtes Ehrgefühl nicht die letzte ist." – „So bitte ich herzlich, mir zu sagen, wie ich meine Schuld an jeden einzelnen am besten abzutragen vermag. Der Engländer –"
„Kommt hier gar nicht in Betracht". fiel ich ein. „Er ist Lord und mehrfacher Millionär. Ein aufrichtig gemeinter Händedruck ist ihm lieber als die kostbarste Gabe. Übrigens ist er nicht Ihr Gläubiger. Er selbst wurde auch gerettet!" – „So will ich Osko nennen."
„Dessen Tochter ist an den Sohn eines steinreichen Großhändlers in Stambul verheiratet. Er kehrt dorthin zurück und wird alle seine Bedürfnisse reichlich befriedigt sehen. Ich weiß übrigens, daß er, bevor wir Edirne verließen, von seinem Schwiegersohn mit allen Mitteln für unsern Ritt versehen wurde. Osko braucht kein Geld. Er ist Montenegriner; eine Gabe an Geld würde er vielleicht gar als Almosen betrachten und sich dadurch beleidigt fühlen." – „Wie steht es mit Halef?" – „Der ist arm. Sein junges Weib ist die Enkelin eines arabischen Scheiks, der aber nie begütert war." – „So meinen Sie, daß ich ihn mit etwas Geld erfreuen könnte?" – „Ja. Wenn Sie es ihm nicht als Wohltat bieten, sondern als Zeichen der Ehrerbietung für die ‚Herrlichste der Frauen und Töchter', so werden Sie es ihm ermöglichen, mit Stolz in seine ferne Heimat zurückzukehren und Ihrer dort zu gedenken." – „Und Omar?" – „Ist noch ärmer. Er war, wie sein Vater Sadek, Führer über die Salzdecke des Schott Dscherid, ein waghalsiges Geschäft, wie ich selbst erfahren habe. Sein Vater wurde, während er uns über den Schott führte, von Hamd el Amasat erschossen, und Omar verließ, völlig mittellos, seine Heimat, um den Mörder zu suchen und die Bluttat zu rächen. Er ist von da, denken Sie sich, vom südlichen Tunesien aus, durch die Sahara, Ägypten und so weiter bis nach Konstantinopel und dann mit uns bis hierher gereist, ohne Geld, ein Meisterstück. Wenn er sich gerächt hat und nun von mir scheiden muß, steht er hilflos da in der Fremde und weiß nicht, wie er seine ferne Heimat erreichen soll. Zwar kann ich ihm wohl so viel bieten, wie er nötig hat, seinen Hunger zu stillen, aber – hm!" – Ich hatte mit Absicht die Lage Omars ein wenig ungünstiger geschildert, als sie in Wirklichkeit war. Dieser reiche Franzose konnte für den armen Araber schon ein wenig tiefer in den Beutel greifen. Er entgegnete sogleich: „Nun, es soll mir ein großes Vergnügen machen, für Omar zu sorgen. Osko darf ich also nichts anbieten?"

„Geld nicht. Ein kleines Andenken würde der Montenegriner annehmen." – „Schön! Sie halten es also nicht für eine Beleidigung, wenn man irgendeinen an sich wertvollen Gegenstand als Andenken angeboten bekommt?" – „Gewiß nicht." – „Nun, so hoffe ich, auch Sie werden mir nicht zürnen, wenn ich Sie hiermit dringend ersuche, sich mit Hilfe dieses kleinen Petschafts zuweilen meiner zu erinnern. Ich habe es nur als Anhänger getragen und meinen Namen noch nicht einschneiden lassen; der Ihrige kann also leicht angebracht werden. Der Schut hatte mir auch die Uhr abgenommen, und ich bin nur durch Sie wieder in ihren Besitz gelangt. Wenn ich ein armes Anhängsel für Sie von der Kette löse, so kann das hoffentlich keine Gabe sein, durch deren Größe Sie sich beleidigt fühlen." – Bei diesen Worten nestelte der Kaufmann das kleine Petschaft von der Uhrkette und reichte es mir. Er nannte es eine arme Gabe. Nun, so arm war sie denn doch nicht. Das Gehänge bildete eine kleine achtseitige Pyramide, die aus einem schönen, fleischfarbenen Topas bestand, der, fein in Gold gefaßt, oben auf der Spitze eine Saphirkugel trug, immerhin ein Geschenk im Wert von einigen hundert Mark. Ich konnte es nicht zurückweisen, und er freute sich aufrichtig, als ich erklärte, es annehmen zu wollen. – Jetzt schlossen wir uns den andern wieder an. Lindsay befand sich in angeregtem Gespräch mit den Damen. Er freute sich, da er mit ihnen französisch sprechen konnte, seine Zunge wieder einmal in Bewegung bringen zu dürfen, was bei seiner mangelhaften Sprachkenntnis unter Türken und Albaniern nicht gut möglich gewesen war. – Sir David schilderte ihnen in seiner abgerissenen Redeweise den elenden Weg von hier bis Rugova und knüpfte daran die Versicherung, daß von dort aus die Straße nach Üsküb von Ort zu Ort immer schlechter werde. Er erwähnte der Entbehrungen und Unbequemlichkeiten, die sie während einer so langsamen Ochsenwagenreise zu erdulden haben würden, und bat sie am Schluß, doch nach Skutari umzukehren und mit ihm nach Antivari zu reisen, wo der französische Dampfer sicherlich noch vor Anker liege und sie zur See und viel bequemer nach Saloniki bringen werde, von wo aus sie mit der Bahn nach Üsküb fahren könnten. Als ich um meinen Rat gefragt wurde, mußte ich zu Lindsays Ärger leider abraten, weil die Eisenbahn noch lange nicht fertiggestellt sei. Der Engländer hatte freilich Geld und Zeit genug, eine fremde Familie mittels Schiff nach Saloniki und auch noch weiter zu bringen. Er war in dieser Beziehung der echte, richtige Englishman, der die Erde als sein Eigentum betrachtet und gern überall seine Großzügigkeit glänzen läßt.

So erreichten wir endlich den Nevera-Han. Die Damen stiegen aus, und wir begaben uns in die Stube. Dort hatte Halef bereits den Gebieter gespielt, wie mir gleich der erste Blick sagte. Hinten am Tisch saß der Handschi mit den Seinen. Es waren ihrer noch mehr, als ich vorher beisammen gesehen hatte. Einige Männer, die Knechte zu sein schienen, waren dazugekommen. Am vorderen Tisch saßen die beiden Fuhrleute. Allen sah man es an, daß sie unter dem Zwang litten, den der Kleine ihnen auferlegt hatte – sie waren seine Gefangenen. – Wie er das angefangen hatte, fragte ich ihn nicht. Ich kannte ja seine Art und Weise. Er ging mit würdevollen Schritten auf und ab, während Osko bei den Fuhrleuten Wache hielt. Er hatte die gespannten Pistolen vor sich liegen. In ihnen lag die Macht, die die beiden ausübten. – Hart an der Wand lag Hamd el Amasat auf der Lehmdiele, noch immer fest gebunden. Er sah uns mit herausfordernden, trotzigen Blicken an. Die Fuhrleute mußten für die Frauen Platz machen. Alle setzten sich, wo sie Raum fanden; nur ich blieb bei Halef stehen. – „Hat der Armenier dich erkannt?" erkundigte ich mich bei Halef leise. – „Schwerlich! Wenigstens habe ich es ihm nicht angesehen, oder er hat es sich nicht merken lassen."

„Du hast ihm nichts gesagt?" – „Kein Wort, Sihdi. Ich habe gar nicht mit ihm gesprochen. Desto mehr aber habe ich mit dem Handschi Dragojlo reden müssen. Er wollte sich nicht fügen, bis ich ihm die Pistole vor die Nase hielt." – „Wozu?" – „Nun, ich mußte doch alle gefangennehmen!" – „Das hatte ich dir nicht befohlen."

„War auch nicht nötig. Ich weiß auch, ohne daß es mir geboten wird, was geschehen muß. Wenn ich Dragojlo mit seinen Knechten hätte frei herumlaufen lassen, so wäre er vielleicht auf den Gedanken gekommen, Hamd el Amasat mit Gewalt zu befreien."

Da hatte Halef freilich nicht ganz unrecht. – „Hast du dem Wirt gesagt, daß der Schut tot ist?" – „Nein. Da wir nur Hamd el Amasat gebunden mitgebracht haben, kann Dragojlo sich wohl denken, wie die Sache steht." – Ich hatte dem Hadschi diese Schweigsamkeit nicht zugetraut. Er ergriff doch sonst gerne jede Gelegenheit, von großen Heldentaten zu sprechen. – Da alle auf mich blickten, gebot ich Halef, dem Gefangenen den Lasso abzunehmen und ihm nur die Hände auf den Rücken zu binden, damit er sich aufrecht setzen könne. Das geschah. Anstatt mir für diese Erleichterung dankbar zu sein oder sich wenigstens ruhig zu verhalten, fuhr mich Hamd el Amasat an: „Warum bindet man mich? Ich verlange, daß ich freigelassen werde!" – „Warte noch ein wenig!" mahnte ich. „Und sprich in einem andern Ton, sonst wird dir mit Hilfe der Peitsche Ehrerbietung beigebracht! Mit Dieben, Betrügern und Mördern verkehrt man nicht so wie mit ehrlichen Leuten." – „Ich bin kein Dieb."

„Nicht? Und doch hast du deinen Brotherrn dem Schut zugeführt, der ihm alles abnehmen mußte!" – „Ich kenne keinen Schut!"

„Lüge nicht! Damit kommst du bei uns nicht weit. Du kannst nicht leugnen, daß du im Karanirwan-Han bekannt bist."

„Ich bin nur ein einziges Mal dort gewesen, als ich Galingrè begleitete." – „Und dann bist du nach Skutari zurückgekehrt und hast den Angehörigen deines Herrn Befehle vorgeschwindelt, von denen der angebliche Urheber gar nichts weiß! Übrigens hast du dich mit andern Untergebenen des Schut in den Karanirwan-Han verabredet."

„Das ist nicht wahr!" – „Hast du nicht einen Bruder?" – „Nein."

„So kennst du keinen Mann, der Barud el Amasat heißt?"

„Nein." – „Und dessen Sohn den Namen Ali Manach Ben Barud el Amasat führte?" – „Auch nicht." – „Und doch hast du an diesen Barud geschrieben!" – „Beweise es!" – „So kennst du wirklich nicht einen Zettel, dessen Inhalt lautet: In pripa veste la karanirwan han ali sa panajir melnikde?" – Jetzt ging es wie ein Schreck über das Gesicht des Armeniers, und er sagte weniger trotzig: „Du sprichst von Dingen, die mir völlig unbekannt sind. Ich bin mir keiner Schuld bewußt und werde meine Unschuld beweisen. Darum verlange ich, daß man mich freiläßt!" – „Warum bist du denn entflohen, als ihr uns kommen sahet?" – „Weil der andre floh." – „Ah so! Kanntest du ihn?" – „Gewiß! Ich bin ja mit Galingrè bei ihm gewesen. Kara Nirwan war der Wirt des Han bei Rugova." – „Und dennoch stimmtest du ihm bei, als er sich für einen andern ausgab, um diese Leute hier zur Felsenspalte zu führen?" – Hamd el Amasat schwieg.

„Mich hast du keck und dreist aufgefordert, dich gefangenzunehmen. Dieser Hohn ist dir schlecht bekommen. Ich konnte besser reiten als du dachtest, und werde dir nachher beweisen, daß du mich schon früher als einen guten Reiter kennengelernt hast."

„Ich kenne dich nicht." – Es war ihm anzusehen, daß er mit diesen Worten die Wahrheit sagte. Der Mann mußte seit jenem entsetzlichen Ereignis auf dem Schott Dscherid sehr viel erlebt haben, da er sich an uns nicht mehr erinnerte. Personen, denen man unter solchen Umständen begegnet, behält man doch eigentlich lebenslang im Gedächtnis. – „Du kennst nicht nur mich, sondern auch noch einige andre von uns", belehrte ich ihn. „Du mußt in letzter Zeit so viele Verbrechen begangen haben, daß es dir unmöglich ist, dich auf einzelnes zu besinnen. Doch davon später! Zunächst will ich dir sagen, daß es für dich gut ist, daß du keinen Bruder und keinen Neffen hast, denn du müßtest sonst eine Trauerbotschaft hören: Barud el Amasat und sein Sohn sind tot."

Der Armenier machte eine Bewegung, als wollte er aufspringen. Ich aber fuhr fort: „Ali Manach wurde in Edirne erschossen. Das wird dir unbekannt sein?" – „Es geht mich nichts an."

„Und sieh dir den Mann an, der da an der Ecke des Tisches sitzt! Er heißt Osko und hat Barud el Amasat von dem Teufelsfelsen gestürzt, weil ihm Barud seine Tochter Senitza geraubt hatte. Von dieser Tat weißt du wohl auch nichts?" – Er biß die Zähne fest zusammen und schwieg eine Weile. Sein Gesicht war dunkelrot geworden. Dann schrie er mich wütend an: „Was erzählst du mir Sachen, die mich nichts angehen, von Personen, die ich nicht kenne! Wenn du mit mir sprechen willst, so sprich von mir! Nenne mir die Gründe, warum ihr mich wie einen Dieb und Mörder behandelt!" – „Gut; sprechen wir von dir. Ich will davon absehen, daß Galingrè im Schacht von Rugova ermordet werden sollte; auch davon, daß ihr die Seinen hier töten wolltet. Ich will nur von den Mordtaten sprechen, die du wirklich vollbracht hast." – „Du mußt verrückt sein. Nur der Wahnsinn kann dir solche Albernheiten vorspiegeln." – „Nimm dich in acht! Sprich noch eine solche Beleidigung aus, so erhältst du die Peitsche! Hast du vielleicht von Monsieur Galingré erfahren, daß er einen Bruder hatte, der drüben in Algerien, in Blida, ermordet wurde?"

„Ja. Er hat es mir erzählt." – „Und der Sohn des Ermordeten verschwand auf rätselhafte Weise?" – „Auch das sagte er mir."

„Hast du vielleicht diesen Bruder oder dessen Sohn Paul gekannt?" – Bei dieser Frage erbleichte der Armenier.

„Wie soll ich einen von ihnen gekannt haben", antwortete er, „da ich nie in Blida gewesen bin! Ich kenne weder Algerien, noch die andern Länder Nordafrikas. Ich bin ein Armenier und von meinem Vaterland aus nur nach Stambul hierher gekommen."

„Ein Armenier bist du? Sonderbar! Ausgerechnet ein Armenier soll es gewesen sein, der Galingré ermordete!" – „Das geht mich nichts an. Es gibt Hunderttausende von Armeniern."

„Ja, das ist richtig; aber viele von ihnen verleugnen ihre Abstammung. So zum Beispiel kenne ich einen, der sich einmal für einen Angehörigen der Uëlad Hamalek ausgegeben hat." – Er nagte an der Unterlippe. Aus seinen Augen schoß ein Blick auf mich, als wollte er mich durchbohren. Es mochte ihm die Ahnung kommen, daß mir seine Vergangenheit genauer bekannt sei, als er geglaubt hatte. Er sann sichtlich darüber nach, wo er mir bereits begegnet sei, kam aber wohl nicht zur Klarheit, und rief zornig: „Sprich doch von Sachen und Personen, die ich kenne! Der Stamm der Uëlad Hamalek ist mir unbekannt. Auch kann ich keinen Bruder haben, der Barud el Amasat heißt, denn mein Name ist Hamd en Naßr."

„Nicht Hamd el Amasat?" – „Nein. – „Also Hamd en Naßr heißt du. Da besinne ich mich auf einen Menschen, der sich Abu en Naßr nannte. Hast du den Mann etwa gekannt?" – Jetzt öffnete er den Mund und stierte mich erschrocken an. – „Nun, antworte!" – Aber der Mann antwortete nicht. Das Weiße seiner Augen färbte sich rot, und die Adern seiner Stirn schwollen dick an. Er schluckte und schluckte und brachte kein Wort hervor. Ich fuhr fort: „Dieser Abu en Naßr führte seinen Namen ‚Vater des Sieges', weil er dem Wekil der Oase Kbilli einen Dienst geleistet hatte, der einige Tapferkeit erforderte. Besinn dich!"

Die Züge seines Gesichts schienen steif geworden zu sein. Er lallte einige Worte, die niemand verstehen konnte. – „Dieser Abu en Naßr war der Mörder Galingrés. Er ermordete dann auch dessen Sohn in der Wüste. Er ermordete ferner den Führer Sadek auf dem Schott Dscherid. Ich traf auf die Leiche Paul Galingrés und –"

Da unterbrach er mich. Er stieß einen kreischenden, wilden Schrei aus und schnellte sich, obgleich ihm die Hände gebunden waren, aus der sitzenden Stellung empor. – „Skut, uld el bera – schweig, Sohn einer Hündin!" brüllte er mich an, sonderbarerweise im Arabisch jener Gegend, in der ich damals mit ihm zusammengetroffen war. „Jetzt weiß ich, wer du bist! Jetzt erkenne ich dich! Du bist jener stinkende Deutsche, der mich bis Kbilli verfolgte! Deine Väter und Urväter sollen verflucht sein, und an deinen Kindern und Kindeskindern sollen alle Übel des Leibes und der Seele haften! Jede Stunde muß dir ein neues Unglück bringen und –"

„Und dieser Augenblick dir die Peitsche!" unterbrach ihn Halef, indem er herbeisprang und aus allen Kräften auf ihn losschlug. „Erkennst du nun auch mich, du Sohn einer Hündin und du Enkel einer verfaulten Hyäne? Ich bin Hadschi Halef Omar, der bei Kara Ben Nemsi Effendi war, als er dich traf!" – Hamd el Amasat bewegte sich nicht. Er nahm die Streiche hin, ohne sich von der Stelle zu rühren. Er starrte den Kleinen an und schien die Hiebe gar nicht zu fühlen.

„Und erkennst du nicht auch mich?" fragte jetzt Omar, indem er langsam herbeitrat und Halef auf die Seite schob. „Ich bin Omar, der Sohn Sadeks, des Mannes, den du auf dem Schott el Dscherid ermordet hast, so daß er nun unter dem Salz im fließenden Sand begraben liegt und niemand die Stelle besuchen kann, um dort zu Allah und dem Propheten zu beten. Ich bin dir gefolgt von Kbilli aus. Allah hat nicht gewollt, daß ich dich sogleich fand. Er hat dir Zeit geben wollen zur Reue und Buße. Da du es aber ärger getrieben hast als vorher, so hat er dich nun endlich in meine Gewalt gegeben. Mach dich bereit! Die Stunde der Rache ist da! Du entkommst mir nicht wieder, und unter deinen Füßen öffnet sich bereits die Dschehenna, um deine Seele zu empfangen, die verflucht und verdammt ist in alle Ewigkeit!" – Welch ein Unterschied zwischen diesen beiden! Omar stand ruhig, stolz und hochaufgerichtet da. In seinem Gesicht war nicht die Spur einer Leidenschaft, des Hasses, der Rachsucht zu lesen. Nur kalte, finstere Entschlossenheit lag darüber ausgebreitet. Hamd el Amasat zitterte, nicht vor Angst, sondern vor Grimm. Seine Züge verzerrten sich zur Fratze. Seine Brust wogte und sein Atem flog. – „Ja mlâjiki, ja schijatin laisch ana jasîr – o ihr Engel, o ihr Teufel", zischte er, „warum bin ich gefangen! Hätte ich meine Hände frei, so würde ich euch erwürgen, euch alle – alle!"

„Du sollst deinen Willen haben", erwiderte Omar. „Du hast dir dein Urteil selbst gesprochen. Du sollst erwürgt werden ohne Gnade und ohne Barmherzigkeit. Effendi, willst du noch mit ihm sprechen?"

„Nein", entgegnete ich. „Er hat nicht geleugnet. Ich bin fertig mit ihm." – „So fordere ich, daß du ihn mir überläßt!" – „Noch andre erheben Anspruch auf ihn."

„Aber mein Anspruch ist der größte und älteste. Wer will sich melden, um ihn mir zu entreißen?"

Omar sah sich um. Niemand antwortete. Was sollte ich tun? Ich wußte, daß weder eine Bitte, noch Drohung, noch ein Befehl beachtet worden wäre. Doch fragte ich: „Willst du ihn feig ermorden? Willst du –" – „Nein, nein!" fiel er mir in die Rede. „Auch Osko hat den Bruder dieses Menschen nicht ermordet, sondern ehrlich mit ihm gekämpft. Ich werde das gleiche tun. Ich bin kein Henker. Bindet den Mörder meines Vaters los! Ich lege meine Waffen ab. Er will mich erwürgen. Nun, er mag kommen! Gelingt es ihm, mich zu töten, so mag er frei sein und gehen, wohin er will." – Also ein Zweikampf! Meine Ansicht über den Zweikampf, den ich allerdings verwerfe, war hier gleichgültig. Wenn die höchststehenden Vertreter der Zivilisation sich wegen eines schnellen Wortes nach dem Leben trachten und es für eine Ehrlosigkeit halten, eine solche Angelegenheit anders zu ordnen, durfte ich da diesen einfachen Araber verdammen, wenn er Genugtuung vom Mörder seines Vaters verlangte? Ich sagte nichts und trat zurück. – „Ja, nehmt mir die Fessel ab!" schrie Hamd el Amasat. „Ich werde den Schurken erwürgen, daß seine Seele nicht aus dem Leib und zur Hölle fahren kann!" – Omar entledigte sich seiner Waffen und stellte sich in die Mitte der Stube. Alle standen von ihren Plätzen an den Tischen auf und zogen sich in die Ecken zurück. Die Damen Galingré verschwanden. Ich stellte mich an die Tür, um Hamd el Amasat den Ausgang zu verwehren, falls er sich dem Kampf durch die Flucht entziehen wollte. Aber das schien ihm gar nicht einzufallen. Er keuchte förmlich vor Verlangen, frei zu werden und sich auf den Gegner zu werfen. Halef band ihm die Arme los, und nun traten sich die beiden entgegen, einander mit den Augen messend. – Niemand sagte ein Wort. Hamd el Amasat war länger und sehniger als Omar. Dieser hatte die größere Geschmeidigkeit vor jenem voraus, und die Ruhe, die er bewahrte, ließ hoffen, daß er Sieger sein werde. Wunden konnte es nicht geben, da nur mit den Händen gekämpft wurde. – „So komm heran!" schrie Hamd el Amasat, indem er drohend die Fäuste ausstreckte, anstatt sich, wie ich geglaubt hatte, auf Omar zu stürzen. – Die Ruhe des jungen Arabers schien doch Eindruck auf den Armenier zu machen. Es war auch überraschend, daß sich nicht die leiseste Erregung bei dem Sohn Sadeks zeigte. Er hatte die Miene und Haltung eines Mannes, der genau weiß, daß er Sieger sein wird. – „Komm zu mir, wenn du Mut hast!" entgegnete Omar. „Aber blicke vorher hinaus! Dort drüben erscheint die Sonne über dem Wald. Schau sie dir noch einmal an, denn du wirst sie nie wiedersehen, sondern in Nacht und Grauen versinken! Hier hast du meinen Hals, um mich zu erwürgen. Ich werde dich nicht hindern, deine Hände darumzulegen."

Das war sonderbar. Welche Absicht hatte er doch? Er trat dem Gegner zwei Schritte näher, hob das Kinn, so daß sein Hals leichter zu fassen war, und legte die Hände auf den Rücken. Hamd el Amasat ließ sich diese vortreffliche Gelegenheit nicht entgehen. Er tat einen Sprung auf Omar zu und krallte ihm die beiden Hände um die Gurgel.

Kaum aber war das geschehen, so warf Omar seine beiden Arme vor und legte dem Feind die Hände an den Kopf, so daß die vier Finger jeder Hand auf die Ohren und nach hinten, die beiden Daumen aber vorn auf die Augen zu liegen kamen. – „Hundesohn, dich habe ich!" knirschte Hamd el Amasat in teuflischer Freude. „Mit dir ist es vorbei!" – Er drückte Omars Hals so fest zusammen, daß dieser blaurot im Gesicht wurde. Aber ich sah, was der Araber beabsichtigte. Er verschmähte es, noch eine Antwort zu geben. Eine kleine Bewegung seiner Daumen, ein kräftiger Druck, und Hamd el Amasat stieß ein Geheul wie ein verwundeter Panther aus und ließ die Hände vom Hals seines Gegners, denn Omar hatte ihm beide Augen herausgedrückt. – Der Verletzte fuhr sich mit den Händen zu den Augen. Er war verloren, denn jetzt konnte Omar ihn bequem erwürgen. Was nun folgen mußte, war zu entsetzlich; ich wandte mich ab und ging zur Tür hinaus. Meine Seele wollte sich gegen dieses Geschehnis aufbäumen. Dieses Blenden und dann das Abwürgen des Feindes kam mir geradezu tierisch vor. Aber konnte man Mitleid haben mit einem Menschen wie Hamd el Amasat, der schlimmer gehandelt hatte als ein Vieh? – Draußen stand die Sonne hell und strahlend am Himmel. Ich dachte an die Worte des heimatlichen Dichters:

> „Herrlich tritt die Sonn' auf ihre Wolke,
> doch den Wahn, den Menschen noch betört,
> strahlt sie nicht hinweg von diesem Volke,
> welches ewig, ewig sich zerstört."

Drin in der Stube war es ruhig geworden. Das Brüllen hatte aufgehört. War Hamd el Amasat nun tot? Da ging die Tür auf, und Omar kam heraus. Er hatte das Messer und die Pistolen wieder im Gürtel stecken. Der Kampf mußte also vorbei sein. – „Ist's zu Ende?" fragte ich schaudernd. – „Ja, die Rache ist vollendet, und die Seele meines Vaters wird befriedigt auf mich herniederblicken", erwiderte Omar Ben Sadek feierlich. „Ich darf nun meinen Bart scheren und in die Moschee zum Gebet gehen, denn das Gelübde, das ich auf dem Schott tat, ist erfüllt." – „So schafft die Leiche fort! Ich mag sie nicht sehen." – „Diese Leiche brauchen wir nicht fortzuschaffen. Sie wird gehen, wohin es ihr beliebt." – „Wie? Der Armenier ist nicht tot? Er lebt noch?" – „Ja, Sihdi. Ich dachte daran, daß du die Tötung eines Menschen verabscheust, und ich habe Hamd el Amasat geblendet. Als er hilflos vor mir stand, konnte ich es nicht über mich gewinnen, ihn zu töten. Er mag sein dunkles Leben langsam zu Grabe tragen. Er hat das Licht seiner Augen verloren und wird nun keinem Menschen mehr schaden können. So ist ihm noch eine Zeit gegeben, sich seiner Taten zu erinnern und sie zu bereuen. Habe ich recht gehandelt?" – Was sollte ich antworten? Ich erinnerte mich daran, daß sogar hochstehende christliche Rechtslehrer die Forderung stellten, Schwerverbrecher zu blenden, weil man sie dadurch, ohne sie zu töten, für die menschliche Gesellschaft unschädlich mache. Ich winkte stumm und kehrte in die Stube zurück. – Unter der Tür begegnete mir Dragojlo, der Hamd el Amasat hinausführte, um ihm die Augen am Brunnen mit Wasser zu kühlen. – „Es ist vorüber, Sihdi!" rief mir Halef entgegen, „und wir sind einverstanden, daß der zehnfache Mörder nicht getötet wurde. Das Leben wird für ihn schlimmer sein als der Tod. Was aber soll nun mit den Bewohnern dieses Nevera-Han geschehen? Sie waren mit dem Schut im Bunde."

„Laßt sie laufen! Sie gehen uns nichts an. Es ist schon zuviel geschehen. Mir graut vor diesem Ort. Beeilen wir uns, ihn zu verlassen!" – „Du hast recht, Sihdi. Auch ich habe nicht Lust, länger an diesem Ort zu bleiben. Unsre Pferde stehen draußen. Reiten wir fort!" – So schnell ging das nun nicht. Galingré ritt nicht weiter mit uns, er kehrte um; ebenso Ranko, der die Wagen bis Rugova begleiten wollte. Da gab es noch vieles zu besprechen. Und dann wollte keiner der erste sein, der das Wort des Abschieds in den Mund nahm.

Ich ging indessen hinaus zum Brunnen. Es erschien mir nicht menschlich, Hamd el Amasat den unkundigen Händen des Wirts zu überlassen. Aber kaum hörte der Verletzte meine Stimme, so schleuderte er mir Flüche und Verwünschungen entgegen, die mich augenblicklich umkehren ließen. Ich wanderte eine Strecke in die Morgenstille hinein. Kein Vogel ließ sich hören, kein Geräusch gab es ringsumher. Das war ein geeigneter Ort zum Insichschauen. Aber je tiefer dieser Blick nach innen dringt, desto mehr sieht man ein, daß der Mensch nichts ist als ein zerbrechliches Gefäß, mit Schwächen, Fehlern und – Hochmut gefüllt! – Als ich dann zurückkam, wurde von der Familie Galingré und von Ranko Abschied genommen. Nachdem sich die Wagen in Bewegung gesetzt hatten, standen wir und blickten ihnen nach, bis sie im Osten verschwanden. Dann stiegen wir auf. Weder Dragojlo noch einer seiner Leute ließ sich sehen. Sie waren froh, daß wir aufbrachen, und hüteten sich, ein Lebewohl herauszufordern, das jedenfalls nichts weniger als freundlich geklungen hätte. – So verließen wir still den Ort, der das letzte Ereignis unsrer langen, langen Reise gesehen hatte. Nach einer Viertelstunde ging die kahle Ebene zu Ende und der Wald umfing uns wieder mit seinen grünen Armen. Halef, Omar und Osko machten freundliche, zufriedene Gesichter. Der Hadschi blickte mich oft von der Seite an, als hätte er mir etwas Freudiges mitzuteilen. Osko hatte sein mit silbernen Borten verbrämtes Mintan[1] vorn weit offenstehen, was ganz gegen seine Gewohnheit war. Ich bemerkte bald den Grund. Er wollte die breite, goldene Kette sehen lassen, die an seiner Weste hing. Er hatte also die Uhr Galingrés zum Geschenk erhalten. Als er den Blick auffing, den ich auf die Kette warf, schilderte er mir seine Freude, ein so wertvolles Andenken erhalten zu haben. Das öffnete auch dem Kleinen endlich den Mund. – „Ja, Sihdi", sagte er, „der Franzose muß sehr reich sein, denn er hat uns mit Papieren bedacht, auf denen Wappen und Ziffern zu lesen sind."

Er meinte wohl Banknoten.

„Was für Papiere sind es?" scherzte ich. „Wohl Rechnungen, die ihr für ihn bezahlen sollt?" – „Was denkst du von ihm! Er wird seine Schulden von uns bezahlen lassen! So ein Mann ist überhaupt keinem Menschen etwas schuldig. Nein, was wir erhalten haben, sind Geldzettel, wie man sie im Abendland anstatt des Goldes und Silbers hat. Ich habe mehrere solcher Zettel; er hat sie mir für Hanneh, die Schönste und Freundlichste unter den Frauen und Töchtern, gegeben."

„Und du willst sie ihr mitnehmen–" – „Gewiß!" – „Das wäre nicht klug von dir, Halef. Im Land der Schammar und Haddedihn kannst du sie nicht in Gold oder Silber umwechseln. Das mußt du in Skutari tun." – „Aber wird man mich da nicht betrügen? Ich weiß nicht welchen Wert diese Zettel haben." – „Das kann ich dir sagen. Auch werde ich mit dir zum Geldwechsler gehen. Zeig sie mir!" – Er zog schmunzelnd seinen Beutel hervor, öffnete ihn und reichte mit die „Geldzettel" hin. Es waren englische Banknoten. Galingré hatte ihm wirklich ein sehr anständiges Geschenk gemacht. – „Nun?" fragte Halef. „Sind es hundert Piaster?" – „Viel, viel mehr, mein Lieber! Du kannst die Summe gar nicht erraten. Diese Banknoten haben einen Wert von über zwölftausend Piastern. Du würdest dreitausend Franken dafür bekommen, wenn du französisches Geld haben wolltest. Ich rate dir aber, lieber Mariatheresientaler zu nehmen, wenn du sie bekommen kannst, denn die gelten dort, wo Hanneh, die prächtigste der Blumen, duftet." – Der kleine Hadschi sah mich wortlos an und wiegte den Kopf. Ein solches Geschenk ging über sein Fassungsvermögen. Omar zog schnell auch seinen Beutel hervor. Er hatte noch mehr erhalten. Als Franzose hatte Galingré zwar englisches Geld gegeben, aber nach französischen Werten gerechnet, wie ich wohl

[1] Jacke

merkte. Omar hatte fünftausend Franken erhalten, eine ungeheure Summe für diese beiden anspruchslosen Leute! Das waren fürstliche Geschenke[1]! Aber Galingré war offenbar von der richtigen Überzeugung ausgegangen, daß er und die Seinen ohne uns nicht mehr leben würden. Und was waren da schließlich achttausend Franken für einen Mann, der ein solches Vermögen besaß. – Beide ergingen sich in glücklichsten Ausrufen. – „Welch ein Reichtum!" jubelte Halef. „Hanneh, die Geliebte meiner Seele, ist von diesem Augenblick das vornehmste Weib unter allen Frauen und Enkelinnen der Ateïbeh und Haddedihn. Sie kann fragen, was die Herden sämtlicher Stämme der Schammar kosten, und sich mit Seide aus Hindistan bekleiden und ihr schönes Haar mit Perlen und Edelsteinen schmücken. Ihre Gestalt wird in den Wohlgerüchen Persiens schwimmen, und mit ihren Füßchen wird sie einhergehen in den Pantoffeln der Prinzessinnen. Ich aber werde den besten Latakia rauchen, meine Masura[2] wird aus einem Rohr vom besten Rosenholz bestehen, und die Bis min kahrubà[3] soll so groß sein, daß ich sie gar nicht in den Mund bringen kann!" –

Diese überschwengliche Vorstellung von der Größe seines Vermögens konnte den Hadschi leicht zur Verschwendung treiben. Ich erklärte ihm also durch verschiedene Beispiele, daß sein Besitz nicht im entferntesten so bedeutend sei, wie er denke.

Omars Freude war stiller. Er lächelte glücklich vor sich hin und meinte: „Galingré hat mir das gegeben, wonach ich mich so sehr sehne: ich kann mir nun eine Heimat erwerben. Ich werde mit Halef zu den Haddedihn gehen und mir ein Kamel, einige Rinder und eine Herde Schafe kaufen. Dann finde ich wohl auch eine liebliche Tochter des Stammes, die mein Weib werden will. Hamdulillah! Ich weiß nun, daß ich leben kann." – Lindsay hatte, wenn nicht alles, aber doch die Hauptsache verstanden. Er brummte: „Unsinn! Galingré! Kaufmann! Bin Englishman und kann auch Geschenke geben. Muß aber nicht gleich sein! Was sagt Ihr dazu, Sir, daß diese beiden zu den Weideplätzen der Haddedihn wollen? Wie hinkommen? Welchen Weg? Zu Schiff nach Jaffa, von da aus quer durch Palästina nach Basra im Dschebel Hauran! Wie?"

„Das wäre freilich das allerbeste", nickte ich. „Aber wo bekommen sie ein Schiff nach Jaffa? Und bedenkt das Geld, das sie bezahlen müßten!" – „Pshaw! Habe Franzosen unten im Hafen liegen. Zahle alles! Können auch sämtliche Pferde mit an Bord nehmen und sie den beiden schenken. Wir mit bis Jerusalem."

„Wir? Wen meint Ihr da?"

„Euch und mich natürlich!"

„Oho! Ich muß heim."

„Unsinn! Haben Jerusalem beiseite liegenlassen müssen. Können das nachholen. Einige Wochen spielen keine Rolle. Schlagt ein!"

Er hielt mir die Hand hin.

„Muß es mir erst überlegen, Sir David", zögerte ich.

[1] Es sei an den damaligen hohen Geldwert erinnert (Karl-May-Verlag) [2] Tschibuk, Pfeife [3] Bernsteinspitze

„So überlegt schnell, schwimme sonst nach Jaffa, bevor Euch der richtige Gedanke gekommen ist. Well!"

So war er. Sein Gedanke gefiel mir sehr, und im stillen redete ich mir schon zu, darauf einzugehen.

Indessen hatten wir Gori erreicht, kamen nach nicht ganz zwei Stunden nach Skala und ritten dann von der Höhe nach Skutari hinab, dem Endpunkt unsrer Reise durch das Land der Skipetaren.

Lindsay hatte Halef und Omar seinen Plan mit Worten und Gebärden angedeutet; er wurde mit Entzücken aufgenommen, und die beiden drangen so stürmisch in mich, daß ich schließlich nachgeben mußte, was offen gestanden, gar nicht so ungern geschah. Es ging mir jetzt wie immer, ich blieb länger von der Heimat fern, als es ursprünglich in meiner Absicht lag.

Wir stiegen im Gasthof des Anastasio Papaniko ab, der allerdings nur zwei Fremdenzimmer hatte, die glücklicherweise nicht besetzt waren. Hier konnten wir uns gründlich auffrischen und das Gefühl, halbwilde Menschen geworden zu sein, von uns werfen.

Sir David schickte sofort einen Eilboten nach Antivari, um dem Kapitän seinen neuen Reiseplan mitzuteilen, und ich hatte nichts Eligeres zu tun, als zu einem Barbier zu gehen und mich dann mit einem neuen Anzug und frischer Wäsche zu versorgen. Daß wir alle ein gründliches Bad nehmen mußten, läßt sich denken.

Dann spielten wir die Herren und ließen uns auf dem Skutarisee, von dem aus die Stadt einen wunderschönen Anblick bietet, spazierenfahren. Als wir nach Hause kamen, wartete ein Polizeibeamter, bei dem sich drei rotgekleidete Saptijeler befanden, auf uns; der Wirt hatte uns angemeldet. Als der Mann meine Pässe sah, zog er sich unter den ehrerbietigsten Verbeugungen zurück, wozu wohl das reiche Bakschisch, das der Englishman ihm gab, das meiste beigetragen hatte. — Skutari hat ein durchaus orientalisches Gepräge. Es liegt teils in einer fruchtbaren Ebene, teils auf einer Hügelgruppe, die diese Ebene begrenzt und auf ihrem höchsten Punkt ein verfallenes Schloß trägt. Diese Stadt besteht eigentlich aus mehreren Dörfern, die miteinander verbunden und deren Häuser vielfach aus Holz gebaut sind. — Osko blieb einen Tag lang da; dann verabschiedete er sich von uns, um hinauf nach Allia und von da über Plavnitza nach Rieka zu reiten, wo er früher gewohnt hatte. Eine Fahrt über den See hätte ihn schneller hingebracht. Aber er glaubte, seinen Schecken, auf den er sehr stolz war, nicht den trügerischen Wellen anvertrauen zu dürfen.

Die Trennung wurde ihm und uns schwer. Er versprach, bei seiner Rückkehr nach Edirne und Stambul, seine Verwandten von uns zu grüßen und sie zu veranlassen, an mich zu schreiben. Wir gaben ihm eine Strecke weit das Geleit. — Der von Lindsay nach Antivari gesandte Bote kam erst am zweiten Tag zurück, denn man muß mit den nötigen Rasten elf bis zwölf Stunden reiten, um von der einen Stadt zur andern zu gelangen. Er meldete, der Kapitän liege an der Riva von Antivari, zu jeder Stunde bereit, uns aufzunehmen. Da uns nichts hier in Skutari hielt, brachen wir am nächsten Morgen zeitig auf.

Wir fühlten uns froh, so gute Pferde zu besitzen, denn der Weg war schlecht. Trinkbares Wasser für uns und die Pferde war nur an einer einzigen Stelle zu bekommen, die wir um die Mittagszeit erreichten. Sie lag oben auf dem Gebirgsrücken, der sich zwischen dem Skutari-See und dem Meer erhebt. Der jenseitige Abfall des Berges war so steil, daß wir aus dem Sattel steigen mußten, um die Pferde zu schonen. Von da an blitzte uns aus der Tiefe das Meer entgegen.

Die Stadt Antivari, die mit der Festung auf einem niedrigen Ausläufer des Gebirges liegt, wurde von uns nicht berührt, da wir gleich an die Riva wollten. Dort waren vier Häuser an den Strand gebaut, ein Kontumaz-Gebäude, das Geschäftshaus des Österreichischen Lloyd, ein Zollhaus und ein Wirtshaus. Hier kehrten wir ein. Es war fünf Uhr nachmittags, als wir da anlangten. – Die folgende Nacht blieben wir im Wirtshaus. Am andern Morgen schifften wir uns mit den Pferden ein, und dann entschwand die Küste des Skipetarenlandes bald unsern Blicken. – Wie wir nach Jaffa und Kuds-i scherîf[1] gekommen sind, davon ein andermal.[2]. Für jetzt ist nur noch zu erwähnen, daß Lindsay den Hadschi und Omar auch sehr reich beschenkte, und daß ich meinen ‚Freund und Beschützer' bat, mir zu schreiben. Er möge den Brief nach Mossul senden, von wo aus er wohl an mich gelangen werde. Zu diesem Zweck nahm er Papier mit, und ich schrieb auf einem Briefumschlag meine Anschrift in türkischer und französischer Sprache. – Zwei Monate nach meiner Heimkehr langte dann auch dieses Schreiben bei mir an. Halef hatte geglaubt, weil die Anschrift türkisch sei, müsse auch der Inhalt in dieser Sprache gehalten sein. Sein Türkisch war ganz wunderbar mit Arabisch vermengt, und seine zwar der Waffe, aber nicht der Feder gewohnte Hand hatte gar manchen muntern Pudel geschossen, aber der Brief war gut gemeint und verursachte mir große Freude. Hier sein Inhalt, ins Deutsche übersetzt:

„Gnade und Gruß Gottes, oh Sihdi!

Wir sind angekommen, ich und Omar. Freude und Glück überall! Geld! Panzer! Ruhm, Ehre, Wonne! Kara Ben Nemsi Effendi sei Segen, Liebe, Andenken, Gebet! Hanneh, die Liebenswürdige, die Tochter Amschas, der Tochter Maleks, der Scheik der Ateïbeh ist gesund, schön und entzückend. Kara Ben Hadschi Halef, mein Sohn, ist ein Held. Vierzig getrocknete Datteln verschlingt er in einem Atem; o Gott, o Himmel! Omar Ben Sadek wird heiraten Sahama, die Tochter von Hadschi Schukar esch Schamian Ben Mudal Hakuram Ibn Saduk Wesilegh esch Schammar, ein reiches und schönes Mädchen. Allah schenke Dir sehr gutes Wetter und schöne Witterung! Rih, der Hengst, grüßt sehr ergebenst und höflich. Omar Ben Sadek hat ein gutes Zelt und eine liebenswürdige Schwiegermutter. Heirate auch bald! Allah beschütze Dich! Sei stets zufrieden und murre nicht!

[1] Jerusalem [2] Gesammelte Werke, Band 60 „Allah il Allah"

Ich liebe Dich! Vergiß das Siegel; ich habe weder ein Petschaft, noch Siegellack! Sei immer tugendhaft und meide die Sünde und das Verbrechen! Komm im Frühjahr! Sei immer mäßig, bescheiden, zuvorkommend und fliehe die Betrunkenheit! – Voller Hochachtung, Ehrerbietung, Demut und Anbetung Dein ehrlicher und treuer Freund, Beschützer und Familienvater.

    Hadschi Halef Omar Ben Hadschi Abul Abbas Ibn Hadschi Dawuhd al Gossarah."

Anhang

Mein Rih

Mit der letzten Zeile des vorigen Kapitels war unsre Reise zu Ende, und damit sollte eigentlich auch das Buch schließen. Doch sehe ich mich zu meiner Freude gezwungen, einen Anhang folgen zu lassen.

Ich sage zu meiner Freude, denn viele Hunderte von Zuschriften aus allen Gegenden des Vaterlandes und auch des Auslandes haben mir bewiesen, welch ein inniges Seelenbündnis sich zwischen meinen Lesern und mir herausgebildet hat. Was die Zeitungen über die bisherigen sechs Bände schreiben, ist sehr erfreulich und ehrenvoll; weit tiefer aber berührt es mich, auch so vielen Briefen von alt und jung, vornehm und einfach, hoch und niedrig zu vernehmen, daß nicht nur ich der Freund meiner Leser geworden bin, sondern daß auch meine Gefährten sich eine große allseitige Teilnahme erworben haben.

Besonders ist es mein guter, treuer Hadschi Halef Omar, nach dessen späteren Schicksalen und gegenwärtigen Verhältnissen ich gefragt werde. Ich kann getrost sagen, daß sich dieses liebe Kerlchen alle Herzen erobert hat. – Was will man da nicht alles über ihn wissen! Ich könnte Briefe über Briefe schreiben und würde doch nie fertig werden, denn es gehen täglich immer wieder neue Anfragen ein. Ich soll noch mehr, viel mehr von ihm erzählen. Ich soll sagen, ob, wann, wo und wie ich wieder mit ihm zusammengetroffen bin und was ich da mit ihm erlebt habe. Ich kann nicht anders, ich muß diese Bitte so gut es geht, zu erfüllen suchen und bemerke dabei zugleich, daß in späteren Bänden noch oft und viel von Halef die Rede sein wird. Was diese Bände nicht bringen, soll hier erzählt werden.

Dabei werden zugleich die Wünsche derer erfüllt, die ihre Teilnahme auch jenem Wesen schenken, das meinem Herzen so nahegestanden hat, obgleich es nur ein Tier war. Ich meine Rih, den unvergleichlichen Rappen, nach dem sich ebenfalls viele Leser erkundigen.

Ich befand mich wieder einmal in Damaskus und hatte die Absicht, von da aus über Aleppo, Diarbekr, Erserum und die russische Grenze zu gehen, um nach Tiflis zu gelangen. Ein Freund von mir, Professor und Sprachforscher, hatte es verstanden, mich für die kaukasischen Mundarten einzunehmen, und ich hielt es, wie das meine Art und Weise ist, für vorteilhaft, meinen Studien nicht daheim, sondern an Ort und Stelle nachzugehen. Begreiflicherweise wohnte ich in Damaskus nicht in einem Gasthaus, sondern ich war in der Geraden Straße bei

Jakub Afarah abgestiegen[1] und mit großer Freude aufgenommen worden. Früher hatte ich nicht Zeit gefunden, die Umgebung von Damaskus eingehend kennenzulernen, und so strebte ich jetzt das Versäumte nachzuholen. Ich machte täglich einen Ausflug und war bald so weit herumgekommen, daß ich nur noch den im Norden der Stadt gelegenen Dschebel Kasjun besuchen mußte. Dieser Berg ist darum merkwürdig, weil dort nach der morgenländischen Überlieferung Kain seinen Bruder Abel erschlagen haben soll.

Ich unternahm diesen Spazierritt allein, um den Anblick der prächtigen Stadt in Ruhe auf mich wirken zu lassen. Es war noch sehr früh am Tag, und so durfte ich hoffen, ungestört zu sein. Aber als ich auf der Höhe ankam, sah ich, daß ich heute nicht der erste Besucher war. Ich erblickte einen jungen Hammâr[2], der im Gras neben seinem Tier lag, und als ich um einige Olivenbüsche bog, sah ich auch den Mann, den der Esel heraufgetragen hatte. Er wendete mir den Rücken zu, seiner Kleidung nach mußte er ein Europäer sein, da unmöglich ein Eingeborener in so einem Anzug stecken konnte.

Ein hoher, grauer Zylinderhut saß auf einem langen schmalen Kopf, der in Beziehung auf den Haarwuchs noch öder war als die Sahara. Der dürre, bloße Hals ragte aus einem breiten, umgelegten und tadellos geplätteten Hemdkragen hervor; dann kam ein graukarierter Rock, eine graukarierte Hose, und auch die Gamaschen waren graukariert. Ich sah den Mann, wie erwähnt, von hinten, konnte aber darauf schwören, daß er auch einen graukarierten Schlips und eine graukarierte Weste trug. Über dem Schlips gab es dann ein langes, dünnes Kinn, einen breiten, dünnlippigen Mund, noch höher hinauf eine Nase, die einmal mit einer riesigen Aleppobeule behaftet gewesen war. Das wußte ich genau, denn ich kannte diesen Mann, der so in sich versunken war, daß er mein Kommen nicht gehört hatte. – Ich stieg aus dem Sattel, schlich zu ihm hin, legte ihm von hinten beide Hände auf die Augen und sagte mit verstellter Stimme: „Sir David, who is there – wer ist da?" – Er schrak ein wenig zusammen und nannte dann einige englische Namen, jedenfalls Namen ihm bekannter Personen, die sich gegenwärtig in Damaskus befanden. Darauf rief ich mit meiner gewöhnlichen Stimme: „Falsch geraten, Sir David! Wollen sehen, ob Ihr mich nun erkennt."

Da fuhr er augenblicklich auf. – „The devil! Wenn das nicht dieser armselige Kara Ben Nemsi ist, der seinen Rappenhengst verschenkt hat, anstatt ihn an mich zu verkaufen, so will ich sogleich selbst Rappe sein!" – Er machte sich von meinen Händen frei und drehte sich zu mir um. Seine Augen richteten sich groß auf mich; sein Mund zog sich von einem Ohrläppchen zum andern, und seine lange Nase geriet in eine unbeschreibliche Bewegung. – „Wahrhaftig!" stieß er dann hervor. „Er ist's wirklich, dieser Mensch! Kommt an mein Herz, Sir! Muß Euch an meinen Busen drücken!"

Er schlang die langen Arme wie ein Polyp um mich, quetschte mich fünf-, sechsmal an seine vordere Seite und legte dann – have care! – seinen fürchterlich gespitzten Mund auf den meinigen, was

[1] Siehe Band T3, „Von Bagdad nach Stambul" [2] Eseltreiber

er nur dadurch fertigbrachte, daß er seine Nase eine entschlossene Seitenwendung machen ließ. Dann schob er mich wieder von sich ab und fragte mit leuchtenden Augen: „Mann, Kerl, Freund, wie kommt Ihr grad jetzt hierher, auf Berg herauf? Bin außer mir vor Freude; yes! Habt etwa doch meinen Brief erhalten?"

„Welchen Brief, Sir David?"

„Von Triest aus. Forderte Euch auf, dorthin zu kommen, mit mir nach Kairo zu fahren."

„Weiß von keinem Brief. War gar nicht daheim."

„Also Zufall? Oder, wie Ihr sagt, Schickung! Seit wann treibt Ihr Euch hier herum?"

„Seit elf Tagen schon."

„Ich erst vier. Morgen geht's wieder fort. Wohin wollt Ihr von hier aus?"

„In den Kaukasus." – „Kaukasus? Weshalb?"

„Sprachstudien."

„Unsinn! Schwatzt genug in fremden Zungen. Wollt Euch etwa mit Tscherkessen herumbalgen? Geht mit mir! Soll Euch kein Geld kosten." – „Wohin?" – „Haddedihn." – „Was?" staunte ich nun meinerseits. „Ihr wollt zu den Haddedihn?" – „Yes", nickte er, und seine Nase nickte auf ihre eigene Rechnung gar dreimal. „Warum nicht? Habt etwas dagegen?" – „Nicht das geringste. Aber wie kommt Ihr auf diesen Gedanken? Wollt Ihr etwa wieder ‚Fliegende Stiere' ausgraben?" – „Haltet den Mund! Braucht mich nicht zu foppen, Sir. Bin von diesem Gedanken längst abgekommen. Aber Ihr wißt, daß ich Mitglied des Traveller-Klub, London, Near Street 47, bin. Habe mich da anheischig gemacht, Reise von achttausend Meilen zu machen, ganz gleich, wohin. Überlegte mir die Sache. Dachte an unsre frühern Ritte, beschloß die bekannten Orte aufzusuchen. Dann von Bagdad nach Indien und China. Wollt Ihr mit?"

„Danke! Habe nicht so lange Zeit." – „Dann wenigstens mit zu Haddedihn. Wollte mir hier Führer nehmen. Habe sogar schon angestellt. Können aber dableiben, wenn Ihr mitgeht. Well!"

Der Gedanke, die Haddedihn und namentlich Halef zu besuchen, war verführerisch. Aber ich hatte nun einmal anders über meine Zeit verfügt und machte Einwendungen. Er hörte mich jedoch gar nicht an, schüttelte den Kopf, wobei seine Nase in ein bedenkliches Schlingern kam, wedelte mit den Armen, so daß ich mich durch einige Schritte rückwärts in Sicherheit bringen mußte, und ließ eine solche Flut von Vorwürfen und Ermahnungen über mich los, daß ich schließlich bat: „Nehmt Eure Stimmwerkzeuge in acht, Sir David! Vielleicht habt Ihr sie später noch einmal nötig."

„Pshaw! Werde so lange reden, bis Ihr sagt, daß mitmachen wollt."

„Nun, so muß ich mich freilich Euer erbarmen. Ich reite mit. Doch sage ich Euch, daß ich nicht mehr als einen Monat Zeit für Euch habe." – „Schön, herrlich, prächtig, Sir! Bin schon zufrieden. Aus Monat wird leicht Jahr. Kenne Euch. Yes!"

Lindsay umarmte mich wieder und versuchte, einen zweiten Kuß an den Mann zu bringen, dem ich aber durch eine schlaue

Kopfbewegung entging, so daß die drohend zugespitzten Lippen in der Luft laut auseinanderplatzten. Darauf erkundigte ich mich, wo er in Damaskus wohne. – „Beim englischen Konsul; ist entfernter Verwandter von mir", antwortete er. „Und Ihr?" – „Bei Jakub Afarah. Ich habe dadurch große Freude angerichtet. Warum habt Ihr ihn nicht besucht?" – „Dachte, daß er mich gleich dabehalten würde. Bin gern mein eigner Herr. Komme aber jetzt gern mit Euch. Möchte Klavier sehen, auf dem Ihr damals Konzert gegeben habt."

Kain und Abels Erinnerungsstätte erregte jetzt weniger unsre Aufmerksamkeit; wir ritten bald in die Stadt hinunter. Das war wieder einmal so ein unerwartetes Zusammentreffen, wie ich so oft eins erlebt hatte! Die Folge davon war anstatt der geplanten Reise nach Norden ein Ausflug zu den befreundeten Haddedihn vom Stamm der Schammar. Zwei Tage später waren wir schon unterwegs, ganz allein, denn Führer brauchten wir nun nicht. Die Vorbereitungen zu diesem Ritt kosteten mich keinen Pfennig. Lindsay kaufte drei gute Kamele, eins davon zum Tragen der Vorräte. Auch für Geschenke hatte er in höchst anständiger Weise gesorgt. Leider war es mir nicht möglich gewesen, ihn zu bestimmen, seinen schauderhaften, graukarierten Anzug abzulegen. Auf alle meine diesbezüglichen Vorstellungen gab er nur die eine Antwort: „Laßt mich mit Euren fremden Kleidern in Ruh! Bin einmal in kurdischem Anzug gesteckt, einmal und nicht wieder! Kam mir vor wie Löwe in Eselshaut. Yes!"

„Wirklich? Sonderbar!" – „Was sonderbar?" – „Diese Umkehrung Die bekannte Fabel spricht doch wohl von einem Esel in der Löwenhaut." – „Sir! Soll das Anzüglichkeit sein, he?" – „Nein, nur eine Richtigstellung." – „Well, sollte Euch anders auch nicht gut bekommen! Brauche keine fremde Haut, um Mut zu zeigen. Könnt Euch darauf verlassen!" – Dieser Bemerkung bedurfte es gewiß nicht; er hatte ja mehr als zur Genüge bewiesen, daß er Mut besaß. Nur hatte er dabei leider die Eigentümlichkeit, alles am verkehrten Ende anzufassen. Das Bild vom Esel in der Löwenhaut war von mir nur berichtigt worden, weil ich wissen wollte, ob ich noch in der früheren vertraulichen Weise mit ihm verkehren könne.

Wir benutzten den Weg, den ich damals von den Weideplätzen der Haddedihn nach Damaskus eingeschlagen hatte, und gingen also in der Gegend von Deïr auf Kellekflößen über den Euphrat. Wir hatten bisher nichts erlebt, was besondere Erwähnung verdiente. In Deïr aber erfuhren wir, daß wir von jetzt an vorsichtig sein müßten, weil die Abu-Ferhan-Araber, deren Herden jetzt hier und am Khabur weideten, sich mit den Haddedihn entzweit hatten und uns, die wir mit jenen befreundet waren, jedenfalls feindlich behandeln würden. Wir hielten uns also lieber südlich und setzten bei Abu Seraï über den Khabur. Dort liegen die Ruinen des alten Circesium oder Karchemisch, wo 605 v. Chr. Nebukadnezar den ägyptischen König Necho besiegte. Einen Tag später hatten wir das Gebiet der Abu Ferhan hinter uns und durften darauf rechnen, morgen oder spätestens übermorgen die Haddedihn zu sehen. – Am nächsten Abend machten wir auf der weiten Ebene halt, die jetzt einer blumigen Wiese glich. Lindsay hätte gern ein Feuer angebrannt, doch gab ich das nicht zu. Wir lagerten also im Dunkeln. Gegen Mitternacht hörte ich den schnellen Hufschlag von Pferden, konnte aber die Reiter nicht entdecken. Dem Schall nach zu urteilen, ritten sie ostwärts, also in der Richtung, in der wir die Haddedihn suchten. Hätten wir ein Feuer gehabt, so wären wir von diesen Leuten bemerkt und aufgesucht worden.

Als der Tag graute, brachen wir auf. Nachdem wir vielleicht eine Stunde lang geritten waren, erblickten wir zwei Reitertrupps, die aus Osten kamen. Der erste, der aus sechs bis acht Personen bestand, hielt sich nördlich, mußte also für uns schnell wieder verschwinden; der zweite zählte nur zwei Personen, die auf uns zukamen. Ich glaubte annehmen zu dürfen, daß diese beiden Trupps zusammengehörten und sich erst vor wenigen Minuten getrennt hatten.

Zunächst konnten wir nichts Deutliches sehen, weil die Leute noch zu fern waren; doch kamen uns die beiden rasch näher; und da erkannten wir, daß der eine auf einem Schimmel und der andre auf einem Schwarzen saß. Sie gewahrten uns ebenso wie wir, veränderten aber ihre Richtung nicht, schwangen die Arme, wie um uns ein Zeichen zu geben und ließen frohe Ausrufe hören, die aus der Ferne wie „Nadschah, nadschah, nefad!" klangen. Wenn ich nicht falsch hörte, so hieß das soviel wie: „Es ist gelungen, gelungen!" Sie schienen uns für Bekannte zu halten. – Dann aber mußten sie die graukarierte Gestalt des Englishman deutlicher sehen; sie stutzten, kamen aber dann doch auf uns zu. Jetzt waren sie ungefähr noch zweihundert Pferdelängen von uns entfernt. Da konnte ich einen Ausruf des Erstaunens nicht unterdrücken. Ich erkannte die beiden Pferde. Der Engländer übrigens genauso, denn er sagte zu gleicher Zeit:

„The devil, das ist ja unser Rih! Sind diese Leute Haddedihn?"

„Nein, Pferdediebe", entgegnete ich leise. „Macht sie mir nicht scheu! Jedenfalls sind es Abu Ferhan, die gestern abend an uns vorbeiritten. Sie haben die beiden besten Pferde der Haddedihn gestohlen. Haltet an und steigt ab, Sir David! Die Pferde müssen wir haben. Bleibt hier, bis ich wiederkomme!" – Wir ließen unsere Kamele niederknien und saßen ab. Den Bärentöter und den Stutzen ließ ich am Sattel hängen und ging den beiden Reitern mit leeren Händen entgegen. Sie waren auch halten geblieben. Ein Blick zurück sagte mir, daß Lindsay sein Gewehr in der Hand hielt. Als ich noch ungefähr sechzig Schritt von ihnen entfernt war, rief mir der Reiter des Rappen zu: „Halt, bleib stehen! Wer bist du?" – „Ich bin der Besitzer des Hengstes, auf dem du sitzt", erwiderte ich. „Steig ab!"

„Allah verbrenne dich", gab er zurück. „Bist du bei Sinnen? Das Pferd ist mein!" – „Das wird sich gleich zeigen." – Ich warf meinen Burnus ab, so daß meine Gestalt dem Rappen deutlich sichtbar wurde, und rief ihm zu: „Rih, Rih et tajib, ta'âl, ta'a lahaun – Rih, mein lieber Rih, komm, komm her zu mir!"

Das herrliche Pferd hatte mich lange nicht gesehen; es erkannte mich doch sogleich. Ein gewaltiger Satz mit allen vieren in die Luft, ein zweiter dann zur Seite, und der Reiter lag im Gras. Im nächsten Augenblicke stand der Rappe, hell aufwiehernd, bei mir. Früher pflegte er mich dadurch zu liebkosen, daß er seinen Kopf an mir rieb oder mich leckte. Jetzt aber war das treue Tier so entzückt, daß ihm das nicht genügte. Es nahm meine Schulter ins Maul und ließ dabei einen schnaubenden Freudenton hören, der so deutlich wie mit menschlichen Worten sagte: „O du lieber, lieber Herr, ich könnte vor Wonne sterben, daß ich dich wiederhabe." – Aber es gab keine Zeit zu Zärtlichkeiten. Der Abgeworfene kam schon herbeigeeilt; er hatte sein Messer in der Hand. Und der andre trieb sein Pferd auch auf mich zu. Ein rascher Sprung, und ich saß im Sattel. Den Revolver ziehend, hielt ich ihn dem ersten Angreifer entgegen und gebot:

„Bleib stehen, sonst schieß ich!" – Er gehorchte. – „Herab vom Pferd!" befahl ich nun dem zweiten. „Sonst schieße ich dich herunter!"

Er hielt den Schimmel an, da er nicht näher zu kommen wagte, rief mir aber zornig entgegen: „Hundesohn, was hast du uns zu befehlen! Diese Pferde gehören uns, und ich –" – „Schweig!" unterbrach ich ihn. „Ich bin Kara Ben Nemsi, der Freund der Haddedihn, und dieser Rappe ist mein Pferd." – „Kara Ben Nemsi!" schrie er auf. „Der Fremdling mit den Zauberflinten!" – Einen Augenblick starrte er mich ratlos an, aber nur einen einzigen Augenblick; dann schoß er auf dem Schimmel, schnell wie ein Gedanke, über die Ebene dahin.

„Sir David, nehmt den Kerl hier fest!" rief ich dem Engländer zu. Hierauf flog ich hinter dem Reiter her. – Das Pferd, auf dem er saß, war das schnellste Roß der Haddedihn, jene Schimmelstute, von der Mohammed Emin[1] zu mir gesagt hatte: „Diese Stute geht nur mit meinem Leben von mir." Er hatte mit ihr den wilden Esel des Sindschar müde gejagt. Selbst mein Rih hätte sie nicht einholen können, wenn der rechtmäßige Herr auf ihr gesessen hätte. Dieser Pferdedieb aber kannte ihr Geheimnis nicht und brachte sie deshalb nicht zur Entfaltung ihrer größten Schnelligkeit. Darum war ich des Erfolgs sicher. – Ich legte dem Rappen die Hand zwischen die Ohren und rief dreimal „Rih!" Er wieherte laut auf und griff so aus, daß mir hätte schwindlig werden mögen. Schon nach einer halben Minute sah ich, daß ich Raum gewann. Der Dieb blickte hinter sich und bemerkte es ebenso. Er schlug auf sein Pferd ein, um es anzutreiben, doch die edle Stute war eine solche Behandlung nicht gewöhnt; sie widersetzte sich. Das brachte mich ihr rascher näher. Der Dieb gab sich alle Mühe und strengte seine ganze Reitkunst an; er gewann wieder die Herrschaft über das Pferd und flog weiter. – Der Mann war ein vorzüglicher Reiter. Es läßt sich denken, daß, wenn ein Stamm die besten Pferde eines andern stehlen will, nur die tüchtigsten Reiter dazu verwendet werden. Diese nehmen, um nicht gehindert zu sein, keine langen Waffen, sondern nur die Messer mit. Dafür aber bekommen sie Begleiter, die sie beschützen, verteidigen sollen. Das war der andre Reitertrupp gewesen, der die nördliche Richtung eingeschlagen hatte, um die Verfolger von den eigentlichen Dieben ab- und auf sich zu lenken. – Aber die Reitkunst dieses Mannes half ihm nichts. Ich kam ihm näher und näher. Nun verlegte er sich auf Finten und wich von der geraden Richtung bald rechts, bald links ab, wie ein Fuchs, der

[1] Siehe Band T 1, „Durch die Wüste"

die Meute hinter sich hat. Doch vergeblich. Ich holte an seine Seite auf.

„Halt an!" gebot ich ihm. – Er schwang sein Messer, stieß ein grimmiges Lachen aus und gehorchte nicht. Ich wäre gern von meinem Pferd auf das seinige hinübergesprungen, aber das hätte der zarten Stute schaden können. Darum hielt ich mich an seiner Seite und richtete den Revolver auf ihn. – „Nochmals, halt an, sonst schieße ich!" – Er lachte wieder. Da zielte ich auf seine Hand, die das Messer gepackt hatte, und drückte ab. Die Kugel saß. Er stieß einen Schrei aus und ließ das Messer fallen; er war waffenlos. Da drängte ich den Rappen hart an den Schimmel, hob mich in den Bügeln und schlug ihm die Faust gegen den Kopf. Er taumelte und ließ die Zügel aus der Linken fallen. Sofort ergriff ich sie. Pferd und Reiter waren mein. Wir hielten an, nachdem die Tiere noch eine kleine Strecke fortgeschossen waren. Der Dieb war nicht ganz betäubt, wankte aber im Sattel hin und her. Das Blut lief ihm von der rechten Hand.

„Halte dich fest! Es geht zurück!" gebot ich ihm. „Wenn du eine Bewegung der Flucht oder des Widerstandes machst, schieße ich dich vollends zuschanden!" – Er sah ein, daß er sich fügen müsse, und ergab sich in sein Schicksal. – Die Verfolgung hatte wohl kaum fünf Minuten gedauert, und doch waren wir weit vom Engländer fortgekommen. Es verging im Trab über eine Viertelstunde, bis ich ihn wiedersah. Er saß bei den Kamelen und hatte den andern Dieb neben sich sitzen. – „Gut, daß Ihr kommt", rief er mir entgegen. „Ist verteufelt langweiliger Kerl. Wollte mich mit ihm unterhalten, versteht kein Wort Englisch." – „Es ist wohl auch kaum nötig, daß sich ein Sir David Lindsay mit einem Pferdedieb unterhält", lachte ich. „Wie habt Ihr ihn bekommen?" – „Mit den Händen. Wollte fortlaufen, der Halunke; habe aber auch zwei Beine. Well!" – „Aber er hatte doch ein Messer!" – „Ich auch!" – „Hat er sich damit zur Wehr gesetzt?" – „Freilich. Habe ihm aber Klaps auf die Nase gegeben; wird bald aussehen wie damals die meinige mit Aleppobeule. Der da hat wohl auch Klaps erhalten?" Lindsay deutete dabei auf den Dieb, den ich brachte. Der seinige hielt die Nase in beiden Händen.

„Ja", erwiderte ich. „Jetzt reiten wir die Pferde, und diese beiden Gentlemen mögen sich auf unsre Kamele setzen."

„Wohin geht's jetzt?" erkundigte sich Lindsay.

„Gar nicht weit. Nur bis dahin, wo die Spitzbuben sich getrennt haben."

„Getrennt? Wieso?" – „Ist sehr einfach, Sir David. Die Haddedihn haben den Diebstahl, sobald es Tag wurde, bemerkt und sich augenblicklich auf die Verfolgung gemacht. Um sie irrezuleiten, sind die Diebe in zwei Trupps auseinandergeritten, die einen nach Norden und diese beiden hier mit den erbeuteten Pferden westwärts. Wir reiten bis zu dieser Scheidestelle und werden da die Haddedihn bald vor uns haben." – „Well! Werden Augen machen, wenn sie ihre Pferde so bald wiederbekommen und nun gar von wem!"

Die beiden Abu Ferhan – denn sie gehörten diesem Stamm wirklich an – mußten auf die Kamele steigen, nachdem ich dem einen die

Hand verbunden hatte. Dann ritten wir weiter, bis ihre Fährte mit der ihrer Spießgesellen zusammenstieß. Dort stiegen wir wieder ab und setzten uns ins Gras. Die Pferde und Kamele begannen sofort zu weiden. Lindsay rieb sich vor Vergnügen die Hände und sagte: „Bin doch begierig auf die Gesichter! Wird Hauptspaß. Nicht?"

„Ja, eine tüchtige Überraschung. Halef wird einer der ersten sein, und Amad el Ghandur ist gewiß auch dabei." – Hierzu muß ich daran erinnern, daß Amad, als ich mit Halef von der Todeskarawane zu den Haddedihn zurückkehrte, noch nicht wieder bei seinem Stamm angekommen war. Wir hielten ihn damals für verloren. Später aber langte er doch noch glücklich an. Er hatte den Tod seines Vaters an den Bebbeh-Kurden gerächt, jedoch mehr Zeit dazu gebraucht, als man voraussehen konnte. Er bekleidete jetzt als Nachfolger Mohammed Emins die Würde eines Scheiks der Haddedihn.

„Und Omar Ben Sadek mit Schecke!" fügte Lindsay hinzu. „Freue mich wie Schneesieber auf Gurkenzeit. Ist doch etwas andres, wenn man mit Euch reist, Sir. Man erlebt etwas." – „Macht mich nicht stolz, Sir David! Andre Leute haben auch ihre Erlebnisse."

„Aber was für welche!" – Die beiden Gefangenen sagten kein Wort. Der eine starrte zu Boden, der andre betastete unaufhörlich seine Nase, die an Farbenreichtum und Ausdehnung sichtlich zunahm. Der Englishman mußte ihm einen gewaltigen Hieb daraufgegeben haben. – Als wir ungefähr eine Viertelstunde gewartet hatten, sahen wir eine Menge Reiter am östlichen Rand des Blickfeldes auftauchen.

„Sie kommen, sie kommen!" lachte Lindsay übers ganze Gesicht. „Möchte ihnen gleich tausend Pfund Sterling schenken! Yes, well!"

Ja, die Haddedihn kamen. Dabei näherten sie sich schnell, indem sie auf der Spur der Pferdediebe ritten. Sie sahen uns und hielten an, um uns zu betrachten. So bemerkten sie nebst unsern Kamelen einen Schimmel und einen Rappen. Diese Färbung der Pferde stimmte. Aber konnten es die ihrigen sein? Nein, denn dann wären wir die Diebe gewesen und hätten uns nicht hierhergesetzt und sie so ruhig herankommen lassen. – „Sir", fragte der Engländer, „wer ist der hohe, bärtige Mann an der Spitze?" – „Das ist Amad el Ghandur. Er trägt den Bart ebenso lang wie früher sein Vater, nur daß der seinige schwarz ist, während der von Mohammed Emin weiß wie Silber war."

„Und der Alte daneben?" – „Ist Scheik Malek von den Ateïbeh, der Großvater von Hanneh, der Herrlichsten unter den Herrlichen."

„Und der kleine Kerl seitwärts von ihm?" – „Unser Hadschi Halef Omar." – „Well! Habt bessere Augen als ich. Hält dort nicht einer auf einem scheckigen Pferd?" – „Ja. Das ist Omar Ben Sadek auf seinem Aladschypferd. Sie haben uns noch nicht erkannt. Jetzt aber kommen sie." – „Well! Werde mich ihnen gleich in Lebensgröße zeigen." – Er stand auf, streckte seine lange Gestalt womöglich noch länger und schritt ihnen entgegen. Sie stutzten wieder. Die sonderbare graukarierte Figur befremdete sie. Da aber stieß der kleine Hadschi einen lauten Freudenruf aus, trieb sein Pferd vorwärts und rief dabei, sein Arabisch und Türkisch mit den wenigen deutschen und englischen Brocken mischend, die er sich gemerkt hatte, begeistert: „Maschallah! Wunderbar! That's Sir David Lindsay! Kejfinnis nedir – wie geht es?" – Er kam herbeigeritten. Lindsay ging ihm entgegen. Als sie sich trafen, sprang Halef vom Pferd und fragte: „You hier bei uns! Allah, Allah! How do you do? Habt Ihr von meinem guten Sihdi gehört? Wie geht es ihm? Hat er ein Weib genommen oder noch nicht? Was –?" – Die Frage blieb dem Hadschi im Mund stecken; ich hatte ihm den Rücken halb zugekehrt, stand aber jetzt auf und schritt auf ihn zu. Er bewegte zunächst kein Glied. Dann breitete er die Arme aus, als wollte er mich schon von weitem umfangen, konnte aber nicht von der Stelle, sondern sank in die Knie und bewegte die Lippen. Man sah, daß er sprechen wollte; er brachte aber kein Wort hervor; dabei rannen ihm dicke Tränen aus den Augen und über das Gesicht herab.

Ich war tief gerührt von dieser außerordentlichen Gemütsbewegung, hob den Kleinen auf und zog ihn an meine Brust. Da schlang er die Arme um mich, drückte sein Gesicht an mich und weinte und schluchzte zum Herzbrechen.

Nun wurden auch die andern lebendig. Sie erkannten uns; sie erkannten auch den Hengst und die Schimmelstute, und im nächsten Augenblick wogte es um uns von Reitern, die von den Pferden sprangen, von Rufen und Fragen. Aller Hände streckten sich nach uns aus. Ich konnte keine einzige drücken, denn ich hatte vollauf mit meinem Halef zu tun, der sich endlich so weit beruhigte, daß er sprechen konnte, aber vorerst auch nur die Worte: „Ja, Sihdi, hajâti, na'imi, nuri esch schems, ja Allah, ja Allah – o Sihdi, mein Leben, mein Glück, mein Sonnenlicht – o Gott, o Gott!"

Dabei streichelte er mir mit beiden Händen das Gesicht und küßte den Saum meines Burnus. Für ihn war es in diesem Augenblick gleichgültig, ob die beiden kostbaren Pferde gerettet waren oder nicht. Er hatte mich. Das war ihm genug.

Um so größer aber war der Jubel der andern darüber, daß die Tiere geborgen waren. Auch ich hatte Tränen in den Augen über Halefs tiefe Ergriffenheit, und dennoch konnte ich nicht anders, ich mußte lächeln über die Art und Weise, wie der graukarierte Englishman die Haddedihn begrüßte. Er suchte seinen ganzen arabischen und türkischen Wortvorrat zusammen, um ihnen zu sagen, wie sehr er sich über das Wiedersehen freue; er verfügte da über zwanzig oder höchstens dreißig Ausdrücke, und man kann sich denken, welch ein Unsinn dabei zustande kam.

Omar Ben Sadek hatte lange gewartet, um auch an mich zu kommen. Jetzt nahm er Halef einfach bei den Schultern, zog ihn von mir weg und sagte: „Glaubst du denn, den Sihdi ganz allein für dich behalten zu können? Hier ist auch noch jemand, der ihn begrüßen will!" – Er drückte, ich mochte mich wehren, so sehr ich wollte, seine Lippen auf den Saum meiner Jacke und ließ nicht eher von mir ab, als bis Amad el Ghandur ihn zur Seite drängte und meine Rechte ergriff. – „Allah sei Dank, der dich wieder zu uns führt, o Kara Ben Nemsi Effendi!" begann er. „Es wird große Freude sein in unserm Lager und viel Wonne unter unsern Zelten. Unsre Krieger werden euch mit dem La'b el Barud, dem Spiel des Pulvers, empfangen, und aus dem Mund der Frauen und Mädchen wird dein Lobgesang erschallen. Du sollst uns willkommen sein, wie noch niemand, denn du bist der beste unsrer Freunde, und schon dein bloßes Erscheinen hat uns Heil gebracht. Du hast die zwei edelsten Pferde unsers Stammes gerettet. Willst du uns sagen, wie dir das gelungen ist?"

Erst durch diese Frage des Scheiks wurde Halef veranlaßt, seine Augen von mir auf den Rappen zu wenden.

„Ja", rief er aus, „noch hat der berühmte Kara Ben Nemsi Effendi seinen Fuß nicht auf unser Gebiet gesetzt, so kommt uns von ihm schon das Glück entgegen. O Sihdi, man hatte mir deinen Rih gestohlen, das Pferd meiner Seele, den Rappen meines Herzens. Welche Schande wäre über mich gekommen, wenn du die Räuber nicht besiegt hättest! Wie hast du es angefangen, sie und die gestohlenen Rosse auf euren langsamen Kamelen einzuholen?"

„Das sollst du gleich erfahren, wenn ich vorher auch diesen kleinen Ben Arab begrüßt habe, von dem ich wohl errate, wer er ist."

Ein etwa achtjähriger Knabe saß auf einem vielleicht dreijährigen Rappenhengst. Er war nicht abgestiegen und hielt seine großen, dunklen Augen mit einem ganz eigenen Ausdruck auf mich gerichtet. Ich reichte ihm die Hand und sagte: „Wir haben uns seit drei Jahren nicht gesehen. Du bist Kara Ben Hadschi Halef, der Sohn meines Freundes?" – „Ich bin es", antwortete er, und auf sein junges Pferd deutend: „Und dieser Rapphengst ist Assil Ben Rih, der Sohn dessen, den du meinem Vater geschenkt hast." – „Wie? Rih hat einen Sohn?" fragte ich verwundert. – „Einen Sohn und eine Tochter", antwortete Halef. „Durfte so ein Pferd ohne Nachkommen bleiben? Nein. Seine Nachkommen sollen ebenso schwarz werden, wie er selber ist; darum erkundigte ich mich nach der besten schwarzen Stute, die aufzufinden war. Dieses berühmte Pferd wohnte in der arabischen Wüste in El Hamada, und ich habe große Gefahren zu überwinden gehabt, bis ich ihren glücklichen Besitzer begrüßen konnte. Ihm gefiel unser Rih, und er ging mit mir einen Vertrag ein. Rih sollte uns, wenn möglich, einen Sohn und eine Tochter geben; die Tochter sollte ihm, dem Besitzer der Stute, der Sohn aber mir, dem Besitzer des Hengstes, gehören. So ist es auch geschehen. Rih hat unsre Hoffnungen erfüllt. Die Tochter ist zwei Jahre, der Sohn aber drei Jahre alt. Hier siehst du ihn, Sihdi. Er ist fast edler noch als Rih und trägt schon meinen Knaben, den Sohn der Lieblichsten unter den Schönsten. Sie beide sind Tag und Nacht beisammen, und wir haben ihn schon ein Geheimnis gelehrt, das ich dir mitteilen werde, denn er ist ja dein Eigentum, wie auch Rih selbst dir gehört."

„Nein, es gehört mir keiner von beiden", entgegnete ich. „Sie sind dein Eigentum." – „Nein, das deinige!" beharrte der Hadschi. „Du hast mir Rih, den herrlichen, anvertraut, weil er nur hier bei uns leben und gedeihen kann. Ich habe ihn gepflegt mit den Reichtümern, die ich nur durch dich erhalten habe, und ihn während deiner Abwesenheit reiten dürfen; dadurch bin ich überreichlich belohnt für die Mühen, die ich auf ihn verwendet habe. Es waren ja auch keine

Mühen, sondern Vorzüge und Wonnen, die ich genossen habe. Du bist nun zu uns zurückgekehrt und wirst ihn wieder reiten. Ich hoffe, daß du mir diese Bitte nicht abschlagen wirst. Denn selbst, wenn dein Recht veraltet wäre, so hast du es dir dadurch aufs neue erworben, daß du das Pferd aus der Hand dieser Diebe errettet hast. Sag also ja, Sihdi! Nimm ihn hin! Du wirst mir eine große Freude damit bereiten, denn ich mag meinen geliebten Sihdi nicht anders sehen als auf dem Rücken des Pferdes, das ihn in so großen Gefahren und zu so großen Taten getragen hat." — So mußte ich Halef diesen Wunsch erfüllen, selbst wenn es nicht in meiner Absicht gelegen hätte. Ich nahm Rih also an, doch nur für die Dauer meiner jetzigen Anwesenheit. — Dann erzählte ich, wie wir uns der beiden Abu Ferhan bemächtigt hatten. Sie wurden auf die Kamele gebunden, um mitgenommen zu werden. Der Raub so edler Pferde wird mit dem Tode bestraft, doch aus Freude über unsern Besuch versprachen mir Amad el Ghandur, Hadschi Halef und Scheik Malek, daß die Ahndung weniger schwer sein solle. — Jetzt brachen wir zum Weideplatz der Haddedihn auf. Ein Bote wurde vorangeschickt, um die Leute dort über unser Kommen zu unterrichten. — Wir mußten gegen drei Stunden reiten. Nach Verlauf dieser Zeit sahen wir eine große Wolke von Reitern, die uns entgegengaloppiert kam. Sie stürmten mit großem Geschrei herbei, umringten uns und drangen von allen Seiten auf uns ein, so daß es den Anschein hatte, als ob sie uns niederrennen wollten. Sie jagten durcheinander, schrien ‚Heil' und ‚Willkommen' und schossen dabei im Jagen ihre Flinten ab, wobei sehr viel Pulver verwendet wurde. Deshalb wird so ein Empfang La'b el Barûd, Pulverspiel, genannt.

Es dauerte ohne Unterbrechung fort, bis wir die Zelte des Lagers erblickten. Von dorther tönte uns der Willkommensgesang der Frauen und Mädchen entgegen. Sie hatten sich am Eingang des Zeltdorfs aufgestellt. An ihrer Spitze standen die Frauen, die mich von früher her kannten, voran die Witwe des Scheiks Mohammed Emin mit dessen beiden Nebenfrauen, die ich bei meiner ersten Ankunft mit dem ‚heiligen' Wasser des Sem Sem aus Mekka besprengt hatte. Diese Frau war damals noch jung gewesen, aber unter dem Kummer über den Tod des Scheiks rasch gealtert. Lippen und Augenbrauen waren nicht mehr gefärbt, kein Schönheitspflästerchen lag auf Stirn und Wangen, und auch die großen, goldnen Ringe fehlten, die ihr von der Nase und den Ohren herabgehangen hatten. Ihr Nacken, ihre Knöchel, Arme und Handgelenke waren frei von den Silberringen, Korallenstücken, Perlen, bunten Steinen und assyrischen Zylindern, die sie früher geschmückt hatten. Neben ihr stand Amscha, die Heldin, noch immer so ernst und stolz, wie ich sie in der Steppe von Dschidda getroffen hatte, und zu ihrer Rechten Hanneh, Halefs Weib, die ‚Lieblichste der Frauen, die Sonne unter den Sternen des weiblichen Geschlechts'. Sie schien mir noch ebenso jung und schön wie damals, als wir sie meinem braven Hadschi vermählten. Ihre dunklen Augen waren mit sichtlicher Zuneigung und Ehrerbietung auf mich gerichtet.

Als wir unter Sang und Klang in die breite Zeltstraße eingeritten waren, blieben wir halten, stiegen ab und wurden in das größte, beste Zelt geführt, das schnell für uns hergerichtet worden war, nachdem der Bote unsre Ankunft gemeldet hatte. Hier stand Waschwasser für uns bereit. Während wir uns wuschen, meinte der Engländer:

„Wann Eure Geschenke verteilen, Sir?" – „Meine Geschenke? Ich habe keine." – „Unsinn! Habt sie ja gesehen und mit eingekauft." „Aber nicht bezahlt; Sie gehören Euch." – „Möchte wissen! Gehören denen, für die sie bestimmt sind. Gebt sie ihnen!" – „Das zu tun ist Eure Sache." – „Unsinn! Wie kann David Lindsay diese arabischen Ladies beschenken!" – „Wenn Ihr nicht dürftet, wäre es mir auch verboten." – „Pshaw! Was Ihr tut, hat Schick. So etwas steht Euch besser an als mir. Will lieber Löwen jagen als einer Lady Geschenk überreichen. Wenn Ihr nicht wollt, werfe ich dumme Sachen weg!" – Es waren keine dummen Sachen, sondern im Gegenteil recht nützliche, schöne und meist auch kostspielige Gegenstände.

„Nun wohl", entschied ich, „so will ich es für Euch besorgen, Sir David. Aber mit fremden Federn schmücke ich mich nicht. Ich werde also Euern Namen als den des Spenders nennen." – „Nennt, wen Ihr wollt, meinetwegen König von Portugal oder Kaiser von Lappland. Mich laßt damit in Ruhe!" – Bald drang Bratengeruch in unser Zelt. Ich ließ Halef kommen und übergab ihm die Geschenke zum Verteilen. Er selbst erhielt zwei schöne Revolver und ein großes, seidenes Turbantuch und war entzückt darüber. Für Hanneh, die Prächtigste unter den Herrlichen, waren ein rotseidenes Gewand, ein Fingerring, zwei Ohrenreife, eine Halskette und ein aus Gold- und Silbermünzen bestehendes Stirnband bestimmt. Wir sahen später, daß ihr Entzücken darüber groß war. Andre Frauen erhielten auch Geschenke, und ebenso wurden die Männer bedacht, die früher mit uns in nähere Berührung gekommen waren. – Das Festmahl wurde im Freien gehalten. Es bestand meist aus Gerichten, die von früher her bekannt sind, da ich sie damals beschrieben habe. Nach dem Essen bat uns Amad el Ghandur, mit in sein Zelt zu kommen, wo er uns eine Bitte vorzutragen habe. Dort versammelten sich die Ältesten des Dorfs. Scheik Malek und Halef waren auch dabei. Daß mein Hadschi mit hinzugezogen wurde, freute mich sehr, denn ich ersah daraus, daß er es verstanden hatte, sich in den Stamm einzuleben und sich Achtung zu erwerben. – „Effendi", begann der Scheik, „Ihr seid grad in einem wichtigen Augenblick zu uns gekommen. Kannst du dich noch erinnern, an welchem Tag mein Vater, der Scheik Mohammed Emin der Haddedihn vom Stamm der Schammar, starb?" – „Sehr genau. Es war am sechsundzwanzigsten Tag des Monats Rabiu'l achir, der in jenem Jahr dem zwölften Hasirân[1] christlicher Zeitrechnung entsprach." – „So ist es. Es sind darüber acht Jahre vergangen, und noch ist niemand an seinem Grab gewesen, um die Gebete der Freundschaft und Verwandtschaft dort zu verrichten. Das läßt mich nicht länger ruhen. Ich will hinauf in die Berge, um meine Pflicht zu tun, und der Stamm hat beschlossen, daß eine Anzahl tapfrer Krieger mich begleiten soll, damit die Andacht in der Weise geschehe, wie es eines berühm-

[1] Juni

ten Scheiks würdig ist. Wir wollen heute schon aufbrechen, ich mit zwanzig Mann, nachmittags um die Zeit des Asr; darum feierten wir gestern abend den Abschied bis in die Nacht hinein. Unsre Wächter waren vom Fest ermüdet, und so konnte es den Abu Ferhan glücken, unsre zwei besten Pferde zu stehlen. Nun seid ihr gekommen. Die Gastfreundschaft gebietet uns, bei euch zu bleiben, und doch wollten wir am Todestag des Scheiks an seinem Grab sein. Wir bitten dich, uns einen Rat zu geben, welcher dieser beiden Pflichten wir genügen sollen." – „Der ihr vor unserm Kommen genügen wolltet", entschied ich kurz entschlossen. – „Du sagst, wir sollen hinauf in die Berge ziehen? Dann habt ihr nur gewöhnliche Krieger hier, die euch nichts bieten können." – „Du irrst. Wir werden die Besten eures Stammes bei uns haben, nämlich euch." – „Uns? Wieso?" – „Das fragst du noch, o Scheik? War nicht Mohammed Emin mein Freund und Bruder? Haben wir nicht nebeneinander gegen die Feinde der Haddedihn gekämpft? Sind wir nicht wochenlang miteinander geritten und haben Freude und Leid, Gefahren und Entbehrungen miteinander geteilt? Bin ich nicht am gleichen Tag verwundet worden, an dem Allah ihn zu sich rief? Habe ich ihn nicht mitbestattet und über seinem Grabe die Sure der Auferstehung gesprochen? Ist es deshalb nicht meine Pflicht, mit Euch den Freund zu besuchen, der mir so teuer war?"

„Kara Ben Nemsi Effendi, du willst mit, wirklich mit?" rief Amad el Ghandur freudig aus. „Nun können wir sicher sein, daß wir alle Fährlichkeiten überwinden werden." – „Sind jetzt ungewöhnliche Gefahren zu erwarten?" erkundigte ich mich. – „Nicht mehr als sonst."

„Welchen Weg wollt ihr einschlagen?" – „Den, der dir recht ist. Wir werden uns nach deinem Willen richten. Wir hatten beschlossen, nicht auf dem geraden Weg zu dieser Grabstätte zu reiten. Meine Krieger wollten unsern Weg von damals kennenlernen, um die Stätten zu betreten, an denen der Scheik in seinen letzten Tagen weilte; das glaubten sie ihm schuldig zu sein, und ich war einverstanden, weil ich den gleichen Wunsch hatte. Darum wollten wir hinüber zum Zagrosgebirge, zuerst zum Tschinarwald, wo wir Heider Mirlam trafen. Es war gleichsam die erste Stufe hinauf zum hohen Grabmal meines Vaters Mohammed Emin." – „Ich bin einverstanden, denn auch ich möchte die Orte wiedersehen, die wir damals berührten", erklärte ich. „Aber wie steht es mit den Bebbeh-Kurden? Sie waren unsre Feinde. Du hast den Tod deines Vaters an ihnen gerächt. Darum ist jeder Haddedihn, den sie in ihre Gewalt bekommen, ihrer Blutrache verfallen. Wir werden uns vor ihnen hüten müssen." – „Ja, das werden wir. Aber bedenke, daß wir ihnen in der jetzigen Jahreszeit leicht ausweichen können und von den andern Kurdenstämmen, durch deren Gebiet wir kommen, nichts zu befürchten haben. Wir werden zudem zwanzig tapfre Männer sein, und da du mit deinen Gewehren bei uns bist, so ist es so gut, als wären wir hundert." – Da erhob sich mein kleiner Hadschi Halef Omar, versuchte die dreizehn Haare seines dünnen Schnurrbartes unternehmungslustig zu zwirbeln, räusperte sich, was er stets tat, wenn er im Begriff stand, eine seiner großen Reden zu halten, und sprach: „Hört, ihr Männer, ihr Tapfern, ihr

Unüberwindlichen! Ich will zu euch reden. Es war am sechsundzwanzigsten Tag des Monats Rabiu'l achir, als Mohammed Emin, der Scheik der Haddedihn, im Kampf gegen die Bebbeh-Kurden fiel. Wir haben siegreich an seiner Seite gestritten, wobei mein guter Sihdi einen Lanzenstich und ich einen Schuß in den rechten Oberschenkel erhielt. Wir haben beschlossen, diesen Tag feierlich zu begehen, indem wir zum Grab des Scheiks reiten und dort unsre Andacht verrichten. Wir wollen dabei kein Blut vergießen, denn der Tod Mohammed Emins ist schon gerächt worden, und ich habe von meinem Sihdi gelernt, Gnade und Barmherzigkeit über meine Feinde walten zu lassen. Unser Ritt soll ein Ritt der Andacht und des Friedens sein. Darum bitte ich euch, alles so einzurichten, daß wir jede Begegnung mit Leuten, die uns nicht freundlich gesinnt sind, vermeiden, und Kara Ben Nemsi Effendi unsern Anführer sein zu lassen. Er wird uns so leiten, daß es ohne Kampf abgeht. Indem ich das sage, fürchte ich nicht, von einem von euch, für feig gehalten zu werden. Ich wäre andernfalls bereit, sofort auf Leben und Tod mit ihm zu kämpfen!"

Er setzte sich wieder, und ich antwortete: „Es kann keinem von uns einfallen, den braven Hadschi Halef Omar, der seine Tapferkeit so oft bewiesen hat, für mutlos zu halten. Er hat mir aus der Seele gesprochen. Unser Ritt soll friedlich sein. Die große Ehre aber, euer Anführer zu sein, darf ich nicht für mich beanspruchen; ein jeder von euch ist ein ebenso tapfrer, erfahrener und umsichtiger Krieger, und Amad el Ghandur ist euer Scheik; ich jedoch bin euer Gast und ordne mich ihm gern unter." – Darauf gingen die Haddedihn aber nicht ein. Alle widersprachen mir, und Amad el Ghandur erklärte:

„Effendi, du hörst, daß keiner von uns auf deinen Vorschlag eingehen will. Du bist damals unser Führer gewesen und sollst es auch jetzt wieder sein." – „Ich bin aber doch fremd in diesem Land; du kennst es viel besser als ich." – „Nein, du bist hier nicht mehr fremd, und dein Verstand findet sogar die Wege aller Gegenden, in denen du noch nie gewesen bist; wir haben das oft erfahren. Rede uns also nicht drein! Du sollst uns wieder führen." – Damit war dieser Punkt abgemacht, denn ich widersprach nicht mehr. Es war wohl wirklich besser, wenn die leicht erregbaren Beduinen mir und nicht ihren eignen Eingebungen folgten. – Die andern weniger wichtigen Punkte waren bald auch besprochen, und wir kamen zu dem Entschluß, übermorgen früh aufzubrechen. Freilich wollten die Haddedihn die Reise viel lieber zur Zeit des Asr, des Nachmittagsgebets, antreten, weil das die Stunde ist, in der alle strenggläubigen Mohammedaner ihre Reisen beginnen. Doch stimmten sie mir endlich zu, nachdem ich ihnen bewiesen hatte. daß wir nicht in der Lage waren, einen Dreivierteltag zu versäumen. Wir mußten uns im Gegenteil sehr sputen, wenn wir am Todestag des Scheiks an seinem Grab eintreffen wollten. – Bei dieser Gelegenheit mag es am Platz sein, einmal den Unterschied zwischen dem christlichen und dem mohammedanischen Kalender zur Sprache zu bringen. Wie schon erwähnt, fiel der Tod Mohammed Emins auf den 12. Juni, also in die heiße Jahreszeit. Nach dem mohammedanischen Kalender ereignete er sich indes im Monat Rebi-ul-ewwel. Nun rechnet aber der Muslim nach dem Mondjahr, das um elf Tage kürzer als unser Sonnenjahr ist, und daher verschiebt sich ein mohammedanisches Datum, verglichen mit unsrer Zeitrechnung, jährlich um elf Tage, was bei acht Jahren einen Unterschied von rund drei Monaten ausmacht. Da sich die Haddedihn als strenggläubige Muslimin selbstverständlich an ihre Zählung hielten, so ist es leicht erklärlich, daß der Todestag des Haddedihnscheiks, der im Juni gestorben war, jetzt nach acht Jahren in den März fallen mußte, nebenbei gesagt gerade in den Monat, der für einen Ritt, wie wir ihn planten, als die beste Reisezeit zu bezeichnen ist. – Omar Ben Sadek befand sich auch unter denen, die für diesen Ritt bestimmt waren. Er hätte sich auf keinen Fall davon abhalten lassen und war begeistert darüber, wieder einmal einen solchen Zug mit mir unternehmen zu können. Es braucht wohl kaum erwähnt zu werden, daß er und sein Weib Sahama auch reichlich beschenkt worden waren.

Halef bat mich, in dieser Nacht an meiner Seite schlafen zu können; ich gewährte es dem treuen Kerlchen gern, obgleich ich voraussah, daß vom Schlaf wenig die Rede sein werde. Es kam auch so, wie ich gedacht hatte: ich mußte ihm erzählen, und auch er hatte mir so viel Neues zu berichten, daß wir erst gegen Morgen die Augen schlossen und schon nach einer Stunde durch das erwachende Lagerleben wieder geweckt wurden. – Es gab zum Frühstück einen Kaffee, mit dem wir zufrieden sein konnten, und duftende Kebab, kleine, über dem Feuer geröstete Fleischstücke, die sehr gut schmeckten. Dann führte mich Halef in sein Zelt, denn Hanneh, die ‚Lieblichste der Frauen und Töchter‘, sehnte sich, mich bei sich zu sehen. Sie bereitete uns ein zweites, sehr schmackhaftes Frühstück, und der Hadschi war unendlich glücklich, als er hörte, mit welcher Achtung und Höflichkeit ich seine ‚Schönste unter den Schönen‘ behandelte. Nach dem Mahl fragte er mich: „Sihdi, du hast gestern Kara Ben Hadschi Halef, meinen Sohn, auf seinem Pferd sitzen sehen. Wie reitet er?" – „Sehr gut", lobte ich, ihn erwartungsvoll anblickend, denn ich kannte ihn und hatte schon längst bemerkt, daß er etwas Wichtiges auf dem Herzen hatte. Meine Antwort war nicht bloß aus Rücksicht auf seinen Vaterstolz gegeben; ich fuhr vielmehr der Wahrheit gemäß fort: „Ich habe noch nie einen Knaben dieses Alters sein Pferd so meistern sehen. Er reitet wie ein Erwachsener."

Seine und Hannehs Augen leuchteten vor Entzücken.

„Wie stolz du mich mit deinen Worten machst, Sihdi! Ich selbst bin sein Lehrer gewesen; darum tut dies Wort aus deinem Mund mir zehnfach wohl. Nun sollst du ihn aber auch schießen sehen. Willst du die Güte haben, mit mir hinauszugehen?"

Er führte mich vor das Lager, wo Kara Ben Hadschi Halef schon auf uns wartete. Er war mit einem Doppelgewehr, zwei Pistolen und einem Revolver ausgerüstet. Ein Pfahl steckte da in der Erde. Auf diesen deutend, sagte Halef: „Sihdi, wie oft hast du, wenn du dich in Not und Gefahr befandest, auf irgendeinen Gegenstand geschossen, um deinen Feinden zu zeigen, wie unfehlbar deine Kugeln sind, und daß sie verloren seien, wenn sie es wagten, dich anzugreifen.

Ich habe mich später in gleicher Weise geübt und dann auch meinem Sohn Unterricht gegeben. Er mag dir zeigen, was er gelernt hat. Erlaubst du es?" – Ich hatte selbstverständlich nichts dagegen einzuwenden. Der Knabe schoß auf äußerste Tragweite seiner Waffen und tat keinen einzigen Fehlschuß. Jede Kugel saß, so wie es Halef von mir gesehen hatte, einen Zoll von der vorigen entfernt, in der Zeltstange. – „Nun, Sihdi, genügt dir diese Probe?" fragte mich sein Vater. – „Gewiß", erklärte ich. „Er wird ein Krieger werden wie sein Vater, und ich bin stolz darauf, daß er meinen Namen Kara trägt." – „Er soll ein Held werden, wie du es bist. Folge mir wieder in mein Zelt, denn Hanneh, die beste unter den Frauen und Müttern, und ich wollen dir eine Bitte vortragen!"

Ich ahnte, welcher Wunsch das war, und hatte mich in meiner Vermutung auch nicht getäuscht, denn als wir wieder im Zelt beisammensaßen, begann er: „Mein Sohn soll seinen ersten Zug in Feindesland nicht unter gewöhnlicher Führung unternehmen, sondern unter der deinigen. Soll ich da warten, bis du später wiederkommst? Kann man überhaupt wissen, ob Allah gewillt ist, uns noch einmal mit deiner Gegenwart zu erfreuen? Jetzt aber bist du hier und wirst uns zum Grab des Scheiks führen. Soll ich da nicht die Gelegenheit ergreifen, den Erben meines Ruhms im Schatten deiner Vortrefflichkeit reiten zu sehen? Erlaube mir also, ihn mitzunehmen, o Sihdi! Meine Dankbarkeit wird ohne Grenzen sein." – „Er ist zu jung, mein lieber Halef", warf ich ein. – „Darf man die Jugend oder das Alter nach Zahlen messen? Es gibt junge Menschen, die wie alte handeln, und wiederum sieht man oft alte Leute, die nicht klüger sind als unerfahrene Kinder." – „Das ist richtig. Ich sehe, daß Kara Ben Hadschi Halef weit über seine Jahre vorgeschritten ist. Aber sein Körper ist wohl noch nicht widerstandsfähig genug, um einen so schnellen, weiten und anstrengenden Ritt, wie wir ihn vorhaben, aushalten zu können." – „Denke das ja nicht, Sihdi! Kara ist abgehärtet wie ein Alter. Ich habe ihn in diesem Jahr mit in Basra gehabt, gewiß ein weiter Ritt, viel weiter als der, den wir jetzt vorhaben, und er war bei der Rückkehr so munter und frisch wie beim Aufbruch. Ich sage dir, er hält es aus, vielleicht besser als ein Krieger von dreißig oder vierzig Jahren. Es würde mich sehr schmerzen, wenn du mir meinen Wunsch nicht erfüllen wolltest." – „Vom Erfüllen oder Nichterfüllen meinerseits kann keine Rede sein. Du bist der Vater und hast allein zu bestimmen, was dein Sohn tun oder lassen soll. Es kommt also nur auf dich an, ob du ihn mitnehmen willst oder nicht."

„Das sagst du, Sihdi. Die Haddedihn aber werden anders denken. Ich vermute, daß sie sich weigern werden, einen Knaben mitzunehmen."

„Das kann ich ihnen, aufrichtig gesagt, nicht verdenken, obwohl sie den beabsichtigten Ritt viel leichter nehmen als ich."

„Leichter! So hältst du den Ritt für schwieriger als sie?"

„Nicht allein für schwieriger, sondern auch für gefährlicher."

„Gefährlich? Weshalb?" – „Ihr habt mir die Führung übergeben und habt damit wohl getan, denn ich bin als Abendländer bedächtiger als ihr. Ich bin gewöhnt, mir alles vorher zu überlegen, und halte es für leicht möglich, daß wir einen Zusammenstoß mit den Bebbeh haben." – "Wir können aber doch leicht die Gegend vermeiden, wo sie sich jetzt befinden!" – "Nein, das können wir wahrscheinlich nicht, denn es ist leicht denkbar, daß die Bebbeh sich grad dort befinden, wohin wir jetzt wollen." – "Ich verstehe dich nicht, Sihdi. Sie werden doch nicht auf den Gedanken kommen, am Grab des Scheiks, der ihr Feind und Gegner war, zu beten." – "Das wird ihnen freilich nicht einfallen. Aber es gibt noch ein andres Grab dort, das sie am gleichen Tag anziehen kann. Denk an den Scheik Gasâl Gaboga!"

"Den ich erschossen habe?" – "Ja. Er hat mit Mohammed Emin den gleichen Todestag. Kannst du mich nun begreifen?"

"Allah, daran habe ich nicht gedacht! Aber da fällt mir ein, daß es dort gar kein Grab gibt, an dem sie beten könnten, denn wir haben damals ihre Toten in der Aufregung nach dem Kampf, also auch die Leiche ihres Scheiks, ins Wasser geworfen." – "Was ich nicht zugegeben hätte, wenn ich nicht betäubt gewesen wäre", fiel ich ein. "Man muß die Toten ehren! Das ist damals nicht geschehen, und darum wird die Stimmung der Bebbeh doppelt feindselig sein. Dazu kommt, daß Amad el Ghandur nachher den Tod seines Vaters an ihnen gerächt hat." – "Du meinst also, Sihdi, daß sie ans Wasser kommen, um dort zu beten?" – "Ich meine, daß es möglich ist, weiter nichts. Und wenn sie kommen, brauchen sie sich nicht ans Wasser zu stellen; davon bin ich überzeugt. Sie sind damals auf alle Fälle, als wir fort waren, zurückgekehrt, um zu sehen, was mit ihren gefallenen Kriegern geschehen ist. Sie haben die Leichen aus dem Wasser gezogen und begraben. Es gibt also dort doch eine Stätte, an der sie sich zur Andacht versammeln können. Unsre Haddedihn sind nicht umsichtig genug, daran zu denken. Ich habe also guten Grund, unsern Ritt für nicht ungefährlich zu halten. Es kann leicht zu einem Zusammenstoß mit den Bebbeh kommen. Nimmst du deinen Sohn mit, so weißt du nun, welcher Gefahr du ihn aussetzt." – "Sihdi, das ist aber doch kein Grund, ihn hierzulassen! Soll er sich vor einer Gefahr fürchten, der sein Vater kaltblütig entgegengeht? Kara wird nun erst recht wünschen, bei mir sein zu dürfen. Ist er vielleicht besser als ich? Bin ich so wertlos gegen ihn, daß ich, der Vater, mich erschießen lassen kann, während der Sohn hier bei den alten Weibern zurückbleibt, um seinen edlen Leib zu pflegen und seine zarte Haut mit wohlriechenden Salben einzureiben? Wie kann ein Held aus ihm werden, wenn er es schon jetzt verschmäht, den Glanz seines Mutes zu zeigen und den Schimmer seiner Tapferkeit leuchten zu lassen? Soll ich mir ein Ding bauen lassen, das ihr im Abendland ein Chisânet el Kesâs[1] nennt, und meinen Sohn hineinsperren, damit kein Stäubchen auf ihn fallen und er seine Feigheit durch die Glasscheiben bewundern lassen kann?"

Der kleine Hadschi war in Aufregung geraten. Er sprach noch weiter und brachte alles mögliche vor, um mich zu überzeugen, daß es unumgänglich notwendig sei, den Knaben an diesem Zug teilnehmen zu lassen. Ich freute mich über den Eifer dieses wackeren Menschen, seinem Sohn Gelegenheit zu männlicher Tat zu geben. Gleich

[1] Glasschrank

beim ersten Wort, das er sprach, war ich nicht abgeneigt gewesen, auf seinen Wunsch einzugehen, und so ließ ich jetzt nur noch die letzte Einwendung hören: „Deine Gründe sind mir begreiflich, lieber Halef. Aber was sagt Hanneh, die Mutter des Knaben, dazu? Sie hat auch das Recht, ihre Meinung hören zu lassen." – „Ja, das hat sie, und sie soll dir sofort sagen, was sie denkt. Hanneh, du Liebling aller Lieblinge, erkläre unserm Sihdi, was dein Wunsch und Wille ist!"

Sie hatte bis jetzt bei uns gesessen, ohne ein Wort zu sprechen, war aber unserm Gespräch mit größter Teilnahme gefolgt. Nun ließ sie sich bescheiden vernehmen: „Sihdi, du magst bestimmen, was du willst, so füge ich mich deinem Willen, denn ein Weib soll sich dem Rat der Männer unterwerfen. Aber da du befiehlst, daß ich dir meine Meinung sage, so sollst du sie hören. Du weißt, wie sehr ich Hadschi Halef Omar, meinen Herrn und Gebieter, liebe. Dennoch ließ ich ihn gern mit dir ziehen, obwohl ich wußte, welche Gefahren auf euch warteten und daß er sein Leben wohl oft wagen würde. Ich habe im stillen um ihn gebangt und für ihn gebetet; aber ich bin stolz darauf gewesen, daß er dein Begleiter sein und dir zeigen durfte, daß er ein treues und mutiges Herz besitzt. Er hat alle Fährlichkeiten glücklich überstanden und ist zu mir als ein Mann zurückgekehrt, der mehr erlebte und erfuhr als alle andern Männer und Krieger dieser Gegend. Jetzt sitzt er im Rat der Alten, die gern seine Stimme hören und ihr wohl immer folgen. Das erfüllt mein Herz mit großer Wonne, denn ich besitze einen Gemahl, mit dem sich nicht so leicht ein andrer vergleichen darf. Ebenso stolz möchte ich nun auch auf meinen Sohn sein, und ich weiß, daß nur du es bist, der ihn so schnell zum Ruhm führen kann, wie der Name seines Vaters durch dich auf alle Lippen gebracht wurde. Du kannst ihm ein Vorbild für sein ganzes Leben geben, aber nur dadurch, daß er es vor sich hat und sieht, dadurch, daß er sich in deiner Nähe befindet. Darum habe ich den gleichen Wunsch, den Hadschi Halef Omar ausgesprochen hat: erfülle unsre Bitte und nimm Kara mit! Er wird dann von dieser Erinnerung zehren, wie man aus einem Brunnen trinkt, der unaufhörlich Wasser gibt!" – Da leuchteten Halefs Augen hell auf, und er sagte voll Stolz und Freude: „Ich habe gewußt, daß du so sprechen würdest, du Verständigste unter den Verständigen, du Weib des Tapfern und du Mutter des zukünftigen Helden! Hast du es gehört, Sihdi? Sie will es auch, daß Kara Ben Hadschi Halef Omar mit uns geht. Sei nicht dagegen, sondern stimme bei!" – „Euer Wunsch sei erfüllt", erwiderte ich. „Er soll mit uns reiten." – „Auch wenn die andern dagegen sind?" – „Auch dann, denn ich hoffe, daß die Haddedihn meine Fürsprache berücksichtigen werden." – „Oh, das tun sie gewiß, Sihdi. Du darfst von ihnen verlangen, was du willst; sie tun es, wenn es überhaupt möglich ist." – Er strahlte vor Entzücken, und auch Hanneh war hocherfreut darüber, daß ich meine Zusage gegeben hatte. Halef eilte fort, um seinem Sohn das Ergebnis dieser Unterredung mitzuteilen. – Was ich erwartet hatte, geschah dann später. Als die Haddedihn vernahmen, daß der Hadschi seinen Knaben mitnehmen wolle, waren sie einstimmig dagegen. Ich machte nicht viele Worte, um ihre Einwilligung zu erlangen, sondern sagte nur, daß es auch mein Wunsch sei, meinen ‚Paten‘, der meinen Namen trage, bei mir zu haben; da ließen sie jeden Einwand fallen.

Am nächsten Morgen wurde schon frühzeitig zum Aufbruch gerüstet. Es waren ohne Lindsay, mich und den Knaben zwanzig Reiter, alle aufs beste bewaffnet. Mehrere Packpferde mußten die Speisevorräte tragen, die wir mitnahmen, um nicht unterwegs auf die zeitraubende Jagd angewiesen zu sein. Amad el Ghandur ritt die Schimmelstute, ich meinen Rih und der Knabe Assil Ben Rih. Omar Ben Sadek saß auf dem Schecken des Aladschy. Halef hatte das nächstbeste Pferd des Stammes geliehen bekommen, und auch die andern waren so gut beritten, daß wir wegen der Schnelligkeit unsrer Reise ohne Sorge sein konnten. – Wir wollten, wie bereits erwähnt, erst zum Zagrosgebirge, das wir nach Verlauf einer Woche ohne Unfall erreichten. Wir fanden den Tschinarwald, an dessen Rand wir damals[1] lagerten, als wir mit den Turkmenen vom Stamm der Bejat zusammentrafen, und blieben die Nacht dort. Da wir beschlossen hatten, genau den Weg von damals zu verfolgen, um die Orte, die wir zu jener Zeit berührt hatten, wiederzusehen, ritten wir am nächsten Tage zum Bach in der Nähe jener Rundung, in der wir von den Bebbeh unter Anführung ihres Scheiks Gasâl Gaboga überfallen worden waren. Hier blieben wir auch eine Nacht, und es versteht sich von selbst, daß die Erinnerung aufgefrischt und alles, was wir hier erlebt hatten, bis ins einzelne durchgesprochen wurde. – Unserm Plan gemäß gelangten wir gegen Abend des nächsten Tags an die kleine Hütte, in der wir Allo, den bärenhaften Köhler, gefunden hatten. Sie war unbewohnt und ganz verfallen. Am folgenden Mittag erreichten wir den Berosieh-Fluß, in dessen Wasser wir damals badeten. Einen Tag später ging es über die Höhe von Bane und dann in den nach Süden führenden Paß hinein. Vierundzwanzig Stunden darauf kamen wir in das schmale Tal mit dem wiesenähnlichen Streifen in der Mitte, wo die Bebbeh uns zum zweitenmal überfallen hatten, hierauf in das krumme Seitental, wo wir mit Musafir, dem Bruder von Gasâl Gaboga, übernachtet hatten. Nachher gelangten wir an den Lagerplatz, wo die beiden Haddedihn gegen mich gestreikt hatten. Da blieb Amad el Ghandur halten und sagte zu mir: „Effendi, mein Vater lebte wohl heute noch, wenn wir uns nicht hier gegen deinen Willen empört und nachher infolgedessen den Scheik der Bebbeh freigelassen hätten. Wir waren damals große Toren." – Ich zog es vor, nichts zu erwidern, denn meine Antwort hätte nur ein Vorwurf sein können, der nachträglich überflüssig war. – Halef hatte seinem Sohn unterwegs jeden Platz gezeigt, der uns erinnerlich geblieben war und ihm – vielleicht zum hundertstenmal – erzählt, was sich dort jeweils zugetragen hatte. Das geschah stets in seiner bilderreichen Weise, die mir auch jetzt viel Spaß bereitete. – Ich hatte den kleinen Kara gleich vom ersten Tag unsers Ritts an in die Schule genommen. Er wich fast nie von meiner Seite und zeigte sich sehr aufmerksam und gelehrig. Ich lehrte ihn, auf die Stimmen der Wildnis zu achten, und bei jeder

[1] Siehe Band T3, „Von Bagdad nach Stambul"

Spur, auf die wir trafen, zeigte ich ihm, nach welchen Regeln sie gelesen werden müsse, um richtig verstanden zu werden. Dabei bekam ich schon nach Verlauf der ersten Wochen die Überzeugung, daß er sich zu einem tüchtigen Beduinen entwickeln werde. Ich gewann ihn lieb und sah, daß auch er mir seine Zuneigung geschenkt hatte. Ebenso hing er an Omar Ben Sadek, der von ihm nicht anders als Amm, d. i. Oheim von väterlicher Seite, genannt wurde. – Bis jetzt hatten wir fast gar nichts erlebt. Ich war mit Halef und seinem Sohn stets vorangeritten, um die Gegend zu erkunden, und die Haddedihn hatten nur in bedeutender Entfernung folgen dürfen. Auf diese Weise war jede gefährliche Begegnung vermieden worden, aber auch jedes Zusammentreffen mit jemand, bei dem wir uns nach dem jetzigen Stand der Dinge hätten erkundigen können. Dies konnte nun bei Dschibrail Mamrasch nachgeholt werden. – Auch an das Haus von Mahmud Manßur, des Scheiks der Dschiaf-Kurden, kamen wir wieder und stiegen da ab. Zu unsrer Freude lebte der Hausmeister Dschibrail Mamrasch mit seiner Frau noch. Sie erkannten uns wieder und luden uns ein, bei ihnen zu übernachten. Wir erfüllten ihnen diesen Wunsch gern, denn wir hatten Zeit dazu und wußten, daß wir ihnen willkommen waren. – Als wir zum erstenmal bei Mamrasch eingekehrt waren, hatten wir von ihm erfahren, daß sich nicht viele Dschiaf-Kurden, zu denen er gehörte, in der Nähe befanden, vielmehr hatte sich der Stamm der Bilba aus Persien in die Nähe gezogen. So stand es auch am heutigen Tag. – „Und die Bebbeh?" fragte ich Dschibrail. „Wo haben sie jetzt ihre Weideplätze?" – „Zwischen Kerkuk und Suleimanije." – „Also ziemlich weit von hier. Sind vielleicht in letzter Zeit welche hier in der Umgegend gewesen?" – „Bei mir nicht, Effendi. Aber eine starke Tagreise von hier macht jährlich ein Trupp von ihnen Rast. Ich glaube, um die jetzige Zeit lagern sie dort."

„Wie groß ist ihre Zahl gewöhnlich?" – „Immer zehn oder zwölf Mann." – „Was tun sie dort?" – „Sie scheinen ein Id el Amwat[1] zu feiern." – „So? Gibt es Gräber dort?" – „Ja, mehrere. Sie liegen am Ufer des Dijalaflusses. Die Hügel bestehen aus Erde; droben aber auf der Felsenhöhe gibt es ein einzelnes Grab, das aus Steinen errichtet ist. Ich bin einmal oben gewesen." – „Ist es gut erhalten?"

„Sehr gut. Es sind nur einige Steine entfernt worden, so daß man ins Innere blicken kann. Da sieht man den Toten sitzen, der nicht verwest, sondern vertrocknet ist wie eine Mumie. Er hat einen langen, silbergrauen Bart." – „Hast du eine Ahnung, wer es gewesen sein mag?"

„Genau weiß ich es nicht, denn als ich im vorigen Jahr oben war, war sein Gesicht so eingetrocknet, daß die Züge nicht mehr deutlich zu erkennen waren, aber ich glaube fast, es sei der Scheik, der ehrwürdige Greis, der damals mit euch bei mir gewesen war."

„Das hast du richtig geraten. Es ist Mohammed Emin, der Scheik der Haddedihn. Wir sind gekommen, ihm die ‚Ehren der Verstorbenen' zu erweisen. Ist sein Grab hier in der Gegend bekanntgeworden?"

„Ja. Es pilgern viele Gläubige hinauf zur Höhle. Ich hörte erzählen, der Tote, habe mit den Bebbeh-Kurden gekämpft und so viele von

[1] Totenfest

ihnen getötet, wie unten am Wasser in den Gräbern liegen, sei dann aber von der Überzahl überwunden worden." – "Auch das ist in der Hauptsache richtig. Da wundert es mich aber, daß sich diese Kurden bei ihren jährlichen Besuchen nicht an diesem Toten und seinem Grab vergriffen haben." – "Was denkst du, Effendi! Sie sind zwar Diebe und Räuber, doch auch gläubige Muslimin, und kein wahrer Gläubiger schändet ein Grab, selbst wenn es das seines ärgsten Feindes wäre. Der Prophet hat das streng verboten; es steht im Koran geschrieben." – "Nicht da steht es geschrieben, und nicht Mohammed hat es verboten, sondern Ssamachschari, der Erklärer, hat gesagt, daß der Schänder des Grabs eines Gläubigen am Jüngsten Tag das seinige nicht verlassen und nicht in den Himmel kommen dürfe."

„Darf ich erfahren, wie es damals zugegangen ist, als jener Greis getötet wurde? Er war doch mein Gast." – Diese Gelegenheit, seine Erzählergabe leuchten zu lassen, ließ sich Halef nicht entgehen. Er ergriff sofort das Wort, um zu berichten, was sich am Todestag Mohammed Emins ereignet hatte. – Die braven Leute taten wieder alles, um uns den Aufenthalt bei sich so angenehm wie möglich zu machen, und wurden darum, als wir sie am andern Morgen verließen, abermals reichlich beschenkt. – Gegen Mittag erreichten wir den berühmten Schamianweg, der Suleimanije mit Kirmanschah verbindet, und gingen über den Tschakan Su. Am folgenden Morgen kamen wir in die Nähe des Dijala, an dessen Ufer Mohammed Emin damals gefallen war. Da sich meine Vermutung, daß die Bebbeh die Gräber der Ihrigen besuchten, bewahrheitet hatte, galt es nun, vorsichtig zu sein. Sie konnten schon hier sein, weil morgen der Jahrestag jenes unglücklichen Kampfes war. – Da ich Halefs Knaben nicht der Gefahr aussetzen wollte, ritt ich jetzt allein voran. So sehr ich meine Augen anstrengte, ich konnte keine Spur eines menschlichen Wesens entdecken. Wir erreichten ungefährdet die Stelle, wo wir damals Mittagsrast gemacht hatte. Wie damals hatten wir auf der einen Seite den Fluß, auf der andern die mit Ahorn-, Kornelbäumen, Platanen und Kastanien bestandene sanfte Anhöhe, und vor uns erhob sich ein Felsrücken, dessen zerklüftete Krone der Ruine einer alten Ritterburg glich. – Die Gefährten wollten nun gleich zu der Stelle reiten, wo der Kampf stattgefunden hatte. Ich gab das aber nicht zu, da ich mich vorher umsehen wollte. Sie mußten also zurückbleiben, und ich stieg vom Pferd und schlich in der betreffenden Richtung weiter. Als ich den Platz erreichte, war auch da nicht die geringste Spur zu entdecken. Doch die Höhe dés Grases, das hier stand, machte mich bedenklich. Darum sagte ich, als ich zu meinen Begleitern zurückgekehrt war: „Ich halte es für geraten, den Platz des Kampfes nicht aufzusuchen. Das Gras wächst dort so hoch und dicht, daß es sich, wenn wir es niedertreten, vor zwei oder drei Tagen nicht wieder aufrichten kann. Es ist da vollständig unmöglich, unsre Spuren zu verwischen."

„Meinst du wegen der Bebbeh-Kurden?" fragte Amad el Ghandur. „Die brauchen wir doch nicht zu fürchten!" – „Nicht? Haben sie uns damals nicht den größten Schaden getan?" – "Damals waren es wohl vierzig Mann; jetzt zählen sie nur zehn oder zwölf."

„Weißt du bestimmt, daß auch heuer nur so wenige kommen? Ist es denn unmöglich, daß ihr Trupp in diesem Jahr größer ist?"

„Das würde nichts schaden, denn wir sind vorbereitet, was wir damals nicht waren." – „Wir haben aber beschlossen, Kampf zu vermeiden!" – „Das haben wir, ja. Aber es ist doch nicht nötig, uns vor diesen Hundesöhnen zu fürchten. Du bist zu ängstlich, Effendi. Wir wissen ja gar nicht, ob sie heuer auch erscheinen. Sind wir hierhergekommen, uns nicht an die Hauptstelle zu wagen? Ich muß den Ort sehen, wo das Blut meines Vaters geflossen ist. Ich würde hinreiten, und wenn tausend Kurden dort wären. Vorwärts also!"

Amad war bisher so ruhig gewesen; nun aber wirkte die Nähe der Unglücksstätte auf ihn ein. Die schreckliche Erinnerung erregte ihn; er trieb sein Pferd weiter, und die andern folgten ihm. Ich konnte nicht allein zurückbleiben, warnte aber nochmals.

„Ihr habt damals den Tod deines Vaters selbst verschuldet. Wenn ihr jetzt wieder so unvorsichtig seid, bitte ich euch, die Verantwortung für alles, was darauf folgen kann, nicht auf mich zu wälzen."

„Habe keine Sorge", rief der Scheik zurück, „es wird nichts geschehen! Und wenn etwas geschähe, werden wir die Schuld nicht dir geben." – Wir ritten auf dem Wiesenrand am Fluß hin, bogen um die Krümmung des Höhenzugs und waren an Ort und Stelle. Rechts von uns lag der Felsen, an dem ich die kämpfenden Perser erblickt hatte. Vor uns war der Platz, wo Amad el Ghandur die Feinde mit dem Kolben von sich abgewehrt hatte, den toten Vater zu seinen Füßen. Links davon war Gasâl Gaboga von meinem Halef niedergeschossen worden, und seitwärts davon war ich mit meinem Pferd niedergebrochen. Näher am Wasser erblickten wir die Gräber der Kurden.

Amad el Ghandur stieg vom Pferd und kniete auf die Erde nieder, die das Blut seines Vaters getrunken hatte. Die Haddedihn folgten seinem Beispiel, sie beteten. Dann, als sie sich wieder erhoben hatten, erklärte ihnen der Scheik an Ort und Stelle den Verlauf des Kampfes. Das benutzte der Engländer, mir die Bemerkung zu machen: „War schrecklich dummer Tag damals. Habe zwei Finger eingebüßt, gerade zwanzig vom Hundert. Ist das nicht ein wenig viel, Sir?"

„Gewiß", nickte ich. „Aber das war wohl nicht alles. Hattet Ihr nicht noch eine Verwundung, so da in der Nähe des Verstandes?"

„Yes. Hatte etliche Haare und ein Stück Knochen eingebüßt, ungefähr da, wo man sein bißchen Verstand hat." – „Da ging wohl auch so ein Stück von diesem Verstand mit flöten?"

„Glaube es nicht, Sir. Könnte allerdings solchen Verlust viel leichter als Ihr ertragen. Habe davon gerade soviel Überfluß, wie Euch davon fehlt. Well!" – Er wendete sich lachend ab. – Ich hatte mich im stillen darüber gewundert, daß Halef sich die Gelegenheit entgehen ließ, den Haddedihn den Verlauf des Kampfes zu erklären, und es dem Scheik überließ. Er war mit seinem Sohn an die Gräber der Kurden getreten, stand mit erhobenen Händen da und bewegte die Lippen im Gebet.

„Du betest?" fragte ich ihn, mich erstaunt stellend. „An den Gräbern eurer Feinde?" – „Ja, Sihdi. Die Toten sind nicht mehr unsre Feinde. Der Christ kennt überhaupt keine Feinde, er haßt keinen

Menschen, sondern er liebt sie alle. Das hast du mich ja selbst gelehrt."

„Was hast du gebetet? Die Fatîha?" – „Nein. Wer diese betet, ist ein Mohammedaner. Ich und mein Sohn sind als Christen hier gestanden und haben das heilige Abuna[1] gebetet, das ich von dir gelernt habe. Hanneh, die Perle unter den Frauen und Müttern, betet es auch oft mit uns. Wunderst du dich etwa darüber?" – „Nein, denn ich weiß, daß das Wort Gottes wie ein kleines Samenkorn ist, das, in die Erde gelegt, sich zu einem mächtigen Baum entwickelt, der immer neue Früchte und Samen reifen läßt. Du hast einen solches Korn von mir empfangen; es wächst in dir und wird Früchte bringen. Gib den Samen davon weiter, Halef! Dann wirst du Gott wohlgefallen und viele Menschen glücklich machen." – „Oh, das weiß ich, Sihdi. Ich bin ja selbst so glücklich geworden. Weißt du noch, was für Mühe ich mir einst gab, dich zum Islam zu bekehren? Ich habe da manches Wort gesprochen, das wie der zweite Kopf eines Kamels war, das doch nur einen haben kann. Du hast dazu gelächelt und bist, wenn ich dann zornig wurde, immer gut und freundlich geblieben. Diese Güte hat mich besiegt. Ein einziges warmes Wort von dir hat mehr gewirkt als alle meine langen Reden. Der Islam ist die Schauk[2], die nur auf dürrem Boden wächst, das Christentum aber die Nachli[3], die hoch in die Lüfte ragt und viele Früchte bringt. Daß ich das weiß, habe ich dir zu danken. Es sollen es aber von mir noch viele, viele erfahren."

Jetzt gingen wir, die Pferde an den Zügeln führend, zu dem Ort, wo wir nach dem Kampf mit den Persern gelagert hatten. Ich dachte an das ‚Haus', das Halef und mich mit allen möglichen Leckerbissen erfreut hatte, und dabei war es mir, als ob jener süße, orientalische Duft mich heut wieder umwehe. Welch ein schreckliches Ende hatten diese guten Menschen dann da unten auf dem Weg der Todeskarawane gefunden! – Nun stiegen wir hinauf zur Felsenhöhle. Da standen noch die Reste der Hütte des Sorankurden; er war nicht zu ihr zurückgekehrt, weil er später Amad el Ghandurs Begleiter gewesen war und die Rache der Bebbeh fürchten mußte. Unweit davon erhob sich auf der Felsplatte das Grabmal des Scheiks. Es war, wie sein Sohn damals zu mir gesagt hatte: ‚Die Sonne begrüßt den Ort früh, wenn sie kommt, und abends, wenn sie geht.' Es befand sich in gutem Zustand, aber an der Westsüdwestseite waren, wie Mamrasch gesagt hatte, mehrere Steine herausgenommen worden. Amad el Ghandur trat hinzu und blickte hinein. Er fuhr sogleich betroffen zurück: „Maschallah, mein Vater! Sollte seine Seele noch nicht von ihm gewichen sein?"

Als ich dann in die Öffnung sah, konnte ich diesen Ausruf begreifen. Da saß der Scheik noch ebenso, wie wir ihn hineingesetzt hatten, mit weit über die Brust herabwallendem Bart. Sein Gesicht war tief eingefallen, aber recht wohl zu erkennen. Welchem Umstand oder welchen chemischen Einflüssen diese Erhaltung der Leiche zuzuschreiben war, weiß ich nicht; der Anblick war jedenfalls von unbeschreiblicher Wirkung. – Die Haddedihn kamen einer nach dem andern herbei, um die Überreste ihres einstigen Anführers zu be-

[1] Vaterunser   [2] Distel   [3] Palme

trachten. Es geschah wortlos und mit einer Scheu, die leicht erklärlich war. Als der letzte von ihnen vom Grab zurückgetreten war, griff Amad el Ghandur in die Tasche, zog einen kleinen Stein daraus hervor und sagte: „Kara Ben Nemsi Effendi und Hadschi Halef Omar, ihr wart dabei, als mein Vater Mohammed Emin, der Scheik der Haddedihn, in dieser Gruft bestattet wurde. Ihr habt gesehen, daß ich mit meinem Dolch diesen Stein vom Grabmal schlug und zu mir steckte, und werdet gewußt haben, was das zu bedeuten hatte. Jetzt bringe ich ihn zurück, und gebe ihn dem Toten. Die Mörder sind gefallen. Der Tod meines Vaters ist gerächt. Ihre Seelen mögen im glühendsten Feuer der Dschehenna brennen; die seinige aber mag wandeln unter den Palmen des Grabmals Himmels und vom Quell des Paradieses trinken in alle Ewigkeit!" – Das war die Blutrache: Auge um Auge, Zahn um Zahn, Blut gegen Blut! Es überlief mich kalt. Aber ich konnte nichts dagegen sagen. Jedes Wort wäre hier vergeblich gewesen. – Da die eigentliche Feier erst morgen am Todestag stattfinden sollte, konnten wir heut ausruhen. Wir mußten uns also zunächst nach einem passenden Lagerplatz umsehen. Ich wollte zu diesem Zweck von der Höhe herabsteigen. Abad el Ghandur aber sagte:

„Das ist nicht notwendig. Ich werde nirgends bleiben als hier am Grab meines Vaters. Ich gehöre hierher zu ihm." – „Nicht jetzt! Denke an die Unsicherheit der Gegend und an die Bebbeh-Kurden, die kommen können!" – „Ich habe nicht an sie, sondern an den Toten zu denken. Ich bin gekommen, ihn zu besuchen, und nun, da ich bei ihm bin, werde ich nicht eher von ihm gehen, als bis wir diese Gegend verlassen." – „Das würde die größte Unvorsichtigkeit sein. Wie das Gelände hier beschaffen ist, wären wir, wenn sie kommen, ganz in ihre Hände gegeben. Sieh dir doch die Lage dieses Ortes an! Der Fels fällt nach Süd, West und Nord so steil ab, daß man in diesen Richtungen nicht hinunter kann; wenigstens gehört ein guter Kletterer dazu in die Tiefe hinabzukommen; mit den Pferden aber ist es gerade eine Unmöglichkeit –" – „Wir wollen ja auch gar nicht hinab da", fiel er mir in die Rede. – „Laß mich ausreden, so wirst du einsehen, daß es gar wohl denkbar ist, daß wir einen Fluchtausweg von hier suchen müssen."

„Fliehen? Vor diesen Hundesöhnen? Nie!" rief er aus. – „Nie, nie, nie!" stimmten ihm seine Haddedihn bei. – „Laßt doch meinen Sihdi reden!" warnte Halef. „Er ist klüger als wir alle, und ich habe schon oft die Erfahrung gemacht, daß es der, der nicht auf ihn hört, später zu bereuen hatte." – Ich warf dem Kleinen einen anerkennenden Blick zu und fuhr fort: „Der Auf- und Abstieg kann nur auf der Ostseite des Berges geschehen, und da treten an einer Stelle, die ihr ja kennt, weil wir vorhin vorübergekommen sind, die Felsen so eng zusammen, daß nur zwei Reiter nebeneinander Platz haben. Das ist eine Pforte, die uns gefährlich werden kann." – „Wieso?" fragte der Scheik. – „Wenn die Kurden sie besetzen, können wir nicht von hier fort." – „Und wenn wir sie besetzen, können sie nicht herauf!" meinte er überlegen. – „Das klingt sehr schön, ist aber falsch, denn es bleibt die Tatsache bestehen: wir können eben nicht fort."

„So verjagen wir sie!" – „Das würde eben den Kampf geben, den

wir vermeiden wollen." – "Nun, dann bleiben wir hier oben, bis den Bebbeh die Zeit so lang wird, daß sie sich fortmachen!" – "Wird ihnen nicht einfallen. Erstens werden sie bleiben, weil sie sich rächen wollen, und zweitens treibt sie die Not nicht fort, wie sie uns forttreiben würde. Ich meine den Hunger. Wasser gibt es hier freilich. Aber was sollen wir essen? Gibt es ein Wild hier oben auf der kahlen Felsplatte? Nein. Und unsre Lebensmittel sind dermaßen zusammengeschwunden, daß ich nachher noch fortgehen muß, um irgendein eßbares Tier zu schießen." – "Du malst das so schlimm aus, weil es deine Gewohnheit ist, an alles mögliche Übel, was kommen kann, zu denken. Du bist viel zu ängstlich." – "Hier ist es besser, ängstlich als vertrauensselig zu sein. Ich bitte dich wirklich dringend, heute nicht hier zu bleiben! Wir müssen uns einen versteckten Lagerplatz suchen, von wo wir den Zugang zu dieser Höhle beobachten können." – "Bestürme mich nicht mit dieser Bitte! Ich kann sie dir nicht erfüllen. Ich gehöre hierher zu meinem Vater. Wenn ihr nicht hier oben bleiben wollt, so geht, wohin ihr wollt!" – "Wir bleiben!" riefen die Haddedihn einmütig. – "Hörst du es?" fragte Amad el Ghandur. "Sie bleiben bei mir; du aber hast deinen Willen und kannst dir einen andern Lagerplatz suchen. Halef und sein Sohn werden wahrscheinlich zu dir halten." – "Davon bin ich überzeugt, denn der Hadschi weiß, daß meine Ansicht wohlbegründet ist. Aber was könnte es nützen, wenn wir uns von euch trennten? Wir brächten uns in Sicherheit, während ihr euch in Gefahr befändet. Das könnte uns als Feigheit ausgelegt werden, und um das zu vermeiden, werden wir bleiben. Aber wenn dann eintrifft, was ich dir vorausgesagt habe, wirf die Schuld ja nicht auf uns!" – Ich nahm meinen Henrystutzen, um mich zum Jagen zu entfernen. Als der Engländer das sah, fragte er: „Wohin, Sir?"
„Fleisch machen." – „Well, gehe mit." – „Es wäre mir lieber, wenn Ihr hierbleibt." – „Warum?" – „Weil sowenig wie möglich Spuren verursacht werden dürfen." – „Eine mehr spielt keine Rolle. Was macht Ihr für ein Gesicht? Ärgert Euch wohl über die Haddedihn? Habt Euch mit dem Scheik gestritten, konnte aber nichts verstehen."
„Ich bin unwillig darüber, daß sie hier oben bleiben wollen, während ich es unten im dichten Wald für sicherer halte." – „Wohl wegen der Bebbeh-Kurden?" – „Ja." – „Macht nichts! Ob wir hier oben oder dort unten mit ihren Köpfen zusammenrennen, ist gleich."
„Nicht ganz, Sir David. Übrigens ist es ausgemacht worden, daß wir uns vor Feindseligkeiten hüten wollen." – „Well, habe nichts dagegen gehabt. Aber wenn Kurden einmal kommen, dann auch guts Habe alte Rechnung mit ihnen auszugleichen. Well! Auge um Auge, Zahn um Zahn, Finger um Finger, Ecke um Ecke. Sollen dann Hiebe bekommen, daß Schwarten fliegen! Also, jetzt mit Euch gehen?"
„Meinetwegen. Da Ihr Euch mit den Haddedihn doch nicht recht unterhalten könnt, würde Euch hier die Zeit zu lang werden."
„Wer noch mit?" – „Halef." – „Und sein Boy?" – „Wahrscheinlich, denn den läßt sein Vater doch nicht zurück." – „Well, hat auch recht damit. Junge ist ein tüchtiger Kerl; will von Euch lernen. Nehmt ihn also mit!" – Der kleine Kara freute sich, als er hörte, daß er uns

mit seinem Vater begleiten dürfe. Wir vier stiegen den Berg hinab, nachdem ich Amad el Ghandur gebeten hatte, seine Leute ja nicht auf die Jagd gehen zu lassen, um Spuren zu vermeiden, die an uns zu Verrätern werden konnten. Ich traute ihm aber nicht so recht, denn seit er sich am Grab seines Vaters befand, schien er nicht nur abermals auf Rache zu sinnen, sondern auch gegen mich aufsässig geworden zu sein. Unten im Tal drangen wir in den Wald ein, der den erwähnten Höhenzug bedeckte. Dort hatte ich damals auch gejagt. Ich hatte mich für diese Richtung entschieden, weil die Kurden, wenn sie nahten, aus einer andern Gegend kommen mußten.

Wir hatten Glück. Halef war ein guter Jäger geworden; der Englishman verstand sich auch auf das edle Weidwerk, und Kara Ben Hadschi Halef machte seine Sache so gut, daß ich ihn öfters loben konnte. Nach Verlauf von vier Stunden stiegen wir, mit reicher Beute beladen, wieder zur Höhe empor. Oben angekommen, sah ich, daß ein Feuer brannte, über dem ein frischer Braten schmorte. – „Also ist doch jemand von euch fortgewesen?" fragte ich Amad el Ghandur. „Ich hatte doch gebeten, das zu unterlassen!" – „Sollen wir hier sitzen und faulenzen, während ihr euch plagt?" murrte er. „Du erlaubst diesem Knaben, Wild zu holen, und den erwachsenen Kriegern soll es nicht gestattet sein?" – „Der Knabe befand sich bei mir; da war ich sicher, daß er keinen Fehler beging." – „Die vier Männer, die ich fortschickte, haben auch keinen begangen." – „Das ist fraglich. Es wäre jedenfalls besser gewesen, wenn sie den Gang unterlassen hätten."

„Nein, Effendi! Es ist im Gegenteil sehr vorteilhaft für uns, daß sie ihn unternommen haben, denn sie haben eine wichtige Botschaft mitgebracht. Die Bebbeh-Kurden kommen heuer nicht hierher. Du siehst also, daß deine große Ängstlichkeit gar keinen Grund hatte!" – Amad lächelte mich dabei ein wenig von oben herab an. Mir schien die Sache nicht ganz geheuer zu sein; darum entgegnete ich: „Von Ängstlichkeit kann keine Rede sein. Ich bin vorsichtig, aber Angst habe ich nicht. Doch zurück zu deiner seltsamen Neuigkeit! Du gebrauchst den Ausdruck ‚Botschaft'. Von wem haben deine Leute diese Botschaft erhalten?" – „Von zwei Sorankurden." – „Wo haben sie die getroffen?" – „Unten am Wasser, wo der Kampfplatz war." – „Zum Teufel!" brauste ich ganz gegen meine Gewohnheit auf. „Wer hat ihnen denn erlaubt, grad diesen Platz wieder aufzusuchen?"

„Ich!" antwortete er, mit einem festen, beinahe herausfordernden Blick in mein Gesicht. – „So, du! Ich war aber doch schon einmal dagegen, diesen Ort zu besuchen. Ihr habt es dennoch getan, und so sollte wenigstens dieser zweite Besuch aus Achtung gegen mich vermieden werden!" – „Ich streite nicht mit dir. Wenn du etwas erfahren willst, so frag hier Battar! Er wird dir Auskunft geben."

Er wendete sich von mir ab. Ich aber hielt ihn zurück. – „Es ist keineswegs meine Absicht, mit dir zu streiten. Doch schau das Grab an, in dem dein Vater ruht! Es sollte dir und euch allen eine Warnung sein. Mohammed Emin ist nur darum hier begraben, weil ihr euch damals nicht mehr nach meinen Vorschlägen richten wolltet. Ihr hattet mich freiwillig zu eurem Anführer erkoren, und solange ihr euch nach mir richtetet, wurden alle Gefahren glücklich überwunden. Ich bin ein Christ und als solcher stets gegen unnötiges Blutvergießen. Ihr aber lechztet damals nach Blut und empörtet euch gegen meine wohlgemeinten Ratschläge. Das rächte sich an euch, denn ihr mußtet es mit dem Blut Mohammed Emins bezahlen." – Ich hielt inne. Niemand sagte ein Wort; darum fuhr ich fort: „Jetzt habt ihr mich wieder zu eurem Anführer gewählt, gegen meinen Willen, denn ich schlug Amad el Ghandur vor. Ihr seid mir gefolgt, wie ich euch führte und es ist alles gut gegangen. Nun raucht euch plötzlich das Blut des toten Scheiks um die Köpfe. Es benebelt euren Verstand und macht euch widerspenstig gegen mich. Bedenkt wohl, was ihr tut! Ich bin mit euch ausgezogen, um alle Not und Gefahr mit euch zu teilen; aber wenn ich sehe, daß ihr meinen Willen nicht mehr achtet und Dummheiten begeht, die uns unser Leben kosten können, kann ich nicht länger euer Anführer sein." – Amad el Ghandur kehrte mir den Rücken zu und sagte nichts. Battar aber, der Haddedihn, an den er mich gewiesen hatte, fuhr zornig auf: „Dummheiten, Effendi? Wärst du es nicht, der dieses Wort sagt, so würde ich mit meinem Dolch antworten! Ein Krieger der Haddedihn begeht keine Dummheiten!"

„Du irrst", widersprach ich. „Ich könnte euch eine ganze Reihe von großen Fehlern, ja von Dummheiten herzählen, die von berühmten Haddedihn begangen wurden. Ich halte es für meine Pflicht, euch die Wahrheit zu sagen. Wollt ihr sie nicht hören, so kann ich euch nicht helfen. Jetzt möchte ich wissen, wie ihr mit diesen sogenannten Sorankurden zusammengetroffen seid und was ihr mit ihnen gesprochen habt." – Amad el Ghandur rührte sich immer noch nicht, seine Leute blickten finster vor sich nieder, und Battar, an den ich mich mit meinen letzten Worten gewendet hatte, antwortete nicht mehr. Das Herz begann mir weh zu tun. Ich hatte das sichere Gefühl, daß die Starrsucht dieser Leute üble Folgen haben werde. Jedenfalls hatten sie sich während meiner Abwesenheit dahin besprochen, bei einer Begegnung mit den Bebbeh-Kurden meinen menschenfreundlichen Ratschlägen nicht zu gehorchen. Ich mußte meine Aufforderung noch einmal an Battar richten, ehe er sich herbeiließ, mir Auskunft zu erteilen. – „Wir stiegen ins Tal hinab, um am Fluß nach wildem Geflügel zu suchen; da kamen die beiden Sorankurden." – „Saht ihr sie eher oder sie euch?" – „Wir sie", gab Battar zu. – „Wie verhielten sie sich, als sie euch dann erblickten?" – „Sie stutzten und hielten ihre Pferde an. Wir gingen auf sie zu und winkten ihnen zu, daß wir friedlich gesinnt seien. Da ließen sie uns bis zu sich herankommen."

„Wie waren sie bewaffnet?" – „Mit Gewehren, Messern und Pistolen." „Was für Pferde hatten sie?" – „Sehr gute. Sie begrüßten uns freundlich und fragten uns, wer wir seien." – „Antwortet ihr ihnen darauf?" „Nicht sogleich. Wir verlangten zuvor zu wissen, zu welchem Stamm sie gehörten. Da erfuhren wir, sie seien Sorankurden."

„Habt ihr euch nach dem Lagerplatz ihres Stammes erkundigt?"
„Ja. Sie weiden ihre Herden am Beledrus-Kanal."
„So weit im Süden von hier? Unglaublich, das wäre ja in der Nähe von Bagdad. Und sie kamen von Norden? Wo waren sie gewesen?"

„Das fragten wir nicht." – „Wo wollten sie hin?"

„Zu ihrem Stamm. Nun erst, als wir das wußten, sagten wir ihnen, wir seien Haddedihn."

„Sagtet ihr ihnen noch mehr?" – „Ja, denn die Sorankurden sind die Feinde der Bebbeh. Wir brauchten uns also nicht zu scheuen. Sie freuten sich sehr, als sie hörten, weshalb wir uns hier befinden, denn sie hatten vom Ruhm Mohammed Emins gehört. Ja, sie waren entzückt, als wir ihnen sagten, daß ich ein Krieger ihres Stammes damals der Führer Amad el Ghandurs geworden sei und ihn auf seinem Rachezug begleitet habe." – „So habt ihr ihnen wohl alles erzählt, was damals hier geschehen ist?"

„Gewiß! Die Kurden zeigten solche Teilnahme dafür, als gehörten sie selbst zu unserm Stamm."

„Und habt ihr ihnen auch gesagt, wer jetzt hier ist?" – „Ja, Sie fragten uns danach. Wir sprachen von dir, von Hadschi Halef Omar und seinem Sohn Kara, von Amad el Ghandur, von dem Inglis, der damals auch dabei war und verwundet wurde. Sie waren so freundschaftlich zu uns, daß sie sich sogar nach deinem berühmten Rih erkundigten und wissen wollten, ob du ihn wieder reitest."

„Und ihr habt auch diese Auskunft erteilt?" – „Ja. Die Soran freuten sich über unsre edlen Pferde, über den jungen Hengst und über die Stute Amad el Ghandurs."

„Und dann? Sprich weiter!"

„Und dann? Nun, dann ritten sie fort." – „Wohin?"

„Zurück."

„Zurück? Also nach Norden, woher sie gekommen waren? Ich denke, sie wollten südwärts zu ihrem Stamm?" – „Gewiß, Effendi. Aber der eine bemerkte, während wir miteinander sprachen, daß er seinen Dolch aus dem Gürtel verloren hatte. Es war ein altes, kostbares Erbstück, das er unmöglich aufgeben konnte. Sie mußten also noch einmal zurück, um den Dolch zu suchen." – „Aber von den Bebbeh habt ihr doch auch gesprochen. Was habt ihr da erfahren?"

„Wir sagten, daß wir auf die Ankunft der Bebbeh vorbereitet seien, weil wir erfahren hätten, daß sie alljährlich hierhergekommen seien. Da erklärten uns die Soran, daß die Bebbeh heuer nicht kommen könnten."

„Was für einen Grund gaben sie dafür an?"

„Die Bebbeh liegen grad jetzt mit den Kurden von Pir Mam vom Bulbastamm im Streit; es kann täglich ein Zusammenstoß stattfinden, und so wirst du begreifen, Effendi, daß sie keine Zeit haben, hierherzukommen." – „Schön! Was habt ihr mit ihnen noch gesprochen?" – „Weiter nichts. Was ich dir erzählt habe, ist alles. Nun gibst du wohl zu, daß deine Sorge umsonst war, und daß unser Scheik Amad el Ghandur recht gehabt hat?"

Diese Frage wurde im Ton großer Befriedigung ausgesprochen, und nun machte der Scheik endlich auch eine Bewegung; er drehte sich langsam um und warf mir einen stolzen Blick zu. Ich tat, als hätte ich das nicht bemerkt, und entschied: „Ich sehe ein, daß Amad el Ghandur sehr unrecht gehabt hat." – Da fuhr Amad zornig auf:

„Unrecht? Wenn du dieses Wort nach dem, was du jetzt gehört hast, aussprichst, so ist dir der Verstand abhanden gekommen, und ich sehe ein, daß es besser ist, dir den Befehl abzunehmen. Denn wenn wir uns weiter nach dir richten, können wir leicht dem Verderben entgegenreiten."

„Bitte, rege dich nicht auf, sondern bleib ruhig! Selbst wenn ich den Verstand verloren hätte, reichte doch der kleine Rest, der mir übrigblieb, aus, einzusehen, daß ihr mit aller Gewalt ein böses Verhängnis über euch heraufbeschwören wollt. Wenn ihr so weiter –"

„Schweig!" fuhr er mich an und sprang auf. „Du, nur du würdest dieses böse Verhängnis sein, wenn wir weiter auf dich hören wollten. Du magst tun, was dir beliebt, und gehen, wohin du willst; wir folgen dir nicht! Wir brauchen keinen andern Lagerplatz. Die Bebbeh kommen nicht. Ich gehöre ans Grab meines Vaters, ich bleibe da!"

Ich wollte auch aufbrausen, beherrschte mich aber und entgegnete: „So laß dir doch wenigstens die Gründe sagen, weshalb ich –"

„Nichts, nichts mag ich hören", wehrte er ab, indem er mich abermals unterbrach. „Du hast uns vorgeworfen, unser damaliges Verhalten habe den Tod meines Vaters verschuldet. Es ist aber ganz anders: Hättest du uns früher erlaubt, auf die Bebbeh zu schießen und ihren Scheik Gasâl Gaboga zu töten, so hätten sie nicht mehr gelebt und uns nicht verfolgen können. Du also bist schuld, du ganz allein! Ich klage dich des Todes meines Vaters an und mag nichts mehr von dir wissen. Ich gebiete dir, dich von uns zu trennen!"

Er streckte befehlend den Arm aus. Seine Augen blitzten. Er war das lebendige Bild des rücksichtslosesten sinnlosen Zorns. Ich kann nicht etwa bloß sagen, daß er mir leid tat, denn das, was ich jetzt empfand, war viel mehr. Seine Leute hatten sich auch von ihren Plätzen erhoben; sie waren zu ihm getreten, um mir damit anzudeuten, daß sie seiner Meinung seien. Nur Halef, sein Sohn, Omar Ben Sadek und der Engländer hielten sich zu mir. Sollte ich auf die schwere Anschuldigung Amad el Ghandurs antworten oder nicht? Noch war ich mit mir nicht einig darüber, da trat Halef einige Schritte vor, räusperte sich, wie es so seine Angewohnheit war, und begann: „Allah Allah! Welche Wunder geschehen am heutigen Tag! Die Undankbarkeit kleidet sich in das Gewand des Stolzes, und das Verdienst wird mit dem Mist der Kamele und Schafe beworfen! Mein Sihdi ist der weiseste der Weisen und der tapferste der Tapfern. Er hat für seine Gefährten stets wie ein Vater gesorgt, für sie gewacht und alle Gefahren auf sich genommen. Nicht er hat den Verstand verloren, sondern euch ist er abhanden gekommen. Mein Sihdi weiß stets, was er sagt. Er sieht jetzt eine große Gefahr voraus, eine Gefahr, in der ihr untergehen werdet, wenn ihr nicht auf ihn hört. Eure Köpfe sind bis heut von falschen Gedanken frei gewesen. Aber seit ihr dieses Grab erblickt habt, sind die Teufel der Blutrache über euch gekommen, haben euer Herz betört und eure Augen blind gemacht. Es ist, als hätte euch ein böses Ssuchuni[1] überfallen, in dem ihr tolles Zeug

[1] Hitziges Fieber

redet und wie unvernünftige Geschöpfe handelt. Ich bitte euch, den Sihdi anzuhören! Ihr werdet ihm zuletzt sicher recht geben!"

„Nein, wir mögen nichts mehr von ihm hören!" rief Amad el Ghandur, indem er beide Hände abwehrend ausstreckte. „Er hat dein Herz betört, und du bist seines Glaubens geworden; darum redest du für ihn. Wir brauchen weder ihn noch dich. Die Blutrache ist ein heiliges Gebot; du bist ein von Allah Abtrünniger. Bleib bei deinem einstigen Gebieter! Wir haben nichts mehr mit euch zu tun!"

Da ging Halef noch einen Schritt weiter und erwiderte: „Ja, ich bin abgefallen von der Lehre, die Blut und Rache gebietet, und bin ein Sohn der Liebe geworden, die selbst den Unwürdigen umfängt. Darum will ich euch das, was ihr jetzt redet und tut, nicht entgelten lassen, sondern weiter über euch wachen, damit ihr nicht in eurem Irrtum untergeht. Hier stehe ich; ich halte zu meinem Sihdi, dem ich treu sein werde, solang ich lebe, denn ich bin Hadschi Halef Omar, der von euern grausamen und blutigen Gesetzen nichts mehr wissen mag!"

Da stellte sich Omar an seine Seite und sagte: „Und ich bin Omar Ben Sadek, auf dessen Namen nie ein Makel lastet. Ihr habt Kara Ben Nemsi Effendi beleidigt; ich halte zu ihm. Die Folgen aber werden über euch kommen!"

Und nun geschah etwas, was ich nicht erwartet hatte. Nämlich Halefs kleiner Sohn trat an die andre Seite seines Vaters und rief mit jugendlich heller Stimme: „Und ich bin Kara Ben Hadschi Halef und halte auch zu dem Effendi, dessen Namen ich trage. Er ist größer als ihr alle!"

„Ruh, ja mesach – geh, du Zwerg!" lachte Amad grimmig. „Um so kleiner bist du! Wer unter dem Schutz eines Knaben steht, kann wahrlich stolz sein auf seine Tapferkeit und Klugheit!"

„Ja, stolz bin ich allerdings", erwiderte ich, „daß dieser Knabe, dessen ich mich erst seit einigen Tagen angenommen habe, schon einen schärferen Blick besitzt als ihr, die ihr euch erfahrene Krieger nennt. Du hast mich von dir gewiesen. Wohlan, ich trenne mich von euch, doch gehe ich nicht ganz fort, denn ich weiß, daß ihr meine Hilfe brauchen werdet. Du hast vorhin in deiner Halsstarrigkeit das Wort gesagt: ‚Ich gehöre ans Grab meines Vaters; ich bleibe hier!' Sieh zu, daß es nicht in der Weise in Erfüllung geht, daß du für immer hierbleiben mußt!" – Ich wendete mich ab und führte meinen Rih von den anderen Pferden fort; das war das Zeichen der Trennung. Halef, sein Sohn und Omar holten ihre Pferde auch. Da stand der Engländer, der bisher stumm zugehört hatte, auf, brachte sein Pferd herbeigeführt und fragte mich: „Hört, wertester Mr. Kara Ben Nemsi, was hier für ein Teufel los? Habt Euch von den Haddedihn getrennt?"

„Ja." — „Warum?"

„Weil sie mich als Anführer abgesetzt haben. Die vier nämlich, die vorhin auf der Jagd waren, haben zwei Bebbeh getroffen, die sie für Sorankurden halten. Ich riet, ein andres Lager zu beziehen; sie aber blieben hier."

„The devil! Da kann es etwas absetzen, nicht? Wollt Ihr mir wohl sagen, was –" – „Jetzt nicht", fiel ich ihm in die Rede, „später! Ich muß sogleich fort, den beiden Bebbeh nach. Ich nehme Halef und seinen Sohn mit –"

„Warum nicht mich?" unterbrach er mich.

„Weil ich einen sichern Mann hier bei den kostbaren Pferden haben muß, und Ihr seid doch der sicherste."

„Well, schön, bleibe", erklärte er befriedigt, obwohl ich ihn nur deshalb nicht mitnahm, weil ich befürchtete, er könnte Dummheiten machen.

Einige Minuten später stieg ich mit Halef und seinem Sohn wieder von der Höhe ins Tal hinab. Bis wir hinunterkamen, fiel mir nichts auf, weil der Weg meist felsig war; unten aber bemerkte ich die Spuren, die die vier Haddedihn beim Jagen gemacht hatten. Daneben aber gab es noch die Stapfen zweier Menschen, die nicht in den Felspfad, sondern seitwärts davon einbogen und da zur Höhe führten.

„Kannst du dir denken, wer hier gegangen ist?" fragte ich Halef.

„Nein, Sihdi", antwortete er. „Da du mir deine Meinung noch nicht mitgeteilt hast, weiß ich nicht, von welchem Gedanken ich auszugehen habe."

„Von dem Gedanken, daß die beiden Kurden, die sich für Sorans ausgegeben haben, Bebbeh waren."

„Maschallah! Das vermutest du? Aus welchem Grunde?"

„Aus mehreren Gründen. Zunächst gibt es keinen Stamm der Soran mehr."

„Das ist richtig, Sihdi. Dieser Stamm ist ja von den Bebbeh vernichtet worden, so daß nur einzelne Männer übrigblieben, die sich noch heut verbergen müssen[1]. Daran dachte ich gar nicht."

„Wie kann also ein Stamm der Soran unten am alten Beledrus-Kanal seine Herden weiden?" – „Dort hat es niemals Kurden, sondern stets nur arabische Stämme gegeben. Die vier Haddedihn sind schmählich belogen worden." – „Und waren so dumm, die Lügen zu glauben. Die zwei Kurden waren die Kundschafter der Bebbeh, die heut wie alle Jahre kommen und, um sicher zu gehen, zwei Krieger vorausgesandt haben. Diese Späher haben es unsern vier Jägern sofort an den Stammeskennzeichen angesehen, daß sie Haddedihn sind und haben sich infolgedessen für Soran ausgegeben. Sie haben die allzu Arglosen ausgefragt, alles erfahren und sich dann die Lüge von dem verlorenen Kamel ausgesonnen, um unauffällig wieder umkehren zu können. Dann haben sie an einem passenden Ort ihre Pferde versteckt und sind hierher zurückgekehrt, um hinaufzuschleichen und uns zu beobachten. Ihre Fährte führt hier hinauf, aber nicht wieder herab; ich vermute, daß sie noch oben sind!. Bleibt hier stehen; ich muß Gewißheit haben." – Ich schlich an Büschen und Felsen vorüber wieder hinauf. Es war schwer, auf dem harten Boden die Spur zu verfolgen, aber es gelang mir doch. Da sah ich, daß die feindlichen Späher uns beobachtet und vielleicht auch unsre Verhandlungen gehört und verstanden hatten, da wir so laut und erregt gesprochen hatten; dann

[1] Siehe Band T3, „Von Bagdad nach Stambul"

führte die Fährte seitwärts wieder in die Tiefe. Da gab es Gras; sie war also deutlich zu sehen. Ich schätzte sie kaum eine Viertelstunde alt und rief Halef und seinen Sohn herbei, um sie ihnen zu erklären. Wie stolz war der wackere Hadschi darauf, daß seinem Kara so große Ehre widerfuhr, auf diesem gefährlichen Gang mitgenommen zu werden! – Wir folgten nun zusammen der Spur. Sie strich quer durch die andern Stapfen zum Begräbnisplatz am Wasser hin und führte weiterhin nach Norden, sich erst immer nahe am Ufer haltend. Sie fiel von nun an mit der Spur zusammen, die die beiden Bebbeh gemacht hatten, ehe sie die vier Haddedihn trafen. Wir hatten also alte, herwärts kommende und neue, wieder zurücklaufende Stapfen vor uns.

Es dauerte nicht lange, so kamen wir an ein Gebüsch, wo die Bebbeh ihre beiden Pferde versteckt hatten. Sie hatten die Tiere hervorgeholt und wieder bestiegen. Und nun waren sie, wie wir sahen, Galopp geritten, um den Ihrigen die wichtige Nachricht möglichst bald zu bringen. Ich erklärte im Weiterschreiten meinem kleinen Schüler alles, was ihm noch nicht klar war, und hatte dabei meine helle Freude über sein gutes, scharfes Fassungsvermögen.

Vom Versteck der Pferde aus waren wir wohl eine gute halbe Stunde lang dem Lauf des Flusses gefolgt, jede Deckung sorgfältig benutzend; da kam der Wald von der Höhe herab und bildete am Fluß einen grasigen Platz, der an den drei anderen Seiten von Bäumen umgeben war.

„Hier müssen wir uns verstecken", erklärte ich.

„Warum grad hier?" fragte Halef.

„Weil die Gesamtschar der Bebbeh hier ihr Nachtlager aufschlagen wird."

„Sihdi, bist du allwissend?"

„Nein. Ich ziehe nur aus den gegebenen Umständen meine Folgerungen. Es ist kaum eine Stunde bis zum Sonnenuntergang; dann müssen die Kurden lagern."

„Werden sie nicht vielleicht bis in die Nähe des Felsengrabs weiterreiten?" – „Nein, denn es ist da noch dunkel; der Mond geht erst später auf. Vielleicht benutzen unsre Feinde seinen Schein, um sich uns dann zu nähern. Jedenfalls aber bleiben sie vorerst hier."

„Warum nicht weiter oben, so daß wir, um sie zu beobachten, noch weitergehen müßten?" – „Siehst du denn nicht, daß die beiden Kundschafter hier abgestiegen sind? Die vielen Stapfen sagen mir, daß sie den Platz und auch den angrenzenden Waldsaum durchsucht haben. Das taten sie sicher in der Voraussicht, die Ihren bis hierher zu führen."

„Du hast recht, wie immer, Sihdi. Was werden wir nun beginnen? Sie belauschen, um zu hören, was sie reden?"

„Das möchte ich allerdings gern. Wollen sehen, ob sich die Möglichkeit dazu bietet. Wir verstecken uns im Wald, bis sie kommen."

Wir drangen also links in den Forst ein, bis es da ein Buschwerk gab, das uns verbarg. Ich war gespannt darauf, ob die Kurden wirklich da, wo ich es vermutete, anhalten würden.

Da wir nichts weiter tun konnten als warten, unterhielten wir uns leise miteinander, und selbstverständlich war das Verhalten der Haddedihn und ihres Scheiks der Gegenstand unsres Gesprächs. Lindsay schimpfte. Der kleine Hadschi ärgerte sich gewaltig und erging sich in den kräftigsten Ausdrücken über diese unvorsichtigen Menschen. Noch mehr aber bedrückte ihn der Gedanke, daß ich so sehr gekränkt worden war. Ich mochte ihm immer wieder versichern, daß ich jetzt weder Ärger noch Kränkung fühle, sondern nur die Verpflichtung, über die Leute zu wachen, die blind und taub geworden waren, er glaubte es nicht und gab sich alle Mühe, mich zu beruhigen, zu trösten und mich seiner Treue und Anhänglichkeit zu versichern. Es war rührend, wie er eng neben mir lag, meine Hand in der seinen hielt und sich bemühte, seiner leisen Stimme den zärtlichsten Ausdruck zu geben. – Dabei brauchte ich weder Trost noch Beruhigung, denn ich grämte mich nicht und fühlte auch keine Erregung mehr. Aber Halefs treue, hingebende Liebe ließ mich die Befürchtungen, die ich hegte, weniger schwer empfinden. – Ich hatte jene unbestimmte Ahnung von dem unaufhaltbaren Nahen eines traurigen Ereignisses, die mich noch nie betrogen hat. Daher die letzten Worte, die ich Amad el Ghandur zugerufen hatte. Für mich fürchtete ich nichts, sondern es war etwas in mir, das mir sagte, daß der Scheik sich hüten müsse. Ich nahm mir vor, alles zu tun und selbst mein Leben zu wagen, um das Drohende von ihm abzuwenden.

Der Abend senkte sich nieder, und es wurde dunkel um uns; da hörten wir Pferdegetrappel. Die Kurden kamen. Der Hufschlag ging nicht weiter; ich hatte mich also nicht getäuscht. Sie hielten wirklich auf dem vorher von mir bezeichneten Platz an.

„Shidi, du hast richtig vermutet; sie steigen von den Pferden", flüsterte Halef. „Wollen wir hin?"

„Du nicht und auch Kara nicht. Ihr würdet euch dabei nur unnötig in Gefahr begeben, da ihr die kurdische Sprache nicht versteht. Ich gehe allein."

„Aber wenn du nicht bald wiederkommst, folge ich dir!"

„Keine Unvorsichtigkeit, Halef! Ich will sie belauschen und muß daher drüben so lange warten, bis sie von dem reden, was ich hören will. Darüber können Stunden vergehen." – „Ich werde gehorchen. Aber wehe ihnen, wenn sie dich erwischen!"

Ich hatte mir die Art und Weise, in der ich mein Vorhaben ausführen wollte, schon zurechtgelegt. Das Frühlingswasser hatte vom Berg herab und durch den Wald ein Rinnsal, einen ziemlich tiefen Graben gerissen. Dieser Graben war jetzt trocken und ging quer über den Platz, auf dem die Bebbeh lagerten. Ich kroch aus dem Gebüsch hervor in diese Rinne hinab und schob mich langsam darin weiter. Die Kurden sprachen nicht laut, da die Haddedihn in der Nähe sein konnten. Aber als ich eine genügende Strecke vorangekommen war, hörte ich eine Stimme fragen:

„Brennen wir ein Feuer an?"

„Nein", entschied eine andre Stimme. „Erst muß ein Lauscher weiter abwärts gehen, um nachzuforschen, ob wir hier sicher sind."

„Wir sind es, denn die Haddedihn lagern oben am Grab und werden sich in dieser Dunkelheit nicht so weit davon entfernen."

„Ja, die Araber sind dumme Molche, die sich nicht aus ihren Höhlen wagen. Aber dieser fremde Teufel ist überall da, wo er nicht hingehört, und mit ihm der kleine Hund mit dem dünnen Bart, der Gasâl Gaboga, meinen Vater, erschossen hat. Dieser Zwerg soll für seine Tat einen solchen Lohn empfangen, daß sein Schmerzgeheul weit über Berge und durch die Täler klingt!" – Der Sprecher nannte einen seiner Leute beim Namen und schickte ihn fort, die Gegend abwärts zu erkunden. Daß es jetzt noch dunkel bleiben sollte, konnte mir nur nützlich sein. Ich kroch also immer weiter, bis ich die Waldbäume hinter mir hatte und mich im Graben am Rand des Rastplatzes befand. Die Pferde waren zum Wasser gelaufen; links vom Graben hatten sich die Kurden niedergesetzt, um auf die Rückkehr des Kundschafters zu warten. Sie konnten jetzt laut sprechen, denn falls die Haddedihn in der Nähe gewesen wären, hätte er sie wahrscheinlich entdeckt und es gemeldet. – Aus dem, was ich bis jetzt gehört hatte, war zu schließen, daß diese Kurden vom Sohn Gasâl Gabogas angeführt wurden. Wehe uns, wenn wir in die Hände dieses Bluträchers fielen! Im Verlauf des folgenden Gesprächs hörte ich, daß er Ahmed Asad hieß. Mein an die Dunkelheit gewöhntes Auge zählte jetzt elf Personen. Wenn ihrer nicht mehr waren, brauchten wir uns allerdings nicht zu fürchten. – „Ein Glück", sagte Ahmed Asad soeben, „daß ich auf den Gedanken kam, zwei Späher vorauszusenden! Hätte ich das nicht getan, so wären wir den Haddedihn wahrscheinlich in die Hände geritten."

„Wann greifen wir sie an?" fragte einer.

„Das kommt darauf an, ob unser Bote schnell genug gewesen ist. Am liebsten noch in der Nacht, weil sie uns da nicht sehen können und wir sie so überraschen, daß sie lebendig in unsre Hände fallen. Also kostbare Pferde haben sie?" – „Ja. Zunächst den Rapphengst des Fremden, der sich Kara Ben Nemsi nennt und zwei Zaubergewehre besitzt, mit denen man unendliche Male schießen kann, ohne laden zu müssen. Sodann ist noch ein junger Rapphengst da, den der Knabe des kleinen Kerls mit den wenigen Barthaaren reitet. Und endlich ist noch eine wertvolle Schimmelstute vorhanden, die dem Scheik Amad el Ghandur gehört. Auch eine Schecke soll es geben, die ausgezeichnet ist."

„Glaubst du, daß diese besser sind als meine schwarze Perserstute?"

„Nein. Deine Stute sucht ihresgleichen. Ihr Stammbaum reicht ja hinauf bis in den Stall von Nadir-Schah."

„Dennoch müssen wir diese Pferde bekommen. Niemand darf auf sie schießen, außer er befindet sich in Lebensgefahr. Das wird aber bei keinem der Fall sein, denn wir werden so schnell über diese räudigen Hunde kommen, daß sie gar keine Zeit finden, um sich zu beißen."

Leider kehrte jetzt der Kundschafter zurück und meldete, daß er nichts Verdächtiges bemerkt habe. Darauf erklärte Ahmed Asad:

„So brennt ein Feuer an, daß wir essen können! Wenn der Mond gekommen ist, reiten wir weiter und lagern in der Nähe des Berges, auf dem die Haddedihn rasten." – Der Kundschafter fragte:

„Dann muß ich wohl vor dem Angriff hinauf, um zu sehen, ob sie schlafen und ein Feuer brennen?" – „Das müssen wir doch vorher wissen. Du gehst voran, um mir zu berichten." – Jetzt suchten die Kurden die umstehenden Bäume und Sträucher nach dürren Ästen ab. Das Feuer mußte mich verraten; darum hielt ich es für geraten, mich schnell zurückzuziehen. Ich erreichte die Gefährten, ohne von den Bebbeh bemerkt zu werden, und schlich mit ihnen fort. Erst gingen wir vorsichtig, um kein Geräusch hören zu lassen. Als wir aber außer Hörweite der Feinde waren, brauchten wir uns nicht mehr so in acht zu nehmen.

Halef war neugierig auf das, was ich erfahren hatte. Ich sagte es ihm. Dann fragte er: „Denkst du, daß sie schon während der Nacht angreifen?" – „Ich denke es. Nur machen mich die Worte des Anführers irre, daß es darauf ankomme, ob der Bote schnell genug gewesen sei. Was für ein Bote mag gemeint sein?" – „Wer weiß es!" – „Es wäre aber wohl nötig, es zu wissen. In einer Lage, wie die unsrige ist, kann man nicht umsichtig genug sein. Ich zählte elf Personen, mit dem Kundschafter zwölf. Ob der Anführer einen Boten fortgeschickt hat, noch mehr Leute zu holen?"

„Dann müßten doch noch mehr Bebbeh in der Nähe sein!"

„Warum nicht? Wenn es so wäre, bekämen wir einen harten Stand."

„Ich fürchte mich nicht, Sihdi!"

„Das weiß ich, lieber Halef. Aber mir liegt das Vorgefühl in den Gliedern, daß es auch diesmal hier kein gutes Ende nehmen wird."

„Mach dir doch keine solchen Sorgen! Wie oft sind wir in noch größerer Gefahr gewesen und stets glücklich daraus hervorgegangen. So wird es auch heut und morgen werden. Was gedenkst du zu tun? Werden wir den Überfall abwarten oder die Bebbeh lieber selbst angreifen?"

„Darüber kann ich nicht bestimmen. Du weißt ja, daß Amad el Ghandur jetzt den Befehl führt."

„Allah sei es geklagt! Hoffentlich aber ist er inzwischen zur Einsicht gekommen!"

„Das bezweifle ich. Ich kenne das Fieber der Blutrache. Wer ihm einmal verfällt, dem ist nicht zu helfen. Du wirst sehen, daß er jetzt noch ebenso denkt wie vorhin, als wir ihn verließen." – Wir stiegen nun zum Grabmal empor. Schon von weitem, als wir die bereits erwähnte Felsenenge hinter uns hatten, leuchtete uns der Schein eines riesigen Feuers entgegen. – „Welch ein Fehler, solche Flammen lodern zu lassen!" entfuhr es mir, obgleich ich mir vorgenommen hatte, jetzt nichts zu tun als ruhig abzuwarten. – „Ich werde ihnen gleich meine Meinung sagen", meinte Halef. – Das flinke Kerlchen sprang die Höhe vollends hinauf und rief den ums Feuer sitzenden und schmausenden Haddedihn zu: „Allah akbar – Gott ist groß, aber eure Unvorsichtigkeit ist noch größer! Was fällt euch ein, ein solches Feuer zu brennen!"

„Was geht es dich an?" grollte Amad el Ghandur.

„Sehr viel. Mein Leben kann davon abhängen." – „An deinem Leben ist nicht viel gelegen!" – „So! Wenn du nicht im Rächerwahn sprächst, würde ich dir mit der Waffe antworten. Die Bebbeh sind da, um uns zu überfallen, und ihr brennt für sie ein Feuer an, damit ihre Kugeln uns ja recht sicher treffen können!" – „Die Bebbeh? Du lügst!" – „Wahre deine Zunge! Ich bin Hadschi Halef Omar und habe noch nie gelogen. Die Kundschafter der Bebbeh haben euch weisgemacht, sie seien Sorankurden, und haben von euch alles erfahren, was sie wissen wollten. Dann sind sie umgekehrt, um den Bluträcher Ahmed Asad, den Sohn Gasâl Gabogas, herbeizuholen. Er hält nicht weit von hier und will uns überfallen." – Das brachte die Haddedihn denn doch aus ihrer Fassung. Sie forderten Halef auf, alles zu erzählen. – „Eigentlich seid ihr keines Wortes wert", begann er. „Ihr habt euch von meinem Sihdi losgesagt, und darum sollten wir eigentlich fortreiten und uns nicht weiter um euch kümmern; aber ich weiß, was ich meiner Bekehrung zur wahren Liebe schuldig bin, und so werde ich euch eure Bitte erfüllen. Der Effendi, ich und mein Sohn Kara Ben Halef, wir sind am Lager der Bebbeh gewesen und haben ihre Gespräche belauscht. Hätten wir das nicht getan, so würdet ihr heute nacht abgeschlachtet wie Schafe, die keinen Hirten und Beschützer haben."

Er erzählte nun das, was wir getan, gesehen und gehört hatten, in seiner farbenreichen Weise und schloß die besten Ermahnungen daran. Schon glaubte ich, daß diese seine Vorstellungen nicht ohne Erfolg sein würden, da fuhr ihn Amad el Ghandur an: „Schweig! Wir brauchen deine Ermahnungen nicht; wir wissen selbst, was wir zu tun haben. Also zwölf Bebbeh habt ihr gezählt?" – „Ja. Wenn du sie nachzählen willst, so geh hin zu ihnen!" – „Und da machst du solchen Lärm? Zwölf gegen zwanzig!" – „Aber es können leicht noch mehr kommen, denn Ahmed Asad hat von einem Boten gesprochen."

„Sie mögen kommen! Wir fürchten sie nicht. Was schreist du über unser großes Feuer? Grad dieses Feuer ist für einen Überfall gut. Wir setzen uns in den Schatten; da können uns die Bebbeh nicht sehen, wir aber erblicken sie, sobald sie kommen, und geben ihnen unsre Kugeln."

„Aber unser Ritt sollte doch friedlich sein!"

„Schweig! Die Kurden kommen, sich an uns zu rächen: wir müssen uns wehren. Diese Hundesöhne sind nicht wert, daß sie unter Allahs Himmel wandeln; sie müssen von der Erde vertilgt werden!"

„Gut, ich werde schweigen. Ihr aber werdet weinen und heulen über das, was erfolgt!" – Halef wendete sich ab und ging dahin, wo Omar Ben Sadek und der Engländer saßen. Ich hatte mir vorgenommen, nichts zu sagen, konnte es aber doch nicht übers Herz bringen. Es war ja immer noch möglich, Blutvergießen zu verhüten. Die Haddedihn konnten hier oben und die Bebbeh unten an ihren Gräbern beten und die gegenseitige Rache für später aufheben. Darum machte ich noch einen Versuch, zum Frieden zu reden:

„Amad el Ghandur", begann ich, „ich war dein Freund und Gefährte und will es auch jetzt noch sein. Hast du nicht heute den Stein in das offne Grabmal geworfen und dabei behauptet, dein Vater sei gerächt? Warum dürstest du von neuem nach Blut?" – „Die Rache war nicht tot", murrte er, „sie hat nur geschlafen und ist wieder aufgewacht."

„Nein, so ist es nicht. Sie schläft noch jetzt; sie will nicht erwachen. Du aber willst sie aufwecken. Wer einen Brand entfacht, soll vorsichtig sein und es vorher bedenken, denn er kann sich leicht selbst verbrennen." – „Meinst du, daß ich deine guten Lehren brauche?"

„Ja, das meine ich. Grad jetzt sollst du ein offenes Ohr für sie haben. Ich mag mich nicht rühmen und will mir auch das, was ich getan habe, nicht bezahlen lassen. Aber heute, wo so viel, auch dein Leben von dir abhängt, muß ich dich an den Kerker von Amadije erinnern, wo du verschmachtet wärst, wenn ich dich nicht herausgeholt hätte. Wäre dein Vater noch am Leben, der damals mit uns war, er würde dir raten, auf meine Worte zu hören." – „Nein", fuhr er auf, „das würde er nicht, denn dein Rat und deine Worte haben ihn damals ins Verderben geführt. Du bist nicht unsers Glaubens; du gehörst nicht zu uns. Wenn ein Rechtgläubiger einem Christen folgt, ist es stets zu seinem Schaden. Ich will Rache; ich will Blut, und ich werde meinen Willen durchsetzen." – „Und ich will Liebe und Versöhnung. Wir werden sehen, wessen Wille bessere Früchte bringt!" – Ich erkannte, daß all mein Bemühen hier vergeblich war, und ging zu den Gefährten, bei denen ich mich niedersetzte. Wir befanden uns im tiefen Schatten, und auch die Haddedihn suchten jetzt dunkle Stellen auf, um mit ihren Kugeln die angreifenden Kurden zu empfangen. – Der Englishman hatte nur wenig von dem, was gesprochen war, verstanden; ich mußte ihn aufklären. Als das geschehen war, meinte er: „Harte Köpfe! Meint Ihr, daß die Bebbeh auch solche Schädel haben?" – „Gewiß, Sir David." – „Dann wohl doch Zusammenstoß?" – „Wahrscheinlich. Aber ich werde versuchen, das Schlimmste zu verhindern." – „Wie das anfangen?"

„Zunächst kann ich nichts andres tun, Sir David, als Ahmed Asad wissen zu lassen, daß wir vom geplanten Überfall unterrichtet sind. Dann wird er wahrscheinlich wenigstens für die Nacht, nichts unternehmen."

„Und Überfall am Tag ausführen!"

„Das muß man abwarten. Vielleicht kommt mir bis dahin ein rettender Gedanke." – „Wie aber erfährt Kurde, daß uns Anschlag bekannt ist?" – „Durch den Späher, den er heraufschicken will, um zu erfahren, ob wir schlafen und ein Feuer brennen." – „Dem es sagen? Wie wollt Ihr das anfangen, Mr. Sihdi und Effendi?" – „Ich nehme ihn fest." – „Ah, oh, festnehmen!" – Ich sah trotz der Dunkelheit, daß sich der Mund Lindsays vor Entzücken in ein offnes Viereck verwandelte und daß seine Nase in selige Bewegung geriet. Er ergriff meine Hand und fuhr fort: „Wißt was, Sir? Habe bisher auf diesem Ritt nichts tun können, gar nichts. Möchte meine acht Finger einem Kurden um den Hals legen. Was meint Ihr? Zahle gern hundert oder auch noch ein Pfund Sterling dafür!" – „Könnt es ohne Zahlung haben, Sir David. Ich will nichts dagegen sagen, doch unter der Bedingung, daß ich dabei bin und daß Ihr Euch nach meinen Vorschriften richtet!"

„Well zugestanden, yes! Bebbeh-Kurde, Finger, Hals, Vorschriften, vortrefflich, unvergleichlich! Nun endlich wieder ordentliches Leben!"

Er rief das so laut, daß ich ihn ersuchen mußte, ruhig zu sein.

Nach einiger Zeit ging der Mond auf, und ich nahm an, daß die Kurden nun ihr Lager auf dem Wiesenplatz verlassen würden. Ich stieg, ohne den Haddedihn von meinem Vorhaben Mitteilung zu machen, mit dem Engländer die kurze Strecke zur Felsenenge hinab, wo wir uns verbergen wollten. Da sie in ihrer oberen Hälfte vom Feuer der Haddedihn beleuchtet wurde, durchschritten wir sie und legten uns unten am unbeleuchteten Ende hinter einem Gebüsch nebeneinander auf den Boden nieder. Wir konnten annehmen, daß uns der Späher hier, wo es dunkel war, nicht bemerken werde. – „Ob er kommen wird?" fragte der Englishman, der ganz erpicht darauf war, den Bebbeh zu fangen.

„Jedenfalls", erklärte ich. „Ahmed Asad, sein Scheik, hat es gesagt. Doch seid jetzt still, damit wir ihn nicht nur sehen, sondern schon vorher hören."

So lagen wir wohl eine Viertelstunde lang. Von unten herauf erklang jenes eintönige und doch so vielsagende Rauschen des Waldes, jene ergreifende Predigt von der Allmacht des Unendlichen, des Ewigen. Da hörte ich ein dumpfes Geräusch in der Tiefe.

„Horcht!" flüsterte ich Lindsay zu.

„Höre nichts", antwortete er.

„Aber ich. Es sind die Tritte der Pferde auf dem Wiesengrund unten. Sie kommen."

„Well! Müßt Ihr lange Ohren haben, Sir. Glaube, die Lappen davon hängen bis dort hinunter, wo die Kerle stecken. Seid ein Wunderkind und gehört in eine Schaubude!"

„Danke, Sir David! Nun aber aufpassen, denn es wird nicht lange dauern, so kommt der Späher heraufgestiegen." – Es vergingen vielleicht fünf Minuten, da vernahm ich das Geräusch eines rollenden Steins, der aus seiner Lage gestoßen worden war. – „Er naht", raunte ich dem Englishman zu. „Nehmt ihn beim Hals, aber gleich so fest, daß er keinen Laut von sich geben kann!"

„Und dann?"

„Ist meine Sache." – Jetzt hörten wir leise Schritte, und einige Augenblicke später sahen wir den Mann. Der Mond beleuchtete ihn hell, während wir im Schatten der Felsenenge lagen. Er war wohl der beste Späher der Kurden und dennoch ein schlechter Kundschafter. Ich an seiner Stelle hätte die dunklen Stellen hinter den Büschen gesucht und wäre gekrochen, während er aufrecht gegangen kam. Seine Schritte waren langsam und bedächtig. In unsrer Nähe blieb er stehen, um zu horchen. Da er nichts Verdächtiges sah und hörte, schritt er weiter, um in die Enge einzudringen; er mußte an uns vorüber. Da gab ich Sir David einen Stoß. Er richtete seine lange Gestalt auf; der Kurde sah diese Gestalt plötzlich neben sich aufragen und wich erschrocken einen Schritt zurück. Ehe er sich fassen und einen Schrei ausstoßen konnte, lagen ihm die Hände des Engländers um den Hals. – „Habe ihn!" meinte Lindsay. „Was nun?"

"Herlegen." – Ich hob dem Bebbeh die Füße auf, und der Engländer ließ ihn nieder. Der Überrumpelte machte keine einzige Bewegung der Gegenwehr. Ich zog mein Messer, setzte ihm die Spitze fühlbar auf die Brust, bat Lindsay, ihm den Hals freizugeben, und drohte:

"Sprichst du ein lautes Wort, so ersteche ich dich! Hingegen wird dir nichts geschehen, wenn du gehorchst!" – Er röchelte eine kurze Weile und holte dann tief Atem; zu reden aber wagte er nicht.

"Du siehst, daß du nicht immer Glück hast beim Spähen", fuhr ich fort. "Einmal ist es dir gelungen, als du heute mit einem Gefährten zum erstenmal hier warst. Jetzt aber ist's um dich geschehen, wenn du dich nicht so verhältst, wie ich es dir befehle. Beantworte meine Frage, doch so leise, daß nur wir es hören können! Ahmed Asad lagert mit euch da unten im Tal?" – Er sagte nichts; er besann sich wohl, wie er sich in seiner Lage am besten verhalten sollte. Ich wiederholte meine Frage und ließ ihn das Messer stärker fühlen.

"Chodih[1], stich nicht!" bat er da schnell. "Ja, wir sind da unten."

"Wie viele Männer?" – "Zwölf." – "Aber es werden noch mehr kommen?" – "Nein." – "Ihr habt doch einen Boten fortgeschickt? Wozu?" – "Katera Chodeh – um Gottes willen!" stieß er hervor. "Das weißt du?"

"Ja."

"Wer bist du, Chodih?"

"Ich denke, du kennst mich. Sieh mich an!" antwortete ich, indem ich aus dem Schatten in den hellen Mondschein trat.

"Der Fremde mit den Zauberflinten!" stammelte er.

"Ja, der bin ich. Beantworte meine Frage!"

Er folgte dieser Aufforderung erst nach einer Weile des Überlegens: "Wie du es wissen kannst, ist mir unerklärlich; aber es ist wahr, wir haben einen Boten fortgesandt. Er ist zu Dschibrail Mamrasch gegangen."

"Ah, zum Haus des Scheiks der Dschiafkurden? Das liegt anderthalb Tagereisen von hier. Was soll er dort?"

"Es ist freilich weit bis dahin, aber doch der nächste Ort, wo wir Fleisch und Mehl bekommen können. Wir sind hierhergekommen, um unsre Andacht zu verrichten; da können wir nicht fort, um Wild zu schießen. Darum wollen wir uns bei Dschibrail Mamrasch Lebensmittel kaufen." – "Bei ihm? Hm! Er gehört zu den Dschiafkurden, deren Feinde ihr seid." – "Jetzt nicht mehr, Chodih." – "Mag sein! Ich glaube dir nicht. Nimm dich in acht! Ihr wollt uns überfallen; ich weiß es genau. Du siehst aber, daß wir diesen Zugang zur Höhe besetzt halten. Wer sich nähert, wird erschossen." – "Chodih, wir wollten euch nichts tun!" – "Schweig! Ich weiß es besser. Aber auch wir sind nur der Andacht und nicht des Kampfes wegen gekommen. Darum will ich gegen euch anders handeln, als ich eigentlich sollte. Warum wollen wir uns gegenseitig bekämpfen, da die Rache schläft? Warum soll aus dem gottgefälligen Gebet ein gottloses Schlachten und Morden werden? Steh auf! Ich gebe dich frei! Steig hinab zu Ahmed Asad, euerm Anführer, und bring ihm meine Botschaft! Ich biete

[1] Kurdisch: "Herr"

ihm Frieden. Beide Teile mögen an ihren Gräbern für ihre Toten beten und dann diese Stätte verlassen, wann und wie es ihnen beliebt."

„Nein, das darf nicht geschehen!" rief es neben mir. Amad el Ghandur trat aus der Felsenenge hervor, wo er heimlich gesteckt hatte, und fuhr in drohendem Ton fort: „Wie kannst du, ohne mich zu fragen, über uns bestimmen! Ich sah euch beide fortgehen; ihr kehrtet nicht zurück. Da dachte ich mir gleich, daß ihr etwas plantet, was gegen meinen Willen ist, und ging euch nach. Ich kam in diese Enge, hörte eure Stimmen und blieb stehen. Ich habe alles vernommen, sage dir aber, daß du kein Recht hast, den Frieden zu bieten. Ich würde mich überhaupt schämen, diese Kurdenhunde um Frieden zu bitten! Weißt du das?" – „Ich habe den Frieden angeboten, ich ihnen, sie aber nicht darum angebettelt. Weißt du das? Du hast dich von mir getrennt und magst es halten, wie es dir beliebt. Ich werde auch tun, was ich will." – „Gut, tu das! Aber dieser Kurde hier ist unser Gefangener; den wirst du mir übergeben!" – „Nein, das werde ich nicht. Ich habe noch nie mein Wort gebrochen, und so wird es auch jetzt bei dem bleiben, was ich gesagt habe. Er ist frei." – „Er ist nicht frei!" rief Amad el Ghandur, indem er den Bebbeh beim Arm ergriff. „Er gehört mir, und ich schwöre dir bei Allah, daß ich –" – „Halt, schwöre nicht!" unterbrach ich ihn. „Du würdest deinen Schwur nicht halten können."

„Ich halte ihn und sage dir, daß ich meinem Willen selbst mit der Waffe Nachdruck geben werde!"

„Auch mir gegenüber?"

„Gegen jeden, der mir widerstrebt!"

„Gut! Wie du willst! Wenn Freundschaft, Dankbarkeit und Überlegung nichts mehr gelten, so mag das Messer zwischen uns entscheiden. Es wird heut geradeso sein wie damals mit Gasâl Gaboga, und du wirst deinen Starrsinn bezahlen müssen. Ich habe gesagt, daß dieser Kurde frei sein soll, und mein Wort darf nicht zuschanden werden. Tu deine Hand von ihm!"

„Nein!" knirschte der Scheik.

„Tu sie weg, sonst schlag ich dich nieder mit meiner Faust! Du kennst den Hieb!" – „Schlag zu! Wage es!" drohte er mir, indem er, ohne den Kurden loszulassen, sein Messer gegen mich zückte.

Ich holte zum Fausthieb aus, ließ aber den Arm rasch wieder sinken, denn soeben krachte in unsrer Nähe hinter einem Busch hervor ein Schuß und noch einer. Amad el Ghandur drehte sich, den Kurden loslassend, halb um seine eigene Achse und taumelte dann gegen den Felsen. Der Kurde entfloh. Hinter dem Busch aber kamen zwei Gestalten hervorgesprungen, die mit umgekehrten Gewehren auf den Engländer und mich eindrangen, um uns mit den Kolben niederzuschlagen. – Was man in solchen Augenblicken tut, geschieht viel schneller, als man es zu erzählen vermag. Ich sprang dem ersten Angreifer entgegen, warf mich auf die Seite und stieß ihm mit aller Kraft die Faust in die Achselhöhle des erhobenen linken Arms. Er ließ das Gewehr fallen, stieß einen Schrei aus und flog fünf, sechs Schritt weit fort, um dort wie ein Sack niederzustürzen. – Indessen war der zweite an Lindsay gekommen und hatte zugeschlagen, aber nicht getroffen, weil auch der Engländer dem Hieb ausgewichen war. Ich tat einen raschen Sprung hinzu, riß den Kurden nieder und hielt ihn fest, bis ihm Sir David das Messer und die Pistole aus dem Gürtel genommen hatte. Der Mond beschien sein Gesicht, und ich erkannte Musafir, den mir damals wohlgesinnten Bruder des Scheiks Gasâl Gaboga. Er war mir, wie man sich erinnern wird, zur Dankbarkeit verpflichtet gewesen, weil ich ihn den Haddedihn gegenüber beschützt und aus der Gefangenschaft entlassen hatte. Ohne mich wäre er erschossen worden. – Der andre Angreifer, den ich fortgeschleudert hatte, raffte sich auf und eilte davon. Ich hielt ihn nicht zurück, obgleich der Engländer mir zurief: „Dort läuft der Halunke hin! Haltet ihn fest, Sir!"

„Laßt ihn laufen, Sir David!" antwortete ich. „Wir haben hier einen wertvolleren Mann."

„Wen denn? Ah, by God, das ist ja Scheiksbruder, den wir damals unbedingt ermorden sollten!"

„Ja. Schnell hinein in die Enge mit ihm! Es könnten noch mehr Kurden heraufgekommen sein! Ich nehme ihn. Nehmt Ihr Amad el Ghandur!"

„Ich brauche niemand, ich kann allein gehen", erklärte der Scheik, als er sah, daß ihm Lindsay behilflich sein wollte. „Du bist schuld daran, Effendi; das werde ich dir nie vergessen. Du hast mich schlagen wollen; nun bin ich verwundet. Es ist aus zwischen uns beiden, aus für immer!"

Amad taumelte in die Enge hinein. Wir beide folgten ihm. Als wir sie hinter uns hatten, stießen wir auf Halef und seinen Sohn, die herbeigeeilt waren.

„Sihdi, wir hörten Schüsse. Was ist geschehen?" rief der Hadschi.

„Ein Angriff von zwei Kurden. Vielleicht kommen noch mehr. Steck dich mit Kara in die in die Enge, und paßt auf! Ihr schießt auf jeden Feind, der sich nähert!"

Die beiden verschwanden zwischen den Felsen. Auch die Haddedihn hatten die Schüsse gehört. Sie scharten sich am Feuer um ihren verwundeten Scheik und ließen laute Drohungen hören. Ich achtete nicht auf sie, denn ich hatte mit dem Bebbeh zu reden. Wir hielten ihn jetzt nicht mehr fest. Er lehnte am Felsen und blickte finster vor sich hin.

„Jetzt bin ich zum zweitenmal in deine Hand geraten, Chodih."

„Ja, und das ist mir nicht lieb. Du hast mir damals selbst gesagt, ich hätte dir das Leben und die Ehre gerettet. Ich bin dein Freund geworden, dennoch hast du vorhin auf mich geschossen!"

„Auf dich? Du irrst. Wir hatten einen Späher heraufgesandt; er blieb uns zu lang aus. Da schlich ich mit noch einem herauf. Ich sah euch und hörte deine friedliche Rede; ich sah ferner, daß dein Freund das Messer gegen dich zückte. Da schossen wir auf ihn." – „Also weißt du, daß ich euch nicht bekämpfen will?"

„Ja."

„Gut! Du bist noch heute wie damals mein Freund. Ich gebe dich frei. Du kannst gehen."

„Wirklich, Chodih?" fragte Musafir ungläubig.

„Du wirst noch wissen, daß ich ein Christ bin. Geh in Gottes Namen zu den Deinen! Draußen liegen eure Waffen. Hebe sie auf und nimm sie mit! Sag Ahmed Asad, daß ich den Frieden will! Ich werde morgen vormittag in euer Lager kommen und mit ihm verhandeln."

„Das – das willst du wagen?!" staunte der Kurde.

„Es ist kein Wagnis. Ich weiß genau, was ich tu'. Ich fürchte mich nicht vor euch, obgleich ihr uns an Zahl weit überlegen seid."

„Das weißt du auch?"

„Ja. Euer Späher hat mich belogen. Er sagte, der Bote sei zu Dschibrail Mamrasch gegangen, um Lebensmittel zu kaufen. Das konnte er einem andern weismachen, aber nicht mir! Der Bote hat noch mehr Krieger von euch herbeigeholt."

„Ja, so ist es, Chodih. Wir befinden uns auf einem Kriegszug gegen die Kurden von Rummok und Pir Mam. Ahmed Asad wich vom Weg ab, um die Gräber hier zu besuchen, und sandte uns andern nun den Boten, rasch nachzukommen, da die Haddedihn sich auch hier befänden. Unsre Krieger wollen sich rächen."

„Wie stark sind sie?"

„Hundertzwanzig. Ihr werdet verloren sein, denn ihr habt einen schlechten Platz hier oben."

„Ja, der Platz ist schlecht, aber desto besser sind unsre Waffen, wie du weißt. Und auch darauf kommt es nicht allein an, sondern ebenso auf den Mann, der sie trägt. Ich wiederhole dir, daß ich mich vor euch nicht fürchte. Geh hinab, und sage das den Deinen! Es ist auch für sie besser, wenn sie so tun, als ob wir gar nicht hier wären. Es könnte sonst aus ihrem Kriegszug leicht eine Niederlage werden."

„Chodih, ich kenne keinen Menschen, der so denkt, redet und handelt wie du. Wäre ich nicht ein Bebbeh-Kurde, so wollte ich, ich wäre Christ und wohnte in deinem Land. Sind dort alle Leute so wie du?"

„Nicht alle. Es gibt überall Gute und Böse. Ein Christ aber wird nie nach dem Blut seines Nächsten dürsten, auch nach dem seines ärgsten Feindes nicht. Also geh! Ich komme morgen vormittag hinab. Aber sag den Bebbeh, daß wir uns während der Nacht hier verteidigen und jeden niederschießen werden, der es wagen sollte, sich uns bis morgen zu nähern!"

„Ich werde es ausrichten, Chodih, und es mag kommen, wie es will: du wirst sehen, daß ich dein Freund bin."

„Auch der meiner Gefährten?"

„Nein, denn sie sind die Feinde meines Stammes. Ihnen gegenüber bin ich zu nichts verpflichtet. Leb wohl! Und wenn wir uns morgen wiedersehen, so wünsche ich, daß ich dir so dienen kann, wie du mild und freundlich gegen mich gewesen bist."

Musafir ging, und ich gab Halef und seinem Sohn die Weisung, ihn ungehindert durchzulassen. Der Engländer hatte kein Wort von unsrer kurdischen Unterredung verstanden. Darum fragte er jetzt: „Ihr laßt ihn fort, Sir? Hätten in ihm eine Geisel gehabt."

„Das durfte ich nicht, weil ich damals Freundschaft und Bruderschaft mit ihm geschlossen habe. Ihr könnt Euch darauf verlassen, daß er jetzt weit mehr für uns wirken wird, als er uns als Geisel nützen könnte."

„Well, wie Ihr wollt. Aber andrer Kerl auch auf und davon! Hatte ihn so schön bei der Gurgel! Seid ein eigentümliches Menschenkind."

Er hätte wohl gern noch weitergesprochen, wurde aber unterbrochen, denn soeben jetzt kam Amad el Ghandur rasch und in drohender Haltung auf mich zugeschritten. Sein Burnus war voller Blut; der Schuß hatte ihn an der Schulter verletzt.

„Ich sehe den Kurden nicht!" schrie er mich zornig an, indem seine Augen grimmig funkelten.

„Ich auch nicht", erwiderte ich gelassen.

„Wohin ist er?"

„Hinunter in sein Lager."

„Wer hat ihn fortgelassen?"

„Ich."

„Effendi, soll ich dich niederschlagen? Dieser räudige Hund hat auf mich geschossen, und du läßt ihn fort! Ich frage abermals, ob ich dich niederschlagen soll?"

„Weißt du nicht mehr, daß ich damals sein Freund geworden bin? Musafir hat mir nichts getan, also habe ich ihn freigegeben."

„Aber mich hat er töten wollen! Siehst du hier das Blut an meinem Gewand? Es schreit nach Rache!"

„Daran bist du allein schuld, Amad. Musafir wollte nichts gegen uns unternehmen. Aber als er sah, daß du das Messer gegen mich, der ich sein Freund bin, erhobst, schoß er auf dich."

„So mußtest du ihn mir übergeben."

„Er befand sich in meinen Händen, nicht in den deinigen. Ich konnte tun, was mir beliebte. Wenn du ihn haben willst, so hole ihn dir!"

„Wagst du wirklich, in dieser Weise mit mir zu reden! Ich frage zum drittenmal, ob ich dich niederschlagen soll?"

„Und ich antworte zum drittenmal nicht auf diese Frage. Du selbst hast gesagt, daß wir nichts mehr miteinander zu schaffen haben, also laß mich in Ruh!"

Meine Gelassenheit machte Eindruck auf ihn; aber es kostete ihn dennoch gewaltige Anstrengung, seinen Grimm zu bemeistern. Die Haddedihn waren auch herbeigekommen; sie standen hinter ihm. Hätte er sie aufgefordert, mich zu packen, so weiß ich wirklich nicht, ob sie ihm gehorsam gewesen wären oder nicht. Ihr Sinn wäre eben auch auf Kampf und Rache gerichtet. Ich ging an Amad el Ghandur vorbei und mitten zwischen ihnen hindurch. Sie wagten nicht, mich zu hindern. Da wandte ich mich noch einmal zum Scheik zurück und sagte: „Übrigens sprach dieser Kurde davon, daß wir verloren seien, weil wir hier einen schlechten Platz haben. Seine Truppe besteht nicht mehr aus zwölf, sondern aus hundertzwanzig Kriegern. Sieh zu, wie du mit ihnen auskommst!"

„Hundertzwanzig? Das ist Lüge!"

Ich tat, als hätte ich diese Beleidigung nicht gehört, und ging zu meinem Pferd, wo ich mich niederlegte. Später löste ich Halef und seinen Sohn ab und blieb bis zum Morgen wachend in der Felsenenge liegen. – Es war keine gute Nacht. In die Haddedihn schien ein Teufel gefahren zu sein. Wie hatten sie sich über mein Kommen gefreut! Welche Achtung und Zuneigung hatten sie mir erwiesen! Und nun waren sie mir plötzlich beinahe feindlich gesinnt. Das war der Rausch der Rache. Wer es nicht selbst erfahren hat, kann es kaum glauben, welchen Einfluß sie auf einen halbwilden Menschen besitzt. Kommt es doch auch in unsern zivilisierten Ländern nicht selten vor, daß ein Mensch seine Ehre, sein ganzes Lebensglück von sich wirft um einer Rache willen, die nicht nur unchristlich, sondern zuweilen geradezu lächerlich ist. Wenn das Christen tun, wie soll man da über einen Beduinen, Indianer, Hottentotten oder Australneger richten! – Das waren die Gedanken, die mich während der Nacht beschäftigten. Als es Tag geworden war, ging ich zu meinem Rih, um ihn zu füttern. Er leckte mir die Wangen und die Hände und war sehr zärtlich, weil ich während der Nacht nicht bei ihm gewesen war. Er hatte sich sehr nach mir gesehnt. Ich hatte ein Säckchen mit Datteln für ihn mitgenommen, ihm bisher aber nur wenige davon gegeben, weil wir stets Gras gefunden hatten. Hier oben gab es aber nur spärliches Grün, und da ich ahnte, daß es heute zum Kampf kommen und vielleicht für mich einen Grund geben werde, mich auf die Schnelligkeit und Ausdauer meines Pferdes zu verlassen, ließ ich ihn Datteln fressen. Das kluge Tier wußte, daß es nicht laut werden durfte. Es wollte gern vor Liebe wiehern; das merkte ich ihm an. Da es sich das aber nicht getraute, so gab es wiederholt einen Ton von sich, der zwischen Wiehern und Schnauben innestand. Er war mit dem Glucksen einer Henne zu vergleichen, die ihre Kücklein unter ihre Flügel lockt. Fast möchte ich sagen, Rih ahnte, was ihm bevorstand, und wollte mir zum letztenmal seine Liebe zeigen und Abschied von mir nehmen. Ich schäme mich nicht, zu gestehen, daß mir heute, da ich das niederschreibe, einige sehr unmännliche Tropfen aus den Augen rinnen. – Auch Amad el Ghandur hatte nicht geschlafen. Er lehnte mit dem Rücken am Grabmal seines Vaters und verfolgte meine Bewegungen mit düstern Blicken. Seine Verwundung war jedenfalls nicht leicht, und in seinen Augen flackerte es, als sei das Fieber bereits im Anzug. Ich ging trotz allem, was gestern zwischen uns vorgefallen war, zu ihm hin, um mich nach seinem Befinden zu erkundigen und ihm meine Hilfe anzubieten. Er aber wendete sich hastig ab und sagte: „Pack dich fort! Es soll mich nie wieder ein Christ berühren!" – Nun schickte ich Halef wieder als Wache in die Felsenenge, hängte den Stutzen über und stieg den Berg hinab, um zu den Kurden zu gehen. Halef wollte unbedingt mit; ich gab das aber nicht zu. Das Wagnis war zu groß, um einen andern daran teilnehmen zu lassen. – Ich huschte von Strauch zu Strauch, um nicht bemerkt zu werden, denn ich wollte plötzlich unter die Bebbeh treten. Da sah ich einen von ihnen an einem Baum lehnen; er blickte bergaufwärts, als erwarte er von dorther jemand. Es war Musafir. Er wußte, daß ich kommen wollte. Hatte er mir etwas mitzuteilen? Ich trat hinter den Büschen hervor. Als er mich erblickte, kam er rasch auf mich zu und sagte: „Chodih, du bist mein Freund. Darum muß ich dich retten. Trenne dich schnell von den Haddedihn, sonst bist du mit ihnen verloren. Ihr werdet in spätestens einer Viertelstunde angegriffen."

„Ihr könnt ja nicht durch die Felsenenge, wenn wir sie verteidigen."

„Wir kommen nicht von dieser Seite."

„Ah, so wollt ihr jenseits emporsteigen?"

„Ja. Wir haben gleich nach Tagesanbruch gesucht und eine Stelle entdeckt, wo wir hinaufkönnen. Kein Beduine, der Bewohner der Ebene ist, könnte da empor; wir Kurden aber hausen in den Bergen und sind gute Kletterer."

„Wir werden euch auch da empfangen!"

„Nachdem ich es dir gesagt habe! Das weiß ich. Du siehst, wie dankbar ich dir bin, denn ich verrate meine eigenen Gefährten. Aber es wird euch doch nichts helfen, denn ihr werdet von zwei Seiten angegriffen, auch von der Felsenenge aus."

„Hm! Wo lagert ihr? Noch immer grad unter uns?"

„Nein. Wir sind zurückgegangen, halb um den Berg herum. Mehr darf ich dir nicht sagen. Ich habe meine Pflicht gegen dich getan. Nun handle, wie du willst! Chodeh te bahvesche – – Gott erhalte dich!"

Musafir wandte sich ab und eilte fort. Ich stieg rasch den Berg hinan. Den gestrigen Streit und auch das heutige Verhalten Amad el Ghandurs vergessend, rief ich oben den Haddedihn zu: „Auf, zu den Waffen, ihr Männer! Die Bebbeh werden uns angreifen, da an dem Felsendurchgang und auch von dort drüben her, wo es einen Aufstieg gibt!" – Da sprang Amad el Ghandur auf und fragte: „Wo sind sie jetzt?" – „Sie haben sich nördlich halb um den Berg gezogen. Musafir hat es mir gesagt. Darum fordere ich, daß ihm nichts geschieht. Schießt nicht auf ihn! Schont überhaupt den Feind soviel wie möglich! Schießt sie in die Beine! Ich werde mich mit meinem Stutzen an –" – „Schweig!" fuhr mich Amad el Ghandur an. „Was hast du uns zu befehlen! Jetzt bin ich der Gebieter, und was ich sage, das gilt. Wir werden uns hüten, zu warten, bis sie von beiden Seiten über uns kommen. Wir überrumpeln sie. Wir greifen sie an. Nehmt die Waffen und die Pferde, ihr tapferen Krieger der Haddedihn! Wir führen die Pferde hinab bis dahin, wo wir aufsitzen können; dann reiten wir mitten unter die räudigen Hunde hinein und –"

„Um Gottes willen, nur das nicht!" fiel ich ihm in die Rede. „Ihr müßt bedenken –"

„Schweig!" schrie der Scheik mich abermals an. „Meinst du, daß ich nichts vom Krieg verstehe? Wir brauchen deinen Rat und deine Hilfe nicht. Bleib hier zurück und ersticke an deiner Klugheit und an deiner berühmten Feindesliebe! Und wenn Hadschi Halef vergißt, daß er ein Haddedihn geworden ist und nicht zu dir, sondern zu uns gehört, so mag er mit seinem Knaben auch zurückbleiben und uns niemals wieder vor die Augen kommen. Wir brauchen keine Feiglinge bei uns!"

„Feigling? Ich?" zürnte Halef. „Das hat mir noch niemand gesagt. Ich werde dir zeigen, ob ich feig bin. Ich reite mit!"

Er warf sein Gewehr über und ging zu seinem Pferd; sein Sohn tat desgleichen. Es war ein Augenblick größter Aufregung. Ich sah, daß alle Vorstellungen vergeblich sein würden, und schwieg. Der Englishman fragte mich nach dem Grund des Aufruhrs, und ich gab ihm Auskunft.

„Machen wir mit?" erkundigte er sich.

„Hierbleiben können wir nicht."

„Well, so sollen diese Bebbeh einen gewissen David Lindsay kennenlernen! Yes!"

„Nicht so, Sir David! Es fällt mir nicht ein, mit diesen toll gewordenen Menschen geradezu ins Verderben zu rennen. Ich möchte sie gern zurückhalten, doch Ihr seht, daß sie nicht auf mich hören. Wir reiten hinter ihnen her und werden dann ja sehen, was zu tun ist. Gott gebe der Sache einen besseren Ausgang, als ich ahne!"

Die Haddedihn drängten sich durch die Enge. Halef und sein Sohn waren die letzten. – „Sihdi", rief er mir zu, bist du mir bös? Soll Hanneh, die beste unter den Frauen, hören, daß ich ein Feigling bin?"

„Nein. Du mußt leider mit; deine Ehre gebietet es dir. Aber laß Kara bei mir zurück!"

„Nein, Sihdi. Er soll ebenso wenig feig genannt werden wie ich. Hadschi Halef Omar läßt seinen Namen nicht schänden. Wenn wir sterben sollten, dann grüße meine Hanneh, die Rose unter den Blumen, und sage ihr, daß wir nicht vor dem Tod gezittert haben! Tröste die Gute, und lebe auch du wohl, mein lieber, lieber Herr!"

Er eilte fort. Omar Ben Sadek war bei uns geblieben.

„Nun, und du?" fragte ich ihn.

„Ich halte zu dir, denn ich bin nicht verrückt", erwiderte er. „Mögen sie mich für feig halten. Mein Stolz hört nicht auf solche Narren."

„Du hast recht. Übrigens wirst du wohl auch Gelegenheit finden, zu zeigen, daß du Mut besitzt. Kommt, wir wollen fort!"

Wir nahmen unsre Pferde bei den Zügeln und gingen. Als wir die Enge hinter uns hatten, war von den Haddedihn schon nichts mehr zu sehen. Sie konnten nicht schnell genug ins Unglück laufen. Unten im Tal stiegen wir auf und ritten ihren Spuren nach. Wir sahen, wo die Bebbeh gelagert hatten. Die Hufstapfen ihrer Pferde führten von da aus nach Norden um den Berg herum. Sein westlicher

Ausläufer ging in eine Ebene über, deren Breite wohl zwei Kilometer betrug. – Eben bogen wir, dem Tal folgend, nach Westen ein, da hörten wir Schüsse und ein wildes Geschrei. Der Kampf hatte begonnen. Wir ritten rascher. Das Schießen dauerte fort.

„The devil!" schrie der Englishman, dessen sich das Kampffieber zu bemächtigen schien. „Die Kurden schlachten unsre Haddedihn bis auf den letzten Mann ab, wenn wir nicht schneller machen! Vorwärts, vorwärts!" – Lindsay gab seinem Pferd die Sporen und flog im Galopp davon. Omar und ich folgten ihm ebenso rasch. Jetzt hatte das Schießen aufgehört, aber das Schreien war stärker geworden. Da öffnete sich das Tal zur genannten Ebene, und wir sahen den Kampfplatz vor uns liegen. Hier hatten die Bebbeh gelagert. Der Überfall war, wie ich vorausgesehen, völlig mißlungen. Wir sahen Tote und Verwundete liegen. Jene Haddedihn, die doch davongekommen waren, flohen draußen über die Ebene; sie wurden von den Bebbeh verfolgt. Links sah ich Amad el Ghandur auf seinem Schimmel dahinstürmen; fünf Kurden waren hinter ihm her. Der Vorderste von ihnen ritt eine prächtige persische Rappstute. Das war der Scheik Ahmed Asad. Grad vor uns floh der kleine Kara Ben Hadschi Halef, verfolgt von einem Kurden, der auf einem persischen Fuchs saß. Auch dieses Pferd war hochedel, wie ich auf den ersten Blick feststellte. Hart dahinter ritt Halef, um seinen Sohn zu beschützen, doch war sein Pferd nicht schnell genug, den Fuchs einzuholen. Auf die übrigen Reiter achtete ich nicht, denn ich sah, daß Kara in größter Gefahr schwebte. Ich mußte ihm zu Hilfe kommen.

„Dem Knaben nach!" rief ich den Gefährten zu. „Rih, Rih, kawâm, kawâm – schnell, schnell!"

Wir flogen am Kampfplatz vorüber. Die wenigen Kurden, die dort mit den Verwundeten beschäftigt waren, wollten auf uns schießen, hatten aber keine Kugeln mehr in den Läufen. Ich sauste, ohne auf Omar und Lindsay zurückzublicken, an schreienden Kurden vorbei, die an der Verfolgung teilnahmen, achtete aber nicht auf sie, denn ich hatte nur den Knaben im Auge, dem der Perserfuchs immer näher kam.

Grad vor uns wurde die Ebene von einem bewaldeten Berg begrenzt, an dessen Fuß sich links ein breites Tal öffnete. Darin verschwand jetzt Amad el Ghandur; Ahmed Asad hart hinter ihm. Dorthin lenkte Kara Ben Hadschi Halef auch, gefolgt vom Kurden und dann von seinem Vater. Ich kam Halef schnell näher. Er hörte mich kommen, drehte sich im Sattel um und rief mir, als er mich erkannte, zu:

„Sihdi, rette meinen Sohn! Mein Pferd ist nicht schnell genug."

„Hat er das Geheimnis schon angewendet?"

„Nein."

„Dann ist ja alles gut. Folge mir, und kümmere dich um weiter nichts!" – Bei diesen Worten schoß ich an ihm vorüber. Es war, wie wenn ein Eilzug an einem langsamen Güterzug vorübersaust.

Jetzt war das Tal erreicht, und bald war ich nur noch wenige Pferdelängen hinter dem Fuchs. Der Reiter drehte sich um, sah mich und schrie mir hohnlachend zu: „Bist du es, Giaur? Hole mich ein, wenn du kannst! Ich bin Nisar Hared, Gasâl Gabogas zweiter Sohn!"

Er zog eine Pistole aus seinem Gürtel und schoß auf mich, traf aber nicht. Da griff er hinter sich zum Schwanz seines Pferdes und rief: „Galib, galib, räftä, räftä!" – Das war persisch und heißt zu deutsch: „Sieger, Sieger, von dannen, von dannen!" Er wendete also das Geheimnis seines Pferdes an. Als der verfolgte Knabe das hörte, lachte er jubelnd zurück. Ich sah, daß er Assil Ben Rih die Hand zwischen die Ohren legte; was er dazu sagte, hörte ich nicht, aber ich merkte den Erfolg. Der Rappe war ein ebenbürtiger Sohn meines Rih: das Geheimnis wirkte und er schoß mit doppelter Schnelligkeit davon, der Fuchs aber fast ebenso schnell hinter ihm her. Als der Kurde sah, daß er wahrscheinlich zurückbleiben werde, nahm er sein Gewehr vom Rücken, um es im Reiten zu laden. Er wollte auf Kara schießen. Da rief ich „Rih, Rih" und legte meinem Pferd die Hand ebenfalls zwischen die Ohren. Der Rappe schnaubte tief auf und schoß dann so reißend schnell vorwärts, daß ich mich binnen einer Minute an der Seite des Kurden befand. Ein Kolbenhieb mit dem Bärentöter warf ihm vom Pferd; er blieb wie leblos liegen. Ich rief den Knaben, und er hielt an. Hinter mir gewahrte ich Omar Ben Sadek auf seinem Schecken; dann kamen Halef und der Engländer.

„Kommt mir schnell nach", gebot ich Kara, „und bringt diesen Kurden und sein Pferd mit! Ich muß noch hinter Amad el Ghandur her." – Nach diesen Worten raste ich weiter, wieder mit Anwendung des Geheimnisses. Es war mir, offen gestanden, unerklärlich, daß der sonst tapfere Amad el Ghandur vor Ahmed Asad floh, ohne ihm standzuhalten, sah aber dann später, daß ihm sein Gewehr aus der Hand geschlagen worden war. Dazu war ihm der Gürtel zerrissen und mit dem Messer und den Pistolen herabgefallen. Der Scheik besaß also keine einzige Waffe, um sich zu verteidigen, und konnte sich nur durch die Schnelligkeit seines Pferdes retten.

Leider sollte ihm diese Absicht mißlingen. Der gestrige Blutverlust hatte ihn geschwächt. Dazu kam die gegenwärtige Aufregung, und wahrscheinlich wirkte auch das Wundfieber. Vor seinem Verfolger herjagend, mußte er um eine scharfe Talkrümmung biegen. Da sah Amad ein langes, hohes Felsstück quer in seinem Weg liegen. Er hatte keine Zeit mehr, auszuweichen; er mußte darüber hinweg. Doch es fehlte ihm die Kraft, dem Pferd die notwendige Hilfe zu geben. Das Tier blieb mit den Hinterbeinen hängen und stürzte jenseits des Felsens mit dem Reiter nieder, glücklicherweise so, daß er nicht im Bügel blieb, sondern abgeworfen wurde.

Ahmed Asad kam zwei Sekunden nach ihm um die Ecke. Er beherrschte sein Pferd so gut, daß es ihm gelang, dem Felsen auszuweichen und dahinter anzuhalten. Schon sprang er aus dem Sattel, um sich auf den am Boden liegenden, halb betäubten Haddedihn zu werfen. In diesem Augenblick lenkte auch ich um die Krümmung. So sah ich die beiden. Der Bebbeh zückte soeben sein Messer auf die Brust Amad el Ghandurs.

„Halt, stich nicht; es ist dein Tod!" rief ich ihm zu und nahm meinen Rih vorn fest, um über das Felsstück zu setzen und den Bebbeh niederzureiten. Er warf das Messer weg, riß sein Gewehr, das noch geladen war, vom Rücken und schrie mir entgegen: „Komm heran, Hundesohn! Du bist mein!"

Es war mir unmöglich, anzuhalten, denn Rih setzte zum Sprung an. Ich sah die Mündung des Gewehrs auf mich gerichtet. Der Schuß krachte, gerade als mein Rappe sprang und über den Felsen flog. Da der Bebbeh tiefer gezielt hatte, als ich mich infolge des Sprungs im jetzigen Augenblick befand, traf die Kugel nicht mich, sondern mein Pferd. Ich hatte das Gefühl, als säße ich auf einem Stuhl, gegen dessen Beine ein Schlag geführt wird, zog schnell beide Füße aus den Bügeln und wurde im weiten Bogen aus dem Sattel geschleudert, während Rih sich überschlug und jenseits des Felsens liegenblieb.

Ich war außer mir, raffte mich auf und sprang, ohne auf den Kurden zu achten, zu meinem Rappen hin. Die Kugel war ihm in die Brust gedrungen; er war unrettbar verloren. Da bemächtigte sich meiner ein Grimm, wie ich ihn selten gefühlt hatte. Er riß mich förmlich vom Pferd weg und zum Bebbeh hin, doch schon zu spät, denn er sprang soeben wieder in den Sattel. Er hatte gesehen, daß ich unverletzt war, und die Angst vor mir und meinen überlegenen Waffen trieb ihn weiter.

„Der Teufel hat dich abermals beschützt; wohne bei ihm in der Hölle!" schrie er mir noch zu. Dann sauste er fort. – Die Wut, die in mir kochte, wollte mich verführen, ihn vom Pferd zu schießen, doch hörte ich glücklicherweise selbst in diesem Augenblick auf die Stimme der Überlegung. Tötete ich den Scheik der Kurden, so forderte ich die Blutrache noch mehr heraus. Bekam ich ihn aber lebend in die Hand, so konnte er mir als Geisel von größtem Vorteil sein. Ich mußte ihn also fangen. Aber wie. Mit meinem Rih war es aus? Doch da stand ja Amad el Ghandurs Schimmelstute. Er lag noch am Boden, versuchte sich aufzurichten und stöhnte schmerzvoll. – „O Effendi, ich muß etwas gebrochen haben, und dein herrlicher Rih ist tot. Räche uns an diesem Ahmed Asad!" – „Leih mir dazu deinen Schimmel!" rief ich, indem ich das Tier auch schon bestieg. „Und verrate mir sein Geheimnis! Ich sage es niemandem weiter. Schnell, schnell!" – Was Amad el Ghandur sonst nie eingefallen wäre, jetzt tat er es: „Streiche ihm mit einem Finger dreimal quer über den Rücken des Halses und sag dazu jedesmal das Wort Adschal[1]!" erwiderte er. – Er sprach noch weiter; ich hörte es aber nicht, denn ich flog schon fort, hinter Ahmed Asad her, der nun aus einem Verfolger ein Flüchtling geworden war. Ich war noch nicht weit gekommen, so sah ich ihn vor mir. Weil Amad el Ghandur gestürzt und mein Pferd erschossen worden war, glaubte der Kurde, er könne nicht verfolgt werden, und ritt in lang-

[1] Eile

samem Trab, während ich galoppierte. Ahmed blickte sich nicht um und hörte mich auch nicht, weil der Boden hier weich war. Um ihn zu überrumpeln, wendete ich das Geheimnis an. Der Schimmel gehorchte und griff auf wahrhaft wunderbare Weise aus, so daß ich, als der Bebbeh endlich den Hufschlag hinter sich vernahm, kaum zwanzig Pferdesprünge von ihm entfernt war. Er drehte sich um und stieß einen Ruf des Entsetzens aus. Sein Schreck war so groß, daß er für einige Sekunden nicht daran dachte, seinen Perserrappen anzuspornen, und das war genug für mich. Ich ergriff den Bärentöter und schlug ihn im Vorübersausen mit dem Kolben vom Pferd herunter.

Als es mir gelungen war, die Stute zu zügeln, kehrte ich zu Ahmed Asad zurück. Sein Pferd war bei ihm stehengeblieben. Er lag auf der Erde und versuchte soeben, sich aufzurichten. Aus seinem Mund strömte mir eine wahre Flut von Verwünschungen entgegen.

„Schweig, wenn dir dein Leben lieb ist!" gebot ich ihm. „Du hast mir mein Pferd erschossen. Weißt du, was das für dich bedeutet? Ein solches Pferd ist das Leben von hundert Kurden wert. Du bist mein Gefangener. Weigerst du dich, mir zu gehorchen, so trifft dich mein Messer augenblicklich. Her mit den Händen, damit ich sie dir auf den Rücken binde!" – Trotz meiner Drohung widersetzte er sich, und ich hatte, da ich sein Leben schonen und ihn auch nicht verwunden wollte, Mühe, ihn zu bezwingen. Als er endlich mit gebundenen Händen und Füßen am Boden lag, sah ich Halef, seinen Sohn und Omar Ben Sadek im Galopp dahergestürmt kommen. Der Kleine ritt Nisar Hareds Perserfuchs. Sie hielten bei uns an und sprangen von den Pferden. Halef ergriff meine Hände und sagte: „O Sihdi, Allah hat eine große Traurigkeit auf unsre Herzen geworfen. Rih ist tot, in die Brust geschossen! Meine Seele will in einem Meer von Herzeleid ertrinken, aber mein Auge kann keinen einzigen Tropfen des Schmerzes finden, denn der Verlust, der uns betroffen hat, ist allzu groß. Wer ist der Hundesohn, dessen Kugel diesen Jammer verschuldet hat? Etwa Ahmed Asad, der hier am Boden liegt, von deiner Hand gefällt? Sag es mir, damit ich ihn zwischen meinen Händen hier zermalmen und zerreißen kann!" – „Laß mich jetzt, Halef!" bat ich ihn. „Die Kugel sollte mich treffen; Rih ist für mich gestorben. Als er stürzte, mußte ich schnell weiter, und erst jetzt finde ich Zeit, daran zu denken, daß wir ihn verloren haben." – Es war so, wie ich sagte: die volle Erkenntnis des Verlustes trat erst in diesem Augenblick an mich heran. Ich ging seitwärts, setzte mich nieder und legte das Gesicht in beide Hände. Halefs Knabe weinte laut. Sein Vater setzte sich zu mir und legte den Arm um mich. Omar entfernte sich einige Schritte, um die Strecke, die wir durchritten hatten, übersehen zu können, und grollte: „Bleib ruhig sitzen, Effendi! Ich werde darüber wachen, daß ihr sicher seid. Wehe dem Kurden, der etwa kommt, sich an euch zu wagen! Meine Kugel sendet ihn in die tiefste Tiefe der Dschehenna hinab."

Nach einiger Zeit kamen Amad el Ghandur und Lindsay. Sie brachten den gefangenen Nisar Hered geführt. Amad wagte es nicht, zu sprechen, denn er fühlte, daß er an allem schuld war.

Lindsay aber erging sich in den sonderbarsten Ausrufen über den Tod des Rappen. Er weinte dabei, wollte das nicht sehen lassen, und so gab es in seinem Gesicht ein unbeschreibliches Mienenspiel.

Eben wollte ich von meinem Platz aufstehen und sagen, daß wir zu Rih zurückkehren müßten, dessen Leiche ich den Kurden auf keinen Fall überlassen wollte, da schrie Omar laut auf: „Maschallah, schuf, schuf, Effendi, bjidschi, bjidschi – Wunder Gottes, sieh, sieh, Effendi, er kommt, er kommt!"

„Wer, wer?" fragte ich.

„Dein Rih!"

Rih? War er nicht tot? War die Wunde nicht lebensgefährlich? Hatte ich mich getäuscht? Mit drei Sprüngen stand ich bei Omar, wo ich zurückblicken konnte. Ja, er kam, der Rappe, in langsamem Trab, wankend und strauchelnd. Die Liebe zu mir ließ ihn sich noch einmal aufraffen und hatte ihn mir nachgetrieben. Es war ein Anblick zum Herzbrechen. Wir sprangen ihm entgegen. Aus seiner Brust floß ein fingerstarker Blutstrahl. Ich war der erste bei dem Hengst und schlang ihm die Arme um den Hals. Er schnaubte mich freudig an und leckte mir die Wange und den Hals; dann brach er langsam zusammen, erst hinten und dann vorn. Nach einer vergeblichen Anstrengung, sich abermals aufzuraffen, hob Rih den schönen, kleinen Kopf, sah mit brechenden Augen zu mir auf und wieherte, leise und ersterbend, wie ich noch nie ein Pferd habe wiehern hören. Ich warf mich neben ihm nieder und bettete seinen Kopf an meine Brust, während Halef das rinnende Blut zu stillen suchte. Wir alle weinten so, als ob ein lieber Mensch im Sterben liege. Des Rappen Maul lag in meiner Hand; er leckte sie fort und fort, immer leiser und langsamer, bis er die Zunge nicht mehr bewegen konnte; dann noch ein letztes, verhauchendes Schnauben, ein krampfhaftes Zukken – Rih war tot! – Ich nahm die Kefije[1], die ich unter dem Turban trug, hielt sie an die Wunde und fing das letzte daraus fließende Blut auf. Dieses Tuch ist mir heute noch ein Andenken, das ich um keinen Preis aus der Hand geben würde. Dann gab ich Halef meinen Stutzen und sagte: „Hier, Hadschi Halef Omar, hast du dieses Gewehr. Du allein weißt außer mir, wie es gehandhabt wird. Ich will noch eine Weile bei dem Pferd bleiben. Wenn die Kurden kommen, laß keinen heran! Gib jedem eine Kugel! Du weißt, ich dürste nicht nach Blut. Aber das unsers Rih ist geflossen; nun ist es mir gleich, wer noch das seinige hergeben muß."

„Sihdi, bleib ruhig sitzen!" erwiderte er. „Es soll dir keiner dieser Hundesöhne zu nahe kommen. Meine Augen fließen über von den Tränen des Schmerzes. Aber sie werden dennoch so scharf sein, daß jede Kugel trifft, die ich versende!"

Ich bitte, nicht allzu streng mit meiner damaligen Stimmung ins Gericht zu gehen. Ein Tier zu lieben, ja innig zu lieben, ist wohl keine Schwäche, zumal wenn es ein so edles Tier ist, wie mein Rih gewesen war. Er hatte mit mir gehungert und gedürstet, mich durch

[1] Kopftuch

so viele Gefahren getragen und mir so oft das Leben gerettet, auch jetzt wieder, da er an der Kugel, die mir gegolten hatte, gestorben war. Mit Menschen, mit Freunden, kann man sich entzweien, sich über sie ärgern oder betrüben. Rih hatte mir nicht ein einziges Mal Veranlassung zur Unzufriedenheit, zu einer Strafe, einem Schlag gegeben. Er hatte jedes meiner Worte, jeden Wink verstanden und fast möchte ich sagen, mit freudigem Gehorsam ausgeführt. Der edle Hengst war geradezu ein Teil von mir selbst geworden, den ich nun für immer verloren hatte. Ist es da ein Wunder, daß mir sein Tod so zu Herzen ging, daß ich wie ein Kind weinte und lange Zeit bei ihm saß, ohne mich um das, was um mich her vorging, zu kümmern?

Inzwischen hatten sich die Haddedihn, die den Bebbeh entkommen waren, bei uns eingestellt: es fehlten zwölf Mann. Wie wir dann erfuhren, waren sechs davon tot und die andern gefangen; die Bebbeh aber hatten viel schwerere Verluste gehabt. – Dann kamen die Verfolger angeritten. Als Halef ihnen einige Kugeln entgegenschickte, blieben sie halten. Die Schüsse weckten mich aus meinem Trübsinn auf. Ich erhob mich, nahm Halef den Stutzen aus der Hand und ging den Kurden entgegen. Ich kam bis auf hundert Schritte an sie heran, ohne daß sie wagten, auf mich zu schießen.

„Steigt ab, und bleibt da, wo ihr seid!" rief ich ihnen zu. „Wir haben Ahmed Asad und Nisar Hared gefangen und werden sie augenblicklich töten, wenn ihr euch nicht friedlich verhaltet. Wir werden mit ihnen verhandeln und sie freigeben, wenn sie bereit sind, Frieden mit uns zu schließen." – Ohne mich weiter um die Gegner zu kümmern, kehrte ich wieder zu den Gefährten zurück und sagte zu Halef, so daß die beiden Gefangenen es hörten: „Ich habe keine Lust, viel zu sprechen, denn Rih ist tot. Verhandle du mit den beiden Kurden! Ich verlange die gefangenen Haddedihn zurück und auch die Toten, damit wir sie begraben können. Ich verlange ferner, daß die Bebbeh diese Gegend sofort verlassen und erst einen halben Tagesritt von hier anhalten. Und endlich müssen mir für meinen getöteten Rappen die beiden Perserpferde übergeben werden. Ich lasse den Söhnen Gasâl Gabogas eine Viertelstunde Zeit. Sind sie dann noch nicht auf meine Bedingungen eingegangen, so werden sie hier an dieser Steineiche gehenkt. Diesmal ist es mein voller Ernst, Halef!"

„Ja, Sihdi, Rih muß entweder ersetzt oder gerächt werden", beteuerte der Hadschi. „Ich schwöre dir, daß ich keine Minute über eine Viertelstunde warten werde." – Ich setzte mich wieder bei dem Rappen nieder, ohne auf das, was die Gefangenen sagten, zu achten. Dann sah ich, daß sich trotz meines Verbots einer der Kurden von den andern trennte, um zu uns zu kommen; es war Musafir, mein Freund. Ich ließ ihn herbei. Er nahm an den Verhandlungen teil, und seinen Vorstellungen war es zu danken, daß meine Bedingungen angenommen wurden, obgleich der Verzicht auf Rache und der Verlust ihrer edlen Pferde seinen Neffen sehr schwer ankam. Musafir versprach, die Kurden als ihr einstweiliger Anführer fortzuführen. Ahmed Asad und Nisar Hared sollten bis zu unserm Aufbruch als

Geiseln bei uns bleiben. – Nach kurzer Zeit zogen die Bebbeh ab, und nach abermals einer Weile kamen die von ihnen freigelassenen Haddedihn zu uns. Die Toten mußten einstweilen auf dem Kampfplatz liegenbleiben. – Wir hatten während unseres Flucht- und Verfolgungsritts einen Kreis beschrieben, so daß wir uns jetzt an der Südseite der Felsenhöhle befanden. Ich verlangte, daß Rih hinaufgeschafft und neben Mohammed Emin bestattet werde. Keiner widersprach mir, vielmehr legten alle Hand an, die schwierige Arbeit auszuführen. Dann wurden auch die sechs gefallenen Haddedihn geholt, um ebenfalls da oben der Erde übergeben zu werden.

Rih wurde mit Hilfe von Holzstücken aufrecht gestellt und, gesattelt und gezäumt, wie er war, mit Steinen umgeben, wie wir einst mit Mohammed Emin getan hatten. Seine starren, einst so feurigen und verständigen, treuen Augen taten mir bitter weh; ich drückte ihm die Lider zu. Als sich das Felsengrab über ihm geschlossen hatte, mochte ich nichts mehr von dieser Gegend sehen. Ich bestieg die schwarze Perserstute Ahmed Asads und ritt hinter den Kurden her, um zu erforschen, ob sie Wort halten würden. – Soll ich eigens erwähnen daß der Tod Rihs auch Halef zu Herzen ging? Der Hadschi befand sich in einem Zustand größter Aufregung. Bald schluchzte er zum Erbarmen, und bald fiel er über Amad el Ghandur und die Haddedihn mit Vorwürfen her, gegen die sie sich nicht verteidigen konnten. Er war ebenso wie ich, noch lange Zeit innerlich krank.

Die Bebbeh handelten diesmal ehrlich, sie waren wirklich fort. Dennoch kehrte ich erst gegen Abend zur Felsenhöhle zurück. Ich wollte allein sein und mochte nicht an der da oben stattfindenden mohammedanischen Trauerfeier teilnehmen. Als ich ankam, hörte ich, daß Amad el Ghandur wiederholt nach mir verlangt hatte. Er lag im Fieber. Ich untersuchte ihn. Die Wunde war bös, aber nicht lebensgefährlich; die Kugel war hinten wieder hinausgegangen. Ich legte einen bessern Verband an und sorgte für immerwährende Kühlung. – Die Nacht war traurig. Ich konnte nicht schlafen, Halef und Omar auch nicht. Der Engländer erging sich in den ehrenrührigsten Redensarten gegen die Haddedihn und ihren Anführer. Gut, daß sie ihn nicht verstanden! Dazwischen schrie Amad el Ghandur im Fieber auf, mich gegen Ahmed Asad zu Hilfe rufend. Ich war froh, als es Morgen wurde. – Hier konnten wir nicht bleiben, aber wegen des verwundeten Scheiks auch nicht zu den Weideplätzen der Haddedihn zurückreiten. Ich schlug also vor, zu Dschibrail Mamrasch zurückzukehren, in dessen Haus Amad el Ghandur die nötige Ruhe und Pflege finden konnte. Man war einverstanden, denn ich wurde in stiller Reue wieder als Anführer anerkannt. Wir bauten aus Ästen, Zweigen und Laub für den Verwundeten eine Bahre, die von zwei Pferden getragen wurde. Beim allgemeinen Aufbruch blieb ich mit Halef und seinem Sohn noch einige Minuten am Grab Rihs zurück.

„Sihdi, mir ist so weh, so traurig", weinte der Hadschi. „Ich werde wohl nie wieder lachen können. Mein Herz ist ganz mit Tränen angefüllt, fast so, als ob mir Hanneh, die schönste der Frauen, gestorben wäre!"

Ich blickte ihn nur stumm an. Dann ritten wir den andern nach. Um Mittag gaben wir die beiden gefangenen Kurden frei, und am andern Tag langten wir bei Dschibrail Mamrasch an, der uns sein Haus gern zur Verfügung stellte. – Der zweitägige Ritt hatte dem Verwundeten sehr geschadet. Er raste förmlich und schrie immer nur nach mir. Glücklicherweise beruhte seine Meinung, daß er beim Sturz vom Pferd etwas gebrochen habe, auf einem Irrtum. Ich durfte fast keinen Augenblick von seinem Lager weichen. Als ihm dann nach Tagen zum erstenmal die Besinnung wiederkehrte und er mich erkannte, reichte er mir seine Hand und sagte mit matter Stimme:

„Allah sei Dank, daß du bei mir bist, Effendi! Ich habe mit vielen Feinden gekämpft, und du hast mich errettet." – Ich sagte nichts; er versank in Nachdenken und fuhr dann fort: „Ich habe zu dir gesagt, daß mich nie wieder ein Christ berühren solle. Verzeih mir! Deine Hand tut mir wohl wie die Hand des Propheten. Ich wollte Blut; du wolltest Liebe. Mein Starrsinn hat mich mein eignes Blut und dich deinen Rih gekostet. Nun aber sollst du Liebe über Liebe ernten von mir und meinem ganzen Stamm!"

Darauf schlief er wieder ein.

Erst nach vier Wochen war seine Genesung so weit vorgeschritten, daß wir aufbrechen und in kurzen, langsamen Tagemärschen heimkehren konnten.

Unser Empfang war nicht freudig. Amad el Ghandur wurde mit Vorwürfen überhäuft. Er nahm sich das sehr zu Herzen. Als er, zwei Jahre nach dem soeben Erzählten, die Würde des Scheiks freiwillig niederlegte, wurde sie einstimmig Malek, dem einstigen Scheik der Abteïbeh, dem Großvater Hannehs, zuerkannt. Nach dessen Tod wird also wohl mein Hadschi Halef Omar Scheik der Haddedihn sein.

Ich schenkte ihn die beiden Perserpferde, worüber er ganz glücklich war.

Nach drei Tagen brach der Engländer auf. Omar Ben Sadek wollte ihn mit einem Trupp Haddedihn nach Bagdad bringen. Er verabschiedete sich von mir mit den Worten:

„Möchte gern noch länger bei Euch bleiben, aber es geht nicht. Ihr wollt nach Damaskus zurück, und ich muß vorgenommene Strecke abreisen. Seid mein bester Freund, aber doch ein erzdummer Kerl! Hättet mir damals Euern Rih verkauft, so wäre er jetzt nicht erschossen worden! Well! Hoffe aber, daß wir uns bald wiedersehen. Bleibt gesund und holt Euch jetzt bei dem Ritt nach Damaskus eine ebenso schöne Aleppobeule wie damals ich. Yes!" – Am nächsten Tag ritt auch ich fort. Die Krieger der Haddedihn gaben mir einen halben Tag lang das Ehrengeleit. Halef und sein Sohn aber ritten noch weiter mit und trennten sich erst jenseits des Euphrat von mir.

„Sihdi, mein lieber Sihdi, mit dir geht mein halbes Leben fort. Die andre Hälfte gehört Hanneh, meinem Weib, und Kara, meinem Sohn", sagte der Hadschi, indem er sich die Augen trocknete. „Gott sei bei dir – allezeit, und – ich – ich kann – nicht weiter – nicht – – weiter sprechen!" – Laut schluchzend wendete er sein Pferd und ritt im Galopp davon. Ich reichte seinem Sohn die Hand, gleichfalls mit Tränen im Auge. – „Bleibe fromm und brav, und werde ein Mann wie dein Vater! Vielleicht sehen wir uns einmal wieder. Und solltest du einmal hinauf nach Kurdistan kommen, so steig auf die Felsenhöhle und grüß meinen Rih von mir!" – Seine Lippen bebten vor Wehmut und Rührung. Er wollte antworten, konnte aber nicht, legte stumm beteuernd beide Hände aufs Herz und ritt seinem Vater nach.

Karl May wurde am 25. Februar 1842 in Hohenstein-Ernstthal geboren und ist in ärmlichsten Verhältnissen aufgewachsen. Nach trauriger Kindheit und Jugend wandte er sich ursprünglich dem Lehrerberuf zu. Als Redakteur verschiedener Zeitschriften begann er ungefähr ab 1875 die Schriftstellerlaufbahn, und zwar zunächst mit kleineren Humoresken und Kurzgeschichten. Bald jedoch kam sein einzigartiges Talent zur vollen Entfaltung, als er mit den „Reiseerzählungen" seinen späteren Weltruhm begründete und sich eine nach Millionen zählende Lesergemeinde schuf. Seit Ende des vorigen Jahrhunderts gilt er als der wohl bedeutendste deutsche Volksschriftsteller. Die spannungsreiche Form seiner Erzählkunst, ein hohes Maß an fachlichem Wissen und eine überzeugend vertretene Weltanschauung verbanden sich überaus glücklich in seinen Schriften. Auch heute begeistern die blühende Phantasie und der liebenswürdige Humor des Schriftstellers in unverändertem Maß seine jungen und alten Leser. Karl May starb am 30. März 1912 in Radebeul bei Dresden. Seine Werke wurden in mehr als fünfundzwanzig Kultursprachen übersetzt. Allein von der deutschen Originalausgabe sind bis 1983, also 70 Jahre nach Gründung des Karl-May-Verlags, über 65 Millionen Bände gedruckt worden.

KARL MAYS GESAMMELTE WERKE

Jeder Band in grünem Ganzleinen mit Goldprägung und farbigem Deckelbild

Bd. 1 Durch die Wüste	Bd. 38 Halbblut
Bd. 2 Durchs wilde Kurdistan	Bd. 39 Das Vermächtnis des Inka
Bd. 3 Von Bagdad nach Stambul	Bd. 40 Der blaurote Methusalem
Bd. 4 In den Schluchten des Balkan	Bd. 41 Die Sklavenkarawane
Bd. 5 Durch das Land der Skipetaren	Bd. 42 Der alte Dessauer
Bd. 6 Der Schut	Bd. 43 Aus dunklem Tann
Bd. 7 Winnetou I	Bd. 44 Der Waldschwarze
Bd. 8 Winnetou II	Bd. 45 Zepter und Hammer
Bd. 9 Winnetou III	Bd. 46 Die Juweleninsel
Bd. 10 Sand des Verderbens	Bd. 47 Professor Vitzliputzli
Bd. 11 Am Stillen Ozean	Bd. 48 Das Zauberwasser
Bd. 12 Am Rio de la Plata	Bd. 49 Lichte Höhen
Bd. 13 In den Kordilleren	Bd. 50 In Mekka
Bd. 14 Old Surehand I	Bd. 51 Schloß Rodriganda
Bd. 15 Old Surehand II	Bd. 52 Die Pyramide des Sonnengottes
Bd. 16 Menschenjäger	Bd. 53 Benito Juarez
Bd. 17 Der Mahdi	Bd. 54 Trapper Geierschnabel
Bd. 18 Im Sudan	Bd. 55 Der sterbende Kaiser
Bd. 19 Kapitän Kaiman	Bd. 56 Der Weg nach Waterloo
Bd. 20 Die Felsenburg	Bd. 57 Das Geheimnis des Marabut
Bd. 21 Krüger Bei	Bd. 58 Der Spion von Ortry
Bd. 22 Satan und Ischariot	Bd. 59 Die Herren von Greifenklau
Bd. 23 Auf fremden Pfaden	Bd. 60 Allah il Allah!
Bd. 24 Weihnacht	Bd. 61 Der Derwisch
Bd. 25 Am Jenseits	Bd. 62 Im Tal des Todes
Bd. 26 Der Löwe der Blutrache	Bd. 63 Zobeljäger und Kosak
Bd. 27 Bei den Trümmern von Babylon	Bd. 64 Das Buschgespenst
Bd. 28 Im Reiche des silbernen Löwen	Bd. 65 Der Fremde aus Indien
Bd. 29 Das versteinerte Gebet	Bd. 66 Der Peitschenmüller
Bd. 30 Und Friede auf Erden	Bd. 67 Der Silberbauer
Bd. 31 Ardistan	Bd. 68 Der Wurzelsepp
Bd. 32 Der Mir von Dschinnistan	Bd. 69 Ritter und Rebellen
Bd. 33 Winnetous Erben	Bd. 70 Der Waldläufer
Bd. 34 „ICH"	Bd. 71 Old Firehand
Bd. 35 Unter Geiern	Bd. 72 Schacht und Hütte
Bd. 36 Der Schatz im Silbersee	Bd. 73 Der Habicht
Bd. 37 Der Ölprinz	

KARL-MAY-VERLAG · BAMBERG